Das Umsatzsteuerverfahren und die Insolvenz

Bochumer Schriften zum Steuerrecht

Herausgegeben von Roman Seer

Band 30

PL ACADEMIC RESEARCH

Alexander Witfeld

Das Umsatzsteuerverfahren und die Insolvenz

PL ACADEMIC RESEARCH

Bibliografische Information der Deutschen Nationalbibliothek
Die Deutsche Nationalbibliothek verzeichnet diese Publikation in der Deutschen Nationalbibliografie; detaillierte bibliografische Daten sind im Internet über http://dnb.d-nb.de abrufbar.

Zugl.: Bochum, Univ., Diss., 2016

Abbildung auf dem Umschlag: Siegel der Universität Bochum.
Abdruck mit freundlicher Genehmigung der Universität Bochum.

D 294
ISSN 1613-933X
ISBN 978-3-631-67576-2 (Print)
E-ISBN 978-3-653-07226-6 (E-PDF)
E-ISBN 978-3-631-69289-9 (EPUB)
E-ISBN 978-3-631-69290-5 (MOBI)
DOI 10.3726/978-3-653-07226-6

PL Academic Research ist ein Imprint der Peter Lang GmbH.

Peter Lang – Frankfurt am Main · Bern · Bruxelles · New York · Oxford · Warszawa · Wien

Diese Publikation wurde begutachtet.

www.peterlang.com

Meinen Eltern

Vorwort

Die vorliegende Arbeit wurde im Wintersemester 2015/16 von der Juristischen Fakultät der Ruhr-Universität Bochum als Dissertation angenommen. Die mündliche Prüfung fand am 27. April 2016 statt.

Ich habe das Manuskript zu der Arbeit im Juli 2015 abgeschlossen. Später veröffentlichte Rechtsprechung, Literatur sowie Verwaltungsauffassungen habe ich zum Teil noch in den Fußnoten berücksichtigen können, soweit mir diese bis zum Ablauf des Mai 2016 bekannt geworden sind.

An erster Stelle möchte ich besonders meinem verehrten Doktorvater Herrn *Prof. Dr. Roman Seer* für seine tatkräftige und wertvolle Betreuung danken. Der immerwährende und bisweilen kontroverse Meinungsaustausch hat nicht nur entscheidend zum Inhalt der Arbeit beigetragen, sondern auch zu einer stetigen Erneuerung meiner Motivation geführt. Darüber hinaus danke ich ihm für die Zeit, die ich an seinem Lehrstuhl verbringen durfte. Neben den fachlichen sind es auch die menschlichen Erfahrungen, die mich in dieser Phase für meinen weiteren Lebensweg geprägt haben und die ich nie vergessen werde.

Auch großen Dank sagen möchte ich Herrn *Prof. Dr. Matthias Loose*. Das gilt zuvorderst für die zügige Erstellung des Zweitgutachtens, aber auch für die gemeinsamen Erlebnisse während meiner Zeit am Lehrstuhl. In diesem Zusammenhang danke ich ebenfalls all meinen ehemaligen Kollegen, die im Laufe der Zeit größtenteils zu guten Freunden geworden sind, darunter insbesondere Frau *Anna-Lena Wilms*, sowie den Herren *Tobias Geitmann*, *Marcel Hermes*, *Sascha Kargitta*, *Christopher Klotz*, *Lukas Schmidt* und *Dominik Wedel*. Hervorzuheben ist an dieser Stelle auch der ehemalige Akademische Rat am hiesigen Lehrstuhl, Herr *Prof. Dr. Marcel Krumm*, dem ich ebenso für das freundschaftliche Miteinander danke. Auch von ihm habe ich vieles lernen können.

Weiterer Dank gebührt dem Finanzamt Witten und dessen Vorsteher, Herrn *Martin Klünemann*, der mich freundlicherweise hat in seinem Hause hospitieren lassen und mir damit einen ersten Einblick in die Praxis der Finanzverwaltung gewährt hat. Ganz besonders möchte ich mich auch bei der *Esche Schümann Commichau Stiftung* für den mir verliehenen Förderpreis und die damit verbundene Anerkennung bedanken. Die Auszeichnung erfüllt mich mit großem Stolz.

Ohne die seit Aufnahme des Studiums erfahrene Unterstützung *meiner Eltern* hätte ich die vorliegende Arbeit nicht ohne größere Anstrengungen anfertigen können. Hierfür und für die mir entgegengebrachte Geduld danke ich von Herzen; Euch ist diese Arbeit gewidmet. Schließlich das größte Verständnis für mich aufbringen musste nicht selten *meine Freundin*. Sie hat mir über die Jahre einerseits den nötigen beruflichen Freiraum gegeben und andererseits mit ihrer lebensfrohen Art für einen privaten Ausgleich gesorgt. Hierfür bin ich ihr zu tiefem Dank verpflichtet.

Bochum, im Juni 2016 — Alexander Witfeld

Inhaltsverzeichnis

A) Einleitung

Das strukturelle Spannungsverhältnis von Steuer- und Insolvenzrecht im Allgemeinen ist in den Grundfesten der beiden Teilrechtsgebiete angelegt. Während das Steuerrecht danach strebt, Steuerschulden im Sinne eines effektiven Steuervollzugs möglichst vollständig zu erheben und sie damit dem Steuergläubiger in voller Höhe zukommen zu lassen, ist es die Aufgabe des Insolvenzrechts, in der Knappheitssituation der Insolvenz ausnahmslos alle Gläubiger gleichmäßig zu befriedigen. Damit einher geht in aller Regel der zumindest quotale Ausfall des Steuergläubigers. Das damit grob umrissene strukturelle Spannungsverhältnis kommt im Besonderen an der Schnittstelle von Umsatzsteuer- und Insolvenzrecht zum Tragen. In tatsächlicher Hinsicht zeigt sich das zum einen daran, dass es faktisch keine Unternehmensinsolvenz gibt, in der es nicht zur Ausführung von Umsätzen, respektive der Verwirklichung sonstiger umsatzsteuerlicher Besteuerungsgrundlagen kommt. Zum anderen hat die Einordnung der Umsatzsteuer als Insolvenzforderung oder Masseverbindlichkeit erhebliche wirtschaftliche Bedeutung in Bezug auf die finanzielle Belastung der Insolvenzmasse, womit ihr schon deswegen eine herausragende Rolle in der praktischen Insolvenzabwicklung zukommt. In rechtlicher Hinsicht bereitet die Behandlung der Umsatzsteuer in der Insolvenz nicht nur in der Anwendung des Normkonglomerates von Abgabenordnung, Umsatzsteuergesetz und Insolvenzordnung Schwierigkeiten. Eine besondere Herausforderung stellt die Berücksichtigung umsatzsteuer-systematischer Wertungen dar. Diese bestehen darin, dass die Umsatzsteuer ihrem Wesen nach eine allgemeine Verbrauchsteuer ist, die mithin im Unterschied zu Ertragsteuern nicht darauf abzielt, die Leistungsfähigkeit des umsatzsteuerschuldenden Unternehmers, sondern allein diejenige des Verbrauchers zu erfassen.

Das geltende positive Recht differenziert bei der Anwendung insolvenzrechtlicher Mechanismen nicht zwischen verschiedenen Steuerarten. Insofern galt lange Zeit, dass „Steuer gleich Steuer" ist. Der V. Senat des BFH ist dem in jüngerer Zeit unter heftiger Kritik aus der Literatur mit einer Rechtsprechungsserie entgegengetreten. Diese Judikatur nahm ihren Beginn im Januar 2009 und reicht bislang hin zu einem Urteil aus September 2014. Die entsprechenden Entscheidungen beinhalten nicht nur die Beantwortung einzelner Fragestellungen oder die Bildung von abstrakten Maßstäben. Sie führen in ihrer Gesamtschau zu einer Neukonzeptionierung des Umsatzsteuerinsolvenzrechts. Dabei hat sich der V. Senat des BFH vor allem davon leiten lassen, dass der umsatzsteuerliche Unternehmer als Steuereinnehmer für Rechnung des Staates tätig ist. Er hat sich diesbezüglich nicht nur auf die Auslegung des nationalen Rechts berufen, sondern auch auf diejenige des EuGH zur Mehrwertsteuersystemrichtlinie. Die Rechtsprechungsserie des BFH führt dazu, dass im Vergleich zum *status quo ante* Umsatzsteuerschulden in hohem Maße vom Fiskus als Masseverbindlichkeiten nach § 55 InsO in voller Höhe realisiert werden können und nicht bloß als *wertlose* Insolvenzforderungen mit einer Quote zu befriedigen sind. Hinzu kommt, dass der Gesetzgeber im zeitlichen Zusammenhang mit der in

Rede stehenden Rechtsprechungsserie einen exklusiv den Fiskus bevorzugenden Masseverbindlichkeitstatbestand in Form von § 55 Abs. 4 InsO eingefügt hat, der vom V. Senat des BFH mittlerweile als weiterer Baustein zu dessen Neukonzeptionierung des Umsatzsteuerinsolvenzrechts genutzt wurde. In diese Reihe fügt sich weiter nicht nur zeitlich, sondern auch inhaltlich ein Rechtsprechungswandel des VII. Senat des BFH ein, dessen Motiv zuvorderst eine mit dem V. Senat des BFH konforme Auslegung des Umsatzsteuerinsolvenzrechts ist. All dies hat Anlass zu der vorliegenden Arbeit gegeben, die sich nicht nur mit dem generellen Verhältnis von Umsatzsteuer- und Insolvenzrecht auseinandersetzt, sondern die einzelnen Elemente des neuen Konzepts auf dessen Tragfähigkeit hin untersucht.

Geht man dabei von den geltenden positiven Normen aus, so fällt zunächst auf, dass sich der Fiskus mit Inkrafttreten der Insolvenzordnung 1999 nicht länger auf ein Fiskusprivileg nach dem Vorbild von § 61 Abs. 1 Nr. 2 KO berufen kann. Er befindet sich seither – mit Ausnahme von der genannten Vorschrift des § 55 Abs. 4 InsO – auf einer Ebene der Gleichordnung mit den übrigen am Insolvenzverfahren beteiligten Gläubigern wieder. Diesbezüglich gilt es nun, die Regelungen des UStG mit denjenigen der InsO zu verzahnen und sodann den fraglichen Lebenssachverhalt darunter zu subsumieren. Dies bereitet dem Rechtsanwender nicht zuletzt wegen der speziellen Eigenarten der Umsatzsteuer besondere Mühen, wobei das nicht nur auf der insolvenzrechtlichen Erfassung der einzelnen umsatzsteuerlichen Besteuerungsgrundlage gründet, sondern auch wegen der umsatzsteuerlichen Zwangsverrechnung und der Abschnittsbesteuerung zu Problemen führt. Gerade die Gegenläufigkeit von positiven und negativen umsatzsteuerlichen Besteuerungsgrundlagen, die dem System einer Netto-Allphasen-Umsatzsteuer mit Vorsteuerabzug immanent ist, ist vom Gesetzgeber bis heute nicht angemessen berücksichtigt worden. Das erklärt nicht nur das hohe Maß an Rechtsunsicherheit an der Schnittstelle von Umsatzsteuer- und Insolvenzrecht, sondern auch, warum sich jüngst eine Kommission zur Harmonisierung von Insolvenz- und Steuerrecht konstituiert und sich insbesondere mit Fragen der Umsatzsteuer befasst hat[1]. Etwaigen Harmonisierungsbemühungen hat sich der Gesetzgeber indes bislang nicht angenommen. So ist der Rechtsanwender darauf verwiesen, seine Lösungen im Umsatzsteuerinsolvenzrecht ohne eine eindeutig formulierte Werteentscheidung des Gesetzgebers auf dem Boden eines nur rudimentär modellierten Normenkorsetts zu finden. Die vorliegende Arbeit versucht zu klären, ob, und falls ja, inwiefern es im Zuge dessen überhaupt möglich ist, sowohl umsatzsteuer- wie auch insolvenzrechtlichen Wertungen Genüge zu tun oder die Umsatzsteuer gar als *insolvenzfest* anzuerkennen ist.

---

1 *Seer*, Abschlussbericht der Kommission zur Harmonisierung von Insolvenz- und Steuerrecht, Beihefter zu DStR 42/2014, 117, 118 ff. Auch darüber hinaus werden in jüngerer Zeit verstärkt Bestrebungen aus der Praxis sichtbar, Umsatzsteuer- und Insolvenzrecht miteinander in Einklang zu bringen, vgl. exemplarisch den Diskussionsbericht zum 51. Berliner Steuergespräch von *Richter/Welling*, FR 2014, 747 ff., sowie den Tagungsbericht der ersten Jahrestagung des Instituts für Insolvenz- und Sanierungsrecht von *Koke*, ZInsO 2015, 242 ff.

B) Gang der Untersuchung

Ein kodifiziertes Umsatzsteuerinsolvenzrecht kennt unsere Rechtsordnung nicht. Der Begriff umschreibt lediglich die tatsächlichen und rechtlichen Mechanismen und Problemstellungen, die an der Schnittstelle von Umsatzsteuer- und Insolvenzrecht auftreten und fasst sie unter dessen Dach zusammen. Zum besseren Verständnis soll dem Leser im *ersten Kapitel* ein Rahmen an die Hand gegeben werden, der die grundlegenden Entwicklungen und Wertungen an der Schnittstelle von Insolvenz- und Umsatzsteuerrecht aufbereitet. Hierzu gehören neben einem kurzen historischen Abriss über den Verlauf von Konkurs- und Umsatzsteuerrecht auch einige Ausführungen zur großen Insolvenzrechtsreform, insbesondere zur Abschaffung des Fiskusprivilegs nach § 61 Abs. 1 Nr. 2 KO. Darauf folgt eine instruktive Darstellung der einfachgesetzlichen Prämissen des Umsatzsteuerinsolvenzrechts, die erste rechtstechnische Grundlagen für die nachfolgenden Überlegungen bilden. Nach einer Behandlung der Auswirkungen von Insolvenzen auf das Umsatzsteueraufkommen wendet sich die Arbeit der vermögensrechtlichen Zuordnung der Umsatzsteuer im Insolvenzverfahren zu und geht der Frage nach, ob auf der Grundlage des nationalen einfachen Rechts oder des supranationalen Unionsrechts eine Separierung von Umsatzsteuer in der Insolvenz geboten ist, mit dem Ergebnis einer aufkommenswirksamen Realisierung in jeder Phase der Insolvenz. Im Anschluss daran setzt sich die Untersuchung mit dem (vermeintlichen) Grundsatz „Insolvenzrecht geht vor Steuerrecht" auseinander, bevor sie sich den verfassungsrechtlichen Bezügen zuwendet. In diesem Rahmen wird zunächst überprüft, ob sich aus der Verfassung ein Gebot zur Separierung der Umsatzsteuer aus der Doktrin eines strukturellen Vollzugsdefizits ergibt. Diese vom Bundesverfassungsgericht für das Steuerrecht entwickelte Lehre könnte den Gesetzgeber zum Handeln verpflichten (Gebot), soweit die ungleichmäßige Erhebung von Steuern auf eine insuffiziente legislative Ausgangslage zurückzuführen ist. Anschließend folgt eine Auseinandersetzung aus der gegenläufigen Perspektive, nämlich mit der Frage, ob aus der Verfassung ein Verbot zur Separierung der Umsatzsteuer in der Insolvenz abgeleitet werden kann. Das Kapitel schließt mit einer Begutachtung von § 55 Abs. 4 InsO, die einerseits einfachrechtliche Erwägungen beinhaltet, andererseits die Vorschrift auch auf ihre Verfassungsmäßigkeit überprüft.

Das *zweite Kapitel* befasst sich in erster Linie mit Fragen des einfachen Rechts hinsichtlich des umsatzsteuerlichen Festsetzungsverfahrens und der Bewertung positiver Besteuerungsgrundlagen unter Ausklammerung der umsatzsteuerlichen Zwangsverrechnung. Dabei orientiert sich das Kapitel an der neueren Rechtsprechungsserie des V. Senats des BFH, die zu einer Neukonzeptionierung des Umsatzsteuerinsolvenzrechts geführt hat. Deren Begutachtung setzt ein mit einer Exegese der bis zum ersten Urteil der Rechtsprechungsserie ergangenen Judikatur. Daraufhin folgt eine Darstellung der Positionen des Schrifttums und der Finanzverwaltung für diesen Zeitraum. Den ersten Untersuchungsschwerpunkt des Kapitels bildet sodann die Würdigung der Entscheidungen zu der bereits angesprochenen Rechtsprechungsserie. Dort befasst sich der *Verfasser* insbesondere mit der Konstruktion einer rechtlichen Uneinbringlichkeit und der daraus folgenden *doppelten Berichtigung* nach § 17 Abs. 2 Nr. 1 UStG im Lichte der bereits vom V. Senat des BFH entschiedenen Fälle. Dies führt zu der Frage, inwieweit jenes Konstrukt auch auf weitere Formen insolvenzrechtlicher (vorläufiger) Fremd- und Eigenverwaltung angewendet werden kann, was Gegenstand eines eigenen Abschnitts ist. Das Ende des Zweiten Kapitels besteht aus der Auseinandersetzung mit der Frage, ob der V. Senat des BFH mit seiner Rechtsprechung die Grenzen verfassungskonformer Auslegung überschritten hat.

Im *dritten Kapitel* wird sodann der Frage nachgegangen, ob, wann und auf welche Weise der Fiskus die auf positive Besteuerungsgrundlagen zurückzuführenden Umsatzsteueransprüche aufkommenswirksam realisieren kann. Hierzu widmet sich der *Verfasser* zunächst der umsatzsteuerlichen Zwangsverrechnung und untersucht, inwiefern an dieser Stelle die insolvenzrechtlichen Aufrechnungsverbote greifen und damit etwaige Verrechnungen von negativen gegen positive Besteuerungsgrundlagen verhindern. Auch an dieser Stelle wird die insofern entscheidende Rechtsprechung des V. Senats des BFH einer kritischen Würdigung unterzogen. Nach diesem abschließenden Blick auf das umsatzsteuerliche Festsetzungsverfahren folgt eine Begutachtung der Aufrechnung nach § 226 AO vor dem Hintergrund der insolvenzrechtlichen Aufrechnungsverbote. Dort setzt sich der *Verfasser* kritisch mit dem im Zuge der Rechtsprechungsserie des V. Senats des BFH vollzogenen Rechtsprechungswandel des VII. Senats des BFH auseinander und schildert die jeweiligen Folgewirkungen. Dies führt zu einer abschließenden Beurteilung der Verschränkungen von Umsatzsteuer- und Insolvenzrecht auf Grundlage der gegenwärtig durch die Rechtsprechung geprägten Rechtslage.

Im *vierten* und letzten Kapitel der Untersuchung gibt der *Verfasser* einen rechtspolitischen Vorschlag zur Neuordnung des Umsatzsteuerinsolvenzrechts auf der Grundlage einer Umsatzsteuersondermasse ab. Es soll damit ein Beitrag zu einer systemgerechten positiv-rechtlichen Verzahnung von Umsatzsteuer- und Insolvenzrecht geleistet werden. Dabei ist der Versuch unternommen worden, die Wertungen beider Teilrechtsgebiete zu berücksichtigen. Am Ende dessen steht die Skizzierung eines entsprechenden Normvorschlags.

Erstes Kapitel: „Rahmen“ eines Umsatzsteuerinsolvenzrechts

A) Historischer Querschnitt der gesetzlichen Entwicklung[2]

I. Die Konkursordnung

Die Konkursordnung ist die Vorgängerin der Insolvenzordnung. Sie wurde am 10. Februar 1877 im Reichsgesetzblatt verkündet und gehört neben dem Gerichtsverfassungsgesetz, der Zivilprozessordnung und der Strafprozessordnung zu den Reichsjustizgesetzen, die am 1. Oktober 1879 in Kraft getreten sind[3]. Das auch als „Perle der Reichsjustizgesetze“[4] bezeichnete Normenwerk geht maßgeblich[5] zurück auf eine Initiative des Bundesrates des neu gegründeten Deutschen Reiches aus dem Jahre 1870. Damit hat er den Reichskanzler um die Vorlage eines ersten Regelungsentwurfs ersucht[6]. Diesen Arbeiten nahmen sich im Preußischen Justizministerium *Franz Förster* und *Carl Hagens*[7] an, die 1873 einen entsprechenden Vorschlag[8] hervorbrachten. Auf der Grundlage dieses, in Fachkreisen grundsätzlich positiv aufgenommenen Entwurfs, erarbeitete eine Sachverständigenkommission eine teils

---

2 Der Abschnitt ist absichtlich kurz gehalten. Für ausführliche Beiträge zur Entstehung der KO im Ganzen vgl. die fundierten Aufsätze von *Thieme*, in: FS Einhundert Jahre Konkursordnung, S. 35 ff., und *Uhlenbruck*, DZWiR 2007, 1 ff. Eine monographische Darstellung der Entwicklung des Umsatzsteuerrechts findet sich u. a. bei *Klenk*, in: 50 Jahre Steuerreformen in Deutschland, S. 126 ff.

3 § 1 des Einführungsgesetzes v. 27.1.1877, RGBl. 1877, S. 77; zur früheren Historie bis zurück ins 18 Jhd. vor Chr. vgl. den instruktiven Beitrag von *Uhlenbruck*, DZWiR 2007, 1 ff. und zur Insolvenzkultur im Wandel der Zeit *Thole*, JZ 2011, 765 ff.

4 Geläufige Bezeichnung, deren Ursprung nicht ermittelbar ist; Zitat nach *Uhlenbruck*, in: FS Einhundert Jahre Konkursordnung, S. 3.

5 Das Projekt eines einheitlichen Konkursrechts begann nach *A. Meier*, Die Geschichte des deutschen Konkursrechts, S. 130, mit dem Schreiben des Bundeskanzleramtes des Norddeutschen Bundes an den preußischen Justizminister Leonhardt v. 21.12.1869. Bei *A. Meier* findet sich auch eine detaillierte Darstellung der weiteren (außer)parlamentarischen Geschehnisse.

6 *Stürner*, in: MüKo, InsO, Einl., Rz. 31.

7 *Carl Hagens* wurde von *Jaeger*, Lehrbuch Konkursrecht, S. 15, als „Meister der Gesetzgebung“ bezeichnet; *Levy*, Konkursrecht, S. 2, anerkennt ihn als „Schöpfer“ derselben. Nach *A. Meier*, Die Geschichte des deutschen Konkursrechts, S. 198, sollte er nicht als „ausschließlicher Schöpfer der KO“ angesehen werden, obwohl er die Gesetzgebung wie kein anderer begleitete und prägte.

8 Dieser Entwurf basierte im Wesentlichen auf der preußischen Konkursordnung von 1855, s. *Dann*, Das Konkursvorrecht der Öffentlichen Abgaben, S. 13.

erheblich überarbeitete Vorlage zu einer „Konkursordnung nebst Einführungsgesetz" und überreichte diese mitsamt Sitzungsprotokollen und Änderungsanträgen[9] am 31. Juli 1874 dem Reichskanzler. Nach Einbringung in das parlamentarische Geschehen hat der Reichstag die Einsetzung einer Konkurskommission beschlossen, die letzte Beratungen durchführen sollte und hierfür besser geeignet gewesen sei, als das Parlament als großes Gremium[10]. Schließlich hat der Reichstag über den dort gefundenen Vorschlag geschlossen ohne Gegenstimmen positiv im Jahr 1876 abgestimmt[11]. Die Konkursordnung war inhaltlich zuvorderst davon geprägt, das schuldnerische Vermögen ohne Rücksicht auf etwaige Fortführungsaussichten zu verwerten und auf diese Weise eine bestmögliche Verteilung der Masse sicherzustellen[12].

Während das Umsatzsteuerrecht im Geltungszeitraum der Konkursordnung eine grundlegende Erneuerung erfuhr[13], blieben weitreichende Änderungen am Konkursrecht bis zu dessen Ablösung durch die Insolvenzordnung aus[14]. Eine Ausnahme hiervon bildet die Vergleichsordnung von 1927[15], die 1935[16] umfassend neugefasst wurde und als Reaktion auf die veränderten rechtlichen Bedürfnisse nach dem Ersten Weltkrieg angesehen wird[17]. Ihre gesetzgeberische Zielvorstellung bestand primär darin, sanierungsfähige Schuldner und Unternehmen vor einer Liquidation zu bewahren[18]. Daneben ist das Konkursrecht im Laufe der Zeit an verschiedenen anderen Stellen[19] überarbeitet worden, die indes keine wesentlichen konstruktiven

---

9 BArch R 1401 682, S. 185.

10 *A. Meier*, Die Geschichte des deutschen Konkursrechts, S. 188 ff.

11 *A. Meier*, Die Geschichte des deutschen Konkursrechts, S. 194.

12 *Levy*, Konkursrecht, S. 2. Mit Blick auf den Verwertungs- und Zerschlagungsgedanken verfasste *Jaeger*, Konkursrecht, 8. Aufl. 1932, den heute vielzitierten Satz: „Der Konkurs ist ein Wertvernichter schlimmster Art und obendrein das teuerste Schuldentilgungsverfahren. Je größer das ihm verfallene Unternehmen ist, je weitere Wirtschaftskreise der Zusammenbruch in Mitleidenschaft zieht, desto erwünschter muß es sein, wenn Schuldner und Gläubiger durch Vereinbarung eines Ausgleichs dem Konkurse vorbeugen". Die später neugefasste Vergleichsordnung konnte die Bedürfnisse der Konkurspraxis an eine mögliche Sanierung des notleidenden Unternehmens nicht erfüllen.

13 S. dazu unter Erstes Kapitel A)II.2.

14 Eine Aufstellung der einzelnen Reformvorhaben findet sich bei *A. Meier*, Die Geschichte des deutschen Konkursrechts, S. 202 ff., u. a. mit Verweis auf andere Quellen. Eine größere Reform war bspw. die Novelle von 1898, die auf den Erlass des BGB zurückzuführen ist.

15 RGBl. I, S. 139.

16 RGBl. I, S. 321.

17 *A. Maier*, Die Geschichte des deutschen Konkursrechts, S. 204.

18 *Hess*, in: Hess, InsO, Vor § 1, Rz. 134.

19 Eine Übersicht aller Änderungen betr. die KO ist abgedruckt bei *Hess*, in: Hess, InsO, Vor § 1, Rz. 112 ff.

Veränderungen mit sich brachten. Zumeist sind die Gründe hierfür im sozialpolitischen Umfeld zu suchen[20].

Ab den 1950er Jahren mehrten sich die kritischen Stimmen an der Konkursordnung. Den hauptsächlichen Angriffspunkt bildete die These, die Konkursordnung sei nicht mehr in der Lage, den Anforderungen an eine geordnete Abwicklung eines zusammengebrochenen wirtschaftlichen Unternehmens ausreichend Rechnung zu tragen. Später findet sich diese Symptomatik in der Literatur unter der von *Kilger* geprägten Phrase eines „Konkurs des Konkurses“[21]. Als gemeinhin hierfür anerkannter Beleg gilt die Anzahl der sog. massearmen Konkursverfahren, d.h. solcher Verfahren, bei denen schon nicht das Verfahren eröffnet wurde, weil die Masse nicht einmal die hierdurch entstehenden Kosten zu decken vermochte. Der Anteil dieser Fälle hat sich bis 1983 auf 76% erhöht[22] und war damit treibende Kraft für eine Erneuerung des Rechts über den Konkurs, was letztlich in die Entstehung der Insolvenzordnung mündete. Exemplarisch für die Auszehrung der Massen kann die von der juristischen Praxis vorangetriebene Schaffung sog. publizitätsloser Sicherheiten angeführt werden (Eigentumsvorbehalt, Sicherungsübereignung), die Gläubiger ungeachtet irgendeines Verteilungsmaßstabes zur Aussonderung befähigten[23]. Daneben gelten als wesentlicher Grund für die zunehmenden Einbußen der Funktionsfähigkeit der Konkursordnung die immer geringer werdenden Befriedigungsaussichten der einfachen Konkursgläubiger infolge der Zunahme von dinglich gesicherten und zudem auch sonst bevorrechtigten privat- und öffentlich-rechtlichen Forderungen[24].

---

20 Zu nennen sind hier bspw. die Einführung eines Lohn- und Gehaltssubstituts für die Dauer von drei Monaten (G. v. 17.7.1974, BGBl. I, S. 1481 ff.) und die Ausfallsicherheit der betrieblichen Altersvorsorge (G. v. 19.12.1974, BGBl. I, S. 3610 ff.).

21 *Kilger*, KTS 1975, 142. *Uhlenbruck*, in: FS Einhundert Jahre Konkursordnung, 1977, S. 3, 5, ist der Auffassung, dass es nicht die gesetzliche Ausgestaltung der Konkursordnung war, sondern Gesetzgebung, Rechtsprechung, Konkursgerichte und Konkursverwalter für ihren Niedergang verantwortlich sind. Vgl. hierzu auch den jüngst erschienenen Beitrag unter dem Titel „Vom Konkurs des Konkurses zur Insolvenz der Insolvenz“ von *Kayser/Heidenfelder*, ZIP 2016, 447 ff.

22 *Landfermann*, DStZ 1985, 391, 392. Die statistischen Daten finden sich im Einzelnen in Anlage 1 zum Ersten Bericht der *Kommission für Insolvenzrecht* aus dem Jahre 1985, S. 457, 459. 1950 lag der Anteil noch bei 27 %.

23 *Weiland*, Par condicio creditorum, S. 45; *Wilke*, UR 1979, 137.

24 Zweifelnd *Urban*, NZI 2010, 888, 889. Zu den Auswirkungen des Fiskusprivilegs im Besonderen s. unter Erstes Kapitel A)III.2.

II. Das Umsatzsteuerrecht ab 1918 bis zur europäischen Harmonisierung

1. Das UStG 1918/1919

Nach den sog. Umsatzgeldern, Akzisen und der Besteuerung von Umsätzen durch das *Reichsgesetz über den Warenumsatzstempel*[25] manifestierte der deutsche Gesetzgeber mit dem ersten *Reichsumsatzsteuergesetz* v. 26.7.1918 (UStG 1918)[26] das System einer Allphasen-Bruttoumsatz-steuer. Ihr wesentliches Merkmal war die Belastung eines jeden Umsatzes auf jeder Produktions- und Handelsstufe; eine Entlastung wie sie heute mittels des Vorsteuerabzugs ermöglicht wird, sah das Gesetz nicht vor. Die umsatzsteuerliche Bemessungsgrundlage war der jeweilige Bruttoumsatz. Im UStG 1918 beschränkte sich die Besteuerung noch auf solche Leistungen, die innerhalb selbständiger *gewerblicher* Tätigkeiten erbracht wurden. Mit dem UStG 1919 v. 24.12.1919[27] wurde der Kreis der steuerpflichtigen Tatbestände auf solche Tätigkeiten ausgedehnt, die gewerblich oder *beruflich* ausgeübt wurden, womit von da an auch die sog. Freiberufler erfasst waren.

2. Reformen bis 1967

Bis einschließlich 1930 ist es abgesehen von tarifären[28] Maßnahmen zu keinen Änderungen gekommen. In Anbetracht ihrer systematischen Wirkweise erwähnenswert ist die (Not)Verordnung des Reichspräsidenten v. 8.12.1931[29], mit der der Reichsminister der Finanzen ermächtigt wurde, für dort genauer bezeichnete Gegenstände eine Phasenpauschalierung vorzunehmen, die den Inhalt hatte, nicht alle in der Lieferkette ausgeführten Leistungen zu besteuern, sondern nur die letzte in der Kette. Von dieser Ermächtigung wurde indes kein Gebrauch gemacht[30]. Wenige Jahre später wurde mit dem UStG 1934[31] die von der Rechtsprechung entwickelte Organtheorie in das Umsatzsteuergesetz eingearbeitet (§ 2 Abs. 2 Nr. 2 UStG), die bis zum heutigen Tag an gleicher Stelle normiert ist. Nach Ende des Zweiten Weltkriegs hat der Kontrollrat der Siegermächte die Organschaft mit Gesetz v. 11.2.1946

---

25 RGBl. 1916, S. 639.

26 RGBl. I, S. 775.

27 RGBl. I, S. 2157.

28 Hierzu zählen auch die Aufhebung der sog. Luxussteuer sowie die Wiedereinführung der sog. Warenhaussteuer.

29 RGBl. I 1931, S. 699, 729.

30 *Stadie*, in: Rau/Dürrwächter, UStG, Vorbemerkungen, Rz. 23.

31 RGBl. I 1934, S. 942. Mit diesem Gesetz ist ferner im Zuge der Vergrößerung des Reichsgebiets unter der Herrschaft der Nationalsozialisten der Geltungsbereich des Umsatzsteuergesetzes erweitert worden, s. *Klenk*, in: 50 Jahre Steuerreformen in Deutschland, S. 126, 141.

de facto[32] bis zum Inkrafttreten des 9. Umsatzsteueränderungsgesetzes mit Wirkung ab 1.4.1958[33] ausgesetzt.

Nach der letzten Erhöhung des allgemeinen Steuersatzes auf 4 % im Jahr 1951[34] verdichtete sich die Kritik an der wettbewerbsverzerrenden Wirkung der geltenden Allphasen-Bruttoumsatzsteuer[35]. Die genannten Vorschläge zur Umgestaltung des Umsatzsteuersystems nahm der Bundesminister der Finanzen auf und fasste sie in der „Denkschrift über die Möglichkeiten einer Verbesserung der Umsatzbesteuerung" v. 20.12.1958 zusammen. Hierbei gelangte er zu zwei Erkenntnissen, wobei eine davon die Einführung einer Allphasen-Nettoumsatzsteuer mit Vorsteuerabzug[36] war, wie sie die Steuerrechtsordnung bis heute kennt. Der später auf dieser Grundlage ausgearbeitete Regierungsentwurf zur Einführung eines Mehrwertsteuersystems v. 30.10.1963[37] entsprach im Wesentlichen dem später verabschiedeten „Umsatzsteuergesetz (Mehrwertsteuer)" v. 29.5.1967[38], das am 1.1.1968 in Kraft trat[39]. Bis dahin galt das UStG trotz mehrfacher Novellen in seinen Grundzügen unverändert fort[40].

3. *Europäische Harmonisierung*

Nicht nur im innerdeutschen Leistungsverkehr, sondern auch im Außenhandel führte die Allphasen-Bruttoumsatzsteuer zu Wettbewerbsverzerrungen, da die Steuerbefreiung der Ausfuhr die dieser Leistung vorgelagerte Umsatzsteuerbelastung nicht zu beseitigen vermochte. Spiegelbildlich hierzu war bei einem Import der Steuergegenstand mit der (Rest-)Umsatzsteuer des Ursprungslandes belastet[41]. Mit dem Ziel der Aufhebung der Beschränkungen im zwischenstaatlichen Wirtschaftsverkehr

---

32 Art. II KRG Nr. 15; es wurde nicht die Vorschrift über die Organschaft gestrichen, sondern eine zusätzliche Regelung erlassen, nach der alle zwischen einer Mutter- und einer Tochtergesellschaft [...] getätigten Transaktionen der Umsatzsteuersteuerpflicht unterliegen.

33 BGBl. I 1957, 1743.

34 Eingeführt mit dem UStG 1951, BGBl. I 1951, S. 791.

35 *Stadie*, in: Rau/Dürrwächter, UStG, Vorbemerkungen, Rz. 23, dort m.w.N.; eine verfassungsrechtlich-relevante Einschränkung der Wettbewerbsneutralität hat auch das BVerfG, Urt. v. 20.12.1966, 1 BvR 320/57, BVerfGE 21, 12, für das UStG 1951 angenommen, es aber bei einer Ermahnung des Gesetzgebers für die Zukunft belassen.

36 Die Idee zu einer Allphasen-Nettoumsatzsteuer mit Vorsteuerabzug geht nach *Grossekettler*, in: Freiheit, Gleichheit, Effizienz, S. 73, auf *Carl Friedrich von Siemens´* „Veredelte Umsatzsteuer", 2. Auflage, 1921, zurück.

37 BT-Drucks IV/1590.

38 So lautete die offizielle Bezeichnung des Gesetzes; der Klammerzusatz wurde 1973 aber wieder beseitigt. Das Gesetz findet sich in BGBl. I 1967, 545. S. hierzu auch *Stadie*, in: Rau/Dürrwächter, UStG, Vorbemerkungen, Rz. 43.

39 BGBl. I 1967, S. 545.

40 *Klenk*, in: Sölch/Ringleb, UStG, Wesen der Umsatzsteuer, Rz. 1.

41 *Klenk*, in: Sölch/Ringleb, UStG, Wesen der Umsatzsteuer, Rz. 3.

sah der Vertrag der Europäischen Wirtschaftsgemeinschaft v. 25.3.1957 in Art. 99 EWG (heute: Art. 113 AEUV) die Harmonisierung der Rechtsvorschriften der Mitgliedstaaten über die Umsatzsteuer [...] im Interesse des gemeinsamen Marktes vor. Auf dieser Grundlage veröffentlichte die EWG-Kommission im Oktober 1962 einen Richtlinienentwurf zur Harmonisierung der Umsatzsteuer in den Mitgliedstaaten für ein Mehrwertsteuersystem mit Vorsteuerabzug. Dieser führte zu den ersten beiden Richtlinien[42] der Europäischen Wirtschaftsgemeinschaft auf dem Gebiet der Mehrwertsteuer. Ihrer Umsetzung ist der deutsche Gesetzgeber mit dem am 1.1.1968 in Kraft getretenen Umsatzsteuergesetz inhaltlich vollumfassend und fristgerecht nachgekommen.

Mit dem sog. Eigenmittelbeschluss v. 21.4.1970 stärkte die Europäische Wirtschaftsgemeinschaft ihre Finanzautonomie. Fortan basierten ihre Finanzmittel auf „traditionellen" Eigenmitteln (Zölle, Einnahmen aus dem Agrarsektor), einem Anteil am Bruttonationaleinkommen (sog. BNE-Einnahme, erst später durch Beschluss aus dem Jahr 1988 eingeführt) und einem auf den Mehrwertsteuereinnahmen der Mitgliedstaaten basierenden Anteil[43]. Um eine proportional gleichmäßige Belastung der Mitgliedstaaten zu gewährleisten, bedurfte es einer Vereinheitlichung der umsatzsteuerlichen Bemessungsgrundlage in den nationalen Rechtsordnungen. Mit diesem Ziel erging am 17.5.1977 die *Sechste Richtlinie zur Harmonisierung der Rechtsvorschriften der Mitgliedstaaten über die Umsatzsteuern – Gemeinsames Mehrwertsteuersystem*[44]. Sie enthielt erstmals detaillierte Vorgaben über Steuerbarkeit, Steuerbefreiungen, Bemessungsgrundlagen und den Vorsteuerabzug und beließ den Mitgliedstaaten nur noch wenig Spielraum zur Ausgestaltung der nationalen Umsetzungsgesetze[45]. Ein weiterer Meilenstein in der europäischen Mehrwertsteuergesetzgebungsentwicklung war sodann die *Richtlinie über das gemeinsame Mehrwertsteuersystem* (MwStSystRL)[46], die zum 1.1.2007 in Kraft getreten ist. Mit

42 1. und 2. Richtlinie zur Harmonisierung der Rechtsvorschriften der Mitgliedstaaten über die Umsatzsteuer v. 11.4.1967 (RL 67/227/EWG, Abl. 67, 1301; RL 67/228/EWG, ABl. 67, 1303, die nach *P. Kirchhof*, DStR 2008, 1, 2, unter der Leitung des deutschen Finanzwissenschaftlers *Fritz Neumark* ausgearbeitet wurden.

43 Dieser Anteil berechnet sich aus einem einheitlichen Prozentsatz (sog. Abrufsatz, regelmäßig 0,3 %, abweichend für Österreich [0,225%] und Deutschland [0,10%] für die Jahre 2007–2013), der auf die harmonisierte Mehrwertsteuerbemessungsgrundlage angewendet wird, vgl. *Europ. Kommission*, Die Finanzverfassung der Europäischen Union, S. 263 ff. Im Jahr 2014 betrug der Anteil der Bundesrepublik Deutschlands 4,14 Mrd. Euro, s. Bundeshaushalt 2014, BT-DrS 18/700, Anlage Einzelplan 60, S. 9.

44 RL 77/388/EWG, ABl. EG Nr. L 145/1977, 1. Durch sie wurde die 2. EG-Richtlinie aufgehoben.

45 *Stadie*, in: Rau/Dürrwächter, UStG, Vorbemerkungen, Rz. 558; die Bundesrepublik Deutschland hat die Richtlinie erst mit einer Verspätung von zwei Jahren umgesetzt i.F.d. UStG 1980, Gesetz v. 17.5.1979, BGBl. I, S. 1963, später berichtigt in BGBl. I 1980, S. 137.

46 RL 2006/112/EG v. 28.11.2006, ABl. EG Nr. L 347/2006, 1.

ihren insgesamt 414 Artikeln hat sie sie die 1. und die 6. EG-Richtlinie ersetzt und ist bis heute das „Grundgesetz des Umsatzsteuerrechts“[47]. Alle zwischenzeitlichen oder darauffolgenden Änderungen des UStG haben keine systemrelevanten Veränderungen mit sich gebracht, die ohnehin allein auf nationalstaatlicher Ebene wegen des insoweit vorrangigen sekundären Unionsrechts nicht möglich gewesen wären. Sie erschöpfen sich in politischen Entscheidungen aus Partikularinteressen, Vorschriften zur Vermeidung von Steuerbetrug bzw. -ausfall und der Anpassung an veränderte Richtlinienvorgaben und Entscheidungen des EuGH.

III. Das ehemalige gesetzliche Fiskusprivileg in § 61 Abs. 1 Nr. 2 KO

1. Motive und Wirkweise

Nachdem die grundlegende historische Entwicklung von Konkurs- und Umsatzsteuerrecht beschrieben wurde, soll an dieser Stelle in der gebotenen Kürze das Fiskusprivileg des § 61 Abs. 1 Nr. 2 KO gewürdigt werden, bevor später auf die wesentlichen Schritte in der Entwicklung der Insolvenzordnung eingegangen wird. Auch wenn es mit der Abschaffung der Konkursordnung seit mehr als einem Jahrzehnt keinen praktischen Anwendungsbereich mehr hat, wird es auch heute noch durchaus häufig (vergleichsweise) herangezogen, um die gegenwärtige Rechtslage des Umsatzsteuerinsolvenzrechts zu umschreiben und zu bewerten. Es galt steuerartenunterschiedslos für die „Forderungen der Reichskasse, der Staatskassen und der Gemeinden sowie der Amts-, Kreis- und Provinzialverbände wegen öffentlicher Abgaben, welche im letzten Jahr vor der Eröffnung des Verfahrens fällig[48] wurden (...)“. Die aufgezählten Forderungen standen an zweiter Rangstelle, nicht in einem der übrigen Tatbestände (§ 61 Abs. 1 Nr. 1, 3–5 KO) aufgezählte Vermögensansprüche erst an sechster. Privilegierte Forderungen waren vor den übrigen Konkursforderungen zu befriedigen, waren aber – insofern wie im geltenden Recht – Masseverbindlichkeiten[49] wiederum nach § 57 KO nachrangig. Die Gläubiger, deren Forderungen im Konkurs ein Vorrecht genossen, hatten niemals die Eigenschaft eines Vergleichsgläubigers nach § 26 Abs. 1 VglO.

In den von *Hahn* überlieferten Motiven zur KO finden sich aus heutiger Sicht paternalistisch anmutende Argumente. So wurde die Einführung des Fiskusprivilegs etwa mit dem Schutz des Staates begründet, der Vorbedingung jeder Sicherheit des Eigentums und des Rechtsverkehrs sei. Um diesen Schutz herzustellen, bedürfe es

---

47 *Robisch*, in: Bunjes, UStG, Vor. zu § 1, Rz. 5; zitiert nach *Mellinghoff*, UR 2013, 5.

48 Speziell zur Bedeutung der Fälligkeit für das Konkursvorrecht in Bezug auf die Umsatzsteuer *Knorr*, KTS 1957, 1 ff.

49 Die KO kannte Masseverbindlichkeiten zumindest der Begrifflichkeit nach nicht. Sie unterschied innerhalb dieser inhaltlichen Kategorie zwischen Massekosten nach § 58 KO und Masseschulden nach § 59 KO.

einer vorzugsweisen Sicherstellung des Steueraufkommens[50]. Diese Erwägungen galten auch für *indirekte* Steuern[51], die der Gesetzgeber wegen der nach hinten geschobenen Fälligkeit in wirtschaftlicher Hinsicht kreditierte. Kurzzeitig wurde indes die Frage diskutiert, ob das Fiskusprivileg überhaupt für diese Forderungen gelten solle. Schließlich beruhe die Kreditierung dieser Steuern nicht auf einer tatsächlichen Kreditgewährung durch die Finanzverwaltung sondern auf einer gesetzgeberischen Anordnung, was den Wertungen des Konkursrechts entgegenstünde[52]. Dieser Ansatz wurde schließlich nicht weiter verfolgt. Generell erklärte sich das Fiskusprivileg nach dem Verfasser des Entwurfs der Gemeinschuldordnung[53] allein aus der Tradition[54]. Das öffentliche Wohl verlange nicht, dass zwar der Anspruch des Staates, aber nicht der Anspruch des Bürgers befriedigt werde. Wirtschaftlich wäre es richtiger, wenn Millionen von Steuerpflichtigen den Ausfall der Forderung tragen müssten, und nicht der Einzelne, der durch den Konkurs seines Schuldners ohnehin belastet sei. Zudem könne sich der Staat wie jeder andere Geschäftsmann absichern. Ihm sei außerdem die Möglichkeit der sofortigen verwaltungsmäßigen Zwangsvollstreckung gegeben, womit er ein außergewöhnliches Zwangsmittel in der Hand habe. Da aber die Konkursmasse durch das Fiskusprivileg ausgezehrt werde, dürfe das Fiskusprivileg nicht Gesetz werden, so *Hagens*[55]. Durchsetzen können hat er sich mit diesem Plädoyer nicht.

2. Entwicklung, Kritik und Gesamtzusammenhang zur Konkursordnung

Die wirtschaftliche Tragweite des Fiskusprivilegs ist erst in dessen historischer Einordnung erkennbar. Während die Preußische Einkommensteuer beispielsweise 1891 gestaffelte Steuersätze von einem bis vier Prozent aufwies[56], betrug der einkommensteuerliche Spitzensteuersatz zum Zeitpunkt des Außerkrafttretens der KO im Jahre 1998 53 %[57]. Selbiger Anstieg der Steuerbelastung gilt auch für die Umsatzsteuer, die 1918 lediglich 0,5 % betrug. Im Vergleich hierzu lag der allgemeine Umsatzsteuersatz

---

50 *Hahn*, Motive zur KO, S. 248.

51 Nach *Bühler*, Lehrbuch des Steuerrechts, Bd. I, 1927, S. 496, ist das Fiskusvorrecht gerade für indirekte Steuern berechtigt, weil diese überwälzt werden müssen.

52 *Hahn*, Motive zur KO, S. 239.

53 Der Begriff geht zurück auf den Titel des Entwurfs einer „Gemeinschuldordnung" aus dem Jahre 1873, die später zur „Konkursordnung" umbenannt wurde.

54 *Hagens*, Motive zur Gemeinschuldordnung, S. 329.

55 *Hagens*, Motive zur Gemeinschuldordnung, S. 329 f.

56 Vgl. § 17 Preuß. EStG 1891.

57 § 32a EStG i.d.F. des Steuerentlastungsgesetzes 1999 v. 19.12.1998, BGBl. I 1998, 3779.

ab April 1998 bei 16%[58]. Insofern rückte das Fiskusprivileg wegen seiner tendenziell größer werdenden Auswirkungen immer mehr in den Mittelpunkt der Kritik[59].

Die Befürworter des Fiskusprivilegs brachten meistenteils die vom Gesetzgeber der KO genannten Argumente vor, allen voran das „öffentliche Wohl" sowie die Tatsache, dass sich der Staat seine Schuldner nicht aussuchen könne[60]. Er sei gezwungen, seine Forderungen als unfreiwilliger Gläubiger aufgrund der gesetzlichen Rahmenbedingungen zu kreditieren[61]. Außerdem sei es die nötige Kompensation des Fiskus zu den sich immer stärker ausbreitenden Immobiliarsicherheiten und den damit einhergehenden, die Masse belastenden Vorrechten[62]. Die Kritiker hielten das Privileg des Fiskus hingegen nicht länger für gerechtfertigt[63], da er hinsichtlich privater Gläubiger nicht schlechter gestellt sei. Auch diese hätten nicht immer die Möglichkeit, sich ihre Schuldner auszusuchen. Außerdem sei es ohnehin rechtspolitisch nicht ratsam, Steuerforderungen zu kreditieren bzw. zu stunden, da somit der Konkurs und damit eine geordnete Abwicklung nur länger hinausgezögert würde[64]. Ferner wurde angeführt, dass der Staat auch ohne das Fiskusprivileg privilegiert gewesen sei, weil er im Vergleich zu privaten Gläubigern über weitreichende Informations- und Vollstreckungsmöglichkeiten verfüge[65]. Auch sei nicht einzusehen, warum die Ansprüche des unbesicherten privaten Darlehensgebers oder Verkäufers denjenigen des öffentlichen Gemeinwesens nachgehen sollten, würde es – das öffentliche Gemeinwesen – den Steuerausfall doch kaum verspüren[66]. Es sei außerdem nicht länger ausschließlich danach zu fragen, ob die mit dem Vorrecht einhergehende Besserstellung gerechtfertigt sei, sondern ob auch die daraus resultierende Folge des vermehrten Ausfalls der einfachen Konkursgläubiger noch legitim ist[67]. Kritisiert wurde damit, dass der dem Gesetzgeber zuzurechnende Fiskus selbst gegen das Grundprinzip des Konkursrechts, nämlich den Grundsatz der Gleichbehandlung *aller* Gläubiger verstoßen habe[68], was sogar vor dem Maßstab des Art. 3 Abs. 1 GG

---

58 Die Zahlen sind entnommen aus *Klenk*, in: 50 Jahre Steuerreformen in Deutschland, S. 126, 128 ff. Dort finden sich ab 1916 bis 2003 alle Umsatzsteuersätze chronologisch sortiert und ins Verhältnis zum jeweiligen Finanzminister und Umsatzsteueraufkommen gesetzt.

59 *Landfermann*, DStZ 1985, 391, 392; *K. Schmidt*, Gutachten zum 54. DJT, Band I, D 53.

60 *App*, BB 1984, 668.

61 So *O. Schwarz*, FR 1961, 481 f. und *Orlopp*, DStZ/A 1979, 219 ff., die selbst nicht mit dem „öffentlichen Wohl" argumentieren.

62 *O. Schwarz*, FR 1961, 481, 484.

63 Die Alternative eines nach Steuerarten differenzierenden Fiskusprivilegs zeigen *Bredow/Christiansen*, KTS 1959, 21, 23, auf.

64 *App*, BB 1984, 668 f.; *Berges*, KTS 1959, 53 f.; *Bredow/Christiansen*, KTS 1959, 21, 23.

65 *Dann*, Konkursvorrecht der öffentlichen Abgaben, S. 68 ff.

66 *Jaeger*, Konkursrecht, S. 45.

67 *Weber*, in: FS Einhundert Jahre Konkursordnung, S. 321, 357.

68 *Orlopp*, DStZ/A 1979, 219.

bedenklich sei[69]. Dass zuletzt dreiviertel aller Konkursanträge mangels Masse abgewiesen werden mussten[70], sei insbesondere im Zusammenhang mit der vorzugsweisen Befriedigung des Staates zu sehen[71], die in der Nachkriegszeit bedingt durch die ständig steigenden Steuersätze „ungeahnte Ausmaße" annahm[72]. Das Fiskusprivileg wurde immer häufiger dafür verantwortlich gemacht, dass die Konkursmasse restlos von den „mit Vorrecht angemeldeten" Steuerrückständen in Anspruch genommen würde[73] und damit erhebliche Schuld an der institutionellen Gefährdung des Konkurses trage[74]. Als treibende Kraft galt diesbezüglich der durch die Umsatzsteuer und der entsprechenden Vorrechtseigenschaft einhergehende Liquiditätsverlust[75].

IV. Die Entstehung und Wirkung der Insolvenzordnung und Reformen und Reformvorhaben mit Auswirkungen auf das Umsatzsteuerrecht

1. *Grundzüge der Insolvenzrechtsreform*

Der Gesetzgeber kam mit zunehmendem Funktionsverlust[76] der Konkursordnung in Zugzwang. Es sollte ein neues und faires Liquidationsverfahren im Sinne eines volkswirtschaftlich sinnvollen Reorganisationsverfahrens geschaffen werden, das nicht mehr ausschließlich zu der bisher praktizierten Zerschlagung von sanierungsfähigen Unternehmen führte, um eine möglichst effiziente Gläubigerbefriedigung zu erreichen[77]. Damit gehörte der Gedanke an eine Reinigungsfunktion des Insolvenzverfahrens, bei der das Ausscheiden eines lebensunfähigen Unternehmens als notwendige Prämie des Selbstreinigungsprozesses einer ansonsten sauberen Wirtschaft angesehen wurde, endgültig der Vergangenheit an[78]. Der damalige Bundesminister der Justiz beauftragte daher im Jahre 1978 eine *Kommission für Insolvenzrecht* damit, den Entwurf für ein entsprechendes Insolvenzrecht auszuarbeiten. Mitunter um der vorgenannten Maxime zu genügen, war es das oberste Ziel der anstehenden

---

69 Für eine Verfassungswidrigkeit von § 61 Abs. 1 Nr. 2 KO nach Art. 3 Abs. 1 i.V.m. 14 Abs. 1 GG ist *Adam*, DZWiR 2009, 441, 442 f.

70 BT-DrS 12/2443, S. 107.

71 *Uhlenbruck*, NJW 1975, 897, 903.

72 *Gassert-Schumacher*, Privilegien in der Insolvenz, S. 161; in diesem Sinne auch *Dann*, Konkursvorrecht der öffentlichen Abgaben, S. 19, 20; *Landfermann*, DStZ 1985, 391, 392. *Spörlein*, BB 1949, 686, merkt in diesem Zusammenhang an, dass manche Unternehmer nur deshalb [materiell] zahlungsunfähig geworden sind, weil sie wegen hoher Steuerlasten ihre übrigen Gläubiger nicht mehr bedienen konnten.

73 *Liebisch*, Zeitschrift für deutschen Zivilprozess, 62 [1941], S. 33.

74 *Orlopp*, DStZ/A 1979, 219, 220.

75 *Wilke*, UR 1979, 137; *ders.*, DStZ/A 1979, 163.

76 So begrifflich *Weiland*, Par condicio creditorum, S. 45; hierzu auch oben unter Erstes Kapitel A)I.

77 *Welzel*, Die Umsatzsteuer als Masseverbindlichkeit, S. 4.

78 *Pape/Uhlenbruck/Voigt-Salus*, Insolvenzrecht, S. 101.

Reformbemühungen, die Zahl der eröffnungsfähigen Verfahren zu erhöhen, einer Massearmut[79] also vorzubeugen, und den Grundsatz der Gläubigergleichbehandlung stringent zu verfolgen[80]. Beide Maßgaben bedingen einander; letztere findet sich heute als Leitsatz in § 1 S. 1 InsO, nach dem das Insolvenzverfahren dazu dient, „die Gläubiger eines Schuldners gemeinschaftlich zu befriedigen, indem das Vermögen des Schuldners verwertet und der Erlös verteilt oder in einem Insolvenzplan eine abweichende Regelung zum Erhalt des Unternehmens getroffen wird". Die von der Kommission in ihren Berichten aus den Jahren 1985 und 1986 vorgetragenen Überlegungen führten zu einer Vielzahl von Diskussionsbeiträgen, denen der 1988 vorgelegte Diskussionsentwurf einer Insolvenzordnung bereits in gewissem Umfang Rechnung trug und nur noch im Detail durch den 1989 veröffentlichten Referentenentwurf geändert wurde[81]. Schließlich setzte die Bundesregierung 1991 das förmliche Gesetzgebungsverfahren in Gang, in dessen Rahmen es vor dem endgültigen Zustimmungsbeschluss v. 21.4.1994 zu nicht weniger als 40 Änderungsanträgen gekommen ist. Im Zuge der Verhandlungen des Vermittlungsausschusses wurde das ursprünglich auf den 1.1.1997 geplante Inkrafttreten um zwei Jahre nach hinten verschoben[82]. Die Insolvenzordnung entfaltet ihre Wirkung damit seit dem 1.1.1999[83].

Die mit der Insolvenzordnung verbundene Ordnungsaufgabe in der sozialen Marktwirtschaft[84] sollte in Ansehung der bereits genannten Maxime „gleichmäßige Gläubigerbefriedigung *durch* Steigerung der Sanierungschancen"[85] angegangen werden. Die konkreten Ziele der Reform waren eine Marktkonformität der Insolvenzabwicklung, die erleichterte und rechtzeitige Eröffnung des Insolvenzverfahrens, die Herstellung von mehr Verteilungsgerechtigkeit im Insolvenzverfahren, die Erleichterung der Restschuldbefreiung sowie die bessere Bekämpfung gläubigerschädigender Handlungen[86]. Eine Darstellung der jeweiligen inhaltlichen Umsetzung dieser Ziele würde an dieser Stelle zu weit führen. Im Wesentlichen aber sind marksteinartig zu bemerken die Einführung eines Insolvenzplanverfahrens[87],

---

79 Nach einer von *Erkel*, in: FS Einhundert Jahre Konkursordnung, S. 295, 297, ausgewerteten Studie des MPI für internationales und ausländisches Privatrecht ist Grund für Massearmut an Position 2 von 8 die „mangelhafte Harmonisierung zwischen Steuer- und Insolvenzrecht (Umsatzsteuer als Masseanspruch usw.)."

80 *Bauer*, ZInsO 2008, 119, 120.

81 *Hofmann*, DRiZ 1994, 411, 412, 414.

82 *Welzel*, Die Umsatzsteuer als Masseverbindlichkeit, S. 5.

83 Insolvenzordnung v. 5.10.2004, BGBl. I 1994, 2866.

84 BT-DrS 12/2443, S. 75 ff.

85 Hauptzweck des Insolvenzverfahrens ist gem. § 1 S. 1 InsO die gemeinschaftliche Gläubigerbefriedigung. Die Sanierung eines Unternehmens ist damit weder ein danebenstehender selbstständiger Insolvenzzweck, noch ist sie als Selbstzweck konzipiert. Ausführlich zu diesem Spannungsverhältnis *H.-P. Kirchhof*, in FS Gerhardt, S. 443 ff.

86 BT-DrS 12/2443, S. 77 ff.

87 Zu den Besonderheiten hinsichtlich der Umsatzsteuer vgl. *Liebgott*, UR 2014, 141 ff.

einer Restschuldbefreiung und eines besonderen Verbraucherinsolvenzverfahrens. Daneben sind erwähnenswert die unter dem Ziel der Masseanreicherung eingeführten Vorschriften zu einer erleichterten Verfahrenseröffnung, der Einbeziehung des Neuerwerbs zur Insolvenzmasse, der Verschärfung des Anfechtungsrechts, der bereits genannten Abschaffung von Vorrechten sowie der eingeführte Kostenbeitrag von gesicherten Gläubigern[88].

2. Umsatzsteuerliche Implikationen im Zuge der Insolvenzrechtsreform

Das Steuerrecht im Allgemeinen sowie das Umsatzsteuerrecht im Besonderen ist vor dem Hintergrund der großen Insolvenzrechtsreform zu keiner Zeit mit dieser in einen systematischen Zusammenhang gesetzt worden. Ausführungen zum grundlegenden Verhältnis der beiden Rechtsgebiete finden sich nicht. Insofern kann mit den Worten *Frotschers* konstatiert werden, dass die Insolvenzrechtsreform eine „Reform des Insolvenz*steuer*rechts [Hervorh., d. *Verf.*] ausgespart“ hat[89]. Gleichwohl ist vielerorts über einzelne Fragen an der Schnittstelle von Insolvenz- und Steuerrecht diskutiert worden. Allem voran stand der Diskurs über eine zukünftige Berechtigung des Fiskusprivilegs[90], gegen die sich die *Kommission für Insolvenzrecht* in ihrem Ersten Bericht einstimmig[91] ausgesprochen hat[92]. Die Klarheit des Meinungsbildes findet sich auch in den Formulierungen des Gesetzgebers in den Motiven wieder. Dort heißt es: „Die Konkursvorrechte beruhen auf keinem einleuchtenden Grundgedanken. Sie sind wirtschaftlich nicht gerechtfertigt, und sie führen zu ungerechten Verfahrensergebnissen. [...] Mehr Verteilungsgerechtigkeit lässt sich dadurch herstellen, dass die Konkursvorrechte des § 61 Abs. 1 KO und vergleichbare Vorrechte in anderen gesetzlichen Vorschriften ersatzlos gestrichen werden.“[93] Wo sich über die Thematik des Fiskusprivilegs hinaus der Erste Bericht noch ausschweigt, findet sich im Zweiten Bericht der *Kommission für Insolvenzrecht* nun ein gar 21 Seiten umfassender Anhang[94], der sich mit „steuerrechtlichen Fragen“ befasst, die „[...] in

---

88 Eine genaue Darstellung der wesentlichen Ziele und jeweiliger Umsetzungen des Reformgesetzgebers findet sich bei *Nerlich*, in: Nerlich/Römermann, InsO, Einl. Rz. 14 ff. sowie in BT-DrS 12/2443, S. 83 ff.

89 *Frotscher*, in: Gottwald, Insolvenzrechts-Handbuch, § 120, Rz. 1. Ein instruktiver Beitrag zu den steuerrechtlichen Auswirkungen der InsO aus damaliger Zeit findet sich bei *Kling*, DStR 1998, 1813.

90 S. dazu oben unter Erstes Kapitel A)III.

91 *Landfermann*, DStZ 1985, 391, 398. Ein entscheidender Grund für die Abschaffung des Fiskusprivilegs läge auch darin, dass andernfalls den Inhabern von besitzlosen Mobiliarsicherheiten und den Gläubigern von Sozialplanansprüchen ihre Einbußen nicht hätten zugemutet werden können.

92 Erster Bericht der *Kommission für Insolvenzrecht*, S. 345 ff.

93 BT-DrS 12/2443, S. 81.

94 Zweiter Bericht der *Kommission für Insolvenzrecht*, S. 223 ff. Die Ausführungen sind nur als „Anhang“ aufgenommen worden, weil eine eingehende Beratung in

der künftigen Insolvenzpraxis eine wichtige Rolle spielen werden“[95]. Hinsichtlich der Umsatzsteuer, „die in der Insolvenzpraxis, insb. im Zusammenhang mit der Verwertung oder Freigabe von Sicherungsgut, große Bedeutung besitzt“, hat die Arbeitsgruppe „Steuerrecht“ im Hinblick auf die europarechtliche Determination der Umsatzsteuer und des damit nur eingeschränkten Einwirkungsvermögens des deutschen Gesetzgebers keine Empfehlungen abgegeben[96]. Abgesehen von einem Leitsatz zu der umsatzsteuerlichen Behandlung des Insolvenzverwalters[97] hat es die Kommission dabei bewenden lassen, eine Hoffnung zu formulieren: Nämlich schöpfe sie aus „[...] neueren Entwicklungen der Finanzrechtsprechung zum Umsatzsteuerrecht die Zuversicht, daß sich bereits auf dem Boden des geltenden Umsatzsteuerrechts Lösungen entwickeln lassen, die auch zu insolvenzrechtlich *wünschenswerten* [Hervorh., d. *Verf.*] Ergebnissen führen“[98]. Interessant wird dieser Satz freilich erst, wenn man den dort angefügten Klammerzusatz mit in den Blick nimmt, in dem auf eine BFH-Rechtsprechung aus dem Jahr 1983[99] verwiesen wird, nach der es ernstlich zweifelhaft sei, ob die aus der Verwertung von Sicherungsgut resultierende Umsatzsteuerschuld Masseverbindlichkeit ist. Diese masseschonende – und damit die Umsatzsteuer zur Insolvenzforderung degradierende – Rechtsprechung hat sich später nicht bewahrheitet, zeigt aber, welche *wünschenswerten* Ergebnisse die Verfasser wohl im Blick hatten. Davon abgesehen fand der Rechtsanwender schon seinerzeit zu einer Vielzahl von praxisrelevanten Fragen der Abgrenzung von Umsatzsteuerschulden zwischen Insolvenzforderung und Masseverbindlichkeit keine einheitliche Rechtsprechung vor[100]. Umso mehr drängt sich die Frage auf, weswegen dieser Themenbereich auf breiter Flur vernachlässigt wurde.

Die von der *Kommission für Insolvenzrecht* geäußerten Hoffnungen in die Finanzrechtsprechung haben sich indes nicht bewahrheitet, wie der BFH in einer Entscheidung aus dem Jahr 1987 zu verstehen gegeben hat. Hierauf sind die gegenwärtig geltenden §§ 170, 171 InsO zurückzuführen, die laut dem Gesetzentwurf der Bundesregierung für eine Insolvenzordnung (dort §§ 195, 196 InsO-E) Reaktion auf die *neuere* Rechtsprechung des BFH waren[101]. Die daraus resultierende Belastung der

---

der Vollkommission nicht stattgefunden hat; sie wurden aber zustimmend zur Kenntnis genommen, s. Zweiter Bericht der *Kommission für Insolvenzrecht*, S. 225.

95 Zweiter Bericht der *Kommission für Insolvenzrecht*, S. 13.

96 Zweiter Bericht der *Kommission für Insolvenzrecht*, S. 224.

97 Inhaltlich ging es darum, ob der Insolvenzschuldner für die an ihn vom Insolvenzverwalter geleisteten Dienste den Vorsteuerabzug in Anspruch nehmen kann, was die *Kommission* bejahte, sofern der Insolvenzverwalter seine Leistungen für den unternehmerischen Bereich des Insolvenzschuldners ausgeführt hat.

98 Zweiter Bericht der *Kommission für Insolvenzrecht*, S. 224.

99 BFH, Beschluss v. 20.7.1983, BStBl. II 1983, 694; wenig später sind die dort genannten Zweifel verworfen worden, s. BFH, Urteil v. 4.6.1987, V R 57/79, BStBl. II 1987, 741.

100 S. hierzu unten Zweites Kapitel B).

101 BT-DrS 12/2443, S. 181 f. Die von *Wilke*, UR 1976, 234, 235, vorgeschlagene Möglichkeit, die Verwertung von Sicherungsgut *per se* von der Umsatzsteuer nach

Insolvenzmasse mit Umsatzsteuern konnte – bestätigt durch eine BGH-Rechtsprechung[102] – nicht auf den gesicherten Gläubiger verlagert werden, der damit letztlich den Bruttoerlös zu beanspruchen vermochte. Der Masse hingegen entstünden bei diesen in der Praxis häufig auftretenden Fällen erhebliche Umsatzsteuerschulden. Diese Rechtslage wurde durch die normative Anordnung der §§ 170, 171 InsO korrigiert mit dem Inhalt, dass im Falle einer Belastung der Masse mit Umsatzsteuer, diese vom Gläubiger des Verwertungserlöses getragen werden muss. Der Gesetzentwurf spricht unter dem Titel der „Kosten" diesbezüglich davon, dass „die Umsatzsteuer aus der Verwertung von Sicherungsgut im Insolvenzverfahren dem Fiskus ungeschmälert zufließt"[103]. Ebenso ergibt sich aus den Motiven, dass die Umsatzsteuer aus Tätigkeiten des starken vorläufigen Insolvenzverwalters Masseverbindlichkeit ist. Denn § 55 Abs. 2 InsO (§ 64 Abs. 2 InsO-E) gelte nicht nur für vertragliche, sondern auch für gesetzliche (Umsatzsteuer-)Verbindlichkeiten, die beispielsweise aus Veräußerungsgeschäften resultieren[104].

Andere Ausführungen zur Behandlung der Umsatzsteuer lassen sich dem Gesetzgebungsverfahren zur Insolvenzordnung nicht entnehmen. Insbesondere die schon seinerzeit virulenten Abgrenzungsfragen sind nirgends erwähnt. Weder in der Begründung zu §§ 38, 55 InsO, noch zu §§ 94 ff. InsO lassen sich Hinweise darauf finden, dass hierüber oder gar über eine systematische Harmonisierung von (Umsatz-)Steuer und Insolvenzrecht eine Auseinandersetzung stattgefunden hat. Das traurige Bild wird durch einen Blick in die Literatur bestätigt. Auch dort fanden sich im Zuge des Reformvorhabens nur wenige Ideengeber, die die Umsatzsteuer in der Insolvenz insgesamt hinterfragten, deren Mahnungen aber letztlich unerhört blieben[105].

---

dem Vorbild von § 4 Nr. 6 UStG 1951 zu befreien (befreit waren Lieferungen auf Grund einer Versteigerung im Wege der Zwangsvollstreckung), ist zu Recht nicht aufgegriffen worden. Zu dem gleichen Ergebnis kommt auch *K. Schmidt*, in: Gutachten für den 54. DJT, Bd. I, D 95; anders noch Beschluss Nr. 22 der Abteilung Kreditsicherung, Verhandlungen des 51. DJT (1976). Hierzu später noch *Wilke*, in: Umsatzsteuerkongreß-Bericht 1982/83, S. 209, 219 f.

102 BGH, Urt. v. 12.5.1980, VIII ZR 167/79, BGHZ 77, 139.

103 BT-DrS 12/2443, S. 4, 106.

104 BT-DrS 12/1443, S. 126.

105 Die Ausnahme bildete insoweit *Frotscher*, in: DStJG 13 (1990), S. 213, 243 f., nach dessen Auffassung eine Reform des Konkurs*steuer*rechts bisher nicht einmal in Umrissen erfolgt sei. Auch im Konkurs müsse, um Wettbewerbsverzerrungen zu vermeiden, umsatzsteuerrechtlich die Belastung des Letztverbrauchs gewährleistet sein. Ferner schon kurz nach Einsetzung der Kommission für Insolvenzrecht *Wilke*, DStZ/A 1979, 163, 170 f.: „Für die Beantwortung der Frage, wie Umsatzsteuerforderungen im Konkurs behandelt werden sollten, darf aber auch der Gesichtspunkt nicht außer Acht gelassen werden, daß die Umsatzsteuer als Verbrauch- und Verkehrsteuer den Unternehmer steuerlich nicht belastet." Letztlich ist dem ehemaligen Vizepräsidenten und Vorsitzenden Richter des V. Senats des BFH a.D. *Wilfried Wagner* zuzustimmen, wenn er in UR 2006, 53, 55, konstatiert: „An der

V. Neuere Reformen und Reformvorhaben zur Behandlung der Umsatzsteuer in der Insolvenz

1. *InsO, UStG und AO als Einbruchstellen gesetzgeberischer Korrekturen*

Speziell in der insolvenzrechtlichen Literatur fanden und finden sich seit jeher Reklamationen, das Fiskusvorrecht würde durch die Hintertür wieder eingeführt[106]. Neben der Umsatzsteuer ist hierbei besonders die Einkommensteuer in der Erhebungsform der Bauabzugsteuer bisweilen mit Argwohn betrachtet worden[107]. Es war aber allein die Umsatzsteuer, die verstärkt im Fokus von Gesetzgeber und Bundesministerium der Justiz und Bundesministerium der Finanzen stand. Die verschiedenen Ansätze zur Normsetzung sollen im Folgenden für die Zeit ab Einführung der Insolvenzordnung bis zur Verabschiedung von § 55 Abs. 4 InsO dargestellt werden. Im Sinne des Leitsatzes „Ius est vigilantibus"[108] ist es das erklärte Ziel, zum Verständnis des *status quo* beizutragen.

Die Diskussion um die Umsatzsteuer in der Insolvenz scheint vor allem der Bericht des Bundesrechnungshofes (BRH) aus September 2003[109] angestoßen zu haben. Unter dem Titel „[...]über die Steuerausfälle bei der Umsatzsteuer durch Steuerbetrug und Steuervermeidung – Vorschläge an den Gesetzgeber" moniert er, dass der Betrag an Niederschlagungen bei der Umsatzsteuer am Ende des Jahres 2001 mit rund 3,4 Mrd. € eine kaum mehr vertretbare Höhe erreicht habe. Der

(umsatzsteuerrechtliche Vorgaben und Vorgänge weitgehend ignorierenden) Insolvenzgesetzgebung muss wohl jeder Mehrwertsteuersystematiker zerschellen."

106 *Uhlenbruck*, ZInsO 2005, 505, 506.

107 Die angeprangerte Regelung findet sich in §§ 48, 48a ff. EStG und verpflichtet – ungeachtet des Vorliegens einer Freistellungsbescheinigung nach § 48 Abs. 2 EStG – den Leistungsempfänger einer Bauleistung dazu, von der Gegenleistung einen Steuerabzug in Höhe von 15 Prozent für Rechnung des Leistenden vorzunehmen. Hiermit wird de facto das ertragsteuerliche Insolvenzrisiko bezogen auf diese Gegenleistung für den Fiskus ausgeschaltet. Hierzu insb. *Kroth*, NZI 2004, 345 ff. Auch das Sozialversicherungsrecht ist in diesem Zusammenhang stets im Fokus des Diskurses. Grund hierfür ist aus der Sicht des Insolvenzverwalters das hohe Anfechtungsvolumen, das sich hinter der Zahlung der Sozialversicherungsbeiträge von Arbeitnehmern des Insolvenzschuldners verbirgt. Zwischenzeitlich hat der Gesetzgeber mit § 28e Abs. 1 S. 2 SGB IV (eingefügt m.W.v. 1.1.2008) die Anfechtung des Arbeitnehmeranteils zur Sozialversicherung zu verhindern versucht, ist aber an der bemerkenswerten Rechtsprechung des BGH gescheitert (Urt. v. 5.11.2009, IX ZR 233/08, BGHZ 183, 86) die m.E. zu Recht in Verdacht steht, die Grenzen verfassungskonformer Auslegung überschritten zu haben, s. *Wehrhahn*, in: Kasseler Kommentar, SGB IV, § 28e, Rz. 17b ff.

108 Das Leitmotiv bedeutet im abgewandelten Sinne, dass nur derjenige die Gesetzgebung versteht, der sie auch verfolgt. Die wörtliche Bedeutung ist: „Das Recht ist für die Wachsamen geschrieben" und geht zurück auf Digesten 42.8.24 a.E. – Justinian. Das Sprichwort lautet vollständig: „ius civile scriptum est vigilantibus".

109 Bericht v. 3.9.2003, BT-DrS 15/1495.

größte Teil der Summe entfalle auf die Tatsache, dass Steuerpflichtige fällige Umsatzsteuern nicht mehr entrichten oder bereits gezogene Vorsteuern nach einer entsprechenden Korrektur nicht mehr erstatten könnten[110]. Die Insolvenz sei dabei gemeinsames Merkmal aller identifizierten Verkürzungstechniken[111]. Besonders hohe Wogen schlug schließlich die Empfehlung des Bundesrechnungshofes, die auszugsweise wie folgt lautete: „Eine Wiedereinführung dieses so genannten Fiskusvorbehalts würde die Steuerausfälle in der Insolvenz verringern. Es sollte deshalb darauf hingewirkt werden, dass das Vorrecht des Fiskus wieder eingeführt wird. Die Nichtbevorrechtigung scheint ein rein deutsches Phänomen zu sein. Alle anderen Mitgliedstaaten der EU haben den Fiskusvorbehalt beibehalten."[112]

Die Worte des Bundesrechnungshofes haben mit ihrer Wirkung beim Gesetzgeber nicht lange auf sich warten lassen. Mit dem *Haushaltsbegleitgesetz 2004*[113] sind u. a. verschiedene Änderungen des UStG in Kraft getreten. Besonders hervorzuheben ist die Änderung an § 13b Abs. 1 UStG, der zwei neue Tatbestände erhielt[114]. Es galt nunmehr die Umkehr der Steuerschuldnerschaft auch für „Umsätze, die unter das Grunderwerbsteuergesetz fallen und Bauleistungen." [115] Die eingefügten Regelungen sollen ausweislich der Gesetzesbegründung Umsatzsteuerausfälle in *bestimmten* Fällen verhindern. Hierzu zählen Sachverhalte, in denen bei bestimmten Umsätzen die vollständige Erhebung von Umsatzsteuer beim leistenden Unternehmer nicht

---

110 BT-DrS 15/1495, S. 5. Der BRH sieht zu Recht im „Ausfluss des Prinzips der Sollversteuerung" einen tragenden Grund des Umsatzsteuerausfalls in der Insolvenz. Neben der abschließenden Empfehlung hat er ausweislich des Berichts bspw. noch in Betracht gezogen, die Berichtigung der Umsatzsteuer beim Leistenden in der Insolvenz des Leistungsempfängers zu versagen damit der Fiskus nicht in Höhe bereits in Anspruch genommener und nicht mehr erstattungsfähiger Vorsteuer ausfällt. Damit würde der leistende Unternehmer freilich mit Umsatzsteuer belastet werden, die er überhaupt nicht vereinnahmt hat. Im Ergebnis befürwortet der BRH eine solche Lösung aber richtigerweise nur für die Fälle eines bewussten und gewollten Zusammenwirkens zwischen Leistendem und Leistungsempfänger.

111 *Homburg/Rublack*, in: FS J. Lang, S. 893, 900.

112 BT-DrS 15/1495, S. 5, 18.

113 Haushaltsbegleitgesetz v. 29.12.2003, BGBl. I 2003, 3076.

114 Bis dahin sah das Gesetz insgesamt drei Fälle für die Umkehr der Steuerschuldnerschaft vor, wobei die ersten beiden der heutigen Fassung entsprechen. Die Vorschrift geht zurück auf das *Gesetz zur Änderung steuerlicher Vorschriften 2001*, s. den Gesetzentwurf der Bundesregierung v. 7.9.2001, BT-DrS. 14/6877, und sollte im Wesentlichen das damals geltende Abzugsverfahren (§ 18 Abs. 8 UStG, §§ 51–58 UStDV) ersetzen, das neben Kritik durch den BRH auch unionsrechtlichen Bedenken ausgesetzt war. Heute finden sich in § 13b Abs. 2 UStG elf „Leistungsmodalitäten", denen der Gesetzgeber eine besondere „Missbrauchsanfälligkeit" zuweist, zuletzt § 13b Abs. 2 Nr. 11 UStG durch Art. 11 des *Gesetzes zur Anpassung der Abgabenordnung an den Zollkodex der Union und zur Änderung weiterer steuerlicher Vorschriften* v. 22.12.2014, BGBl. I 2014, 2417, 2429.

115 Haushaltsbegleitgesetz v. 29.12.2003, BGBl. I 2003, 3076, 3086, m.W.v. 1.4.2004.

im allgemeinen Besteuerungsverfahren realisiert werden kann[116]. Anstelle des leistenden Unternehmers wird nunmehr der die Leistung empfangende Unternehmer zur Umsatzsteuer herangezogen, womit das Ausfallrisiko für den Fiskus gebannt ist. Der Gesetzentwurf verweist hierbei an mehreren Stellen auf die Ausführungen des Bundesrechnungshofs und stellt damit den Zusammenhang zwischen den Empfehlungen zur Vermeidung von Umsatzsteuerausfällen in der Insolvenz und den Regelungen zur Umkehr der Steuerschuldnerschaft her.

Im Windschatten des *Haushaltsbegleitgesetzes 2004* segelte das *Steueränderungsgesetz 2003*, das zum 1.1.2004 in Kraft trat[117]. Der darin enthaltene § 13c UStG begründete einen neuen umsatzsteuerrechtlichen Haftungstatbestand zulasten des Empfängers einer abgetretenen Forderung, der immer dann Anwendung findet, wenn der Zedent die fällige Umsatzsteuer nicht entrichtet[118]. Die Haftung reicht aber nur soweit, wie auch Umsatzsteuer im vom Zessionar vereinnahmten Betrag enthalten ist. Die Neuschöpfung geht ebenfalls auf besagten Bericht des Bundesrechnungshofes zurück, nach dessen Feststellungen der Staat in einer Vielzahl von Globalzessionen (wie sie *in praxi* oft auch im Vorfeld von Insolvenzen auftreten, d. *Verf.*) mit der Umsatzsteuer aus den abgetretenen Forderungen ausfällt[119]. Laut der Gesetzesbegründung entstehen die diesbezüglichen Umsatzsteuerausfälle, weil der abtretende Unternehmer „häufig finanziell nicht mehr in der Lage ist", die von ihm geschuldete Umsatzsteuer zu entrichten[120]. Die damit erfasste insolvenzrechtliche Problematik hätte richtigerweise systematisch in der Insolvenzordnung geregelt werden müssen[121].

In der zweiten Hälfte des Jahres 2004 haben einzelne Berufsverbände dem Vernehmen nach ein sog. „No-Name-Paper" des Bundesministeriums der Justiz (BMJ) erreicht[122], in dem u. a. folgende Änderungsvorschläge formuliert wurden[123]: *Erstens*, in § 129 Abs. 1 InsO sollte ein Satz 2 angefügt werden, nach dem Satz 1 nicht gilt,

116 Gesetzentwurf der Bundesregierung v. 8.9.2013, BT-DrS 15/1502, 31 f.

117 BGBl. I 2003, 2645, 2656 f.

118 S. hierzu instruktiv *Hahne*, BB 2003, 2720 ff.; *Molitor*, ZInsO 2006, 804 ff.

119 BT-DrS 15/1495, S. 42 ff.

120 BT-DrS 15/1562, S. 46.

121 *Hahne*, BB 2003, 2720; *Nieskens*, UR 2004, 105, 125. Der Regelung generell kritisch gegenüber steht *Maus*, ZIP 2004, 1580, 1585, da Forderungen aus Lieferungen und Leistungen des Zedenten nur noch zu einem Bruchteil realisiert werden können. Er hat hierbei wohl den Fall des § 13c Abs. 1 S. 3 UStG im Blick, da den Zessionar ansonsten kein Umsatzsteuerrisiko trifft.

122 So *Uhlenbruck*, ZInsO 2005, 505, 508; Beweis für die Existenz des Papiers ist auch die inhaltliche Auseinandersetzung im Schrifttum mit demselben, vgl. hierzu auch die folgenden Fußnoten.

123 Zitiert nach *Bauer*, Ungleichbehandlung der Gläubiger im geltenden Insolvenzrecht, S. 6 f., der wiederum verweist auf *Frind*, ZInsO 2005, 66 ff. zu § 129 InsO; *Schneider/Hörmann*, ZInsO 2005, 133 zu § 133 InsO; *Pape/Uhlenbruck*, ZIP 2005, 417 zu § 55 InsO.

wenn die Rechtshandlung durch ein Finanzamt oder einen Träger der Sozialversicherung einschließlich der Arbeitsförderung vorgenommen wird, *zweitens*, in § 133 Abs. 1 InsO sollte ein Satz angefügt werden, nach dem die Sätze 1 und 2 nicht gelten, wenn es sich bei dem anderen Teil um ein Finanzamt oder einen Träger der Sozialversicherung einschließlich der Arbeitsförderung handelt, und *drittens*, in § 55 InsO sollte ein neuer Absatz 3 eingefügt werden, nach dem Steuern und Abgaben, die in der Zeit nach dem Insolvenzantrag bis zur Verfahrenseröffnung begründet werden, nach Eröffnung als Masseverbindlichkeiten gelten. Für den weiteren Fortgang dieses Kapitels interessant ist vor allem der letztgenannte Änderungsvorschlag. Er bildet zwar nicht seiner Semantik, jedoch seinem inhaltlichen Ergebnis nach den Rechtsstand ab, der infolge der Einfügung des heftig umstrittenen § 55 Abs. 4 InsO durch das *Haushaltsbegleitgesetz 2011*[124] gegenwärtig gilt. Und auch die aus dem „No-Name-Paper" überlieferte Begründung zum Änderungsentwurf ist dem des *Haushaltsbegleitgesetzes 2011* zumindest inhaltlich kongruent[125]. Davon abgesehen zeigen die vorgeschlagenen Änderungen an den §§ 129, 133 InsO, dass das BMJ – angeblich angetrieben durch einen abgestimmten Impuls von Länderfinanzverwaltungen und Sozialversicherungsträgern[126] – Handlungsbedarf gesehen hat. Die Anzahl der Anfechtungen von Steuerzahlungen würde noch durch die anfechtungsfreundliche Rechtsprechung des BGH verschärft, was im Jahr 2003 zu einem Steuerausfall infolge von Anfechtungen in Höhe von fast 42 Mio. € geführt habe. Hieraus ergäben sich nicht mehr kalkulierbare Haushaltsrisiken für öffentlich-rechtliche Gläubiger, was letztlich deren Privilegierung rechtfertige[127].

Mit dem *Entwurf eines Gesetzes zum Pfändungsschutz der Altersvorsorge und zur Anpassung des Rechts der Insolvenzanfechtung* vom 9.3.2006[128] hat die Bundesregierung erstmals *qua* formell eingebrachter Gesetzesvorlage versucht, den Hebel an § 55 InsO anzusetzen. Sie war bestrebt, § 55 Abs. 2 InsO[129], der in seiner noch heute geltenden Form nur den sog. starken vorläufigen Insolvenzverwalter erfasst, wie folgt zu formulieren: „Verbindlichkeiten, die von einem vorläufigen Insolvenzverwalter oder mit dessen Zustimmung begründet worden sind, gelten nach der Eröffnung des Verfahrens als Masseverbindlichkeiten. [...]". Ziel war es also, auch Verbindlichkeiten, die von einem sog. (halb)schwachen vorläufigen Insolvenzverwalter begründet worden sind, zu Masseverbindlichkeiten aufzuwerten. Erstmals findet sich in einem Gesetzesentwurf nach Einführung der InsO die Wiedergabe der letztlich nicht eingetretenen Hoffnung der Bundesregierung, die mit der Reform verknüpft war. Nämlich sollten die Umsatzsteuerforderungen aus der Zeit der vorläufigen Insolvenzverwaltung über § 55 Abs. 2 InsO zu

---

124 BGBl. I 2010, 1885.

125 Zu § 55 Abs. 4 InsO s. noch den nachfolgenden Abschnitt sowie unten unter Zweites Kapitel G).

126 *Uhlenbruck*, ZInsO 2005, 505, 509.

127 *Uhlenbruck*, ZInsO 2005, 505, 509.

128 BT-DrS 16/886. Hierzu frühzeitig *Leithaus*, NZI 2005, 436.

129 Hierzu mit ausführlicher Kritik *Weiland*, Par condicio creditorum, S. 136 ff.

Masseverbindlichkeiten werden[130]. Das Gegenteil bildete indes den Regelfall, indem die Insolvenzgerichte häufig nur sog. schwache oder halbstarke vorläufige Insolvenzverwalter bestellten[131]. Die zu dem Gesetzentwurf erfolgte Stellungnahme des Bundesrates sah vor, die vorgeschlagene Änderung nicht umzusetzen mit der Begründung, die „[...] zu erwartende starke Vermehrung von Masseverbindlichkeiten würde die Fortführung von Betrieben bis zur Verfahrenseröffnung akut gefährden“[132]. Damit würde das übergeordnete Ziel der InsO, dem Zerschlagungsprinzip zu entsagen und die Sanierung von Unternehmen zu stärken, gefährdet[133], sowie der Grundsatz der Gläubigergleichbehandlung ausgehöhlt[134]. Außerdem trete eine Verbesserung der Rechtsstellung von Steuer- und Sozialversicherungsforderungen bei einer Abwägung der Interessen hinter eine mögliche Rettung von Unternehmen oder Unternehmensteilen zurück[135]. Die auf die Stellungnahme erfolgte Replik der Bundesregierung hat deutlich gemacht, wie wichtig gesetzgeberische Maßnahmen zur Vermeidung von Umsatzsteuerausfällen sind. Diese beliefen sich insolvenzbedingt auf 177 Mio. Euro, womit dringender Handlungsbedarf gegeben sei[136].

Dieser Handlungsbedarf hat sich erst später mit dem *Gesetzentwurf der Bundesregierung für ein Jahressteuergesetz 2007* v. 1.9.2006 manifestiert[137]. Ort des gesetzgeberischen Eingriffs sollte nunmehr weder das UStG, noch die InsO sein; vielmehr stand in Rede, § 251 AO um einen Absatz 4 zu ergänzen, der folgenden Inhalt hatte: „Verbindlichkeiten des Schuldners aus dem *Steuerschuldverhältnis* [Hervorh., d. *Verf.*], die von einem vorläufigen Insolvenzverwalter oder mit dessen Zustimmung begründet worden sind, gelten nach Eröffnung des Insolvenzverfahrens als Masseverbindlichkeit“[138]. Der Wortlaut der geplanten Vorschrift ist sehr nahe zu dem von § 55 Abs. 4 InsO. Neben den bereits oben geschilderten „ausgebliebenen Hoffnungen“ argumentierte die Bundesregierung mittels eines Vergleichs zwischen dem Steuergläubiger und privaten Gläubigern. Letztere könnten anfechtungsfeste

130 BT-DrS 16/886, S. 11, mit Bezug auf BT-DrS 12/2443, S. 126: „[...] gilt dies auch für die Umsatzsteuerforderungen aus diesen Geschäften“.

131 *Marotzke*, ZInsO 2010, 2163, 2171, der dies zu Recht darauf zurückführt, dass die Insolvenzgerichte dem Insolvenzverwalter das Risiko einer persönlichen Haftungsinanspruchnahme ersparen und die Masse vor der Belastung mit Verbindlichkeiten schützen wollten.

132 BT-DrS 16/886, S. 17.

133 BT-DrS 16/886, S. 17.

134 BT-DrS 16/886, S. 18.

135 BT-DrS 16/886, S. 18.

136 BT-DrS 16/886, S. 19. Der Bundesrechnungshof stellte in seiner (nicht veröffentlichten) Prüfungsmitteilung sogar noch weit höhere Ausfälle fest, vgl. BR-DrS 622/06, S. 140.

137 BR-DrS 622/06.

138 BR-DrS 622/06, S. 43. Die Fassung entspricht wortgleich dem Vorschlag der Bundesregierung in ihrer Gegenäußerung auf die Stellungnahme des Bundesrates zu dem *Entwurf eines Gesetzes zum Pfändungsschutz der Altersvorsorge und zur Anpassung des Rechts der Insolvenzanfechtung*, s. BT-DrS 16/886, S. 20.

Bargeschäfte abschließen oder über eine Treuhandvereinbarung eine 100%ige Befriedigung sicherstellen. Diese Möglichkeiten seien dem Fiskus hingegen versperrt. Er sei „Pflichtgläubiger" und könne sich auch nicht von seinem „Kunden" trennen. Umsatzsteuerforderungen seien nach geltendem Recht häufig nur Insolvenzforderungen. Der Fiskus sei zudem chancenlos, seine Ausfälle zu begrenzen, womit er letztlich im Ergebnis privaten Gläubigern gegenüber benachteiligt sei[139]. Schließlich hat es auch dieser Vorschlag nicht in das Bundesgesetzblatt geschafft; im Zuge der Beratungen des Finanzausschusses ist er mit der Beschlussempfehlung v. 8.11.2006 ohne Begründung ersatzlos weggefallen[140].

Ungefähr ein Jahr später entschloss sich die Bundesregierung mit dem Entwurf eines *Gesetzes zur Entschuldung mittelloser Personen, zur Stärkung der Gläubigerrechte sowie zur Regelung der Insolvenzfestigkeit von Lizenzen* v. 5.12.2007 zu einem erneuten Versuch, den Ausfall von Steuern im Insolvenzverfahren zu minimieren. Abermals wurde § 55 Abs. 2 InsO als Einbruchstelle für die wie folgt formulierte Neufassung vorgesehen: „Verbindlichkeiten, die ein vorläufiger Insolvenzverwalter begründet hat, auf den die Verfügungsbefugnis über das Vermögen des Schuldners übergegangen ist, gelten einschließlich der öffentlich-rechtlichen Verbindlichkeiten nach der Eröffnung des Insolvenzverfahrens als Masseverbindlichkeiten [...]. Die Sätze 1 [...] gelten auch für Verbindlichkeiten, die ein vorläufiger Insolvenzverwalter nach § 22 Abs. 2 [InsO, d. *Verf.*] auf Grund einer von dem Insolvenzgericht erteilten Einzelermächtigung begründet hat."[141] Dass der Urheber des Gesetzesentwurfs bei den öffentlich-rechtlichen Verbindlichkeiten insbesondere die Umsatzsteuerforderungen des Fiskus im Blick hatte, findet an mehreren Stellen des Entwurfs ausdrücklich Erwähnung[142]. Der explizite Rekurs auf „öffentlich-rechtliche Forderungen – beispielsweise Umsatzsteuerforderungen" soll dabei nur klarstellende Funktion haben[143]. Die Bundesregierung hat den Anwendungsbereich der Vorschrift im Vergleich zur seinerzeit geltenden Rechtslage – anders als in den *bis dato* bereits gescheiterten Entwürfen – auf solche Verbindlichkeiten des halbstarken vorläufigen Insolvenzverwalters beschränkt, die er aufgrund einer nach § 22 Abs. 2 InsO erteilten Einzelermächtigung begründet hat. Das Gesetzgebungsverfahren hat sich mit Ablauf der Wahlperiode erledigt; zu einer Verabschiedung des Gesetzes im Bundestag ist es vorher nicht mehr gekommen. Ebenfalls nicht den Weg in das Bundesgesetzblatt geschafft hat es etwas später ein vom Bundesfinanzministerium an die Öffentlichkeit gebrachter Regelungsvorschlag nach dem Vorbild von § 61 Abs. 1 KO, mit dem Inhalt, einfache Insolvenzforderungen nach Rangordnungen zu befriedigen[144].

---

139 BR-DrS 622/06, S. 140.
140 BT-DrS 16/3325, S. 54.
141 BT-DrS 16/7416, S. 7.
142 BT-DrS 16/7416, S. 2, 23, 29.
143 BT-DrS 16/7416, S. 23.
144 *Smid*, DZWiR 2010, 397, 398, u.a. unter Berufung auf FAZ v. 25.8.2010, berichtet von einer Änderung des § 39 InsO, wonach Insolvenzforderungen folgende

Ursprünglich war in dem letztlich erfolgreichen Vorhaben des *Haushaltsbegleitgesetzes 2011* neben der Einfügung von § 55 Abs. 4 InsO (dazu sogleich unter 2.) noch eine weitere Vorschrift enthalten, die auf die Modifikation des (Umsatz-)Steuerinsolvenzrechts abzielte: Art. 3 Nr. 3 des *Haushaltsbegleitgesetzes 2011* sah vor, dass § 96 InsO der folgende Absatz 3 angefügt werden sollte: „Absatz 1 sowie § 95 Absatz 1 Satz 3 stehen der Aufrechnung von Ansprüchen aus dem Steuerschuldverhältnis durch Finanzbehörden des Bundes, der Länder oder der Gemeinden nicht entgegen."[145] Letztlich ist die Vorschrift kommentar- und ersatzlos im Zuge der Beratungen im Haushaltsausschuss weggefallen[146].

Nach Inkrafttreten des *Haushaltsbegleitgesetzes 2011* und des damit verabschiedeten § 55 Abs. 4 InsO hat der Bundesrat einen wenig beachteten und letztlich erfolglosen Versuch unternommen, mit dem *Gesetz zur Umsetzung der Beitreibungsrichtlinie sowie zur Änderung steuerlicher Vorschriften* § 226 AO einen Absatz 5 mit folgendem Inhalt anzufügen: „Die von einem anderen Unternehmer für das Unternehmen des Insolvenzschuldners und die vom Insolvenzschuldner ausgeführten Lieferungen und sonstigen Leistungen gelten für die Aufrechnung durch Finanzbehörden nicht als Rechtshandlungen im Sinne §§ 129 ff. der Insolvenzordnung."[147] Zur Begründung führte er ein Urteil des Bundesfinanzhofs[148] an, nach dem er (unter Verweis auf die Rspr. des BGH, d. *Verf.*) seine „langjährige (und als gefestigt) anzusehende Rechtsprechung zur Aufrechnung von Insolvenzforderungen des Finanzamtes mit Umsatzsteuervergütungsansprüchen [...] aufgegeben und damit die Aufrechnungsmöglichkeiten des Fiskus deutlich eingeschränkt" habe. Mit der Änderung sollte die eingetretene „Schieflage" wieder beseitigt werden[149]. Die damit erfolgte Stellungnahme zu dem Gesetzentwurf der Bundesregierung wollte die Bundesregierung prüfen[150], was letztlich aber nicht zu einer entsprechenden Ergänzung des

---

Ordnung einnehmen sollten: erster Rang: Abgabenforderungen des Fiskus (Bund, Länder und Gemeinden), zweiter Rang: Forderungen der Träger der Sozialversicherung und der Bundesagentur für Arbeit, dritter Rang: alle übrigen Forderungen.

145 BT-DrS 17/3030, S. 17. Die Gesetzesbegründung auf Seite 43 ist fehlerhaft. Denn es gibt kein Aufrechnungsverbot nach § 96 Abs. 2 Nr. 2 InsO, das auf die Steuerverwaltung nicht mehr Anwendung finden soll. Außerdem ist fraglich, weshalb (richtigerweise) § 96 Abs. 1 Nr. 2 InsO „weit bedeutsamer" ist. Woher der Fiskus neben seinen Steueransprüchen weitere Gegenforderungen erhalten soll, ist fraglich. Darüber hinaus kritisch zur geplanten Neufassung *Jungclaus/Keller*, NZI 2010, 808, 810.

146 BT-DrS 17/3406, S. 21.

147 BR-DrS 253/11 (B), S. 37. Vgl. hierzu auch *Schmittmanns* Zwischenruf in ZInsO 2011, 1941, 1942.

148 BFH, Urt. v. 2.11.2010, VII R 6/10, BStBl. II 2011, 374, s. hierzu noch unten im Dritten Kapitel.

149 BR-DrS 253/11 (B), S. 37.

150 BT-DrS 17/6263, S. 157.

Gesetzesentwurfs führte. Das Gesetz trat ohne die vom Bundesrat vorgeschlagene Änderung des § 226 AO in Kraft[151].

2. *§ 55 Abs. 4 InsO*

Angesichts der oben geschilderten verschiedenen Reformbestrebungen kann die Anfügung eines Absatzes 4 an § 55 InsO mit dem *Haushaltsbegleitgesetz 2011* als gegenwärtiges Resultat der Beharrlichkeit seiner Initiatoren angesehen werden. Das politische Fundament hierzu bildete der am 5.7.2010 gefasste Beschluss der Bundesregierung über Eckpunkte für die weitere Aufstellung des Haushaltsentwurfs 2011 und des Finanzplans 2014, der auszugsweise zitiert werden soll: „Des Weiteren werden wir das sogenannte Fiskusvorrecht im Insolvenzverfahren, das bis 1999 Geltung hatte, wieder einführen. Wir stellen damit die öffentliche Hand anderen Gläubigern wirtschaftlich wieder gleich. Die Regelung aus dem Jahr 1999 hatte in erheblichem Umfang zu einer Privilegierung von Banken geführt"[152]. Nach der Vorschrift gelten „Verbindlichkeiten des Insolvenzschuldners aus dem Steuerschuldverhältnis, die von einem vorläufigen Insolvenzverwalter oder vom Schuldner mit Zustimmung eines vorläufigen Insolvenzverwalters begründet worden sind, [...] nach Eröffnung des Insolvenzverfahrens als Masseverbindlichkeit". Mit der Regelung hat der Gesetzgeber ein steuerliches Sonderrecht für die Tätigkeit des nicht-starken vorläufigen Insolvenzverwalters geschaffen, das allerdings seinem Inhalt nach nicht dem ehemals unter der KO geltenden Fiskusvorrecht entspricht.

a) Entscheidungshorizont des Gesetzgebers

Ausweislich der Gesetzesbegründung haben sich die Erwartungen des Normgebers in die Insolvenzordnung insofern nicht erfüllt, als Steuerschulden aus der Zeit zwischen der Bestellung eines vorläufigen Insolvenzverwalters und der Eröffnung des Insolvenzverfahrens (Eröffnungsverfahren) häufig nicht als Masseverbindlichkeit

---

151 Gesetz v. 7.12.2011, BGBl. I 2011, S. 2592.

152 *Die Bundesregierung*, Solide Finanzen für Wohlstand und soziale Sicherheit, nachzulesen unter http://www.bundesregierung.de/Content/DE/Artikel/Artikel-Zukunftspaket/2010-06-09-ergebnisse-kabinettsklausur.html. S. auch die hierauf erschienen Gegenstimmen von *Insolvenzpraktikern* in ZIP 2010, 1317, sowie die Stellungnahme des *Deutschen Anwaltsvereins* (DAV) Nr. 34/2010, abrufbar unter www.anwaltverein.de. Die zwischenzeitlich am 24.8.2010 über die Presse (Süddeutsche Zeitung v. 24.8.2010, S. 19) verlautete Nachricht, die Koalition verzichte als Reaktion auf den Protest der damaligen Bundesjustizministerin doch darauf, ein Fiskusprivileg wieder einzuführen, hat sich aus der Perspektive der Insolvenzverwalter nicht bewahrheitet. Aus einem Presse-Artikel vom 10.9.2010 (Süddeutsche Zeitung v. 10.9.2010, S. 19), der aus einem Brief der Bundesjustizministerin an den *Verband der Insolvenzverwalter Deutschlands* zitiert, ist aber zu schließen, dass die Bundesregierung zumindest nicht vorhatte, auf die Änderung betr. § 55 Abs. 4 InsO zu verzichten. Ein Fiskusprivileg nach altem Vorbild ist dies nämlich nicht.

von den Finanzbehörden geltend gemacht werden konnten. Denn anders als angenommen haben die Gerichte regelmäßig nur solche vorläufigen Insolvenzverwalter bestellt, auf die die Verfügungsbefugnis über das schuldnerische Vermögen nicht übergeht (schwacher vorläufiger Verwalter)[153]. Dies führte laut den Motiven dazu, „[...] dass die im Eröffnungsverfahren mit Zustimmung des Verwalters begründeten Verbindlichkeiten ganz überwiegend Insolvenzforderungen darstellen, obwohl insbesondere für die Umsatzsteuerforderung in der Gesetzesbegründung die gegenteiligen Erwartungen geäußert wurden“[154]. Der Fiskus sei im Eröffnungsverfahren ferner anderen Gläubigern gegenüber benachteiligt, die Vorkehrungen gegen drohende Verluste durchsetzen können[155], womit vor allem auf die Lieferung von Waren unter Eigentumsvorbehalt oder auf Zahlung in bar abgezielt sein dürfte. Das Finanzamt befand sich in der Tat in einer ungleich schwereren Lage, indem es einerseits die Umsatztätigkeit des schwachen vorläufigen Insolvenzverwalters gewähren lassen musste, und andererseits auf diese Weise Steuerschulden entstanden, die von Anfang an nicht oder nicht in voller Höhe realisierbar waren.

Nach der früheren Rechtslage war es auch möglich, dass schwache vorläufige Insolvenzverwalter die im Brutto-Entgelt enthaltene Umsatzsteuer zwar für die Insolvenzmasse vereinnahmten, diese aber nicht an den Fiskus abführen mussten. An dieser Stelle kam auch der Erlass eines Haftungsbescheides gegenüber dem vorläufigen Insolvenzverwalter nicht in Betracht[156]. Im Ergebnis war die jeweilige Finanzbehörde lediglich auf die Insolvenzquote verwiesen. Den Motiven lässt sich hierzu entnehmen, dass „[...] manche schwachen vorläufigen Insolvenzverwalter ihre Rechtsstellung gezielt ausnutzen, um die Masse durch aktive Gestaltungen zu Lasten des Fiskus weiter anzureichern“[157]. Dem Vernehmen nach sollen ebendiese vorläufigen Insolvenzverwalter beispielsweise Waren im Eröffnungsverfahren an

---

153 *Lohse*, UR 2008, 30, 32, spricht in diesem Zusammenhang zu Recht von einer Prognoseimpotenz des Gesetzgebers, die Anlass zu einer Nachbesserung gebe. Er mahnt, die mehrwertsteuerlichen Wertungen auch gegen eine „Gleichbehandlungslobby“ zu verwirklichen. Auch die Annahme von *Kling*, DStR 1998, 1813, 1814, hat sich nicht bewahrheitet. Durch § 55 Abs. 2 InsO ist nämlich gerade nicht die Gestaltungsmöglichkeit entfallen, Umsatzsteuerschulden durch Veräußerung vor der Verfahrenseröffnung zu Konkursforderungen werden zu lassen.

154 BT-DrS 17/3030, S. 42 f.

155 BT-DrS 17/3030, S. 43.

156 Der sog. schwache oder halbstarke vorläufige Insolvenzverwalter kann nicht unter einen haftenden Personenkreis nach §§ 34, 35 AO subsumiert werden. Betr. § 35 AO ist zu betonen, dass er kein Verfügungsberechtigter sein kann, da ihm die Verfügungsmacht gerade nicht zusteht, s. *Loose*, in: Tipke/Kruse, AO, § 35, Rz. 5.

157 BT-DrS 17/3030, S. 42 f. In der umsatzsteuerinsolvenzrechtlichen Szene wird in diesem Zusammenhang auch von der *lex Arcandor* gesprochen. Dort sollen dem Fiskus wegen derartiger Geschäfte 335 Millionen € Umsatzsteuer entgangen sein, weil die entsprechenden Umsatzsteueransprüche lediglich Insolvenzforderungen waren, s. Handelsblatt v. 24.8.2009, Schickedanz droht Totalverlust, abrufbar unter www.handelsblatt.de.

einen Dritten zunächst verkauft und geliefert und später im Rahmen des eröffneten Verfahrens zurückgekauft und zurückgeliefert bekommen haben[158]. Da es dieser Verfahrensweise an wirtschaftlichem Sinn mangelt, kann vor der Prämisse des damit einhergehenden Umsatzsteuerausfalls mit Recht von einem Missbrauch gesprochen werden[159]. Denn die Umsatzsteuer auf die erste Ausgangsleistung wird nicht oder nicht in voller Höhe realisierbar sein, die Vorsteuer gleichwohl vom Abnehmer gezogen. Dieser wird bei der Zurücklieferung den Umsatz versteuern und der Insolvenzverwalter für den Insolvenzschuldner wiederum die Vorsteuer geltend machen. Im Ergebnis verbleibt der Umsatzsteuerbetrag aus der ersten Lieferung in der Insolvenzmasse; die Bereicherung ergibt sich aus diesem Betrag abzüglich des Verteilungserlöses, den der Fiskus letztlich realisieren kann. Von der gesetzlichen Neuregelung verspricht sich der Fiskus laut Regierungsbegründung des Gesetzes für die Jahre 2012, 2013 und 2014 Steuermehreinnahmen i.H.v. 390 Mill. €, wobei davon allein 385 Mill. € auf die Umsatzsteuer entfallen[160].

b) Parlamentarischer Werdegang

Noch bevor der Entwurf eines *Haushaltsbegleitgesetzes 2011* am 28.10.2010 in zweiter und dritter Lesung im Bundestag beraten wurde, sind am 4.10.2010 die Empfehlungen des Bundesrates unter der Federführung des dortigen Finanzausschusses erschienen. Mit Bezug auf seine „noch aktuelle" Stellungnahme zu dem Entwurf eines *Gesetzes zum Pfändungsschutz der Altersvorsorge und zur Anpassung des Rechts der Insolvenzanfechtung*[161] lehnte der Ausschuss die mit § 55 Abs. 4 InsO-E verfolgten Änderungen des Insolvenzrechts ab. Als Grund führt er die mit der Neuregelung verbundenen erheblichen Liquiditätsabflüsse aus der Insolvenzmasse an, die das mit der Insolvenzordnung verfolgte Ziel der Stärkung eines Sanierungsgedankens grundsätzlich in Frage stellten und eher zu Zerschlagungen führten[162]. In der späteren Stellungnahme des Bundesrates v. 15.10.2010[163] sind die Empfehlungen hinsichtlich § 55 Abs. 4 InsO nicht aufgegriffen worden; sie schweigt sich hierzu *in toto* aus. Trotz dieser Bedenken akzeptierte der Bundesrat in seiner Sitzung vom 26.11.2010 das *Haushaltsbegleitgesetz 2011*, nachdem zuvor der Bundestag am

---

158 Auch *Gessner/Rhode/Strate/Ziegert*, Die Praxis der Konkursabwicklung in der Bundesrepublik Deutschland, S. 408 f., haben in ihrer rechtssoziologischen Untersuchung unter Geltung der KO festgestellt, dass die Umsatzsteuer als durchlaufender Posten „[...] eher zur Zwischenfinanzierung von Liquiditätsengpässen herangezogen" wird.

159 *Landfermann*, ZIP 2010, 2471, weist in diesem Zusammenhang darauf hin, dass die Bestellung von „schwachen" vorläufigen Insolvenzverwaltern als Trickserei zum Nachteil des Fiskus erscheint.

160 BT-DrS 17/3030, S. 26. Die Zahlen schließen die letztlich nicht beschlossene Änderung von § 96 InsO mit ein.

161 S.o. unter Erstes Kapitel A)V.1.

162 BR-DrS 532/1/10, S. 13 ff.

163 BR-DrS 532/10 (B).

28.10.2010 einen entsprechenden Beschluss in zweiter und dritter Lesung[164] gefasst hatte. Im Bundestag war entgegen den vergangenen Gesetzgebungsentwürfen zu einer derartigen Regelung nicht der Finanz- oder Rechtsausschuss, sondern der Haushaltsausschuss federführend. Das Gesetz ist schließlich am 9.12.2010 vom Bundespräsidenten ausgefertigt, am 14.12.2010 verkündet und am Tag darauf in Kraft getreten[165]. § 55 Abs. 4 InsO ist anwendbar auf alle Insolvenzverfahren mit Antragstellung ab dem 1.1.2011[166].

VI. Geringes Interesse des Gesetzgebers an der normativen Gemengelage zwischen Konkurs- bzw. Insolvenz- und Umsatzsteuerrecht

Bei Verabschiedung der Konkursordnung war ihrem Schöpfer die Umsatzsteuer nicht bekannt. Insofern konnte er weder ihr Wesen, noch ihre Wirkweise oder Erhebungstechniken für die Zwecke der konkursrechtlichen Ausgestaltung antizipieren. Auch das nach der Konkursordnung erlassene Umsatzsteuergesetz hat sich hinsichtlich einer Regelung, was im Falle des Konkurses des Umsatzsteuerschuldners geschehe, ausgeschwiegen. Vielmehr hat die Gesetzgebung in Ansehung ihrer damaligen Weltanschauung eines patriarchalischen Staates bloß ein alle Steuerarten erfassendes Fiskusprivileg kodifiziert. Eine Auseinandersetzung mit den unterschiedlichen Belastungsgründen einer jeden einzelnen Steuerart hat dabei nicht stattgefunden. Die Klärung der zahlreichen Fragen an der Schnittstelle von Konkurs- und Steuerecht sind stattdessen Rechtsprechung und Schrifttum überantwortet worden[167]. Es muss davon ausgegangen werden, dass die systemischen Unterschiede im Belastungserfolg zwischen Umsatz- und Ertragsteuern schlichtweg nicht gesehen oder deren Berücksichtigung für vernachlässigbar gehalten wurde. Ein Grund hierfür wird ferner sein, dass die im Vergleich zum gegenwärtigen Niveau niedrigen Steuersätze und damit niedrigen Umsatzsteuerausfälle dafür sorgten, dass kein gesetzgeberischer Tatendrang aufkam. Letztlich ist aber anzunehmen, dass dem Gesetzgeber weniger an einem systemgerechten Gesamtkonzept als mehr an der Sicherstellung des Steueraufkommens gelegen war. Mit dem ehemaligen Fiskusprivileg war ihm an dieser Stelle zumindest eine übrigen Gläubigern gegenüber bessere Position eingeräumt, was indes mitnichten bedeutete, Umsatzsteuer auf durchgeführte Leistungen ausnahmslos realisieren zu können oder aber zu Unrecht ausgekehrte Vorsteuer mit Erfolg wieder zurückzufordern, da auch bevorrechtigte Forderungen nicht stets in voller Höhe erhoben werden konnten. Davon abgesehen vertraute er offenbar darauf, dass auf der Grundlage der ansonsten auf

---

164 Eine inhaltliche Aussprache zu hier relevanten Fragen fand im Plenum nicht statt, s. BT-Plenarprotokoll 17/68, S. 7260D-7276C.

165 BGBl. I 2010, S. 1885, zum Inkrafttreten s. Art. 24 HBeglG 2011 (S. 1898).

166 Art. 4 i.V.m. Art. 24 HBeglG 2011, BGBl. I 2010, S. 1885, 1894, 1898.

167 *Müller*, DStZ 1950, 158.

privatrechtliche Ansprüche zugeschnittenen KO[168] auch für öffentlich-rechtliche Steueransprüche sachgerechte Einzelfalllösungen erarbeitet werden könnten[169].

Besonders bemerkenswert ist, dass auch mit der Umstellung des Umsatzsteuersystems zur Allphasen-Nettoumsatzsteuer mit Vorsteuerabzug weder im Rahmen des Gesetzgebungsverfahrens, noch im Nachgang hierzu eine Auseinandersetzung über die Behandlung der *neuen* Umsatzsteuer im Konkurs stattfand. Nun ließe sich freilich wieder einwenden, dass das Fiskusprivileg nach wie vor bestand, der Fiskus also ausreichend gesichert und mithin kein Anlass zu Änderungen gegeben war. Betrachtet man aber einerseits die enormen Ausfallrisiken, die mit dem Vorsteuerabzug verbunden sind, und andererseits die mit der systematischen Neuerung einhergehenden Rechtsanwendungsprobleme, erscheint dies nicht sachgerecht. Bestärkt wird der Unmut über das mangelnde Interesse des Gesetzgebers an einer Verzahnung von Insolvenz- und Steuerrecht hinsichtlich der Umsatzsteuer noch dadurch, dass diese gemeinhin als die wichtigste, weil praxis- und aufkommensrelevanteste Steuer im Insolvenzverfahren gilt[170]. Vermutlich vertraute der Gesetzgeber stillschweigend darauf, dass es der umsatzsteuerrechtlichen Praxis gelingen würde, die auftretenden Probleme auch unter der Ägide des *neuen Modus* eines Umsatzsteuerrechts mit Vorsteuerabzug anhand der konkursrechtlichen Vorschriften „zutreffend" lösen zu können.

Wer sich später von der großen Insolvenzrechtsreform eine Verzahnung von Steuer- bzw. Umsatzsteuer- und Insolvenzrecht erhofft hat, wurde an dieser Stelle enttäuscht. Bis auf die dargelegten Neuerungen zu partiellen Fragen des Steuerrechts[171], sind darüberhinausgehende systematische Harmonisierungsbemühungen im Zuge des Reformprozesses nicht ersichtlich. Die Gründe hierfür sind zugleich unbekannt und unverständlich. Im Wissen um die Probleme an der Schnittstelle von Umsatzsteuer- und Konkursrecht hätten sich die zur Gesetzgebung berufenen Organe schon im Interesse der Rechtssicherheit hierzu einbringen müssen. Die umfassende Reform des Insolvenzrechts wäre hierfür jedenfalls eine passende Gelegenheit gewesen, die – das lässt sich retrospektiv mit Blick auf die gegenwärtige Rechtslage sagen – viele heute herrschende Unstimmigkeiten hätte vermeiden können. Anstelle einer systematischen Anpassung beider Rechtsgebiete hat es der Gesetzgeber (grundsätzlich rechtspolitisch legitim) damit bewenden lassen, das Fiskusprivileg zu beseitigen und die Masse vor einer Belastung mit Umsatzsteuer zu schonen. Der im Vergleich zum *status quo ante* damit einhergehende Umsatzsteuerausfall sollte

168 So schon *Lewin*, DStZ 1926, 213.

169 Vgl. insoweit *Müller*, DStZ 1950, 158: „Die Klärung der zahlreichen Fragen, die sich aus der Berührung der beiden Rechtsgebiete ergeben, wurde dem Schrifttum und der Rechtsprechung überlassen. Viele wichtige Fragen bedürfen noch der Klärung."

170 Statt vieler nur *Zeeck*, KTS 2006, 407, 408 m.w.N.

171 S. oben unter Erstes Kapitel A)IV.2.

durch verschiedene Umstände kompensiert werden, wobei die insoweit bestehende Hoffnung des Fiskus nicht erfüllt wurde[172].

Mit § 55 Abs. 4 InsO dürfte vorerst das Ende von gesetzgeberischen Maßnahmen im Umsatzsteuerinsolvenzrecht markiert sein. Im Zusammenspiel mit der Rechtsprechung des V. Senats des BFH ist ein Rechtszustand eingetreten, der einen Ausfall von Umsatzsteuer in der Insolvenz in höherem Maße verhindert, als es die unzähligen gescheiterten Versuche des Gesetzgebers getan hätten. Insofern ist davon auszugehen, dass es der „fiskalische Gesetzgeber" nicht zulassen wird, an dieser Stelle eine legislative Veränderung ohne Kompensation an anderer Stelle herbeizuführen. In rechtsstaatlicher Hinsicht ist der mittlerweile Jahrzehnte währende Streit um die Umsatzsteuer in der Insolvenz allein ein Produkt mangelnden Interesses des Gesetzgebers, der sich dem Problem bis heute nicht umfassend angenommen hat. Er ist dazu berufen und aufgerufen, eine Abstimmung beider Rechtsgebiete vorzunehmen, in der es freilich auch zu einem Bekenntnis über die Kernfrage kommen muss, ob die Umsatzsteuer ihrem Wesen nach dem Vermögen des insolventen Unternehmers zugehörig ist oder nicht, dem Verbrauchsteuergedanken auch in der Insolvenz Rechnung getragen wird oder nicht. Ist diese Frage nicht beantwortet, mithin eine *gemeinsame* Werteentscheidung getroffen, ist jedes Reformbestreben ein mühsames Unterfangen, das letztlich seinem Zweck nicht ausreichend Rechnung trägt. Die am Gesetzgebungsverfahren beteiligten Akteure[173] sollten sich darauf verständigen, anstelle von partiellen Einzelfalllösungen eine Gesamtlösung für das Verhältnis von Umsatzsteuer- und Insolvenzrecht zu finden[174]. Bis dahin bleibt es bei einem „Lehrstück für das Scheitern des Gesetzgebers"[175].

B) Einführung in die einfachgesetzlichen Mechanismen zur Realisierung von Umsatzsteuer in der Insolvenz

Nach einem kurzen historischen Abriss und einem ersten Hinweis auf die normative Gemengelage von Umsatzsteuer- und Konkurs-/Insolvenzrecht soll an dieser Stelle eine Einführung in die einfachgesetzlichen Mechanismen der Behandlung der Umsatzsteuer in der Insolvenz folgen.

---

172 S. dazu oben unter Erstes Kapitel A)V.

173 Dazu aufgerufen sind vor allem die sachkundigen Politiker, die beteiligten Bundesministerien (Bundesministerium für Justiz und Verbraucherschutz, Bundesministerium für Finanzen) sowie die steuer- und insolvenzrechtlichen Interessenverbände.

174 Hierzu kann womöglich der rechtspolitische Vorschlag im Vierten Kapitel beitragen.

175 Begrifflich so *Desens*, in: 13. Leipziger Insolvenzrechtstag, S. 58.

I. Insolvenzrechtliche Prämissen

Der Gläubiger des Umsatzsteueranspruchs unterliegt mit der Insolvenzeröffnung und für die gesamte Dauer des Insolvenzverfahrens dem allgemeinen Vollstreckungsverbot des § 89 Abs. 1 InsO, das sich auf das gesamte schuldnerische Vermögen sowie den Neuerwerb (§ 35 InsO) erstreckt. Es kommt zu einer Beschlagnahme dieses Vermögens und dessen Zuweisung zu der Insolvenzmasse als Haftungsmasse zur Befriedigung der Insolvenzgläubiger nach § 38 InsO[176]. Mit der Insolvenzeröffnung ernennt das Gericht einen Insolvenzverwalter (§ 27 Abs. 1 S. 1 InsO), auf den das Recht übergeht, das zur Insolvenzmasse gehörende Vermögen zu verwalten und darüber zu verfügen (§ 80 InsO). Von da an sind Verfügungen des Insolvenzschuldners über einen Gegenstand der Insolvenzmasse unwirksam (§ 81 InsO). Der Fiskus ist gem. § 38 InsO Insolvenzgläubiger, wenn er einen zur Zeit der Eröffnung des Insolvenzverfahrens begründeten Vermögensanspruch hat. Die Vorschrift ist unterschiedslos anwendbar auf private gesetzliche und rechtsgeschäftliche wie öffentlich-rechtliche Ansprüche. Verfügt der Fiskus über einen Anspruch dieser Art, ist ihm die sonst übliche Festsetzung desselben durch Verwaltungsakt untersagt. Nach Eröffnung des Insolvenzverfahrens ist der Erlass von Steuerbescheiden und anderen Verwaltungsakten aus dem Steuerschuldverhältnis, deren Regelungsinhalt als Insolvenzforderung zu qualifizieren ist, gem. § 251 Abs. 2 S. 1 AO i.V.m. § 87 InsO unzulässig[177]. Für das der Finanzverwaltung grundsätzlich zustehende Recht der selbständigen Vollstreckung gilt ähnliches; ab Verfahrenseröffnung sind Zwangsvollstreckungsmaßnahmen für einzelne Insolvenzgläubiger für die gesamte Dauer des Verfahrens weder in die Insolvenzmasse, noch in das sonstige Vermögen des Schuldners zulässig, § 89 InsO. Stattdessen hat das Finanzamt seine bislang nicht festgesetzten Forderungen schriftlich beim Insolvenzverwalter anzumelden (§ 174 Abs. 1 S. 1 InsO), der sie bei Erfüllung der in § 174 Abs. 2 und 3 InsO enthaltenen Vorgaben in die Tabelle einzutragen hat, § 175 Abs. 1 InsO. Kommt es seitens des Insolvenzverwalters oder eines anderen Insolvenzgläubigers zu einem Bestreiten der in die Tabelle eingetragenen Steuerforderung, muss das

176 *Frotscher*, Besteuerung bei Insolvenz, S. 53.

177 Dagegen können Bescheide erlassen werden, die einen Erstattungsanspruch zugunsten der Insolvenzmasse festsetzen. Ebenso zulässig ist der Erlass eines Umsatzsteuerbescheids, in dem eine negative Umsatzsteuer für einen Besteuerungszeitraum vor der Eröffnung des Insolvenzverfahrens festgesetzt wird, wenn sich daraus keine Zahllast ergibt, s. BFH, Urt. v. 13.5.2009, XI R 63/07, BStBl. II 2010, 11. Als weiteres Bsp. ist der Erlass eines Bescheids nach § 251 Abs. 3 AO anzuführen, mit dem die Finanzbehörde erforderlichenfalls eine Insolvenzforderung feststellt. Vgl. zum Ganzen auch *Jatzke*, in: Hübschmann/Hepp/Spitaler, AO, § 251, Rz. 166 ff. Die Unterbrechungswirkung aus § 240 ZPO (analog) kommt m.E. nicht für den hier im Fokus stehenden Grundfall zum Tragen, in dem es um den Erlass eines ersten „verfahrenseinleitenden" Verwaltungsakt geht. Das Verbot des Erst-Erlasses eines Steuerverwaltungsakts folgt allein aus § 251 Abs. 2 AO i.V.m. § 87 InsO.

Finanzamt nach §§ 179 ff. InsO die Feststellung der streitigen Forderung gegenüber dem Bestreitenden betreiben. Andernfalls wird die entsprechende Forderung nicht berücksichtigt. Steuerverfahrensrechtlich geschieht dies durch einen Feststellungsbescheid nach § 185 InsO i.V.m. § 251 Abs. 3 AO[178]. Ist der Umsatzsteueranspruch als Insolvenzforderung zu qualifizieren, erhält der Steuergläubiger hierauf regelmäßig nur eine Quote[179].

Demgegenüber erlangt der Fiskus eine vollständige Befriedigung seines Umsatzsteueranspruchs, sofern er eine sonstige Masseverbindlichkeit nach § 55 Abs. 1 InsO ist bzw. nach § 55 Abs. 2, 4 InsO als solche nach Eröffnung des Insolvenzverfahrens gilt[180]. In diesem Fall ist der Fiskus als Massegläubiger gem. § 53 InsO vorweg zu befriedigen[181]. Anders als bei einer Stellung als Insolvenzgläubiger kann er seine Ansprüche auch in gewohnter Weise durch Steuerbescheid festsetzen. Inhaltsadressat desselben ist nach wie vor der materiell-rechtliche Umsatzsteuerschuldner;

---

178 Sofern die Steuerforderung bereits tituliert, aber noch nicht erhoben ist, ist die insolvenzrechtliche Ausgangslage abhängig von einem etwaigen Ablauf der Rechtsbehelfsfristen anders zu beurteilen. Hierzu s. *Farr*, Besteuerung bei Insolvenz, Rz. 217 ff., der fallgruppenartig unterscheidet. Nach *Häsemeyer*, Insolvenzrecht, Rz. 1.10, sei § 251 Abs. 3 AO eine fragwürdige, den Fiskus privilegierende Vorschrift, da sie die Haftungskonkurrenz zu den übrigen Insolvenzgläubigern negiere. In der Literatur findet sich ein ausführlicher Leitfaden für Vollstreckungsstellen bei *Bartone*, Insolvenz des Abgabenschuldners, passim.

179 Mit der durch die InsO eingeführten Stärkung der Gläubigerautonomie geht einher, dass die Gläubiger abweichend von einer überkommenen quotalen Verteilung des Vermögens auch die Fortführung des Unternehmens oder die Befriedigung nach der Maßgabe eines Insolvenzplans regeln können. Lt. *Kranzusch*, Die Quoten der Insolvenzgläubiger in Regel- und Insolvenzplanverfahren, S. 19, beträgt die durchschnittliche Höhe der Insolvenzquote bei Regelverfahren mit Schlussverteilung in NRW in den Jahren 2002–2007 5,4 %. Die Daten gehen zurück auf eine Sonderauswertung des Landesbetriebs IT.NRW.

180 Ob der Insolvenzverwalter für die Nichterfüllung von (Umsatz-)Steuermasseverbindlichkeiten im Fall der §§ 207, 208 InsO nach §§ 60, 61 InsO haftet, ist umstritten. Der BGH, Beschl. v. 14.10.2010, IX ZB 223/98, NZI 2011, 60, 61, Rz. 14, verneint dies mit *Laws*, ZInsO 2009, 996, 999 f. M.E. ist es inkonsequent, die Haftung des Insolvenzverwalters für Steueransprüche zu negieren. Die verschiedenen Argumente hierfür vermögen nicht zu verdecken, dass mit der Qualifizierung einer Masseverbindlichkeit die nicht existierende Gegenleistung für die Masse auch hinsichtlich von Steuerverbindlichkeiten bereits berücksichtigt wurde. Dies muss auch entsprechend für Sekundäransprüche gelten. Andernfalls würde „die Masseverbindlichkeit" mangels Ausfallsicherung zum zahnlosen Tiger. Im Ergebnis so auch *Huep/Webel*, NZI 2011, 389, 392.

181 Das Gesetz spricht in § 53 InsO von „berichtigen". Das erklärt sich aus der Verteilungssystematik der InsO, die durch verschiedene Mechanismen eine Bereinigung von der Ist- zur Soll-Masse vorsieht.

Bekanntgabeadressat aller die Insolvenzmasse betreffenden Verwaltungsakte ist dagegen der Insolvenzverwalter[182].

Hinsichtlich einer möglichen Begründung von Masseverbindlichkeiten muss ferner zwischen dem zeitlichen Abschnitt ab der Anordnung vorläufiger Maßnahmen respektive der Bestellung eines vorläufigen Insolvenzverwalters (§§ 21, 22 InsO, sog. Insolvenzeröffnungsverfahren, Phase II) und dem Abschnitt ab Eröffnung des Insolvenzverfahrens durch Eröffnungsbeschluss (sog. eröffnetes Verfahren, Phase III) unterschieden werden. Der Ablauf eines typischen Insolvenzverfahrens i.w.S. lässt sich damit insgesamt in drei Phasen gliedern; den beiden vorgenannten geht noch die Phase bis zum Beginn des Insolvenzeröffnungsverfahrens voraus (Phase I). Für die verschiedenen Arten von Masseverbindlichkeiten sind hingegen nur die Phasen II und III relevant, da für Phase I schon deswegen schlicht keine Begründung von Masseverbindlichkeiten in Frage kommt, weil zu dieser Zeit noch der spätere Insolvenzschuldner die volle Verwaltungs- und Verfügungsbefugnis hat, und weder ein schwacher, noch ein halbstarker oder sogar starker vorläufiger Insolvenzverwalter bestellt ist. Anders verhält sich dies für die Phasen II und III. Für die Phase II hat das Insolvenzgericht gem. § 21 Abs. 1 InsO alle Maßnahmen zu treffen, die erforderlich erscheinen, um bis zur Entscheidung über den Insolvenzantrag eine den Gläubigern gegenüber nachteilige Veränderung in der Vermögenslage zu verhüten. Hierzu gehört insbesondere die Bestellung eines vorläufigen Insolvenzverwalters (§§ 21 Abs. 2 S. 1 Nr. 1, 22 InsO). Zum einen kann der vorläufige Insolvenzverwalter – wie bereits angedeutet – mit unterschiedlichen Rechten und Pflichten ausgestattet werden und zum anderen hat das Insolvenzgericht darüber zu entscheiden, ob dem Schuldner bereits mit Eintritt der Phase II ein allgemeines Verfügungsverbot aufzuerlegen ist. Sollte das Insolvenzgericht derart verfahren, geht die dem späteren Insolvenzschuldner entzogene Verwaltungs- und Verfügungsbefugnis über dessen Vermögen auf den vorläufigen Insolvenzverwalter über. Gemeinhin werden die beschrieben Unterschiede in drei Kategorien von vorläufigen Insolvenzverwaltern kanalisiert: dem schwachen[183], dem halbstarken[184] und dem starken[185]. Die beiden ersten zeichnen sich dadurch aus, dass ihnen nicht die Verwaltungs- und Verfügungsbefugnis

---

182 Vgl. hierzu auch AEAO zu § 251, Rz. 4.3.2.

183 Er ist in erster Linie für die Sicherung der Insolvenzmasse verantwortlich. Aus diesem Grund wird er regelmäßig mit einem Zustimmungsvorbehalt ausgestattet. Darüber hinaus kommen ihm in der Regel keine Befugnisse zu. Entscheidend ist letztlich die genaue Ausgestaltung des Gerichtsbeschlusses.

184 Auch er ist für die Sicherung der Masse verantwortlich. Er kann je nach konkreter Ausgestaltung seiner Bestellung durch das Insolvenzgericht mit einem Zustimmungsvorbehalt versehen werden. Außerdem ist nach der Rspr. des BGH (BGH v. 18.7.2002, IX ZR 195/01, NJW 2002, 3326 unter 2.a)aa)) eine gezielte Begründung von Masseverbindlichkeiten möglich (Einzelermächtigung). Letztlich kommt es auf die genaue Ausgestaltung des Gerichtsbeschlusses an.

185 Die Befugnisse eines starken vorläufigen Insolvenzverwalters sind denen eines „endgültigen" Insolvenzverwalters vergleichbar.

über das Vermögen des Schuldners auferlegt wird. Sie können bei Vorliegen der entsprechenden Tatbestandsvoraussetzungen steuerliche Masseverbindlichkeiten nach § 55 Abs. 4 InsO begründen. Der starke vorläufige Insolvenzverwalter kann nach der Vorschrift des § 55 Abs. 2 InsO Masseverbindlichkeiten begründen.

Für die vorliegende Arbeit nicht minder relevant sind die insolvenzrechtlichen Aufrechnungsverbote, die die soeben aufgezeigte Trennung von Vermögenssphären für Verbindlichkeiten des Insolvenzschuldners mit anderer Regelungstechnik für Konstellationen fortschreiben, in denen der Insolvenzschuldner eine Forderung gegen den Insolvenzgläubiger inne hat, gegen die letztgenannter aufrechnen will. Der Zweck von § 96 InsO ist es, mit seinen für das Verhältnis von Umsatzsteuer- und Insolvenzrecht relevanten Alternativen der Nummern 1 und 3 sicherzustellen, dass eine Aufrechnung nur unter bestimmten Voraussetzungen möglich ist. Die wirtschaftliche Tragweite der Aufrechnungsverbote steht denen der oben aufgezeigten Abgrenzung zwischen Insolvenzforderung und Masseverbindlichkeit in nichts nach. Denn der die Aufrechnung Erklärende (Fiskus) will es auf diese legitime Weise vermeiden, an den Insolvenzschuldner Geld auszukehren und selbst bezüglich seiner Insolvenzforderungen lediglich mit der Quote abgefunden zu werden. Insofern erklärt er bei derlei Ausgangslagen die Aufrechnung gegen den Anspruch des Insolvenzschuldners. § 96 Abs. 1 Nr. 1 InsO charakterisiert Aufrechnungslagen für nicht schutzwürdig, in denen der „[...] Insolvenzgläubiger erst nach der Eröffnung des Insolvenzverfahrens etwas zur Insolvenzmasse schuldig geworden ist“. Anders formuliert ist eine Aufrechnung nur zulässig, sofern der Anspruch des Insolvenzschuldners vor der Insolvenzeröffnung schuldig geworden ist. § 96 Abs. 1 Nr. 1 InsO schafft damit einen Gleichlauf[186] zu § 38 InsO hinsichtlich der Trennung der Vermögenssphären. Das insolvenzrechtliche Aufrechnungsverbot des § 96 Abs. 1 Nr. 3 InsO erfasst dagegen den Fall, in dem „[...] ein Insolvenzgläubiger die Möglichkeit der Aufrechnung durch eine anfechtbare Rechtshandlung erlangt hat“. Die Vorschrift trifft eine Entscheidung für Fallgestaltungen, in denen der Insolvenzverwalter bei erklärter Aufrechnung ohnehin das dadurch verlorene (den Anspruch des Insolvenzschuldners gegen den Aufrechnenden) nach den Vorschriften über die insolvenzrechtliche Anfechtung wieder zurückverlangen könnte. § 96 Abs. 1 Nr. 3 InsO wiederholt damit die Entscheidung über die Zuordnung von Vermögenswerten in der Insolvenz, die vorher schon die Anfechtungsvorschriften getroffen haben.

II. Prüfungsmethodik

Die mangelnde Abstimmung von Umsatzsteuer- und Insolvenzrecht zeigt sich (auch) in einfachrechtlicher Hinsicht an mehreren Stellen. Um die verschiedenen Mechanismen der beiden Normkomplexe für die Rechtsanwendung handhabbar zu machen, bietet sich eine abgeschichtete Prüfungsmethodik an, die nicht nur

186 Dies zeigt sich auch an der Auslegung der Tatbestandsmerkmale, die nach h.M. in gleicher Weise vorzunehmen ist, s. dazu näher unten unter Drittes Kapitel C)II.

dieser Einführung, sondern auch den späteren Ausführungen zugrunde liegt[187]. Die mannigfaltigen Schnittstellen von Umsatzsteuer- und Insolvenzrecht zu verschiedenen Stufen des Steuerverfahrens bieten Anlass dazu, den Blick zuvorderst auf die einzelne positive, weil steuererhöhende, unselbständige Besteuerungsgrundlage[188] (Ausgangsleistung, Berichtigung) zu richten. Nachdem geklärt ist, ob und wann diese umsatzsteuerrechtlich festzusetzen ist, muss der Frage nachgegangen werden, wann diese insolvenzrechtlich begründet wurde[189]. Wegen der „Gegenläufigkeit" von unselbständigen Besteuerungsgrundlagen im Umsatzsteuerrecht müssen auch die negativen, weil steuermindernden Besteuerungsgrundlagen, einer Prüfung unterzogen werden. Korrespondierend zu den positiven Besteuerungsgrundlagen müssen auch diese zunächst im umsatzsteuerlichen Festsetzungsverfahren für umsatzsteuerliche Zwecke einem Besteuerungszeitraum zugeordnet werden. Sodann können sich bei entsprechenden Sachverhaltskonstellation Fragen vor dem Hintergrund der insolvenzrechtlichen Aufrechnungsverbote ergeben. Diese können – je nach Fallgestaltung – entweder abstrakt von *oder* kumulativ mit Fragen der Anwendung der insolvenzrechtlichen Aufrechnungsverbote auf die umsatzsteuerrechtliche Zwangsverrechnung auftreten. Die Einordnung von negativen Besteuerungsgrundlagen muss im Lichte der hier verfolgten Prüfungsmethodik aber zunächst autark ohne Berücksichtigung der umsatzsteuerrechtlichen Zwangsverrechnung erfolgen[190].

Sobald die umsatzsteuer- und insolvenzrechtliche Zuordnung einzelner Besteuerungsgrundlagen abgeschlossen ist, können sich (eventuell noch) Fragen ergeben, die aus einer möglichen Anwendung der insolvenzrechtlichen Aufrechnungsverbote auf die umsatzsteuerrechtliche Zwangsverrechnung resultieren. Diese sind an letzter Stelle der Prüfungsabfolge zu beleuchten.

III. Beurteilung positiver Besteuerungsgrundlagen im Insolvenzrecht

Aus der Sicht des Fiskus entscheidet sich die wirtschaftliche Werthaltigkeit seines Umsatzsteueranspruchs in der Insolvenz des Steuerschuldners nach dem unter I. Gesagten danach, ob eine *gute* Masseverbindlichkeit oder eine *schlechte* Insolvenzforderung vorliegt. Ausgangspunkt der diesbezüglichen Prüfung ist die Frage, ob die positive Besteuerungsgrundlage bereits im Zeitpunkt der Insolvenzeröffnung

187 Hierzu ab Zweites Kapitel B).

188 Mit BFH, Urt. v. 24.11.2011, V R 13/11, BStBl. II 2012, 298, 301, Rz. 26 f., sind die im Rahmen der umsatzsteuerlichen Saldierung zu berücksichtigenden „Berechnungsposten" unselbständige Besteuerungsgrundlagen, nicht aber Ansprüche mit verfahrensrechtlichem Eigenleben. Eine Selbständigkeit erhalten sie erst wenn sich aus ihnen heraus der Saldo gebildet hat. S.a. *Seer*, in: Tipke/Kruse, AO, § 157, Rz. 21; ferner unten unter Drittes Kapitel B).

189 Mit der neueren Rspr. (s. dazu unter Zweites Kapitel D)I.5. und II.6.) sind diese Zeitpunkte im Ergebnis identisch.

190 S. hierzu vor allem das Dritte Kapitel.

i.S.d. § 38 InsO begründet war. Den einen Umsatzsteueranspruch gibt es freilich nur jeweils am Ende eines Besteuerungszeitraums. § 38 InsO ordnet indes eine zeitpunktbezogene Abgrenzung an, die hiervon abweichen kann. Aus diesem Grund muss als tauglicher Anknüpfungspunkt für eine Abgrenzung die einzelne positive Besteuerungsgrundlage herangezogen werden. Die *einzelne Besteuerungsgrundlage* ist in einem ersten Schritt daraufhin zu untersuchen, ob sie vor Insolvenzeröffnung begründet wurde. Stellt sich dabei heraus, dass dem nicht so ist, kommt eine Einordnung als Masseverbindlichkeit in Betracht. Dies ist kein Automatismus, sondern kann nur dann bejaht werden, wenn in einem zweiten Schritt die Prüfung von § 55 Abs. 1, 2 oder 4 InsO positiv ausgefallen ist[191].

Für die nähere Begutachtung des Tatbestandsmerkmals „begründet“ ist nach tradierter wie nach neuerer (im Ergebnis aber divergierender) Lesart auf die Eigenarten des zugrundeliegenden Schuldverhältnisses abzustellen. Das Umsatzsteuerrecht gibt insofern die Anknüpfung an die einzelne Besteuerungsgrundlage vor, sagt aber weiter nichts darüber aus, wann eine Begründetheit vorliegt. Einigkeit herrscht insofern, als an dieser Stelle für Ausgangsleistungen eine Differenzierung nach den beiden Steuerberechnungsarten vorgenommen werden muss, die das Umsatzsteuerrecht kennt. Auf Antrag kann das Finanzamt nämlich bei Vorliegen näherer Voraussetzungen gestatten, dass der Unternehmer die Umsatzsteuer nicht nach vereinbarten, sondern nach vereinnahmten Entgelten berechnet. Neben dem Regelfall der sog. Soll-Besteuerung („vereinbarte Entgelte“, §§ 13 Abs. 1 Nr. 1a) i.V.m. 16 Abs. 1 S. 1 UStG) kennt das Umsatzsteuerrecht also noch die Ausnahme der sog. Ist-Besteuerung („vereinnahmte Entgelte“, §§ 13 Abs. 1 Nr. 1b) i.V.m. 20 UStG), deren unionsrechtliche Fundierung in Art. 62, 66 b) MwStSystRL verortet ist. Während im erstgenannten Fall die Steuer mit Ablauf des Voranmeldungszeitraums entsteht, in dem die *Leistungen ausgeführt* worden sind, geschieht dies im zweiten Fall erst mit Ablauf desjenigen Voranmeldungszeitraums, in dem die *Entgelte vereinnahmt* worden sind. Mit Blick auf den Tatbestand der Steuerentstehung (§ 13 UStG) wird insoweit auch seit jeher hinsichtlich der insolvenzrechtlichen Bewertung von Soll- und Ist-Besteuerung unterschieden[192].

Neben den umsatzsteuerlichen Ausgangsleistungen dürfen auch die umsatzsteuerlichen Berichtigungstatbestände nicht unberücksichtigt bleiben. Auch sie gilt es mit den insolvenzrechtlichen Vorgaben der Trennung von Vermögenssphären in Einklang zu bringen. Für die Unterscheidung zwischen Insolvenzforderungen und Masseverbindlichkeiten sind dabei die Berichtigungen relevant, die steuererhöhend wirken. Dies sind insbesondere die Berichtigungen infolge eines letztlich nicht

---

191 *Kahlert*, FR 2014, 731, 742. Ausführungen zu der Auslegung der hier genannten Vorschriften finden sich im Zweiten Kapitel, jeweils im Sachzusammenhang mit einem Urteil der Rechtsprechungsserie des V. Senats des BFH.

192 S. hierzu die bis zur Rechtsprechungsserie des V. Senats des BFH vertretenen Ansichten unter Zweites Kapitel C) sowie die Beurteilung der geltenden Rechtslage unter Zweites Kapitel D).

bestehenden Anspruchs auf Vorsteuerabzug (§§ 15a, 17 Abs. 1 S. 2 UStG[193]). Auch dort entscheidet die Einordnung darüber, ob die aus diesen Besteuerungsgrundlagen entspringende Umsatzsteuerforderung wirtschaftlich werthaltig ist oder nicht.

IV. Beurteilung negativer Besteuerungsgrundlagen im Insolvenzrecht

Neben den positiven Besteuerungsgrundlagen sind Bestandteil des Umsatzsteuerrechts auch negative Besteuerungsgrundlagen, die zu einer Senkung des Umsatzsteueranspruchs in Form eines verminderten positiven Saldos oder sogar zu einer Umsatzsteuervergütung bzw. -erstattung (negativer Saldo) führen. Zu diesen negativen Besteuerungsgrundlagen gehören insbesondere die Tatbestände über den Vorsteuerabzug (Art. 167 ff. MwStSystRL) und die Berichtigungstatbestände nach § 17 Abs. 2 UStG (Art. 90, 92 MwStSystRL betr. Berichtigung positiver, Art. 185 Abs. 1, 186 MwStSystRL betr. negativer Besteuerungsgrundlagen).

Für das Interesse des Fiskus am Umsatzsteueraufkommen ist die insolvenzrechtliche Einordnung dieser Besteuerungsgrundlagen im Ergebnis von ebenso hoher Bedeutung wie diejenige für die positiven Besteuerungsgrundlagen. Denn hiervon hängt ab, ob gegebenenfalls die aus negativen Besteuerungsgrundlagen resultierende Geldsumme an die Insolvenzmasse ausgekehrt werden muss oder diese im Rahmen der umsatzsteuerlichen Zwangsverrechnung mit positiven verrechnet oder im Rahmen des steuerlichen Erhebungsverfahrens aufgerechnet werden kann. Die Einzelheiten der diesbezüglich auftretenden Probleme bei den verschiedenen Fallgruppen sind – falls sie bislang überhaupt schon benannt oder von der Rechtsprechung entschieden sind – umstritten. Die nähere Erörterung dieses Fragenkreises bleibt den Ausführungen im *Dritten Kapitel* vorbehalten. An dieser Stelle soll aber bereits darauf hingewiesen werden, dass, wie bei den positiven Besteuerungsgrundlagen, die umsatzsteuerrechtliche Festsetzung nur ein erster Schritt ist, die kein Präjudiz für die insolvenzrechtliche Zuordnung mit sich bringt, da sie erst in einem zweiten Schritt zu erfolgen hat. Dies lässt sich an einem Beispiel illustrieren, in dem es um die Aufrechnung der Finanzbehörde gegen den Vorsteuervergütungsanspruch der Insolvenzmasse aus der Tätigkeit des vorläufigen Insolvenzverwalters geht. Umsatzsteuerrechtlich entsteht diese negative Besteuerungsgrundlage in Form des Vorsteuervergütungsanspruches erst mit der Vornahme des Vorsteuerabzugs, die der Insolvenzverwalter für die Insolvenzmasse im Wege der Steueranmeldung grundsätzlich für einen Besteuerungszeitraum seiner Wahl vornehmen kann, allerdings nicht bevor ihm eine Rechnung vorliegt. Geht man nun davon aus, dass im fraglichen Besteuerungszeitraum sonst keine positiven Besteuerungsgrundlagen

193 In Praxis dürfte regelmäßig insb. das Berichtigungsvolumen vergleichsweise hoch sein, das infolge der Insolvenz des leistungsempfangenden Unternehmers wegen der Berichtigung nach § 17 Abs. 1 S. 2 i.V.m. Abs. 2 Nr. 1 UStG entsteht.

zu verzeichnen sind[194], kann auf der Grundlage dessen insolvenzrechtlich überprüft werden, ob eine Aufrechnung der Finanzbehörde zulässig ist oder an den Aufrechnungsverboten des § 96 Abs. 1 Nr. 1 oder 3 InsO scheitert. Die aufgeführten Alternativen der Aufrechnungsverbote sind bereits unter I. kurz dargestellt worden. Für den Moment soll es bei einem instruktiven Hinweis auf den enthaltenen Mechanismus belassen werden:

Im Fall von § 96 Abs. 1 Nr. 1 InsO wird an das Schuldigwerden des Anspruchs angeknüpft, gegen den grundsätzlich die Aufrechnung erfolgen kann. Hier ist dies der oder die einzelne/n negative/n Besteuerungsgrundlage/n. Ob man dabei zu einem Zeitpunkt vor oder nach der Insolvenzeröffnung gelangt, ist eine Frage der Auslegung, im Einzelnen umstritten und letztlich entscheidend für die Frage, ob gegen ein Umsatzsteuerguthaben mit einer an sich wertlosen Umsatzsteuerforderung aufgerechnet werden kann und diese damit doch noch „werthaltig" sein kann.

Im Fall von § 96 Abs. 1 Nr. 3 InsO knüpft das Gesetz die Berechtigung zur Aufrechnung an die Frage, ob die Möglichkeit der Aufrechnung (Entstehen der Gegenforderung; hier: negative Besteuerungsgrundlagen) durch eine anfechtbare Rechtshandlung geschaffen wurde. Mit Bezug auf das oben gebildete Beispiel stellt sich also die Frage, ob die Tätigkeit des vorläufigen Insolvenzverwalters bzw. die daraus für die Insolvenzmasse geschaffene Möglichkeit des Vorsteuerabzugs eine anfechtbare Rechtshandlung ist.

V. Beurteilung der umsatzsteuerrechtlichen Zwangsverrechnung im Insolvenzrecht

Neben einer Einführung in die größtenteils hochumstrittenen Mechanismen zur Behandlung einzelner umsatzsteuerrechtlicher Besteuerungsgrundlagen folgt nun eine erste Erörterung der umsatzsteuerrechtlichen Zwangsverrechnung.

Wie schon häufig angedeutet, führt nicht die einzelne Besteuerungsgrundlage (Ein- oder Ausgangsleistung, Berichtigung) zu einem Umsatzsteueranspruch respektive zu einem Vorsteuervergütungsanspruch. Das umsatzsteuerschuldende Unternehmen hat zunächst alle Besteuerungsgrundlagen selbständig zu berechnen. Erst aus dieser Steuerberechnung folgt ein Saldo (§ 16 Abs. 2 UStG), der im Wege der Selbstveranlagung für den jeweiligen Besteuerungszeitraum festgesetzt wird. Dieser Saldo bildet *den* Umsatzsteuer- bzw. Vorsteuervergütungsanspruch und ist Grundlage für das steuerliche Erhebungsverfahren. Er erfasst alle Besteuerungsgrundlagen, die in einem Besteuerungszeitraum umsatzsteuerrechtlich angefallen sind. Besteuerungszeitraum ist regelmäßig das Kalenderjahr (§ 16 Abs. 1 S. 2 UStG). Der Besteuerungszeitraum wird steuerverfahrensrechtlich in mehrere Voranmeldungszeiträume eingeteilt. Regelmäßige Dauer ist das Kalendervierteljahr, ab einer Umsatzsteuerschwelle für das vorangegangene Kalenderjahr von mehr

194 Ohne diese Annahme müsste bereits an dieser Stelle die umsatzsteuerrechtliche Zwangsverrechnung mit in den Blick genommen werden.

als 7500 EUR der Kalendermonat (§ 18 Abs. 2 S. 1, 2 UStG). Für diesen Zeitraum hat der Unternehmer eine Umsatzsteuervoranmeldung abzugeben, in der er selbständig die Umsatzsteuer nach Maßgabe von § 16 Abs. 1 und 2 und § 17 UStG zu berechnen hat (§ 18 Abs. 1 S. 3 UStG). Der so definierte zeitliche Abschnitt wird also durch die umsatzsteuerrechtliche Zwangsverrechnung nicht nur abgeschlossen, sondern – bildhaft gesprochen – auch mit dem Verbleib eines einzigen Saldos verriegelt. Die darin enthaltenen unselbständigen Besteuerungsgrundlagen werden für umsatzsteuerrechtliche Zwecke neutralisiert. Die Pflicht zur Abgabe von Voranmeldungen suspendiert den Unternehmer nicht von seiner Pflicht zur Abgabe einer Steuererklärung für den Besteuerungszeitraum, die stets eine Steuerfestsetzung nach sich zieht[195].

Die umsatzsteuerrechtliche Zwangsverrechnung gehört ihrer umsatzsteuerlichen Systematik nach zum Festsetzungsverfahren. Im Lichte der insolvenzrechtlichen Aufrechnungsverbote kommen aber auch Problemkreise in Betracht, die in steuerrechtlicher Hinsicht erst im Erhebungsverfahren virulent werden. Sie sind überaus vielschichtig, weswegen an dieser Stelle – um die Einführung insoweit zu komplettieren – bloß eine grobe Darstellung der wichtigsten Aspekte folgt:

Erstens, hat die Eröffnung des Insolvenzverfahrens nach der Auffassung des V. Senats des BFH zur Folge, dass es zur Begründung eines Rumpfwirtschaftsjahres nach § 16 Abs. 3 UStG kommt. Dies führt dazu, dass vorherige Voranmeldungszeiträume des Rumpfbesteuerungszeitraums in dem Rumpfbesteuerungszeitraum aufgehen, sich etwaige vorangegangene Umsatzsteuerfestsetzungsbescheide nach § 124 Abs. 2 AO „auf andere Weise" erledigen[196]. Es ist umstritten, ob die Eröffnung eines Insolvenzverfahrens tatsächlich unter § 16 Abs. 3 UStG zu subsumieren ist[197]. Die Relevanz der Frage zeigt sich in der damit einhergehenden Folgeüberlegung, dass im Ergebnis für alle im bislang verstrichenen Kalenderjahr angefallenen Besteuerungsgrundlagen bzw. die sich daraus ergebenden Ansprüche eine etwaige Aufrechnung durch den Fiskus und damit ein eventuelles Eingreifen der insolvenzrechtlichen Aufrechnungsverbote nicht in Frage kommen könnte[198].

Außerdem muss, *zweitens*, die umsatzsteuerrechtliche Zwangsverrechnung § 96 Abs. 1 Nr. 3 InsO standhalten. Legt man den soeben dargestellten Rumpfbesteuerungszeitraum zugrunde, stellt sich die grundsätzliche Frage, ob das Verbot der *Auf*rechnung auf die umsatzsteuerliche Zwangs*ver*rechnung in diesem Besteuerungszeitraum in Form der einzelnen Besteuerungsgrundlagen oder womöglich wenigstens auf einen sich daraus ergebenden Saldo anzuwenden ist. Die Auswirkungen dessen wären erheblich und bestünden darin, dass die negativen Besteuerungs-

195 Anders bei der Steuer*anmeldung* betr. die Voranmeldungszeiträume. Dort wird eine Steuerfestsetzung nur erforderlichenfalls durchgeführt, wenn die Voraussetzungen nach § 167 Abs. 1 AO vorliegen.

196 BFH, Urt. v. 7.7.2011, V R 42/09, BStBl. II 2014, 76, 79, Rz. 28.

197 S. dazu unten unter Zweites Kapitel C)II.3. und D)III.

198 S. dazu unten unter Drittes Kapitel B)II.2.

grundlagen für die kritische Zeit vor der Insolvenzeröffnung aus dem Saldo entfernt und gesondert an die Insolvenzmasse auszukehren wären. Kehrseite dessen ist die Erhöhung des Saldos für den Rumpfbesteuerungszeitraum, womit im Ergebnis die vorinsolvenzliche Umsatzsteuerforderung des Fiskus an Höhe zunimmt[199].

Drittens, und für die hier in Rede stehende Einführung letztens, muss der Blick auf die Aufrechnung der Salden von zwei Voranmeldungs- bzw. Besteuerungszeiträumen gerichtet werden. Diese können in verschiedenen Sachverhaltskonstellationen auftreten, führen aber immer zu der Frage, ob der Fiskus von § 96 InsO daran gehindert wird, wirksam die Aufrechnung gegen einen negativen Saldo zu erklären. Denkbar sind Aufrechnungslagen von zwei Salden in unterschiedlichen Kalenderjahren oder zwischen zwei Voranmeldungszeiträumen im Kalenderjahr der Insolvenzeröffnung, bevor die Festsetzung für den Rumpfbesteuerungszeitraum erfolgt ist[200].

VI. Zusammenfassung

Das Insolvenzrecht führt für den Fiskus wie für alle anderen Gläubiger des (späteren) Insolvenzschuldners zu einer Einschränkung ihrer Gläubigerrechte mit dem Zwischenziel, die Masse zu mehren bzw. dieselbe vor Auszehrung zu schützen, um damit das Primärziel der InsO zu verwirklichen, eine größtmögliche Gesamtgläubigerbefriedigung zu erreichen. Zu diesem Zweck sieht die InsO verschiedene Mechanismen vor, die – das ist bereits erkennbar geworden – nicht mit der umsatzsteuerrechtlichen Regelungstechnik abgestimmt sind. Neben grundsätzlichen Fragen zur Einordnung von Umsatzsteueransprüchen in die Kategorien Insolvenzforderung oder Masseverbindlichkeit ergeben sich die Probleme besonders aus der Gegenläufigkeit der Besteuerungsgrundlagen im Umsatzsteuerrecht sowie der umsatzsteuer-systematisch damit verknüpften Zwangsverrechnung nach § 16 Abs. 2 UStG. Um die geltende Rechtslage handhabbar zu machen hat sich der Rechtsanwender stets zu vergewissern, dass er sein Augenmerk zunächst auf die *umsatzsteuerrechtliche Einordnung der unselbständigen Besteuerungsgrundlage* in einen Voranmeldungs- bzw. Besteuerungszeitraum zu richten hat, bevor er in einem zweiten Schritt die *insolvenzrechtliche Schablone* über seine Zuordnungsentscheidung legt. Mittels dieser Schablone muss er entscheiden, ob er es insolvenzrechtlich mit einer aus der Sicht des Fiskus *guten* (Masseverbindlichkeit, kein Eingreifen von Aufrechnungsverboten) oder einer *schlechten* (Insolvenzforderung, Eingreifen von Aufrechnungsverboten) Besteuerungsgrundlage zu tun hat.

---

199 S. dazu unten unter Drittes Kapitel B)II.3.

200 S. dazu unten unter Drittes Kapitel C).

C) Auswirkungen von Insolvenzen auf das Umsatzsteueraufkommen

Im Fokus der Diskussion um Fragen des Umsatzsteueraufkommens finden sich meistenteils Themen um betrugsbedingte Umsatzsteuerausfälle wie beispielsweise die sog. Karussellgeschäfte. Beiträge zu den Auswirkungen der (im Jahr 2013 etwas zurückgegangenen Zahl von[201]) Unternehmensinsolvenzen auf das Umsatzsteueraufkommen sind hingegen rar. Dies muss insofern verwundern, als die Zahlungsunfähigkeit von Unternehmen neben verschiedenen Formen der Steuerhinterziehung für die hauptsächliche Ursache von Umsatzsteuerausfällen gehalten wird[202]. Angesichts dieses Befundes war und ist die Insolvenz eine der größten Herausforderungen für das Umsatzsteueraufkommen[203].

In einer von der Europäischen Kommission in Auftrag gegebenen Studie mit dem Ziel, die Mehrwertsteuerlücken („VAT Gaps") ihrer Größe nach zu bestimmen und zu analysieren, sind die ermittelten Summen nicht nach der Ursache ihrer Entstehung aufgegliedert[204]. Gleiches gilt im Ergebnis für den vom Bundesfinanzministerium letztmals mit Zahlen für das Jahr 2011 herausgegebenen Bericht über den Stand und die Entwicklung der Steuerrückstände. Dort ist der Gesamtbetrag von Niederschlagungen[205] infolge von Insolvenzeröffnungen entweder auf alle Steuerarten bezogen (1,999 Mrd. €)[206] oder die Niederschlagungen von Umsatzsteuer (3,487 Mrd. €) sind wiederum nicht nach ihrer Ursache unterteilt[207]. Der Bundesrechnungshof spricht in seinem Bericht vom 3.9.2003 für das Jahr 2001 „bei einer hohen Dunkelziffer"

---

201 In 2013 beläuft sich die Anzahl von Unternehmensinsolvenzen auf 25995. Zum Vergleich dazu die Vorjahre: 2012 (28297), 2011 (30099), 2010 (31998), 2009 (32687), 2008 (29291). Die Zahlen gehen zurück auf die Ergebnisse des Statistischen Bundesamtes, abrufbar unter www.destatis.de.

202 *Gebauer/Parsche*, Ifo-Schnelldienst 21/2005, S. 13 f.

203 In diesem Sinne schon *Homburg/Rublack*, in: FS J. Lang, S. 893, 902.

204 Update Report to the Study to quantify and analyse the VAT Gap in the EU-27 Member States ("the 2013 VAT Gap report"), TAXUD/2013/DE/321, veröffentlicht mit Pressemitteilung v. 23.10.2014, abrufbar unter www.ec.europa.eu. Die Studie attestiert Deutschland für 2012 eine Differenz zwischen geschuldeter und tatsächlich vereinnahmter Umsatzsteuer i.H.v. 21,957 Mrd. €, was 10 % entspricht (S. 30). Der EU-Durchschnitt beträgt 16 %, was einem absoluten Ausfall von 177,220 Milliarden € entspricht (S. 16). Insolvenzen werden als eine Ursache des Umsatzsteuerausfalls neben Betrug, legaler Steuervermeidung etc. genannt (S. 14).

205 Unter einer Niederschlagung versteht man eine verwaltungsinterne Maßnahme, mit der von einer weiteren Beitreibung einer öffentlich-rechtlichen Forderung abgesehen wird. Neben der Insolvenz kommt die Niederschlagung bspw. in Betracht, wenn die mit einer weiteren Vollstreckung verbundenen Kosten nicht im Verhältnis zu dem zu erwartenden Betrag stehen, vgl. § 261 AO.

206 Monatsbericht des *Bundesfinanzministeriums* aus September 2012, S. 27.

207 Monatsbericht des *Bundesfinanzministeriums* aus September 2012, S. 32.

von einem insolvenzbedingten Umsatzsteuerausfall i.H.v. rund 3,4 Mrd.[208] €. Die letzte und zugleich aktuellste Einschätzung zur Aufkommenslage von öffentlicher Seite findet sich in einem Entschließungsantrag einzelner Abgeordneter zur Umsatzsteuerbetrugsbekämpfung v. 2.7.2014. Danach entfiele laut Bundesfinanzministerium von den umsatzsteuerlichen Niederschlagungen mit einer Gesamthöhe von 2,7 Mrd. € im Jahr 2012 ein Betrag i.H.v. 1,45 Mrd. € auf Insolvenzen[209]. Bei einem Umsatzsteueraufkommen von 142,439 Mrd. €[210] entspricht das einem Anteil von rund einem Prozent.

In der Literatur hat sich namentlich *Gebauer* auf dem in Rede stehenden Terrain verdient gemacht. Unter Anwendung einer eigens entwickelten Methode hat *sie* für das Jahr 2006 einen plausibel begründeten insolvenzbedingten Umsatzsteuerausfall von insgesamt 2,724 Mrd. € errechnet[211]. Für das gleiche Jahr geht man an anderer Stelle sogar von einem Ausfall i.H.v. schätzungsweise insg. 5,7 Mrd. € aus[212]. Einen darunterliegenden Betrag weist das *ifo-Institut* für das Jahr 2001 aus; dort entfallen auf die Umsatzsteuer-Niederschlagungen „unter realistischen Annahmen" rund 1,7 Mrd. € auf Insolvenzen[213].

---

208 Bericht des *Bundesrechnungshofs*, BT-DrS 15/1495, S. 7, 18.

209 BT-DrS 18/1968, S. 1. Setzt man die bezifferten insolvenzbedingten Umsatzsteuerausfälle (1,45 Mrd. €) in das Verhältnis zum Gesamtniederschlagungsvolumen des Jahres 2011 (einbezogen sind neben der Umsatz- die Lohn-, Einkommen-, Körperschaft-, Erbschaft- und Kraftfahrzeugsteuer; für 2012 oder darauffolgende Jahre liegen keine Zahlen vor), so ergibt sich ein Anteil von rd. 28,74 %.

210 Monatsbericht des *Bundesfinanzministeriums* aus Juli 2013, S. 34; nicht enthalten sind Einfuhrumsatzsteuern.

211 *Gebauer*, Steuerausfälle im Bereich der Mehrwertsteuer, S. 88, dort auch für die Jahre 1999–2005. Miteinbezogen sind sowohl Eingangs- als auch Ausgangsleistungen. Stark vereinfacht zusammengefasst hat *Gebauer* zunächst die auf der Grundlage der vom Statistischen Bundesamt ausgewiesenen voraussichtlichen Forderungen verschiedener Wirtschaftszweige in eine Eingangs- und eine Ausgangsseite zerlegt. Diese hat *sie* in das Verhältnis der branchenspezifischen Ausfallquoten gesetzt. Zum Ganzen s. ebd., S. 64 ff. M.E. mangelt die von *Gebauer* entwickelte Methode jedenfalls an dem Parameter einer möglichen Verrechnung von positiven und negativen Umsätzen, die aber vermutlich mangels ausreichender Datengrundlage nicht in die Methode hätten einbezogen werden können.

212 *Groß/Matheis/Vogl*, UVR 2006, 43, 46 f. Der Betrag setzt sich zusammen aus einem Ausfall von Umsatzsteuerzahllasten i.H.v. schätzungsweise 3,1 Mrd. € und einem Ausfall durch nicht berichtigte Vorsteuer i.H.v. 2,6 Mrd. €. Ein Beleg für die Summen wird nicht angeführt. Der Beitrag basiert auf den Ergebnissen einer vergleichenden Studie („Planspiele") zu den Auswirkungen des Umsatzsteueraufkommens bei einem System der generellen Ist-Versteuerung mit Cross-Check oder einem generellen Reverse-Charge-Verfahren, die die Wirtschaftsprüfungsgesellschaft Peters / Schönberger durchgeführt hat (im Volltext abrufbar unter www.bankenverband.de).

213 *Dziadkowski* u. a., ifo Forschungsbericht Nr. 13, S. 88.

Ein Vergleich der dargelegten Zahlen mit den Umsatzsteuerausfällen des Fiskus unter Geltung der Konkursordnung kann mangels ausreichender rechtstatsächlicher Daten nicht vorgenommen werden. Es wird aber davon ausgegangen, dass von den ehemals vom Fiskus anzumeldenden Konkursforderungen etwa 90 % nach Maßgabe des abgeschafften Fiskusprivilegs bevorrechtigt befriedigt wurden[214]. Ob die in den Motiven der InsO geäußerte Prognose, „[...] nachteilige Auswirkungen der Reform auf das Steueraufkommen des Bundes, der Länder und der Gemeinden seien voraussichtlich nicht zu erwarten“[215] eingetreten ist, ist bislang weder be-, noch widerlegt.

I. Umsatzsteuersystematisch bedingte Ausfallrisiken

Wir haben bislang gesehen, dass das geltende Umsatzsteuerrecht dem System einer Allphasen-Nettoumsatzsteuer mit Vorsteuerabzug folgt. Außerdem sind in der im vorherigen Abschnitt gegebenen Einführung – allerdings getrennt voneinander – positive wie negative Besteuerungsgrundlagen im Lichte ihrer insolvenzrechtlichen Beurteilung behandelt worden. Nunmehr soll erläutert werden, wie die umsatzsteuerliche Erhebungstechnik unter Berücksichtigung einer Leistungs*kette* in der Insolvenz zu einem Ausfall des Steueraufkommens führt. Zum besseren Verständnis wird daher vor einem Beispiel abstrakt die Funktionsweise einer umsatzsteuerlichen Leistungskette geschildert.

Das System der Allphasen-Nettoumsatzsteuer sieht eine Besteuerung des Umsatzes auf jeder Stufe des Leistungsaustauschs (Produktion, Handel etc.) vor. Bemessungsgrundlage für die Umsatzsteuer ist der Nettobetrag der Leistung, also die Höhe des Entgelts abzüglich darauf entfallender Umsatzsteuer. Das System ist seiner gemeinhin üblichen Bezeichnung eines „mit Vorsteuerabzug“, weil der die Leistung empfangende Unternehmer die im von ihm aufgewendeten Entgelt enthaltene Umsatzsteuer als Vorsteuer in Abzug bringen kann. Er (der Leistungsempfänger) schuldet damit *nur* noch die Umsatzsteuer aus den von ihm seinerseits ausgeführten Ausgangsleistungen abzüglich der Umsatzsteuer aus den an ihn ausgeführten Eingangsleistungen (Vorsteuern). Diese Abläufe wiederholen sich auf jeder Leistungsstufe solange bis der Leistungsempfänger kein zum Vorsteuerabzug berechtigter Unternehmer, in der Regel ein Verbraucher ist. Gleichwohl wird für den Fiskus auf jeder Stufe des Leistungsaustauschs ein Teil an Umsatzsteueraufkommen generiert. Dieser besteht, bezogen auf die jeweilige Stufe und Leistung, aus der Differenz zwischen Umsatz- und Vorsteuer, also der endgültigen Zahllast des Unternehmers. Erst die Addition all dieser Summen aus einer Leistungskette führt zu dem endgültigen Umsatzsteueraufkommen, das der Höhe nach im pathologischen Fall „Insolvenz“ der

---

214 *Uhlenbruck*, Das neue Insolvenzrecht, S. 279. Die Deckungsquote ebendieser bevorrechtigten Forderungen betrug im Jahr 1998 28,3 %, s. *Statistisches Bundesamt*, Wirtschaft und Statistik 9/2001, S. 752, abrufbar unter www.destatis.de.

215 BT-DrS 12/2443, S. 106.

Summe an Umsatzsteuer entspricht, die auf den letzten Umsatz an eine nicht zum Vorsteuerabzug berechtigte Person entfällt (sog. fraktionierte Steuererhebung[216]).

Kommt es zu einem insolvenzbedingten Ausfall eines in der Leistungskette beteiligten Unternehmers, so führt dies aus der Sicht des Fiskus *prima facie nur* zu der Nichtrealisierung der Umsatzsteuer auf dieser Leistungsstufe. Die sonstigen Umsatzsteuerzahllasten können aufkommenswirksam erhoben werden, sofern nicht ein weiterer Unternehmer ausfällt. Folgt der insolvente Unternehmer aber dem Regelfall der Soll-Versteuerung und hat er das Entgelt für die an ihn gerichtete Leistung nicht bezahlt, wird der an ihn leistende Unternehmer seine Umsatzsteuervoranmeldung entsprechend korrigieren und auf diese Weise die ehedem zu versteuernde Ausgangsleistung wieder neutralisieren. Auf der Gegenseite des leistungsempfangenden Unternehmers wird nun der Fiskus bestrebt sein, die von ihm abgesetzte Vorsteuer zurückzufordern, um nicht neben der Umsatzsteuer auf den von ihm ausgeführten Ausgangsumsatz auch noch hiermit auszufallen.

Die zu einem insolvenzbedingten Umsatzsteuerausfall führenden Szenarien sind ungleich zu denjenigen anderen Steuerarten. Während der Fiskus bei Ertragsteuern lediglich mit einem *Mehrwert* ausfällt, läuft er hinsichtlich der Umsatzsteuer Gefahr, sogar einen *Minderwert* in Kauf nehmen zu müssen[217]. Grund für diese doppelte Gefährdung ist die Erhebungstechnik des Umsatzsteuerrechts. Ungeachtet der Auswirkungen der neueren Rechtsprechung des V. Senats des BFH[218] soll das nachfolgende Beispiel zur besseren Illustration der im Umsatzsteuersystem herrschenden Wechselwirkungen und ihren Auswirkungen im Insolvenzfall dienen.

---

216 Eine fraktionierte Steuererhebung liegt dabei im eigentlichen Sinne nur vor, wenn ein Vorsteuerabzug nicht sofort, sondern – wie in der überwiegenden Anzahl der Fälle – erst nach einer zeitlichen Differenz vorgenommen wird, die in einen anderen Voranmeldungszeitraum fällt. Andernfalls würden sich Umsatz- und Vorsteuer im selben VAZ neutralisieren. Hierzu anschaulich *Ammann*, UR 2003, 332, 339 f.

217 Mit den Worten *Mittlers*, ifo-Schnelldienst, Sonderausgabe 2/2004, S. 5, 7, „[...] schaut der Fiskus dadurch nicht nur in die Röhre, sondern er legt auch noch Bares drauf". Das Problem sieht auch *P. Kirchhof*, § 118, Rz. 246, in: Handbuch des Staatsrechts, Band V, der in diesem Zusammenhang zur Reform mahnt; in diesem Sinne auch *ders.*, UR 2002, 541, 547. Von einer „doppelten Gefährdung" spricht auch *Oellerich*, Defizitärer Vollzug des Umsatzsteuerrechts, S. 26, der sich aber nicht konkret auf Insolvenzen bezieht. Mahnend ferner *Widmann*, UR 2002, 14, 19. Nach *Lohse*, UR 2008, 30, 32 f., der auf die Schätzungen von Oberfinanzdirektionen verweist, sollen die Vorsteuerrückforderungen im Insolvenzfall der Summe nach die Vorsteuerbeträge der letzten neun bis zwölf Monate umfassen.

218 S. hierzu das Zweite Kapitel D).

II. Beispielszenario[219]

1. *Sachverhalt*

Man stelle sich eine Lieferkette vor, die aus einem produzierenden Unternehmer $U_{(Produzent)}$, einem handelnden Unternehmer $U_{(Händler)}$ und einem Endverbraucher EV besteht. $U_{(Produzent)}$ verkauft an $U_{(Händler)}$ Waren zu einem Preis von 500 € + 95 € Umsatzsteuer. $U_{(Händler)}$ verkauft diese Waren im Voranmeldungszeitraum (VZ) 2 für 1000 € + 190 € USt an EV. $U_{(Händler)}$ fällt während der geschilderten Lieferbeziehungen in (materielle) Insolvenz und zahlt den vertraglich geschuldeten Betrag i.H.v insg. 595 € nicht an $U_{(Produzent)}$. Gleichwohl zieht er in VZ 1 des Kalenderjahres 95 € Vorsteuer. Mit Beginn des VZ 3 des Kalenderjahres wird das Insolvenzverfahren über das Vermögen des $U_{(Händler)}$ eröffnet. Infolgedessen berichtigt $U_{(Produzent)}$ im nächstmöglichen Zeitpunkt die Bemessungsgrundlage für den an $U_{(Händler)}$ ausgeführten Umsatz wegen Uneinbringlichkeit auf 0 €. Korrespondierend hierzu muss $U_{(Händler)}$ seinen Vorsteueranspruch berichtigen, woraus ein Vorsteuerrückforderungsanspruch des Finanzamts resultiert. Für die Zwecke dieses Szenarios soll zunächst davon ausgegangen werden, dass sowohl der Vorsteuerrückforderungsanspruch wie auch der Umsatzsteueranspruch Insolvenzforderungen sind. Außerdem sollen keine weiteren Umsätze von $U_{(Händler)}$ getätigt worden sein. $U_{(Produzent)}$ und $U_{(Händler)}$ sind Soll-Versteuerer.

2. *Auswertung*

Der zwischen $U_{(Produzent)}$ und $U_{(Händler)}$ ausgeführte Umsatz führt letztlich für den Fiskus zu einer aufkommenswirksamen *Minder*einnahme von 95 €. Denn dem von $U_{(Händler)}$ in Anspruch genommenen Vorsteuerabzug steht wegen der Berichtigung des $U_{(Produzent)}$ kein aufkommenswirksamer Steuerbetrag in gleicher Höhe gegenüber. Der gegen $U_{(Händler)}$ gerichtete Vorsteuerrückforderungsanspruch ist wegen seiner Eigenschaft als bloße Insolvenzforderung und mangels Verrechnungs-/Aufrechnungspotential de facto wirtschaftlich wertlos. Hinsichtlich der Leistungsbeziehung zwischen $U_{(Händler)}$ und EV fällt der Fiskus damit i.H.v. 190 € aus. Denn (auch) dieser Umsatzsteueranspruch ist bloße Insolvenzforderung. Insgesamt ergibt sich also ein absoluter Steuerausfall von 285 € (190 USt + 95 VSt).

III. Stellungnahme

Das Beispiel soll die besonderen Auswirkungen von Unternehmensinsolvenzen auf das Umsatzsteueraufkommen in seiner extremsten, gleichwohl aber möglichen Form

219 Szenario angelehnt an *Gebauer*, Steuerausfälle im Bereich der Mehrwertsteuer, S. 54. *Gebauer* gibt darüber hinaus noch weitere Beispiele, die etwa ausschließlich unternehmerische Lieferketten abbilden. In *ihrer* Betrachtung nimmt *sie* aber keine insolvenzrechtliche Einordnung (Insolvenzforderung/Masseverbindlichkeit) der verschiedenen Ansprüche vor.

illustrieren. Kann der Fiskus gegen einen Unternehmer in der Lieferkette infolge dessen Insolvenz weder Umsatz-, noch Vorsteuerrückforderungsansprüche (in voller Höhe) geltend machen, ist er – wie dargestellt – in zweierlei Hinsicht geschädigt[220]. Der daraus entstehende Schaden kann sogar über denjenigen Betrag hinausgehen, der letztlich durch den Zugriff auf die Umsatzsteuer in der Leistungsphase an den nicht zum Vorsteuerabzug berechtigten Verbraucher generiert werden soll. Infolgedessen kann es für den Fiskus zu den oben[221] bezifferten Einbußen kommen, die auch bei Bezugnahme auf den geringsten Wert ca. 1 % des Gesamtumsatzsteueraufkommens ausmachen. Das Beispiel ist für die an dieser Stelle intendierten Zwecke nicht auf der Grundlage der aktuellen Rechtslage gewürdigt. Dass es heute für die meisten Fallgruppen nicht mehr zu einem Umsatzsteuertotalausfall in dieser Höhe kommt, ist in erster Linie auf die gegenwärtig hochumstrittene Rechtsprechung des BFH[222] zurückzuführen. Es bleiben aber Fallgruppen, in denen dies weiterhin möglich ist. *Ob* und, falls dies zu bejahen ist, *inwiefern* die Entstehung eines Umsatzsteuerausfalls insolvenzrechtlich legitimiert ist, bedarf an dieser Stelle keiner Entscheidung, sondern ist den späteren Ausführungen vorbehalten. Es sollte schlicht deutlich werden, inwiefern die Umsatzsteuer quantitativ in der Insolvenz bedeutsam ist, welche Ausgangslage das Umsatzsteuerrecht für das Einwirken des Insolvenzrechts hergibt und zu welchen Auswirkungen es vor diesem Hintergrund auf das Umsatzsteueraufkommen kommen kann.

D) Vermögensrechtliche Zuordnung der Umsatzsteuer im Insolvenzverfahren

In diesem Abschnitt soll untersucht werden, ob die tradierte Erfassung und Einordnung der Umsatzsteuer in die insolvenzrechtlichen Kategorien Insolvenzforderung oder Masseverbindlichkeit mit Blick auf die umsatzsteuerrechtliche Systematik sachgerecht ist. Den Anfang hierzu macht eine Inhaltsbestimmung des Gläubigergleichbehandlungsgrundsatzes, woraufhin später der umsatzsteuerliche Belastungsgrund erörtert wird. Anhand der hier gemachten Vorarbeiten wird sodann überprüft, ob der Umsatzsteuer in der Insolvenz eine insolvenzfeste Treuguteigenschaft zukommt.

---

220 *Groß/Matheis/Vogl*, UVR 2006, 43 ff., splitten das dargestellte Szenario für die Zwecke ihres Planspiels in einen „Insolvenztypus 1“, der ausschließlich den Ausfall von Umsatzsteuerzahllasten (Ausgangsumsätzen) abbildet, und einen „Insolvenztypus 2“, für das gleiches betr. den Ausfall durch nicht berichtigte Vorsteuer (Eingangsumsätze) gilt.

221 Erstes Kapitel C).

222 Diese prägt vor allem der V. Senat des BFH, s. dazu ausführlich unter Zweites Kapitel D).

I. Inhaltsbestimmung des Gläubigergleichbehandlungsgrundsatzes

Das Insolvenzrecht ist systematisch als Gesamtvollstreckungsrecht zu erfassen. Der Zweck des Insolvenzverfahrens besteht gem. § 1 InsO darin, die Gläubiger eines Schuldners gemeinschaftlich zu befriedigen. Um dieses Ziel zu verfolgen, gibt das Gesetz die Möglichkeiten der Verwertung des schuldnerischen Vermögens und anschließenden Verteilung des Erlöses oder der Vornahme einer abweichenden Regelung in einem Insolvenzplan zum Erhalt des Unternehmens vor. Der Grundsatz der Gläubigergleichbehandlung („par conditio creditorum“[223]) soll als übergeordnetes Prinzip des Insolvenzrechts, als das Herz jedes Insolvenzverfahrens[224], zu einem gerechten Ausgleich unter den Gläubigern führen[225]. Dieser Ausgleich ist Kompensation für den Verlust der Möglichkeit zur individuellen Zwangsvollstreckung in das Vermögen des Schuldners. Denn während der Dauer des Insolvenzverfahrens sind Zwangsvollstreckungsmaßnahmen weder in die Insolvenzmasse, noch in das sonstige Vermögen des Schuldners zulässig (§ 89 InsO). Das in der Einzelzwangsvollstreckung geltende Prioritätsprinzip wird mit der Insolvenzeröffnung außer Kraft gesetzt. Zum Zeitpunkt der Eröffnung des Insolvenzverfahrens tritt eine gesetzliche Haftungsordnung in Kraft, die eine Haftungskonkurrenz mit Wirkung für und gegen alle Gläubiger des Insolvenzschuldners statuiert[226]. Diese Haftungskonkurrenz soll mit der Maßgabe aufgelöst werden, dass alle Gläubiger gleichmäßig befriedigt werden.

Der in diesem Lichte verstandene Grundsatz der Gläubigergleichbehandlung gilt indes nicht unterschiedslos für alle Gläubiger; vielmehr kann eine differenzierende Gläubigergleichbehandlung zugleich auch ein Gebot des Grundsatzes der Gläubigergleichbehandlung sein[227]. Die Insolvenzordnung kennt insgesamt fünf verschiedene Arten von Gläubigergruppen. Hierzu zählen die gem. § 47 InsO aussonderungsberechtigen Gläubiger, die gem. §§ 49–51 InsO absonderungsberechtigen Gläubiger[228],

---

223 In Anlehnung an die Digestenfundstelle „cum iam par condicio omnium creditorum facta esset“ nach Corpus iuris civilis, que in fr. cred., Ulp. D. 42, 8, 6, 7.

224 *Zeeck*, KTS 2006, 407, 410.

225 Die dogmatische Herleitung des Grundsatzes der Gläubigergleichbehandlung soll an dieser Stelle außer Acht gelassen werden, s. hierzu später unten unter Erstes Kapitel F)III. Die Strahlkraft des Gläubigergleichbehandlungsgrundsatzes könnte in dem nachfolgenden Abschnitt ohnehin nichts ausrichten. Ist dem primären oder sekundären Unionsrecht nämlich zu entnehmen, dass die Umsatzsteuer im Insolvenzfall *bevorzugt* zu behandeln ist, würde das Unionsrecht jedem nationalen Recht insoweit vorgehen und dem deutschen Gesetzgeber letztlich die Änderung seiner nationalen Rechtsordnung aufgeben.

226 *Häsemeyer*, Insolvenzrecht, Rz. 2.14.

227 *Pape/Uhlenbruck/Voigt-Salus*, Insolvenzrecht, S. 112.

228 Absonderungsberechtigte sind zwar nach § 52 InsO grundsätzlich Insolvenzgläubiger nach § 38 InsO. Dies gilt aber nur insoweit, wie sie keine abgesonderte

die Massegläubiger nach §§ 53 ff. InsO, die Insolvenzgläubiger nach § 38 InsO und schließlich die nachrangigen Insolvenzgläubiger nach § 39 InsO. Darüber hinaus sieht § 209 InsO eine Rangordnung zur Befriedigung der Massegläubiger vor. Insofern ist mit *Karsten Schmidt* der Gläubigergleichbehandlungsgrundsatz als „gesetzlich geordnete Gruppengerechtigkeit“[229] zu verstehen. Es ist damit zutreffend, dass es eine „klassenlose Insolvenz“ im geltenden Insolvenzrecht nicht gibt[230]. *Par conditio creditorum* bedeutet demnach gemeinschaftliche Befriedigung, die Gleiches gleich, aber Ungleiches ungleich behandelt[231]. Durch die gesetzliche Differenzierung kommt es zur Bildung einer Rangordnung, die durch die jeweiligen Mechanismen der Insolvenzordnung Geltung erlangt. Damit sind beispielsweise die Gläubiger von Masseverbindlichkeiten oder Gläubiger mit Aussonderungsrechten denjenigen Gläubigern gegenüber im Vorteil, die ihren Anspruch lediglich als Insolvenzforderung nach § 38 InsO verfolgen können. Anders formuliert sind diejenigen Gläubiger im Insolvenzverfahren privilegiert, die über ein dingliches Recht verfügen oder Gläubiger von Masseverbindlichkeiten sind[232]. Dieser Umstand und die ihm zugrundeliegende Entscheidung des Gesetzgebers soll nicht in Frage gestellt werden. Wie bereits gesehen ist eine formale, unterschiedslose Gleichbehandlung ohnehin nicht im Sinne des Gläubigergleichbehandlungsgrundsatzes, da dieser lediglich dazu berufen ist, *Gleiches gleich* zu behandeln. Daraus folgt, dass Unterschiede, die sich aus einer besonderen Sicherung oder dem Zeitpunkt der Begründung von Forderungen ergeben, auch mit entsprechenden Mechanismen des Insolvenzrechts berücksichtigt werden. Insofern knüpft es an vorgefundene bürgerlich- oder öffentlich-rechtliche Rechtsverhältnisse an und ordnet diese den oben genannten Gläubigergruppen zu. Geht es um der Insolvenzmasse fremde Vermögenswerte, so sind diese grundsätzlich nach §§ 47 ff. InsO aus der Masse aus- bzw. abzusondern. Gleiches gilt in der Regel auch für solche Vermögensgegenstände, denen eine Treuguteigenschaft zukommt.

II. Der umsatzsteuerliche Belastungsgrund

Die Umsatzsteuer ist nach ihrem Belastungsgrund eine allgemeine Verbrauchsteuer[233] (Art. 1 II MwStSystRL). Sie knüpft an die in der Einkommensverwendung zu

---

Befriedigung erlangen können. Mit dem verbleibenden Teil haftet ihnen der Insolvenzschuldner persönlich.

229 *K. Schmidt*, Gutachten zum 54. DJT, Bd. I, D 51.

230 *Bauer*, Ungleichbehandlung der Gläubiger im geltenden Insolvenzrecht, S. 127; *Nachtmann*, Das Fiskusvorrecht im deutschen Insolvenzrecht, S. 40; *Weiland*, Par condicio creditorum, S. 299; hierzu retro- und prospektiv auch *Stürner*, NZI 2005, 597.

231 *Stürner*, in: Baur/Stürner, Bd. II, Rz. 5.37.

232 Diesen Gedanken führt auch *Gassert-Schumacher*, Privilegien in der Insolvenz, S. 305, aus und stellt die nach § 61 KO bevorrechtigen Gläubiger auf die gleiche Ebene.

233 Mit *Theile*, StuW 1996, 154, ist es dem großen Verdienst von *Klaus Tipke*, *Hartmut Söhn* und *Wolfram Reiß* (jeweils statt vieler nur *Tipke*, StuW 1992, 103; *Söhn*,

Tage tretende wirtschaftliche Leistungsfähigkeit des Steuerbürgers an, sobald dieser das Entgelt für den Konsum von Gütern oder Dienstleistungen aufwendet[234] und kann daher abgegrenzt werden von Steuern auf das Einkommen und das Vermögen. Die Umsatzsteuer ist eine indirekte Steuer, da der vom Gesetz intendierte Steuerträger „Leistungsempfänger" und der Steuerschuldner „Leistungserbringer" auseinanderfallen. Dies wird durch eine besondere Regelungstechnik umgesetzt[235]. Das rechtliche Wesen einer Steuer erschließt sich aber aus ihrer Wirkung, mit anderen Worten hat die *Steuertechnik* hinter der vom Gesetzgeber gewollten und normierten *Steuerwirkung* (Belastungswirkung, wirtschaftlicher Erfolg) zurückzustehen[236]. Die Umsatzsteuer ist ähnlich wie die besonderen Verbrauchsteuern auf Überwälzung auf den Verbraucher angelegt[237]. Anders als bei sonstigen Verbrauchsteuern wird der Besteuerungstatbestand bei der Umsatzsteuer aber auf jeder Stufe des Leistungsaustauschs ausgelöst. Um sicherzustellen, dass letztlich allein der Verbraucher belastet wird, können sich Unternehmen bei *business-to-business*-Geschäften durch den Vorsteuerabzug (§ 15 UStG) entlasten. Solange die Leistung in der unternehmerischen Sphäre verbleibt, unterliegt sie damit keiner (endgültigen) Umsatzbesteuerung. Sie werden von der Umsatzsteuer nicht belastet, sollen von ihr aber auch nicht entlastet werden. Das vom EuGH geprägte Fundamentalprinzip der „Steuerlichen Neutralität" der Umsatzsteuer[238] gibt letztlich vor, dass der Unternehmer durch die Umsatzsteuer weder in ihrer Ausprägung als positive wie negative Steuerschuld endgültig beschwert wird. Der vom Unternehmer vereinnahmte Umsatzsteuerbetrag hat damit die Funktion eines „durchlaufenden Postens".

Der Leistungsaustausch im Umsatzsteuerrecht, in: FS Wallis, S. 439; *Reiß*, Der Belastungsgrund der Umsatzsteuer und seine Bedeutung für die Auslegung des Umsatzsteuergesetzes, in: DStJG 13 (1990), S. 3) zu verdanken, dass die Verkehrsteuerapologeten besiegt sind. Schon *Johannes Popitz*, in: Handbuch der Finanzwissenschaft, II. Band, S. 180, der „Schöpfer" des ersten Typs der Allphasen-Bruttoumsatzsteuer, bezeichnete sie als „Allgemeine Verbrauchsteuer".

234 *Englisch*, in: Tipke/Lang, Steuerrecht, § 17, Rz. 11; *Löhr*, Das umsatzsteuerliche Optionsrecht für Vermietungsumsätze, S. 282 f.

235 S. unten unter Erstes Kapitel D)III.3.b).

236 *Söhn*, StuW 1975, 1, 9.

237 BVerfG, Beschl. v. 29.10.2009, 2 BvR 1264/90, BVerfGE 101, 132, 138 f., Rz. 20. Eine ökonomische Untersuchung hierzu findet sich bei *Kaufmann*, Überwälzung und Inzidenz der Nettoumsatzsteuer. Ferner aus volkswirtschaftlicher Sicht zu den Unterschieden zwischen formeller und materieller Steuerlast bzw. zur Steuerinzidenz *Homburg*, Allgemeine Steuerlehre, § 20, S. 90 ff. Steuerinzidenz beschreibt jene Wohlstandseinbußen, die bei den Steuerpflichtigen nach Abschluss aller formellen Überwälzungsvorgänge verbleiben. Als „essentiale der Verbrauchsteuer" (am Bsp. der Tabak-steuer) bezeichnen den Überwälzungseffekt auch eindrucksvoll *Ossenbühl/Di Fabio*, StuW 1988, 349, 353 f.

238 St. Rspr. des EuGH, s. statt vieler nur Urt. v. 21.2.2006, C-255/02, *Halifax*, Slg. 2006, I-1655, 1677 f., Rz. 78 ff.; vgl. auch den Beitrag von *Nieuwenhuis*, UR 2013, 663 ff.

Besteuerungswürdig ist im Sinne des bereits dargestellten Belastungsgrundes allein der konsumtive Letztverbrauch. Dieser findet erst in dem Moment statt, indem eine Ware oder eine Dienstleistung in die nichtunternehmerische Sphäre gelangt. Möglichkeiten hierzu sind die Leistung eines Unternehmers an einen Verbraucher oder die Entnahme eines Unternehmers zum Eigenverbrauch. In Ansehung der soeben skizzierten Rechtsprechung des EuGH haben die Mitgliedstaaten sicherzustellen, dass es zu einer endgültigen Umsatzsteuerschuld des Unternehmers nur kommen darf, wenn ebendieser Belastungsgrund erfüllt ist. Dies ist – ungeachtet der sog. Eigenverbrauchstatbestände – der Fall, wenn der Unternehmer die Gegenleistung für seine Leistung vereinnahmt hat, es also zu einer – nicht unbedingt monetären[239] – Verwendung von Einkommen durch einen Nichtunternehmer gekommen ist.

Allen Steuern gemein ist, dass sie Geldleistungen sind, die gegenleistungslos geschuldet und von einem öffentlich-rechtlichen Gemeinwesen zur Erzielung von Einnahmen allen auferlegt werden (vgl. § 3 Abs. 1 AO)[240]. Abgesehen von der jeweiligen genaueren Ausgestaltung von Steuertatbeständen unterscheiden sich die verschiedenen Steuerarten dann aber erheblich in ihrer Wirkungsweise. Wir haben gesehen, dass die Umsatzsteuer nicht die wirtschaftliche Leistungsfähigkeit desjenigen erfassen will, den das Gesetz als Steuerschuldner vorsieht, sondern die wirtschaftliche Kraft des *Verbrauchers* im Fokus hat[241]. Anders als beispielsweise bei der Einkommensteuer sind intendierter Steuerträger und kodifizierter Steuerschuldner nicht personenidentisch. Der die Umsatzsteuer schuldende Unternehmer vereinnahmt über das Entgelt für seine Leistung zumindest ideell auch die Umsatzsteuer. Wechselt man die Richtung der Leistungsbeziehung, vereinnahmt der Unternehmer auch Vorsteuer für an ihn ausgeführte Leistungen, die ihm nur deswegen zu Teil wird, um sich in Ansehung des Grundsatzes der Steuerneutralität von der mit seiner eigenen Entgeltzahlung verbundenen Umsatzsteuer*belastung* zu *entlasten*. In beiden Fällen resultiert die Be- bzw. die Entlastung nicht aus einer Änderung seiner eigenen wirtschaftlichen Leistungsfähigkeit; die umsatzsteuerlichen Wirkungen sind Reflexe aus dem System der Umsatzsteuer und des mit ihm verbundenen Belastungsgrundes.

Die soeben beschriebenen Eigenschaften der Umsatzsteuer und ihre systematischen Unterschiede zur Besteuerung von Einkommen und Vermögen haben bislang nur wenig Anlass dazu geboten, ihre dem Grunde nach gleichartige Behandlung in der Insolvenz näher zu hinterfragen. Damit wurden die unterschiedlichen

---

239 Zu denken ist etwa an Tausch und tauschähnlich Geschäfte, bei dem sich die Bemessungsgrundlage nach dem jeweiligen Wert des Umsatzes richtet, s. hierzu *Schuhmann*, in: Rau/Dürrwächter, UStG, § 10, Rz. 330 ff.

240 Mittlerweile ist die Ansicht aufgegeben, wonach die Gegenleistungslosigkeit von Steuern dazu führte, Steueransprüche den unentgeltlich begründeten privatrechtlichen Forderungen gleichzustellen und sie damit gegenüber sonstigen Insolvenzforderungen zurückzusetzen, s. hierzu *Häsemeyer*, Insolvenzrecht, Rz. 23.39 ff.

241 *Tipke*, StuW 1992, 103, 107; *ders.*, Die Steuerrechtsordnung, Band II, S. 977.

Belastungsgründe der verschiedenen Steuern negiert, jedenfalls aber nicht offen mit ihnen argumentiert. Steuer ist eben nicht gleich Steuer! Damit ist freilich noch nicht gesagt, dass der Gesetzgeber die beschriebenen Unterschiede in der Insolvenz überhaupt auch entsprechend berücksichtigen *wollte*. Sie dürfen und müssen aber Anlass zu der nachstehenden Fragestellung geben.

III. Die Umsatzsteuer als Treugut

Angesichts der unter II. angestellten Vorüberlegungen stellt sich die Frage, ob die umsatzsteuerrechtlichen Grundwertungen auch in der Insolvenz des die Umsatzsteuer zur Abführung verpflichteten Unternehmers in besonderer Weise zur Geltung gebracht werden müssen. Bislang orientierten sich Rechtsprechung und Literatur größtenteils an den einfachgesetzlichen Abgrenzungsfragen, um die Umsatzsteuer in Form eines positiven wie negativen Saldos in der Insolvenz *richtig* einzuordnen. Hierzu gehören insbesondere die althergebrachten Problemkreise der Differenzierung zwischen Insolvenzforderung und Masseverbindlichkeit sowie der insolvenzrechtlichen Aufrechnungsverbote. Letztlich geht es bei der Einordnung der Umsatzsteuer um die Frage, ob sie aus der Perspektive des Fiskus aufkommenswirksam vereinnahmt werden kann oder nicht. Dies gilt für die Abgrenzung von § 38 und § 55 InsO in wirtschaftlicher Hinsicht ebenso wie für die Frage, ob gegen eine „wertlose" Umsatzsteuerforderung aufgerechnet werden kann oder dem ein Aufrechnungsverbot entgegensteht. Die unzähligen, zahlenmäßig hohen und mitunter kleinteiligen Problemkreise zur Umsatzsteuer in der Insolvenz müssten indes in einem anderen Licht betrachtet werden, falls der Umsatz- bzw. Vorsteuerbetrag von vornherein nicht dem Vermögen des Insolvenzschuldners zuzuordnen wäre. Als methodischer Anknüpfungspunkt für eine solche Zuordnungsentscheidung kommt die Eigenschaft der Umsatzsteuer als „Treugut" in Betracht. Treuhandverhältnisse sind zumindest dem Insolvenzrecht nicht generell fremd. Sie werden von den Regelungen der Insolvenzordnung geachtet und – je nach konkreter Ausgestaltung des Treuhandverhältnisses – auch als insolvenzfest anerkannt. Eine in Form eines Treuhandverhältnisses getroffene Zuordnungsentscheidung wird von der Insolvenzordnung bereits bei der Bestimmung der Insolvenzmasse in ihrer Ausprägung als „Sollmasse" berücksichtigt. Gegenstände und Rechte Dritter können dann eventuell nach § 47 InsO ausgesondert werden.

Das Umsatzsteuerrecht kennt Treuhandverhältnisse nur für die Beziehung zwischen den am Leistungsaustausch beteiligten Rechtssubjekten und misst ihnen beispielsweise bei der Einschaltung Dritter in einen Liefervorgang Bedeutung bei[242]. Ein Treuhandverhältnis zwischen dem Unternehmer und dem Fiskus ist jedenfalls für die Umsatzsteuer bislang noch nicht näher erörtert worden. An dieser Stelle soll der Frage nachgegangen werden, ob der Umsatzsteuer in ihrer Ausprägung

242 S. hierzu *Nieskens*, in: Rau/Dürrwächter, UStG, § 3, Rz. 964 ff.

als positiver wie negativer Steuerschuld eine Treugut-Eigenschaft beigemessen werden kann. Dies erscheint bei einer herkömmlichen Sichtweise abwegig. Es soll den Leser aber gemeinsam mit dem *Verfasser* nicht davon abhalten, sondern sogar dazu ermutigen, *John Rawls* „Schleier des Nichtwissens“[243] aufzusetzen und auf diese Weise den Versuch einer rechtssystematischen Neubegründung vorzunehmen. Eine solche scheiterte jedenfalls nicht schon daran, dass die gegenwärtige Ausgestaltung des nationalen Rechts zu einer Vermischung des möglichen Treuguts Umsatzsteuer führte und schon aus diesem Grund keine Separierung in Betracht käme[244]. Denn ließe sich aus dem Unionsrecht ein Gebot hierzu entnehmen, würde dies das nationale Recht im Wege eines Anwendungsvorrangs überdecken. Methodisch wird die Ableitung im Folgenden am Maßstab der im Insolvenzrecht anerkannten Treuhandverhältnisse vorgenommen.

1. *Typologie von Treuhandverhältnissen*

a) Vielgestaltigkeit

Die einzelnen Ausprägungen von Treuhandverhältnissen sind vielgestaltig. Grundsätzlich ist allen Formen gemein, dass der Treugeber dem Treuhänder einen Gegenstand oder ein vermögenswertes Recht (Treugut) überlässt. Das Treuhandverhältnis begründet ein Schuldverhältnis zwischen den Parteien und entsteht im Zivilrecht zumeist als rechtsgeschäftliche Verpflichtung zwischen zwei Personen. Die Rechte und Pflichten aus dem Treuhandverhältnis lassen sich im Rahmen der Privatautonomie individuell vereinbaren. Sie lassen sich grob danach aufgliedern, ob der Treuhänder das Treugut im eigenen Interesse oder im Interesse des Treugebers überlassen bekommt und wie er damit zu verfahren berechtigt ist. Neben die schuldrechtliche Komponente kann eine dingliche treten, wenn beispielsweise ein Treugut übereignet oder abgetreten werden soll.

b) Keine Präjudizien aus dem öffentlichen Recht

Aus dem öffentlichen Recht lassen sich keine gegenteiligen Präjudizien zu dem Vorgesagten entnehmen. Die wenigen anerkannten und bekannten öffentlich-rechtlichen Treuhandverhältnisse stammen darüber hinaus nicht aus dem Steuerrecht. Sie beziehen sich auch nicht zwangsläufig auf das Verhältnis zwischen Staat und Bürger. Das Sozialrecht kennt ein öffentlich-rechtliches Treuhandverhältnis für die Beziehung der Krankenkassen in ihrer Eigenschaft als verantwortliche Einzugsstellen

243 A Theory of Justice, § 24.

244 Nach der Rspr. des BGH gewinnt das Bestimmtheitsgebot zunehmende Bedeutung, was dazu führt, dass vom Treuhänder vereinnahmte Beträge, die nicht auf einem separaten Konto verbucht werden, *per se* nicht aussonderungsfähig sind, weil sie von der restlichen Masse nicht mehr unterschieden werden könnten. S. hierzu die Zusammenfassung bei *Brinkmann*, in: Uhlenbruck, InsO, § 47, Rz. 81.

für die Rentenversicherungsbeiträge[245]. Die nach wie vor geltende Vorschrift des § 20b PartG DDR stellt das Vermögen von Parteien und mit ihnen verbundener Organisationen der ehemaligen DDR, das mit Stichtag 7. Oktober 1989 bestanden hat, unter treuhänderische Verwaltung[246]. Das Verhältnis zwischen einer Person des Privatrechts und einer Stelle des öffentlichen Rechts findet sich wiederum zwischen dem Notar in seiner Eigenschaft als Amtsträger und seinen Mandanten hinsichtlich Fremdgelder[247]. Ein weiteres Beispiel hierfür bildet das öffentlich-rechtliche Verwahrungsverhältnis, das sich zu einem öffentlich-rechtlichen Treuhandverhältnis wandeln kann, sobald die Behörde ein Veräußerungsrecht an dem in Verwahrung genommenen Gegenstand begründet[248]. Auch für den Strafgefangenen im Strafvollzug hat die Rechtsprechung ein Treuhandverhältnis insoweit angenommen, als die Justizvollzugsanstalt das Geld des Strafgefangenen verwaltet[249]. Darüber hinaus lassen sich unterschiedliche öffentlich-rechtliche Treuhandverhältnisse bei der Inanspruchnahme von Beliehenen finden[250]. Die hier vorgenommene Aufstellung soll nicht abschließend sein. Sie soll schlicht zeigen, dass dem öffentlichen Recht die Figur eines Treuhandverhältnisses nicht unbekannt ist und eine Ableitung für die hier in Rede stehende Fragestellung nicht bereits aus diesem Grund scheitert.

2. Konkretisierung eines Treuhandverhältnisses mit Blick auf die Umsatzsteuer

Es gilt an dieser Stelle, sich an die Vielzahl an Arten von Treuhandverhältnissen mit Blick auf das Verhältnis von umsatzsteuerlichem Unternehmer und Fiskus anzunähern. In Frage kommt hierzu die sog. Verwaltungstreuhand, bei der der Treuhänder das Treugut nach der Maßgabe des Treugebers zu verwalten hat, mit anderen Worten mit ihm, dem Treugut, so zu verfahren hat, wie es der Treugeber bestimmt. Eine wesentliche Voraussetzung dieser Form ist mithin ihr fremdnütziger Charakter.

a) Abgrenzung zwischen eigen- und fremdnützigem Charakter

Die Bestimmung, ob dem Treuhandverhältnis ein eigen- oder ein fremdnütziger Charakter zugrunde liegt, erfolgt danach, in wessen primären Interesse das Treuhandverhältnis begründet wird. Diesbezüglich lässt sich zunächst von der Prämisse ausgehen, dass der Unternehmer die Umsatzsteuer nicht in eigenem, sondern im

---

245 Vgl. BSG, Urt. v. 25.4.1984, 8 RK 30/83, BSGE 56, 255, Rz. 12, und Urt. v. 12.6.2008, B 3 P 1/07 R, BSGE 101, 1, 5, Rz. 17.

246 Vorschrift am Maßstab der EMRK gewürdigt und gebilligt von EGMR, Entscheidung v. 5.12.2002, 53871/00, NJW 2004, 669 ff.

247 Fall des OLG Dresden, Beschl. v. 15.7.1998, 15 W 0608/98, ZIP 1998, 1498, Rz. 11 ff.

248 Fall des BGH, Urt. v. 3.4.1952, III ZR 32/51, BGHZ 5, 299.

249 Fall des OLG Frankfurt, Beschl. v. 13.7.2004, 3 Ws 420 – 422/04, NStZ-RR 2004, 316.

250 Vgl. hierzu bspw. BGH, Beschl. v. 22.11.1994, III ZR 66/94, n.v., für den Fall einer Tierkörperbeseitigung.

Interesse des Fiskus vereinnahmt. Denn der Unternehmer erlangt keinen Vorteil dadurch, dass er die Umsatzsteuer über das Entgelt für seine Leistungserbringung einzieht, da er schließlich zur Weiterleitung des Erlangten an den Fiskus verpflichtet ist. Der Unternehmer ist vielmehr mit einem Verwaltungsaufwand belastet, der ihm durch die Erhebung der Umsatzsteuer entsteht, wofür er seitens des Fiskus keine Gegenleistung erhält. Darüber hinaus soll die Erhebung von Steuern dem öffentlich-rechtlichen Gemeinwesen dienen, dessen Repräsentant der Fiskus ist. Damit wäre es nicht zu vereinbaren, dem Unternehmer ein Interesse an der Erhebung der Umsatzsteuer zuzusprechen. Daran ändert sich auch nichts, wenn das Gesetz dem Unternehmer zu seiner eigenen Entlastung einen Anspruch auf Vorsteuerabzug gewährt. Zwar ließe sich hier *prima facie* argumentieren, dass der Unternehmer an der Stelle ein *Mehr* an Liquidität erhält. Dieses Mehr ist hingegen Ausfluss des geltenden Umsatzsteuerrechts, das den Unternehmer gerade weder be-, noch entlasten soll. Insofern lässt sich hieraus nicht folgern, dass sich damit die Interessenlage verändert. Ein näher zu untersuchendes Treuhandverhältnis ist daher im Interesse des vermeintlichen Treugebers „Fiskus" auszugestalten (sog. fremdnütziges oder uneigennütziges Treuhandverhältnis, im Folgenden: fremdnütziges).

b) Abgrenzung zwischen echter und unechter Verwaltungstreuhand

Ein fremdnütziges Verwaltungstreuhandverhältnis tritt in zwei Formen auf, der *unechten* und der *echten* Verwaltungstreuhand[251]. Die rechtliche Ausgestaltung und die damit einhergehenden Folgen für das Treugut in der Insolvenz unterscheiden sich erheblich. Während der Treugeber im Fall der unechten Verwaltungstreuhand dem Treuhänder das Treugut nur *qua* schuldrechtlicher Abrede zur Verwaltung überlässt, zeichnet sich die echte Treuhand durch einen dinglichen Rechtsträgerwechsel aus. Beide Arten der Verwaltungstreuhand werden *in praxi* mitunter vereinbart, um den Treuhänder zu befähigen, eine Forderung des Treugebers einzuziehen. Eine dingliche Änderung in Form der Abtretung findet aber nur bei der echten Verwaltungstreuhand statt (sog. Inkassozession), bei der unechten Verwaltungstreuhand erteilt der Treugeber dem Treuhänder lediglich eine Einziehungsermächtigung. Beiden Alternativen ist zu eigen, dass im Innenverhältnis zwischen Treugeber und Treuhänder eine schuldrechtliche Verbindung besteht, die festlegt, wie der Treuhänder mit der Forderung zu verfahren hat, und die Forderung zumindest ursprünglich in der Person des Treugebers gegenüber dem Schuldner bestand.

Nimmt man erste Alternative an, so würde man damit den Umsatzsteueranspruch des Fiskus hinsichtlich der vom Unternehmer ausgeführten Umsätze auf diesen übertragen. Wollte man diese fragliche Sichtweise stützen, wäre der Unternehmer eventuell sogar in der Lage, in der Konsequenz den Umsatzsteueranspruch an einen Dritten abzutreten. Aber auch angesichts des Eingriffscharakters des Steuerrechts erscheint es unhaltbar, den Steueranspruch in seiner absoluten Form von der öffentlichen Hand auf einen Privaten zu übertragen. Unter rechtsstaatlichen

251 *Ganter*, in: MüKo, InsO, § 47, Rz. 359 ff.

Gesichtspunkten ist das sowohl mit als auch ohne gesetzliche Grundlage äußerst bedenklich, auch wenn die Übertragung letztlich nur fiktiv erfolgte, da das Monopol der Steuerhoheit ausnahmslos beim Steuerstaat zu verorten ist. Vorzugswürdig ist hingegen die Annahme der zweiten Alternative. Dort behält der Fiskus *seinen* Umsatzsteueranspruch und erteilt dem Unternehmer lediglich die Erlaubnis zur Einziehung. Dieses Inkassomandat der unechten Verwaltungstreuhand fügt sich auch in das tradierte Verständnis der Steuererhebung ein, in der der umsatzsteuerliche Unternehmer wie der zur Lohnsteuerabführung verpflichtete Unternehmer als Verwaltungshelfer fungiert.

3. *Anwendung eines fremdnützigen unechten Verwaltungstreuhandverhältnisses auf die Beziehung zwischen Fiskus und leistungserbringendem Unternehmer*

Die das Treuhandverhältnis begründende rechtliche Beziehung zwischen Treugeber und Treuhänder wird regelmäßig durch eine entsprechende Abrede zwischen den Parteien begründet. Eine solche liegt zwischen Fiskus und Unternehmen nicht vor. Eine ausdrückliche gesetzliche Anordnung mit dieser Rechtsfolge findet sich weder in der Insolvenzordnung oder der Abgabenordnung, noch im UStG oder in der MwStSysRL. Einer Verabredung *expressis verbis* bedarf es jedoch weder im Zivilrecht noch im Öffentlichen Recht. Vielmehr kann sie sich auch dort erst durch Auslegung ergeben. Insofern ist der umsatzsteuerrechtliche Normenkomplex einer prüfenden Gesamtschau dahingehend zu unterziehen, ob sich aus ihm die oben aufgeführten Merkmale entnehmen lassen.

a) Vorbemerkung

Wie bei den oben aufgeführten öffentlich-rechtlichen Treuhandverhältnissen bedarf es auch für den hier unternommenen Versuch der entsprechenden Begründung für das Umsatzsteuerrecht zunächst eines tauglichen *Trägerschuldverhältnisses.* Dieses kann in dem zwischen Unternehmer und Fiskus bestehenden Steuerschuldverhältnis, das im Umsatzsteuerrecht durch einen dichten Pflichtenkanon in besonderer Weise konkretisiert ist, gefunden werden. Auf dieses Trägerschuldverhältnis müsste das hier schon häufig bemühte Konstrukt des fremdnützigen unechten Verwaltungstreuhandverhältnisses übertragen werden können.

Das vorgenannte Treuhandverhältnis zeichnet sich typischerweise dadurch aus, dass der Treugeber eine Forderung (Primäranspruch) gegen einen Dritten (Schuldner) hat. Diesen Primäranspruch will der Treugeber aus nicht näher relevanten Gründen nicht selbst gegenüber dem Schuldner geltend machen. Stattdessen ermächtigt er den Treuhänder nach § 185 BGB (analog) dazu, die Forderung in seinem Namen und auf seine Rechnung einzuziehen. Aus dem Treuhandverhältnis ist der Treuhänder verpflichtet, den Forderungsbetrag nach Einziehung an den Treugeber herauszugeben. In der gesetzlichen Ausgangslage des Umsatzsteuerrechts finden sich diese Art von rechtlichen Beziehungen unter den beteiligten Akteuren nicht wieder. Spiegelt man die geschilderte Situation in das Umsatzsteuerrecht, so ist der Fiskus der Treugeber, der umsatzsteuerliche Unternehmer der Treuhänder und der umsatzsteuerliche Leistungsempfänger der Schuldner des Primäranspruchs. Der Fiskus hat nach der gesetzlichen Ausgangslage indes dem Leistungsempfänger gegenüber keinen Umsatzsteueranspruch[252] (Primäranspruch). Der Umsatzsteueranspruch besteht allein gegenüber dem leistenden Unternehmer bzw. dem Treuhänder. Des Weiteren macht der Treuhänder nicht den Primäranspruch des Treugebers geltend, der ohnehin nicht besteht, sondern er macht gegenüber dem Schuldner einen eigenen Anspruch auf Zahlung des Entgelts geltend.

b) *Umsatzsteuersystematische Erwägungen zu einer Vergleichbarkeitsprüfung*

Insofern drängt sich die Frage auf, ob diese konstruktiven Unterschiede durch umsatzsteuersystematische Erwägungen mit dem Ergebnis modifiziert werden können, dass ein Verwaltungstreuhandverhältnis angenommen werden kann.

Wir haben bereits gesehen[253], dass der intendierte Belastungsgrund der Umsatzsteuer der konsumtive Letztverbrauch ist. Sie soll von den in den Leistungsaustausch einbezogenen Unternehmern auf den Verbraucher überwälzt werden und ihn selbst weder be-, noch entlasten. Dass die Umsatzsteuer als indirekte und nicht als direkte Verbrauchsteuer ausgestaltet ist, ist schlicht aus Praktikabilitätsgründen zu erklären. Denn eine unmittelbar vom Endverbraucher geschuldete Umsatzsteuer würde nicht nur zu für Verbraucher unzumutbaren Aufzeichnungs- und Nachweispflichten führen. Eine solche Form der Steuererhebung würde sich auch dem Risiko eines strukturellen Vollzugsdefizits aussetzen[254], weil der Verbraucher in der Anonymität des Marktes faktisch nicht zur Steuerzahlung herangezogen werden könnte[255] und die Insuffizienz des Vollzugs damit bereits im Gesetz angelegt wäre. Das intendierte Steuergut wird also erhebungstechnisch über das Steuerobjekt „Leistung eines Unternehmens" erfasst und der Verbraucher damit für den Fiskus erst sicht- und mithin greifbar[256]. Von diesen Bedenken abgesehen würde nach jenem Gedankenspiel das Steueraufkommen vermutlich durch die Kosten des Verwaltungsaufwandes

---

252 Die Fälle der Umkehrung der Steuerschuldnerschaft nach § 13b UStG werden an dieser Stelle bewusst ausgeblendet. Ohnehin stellten sich bei ihnen nicht die hier virulenten Fragen, da es dort nicht zu dem hier in Rede stehenden Risiko eines Aufkommensausfalls kommen kann.

253 Erstes Kapitel D)II.

254 *Englisch*, in: Tipke/Lang, Steuerrecht, § 17, Rz. 12.

255 *Seer*, Tagungsbericht zur ersten Jahrestagung des Instituts für Insolvenz- und Sanierungsrecht, ZInsO 2015, 242, 246.

256 *P. Kirchhof*, DStR 2008, 1, 3. Vor diesem Hintergrund verfängt auch nicht das Argument, dass sich der Steuergläubiger wie andere Insolvenzgläubiger auch sowohl den Nutzen als auch das wirtschaftliche Versagen des beauftragten Dienstleisters zurechnen lassen müssten und insofern das Risiko der Insolvenz zu tragen hätten (so aber *Häsemeyer*, in: FS Stürner, S. 769, 771). Denn anders als im Rahmen des privatautonomen Wirtschaftslebens üblich hat der Fiskus als Steuergläubiger nicht

wieder aufgezehrt. Der deutsche und später der europäische Gesetzgeber haben sich daher dazu entschieden, den privaten Unternehmer für die Zwecke der Umsatzsteuererhebung in Dienst zu nehmen[257], womit er in der Folge nicht über 80 Millionen potentielle Verbraucher, sondern „nur" circa fünf Millionen leistende Unternehmer zu überwachen hat[258]. Bei einer systematischen Gesamtbetrachtung ziehen sie im Ergebnis die Umsatzsteuer ein, die sie sodann an den Fiskus weiterzuleiten haben. Im Zeitpunkt der Vereinnahmung des Entgelts der Gegenleistung ist die Umsatzsteuer bereits antizipativ in dem Rechnungsbetrag enthalten. Dies führt zwar nicht dazu, dass der zivilrechtliche Forderungsbetrag in eine Netto-Forderung und eine Umsatzsteuerforderung aufzuteilen wäre. Es kann aber nicht übersehen werden, dass die Umsatzsteuer zumindest ein ideeller Bestandteil der zivilrechtlichen Gesamtforderung ist, dessen Bestimmung es letztlich nicht ist, das Vermögen des leistenden Unternehmers, sondern das des Fiskus zu vermehren. Die Umsatzsteuer ist für ihn nämlich nur ein durchlaufender Posten. In diesem Sinne hat auch der EuGH entschieden, dass „[...] auf dem Gebiet der Mehrwertsteuer die Lieferer als Steuereinnehmer für Rechnung des Staates und im Interesse der Staatskasse fungieren"[259]. Den Unternehmer trifft damit bei einer wertenden Betrachtung nur eine Entrichtungsschuld, die allein aus rechtstechnischen Erwägungen als originäre Steuerschuld behandelt wird[260]. Zöge man daraus die Konsequenz, dass die Umsatzsteuer nicht dem Vermögen des leistenden Unternehmers zuzuordnen ist, würde dies auch die Lesart *Stadies* bestätigen, wonach die MwStSystRL vorgibt, dass sie auch in der Insolvenz des leistenden Unternehmers ausnahmslos zu erheben ist[261].

---

die Möglichkeit, zwischen verschiedenen Dienstleistern eine Auswahlentscheidung zu treffen.

257 Nach dem terminologischen Verständnis von *Drüen*, Die Indienstnahme Privater, S. 125 f., liegt im Fall der Umsatzsteuer gerade keine Indienstnahme vor, da insofern die dem Unternehmer auferlegte Steuerschuldnerschaft als ein Negativkriterium dagegen spreche. In der Tat herrscht im Rahmen des Umsatzsteuerverfahrens in der Regel kein „rechtliches Dreiecksverhältnis" wie es hingegen beim Lohnsteuerabzug der Fall ist.

258 *Widmann*, in: DStJG 32 (1990), S. 103, 105.

259 EuGH, Urt. v. 21.2.2008, C-271/06, *Netto Supermarkt*, Slg. 2008, I-771, Rz. 21; der Unternehmer wird auch als „Steuereinnehmer" oder „Steuereinsammler" bezeichnet von *D. Birk*, in: Freiheit, Gleichheit, Effizienz, S. 61, 64; *Reiß*, Der Verbraucher als Steuerträger der Umsatzsteuer im Europäischen Binnenmarkt, in: FS Klaus Tipke, S. 433, 444; *Widmann*, in: DStJG 32 (2009), S. 103, 107. *Geißler*, Der Unternehmer im Dienste des Steuerstaates, S. 51, nutzt den Begriff „Abgabenkollektor"; *Tehler*, DStR 1983, 215, 217, bezeichnet den Unternehmer als Hilfskraft der Steuerbehörden; alle ohne Bezug zur Insolvenz.

260 *Stadie*, in: Rau/Dürrwächter, UStG, Vorbemerkungen, Rz. 197, mit Verweis auf EuGH, Urt. v. 15.12.2011, C-427/10, *Banca Antoniana Popolare Veneta*, UR 2012, 184, 188, Rz. 37: „Ablieferung" der Mehrwertsteuer an die Finanzverwaltung.

261 Das führt *ihn* in der Konsequenz dazu, dem Fiskus ein Aussonderungsrecht nach § 47 InsO für vereinnahmte Umsatzsteuerbeträge zuzusprechen, s. hierzu ausführlich unten unter Zweites Kapitel D)I.4.c)ee).

Ebenso lässt sich für eine Treugutkonstruktion aus systematischen Gründen das umsatzsteuerliche Neutralitätsprinzip anführen. Der EuGH betont es in ständiger Rechtsprechung als systemtragenden Grundsatz und zieht es als maßgebende Maxime bei der Auslegung der Richtlinien über das Mehrwertsteuersystem heran[262]. Die aus dem Neutralitätsprinzip abgeleiteten Gebote und Verbote sind Ausprägungen des unionsprimärrechtlichen Gleichbehandlungsgrundsatzes[263]. Das daraus folgende Gebot zur Neutralität lässt sich weiter aufgliedern nach seinen Wirkweisen, einerseits in Bezug auf diejenigen Waren und Dienstleistungen, die am Markt miteinander in Wettbewerb stehen (Wettbewerbsneutralität i.e.S., vgl. insb. Abs. 4, 7 der Präambel zur MwStSystRL), und andererseits in Bezug auf die Unternehmer, die ebendiese Leistungen erbringen[264]. Letzteres gebietet, dass der Unternehmer vollständig von der im Rahmen seiner Tätigkeit geschuldeten oder entrichteten Umsatzsteuer zu entlasten ist[265]. Wo eine Entlastung angezeigt ist, hat vorher stets eine Belastung stattgefunden. Das Neutralitätsprinzip verlangt, dass weder Be-, noch Entlastung endgültig sein dürfen[266]. Folgt man gedanklich der sich daraus ergebenden Neutralität der Umsatzsteuer, ließe sich argumentieren, dass insofern auch kein Widerspruch zum Grundsatz der Gläubigergleichbehandlung vorliegt. Denn soweit die Umsatzsteuer für den Insolvenzschuldner tatsächlich vermögensneutral wirkt, können übrige Gläubiger weder bevor-, noch benachteiligt werden[267]. Dies verdeutlicht auch die einem Treugut immanente Zuordnung zu einem fremden Vermögen. Denn im Rahmen einer fremdnützigen unechten Verwaltungstreuhand haben sich die Parteien typischerweise darauf verständigt, dass die mit der Verwaltung des Treuguts einhergehenden Vor- wie Nachteile nicht den Treuhänder, sondern den Treugeber treffen.

Aber auch aus einer näheren Betrachtung einzelner kodifizierter Vorschriften lassen sich Anhaltspunkte dafür entnehmen, dass die Umsatzsteuer nicht dem Vermögen des leistenden Unternehmers zuzuordnen ist. Dies kommt beispielsweise in § 13c UStG zum Ausdruck, wonach im Falle einer Abtretung oder Pfändung des Anspruchs auf die Gegenleistung für einen umsatzsteuerpflichtigen Umsatz der

262 Statt vieler EuGH, Urt. v. 10.7.2008, C-25/07, *Sosnowska*, EuGHE 2008, I-5129 m.w.N.

263 *Stadie*, in: Rau/Dürrwächter, UStG, Vorbemerkungen, Rz. 600 f.

264 *Mellinghoff*, UR 2013, 5, 9 f.

265 *Stadie*, in: Rau/Dürrwächter, UStG, Vorbemerkungen, Rz. 610.

266 Anders als hier versteht *Onusseit*, in: 13. Leipziger Insolvenzrechtstag, Bericht zum Workshop von *Kühne*, S. 74, das Neutralitätsprinzip nicht als Gebot summenmäßigen, also aufkommenswirksamen Ausgleichs, sondern misst ihm rein „rechnerischen" Charakter bei.

267 *Desens*, in: 13. Leipziger Insolvenzrechtstag, S. 58, 61. Ebenso BFH, Urt. v. 24.11.2011, V R 13/11, BStBl. II 2012, 298, s. hierzu noch unten unter Drittes Kapitel B)II.3.e) bb). Ähnlich *Eckert*, UVR 2001, 273, 277, 278, der vor „einem systemwidrigen Steueraufkommen" warnt und sich auch angesichts der Besonderheiten der Insolvenzordnung für eine stets neutrale Behandlung der Umsatzsteuer ausspricht.

Abtretungsempfänger bzw. Pfandgläubiger für die Umsatzsteuer haftet, welche in dem von ihm vereinnahmten Forderungsbetrag enthalten ist[268]. Die Haftung greift freilich nur dann durch, wenn die Umsatzsteuer nicht vom primären Schuldner „leistender Unternehmer" an den Fiskus entrichtet wurde. Die Funktionsweise der Haftungsvorschrift macht darüber hinaus aber deutlich, dass die Umsatzsteuer auch von einer nicht am Leistungsaustausch beteiligten Person abzuführen ist, soweit sie den Umsatzsteuerbetrag in der Gestalt ihres ideellen Anteils am eingezogenen Forderungsbetrag zunächst für sich liquidieren konnte. Insofern lässt sich auch aus dieser Vorschrift entnehmen, dass die Umsatzsteuer nicht dem Vermögen der in ihre Erhebung eingebundenen Subjekte des Privatrechts zusteht, sondern dem Fiskus.

Der gleiche Gedanke findet sich in den Vorschriften über die Umkehrung der Steuerschuldnerschaft (§ 13b Abs. 1, 2 i.V.m. Abs. 5 UStG, „reverse charge"). In den dort enumerativ aufgezählten Fällen schuldet dann – abweichend von § 13a UStG – nicht der Leistende, sondern der Leistungsempfänger die auf den Umsatz entfallende Steuer. Der Zweck dieser Regelung liegt gleichsam wie bei § 13c UStG darin, solche Umsatzsteuerausfälle zu verhindern, die dadurch eintreten können, dass der Fiskus den Steueranspruch beim Leistenden nicht realisieren kann[269]. Insofern lässt sich insbesondere § 13b Abs. 2 Nr. 2 UStG anführen, nach dem es zu einer Umkehr der Steuerschuldnerschaft bei Lieferungen sicherungsübereigneter Gegenstände durch den Sicherungsgeber an den Sicherungsnehmer *außerhalb des Insolvenzverfahrens* kommt. Außerhalb des Insolvenzverfahrens erfolgt die Lieferung dabei, wenn die daraus resultierende positive Besteuerungsgrundlage nicht zu Masseverbindlichkeiten nach § 55 InsO führt. Wenn also die Umsatzsteuerverbindlichkeit aus der Lieferung des Sicherungsgebers an den Sicherungsnehmer bloße Insolvenzforderung nach § 38 InsO ist, greift § 13b Abs. 2 Nr. 2 UStG mit der Folge, dass der Leistungsempfänger (Sicherungsnehmer) die Umsatzsteuer schuldet und an den Sicherungsgeber – nach einer Verrechnung mit dessen zivilrechtlicher Schuld ihm gegenüber – den eventuell verbleibenden Betrag ohne einen Umsatzsteueranteil (mit anderen Worten „netto") auszuzahlen hat. Der häufig im Vorfeld von Insolvenzen anzutreffende Fall führt also dazu, dass der Umsatzsteueranteil nicht in das Vermögen des Sicherungsgebers fällt, sondern seitens des Fiskus entgegen dem regulären Ablauf vom Leistungsempfänger „erhoben"[270] werden kann. Das hat zur Folge, dass der Umsatzsteueranteil weder dem Unternehmer selbst, noch im Falle

268 *Stadie*, in: Rau/Dürrwächter, Anhang Umsatzsteuer und Insolvenz, Rz. 70. A.A. *Leitl*, Maßnahmen zur Sicherung des Umsatzsteueraufkommens, S. 143, wonach der Gesetzgeber mit § 13c UStG „trickreich" den Grundsatz der Gläubigergleichbehandlung umgeht.

269 BR-DrS 399/01, S. 64.

270 Der Leistungsempfänger kann in dem Fall seinerseits bezüglich der konkreten Leistung einen Vorsteuerabzug geltend machen, womit sich im Beispiel, das lediglich die erste Lieferung im Rahmen der Doppellieferung abbildet, positive und negative Besteuerungsgrundlagen gegenseitig kompensieren.

eines sich anschließenden Insolvenzverfahrens den Insolvenzgläubigern zu Gute kommt, sondern im Ergebnis allein der Fiskus hiervon partizipiert[271].

Ein weiteres Indiz für eine Treuguteigenschaft der Umsatzsteuer lässt sich aus § 26b UStG entnehmen. Der genannte Ordnungswidrigkeitentatbestand soll nach dem ausdrücklichen Willen des Gesetzgebers gewährleisten, dass das Mehrwertsteuersystem nicht aus dem Gleichgewicht gerät, indem die in einer Rechnung enthaltene Umsatzsteuer nicht an den Fiskus entrichtet wird[272]. Ähnlich wie in § 380 AO knüpft die Strafwürdigkeitsentscheidung also unmittelbar an die ausbleibende Zahlung von Steuerbeträgen an und betont damit den besonderen Charakter der Umsatzsteuer.

Fasst man das Vorgesagte zusammen, so ergeben sich durchaus gewichtige Gründe dafür, die konstruktiven Unterschiede zum regulären Verwaltungstreuhandverhältnis für die Zwecke der Umsatzsteuer zu modifizieren. Die Ausführungen haben gezeigt, dass die Umsatzsteuer bei einer wertenden Betrachtung einige Merkmale eines Treuguts aufweist und die zum Verwaltungstreuhandverhältnis variierende Ausgestaltung des Dreiecksverhältnisses „Fiskus – Leistungserbringer – Leistungsempfänger" keine materiell-, sondern lediglich formell-rechtliche Gründe hat. Es ist deutlich geworden, dass hinter der häufig für steuer-technische Fragen herangezogenen Phrase „die Umsatzsteuer als durchlaufender Posten" auch eine vom deutschen und europäischen Gesetzgeber getroffene Zuordnungstendenz verborgen ist. Eine solche Tendenz kann sich aber nur dann in eine endgültige Zuordnungs- und Werteentscheidung verfestigen, wenn ihr nicht mindestens ebenso gewichtige Argumente entgegenstehen.

c) Vereinbarkeit mit gegenwärtiger positiv-normativer Ausgestaltung

Eine ausdrückliche gesetzliche Aussage dazu, ob die Umsatzsteuer als Treugut anzuerkennen ist, findet sich in den geltenden Rechtssätzen nicht. Das gegenwärtige Geflecht rechtlicher Beziehungen zwischen Fiskus und Unternehmer einerseits, und Unternehmer und Leistungsempfänger andererseits, ist dem eines Verwaltungstreuhandverhältnisses aber in wesentlicher Hinsicht inkongruent. Es mangelt insbesondere an dem Primäranspruch des Fiskus gegen den Leistungsempfänger. Der Gesetzgeber hat sich anders als bei Fällen der Steuerabzugsverfahren nicht dazu entschlossen, neben einem (Primär-)Steuerschuldner einen Steuerentrichtungspflichtigen zu etablieren. Das Umsatzsteuerrecht hat vielmehr im Grundsatz darauf verzichtet, den Leistungsempfänger in das Umsatzsteuerschuldverhältnis einzubeziehen. Dass es dem deutschen Gesetzgeber an dieser Stelle nicht im Wege einer nationalen Regelung erlaubt gewesen wäre, eine generelle Umkehr der

---

271 So auch *Reiß*, in: Reiß/Kraeusel/Langer, UStG, § 18 – Exkurs: Umsatzsteuer in der Insolvenz, Rz. 2089; *Stadie*, in: Rau/Dürrwächter, Anhang – Umsatzsteuer und Insolvenz, Rz. 70, 81 f.; *ders.*, UR 2013, 158, 170. Krit. hierzu *Onusseit*, ZInsO 2006, 516, 518.

272 BT-DrS 14/7471, S. 7 f.

Steuerschuldnerschaft anzuordnen, kann diesbezüglich als Argument nicht überzeugen. Denn einerseits geht es hier um die Frage einer Zuordnungsentscheidung, die ohnehin auch aus der MwStSystRL folgen könnte. Und andererseits spricht ebendiese europäische Richtlinie nicht dagegen, eine Treuguteigenschaft im nationalen Recht zu verorten, was indes bislang weder im Umsatzsteuer-, noch im Insolvenzrecht geschehen ist. Falls der (europäische) Gesetzgeber eine insolvenzfeste Treuguteigenschaft der Umsatzsteuer hätte herausstellen wollen, wäre ihm dies im Wege einer entsprechenden Formulierung möglich gewesen.

Neben einer Kodifikation *expressis verbis* hätte er umsatzsteuerrechtlich auch auf einer ersten Stufe eine Steuerschuldnerschaft des Leistungsempfängers, auf der zweiten eine Entrichtungspflicht des Leistungserbringers und auf einer dritten Stufe die Suspendierung aller Pflichten des „formalen" Steuerschuldners regeln können. Alternativ dazu hätte der Gesetzgeber wenigstens mit der Anordnung einer buchungsmäßigen Separierung von eingezogenen oder ausgezahlten Netto-Rechnungsbeträgen und der hierauf entfallenden Umsatz- bzw. Vorsteuer deutlich machen können, dass die Umsatzsteuer nicht dem Vermögen des steuerschuldenden Unternehmers zuzuordnen ist[273]. Denkbar wäre auch die Anordnung einer Fiktion mit dem Inhalt, Umsatzsteuerbeträge gelten als dem Vermögen des Fiskus zugehörig. Ebenso möglich wäre es, den Hebel an der Insolvenzordnung anzusetzen und der Umsatzsteuer dort eine den Aussonderungsrechten vergleichbare Rechtsstellung[274] zuzusprechen. Im Ergebnis glichen die damit einhergehenden Mechanismen denjenigen eines Verwaltungstreuhandverhältnisses.

Der Gesetzgeber hat sich in den letzten Jahrzehnten aber nicht zu einer solchen Regelung entschieden, weder generell, noch in Ansehung der damit verbundenen Wirkungen in der Insolvenz[275]. Insbesondere an der Vorschrift des § 55 Abs. 4 InsO lässt sich erkennen, dass der Gesetzgeber die Umsatzsteuer in der Insolvenz mittels der herkömmlichen Abgrenzung in den Kategorien von § 38 und § 55 InsO zu regeln sucht. Ansonsten wäre es spätestens im Rahmen der diesbezüglichen Änderungen angezeigt gewesen, eine Treugut-Eigenschaft der Umsatzsteuer im Rahmen des

---

273 Käme man zu dem Ergebnis der Annahme eines Verwaltungstreuhandverhältnisses, bedürfte es darüber hinaus ohnehin einer kontentechnischen Separierung, da andernfalls das Risiko bestünde, dass das (Buch)Geld nicht vom übrigen Vermögen des Unternehmers unterschieden werden könnte und schließlich daran die Aussonderung scheiterte.

274 Den Aussonderungsrechten „vergleichbar" sollte die Umsatzsteuer sein, weil sie weder Gegenstand noch ausschließlich Forderung gegen den Insolvenzschuldner sein kann, wenn man an ihre Ausprägung der Vorsteuer denkt. Um einer Vermischung vorzubeugen, müsste sie auf einem separaten Konto geführt werden.

275 S. zu den vergangenen Debatten oben unter Erstes Kapitel A)V.1.; die Begründung eines Treuhandverhältnisses versucht hat mit knapper Begründung vor vielen Jahren bereits *Flies*, DB 1970, 559, 560 f., s. auch die ablehnende Erwiderung von *Dewein*, DB 1970, 1708 ff. Mit dieser Ausnahme sind die Ausführungen von *Flies* nicht weiter beachtet worden.

Gesetzgebungsverfahrens zumindest zu diskutieren. Hiervon ist in den Materialien aber nichts ersichtlich.

Hinzu kommt, dass auch der Rechtsprechung des EuGH keine privilegierende, eine Treuguteigenschaft innewohnende Behandlung der Umsatzsteuer in der Insolvenz entnommen werden kann. Der im Schlussantrag des Generalanwalts *Fennelly* in der Rechtssache *Molenheide* u. a. formulierte Hinweis, dass es bei der Gefahr einer Zahlungsunfähigkeit des Unternehmens vernünftig erscheine, dem Unternehmen keine Schuld mehr zu zahlen, die gegebenenfalls der Gläubigergemeinschaft zu Gute komme und dann nicht mehr zur Verfügung stünde[276], hat der EuGH[277] – vermutlich mangels Entscheidungserheblichkeit – nicht weiter verfolgt. Im Gegenteil zu der hier in Rede stehenden *Privilegierung* hat er sogar für einen Fall der Einfuhr angenommen, dass trotz einer infolge Insolvenz nicht durchsetzbaren Einfuhrumsatzsteuerschuld[278] dem Steuerschuldner das Recht auf Vorsteuerabzug nicht versagt werden dürfe[279]. Die streitentscheidende Norm (Art. 17 Abs. 2 Buchst. a RL 388/77) differenziere nicht danach, ob die Einfuhrumsatzsteuer tatsächlich bereits gezahlt sei. Es komme lediglich darauf an, ob sie „geschuldet" sei. Durch diese Auslegung sei auch „gewährleistet, dass der Grundsatz der steuerlichen Neutralität beachtet wird"[280]. Damit hat der EuGH den insolventen Unternehmer endgültig in Höhe des ihm zugesprochenen Vorsteuerbetrages bevorteilt. Zu einem damit in der Sache übereinstimmenden Ergebnis gelangte das Gericht auch in der Rechtssache

276 Schlussantrag in der Rs. *Molenheide* u. a. v. 20.3.1997, EuGH, C-286/94, Slg. 1997, I-07283, 07307 ff., Rz. 51, 53.

277 EuGH, Urt. v. 18.12.1997, C-286/94, *Molenheide* u. a., Slg 1997, I-07281. Der EuGH hat die Insolvenz auch nicht dem Verdacht einer Steuerhinterziehung gleichgestellt und ihr damit einen Missbrauch attestiert. Etwas anderes folgt auch nicht aus EuGH, Urt. v. 27.01.2011, C-489/09, *Vandoorne*, Slg. 2011, I-225 ff.: dort ist die Insolvenz im (ohnehin betrugsanfälligen Handel mit Zigaretten) zwar in die Nähe eines Missbrauchs gerückt worden. Tatbestandlich ging es aber um einen Fall, in dem ein Zwischenhändler, der ohne selbst Steuerschuldner zu sein, eine Mehrwertsteuererstattung begehrte, die ihm letztlich rechtskräftig versagt wurde.

278 Eine Besonderheit des Falles liegt darin, dass die französische Steuerverwaltung die Einfuhrumsatzsteuer in der Insolvenz nicht geltend machen konnte, weil sie die vom französischen Insolvenzrecht vorgegebene Anmeldefrist nicht eingehalten hatte und somit präkludiert war.

279 EuGH, Urt. v. 17.11.2011, C-414/10, *Véleclair*, DStR 2012, 843 f. Welche Haltung die Generalanwältin *Kokott* zu dieser Frage hat, ist aus dem Schlussantrag (v. 17.11.2011, C-414/10, *Véleclair*, Slg. 2012, I-0001 ff.) nicht eindeutig ersichtlich. Der sehr spezielle Fall der Insolvenz im Zusammenhang mit einer verspäteten Forderungsanmeldung könne für die allgemeine Frage, ob das Recht auf Vorsteuerabzug von der vorherigen Zahlung abhängig gemacht werden könne, nicht ausschlaggebend sein. Ob und wann eine Umsatzsteuerforderung im Insolvenzverfahren „eine rechtlich durchsetzbare Verpflichtung ist" (Rz. 58), bleibt ebenfalls ungeklärt.

280 EuGH, Urt. v. 17.11.2011, C-414/10, *Véleclair*, DStR 2012, 843, Rz. 29.

Fatorie[281], in der Beteiligter des Rechtsstreits nicht das insolvente leistungserbringende Unternehmen, sondern dessen Leistungsempfänger war. Fälschlicherweise wurde dort dem Leistungsaustausch nicht die Umkehr der Steuerschuldnerschaft zugrunde gelegt. Das war letztlich Grund für die Finanzbehörde, die ehemals an den Leistungsempfänger ausgekehrten Umsatzsteuerbeträge zurückzufordern, die dieser tatsächlich an seinen Leistungserbringer gezahlt hatte. Der EuGH bestätigte die Auffassung des vorlegenden Gerichts und versagte den Vorsteuerabzug, womit der Leistungsempfänger schließlich endgültig mit der tatsächlich gezahlten Umsatzsteuer belastet geblieben ist[282]. Er sei auf den [wertlosen, d. *Verf.*] zivilrechtlichen Anspruch gegen den insolventen Leistungserbringer zu verweisen.

Daraus ergibt sich, dass der EuGH die an sich durch das Neutralitätsprinzip gebotene Korrespondenz von Be- und Entlastung mit dem Ziel der Vermögensneutralität auf Seiten des Unternehmers bei dessen Insolvenz oder der seines Leistungserbringers nicht durchsetzt. Insofern führt das Neutralitätsprinzip nicht zu einer Einschränkung der nationalen Insolvenzrechtsordnungen. Die Insolvenz des umsatzsteuerlichen Unternehmers bildet damit einen Ausnahmefall, in dem das Neutralitätsprinzip seine Wirkungen nicht durchzusetzen vermag. Der Grund hierfür liegt aber nicht im Regelungsbereich des Umsatzsteuerrechts, sondern in der naturgemäßen Knappheit von Liquidität im Fall der Insolvenz. Das berücksichtigt auch der EuGH in seiner Rechtsprechung. Er ist weiter nicht der Auffassung, dass die Insolvenz ein Fall der Steuerhinterziehung, der Steuerumgehung oder anderer etwaiger Missbräuche ist. Dies zeigt sich daran, dass er die Insolvenz nicht unter eine dieser Kategorien subsumiert und damit einem der Parteivorträge in der Rechtssache *Véleclair* entsprochen hat[283].

Darüber hinaus lassen sich auch ablehnende Argumente unter Rückgriff auf die Lohnsteuer[284] und die oben aufgezeigte Differenzierung zu sonstigen Abzugssteuern begründen. Denn dort ist bereits aus der gesetzgeberischen Ausgestaltung

---

281 EuGH, Urt. v. 6.2.2014, C-424/12, *Fatorie*, juris.

282 EuGH, Urt. v. 6.2.2014, C-424/12, *Fatorie*, juris, Rz. 44.

283 EuGH, Urt. v. 17.11.2011, C-414/10, *Véleclair*, DStR 2012, 843, Rz. 31 f. Auch in der Untersuchung von *Henze*, in: DStJG 32 (2009), S. 247 ff., unter dem Titel „Gemeinschaftsrechtliche Vorgaben nationaler Missbrauchsbekämpfung im Lichte der Rechtsprechung des Europäischen Gerichtshofs" wird die Insolvenz nicht behandelt und damit inzidenter nicht als „Missbrauch" angesehen.

284 So auch die Sichtweise der Finanzverwaltung NRW für die Haftung des Geschäftsführers betr. Lohnsteuer, FM NRW v. 7.12.2010, S 0190, AO-Kartei NW, § 69 AO, Karte 801, unter I., weil der Arbeitgeber „gleichsam treuhänderisch" tätig ist. Den Treuhandcharakter für die USt im mittlerweile abgeschafften Abzugsverfahren anerkennend OFD Hannover v. 3.2.1998, S 0190–12-StO 321, S 0190–91-StH 551. Einer generellen Treuhandeigenschaft neigte hingegen die FinVerw Sachsen zu, die im Verfahren des FG Sachsen v. 14.10.2013, 6 K 25/10, Rz. 4, vorgetragen hat, dass das klagende Unternehmen die Umsatzsteuer nur treuhänderisch verwalte. Dort ging es nicht um einen Fall des Abzugsverfahrens.

erkennbar, dass die Steuer für einen anderen abgezogen, also einbehalten wird, während der vermeintliche Treuhänder bei der Umsatzsteuer vom Gesetz mit einer *eigenen* Steuerschuld belegt ist. In diese Richtung weist auch die Rechtsprechung des VII. Senats des BFH, nach der die einer Gesellschaft zur Verfügung stehenden Mittel zur Tilgung ihrer Verbindlichkeiten nicht – wie hinsichtlich der Lohnsteuer – vorrangig zur Tilgung der Umsatzsteuer zu verwenden sind[285]. Insoweit gilt also im Falle einer Haftungsinanspruchnahme der Personen nach §§ 34, 35 AO gem. § 191 Abs. 1 i.V.m. § 69 AO nicht der Grundsatz anteiliger Tilgung, weil der „Arbeitgeber hinsichtlich der Lohnsteuer nicht gegenüber den Arbeitnehmern, sondern auch gegenüber dem Fiskus eine treuhänderische Stellung einnimmt“[286]. Dass die Abzugssteuern – zu denen die Umsatzsteuer nicht zählt[287] – (ebenfalls) treuhänderische Elemente aufweisen, zeigt sich bspw. auch an § 222 S. 3, 4 AO, der eine Stundung im Falle von Abführungspflicht sowie potentieller Haftungsinanspruchnahme bei diesen ausdrücklich untersagt.

Aber auch in Anbetracht der dogmatischen Breitenwirkung der Annahme eines Verwaltungstreuhandverhältnisses und der Konsequenz einer Treugut-Eigenschaft der Umsatzsteuer muss diese These wegen ihrer fehlenden normativen Fundierung mit Argwohn betrachtet werden. Denn letztlich führte dies dazu, dass der an sich gegenüber dem umsatzsteuerlichen Leistungserbringer bestehende Umsatzsteueranspruch nunmehr grundsätzlich in dem Verhältnis zwischen Fiskus und Leistungsempfänger fingiert würde. Auch wenn man diese Fiktion in ihrem sachlichen Anwendungsbereich nur auf die pathologischen Fälle des insolventen Unternehmers beschränkte, ergäben sich aus dieser Annahme doch etliche Folgefragen. Denn mit der Neubegründung eines Steuerschuldverhältnisses ergibt sich auch ein neues Rechte- und Pflichtenspektrum, das sowohl formelle wie materielle Aspekte enthält. Ohne dass die damit einhergehenden Wirkungen reguliert sind, kann es leicht zu einer unbeabsichtigten und unsystematischen Verschiebung kommen, die nicht nur zu dogmatischen Inkonsistenzen, sondern auch zu ungewollten (Rechts)Folgen führt.

d) Notwendigkeit einer Modifikation durch das europäische Beihilfenverbot

Die Notwendigkeit der Fiktion eines Treuhandverhältnisses ergibt sich indes womöglich aus dem Recht über das europäische Beihilfenverbot im Zusammenspiel mit dem Neutralitätsprinzip. Das europäische Beihilfenverbot findet seinen normativen

---

285 BFH, Urt. v. 27.2.2007, VII R 60/05, BStBl. II 2008, 508, 509 f., Rz. 12 ff.; Beschl. v. 31.3.2000, VII B 187/99, BFH/NV 2000, 1322, Rz. 17; Urt. v. 26.3.1985, VII R 139/81, BStBl. II 1985, 539, 540, Rz. 8. In diesem Sinne entschieden hat auch der V. Senat des BFH mit Urt. v. 26.4.1984, V R 128/79, BStBl. II 1984, 776, 779, Rz. 25 ff.

286 BFH, Urt. v. 9.1.1990, VII B 56/89, BFH/NV 1990, 412, Rz. 14. Krit. zu diesem Sonderweg für die Lohnsteuer im Vergleich zu anderen Steuern („z.B. USt“) *Loose*, in: Tipke/Kruse, AO § 69, Rz. 41.

287 Umkehrschluss wegen Nichtaufzählung bei *Loose*, in: Tipke/Kruse, AO, § 222, Rz. 4 ff.

Ursprung in Art. 107 AEUV. Es ist damit Teil des europäischen Primärrechts und verdrängt im Kollisionsfall das nationale Recht im Wege eines Anwendungsvorrangs[288]. Soweit sich aus dem europäischen Beihilfenverbot ergibt, dass die Umsatzsteuer ausnahmslos, d.h. auch im Fall der Insolvenz des leistenden Unternehmers, aufkommenswirksam zum Fiskus gelangen muss, würde sich die Bundesrepublik Deutschland nicht nur entgegen dem Vertrag über die Arbeitsweise der Europäischen Union verhalten. Sie müsste auch im Wege nationalstaatlicher Regelungen dafür sorgen, dass diesem Zustand abgeholfen wird.

Nach Art. 107 Abs. 1 AEUV sind „staatliche oder aus staatlichen Mitteln gewährte Beihilfen gleich welcher Art, die durch die Begünstigung bestimmter Unternehmen oder Produktionszweige den Wettbewerb verfälschen oder zu verfälschen drohen, mit dem Binnenmarkt unvereinbar, soweit sie den Handel zwischen Mitgliedstaaten beeinträchtigen". Der zitierte Verbotstatbestand[289] besteht damit aus insgesamt fünf Tatbestandsmerkmalen, *erstens*, einer Zuwendungskomponente, die sich, *zweitens*, auf *bestimmte* Unternehmen und Produktionszweige beziehen muss (Selektivität). Ebendiese Zuwendungen müssen, *drittens*, aus staatlichen Mitteln stammen, und, *viertens*, zur Verursachung einer (drohenden) Wettbewerbsverfälschung beitragen, die, *fünftens*, den Handel zwischen den Mitgliedstaaten beeinträchtigt.

aa) Zuwendungskomponente vor dem Hintergrund der umsatzsteuerrechtlichen Gegenläufigkeit von Zahlungsströmen und dem umsatzsteuerrechtlichen Neutralitätsgebot

Die Umsatzsteuer kennt bekanntlich nicht nur die Wirkrichtung „Steuerzahler – Steuerfiskus". Der Mechanismus des Vorsteuerabzugs führt dazu, dass, anders als im sonstigen Steuerrecht, das Steuersubjekt selbst auch zum Steuergläubiger werden kann, sofern in einem Besteuerungszeitraum die Höhe der Eingangs- die Höhe der Ausgangsleistungen übersteigt. Vor dieser Prämisse müssen auch die hier in Rede stehenden Fragen um das europäische Beihilfenverbot aus zwei Blickwinkeln betrachtet werden. Hinzu tritt das umsatzsteuerrechtliche Neutralitätsgebot, das – wie wir bereits gesehen haben – über zwei Ausprägungen verfügt. Es gebietet einerseits, dass der Unternehmer mit Umsatzsteuer nicht belastet werden darf. Ob daraus auch folgt, dass er nicht entlastet werden darf, er also ihm nicht zustehende Umsatzsteuer- oder Vorsteuerbeträge auch in der Insolvenz herauszugeben hat, folgt allein daraus noch nicht. Auf der anderen Seite will das umsatzsteuerrechtliche Neutralitätsgebot sicherstellen, dass Waren und Dienstleistungen im Binnenmarkt wie im einzelnen Mitgliedstaat in umsatzsteuerrechtlicher Hinsicht vergleichbaren Wettbewerbsvoraussetzungen unterliegen.

Die vorstehend aufgestellten Maßstäbe könnten in der Insolvenz des Unternehmers beeinträchtigt sein. Man stelle sich insofern zunächst den Fall der

---

288 Eine Nichtigkeit des nationalen Rechts folgt hieraus nicht.

289 *Cremer*, in: Calliess/Ruffert, EUV/AEUV, Vor. zu Art. 107–109, Rz. 8.

umsatzsteuerlichen Eingangsleistung bei Soll-Versteuerung vor. Hier macht der Unternehmer erfolgreich einen Vorsteueranspruch geltend und fällt im Anschluss daran in die Insolvenz. Das Entgelt für die zugrundeliegende Leistung hat er indes noch nicht bezahlt. Mit der eingetretenen Insolvenz berichtigt der leistende Unternehmer seinen ehedem angesetzten Ausgangsumsatz. Im Ergebnis fällt der Fiskus in Höhe der ausgekehrten Vorsteuer aus[290]. Entscheidend ist aber, dass der Unternehmer der Eingangsleistung eine Geldleistung in Höhe der Vorsteuer erhalten hat, die ihm weder einfachrechtlich, noch im Lichte des umsatzsteuerrechtlichen Neutralitätsprinzips zusteht. Denn in dem Beispiel ist er mangels Zahlung des Entgelts für die empfangene Leistung nicht belastet, womit infolgedessen auch keine Entlastung zu erfolgen hat. Gleichwohl hat sein Vermögen eine Mehrung erfahren, die ihm materiell-rechtlich nicht zusteht. Ähnliches gilt nach einer näheren Betrachtung für einen Fall der Ausgangsleistung. Auch dort kann es dazu kommen, dass dem Insolvenzschuldner eine Vermögensmehrung in Form des in der Gegenleistung enthaltenen Umsatzsteuerbetrages verbleibt. Falls dieser für den Fiskus nicht aufkommenswirksam wird, bereichert er im Ergebnis die Insolvenzmasse. Dass dies nicht der Zweck der Umsatzsteuer ist, liegt auf der Hand und kann nicht ernsthaft bestritten werden. Eine aus dem Neutralitätsgebot folgende wettbewerbsrechtliche Dimension bekommt das Beispiel aber, wenn man die möglichen Folgen für den Absatz der Leistung am Markt mit in den Blick nimmt. Denn der später insolvente Unternehmer könnte bewusst eine Rechtslage ausnutzen, nach der er die Umsatzsteuerbeträge für die Ausführung von Ausgangsleistungen *de facto* nicht an den Fiskus abführen muss. Ohne seinen betriebswirtschaftlichen Gewinn vor Ertragsteuern zu schmälern, ließe sich die Leistung am Markt ohne Umsatzsteuer, also abzüglich 19% des Normalpreises, anbieten. Die beiden Beispiele illustrieren, dass sowohl in dem einen wie auch in dem anderen Fall der Fiskus mit Vor- und Umsatzsteuer ausfällt, was dem Grundsatz umsatzsteuerrechtlicher Neutralität widerstrebt. Das europäische Beihilfenverbot soll im Lichte dieses Grundsatzes angewendet werden. Die planspielhaften Ausführungen haben gezeigt, dass eine genauere Prüfung des Zuwendungsmoments nach Art. 107 AEUV geboten ist.

bb) „Zuwendung" bei Insolvenz des Steuerschuldners?

Der im Europarecht nicht näher definierte Begriff der „Beihilfe" ist nach allgemeiner Meinung weit auszulegen[291]. Er umfasst nicht nur positive Geld- und Sachleistungen, die Unternehmen gewährt werden, sondern auch Maßnahmen, die die im Gesetz angelegten Belastungen der Unternehmen vermindern[292]. Entscheidend ist, dass

290 Selbstverständlich kann er eine Forderung zur Tabelle anmelden. Außerdem soll die Argumentation ungeachtet etwaiger Aufrechnungsmöglichkeiten vorgenommen werden.

291 Statt vieler nur *Cremer*, in: Calliess/Ruffert, EUV/AEUV, Art. 107, Rz. 10.

292 *V. Wallenberg/Schütte*, in: Grabitz/Hilf/Nettesheim, Recht der EU, Art. 107 AEUV, Rz. 28.

dem Unternehmen ein wirtschaftlicher Vorteil gewährt wird, den es unter normalen Marktbedingungen nicht erhalten hätte[293]. Üblicherweise fallen hierunter Begünstigungen in Form von Subventionen und Belastungsminderungen auf dem Gebiet des Steuer- oder Sozialrechts. Für den hier interessierenden Bereich des Steuerrechts treten diese Fälle bei der Befreiung und Ermäßigung von Abgaben auf, die durch verschiedene Mechanismen bereits im Rahmen der Bildung der Bemessungsgrundlage oder erst im Erhebungsverfahren auftreten können. Die Qualifizierung einer Maßnahme als „Beihilfe" richtet sich ausschließlich nach ihren Wirkungen und ist unabhängig davon vorzunehmen, ob es sich um eine etwaige Begünstigung in Form von indirekten oder direkten Steuern handelt. Insbesondere ist es unerheblich, dass Steuerschuldnerschaft und intendierte Steuerträgerschaft auseinanderfallen, da es allein auf die faktische Wirkung ankommt[294]. Die Gründe oder Motive einer Zuwendung bleiben bei der Anwendung von Art. 107 Abs. 1 AEUV außer Betracht[295].

Bei Unternehmern bzw. vorläufigen oder endgültigen Insolvenzverwaltern ist die Versuchung seit jeher groß, die eingenommenen Umsatzsteuerbeträge nicht ihrer zweckgemäßen Verwendung, nämlich der Weiterleitung an den Fiskus, zuzuführen, sondern hiermit beispielsweise ungeduldigere Gläubiger als den Fiskus zu bedienen und damit letztlich wirtschaftlich die Insolvenzmasse zu mehren[296]. Mit der Feststellung, dass der Staat bei der Insolvenz des Unternehmers die Umsatzsteuer teilweise oder sogar ganz verliert und dem Unternehmen insofern eine Vermögensmehrung verbleibt, die ihm materiell nicht zusteht, ist aber noch nicht präjudiziert, dass die Zuwendungskomponente wegen einer insofern subventiven Wirkung[297] der Umsatzsteuer erfüllt ist. Denn anders als bei einer gesetzlichen Anordnung wie der Sanierungsklausel des § 8c Abs. 1a KStG oder der letztentscheidend von der Finanzverwaltung umsetzungsbedürftigen Verwaltungsvorschrift in Form

293 *V. Wallenberg/Schütte*, in: Grabitz/Hilf/Nettesheim, Recht der EU, Art. 107 AEUV, Rz. 46.

294 *Koenig/Paul*, in: Streinz, EUV/AEUV, Art. 107, Rz. 80.

295 EuGH, Urt. v. 13.6.2002, C-382/99, *Niederlande/Kommission*, Slg. 2002, I-5202, 5223, Rz. 61; v. 27.6.2000, C-404/97, *Kommission/Portugal*, Slg. 2000, I-4922, 4935 f., Rz. 44.

296 In diesem Sinne auch schon *Widmann*, Stbg 1998, 537.

297 Von einer „staatlichen Subventionierung der Insolvenzmasse" spricht *Desens*, in: 13. Leipziger Insolvenzrechtstag, S. 58, 61, im Zusammenhang mit der optimalen Verwirklichung von Grundwertungen im Umsatzsteuerinsolvenzrecht. *Seer*, Abschlussbericht der Kommission zur Harmonisierung von Insolvenz- und Steuerrecht, Beihefter zu DStR 42/2014, 117, 125, spricht davon, dass die Umsatzsteuer „erkennbar nicht dem (subventiven) Zweck dient, die Masse zu stärken, sondern entsprechend ihrem Belastungsgrund auf wettbewerbsneutrale Weise ihren Anteil am Steueraufkommen beizutragen hat." Krit. zu dem Abschlussbericht insg. *Schmittmann*, INDat-Report 2014, 34 ff., unter dem Titel „Eher Bestandsaufnahme als Empfehlung". M.E. liegt der Mehrwert neben den gefundenen Ergebnissen auch darin, die „Vertreter der Lager von Insolvenz- und Steuerrecht" in einen gemeinsamen Dialog gebracht zu haben. Nur auf diese Weise lässt sich überhaupt erst Verständnis für die meistenteils gegenläufigen Perspektiven entwickeln.

des Sanierungserlasses[298] trifft die Bundesrepublik als Mitgliedstaat keine konkrete Maßnahme, die zu einer Zuwendung führt. Vielmehr führt die Überlagerung des formellen Umsatzsteuerrechts durch das Insolvenzrecht im Verfahrensstadium der Steuerfestsetzung und -erhebung nach der gegenwärtigen Ausgestaltung der Rechtslage dazu, dass der Fiskus auf eine Ebene der Gleichordnung mit den übrigen Insolvenzgläubigern gebracht wird. Er hat dort nach Maßgabe des deutschen Insolvenzrechts die gleichen Rechte, wie sie auch private Insolvenzgläubiger haben. Es gibt also weder eine gesetzliche Regelung, nach der Umsatzsteueransprüche bei Insolvenz erlöschen oder reduziert werden, noch kennt das geltende Recht eine Ermächtigungsgrundlage für die Finanzverwaltung, nach der sie Umsatzsteuerschulden regelmäßig zu stunden oder zu erlassen hat. Der Grund dafür, weshalb die Umsatzsteuer nicht aufkommenswirksam für den Fiskus realisiert wird, liegt also nicht in einem gezielten mitgliedstaatlichen „Wollen“ einer Begünstigung, wie es bei steuerrechtlichen, oder sonstigen Beihilfen, wie bspw. Bürgschaften oder Krediten sonst der Fall ist.

In diesem Sinne hat auch der EuGH in der Rechtssache *Ecotrade* entschieden, dass „[...] die eventuelle Einbuße an Steuererträgen, die sich für den Staat durch das absolute Verbot von Einzelzwangsvollstreckungsmaßnahmen [..., ergibt] als solche nicht die Qualifizierung dieser Regelung als Beihilfe rechtfertigen. Eine derartige Folge ist jeder gesetzlichen Regelung immanent, die den Rahmen für die Beziehungen zwischen einem zahlungsunfähigen Unternehmen und der Gesamtheit seiner Gläubiger festlegt, ohne daß daraus zwangsläufig auf eine zusätzliche Belastung zu schließen wäre, die unmittelbar oder mittelbar zu Lasten der öffentlichen Hand geht und den betroffenen Unternehmen eine bestimmte Vergünstigung gewähren soll“[299]. Ebenfalls im Zusammenhang mit einem Insolvenzverfahren und steuerlichen Abgaben hat der EuGH den Gedanken der Gleichordnung von öffentlichen und privaten Gläubigern für den Fall einer finanzbehördlichen Maßnahme in der Rechtssage *Frucona Košice* weiterentwickelt. Dort hatte die slowakische Steuerverwaltung dem in Rede stehenden Unternehmen im Rahmen eines Insolvenzverfahrens die *bis dato* bestehenden Steuerschulden in Höhe von 65% im Wege eines Vergleichs erlassen. Die Frage, ob darin eine Beihilfe zu sehen ist, erörterte der EuGH unter Zuhilfenahme eines Vergleiches mit einem privaten Gläubiger[300]. Denn die Voraussetzungen, die eine Maßnahme erfüllen muss, um unter den Begriff der „Beihilfe“ im Sinne von Art. 107 Abs. 1 AEUV zu fallen, seien nicht erfüllt, wenn das (vermeintlich, d. *Verf.*) begünstigte Unternehmen denselben Vorteil, der ihm aus Staatsmitteln gewährt wurde, auch unter Umständen hätte erhalten können,

298 Hierzu umfassend jüngst *Seer*, FR 2014, 721, 724 ff.; sowie auch *Blumenberg/Kring*, Europäisches Beihilferecht und Besteuerung, IFSt-Schrift Nr. 473, S. 48 ff., 57 ff.

299 EuGH, Urt. v. 1.12.1998, C-200/97, *Ecotrade*, Slg. 1998, I-7926, 7937, Rz. 36.

300 Der EuGH nimmt an dieser Stelle den aus anderen Zusammenhängen bekannten *private investor test* vor, der zur Abgrenzung von marktgerechtem staatlichem Verhalten und Zuwendungen mit Beihilfecharakter herangezogen wird, vgl. hierzu *Soltész/Makowski*, EuZW 2003, 73, 75.

die normalen Marktbedingungen entsprechen[301]. In dem sodann vorgenommenen Vergleichstest richtete der EuGH seinen Blick vor allem auf die Frage, ob der slowakische Fiskus bei der Durchführung des Regelinsolvenzverfahrens Aussicht auf eine höhere Befriedigung gehabt hätte[302]. Die dahinter stehende Abwägung zweier alternativer hypothetischer Abläufe müsste, um beihilfenrechtskonform zu sein, ihre Entsprechung in der Entscheidung eines privaten Gläubigers haben, dessen Ziel es ist, seine Forderung möglichst vollständig zu realisieren[303]. Aus dem Urteil wird deutlich, dass an der Schnittstelle von Steuer- und Insolvenzrecht die Zuwendungskomponente – selbst bei einem ausdrücklich eingegangenen Steuerverzicht – im Wege eines Vergleichs nur dann erfüllt ist, wenn die Steuerforderungen des Mitgliedstaates als Folge dessen eine geringere Befriedigung erlangen, als es bei der regulären Durchführung des Insolvenzverfahrens der Fall gewesen wäre.

cc) Telos des Beihilfenrechts im Lichte der Gesamtvollstreckung

Das grundsätzliche Verbot von Beihilfen in Art. 107 Abs. 1 AEUV soll verhindern, dass es zu Wettbewerbsverzerrungen innerhalb des Binnenmarktes kommt, sofern die Mitgliedstaaten den in ihrem Gebiet ansässigen Unternehmen Vergünstigungen gewähren. Der einzelne Mitgliedstaat soll den in seinem Hoheitsgebiet ansässigen Unternehmen keine Vorteile zukommen lassen, die ihre wirtschaftliche Situation verbessern und sie damit in die Lage versetzen, im Binnenmarkt etwaigen Mitbewerbern gegenüber bevorteilt zu agieren. Ausschlaggebend und für das Beihilfenrecht motivleitend ist, dass dem Unternehmen aus staatlichen Mitteln ein Vorteil zugewendet wird, den es unter normalen Marktbedingungen nicht erhalten hätte. Mit dem Übergang von der Möglichkeit der Einzelzwangsvollstreckung in das Korsett der Gesamtvollstreckung wird der Fiskus mit den privaten Gläubigern auf dieselbe Ebene des Kreises von Gläubigern eingruppiert. Dass beide Gruppen von Gläubigern ihre Forderungen eventuell nicht oder nicht in voller Höhe realisieren können, hat seinen Grund aber nicht darin, dass sie selbst den Entschluss getroffen haben, auf die ihnen zustehenden Ansprüche zu verzichten und dem Unternehmen etwas zuwenden zu wollen. Diese Folgen sind allein Ausdruck der mit der Insolvenz eintretenden Befriedigungsabfolge. Dass es, wie oben beschrieben, auf Seiten des

301 EuGH, Urt. v. 24.1.2013, C-73/11 P, *Frucona Košice*, Abl EU 2013, Nr. C 71, 2, Rz. 71 f.

302 EuGH, Urt. v. 24.1.2013, C-73/11 P, *Frucona Košice*, Abl EU 2013, Nr. C 71, 2, Rz. 79 ff. Es handelt sich nach slowakischem Recht um ein „Vergleichsverfahren", das dem Anschein nach grundsätzlich denselben Charakter wie das hiesige Insolvenzplanverfahren hat.

303 In diesem Sinne EuGH, Urt. v. 24.1.2013, C-73/11 P, *Frucona Košice*, Abl EU 2013, Nr. C 71, 2, Rz. 80 ff. Ähnlich aber ohne Bezug zu Art. 107 Abs. 1 AEUV auch jüngst EuGH, Urt. v. 7.4.2016, C-546/14, *Degano Trasporti*, UR 2016, 448, 451, Rz. 25, wonach die nur teilweise Befriedigung einer Mehrwertsteuerforderung in einem Vergleichsverfahren jedenfalls dann unschädlich ist, wenn ein unabhängiger Sachverständiger bestätigt, dass diese Forderung im Fall des Konkurses des Schuldners nicht zu einem höheren Anteil beglichen würde.

insolventen Unternehmens letztlich zu der dort verbleibenden Vermögensmehrung kommen kann, die ihm umsatzsteuerrechtlich nicht zusteht und darüber hinaus nicht durch das umsatzsteuerrechtliche Neutralitätsgebot geboten ist, ist ein faktischer Reflex, der aus der geltenden Rechtslage des Umsatzsteuerinsolvenzrechts resultiert. Dieser *status quo* hat aber keine Beihilfenrelevanz, die eine unterschiedliche Sichtweise rechtfertigte. Denn hierfür fehlt es mit der aufgezeigten Sichtweise des EuGH an der nötigen „Zuwendungskomponente“, die nur dann vorliegt, wenn der Mitgliedstaat einen wirtschaftlichen Vorteil in Form der direkten Geldleistung oder der Nichterhebung von Steuern zuwendet, der das Unternehmen in der Insolvenz letztlich begünstigt. Eine Wettbewerbsverzerrung kann nämlich nur dann bejaht werden, wenn der Fiskus zugunsten des vermeintlich begünstigten Unternehmens auf die Erhebung von Steuern verzichtet, was gerade nicht normalen Marktbedingungen entspricht. Die normalen Marktbedingen sind aber durch die eingetretene Insolvenz des Unternehmens insoweit modifiziert, als die Positionen aller vergleichbaren Gläubiger (Insolvenz- bzw. Massegläubiger) gleichermaßen durch die InsO degradiert werden. Normale Marktbedingungen meint also in diesem Zusammenhang diejenigen Bedingungen, die durch die Insolvenzordnung geschaffen werden und denen sich alle Gläubiger unterzuordnen haben. Ihre Bestätigung findet diese These in einem Umkehrschluss zu der oben in Auszügen zitierten Rechtssache *Frucona Košice*: Wenn schon der ausdrückliche Verzicht auf einen Teil der Steuerschuld keine Beihilfe ist, dann kann erst recht nichts anderes gelten, wenn der Fiskus seine Steuerforderung ernsthaft und konsequent nach den Vorgaben des Insolvenzrechts zu realisieren versucht.

Der deutsche (Steuer-)Gesetzgeber hat in Ansehung des kranken Unternehmens „Insolvenzschuldner“ keine Maßnahmen getroffen, mit denen er auf den ihm zustehenden Umsatzsteueranspruch verzichtet, weder qua Gesetz, noch hat der Erlassgeber der Finanzverwaltung hierzu eine Anweisung an die Hand gegeben. Es ist auch nicht das Ansinnen des Fiskus, auf seine Umsatzsteueransprüche zu verzichten. Vielmehr ist es seine rechtsstaatliche Pflicht, den Steueranspruch nicht nur festzusetzen, sondern auch im Insolvenzfall seine Erhebung bestmöglich zu betreiben. Dieser kommt er nach, indem er die bestehenden Steueransprüche beim Insolvenzverwalter zur Tabelle anmeldet oder im Wege der Aufrechnung die Selbstexekution vorzunehmen sucht. Dass dem Insolvenzschuldner dabei eine Vermögensmehrung verbleibt, die ihm materiell nicht zusteht und es damit zu einem quasi-subventiven Reflex kommt, ist mit Blick auf die beihilfenrechtliche Wettbewerbsrelevanz nicht schädlich. Denn auch dieser Umstand muss vor dem Hintergrund der normalen Marktbedingungen und dem damit einhergehenden Vergleich zu privaten Gläubigern betrachtet werden. Hier wie dort verhält es sich so, dass es zu ihren Ungunsten zu einer Vermögensverschiebung in Richtung der Insolvenzmasse kommt. Der öffentlich-rechtliche Steuergläubiger fällt bei vergleichbarer insolvenzrechtlicher Lage proportional in derselben Höhe aus, wie es der privat-rechtliche tut. In Summe betrachtet liegt damit in der stellenweise ausbleibenden aufkommenswirksamen Erhebung von Umsatzsteuer wegen der Insolvenz des Unternehmers keine „Zuwendung“, womit die hier gewürdigte Symptomatik nicht unter das Tatbestandsmerkmal

„Beihilfe“ in Art. 107 Abs. 1 AEUV subsumiert werden kann. Infolgedessen ist die Prüfung der übrigen Voraussetzungen des Rechtssatzes obsolet.

e) *Notwendigkeit einer Modifikation wegen Verstoßes gegen den unionsrechtlichen Effektivitätsgrundsatz*

Ebenfalls in Betracht kommt die Fiktion eines Treuhandverhältnisses aus der Anwendung des unionsrechtlichen Effektivitätsgrundsatzes. Gem. Art. 288 Abs. 3 AEUV ist eine Richtlinie – und damit auch die MwStSystRL – für jeden Mitgliedstaat, an den sie gerichtet ist, hinsichtlich des zu erreichenden Ziels verbindlich, überlässt jedoch den innerstaatlichen Stellen die Wahl der Form und der Mittel. Daraus folgt eine Verpflichtung der Mitgliedstaaten, die Richtlinie derart effektiv umzusetzen, dass die tatsächliche Wirksamkeit im jeweiligen Rechtsraum erreicht wird[304]. Den dahinter stehenden Gedanken eines *effet utile* hat der EuGH bereits im Jahr 1976 erstmals präzisiert. Die Mitgliedstaaten müssen danach diejenigen Formen und Mittel wählen, die der Erreichung des Richtlinienziels am besten entsprechen[305]. Dazu gehört in Verbindung mit Art. 4 Abs. 3 UAbs. 2 AEUV auch die Pflicht der Mitgliedstaaten, „ein System von Verwaltungskontrollen und Kontrollen an Ort und Stelle zu schaffen, das die ordnungsgemäße Erfüllung der materiellen und formellen Voraussetzungen des Unionsrechts“ sicherstellt[306]. Die Vorschrift begründet Vorgaben für das materielle nationale Verwaltungsrecht und bildet damit einen „Transformationshebel“, der am nationalen Umsetzungsrecht ansetzt und auf diese Weise dem Effektivitätsgebot Wirkung verschafft[307]. Für das Umsatzsteuerrecht ist der Bundesgesetzgeber damit verpflichtet, für den Vollzug des sekundären Unionsrechts ein effektives Verfahrensrecht in seine nationale Rechtsordnung zu implementieren.

Die entscheidende Frage ist aber, wie weit die Wirkung des unionsrechtlichen Effektivitätsgrundsatzes hinsichtlich des Vollzuges der MwStSystRL reicht. Denn vorliegend geht es nicht um den Vollzug im Sinne einer umfassenden Ermittlung und Erfassung von steuerbaren Vorgängen, der Festsetzung der hierauf entfallenden Umsatzsteuer oder der gewöhnlichen Verwaltungsvollstreckung. Um den Effektivitätsgrundsatz in der Insolvenz fruchtbar zu machen, müsste er in einer darüberhinausgehenden Dimension zu verstehen sein, die eine aufkommenswirksame Erhebung der Umsatzsteuer auch bei zahlungsunfähigkeitsbedingtem Ausfall des Unternehmers gewährleisten will. Eine so verstandene Auslegung lässt sich der Judikatur des EuGH indes nicht entnehmen. Das gilt auch insoweit, wie die

---

304 Vgl. EuGH v. 23.11.2000, C-320/99, *Kommission/Frankreich*, Slg. 2000, I-10458, 10462, Rz. 9; v. 17.6.1999, C-336/97, *Kommission/Italien*, Slg. 1999, I-3780, 3787, Rz. 19.

305 EuGH, Urt. v. 8.4.1976, 48/75, *Royer*, Slg. 1976, 497, 517, Rz. 69.

306 EuGH, Urt. v. 12.6.1990, C-8/88, *Deutschland/Kommission*, Slg. 1990, I-2355, 2360 f., Rz. 20; v. 12.5.1998, C-366/95, *Steff-Houlberg Export u. a.*, Slg. 1998, I-2674, 2687, Rz. 32; v. 11.1.2001, C-247/98, *Griechenland/Kommission*, Slg. 2001, I-35, 60 f., Rz. 81.

307 *Von Bogdandy/Schill*, in: Grabitz/Hilf/Nettesheim, Recht der EU, Art. 4 EUV, Rz. 83.

Mitgliedstaaten nach der ständigen Rechtsprechung verpflichtet sind, alle Rechts- und Verwaltungsvorschriften zu erlassen, die geeignet sind, die Erhebung der gesamten in ihrem Hoheitsgebiet geschuldeten Mehrwertsteuer zu gewährleisten[308]. Die Durchführung der MwStSystRL und damit schließlich mitunter auch die Erhebung der Mehrwertsteuer-Eigenmittel ist aber bislang nicht vor dem Hintergrund einer Insolvenz oder ähnlichen Formen von wirtschaftlichen Knappheitssituationen gewürdigt worden[309]. Die übrigen vom EuGH geprägten Fallgruppen des Effektivitätsgrundsatzes geben hierzu ebenfalls keinen Aufschluss. Insbesondere kann in diesem Zusammenhang nicht auf die Kategorie der Rücknahme begünstigender Verwaltungsakte im Bereich der Beihilfenverwaltung[310] rekurriert werden, da die Umsatzsteuer in der Insolvenz gerade keine Beihilfe darstellt[311]. Für das Steuerrecht bleibt es damit bei einer Lesart, nach der das Steuerverfahrensrecht und die Verwaltungsorganisation auf eine Weise ausgestaltet sein müssen, mit der eine effektive Kontrolle im Sinne einer Verifikation gewährleistet ist[312], der aber auch in der Insolvenz Genüge getan wird.

4. Stellungnahme

Vorstehend ist der Frage nachgegangen worden, ob sich der Rechtsanwender von der tradierten Einordnung der Umsatzsteuer als einfache öffentlich-rechtliche Forderung in die Kategorien Insolvenzforderung oder Masseverbindlichkeit lösen und demgegenüber einer Behandlung der Umsatzsteuer als Treugut der Vorzug gegeben werden muss. Soweit dies der Fall wäre, stünde dem der Grundsatz der Gläubigergleichbehandlung nicht entgegen[313]. Mit Blick auf den Belastungsgrund der Umsatzsteuer ist es im Lichte einer wertenden Gesamtbetrachtung durchaus gelungen,

---

308 EuGH, Urt. v. 17.7.2008, C-132/06, *Kommission/Italien*, Slg. 2008, I-5457, Rz. 37; v. 29.3.2012, C-500/10, *Belvedere Costruzioni*, UR 2012, 768, 770, Rz. 20; v. 26.2.2013, C-617/10, *Åkerberg Fransson*, UR 2014, 27, 30, Rz. 25.

309 Nunmehr hat jüngst der EuGH mit Urt. v. 7.4.2016, C-546/14, *Degano Trasporti*, UR 2016, 448, 451, Rz. 25 ff., für den Fall eines Vergleichsverfahrens zur Abwendung eines Konkurses entschieden, dass die nur teilweise Befriedigung einer Mehrwertsteuerforderung durch ein insolventes Unternehmen weder Art. 4 Abs. 3 EUV noch sonstigen Regelungen der MwStSystRL entgegensteht. Das gilt zumindest dann, wenn das insolvente Unternehmen durch das Gutachten eines unabhängigen Sachverständigen nachweist, dass im Fall des (gerichtlichen) Konkurses keine höhere Begleichung dieser Mehrwertsteuerschuld erzielt würde. Die Auffassung des EuGH dürfte mit der hier vertretenen übereinstimmen und auf einer Linie zu den Ausführungen bzgl. des europäischen Beihilfenverbots liegen.

310 S. hierzu mit vielen Nachweisen *von Bogdandy/Schill*, in: Grabitz/Hilf/Nettesheim, Recht der EU, Art. 4 EUV, Rz. 87.

311 S.o. im vorhergehenden Abschnitt.

312 *Oellerich*, Defizitärer Vollzug des Umsatzsteuerrechts, S. 182 f.; vgl. auch EuGH v. 13.01.2011, C-262/09, *Meilicke u. a.*, Slg 2001, I-05669.

313 S. hierzu oben unter Erstes Kapitel D)I.

der Umsatzsteuer Elemente eines Treuguts nachzuweisen. Dies begründet sich auch aus dem Umstand, dass die gegenwärtige Ausgestaltung der Umsatzsteuererhebung maßgeblich darauf zurückzuführen ist, den letztlich intendierten Steuerträger aus Praktikabilitätserwägungen nicht in das Steuerschuldverhältnis miteinzubeziehen. Allein dieser Befund kann aber nicht zu der Statuierung eines Verwaltungstreuhandverhältnisses führen, das hinsichtlich der Umsatzsteuer zu einer Insolvenzfestigkeit führt. Die damit einhergehenden Rechtsfolgen sind dermaßen stark ausgeprägt, dass sie einer Regelung durch den deutschen oder europäischen Gesetzgeber bedürften. Keiner der Normgeber hat sich indes für eine entsprechende Kodifikation entschieden. Ob dieses Schweigen Ausdruck einer bewussten oder unbewussten Entscheidung zu dieser Frage ist, vermag mangels diesbezüglicher Äußerungen in den Motiven der verschiedenen Normkomplexe nicht beantwortet werden. Solange der Gesetzgeber einen solchen Willen aber nicht normativ oder wenigstens in den Gesetzgebungsmaterialien zum Ausdruck bringt, ist die Fiktion einer Treuguteigenschaft der Umsatzsteuer mangels legislativer Fundierung nicht möglich[314], ebenso wenig die Begründung eines ergebnisgleichen Aussonderungsrechts[315]. Genug Raum und Anlass für diesbezügliche gesetzgeberische Vorstöße hat es in Anbetracht der geschilderten Reformbemühungen[316] jedenfalls gegeben. Solange keine entsprechende Änderung erfolgt, bleibt der Unternehmer nicht aus materiellen, sondern allein aus erhebungstechnischen Erwägungen zum Steuereinsammler des Fiskus bestimmt[317]. Darüber hinaus ergibt sich eine hiervon abweichende Auffassung auch nicht aus dem europäischen Beihilfenrecht. Denn die Ausführungen haben gezeigt, dass der Fiskus im Fall der Insolvenz des Unternehmers nicht auf die ihm materiellrechtlich zustehenden Umsatzsteuerschulden verzichtet und dem Unternehmen damit einen Vorteil gewährt. Konkret fehlt es an der nötigen Zuwendungskomponente, da dem Unternehmen nur deswegen ein Vermögensvorteil verbleibt, weil der Fiskus von der InsO wie jeder andere Gläubiger behandelt wird, mit ihm also auf

---

314 Im Ergebnis so auch *P. Kirchhof*, DStR 2008, 1, 8, der den Unternehmer als „Helfer des Steuerträgers und der Verwaltung" ansieht. Falls der Fiskus seine Umsatzsteuerforderungen im Falle der Insolvenz sichern wolle, müsse dies im Insolvenzrecht geregelt werden, meint *Onusseit*, FiWi 2000, 157 f., der sich in *ders.*, ZInsO 2006, 516, 518, auch ausdrücklich gegen eine Treuhand ausspricht. Ebenso eine Treuhandeigenschaft ablehnend *Frotscher*, Besteuerung bei Insolvenz, S. 89; *Hölzle*, BB 2012, 1571, 1578; *Rüsken*, Tagungsbericht zur ersten Jahrestagung des Instituts für Insolvenz- und Sanierungsrecht, ZInsO 2015, 242, 244; OLG Köln, Urt. v. 1.7.1992, 13 U 303/91, ZIP 1992, 1325, Rz. 42. Nicht im Kontext der Insolvenz spricht *Reiß*, UR 2002, 561, 567, von einer „quasi-treuhänderischen" Funktion des Unternehmers.

315 Hanseatisches OLG, Urt. v. 17.5.2013, 1 U 74/12, ZInsO 2013, 1421, Rz. 22; a.A. *Stadie*, UR 2013, 158, 169 ff.; *ders.*, in: Rau/Dürrwächter, UStG, Anhang – Umsatzsteuer und Insolvenz, Rz. 79 ff.

316 Hierzu oben Erstes Kapitel A)V.

317 *Leitl*, Maßnahmen zur Sicherung des Steueraufkommens, S. 15; *Probst*, in: DStJG 13 (1990), S. 137, 147.

eine Ebene der Gleichordnung gestellt wird und ihm mit der Auffassung des EuGH kein *bestimmter* Vorteil gewährt wird. Ein anderes Ergebnis folgt auch nicht aus dem europäischen Effektivitätsgebot.

Nach alledem muss festgestellt werden, dass die Indizien zur Annahme einer Treuguteigenschaft der Umsatzsteuer nicht ausreichen, um dieselbe letztlich zu begründen. Das Verhältnis zwischen steuerschuldendem Unternehmer und Fiskus ist seinem Wesen nach damit eher als ein Auftragsverhältnis zu charakterisieren, in dem der Unternehmer Auftragnehmer ist und der Fiskus Auftraggeber. Der Umsatzsteuer kommt damit keine Treugut-Eigenschaft in der Insolvenz des steuerschuldnerischen Unternehmers zu.

E) Vom Grundsatz „Insolvenzrecht geht vor Steuerrecht"

I. Systematische Ausgangslage der Rechtskreise

Insolvenz- und Steuerrecht unterscheiden sich grundlegend in ihrer systematischen Ausgangslage. Das Insolvenzrecht ist bestrebt, eine gleichmäßige und damit gerechte Verteilung der Insolvenzmasse vorzunehmen, um die Gläubiger des insolventen Schuldners möglichst umfangreich zu befriedigen. Bevor es zu einer Verteilung kommt, aktiviert das Insolvenzrecht verschiedene Mechanismen, um die Insolvenzmasse einerseits vor Auszehrungen zu schützen, und andererseits bereits erfolgte Vermögensabflüsse wieder zu retournieren. Die damit einhergehenden Beschränkungen der Gläubiger treffen auch den Steuergläubiger, der von der Steuerrechtsordnung dazu verpflichtet ist, das ihm vom Gesetz auferlegte Pflichtenprogramm zu absolvieren. Der hierin enthaltene Vollzugs- und daraus auch logischerweise folgende Steuersicherungsauftrag kollidiert also mit den insolvenzrechtlichen Beschränkungen der Gläubiger. Der Steuergläubiger kann – ebenso wie private Gläubiger – seine bis zum Zeitpunkt der Insolvenzeröffnung begründeten Forderungen nicht länger im Wege der Verwaltungsvollstreckung beitreiben. Er ist außerdem dem Risiko der Insolvenzanfechtung ausgesetzt, das sich nicht selten darin realisiert, bereits vereinnahmte Steuerbeträge wieder an den Insolvenzverwalter auszukehren. Mit Beginn des für das Steuerrecht atypischen Modus „Insolvenz" unterliegt der Steuergläubiger einer ihm ansonsten unbekannten Disziplinierung[318], die seinen Handlungsspielraum in vielerlei Hinsicht mit dem Ziel der Erreichung des Insolvenzzwecks beschränkt. Den damit erfassten Interessengegensatz hat der *eine* Gesetzgeber von Insolvenz- und Steuerrecht normativ nicht ausreichend berücksichtigt. Es gibt weder spezielle Kollisionsregeln, gar ein kodifiziertes, einheitliches Insolvenzsteuerrecht. Hinzukommt, dass die Insolvenzordnung erkennbar auf privatrechtliche Ansprüche zugeschnitten ist[319], die andersartige Struktur von öffentlich-rechtlichen

318 So bereits *Krumm*, Steuervollzug und formelle Insolvenz, S. 63 ff.

319 *Hölzle*, BB 2012, 1571, 1572, meint, man könne auch „überspitzt" sagen, dass das Zahlen von Steuern insolvenzsystemwidrig sei.

Ansprüchen in Form von gegenleistungslosen (Umsatzsteuer-)Tatbeständen dabei außer Acht lässt[320].

Mit dem Grundsatz „Insolvenzrecht geht vor Steuerrecht" wird vielerorts versucht, die sich aus der systematischen Inkongruenz[321] zweier Rechtsgebiete ergebenden Probleme zu lösen. Daraus werden mitunter auch Definitionen abgeleitet, die zur Lösung konkreter Probleme im Umsatzsteuerinsolvenzrecht herangezogen werden. In Anbetracht dessen soll nachfolgend überprüft werden, inwieweit dieser Grundsatz fruchtbar gemacht werden kann.

II. Herleitung

Das oft zitierte Urteil des Großen Senats des Reichsfinanzhofs[322] ist der judikative Ursprung des Grundsatzes „Konkursrecht geht vor Steuerrecht", wie ihn *Liebisch*[323] und nach ihm andere[324] aus den Urteilsgründen ableiteten. Dass neben formellen aber auch materielle Rechtsfolgen aus diesem Grundsatz resultieren, darf bei einer genauen Inaugenscheinnahme der Urteilsgründe bezweifelt werden. Denn der Große Senat des RFH ging auch bei einer mit Fiskusprivileg behafteten Konkursforderung davon aus, dass der Fiskus trotz bevorrechtigter Befriedigung doch lediglich, „[...] wie jeder andere Konkursgläubiger, diesen Anspruch nach § 12 KO nur nach Maßgabe der Vorschriften über das Konkursverfahren (§§ 138 ff., 170 KO) verfolgen"[325] kann. Die dort zitierten Vorschriften regeln das Verfahren, dem jeder Konkursgläubiger unterworfen ist, um seine (bevorrechtigten) Konkursforderungen gegenüber dem Konkursschuldner, dessen Vermögen nunmehr unter der Obhut des Konkursverwalters steht, durchzusetzen. Eine materielle Wirkweise, die das Verhältnis von Insolvenz- zu Steuerrecht im Allgemeinen oder wenigstens das Verhältnis zwischen Steuergläubiger und Insolvenzmasse oder den übrigen Gläubigern regelt, kann weder dem Judikat, noch den zitierten Vorschriften entnommen werden. Das Konkursrecht sollte nur dort Vorrang vor dem Steuerrecht haben, wo es um die *Geltendmachung* von Steueransprüchen nach Eröffnung des Konkursverfahrens ging[326].

---

320 Unter Geltung der KO hatte diesen Gedanken auch *Frotscher*, BB 1975, 1445.

321 Semantisch ähnlich auch *Hölzle*, BB 2012, 1571, 1572.

322 GrS RFH v. 25.10.1926, GrS 1/26, RFHE 19, 355. Nach *Bley*, StuW 1928, Sp. 1095, erklärte sich ein Regelungsverzicht des Gesetzgebers der RAO entweder in einer diesbezüglichen Absicht ihres geistigen Schöpfers oder in der Kürze der Zeit, in der die RAO erarbeitet wurde.

323 VJStFR 1929, S. 212, 213. S. darüber hinaus *seine* rechtspolitischen und verfahrensrechtlichen Bemerkungen zum Steuervorrecht im Konkurs in ZZP 1941, Bd. 62, S. 33 ff., die er – wie andernorts auch – mitunter auf dem Boden einer „nationalsozialistischen Rechtsauffassung" (S. 39) anbringt.

324 Statt vieler nur *Jaeger*, Privatgutachten v. 12.3.1935, auszugsweise abgedruckt in RFHE 38, 19 f.

325 GrS RFH v. 25.10.1926, GrS 1/26, RFHE 19, 355, 356.

326 RFH v. 8.5.1935, VI A 686/34, RFHE 38, 18

Dass die Rechtsprechung eine darüber hinausgehende Vorrangthese begründen wollte, ist nicht ersichtlich[327].

Wegen seiner mangelnden Trennschärfe hat der Grundsatz bald Kritik erfahren[328] und ist bisweilen sogar in das Gegenteil eines Vorrangs des Steuerrechts vor dem Konkursrecht verkehrt worden[329]. Die Einführung der Abgabenordnung 1977 gab dem Gesetzgeber schließlich Anlass dazu, in § 251 AO[330] ausdrücklich klarzustellen [„stellt ausdrücklich klar“[331], deklaratorische Wirkung, d. *Verf.*], dass laut den Gesetzgebungsmaterialien „[...] die Bestimmungen der Konkursordnung [dem Steuerrecht, d. *Verf.*] vorgehen. Dieser Grundsatz galt auch bisher schon, war aber nicht ausdrücklich geregelt.“[332] Der Gesetzgeber entschied sich also dafür, den inhaltlich soeben definierten Grundsatz ohne die Vornahme von Veränderungen mit folgendem Normtext zu kodifizieren: „Unberührt bleiben die Vorschriften der Konkursordnung und der Vergleichsordnung [...].“ Die durch den Erlass der Insolvenzordnung notwendig gewordene redaktionelle Anpassung der AO ging davon abgesehen mit keiner inhaltlichen Änderung einher[333].

III. Gebot eines formellen Anwendungsvorrangs

Die regelmäßig mit Schlagworten einhergehende Suggestion von Vereinfachung scheitert spätestens dann, wenn man aus ihnen die Lösung konkreter Probleme zu ermitteln sucht. Letztlich ginge mit dem Grundsatz „Insolvenzrecht geht vor Steuerrecht“ aber nur dann ein Mehrwert einher, wenn und soweit er spezifische Handlungsanweisungen für die Auflösung von Kollisionen zwischen beiden Rechtsgebieten beinhaltet[334]. Dabei ist bereits oben festgestellt worden, dass es einen abstrakten, allgemeingültigen Vorrang des Insolvenzrechts nicht gibt. Weil aus dem Grundsatz keine materiellen Rechtsfolgen abgeleitet werden können, kommt ihm lediglich die Funktion eines Ordnungsprinzips zu, das nicht etwa das Insolvenzrecht in dessen Gesamtheit über das Steuerrecht stellt[335], sondern etwaige

---

327 *Krumm*, Steuervollzug und formelle Insolvenz, S. 64 f.

328 *Becker*, in: Kommentar zur RAO, 1931, S. 610.

329 *Bühler*, Steuerrecht, Bd. 1, S. 365; für den Fall der Einkommensbesteuerung zustimmend auch *O. Schwarz*, FR 1966, 236, 237.

330 § 233 Abs. 2 AO-E.

331 BT-DrS VI/1982, S. 175

332 BT-DrS VI/1982, S. 175. Eine dem heutigen § 251 Abs. 3 AO vergleichbare Vorschrift gab es mit § 226a AO bereits unter Geltung der RAO, vgl. hierzu *O. Schwarz*, FR 1966, 236.

333 BT-DrS 14/120, S. 16; verkündet in BGBl. I 1998, 3836, 3840 f.

334 Ohne den Grundsatz „Insolvenzrecht vor Steuerrecht“ näher zu bestimmen, sieht *J. P. Meier*, Privilegien des Fiskus und der Sozialversicherungsträger in der Insolvenz, S. 151, in ihm auch ohne eine legislative Verzahnung von Insolvenz- und Steuerrecht das passende Instrument, um alle Probleme zu lösen.

335 *Onusseit*, FiWi 2000, 157, 158; *ders.*, in: Kübler/Prütting/Bork, InsO, InsSteuerR II F, Rz. 174.

Normwidersprüche zugunsten des Insolvenzrechts auflöst. An welchen Stellen des Rechts sich solche Normwidersprüche überhaupt ergeben können, ist vor dem Hintergrund der das Steuerrecht einschränkenden insolvenzrechtlichen Regelungen zu überprüfen. Hierzu kommen insb. die §§ 87, 174 ff. InsO in Betracht, die den Steuergläubiger – wie jeden anderen Insolvenzgläubiger – darauf verweisen, dass er seine Forderungen *nur nach den Vorschriften* über das Ins*olvenzverfahren verfolgen*[336] kann. Dies beinhaltet neben dem Verbot der Einzelzwangsvollstreckung nach §§ 249 ff. AO (§ 89 InsO) mitunter auch das Verbot, (belastende) Steuerbescheide über Insolvenzforderungen an die Insolvenzmasse zu richten. Parallel ist auch der Inhaber von zivilrechtlichen Ansprüchen nicht erst daran gehindert, den Gerichtsvollzieher zu beauftragen, sondern schon einen entsprechenden Titel zu erhalten. *Verfolgung* meint damit nicht nur Vollstreckung im Sinne der §§ 249 ff. AO, sondern alle finanzbehördlichen Maßnahmen, die Voraussetzung für die Durchsetzung von Steueransprüchen sind, einschließlich solcher, die dem steuerlichen Festsetzungs- und Erhebungsverfahren zuzuordnen sind[337].

Für dieses Ergebnis hätte es eines in § 251 Abs. 2 AO normierten Grundsatzes „Insolvenzrecht geht vor Steuerrecht" wegen der spezielleren Vorschriften der InsO nicht gebraucht. Das Insolvenzrecht ist bereits seinem Grundtonus nach vom Gesetzgeber für den atypischen Sachverhalt erdacht. Es findet überhaupt erst dann Anwendung, wenn die Insolvenzgründe nach §§ 17 ff. InsO vorliegen und es sich mithin um den pathologischen Fall eines (drohend) zahlungsunfähigen oder überschuldeten Wirtschaftssubjekts handelt. In diesem Moment greifen die insolvenzrechtlichen Mechanismen mit dem Ziel, eine größtmögliche Haftungsverwirklichung in Form einer Gesamtvollstreckung herbeizuführen. Das Steuerrecht kennt dagegen keine verfahrensrechtlichen Regelungen, die ihrem Anwendungsbereich nach die Insolvenz des Steuerschuldners erfassen. Insofern lässt sich bereits aus der allgemeinen Kollisionsregel des *lex specialis derogat legi generali* für den hier eingegrenzten Bereich eines *Insolvenzsteuerdurchsetzungsrechts* der Vorrang des Insolvenzrechts ableiten[338], womit § 251 Abs. 2 AO lediglich deklaratorische Bedeutung zukommt[339].

Aber auch wenn man § 251 Abs. 2 AO konstitutive Bedeutung beimisst, würde die Regelungsweite nicht über die *Verfolgung* von Steueransprüchen in der Insolvenz hinausgehen. Es bleibt also – egal welcher Sichtweise man folgt – bei einer Einschränkung des *nur* formellen Steuerrechts. Die Insolvenzordnung hat keinen Einfluss auf die Entstehung von Steueransprüchen. Sie ist ausschließlich Anknüpfungsrecht, weil sie, um überhaupt *etwas* erfassen zu können, auf den Anspruch oder zumindest Bestandteile dessen angewiesen ist. Auf die Konstituierung ebendieser

---

336 So der Wortlaut von § 87 InsO: „Die Insolvenzgläubiger können ihre Forderungen nur nach den Vorschriften über das Insolvenzverfahren verfolgen".

337 So auch *Krumm*, Steuervollzug und formelle Insolvenz, S. 72 ff.

338 Ohne den hier verwendeten *terminus* so schon *Krumm*, Steuervollzug und formelle Insolvenz, S. 68 ff., dessen Ergebnis überzeugt.

339 Ähnlich *Onusseit*, FiWi 2000, 157, 159, dort Fn. 16.

Ansprüche/Anspruchsbestandteile hat sie aber keinen Einfluss. Das Insolvenzrecht verdrängt daher nur das Steuerverfahrensrecht, es tritt aber nicht an die Stelle des materiellen Steuerrechts[340]. Insofern kann der Grundsatz auch für die Einordnung von Umsatzsteueransprüchen in die Kategorien von Insolvenzforderung oder Masseverbindlichkeiten nicht aktiviert werden[341]. Die in diesem Zusammenhang entscheidenden Normen sind damit für bürgerlich-rechtliche wie für steuerrechtliche Ansprüche gleichermaßen, d.h. ohne jeden vermeintlich übergeordneten Vorrang, auszulegen. Diese Maßgabe muss bei der Anwendung der von der überwiegenden Auffassung vertretenen Abgrenzungsdefinition beachtet werden, wonach das Insolvenzrecht Form und Umfang regelt, in dem die nach steuerrechtlichen Vorschriften entstandenen Forderungen im Insolvenzverfahren geltend gemacht werden können. Das Steuerrecht bestimmt dagegen, auf Grund welchen Sachverhalts und in welcher Höhe ein Steueranspruch entsteht[342]. Es ist also an dieser Stelle nicht entschieden, ob für die Frage nach der Unterscheidung zwischen Insolvenzforderung und Masseverbindlichkeit einer sog. insolvenz- oder steuerrechtlichen Sichtweise[343] der Vorzug einzuräumen ist. Denn das ist kein Umstand, der im Sinne eines Vorrangverhältnisses aufgelöst werden müsste, da schon keine Kollision und mithin kein Normwiderspruch vorliegt. Das Steuerrecht verfügt über keine eigenen Regelungen, die darüber entscheiden, wann ein Anspruch Insolvenzforderung ist. Es bestimmt mittels gesetzlicher Tatbestände diesbezüglich lediglich die nötigen Parameter, auf welche Weise und wann ein Steueranspruch *entsteht*. Den gesetzlichen Rahmen darüber ob, wann und auf welche Weise Steueransprüche außerhalb der Insolvenz von den Finanzbehörden zu *verfolgen* sind, gibt die Abgabenordnung i.V.m. den Einzelsteuergesetzen dagegen sehr wohl vor. Jedes Rechtsgebiet hat also seinen eigenen typischen Regelungsbereich[344]. Mit diesem Inhalt ist § 251 Abs. 2 S. 1 AO als

340 *Frotscher*, in: Gottwald, Insolvenzrechts-Handbuch, § 120 Rz. 8 f.; a.A. *Berges*, KTS 1961, 161, der die Ableitung für den Grundsatz indes schuldig bleibt. Auf das Judikat des GrS RFH nimmt er jedenfalls keinen Bezug. Unterschiedslos für formelles und materielles Steuerrecht ist nach *Zeeck*, KTS 2006, 407, 411, der Insolvenzzweck als Korrektiv des Steuerrechts nutzbar zu machen.

341 So aber *Maus*, Steuern im Insolvenzverfahren, S. 11.

342 *Frotscher*, Besteuerung bei Insolvenz, S. 20; *Loose*, in: Tipke/Kruse, AO, § 251, Rz. 5 f.; *Uhländer*, in: Waza/Uhländer/Schmittmann, Insolvenzen und Steuern, Rz. 464 ff. Ähnlich *Häsemeyer*, Insolvenzrecht, Rz. 1.10, nach dem über die haftungsrechtliche Berücksichtigung und die Zuweisung der Steuerlast an die Verfahrensbeteiligten das Insolvenzrecht entscheidet. Von einer „Koexistenz der beiden Rechtsgebiete, ohne dass eines von beiden zu bevorzugen ist" spricht *Jasse*, Umsatzsteuer in der Insolvenz, S. 12. Die Semantik ist in Anbetracht der auftretenden Kollisionen fragwürdig.

343 Auf diese Weise werden die beiden Auslegungstendenzen zu § 38 InsO beschrieben, die einmal eher insolvenzrechtlich und einmal eher steuerrechtlich geprägt sind.

344 *Frotscher*, in: DStJG 13 (1990), S. 213, 216.

die „Grundnorm des Insolvenzsteuerrechts"[345] aufzuladen; der Gesetzgeber hat der Vorschrift nicht mehr Regelungsreichweite einräumen wollen, als dies bereits der GrS des RFH getan hat. In Anbetracht dessen kann die von *K. Schmidt* formulierte Frage, ob das „Umsatzsteuerrecht unter der Herrschaft des Insolvenzrechts"[346] steht, mit „Ja, sofern es sich um eine Kollision von formellem Steuerrecht mit Insolvenzrecht handelt" beantwortet werden[347].

F) Verfassungsrechtliche Grundwertungen eines Umsatzsteuerinsolvenzrechts

I. Rechtsstellung der beteiligten Akteure

Mit dem Eintritt in das Insolvenzverfahren werden die an ihm beteiligten Akteure (Fiskus, Insolvenz- und Massegläubiger, Aus- und Absonderungsberechtigte und Insolvenzschuldner) in ein mehrpoliges Rechtsverhältnis zueinander gesetzt, das das *bis dato* bestehende Bündel aus Rechten und Pflichten und den wirtschaftlichen Gehalt von Vermögenswerten teils erheblich modifiziert. Der einfache Gesetzgeber hat in Ansehung der tatsächlichen Notwendigkeit mit der Insolvenzordnung einen Normenkomplex geschaffen, der die wirtschaftliche Impotenz von Rechtsubjekten im Rahmen eines geordneten Verfahrens zu regeln sucht. Grundductus der InsO ist die Beschneidung der Einzel(zwangs)vollstreckung mit dem Übergang zu einer Gesamtvollstreckung und dem Ziel einer gleichmäßigen Gläubigerbefriedigung. Die von Verfassungs wegen zu einem gleichmäßigen Steuervollzug angehaltenen Steuerbehörden sehen sich mit der Eröffnung des Insolvenzverfahrens einer Steuerverfolgungsschranke gegenüber. Fortan können sie beim Vorliegen von Insolvenzforderungen nicht mehr auf alle Elemente des ihnen von der Abgabenordnung zur Verfügung gestellten Instrumentariums zurückgreifen, um ihrem verfassungsrechtlichem Auftrag eines effektiven Steuervollzugs nachzukommen. Wie der Steuergläubiger in seiner aus Art. 3 Abs. 1 GG i.V.m. 20 Abs. 3 GG verbrieften Rechtsanwendungsgleichheit werden daneben auch die privaten Insolvenzgläubiger in ihrem Recht beschränkt, ihre Insolvenzforderung *eigenständig* zu verfolgen. Die vom Schutzbereich der Eigentumsgarantie (Art. 14 Abs. 1 GG) erfasste schuldrechtliche Forderung des privaten Gläubigers kann nicht länger autonom durchgesetzt werden. In Verbindung mit dem aus dem Rechtsstaatsprinzip folgenden staatlichen Gewaltmonopol bzw. dem Selbsthilfeverbot folgt aus der Eigentumsgarantie zugleich die verfassungsrechtliche Notwendigkeit der Gewährung effektiven

345 *Hölzle*, BB 2012, 1571, 1575.

346 *K. Schmidt*, in: FS Kruse, S. 671, 673.

347 So im Ergebnis auch *Krumm*, Steuervollzug und formelle Insolvenz, 72 f.; *Reiß*, in: GS Blomeyer, S. 427, 428. A.A. inzidenter *Rüsken*, ZIP 2007, 2053, 2055; *ders.*, NZI 2006, 330, 332, der aus dem Grundsatz Rückschlüsse für die Auslegung von § 38 InsO zieht.

Rechtsschutzes in Form der Institution eines geordneten Vollstreckungsverfahrens[348]. Ein solches bietet das Insolvenzverfahren, das insofern eine zulässige Inhalts- und Schrankenbestimmung i.S.d. Art. 14 Abs. 2 S. 2 GG bildet. Der Gesetzgeber ist mit der Kodifizierung der Insolvenzordnung seiner Schutzpflicht nachgekommen, die als ein Konglomerat von privatrechtlichen Normen zumeist Interessenkollisionen zwischen Privaten zum Gegenstand hat[349]. Der von Art. 14 Abs. 1 GG verbürgte Schutz der Forderung verwandelt sich in der Insolvenz verfassungskonform in den Schutz einer *Realisierungschance*. Ebenfalls in den Schutzbereich der Eigentumsgarantie fallen die Sachen und Rechte der Gläubiger, die das einfache Recht ihrer Eigenart nach gegenüber den Insolvenzforderungen vorrangig behandelt. Hierzu zählen die Rechtspositionen der Massegläubiger (§§ 53 ff. InsO) und der Aus- und Absonderungsberechtigten (§§ 47 ff. InsO). Der Steuergläubiger ist ebenso fähig, Rechtspositionen dieser Art zu begründen. Die vom Insolvenzverfahren intendierte Gläubigergleichbehandlung geht zwingenderweise auch einher mit einer Vielzahl von Eingriffen in die grundrechtlich geschützte Position des Insolvenzschuldners (Art. 12, 14 GG), der exemplarisch mit der Eröffnung des Insolvenzverfahrens nicht nur die Verwaltungs- und Verfügungsbefugnis verliert, sondern auch ohne die Möglichkeit der Gegenwehr etwaige Verwertungshandlungen hinnehmen muss[350].

Mit dem Eintritt des Steuergläubigers in die Verlustgemeinschaft der übrigen Gläubiger[351] befindet er sich mit ihnen *ipso iure* auf einer vom Insolvenzrecht geprägten Ebene der Gleichordnung[352]. Das bislang bestehende Über-/Unterordnungsverhältnis zwischen Steuergläubiger und Insolvenzschuldner ist für die Dauer des Insolvenzverfahrens zumindest insoweit suspendiert, als es um die Verfolgung von Insolvenzforderungen geht. Die Finanzbehörde kann nicht länger von typisch hoheitlichen Maßnahmen Gebrauch machen, um das materielle Steuerrecht durchzusetzen. Mit der derart vom Insolvenzrecht geschaffenen Gleichheit von öffentlich-rechtlichen und privaten Gläubiger verknüpft ist die Maßgabe, ein Verfahren zur Herstellung praktischer Konkordanz zu schaffen, das die betroffenen Rechtsgüter bestmöglich gegeneinander abwägt, ohne dass eines von ihnen vollständig ausfällt[353]. In diese Abwägung einzustellen ist das bereits genannte Gebot der Rechtsanwendungsgleichheit und die Eigentumsgarantie der übrigen Insolvenzgläubiger. Das Gebot der Rechtsanwendungsgleichheit ist das Pendant des nichtgrundrechtsberechtigten Fiskus zu den grundrechtsberechtigen

---

348 *Bauer*, Ungleichbehandlung der Gläubiger im geltenden Insolvenzrecht, S. 72 ff.

349 *Lepa*, Insolvenzordnung und Verfassungsrecht, S. 59.

350 Vgl. hierzu *Adam*, DZWiR 2009, 441.

351 *Seer*, FR 2014, 721, 722. Schon die Motive der Konkursordnung führten auf, dass die Gläubiger kraft Gesetzes in eine rechtliche Gemeinschaft (*communio incidens*) eintreten, s. Motive, S. 18, abgedruckt bei *Hahn*, Die gesamten Materialien zur Konkursordnung, 1881, S. 47.

352 A.A. wohl *Werres*, Grundrechtsschutz in der Insolvenz, S. 66, der dies nur für Grundrechtsberechtigte annimmt.

353 *Seer*, FR 2014, 721, 722.

Insolvenzgläubigern. Diesem Anspruch ist die Insolvenzordnung nachgekommen. Da sich aus dem Grundgesetz kein generelles, steuerartenübergreifendes Gebot zur Einführung eines Fiskusprivilegs entnehmen lässt, war es dem Gestaltungsspielraum des einfachen Gesetzgebers überlassen, den Steuergläubiger privaten Gläubigern gegenüber grundsätzlich gleich zu behandeln. Etwas anderes folgt auch nicht daraus, dass der Fiskus als „Treuhänder der Solidargemeinschaft der Steuerzahler" agiert[354]. Solange er im Vergleich zu privaten Gläubigern weder bevor-, noch benachteiligt wird, ist die InsO grundsätzlich eine den verfassungsrechtlichen Vorgaben genügende Rahmenordnung.

II. Umsatzsteuerrechtliche Vollzugsbelastungsgleichheit im Spannungsverhältnis der insolvenzrechtlichen Verlustgemeinschaft

Fraglich ist aber, ob dieser Befund auch gehalten werden kann, wenn Gegenstand der Prüfung allein die Erhebung von Umsatzsteuer im Insolvenzfall ist. Möglicherweise folgt diesbezüglich aus einer umsatzsteuerrechtlichen Vollzugsbelastungsgleichheit ein an den Gesetzgeber gerichtetes Gebot, die Umsatzsteuer im Insolvenzfall stets einer aufkommenswirksamen Realisation zuzuführen, wollte er nicht die verfassungsrechtliche Unzulänglichkeit der Umsatzsteuererhebung in der Insolvenz insgesamt in Kauf nehmen. Ein solches könnte seinen Ursprung in den Grundsätzen eines strukturellen Vollzugsdefizits haben, das im Normgefüge des Umsatzsteuerinsolvenzrechts angelegt sein könnte.

1. Maßstabsbildung im Falle der Insolvenz

a) Gesetzliche Ausgangslage

Art. 3 Abs. 1 GG i.V.m. 20 Abs. 3 GG beinhaltet das an die Exekutive gerichtete Gebot der Rechtsanwendungsgleichheit. Daneben ist Adressat der Regelung auch der parlamentarische Gesetzgeber. Der allgemeine Gleichheitssatz gibt ihm auf, wesentlich Gleiches gleich und wesentlich Ungleiches ungleich zu behandeln. Abhängig von Regelungsgegenstand und Differenzierungsmerkmalen ergeben sich unterschiedliche Grenzen für den Gesetzgeber, die vom bloßen Willkürverbot bis zu einer strengeren Bindung an Verhältnismäßigkeitserfordernisse reichen. Diese Grenzen sind unter Berücksichtigung des dem demokratisch legitimierten Gesetzgeber zustehenden, grundsätzlich weiten Beurteilungsspielraums zu bestimmen. Eine Verletzung von Art. 3 Abs. 1 GG liegt vor, wenn eine Gruppe von Normadressaten oder Normbetroffenen im Vergleich zu einer anderen Gruppe unterschiedlich behandelt wird, obwohl zwischen beiden Gruppen keine Unterschiede von solcher Art und solchem Gewicht bestehen, dass sie die unterschiedliche Behandlung

354 *Seer*, FR 2014, 721, 722.

rechtfertigen können[355]. Das daraus folgende Gebot der Rechtssetzungsgleichheit wird vom Bundesverfassungsgericht für den Bereich des Steuerrechts wie folgt weiter präzisiert: „Die grundsätzliche Freiheit des Gesetzgebers, diejenigen Sachverhalte zu bestimmen, an die das Gesetz dieselben Rechtsfolgen knüpft und die es so als rechtlich gleich qualifiziert, wird vor allem durch zwei eng miteinander verbundene Leitlinien begrenzt: durch das Gebot der Ausrichtung der Steuerlast am Prinzip der finanziellen Leistungsfähigkeit und durch das Gebot der Folgerichtigkeit."[356] Der Gesetzgeber hat die einmal getroffene Belastungsentscheidung also folgerichtig im Sinne der Belastungsgleichheit umzusetzen[357]. Abweichungen hiervon müssen sich ihrerseits am Gleichheitssatz messen lassen[358].

Bis hierher unterliegen die legislativen Grundlagen der Umsatzbesteuerung im Insolvenzfall bei einer insofern „isolierten" Betrachtung dieser Maßstäbe keinen verfassungsrechtlichen Bedenken. Das materielle Umsatzsteuerrecht unterscheidet nicht danach, ob der leistende oder der eine Leistung empfangende Unternehmer formell und/oder materiell insolvent ist[359]. Insofern liegt aus der Sicht des Steuerrechts eine Differenzierung zwischen dem Vergleichspaar „solventer" und „insolventer" Unternehmer nicht vor. Ebenso ist zu entscheiden, wenn man die InsO als dem Umsatzsteuerrecht hinzutretendes Verfahrensrecht in der Gesamtvollstreckung mit in die Betrachtung einbezieht. Auch diesbezüglich ergibt sich mangels vorgenommener Differenzierung keine im Rahmen der Rechtssetzungsgleichheit relevante Ungleichbehandlung. Denn bevor es zu einer Entscheidung über die Wertigkeit des Steueranspruchs in der Insolvenz kommt, bedarf es dessen Vollzuges nach den geltenden Regelungen der Insolvenzordnung.

b) Der Vollzug des Umsatzsteuerinsolvenzrechts

Eben für einen Fall des Steuervollzuges – außerhalb der InsO – ist das BVerfG in seinem *Zins-* und seinem *Spekulationssteuerurteil* noch einen Schritt weitergegangen. In erstgenanntem Judikat heißt es: „Die Besteuerungsgleichheit hat mithin als ihre Komponenten die Gleichheit der normativen Steuerpflicht ebenso wie die Gleichheit bei deren Durchsetzung in der Steuererhebung. Daraus folgt, dass das materielle Steuergesetz in ein normatives Umfeld eingebettet sein muss, welches

---

355 Statt vieler nur BVerfG, Beschl. v. 7.5.2013, 2 BvR 909/06 u. a., BVerfGE 133, 377, 408, Rz. 76 m.w.N.

356 St. Rspr., statt vieler nur BVerfG v. 20.3.2013, 1 BvR 3063/10, UR 2013, 468, 470, Rz. 23, speziell für die Umsatzsteuer.

357 St. Rspr., statt vieler nur BVerfG, Urt. v. 9.12.2008, 2 BvL 1/07, BVerfGE 122, 210, 233. Vgl. hierzu auch den insgesamt lesenswerten Beitrag zu „legislativem Gehorsam" von *Schaumburg/Schaumburg*, in: FS Spindler, S. 171, 175.

358 St. Rspr., statt vieler nur BVerfG, Urt. v. 5.11.2014, 1 BvF 3/11, juris, Rz. 41.

359 Eine Steuerbefreiung für Umsätze in der Insolvenz, wie in der Vergangenheit in der Literatur diskutiert, kennt das UStG nicht, vgl. oben unter Erstes Kapitel A) IV.2. (Fußnote 101).

die Gleichheit der Belastung auch hinsichtlich des tatsächlichen Erfolgs prinzipiell gewährleistet“[360]. Es genügt also nicht den verfassungsrechtlichen Anforderungen, bloß das materielle Recht gleichheitskonform auszugestalten, sondern auch dessen gleichmäßige Vollziehung muss durch die Flankierung mittels verfahrensrechtlicher Normen sichergestellt sein. Es widerspricht dem Gebot tatsächlich gleicher Steuerbelastung, wenn der Besteuerungsanspruch weitgehend nicht durchgesetzt werden kann[361]. Um einen gleichheitswidrigen Rechtsvollzug in eine gleichheitswidrige Rechtssetzung durschlagen zu lassen, verlangt das BVerfG nach einem Zurechnungskriterium. Es judiziert insoweit, dass dem Gesetzgeber eine im Erhebungsverfahren angelegte Ungleichheit im Belastungserfolg zuzurechnen sei, wenn sie ihre Ursache in den gesetzlichen Regelungen hat. Dem Gesetzgeber müsse sich die Erkenntnis aufdrängen, dass das von Verfassungs wegen vorgegebene Ziel der Gleichheit im Belastungserfolg prinzipiell nicht zu erreichen ist[362]. Damit verbundenen ist die Maßgabe, ein normatives Umfeld zu schaffen, in dem der intendierte Belastungsgrund folgerichtig im Sinne einer Belastungsgleichheit umzusetzen ist[363].

Geht man treffend davon aus, dass der vom Umsatzsteuergesetz intendierte Belastungsgrund der konsumtive Letztverbrauch ist[364], so ist es mit Blick auf einen möglichen Aufkommensausfall der Umsatz- bzw. Vorsteuer in der Insolvenz des leistenden bzw. leistungsempfangenden Unternehmers[365], der von der aktuellen Rechtslage gebilligt und wegen der relativ hohen Zahl von Unternehmensinsolvenzen[366] auch häufig virulent wird und damit von prinzipieller Natur ist, zumindest fraglich, ob hier ein dem Gesetzgeber zurechenbares Vollzugsdefizit vorliegt. Denn mit der Entgeltzahlung des Leistungsempfängers ist der besteuerungswürdige Tatbestand erfüllt, aber nicht sichergestellt, dass der darin enthaltene Umsatzsteueranteil auch an den Fiskus weitergeleitet wird. Korrespondierend hierzu stellt sich die Lage hinsichtlich zu Unrecht ausgekehrter Vorsteuer dar. Die sich auf dieser Grundlage ergebende Ausgangssituation unterscheidet sich aber von den Tatbeständen der beiden oben genannten Judikate des BVerfG; in der Insolvenz ist nicht die rechtstatsächliche Schwierigkeit der Ermittlung von Besteuerungsgrundlagen der für ein etwaiges Vollzugsdefizit ausschlaggebende Umstand. Denn trotz Kenntnis der Besteuerungsgrundlagen führt die normative Ausgangslage im Umsatzsteuerinsolvenzrecht dazu, dass der Fiskus das ihm materiell zustehende Umsatzsteueraufkommen

360 BVerfG, Urt. v. 27.6.1991, 2 BvR 1493/89, BVerfGE 84, 239, Ls. 1.

361 BVerfG, Urt. v. 9.3.2004, 2 BvL 17/02, BVerfGE 110, 94, 112 f., Rz. 64. Generell kritisch zu der Rechtsfolge eines Gleichheitsverstoßes bei strukturellen Vollzugsdefiziten *Meyer*, DÖV 2005, 551 ff., 557 m.w.N.

362 BVerfG, Urt. v. 27.6.1991, 2 BvR 1493/89, BVerfGE 84, 239, 272, Rz. 111.

363 *Winterhoff*, Steuerverfahrensrecht und tatsächliche Belastungsgleichheit, S. 144 f.

364 Hierzu oben unter Erstes Kapitel D)II.

365 Wann, in welcher Höhe und weswegen Umsatzsteuerausfälle vorkommen können, ist oben unter Erstes Kapitel C) dargestellt.

366 S. dazu oben unter Erstes Kapitel C) (Fußnote 201).

nicht erheben kann, ihm also durch die Insolvenzordnung die vollständige Befriedigung seiner Umsatzsteueransprüche versagt ist.

In der vorstehend wiedergegebenen Judikatur des BVerfG war also nicht die mangelnde Durchsetzung im Sinne einer kassenmäßigen Erhebung fraglich, sondern allein die mangelnde Verifikationsmöglichkeit der Finanzbehörden in typisiertem Umfang[367]. Dies hat letztlich zu der Annahme eines strukturellen Vollzugsdefizits mit dem Ergebnis einer Verletzung des allgemeinen Gleichheitssatzes geführt. Um die Rechtsprechung für die an dieser Stelle relevante Frage fruchtbar zu machen, müsste unter das so verstandene Vollzugsdefizit auch ein Defizit in der aufkommenswirksamen Realisierung von Umsatzsteuer zu subsumieren sein, um die verfassungsrelevante (Un-)Gleichheit im Belastungserfolg ableiten zu können.

2. *Gleichsetzung von mangelnder Verifikation mit mangelnder Aufkommensrealisation*

Die vom BVerfG statuierte Doktrin des strukturellen Vollzugsdefizits ist auf der Grundlage des Einkommensteuerrechts begründet und fortentwickelt worden. Soweit ersichtlich hat sich das Gericht vor diesem Hintergrund erst einmal mit der Umsatzsteuer befasst[368] und dort die Maßstäbe seiner höheren Definitionsebenen übernommen. Dort ging es im Ergebnis wie in den zur Einkommensteuer entschiedenen Fällen darum, ob es den Finanzbehörden tatsächlich möglich ist, alle besteuerungswürdigen Sachverhalte zu ermitteln. Die endgültige Realisierung von Umsatzsteuer war auch dort nicht fraglich; umsatzsteuersystematische Aspekte wurden in dem Nichtannahmebeschluss nicht thematisiert. Im Raum stand schlicht die Frage, ob die Aufdeckung aller umsatzsteuerpflichtigen Sachverhalte mit den Instrumentarien der Finanz- und übrigen Landesbehörden möglich ist[369]. Insofern ist ein gedanklicher Zwischenschritt erforderlich, der der Frage nachgeht, ob Grund für ein mögliches strukturelles Vollzugsdefizit nicht nur die mangelnde Ermittlungsmöglichkeit, sondern auch eine mangelnde Aufkommensrealisation sein kann.

In der das strukturelle Vollzugsdefizit prägenden Judikatur des BVerfG folgt die Gleichheitswidrigkeit der einkommensteuerrechtlichen Norm aus der Gleichheitswidrigkeit ihres Vollzuges, die wiederum aus den bereits genannten Gründen resultiert. Dabei war und ist es ein steuerrechtlicher Automatismus, dass aus dem Bekanntwerden von Besteuerungsgrundlagen nach deren Festsetzung und ggf. anderer steuerverfahrensrechtlicher Zwischenschritte regelmäßig auch deren aufkommenswirksame Erhebung folgt. Im Einkommensteuerrecht ist der

367 Zur Reziprozität zwischen Norm und Vollzug auch *Seer*, in: Tipke/Kruse, AO, Vor §§ 85–107, Rz. 9 ff., der eine Aufstellung von im Gesetz angelegten Vollzugsdefiziten gibt.

368 BVerfG, Nichtannahmebeschluss v. 29.8.2006, 1 BvR 1673/06, UR 2007, 464 ff.

369 In der Sache ging es um die Erteilung einer Bescheinigung nach § 4 Nr. 20 a) S. 2 UStG, die für die Beschwerdeführerin erteilt wurde, die wiederum infolgedessen keinen Vorsteuerabzug mehr geltend machen konnte.

systematisch intendierte Steuerträger personenidentisch mit dem vom Gesetz bestimmten Steuerschuldner. Wenn das BVerfG im Zusammenhang mit einem etwaigen Vollzugsdefizit von „Gleichheit im Belastungserfolg" spricht, so vergleicht es dabei die Belastung der wirtschaftlichen Leistungsfähigkeit „Einkommenserzielung" derjenigen, deren Besteuerungsgrundlagen bekannt sind mit denjenigen, deren Besteuerungsgrundlagen unbekannt sind. Die endgültige Belastung der Leistungsfähigkeit des Steuerbürgers drückt sich aber erst in der Steuerzahlung, also dem Abfluss an Liquidität aus. Der Liquiditätsabfluss auf der Seite des Steuerbürgers ist dabei der Liquiditätszufluss auf der Seite des Fiskus – es sind zwei Seiten derselben Medaille. Eine Gleichheit im Belastungserfolg führt also gleichzeitig zu dessen Kehrseite, nämlich der aufkommenswirksamen Erhebung der aus ebendieser Belastung resultierenden Steuerbeträge. Angesichts dieser Schlussfolgerung kann nichts anderes gelten, wenn auch bei Kenntnis oder – negativ formuliert – trotz mangelnder Ermittlungsschwierigkeiten der Besteuerungsgrundlagen die Realisierung von Steueraufkommen nicht möglich ist.

Es spricht nichts dagegen, dieses Zwischenergebnis für die Umsatzsteuer festzuhalten. Damit gilt auch für sie, dass Ursache eines strukturellen Vollzugsdefizits auch die mangelnde aufkommenswirksame Erhebung sein kann. Das ergibt sich zwar nicht *expressis verbis* aus dem bereits erwähnten Nichtannahmebeschluss des BVerfG[370], folgt aber aus einer Zusammenschau mit der Rechtsprechung des BFH. Die Prüfung von Vollzugsdefiziten wurde dort mehrere Male in den Kontext zur Sicherstellung[371] oder Zahlung[372] und damit zur Realisierung der Umsatzsteuer gesetzt. Bis hierher zeigt sich also, dass die im normativen Recht angelegte, mangelnde aufkommenswirksame Realisierung von Umsatzsteuer ebenso wie die im normativen Recht angelegte mangelnde Möglichkeit zur Feststellung von Besteuerungsgrundlagen zu einem auf die materielle Steuernorm zurückwirkenden strukturellen Vollzugsdefizit führen kann.

3. Intensität der Belastungsungleichheit bei Insolvenz im Umsatzsteuerrecht

Haben wir nun gesehen, dass die Nichtrealisierung von Steuern aus der Perspektive des Fiskus zu einem strukturellen Vollzugsdefizit führen kann, folgt die Belastungsprobe am systematischen Vergleich der Einkommen- mit der Umsatzsteuer. Während im Einkommensteuerrecht der vom Gesetz vorgegebene Steuerschuldner zugleich intendierter Steuerträger ist, fällt dieses Personenpaar bei der Umsatzsteuer

370 V. 29.8.2006, 2006, 1 BvR 1673/06, UR 2007, 464 ff.

371 BFH, Urt. v. 16.1.2014, V R 26/13, BStBl. II 2014, 350, 351, Rz. 24: Vollzugsdefizite sind wegen einer Umkehr der Steuerschuldnerschaft nicht zu befürchten; BFH, Beschl. v. 29.10.2003, V B 45/03, BFH/NV 2004, 540: Keine Gefahr eines Vollzugsdefizits, sofern das Umsatzsteueraufkommen durch Gesetz zur Bekämpfung von Steuerverkürzung sichergestellt ist.

372 BFH, Beschl. v. 19.10.2009, XI B 60/09, BFH/NV 2010, 58, Rz. 23: „Zahlung".

auseinander. Fällt der Einkommensteuerschuldner in die Insolvenz, so kommt es zur Kollusion zwischen dem Besteuerungsgut „wirtschaftliche Leistungsfähigkeit durch Einkommenserzielung“ und Grund der Nichtdurchsetzbarkeit „Insolvenz“. Es ließe sich auch formulieren, dass Gewinn- und Verlustrisiko in einem Steuersubjekt zur Deckung gebracht werden. Bei der Umsatzsteuer ist dies gerade nicht der Fall. Das Besteuerungsgut „wirtschaftliche Leistungsfähigkeit durch Einkommensverwendung“ und Grund der Nichtdurchsetzbarkeit „Insolvenz“ liegen in zwei unterschiedlichen Personen begründet. Sie bilden mit dem Fiskus gemeinsam ein Drei-Personen-Verhältnis. Das im vom Unternehmer vereinnahmten Entgelt enthaltene Besteuerungsgut „Umsatzsteuer“ ist einzig wegen der vom Gesetzgeber gewählten Erhebungstechnik dem Risiko der Nichtrealisierung infolge Insolvenz des Unternehmers ausgesetzt. Wenn den Einkommensteuerschuldner die verschuldete oder unverschuldete Insolvenz erfasst, kann der Steuergläubiger die *von ihm* infolge *seiner* Leistungsfähigkeit begründeten einkommensteuerlichen Besteuerungsgrundlagen womöglich nicht realisieren. Wenn aber den Umsatzsteuerschuldner das gleiche Schicksal trifft, kann der Steuergläubiger die von ihm begründeten Besteuerungsgrundlagen nicht realisieren, die infolge der Leistungsfähigkeit (vieler) *anderer* Verbrauchsteuersubjekte begründet wurden. Die Maßgabe einer Gleichheit im Belastungserfolg ist damit für die Umsatzsteuer ungleich derjenigen zur Einkommensteuer. Solange man steuerrechtlich argumentiert, muss Quell des Vortrags immer die Frage nach dem *der Steuersystematik innewohnenden* Belastungsgrund sein. Wie dieser bei der Umsatzsteuer ausgestaltet ist, wurde bereits dargelegt[373]. Der vom Gesetz intendierte Belastungserfolg kann indes in der Unternehmerinsolvenz nicht vollzogen werden. Damit kann der Staat nicht auf durch Einkommens*verwendung* erfüllte Belastungserfolge zugreifen. Die technische Ausgestaltung der Steuererhebung ist damit nur das nötige Durchgangsstadium, um das eigentliche Ziel des materiellen Steuergesetzes zu gewährleisten.

Ein weiteres Argument ergibt sich aus einer Rechtsfolgenbetrachtung: Verschafft man dem Gebot zum Vollzug der Umsatzsteuer in der Insolvenz keine Geltung, so verbleiben in bestimmten Fallkonstellationen Umsatz- bzw. Vorsteuerbeträge in der Insolvenzmasse, die dem Insolvenzschuldner materiell nicht zustehen[374]. Der Umsatzsteuer kommt insofern ein allein die Masse stärkender Charakter zu, woraus folgt, dass die übrigen Insolvenzgläubiger an den entsprechenden Umsatzsteuerbeträgen partizipieren und sie nicht – wie es der Zweck der Umsatzsteuer gebietet – der Solidargemeinschaft der Steuerzahler und damit dem Gemeinwohl dienen können. Man muss sich aber vergegenwärtigen, dass der Umsatzsteuertatbestand

373 S. hierzu oben unter Erstes Kapitel D)II.

374 In diesem Sinne auch *Eckert*, UVR 2001, 273, 279, im Kontext von § 17 Abs. 2 Nr. 1 UStG bei tatsächlicher Uneinbringlichkeit: „Es kann nicht systemgerecht sein, dass ein in die Masse fließendes Mehrwertsteueraufkommen nicht dem Steuergläubiger, sondern vorwiegend den anderen Gläubigern bzw. dem Insolvenzverwalter zugute kommt […].“

nur deswegen erfüllt wurde, weil ihn das (europäische) Volk vermittelt über die Legitimationsketten zu den einzelnen Rechtssetzungsorganen legislativ geschaffen hat. Tritt nun der intendierte Belastungsgrund ein, so scheint es nur folgerichtig, dass der Erlös dessen auch wiederum der Solidargemeinschaft der Steuerzahler zufließt. Der Staat hat sich insofern als Treuhänder der Gemeinwohlinteressen schützend vor seine Bürger in der Gesamtheit zu stellen. Eine (auch nur mittelbare) Bevorteilung von Gläubigern der Insolvenzmasse verkennt den Zweck der Umsatzsteuer. Mit Blick auf die nachfolgende Rechtfertigung sind diese zwischen den einzelnen Steuerarten bestehenden Unterschiede zu berücksichtigen.

4. *Rechtfertigung eines Defizits im Umsatzsteuervollzug*

Ist ein auf normativer Ineffektivität basierendes und damit strukturelles Vollzugsdefizit der Umsatzsteuer in der Insolvenz damit nachgewiesen, folgt daraus allein noch nicht die Verfassungswidrigkeit der geltenden Rechtslage. Das Konstrukt des strukturellen Vollzugsdefizits ist auf Art. 3 Abs. 1 GG begründet und damit – wie jede andere festgestellte rechtlich relevante Ungleichbehandlung – der verfassungsrechtlichen Rechtfertigung zugänglich. Der Prüfungsmaßstab kann sich dabei von einer reinen Willkürprüfung bis hin zu einer Angemessenheitsprüfung nach der sog. neuen Formel verdichten. Besondere Anforderungen an die verfassungsrechtliche Rechtfertigung bei Vorliegen eines strukturellen Vollzugsdefizits hat das BVerfG in seinen Grundsatzurteilen nicht aufgestellt. Wegen seiner Ableitung aus dem allgemeinen Gleichheitssatz müssen aber auch hier die gewohnten Rechtfertigungskriterien gelten. Denn eine Ableitung kann nicht rechtfertigungsresistenter sein, als es deren ursprünglicher Rechtssatz ist. Dem Gesetzgeber kommt bei seiner Entscheidung zur Ungleichbehandlung i.S.d. Art. 3 Abs. 1 GG grundsätzlich ein weiter Beurteilungsspielraum zu, der je nach Art und Intensität der Ungleichbehandlung einer abgestuften Kontrolldichte unterliegt. Das BVerfG hat insofern die Funktion, dem Gesetzgeber die Grenzen des von Art. 3 Abs. 1 GG vorgegebenen Vertretbarkeitskorridors aufzuzeigen. Dabei kommt der konsequenten Anwendung des Folgerichtigkeitsgrundsatzes im Steuerrecht generell besondere Bedeutung zu[375].

Davon ausgehend muss die folgerichtige Umsetzung der Umsatzbesteuerung – also der grundsätzlich gebotenen, in voller Höhe aufkommenswirksamen Realisierung derselben, s.o. – mit den dagegenstehenden Rechten Dritter abgewogen werden. Zu dieser Personengruppe gehören die grundrechtsberechtigten (übrigen) Insolvenzgläubiger, deren von der Insolvenz erfasste Forderungen dem Schutz des Art. 14 Abs. 1 GG unterliegen. Sobald die Beeinträchtigung von Freiheitsgrundrechten in Rede steht, verdichtet sich der Prüfungsmaßstab hin zu einer Prüfung

375 S. hierzu zusammenfassend *Hey*, DStR 2009, 2561 ff., sowie jüngst auch *dies.*, StuW 2015, 3, 9 f. Bzgl. des Vollzugsdefizits hat das BVerfG dem Folgerichtigkeitsgebot ebenso Bedeutung beigemessen und es *de facto* auf eine Stufe mit dem Belastungserfolg gestellt, BVerfG, Urt. v. 27.6.1991, 2 BvR 1493/89, BVerfGE 84, 239, 271, Rz. 108, 118.

anhand von Verhältnismäßigkeitskriterien nach der neuen Formel[376]. Die freiheitsrechtliche Beeinträchtigung der übrigen Insolvenzgläubiger geht zugleich einher mit der Herstellung einer wiederum Art. 3 Abs. 1 GG konformen Gleichstellung aller von der Insolvenz betroffenen. Sobald das Gesetz Differenzierungen unter denjenigen vornimmt, deren Rechte aus Art. 14 Abs. 1 GG beschränkt werden, müssten diese Ungleichbehandlungen ihrerseits wieder am Maßstab des jeweiligen Differenzierungsziels gerechtfertigt werden[377]. Ohne die Inkaufnahme einer Beeinträchtigung von Art. 14 Abs. 1 GG wäre wegen der naturgemäßen Knappheit von Vermögenswerten in der Insolvenz eine gleichmäßige Befriedigung nicht möglich. Andernfalls wäre das Weniger an Eigentumsbeeinträchtigung des Einen, zugleich das Mehr an Eigentumsbeeinträchtigung des Anderen. Die dahinterstehende insolvenzrechtliche Systemkonsequenz[378] ist ebenso wie die steuerrechtliche Belastungskonsequenz gleichermaßen von Art. 3 Abs. 1 GG geboten. Der Gesetzgeber vermag aber nur eines der beiden Gleichheitspostulate ohne Einschränkung des jeweils anderen zu erfüllen[379].

Steht also, wie gezeigt, die umsatzsteuerliche gleichheitssatzbedingte Systemkonsequenz im Belastungserfolg der insolvenzrechtlichen gleichheitssatz- und freiheitsrechtsbedingten Systemkonsequenz gegenüber, müssen diese beiden Maßgaben gegeneinander abgewogen werden. Dabei ist die verfassungsrechtliche Prüfung von gesetzgeberischen Entscheidungen auf eine Vertretbarkeitskontrolle beschränkt. Es ist mithin nicht adäquat, eine Regelung als gleichheitswidrig zu qualifizieren, weil sie nicht die – subjektiv – *gleicheste* und damit *gerechteste* Auflösung eines Prinzipienwiderspruchs darstellt.

Die mit dem Eintritt der formellen Insolvenz einhergehenden Einschnitte in die Rechtsstellung des Steuergläubigers und die daraus resultierenden

---

376 BVerfG, Beschl. v. 4.12.2002, 2 BvR 400/98 u.a., BVerfGE 107, 27, 45 f., Rz. 50; für das Steuerrecht s. *Hey*, DStR 2009, 2561, 2567.

377 A.A. *Bauer*, Ungleichbehandlung der Gläubiger im geltenden Insolvenzrecht, S. 67: „Somit ist der Grundsatz der Gleichbehandlung der Gläubiger im Insolvenzverfahren nicht im Wesentlichen aus dem allgemeinen Gleichheitssatz des Art. 3 GG [...] zu entnehmen und inhaltlich zu definieren." *Bauer* sieht ihn allein in Art. 14 Abs. 1 GG i.V.m. dem Gebot des effektiven Rechtsschutzes fundiert, s. ebd., S. 72.

378 *Adam*, DZWiR 2009, 441, 442 f., spricht davon, dass keine unverhältnismäßigen Einschränkungen *anderer* Insolvenzgläubiger nach Art. 3 Abs. 1 GG i.V.m. Art. 14 GG stattfinden dürfen. Insofern geht wohl auch er davon aus, dass die InsO hinsichtlich der eingeschränkten Gläubigerrechte ein Art. 3 Abs. 1 GG konformes System aufstellt. Jedenfalls nicht gegenteilig kann *Nachtmann*, Das Fiskusvorrecht im deutschen Insolvenzrecht, S. 61, interpretiert werden. Sie ist der Auffassung, dass der Gläubigergleichbehandlungsgrundsatz eine besondere Ausprägung von Art. 3 Abs. 1 GG ist. Mehr zu der Herleitung desselben im nachfolgenden Abschnitt unter Zweites Kapitel F)III.

379 *Krumm*, Steuervollzug und formelle Insolvenz, S. 57, 120; ein Prinzipienwiderspruch ist nur für den unwahrscheinlichen Fall ausgeschlossen, in dem die Masse ausreicht, um alle Insolvenzgläubiger vollständig zu befriedigen.

Ungleichmäßigkeiten im Umsatzsteuervollzug sind angesichts der bis hierher gewonnenen Erkenntnisse von *legitimer Zielsetzung* geprägt und ferner auch dazu *geeignet*, die Ziele des Insolvenzrechts zu verwirklichen. Sie müssten auch *erforderlich* sein, d.h. es darf kein gleichsam effektives Mittel zur Erreichung des Ziels verfügbar sein, das die Maßgabe des steuerlichen Belastungserfolgs weniger stark beschneidet. Wenn aber durch gesetzgeberische Maßnahmen dem Steuergläubiger ein vornehmlicher Zugriff auf die vom insolventen Unternehmer vereinnahmte Umsatzsteuer eingeräumt wird, folgt daraus zwangsläufig eine Schmälerung der Insolvenzmasse und damit des zur Befriedigung der übrigen Gläubiger zur Verfügung stehenden Vermögens. Der vorgegebene Parameter „Insolvenzmasse" ist *per definitionem* endlich. Abhängig von der Ausgestaltung eines derart denkbaren primären Zugriffs des Fiskus und des Volumens der Insolvenzmasse kann das letztlich sogar dazu führen, dass das Ziel der gleichmäßigen Gläubigerbefriedigung schon allein deswegen überhaupt nicht mehr erreicht werden kann, weil nichts mehr vorhanden ist, was verteilt werden könnte[380]. Infolgedessen ist dem Merkmal der Erforderlichkeit Genüge getan.

Schließlich müsste auch die *Verhältnismäßigkeit im engeren Sinne* zu bejahen sein. Die steuerliche System*in*konsequenz muss zu dem sie durchbrechenden Grund in einem angemessenen Verhältnis stehen. Die geltende Rechtslage führt – ungeachtet der neueren Rechtsprechung des V. Senats des BFH und dem Inkrafttreten von § 55 Abs. 4 InsO, zu dem später auch in verfassungsrechtlicher Hinsicht separat Stellung genommen wird – in bestimmten Fällen zu einem Ausfall von Umsatzsteuer. Ebenso kann es zu einer faktischen Nichtdurchsetzbarkeit von Vorsteuerrückforderungsansprüchen kommen. Aus der steuerrechtlichen Perspektive betrachtet folgt daraus eine Systeminkonsequenz, da der Vollzug im Sinne einer aufkommenswirksamen Erhebung nicht möglich ist. Zu Ausgangslagen dieser Art kann es freilich nicht nur im Umsatzsteuerrecht kommen. Auch im Ertragsteuerrecht kann der Steuergläubiger mit seinen Steuerforderungen ausfallen, wenn über das Vermögen des Steuerschuldners das Insolvenzverfahren eröffnet wird. Dort ist die damit einhergehende Systeminkonsequenz indes nicht so stark ausgeprägt wie im Umsatzsteuerrecht. Der formale Umsatzsteuerschuldner ist bei einer systematischen Betrachtung lediglich für Steuererhebungszwecke in die Steuerrechtsordnung implementiert. Ihn sollen die Steuerlasten aber nicht endgültig treffen. Aus dessen Insolvenz folgt also eine Potenzierung der Durchbrechung eines verfassungsrechtlich gebotenen gleichmäßigen Steuervollzugs. Im geltenden Recht ist nicht sichergestellt, dass dem umsatzsteuerrechtlichen Belastungserfolg und damit einem gleichmäßigen Umsatzsteuervollzug Rechnung getragen wird. Geht man allein von dieser Prämisse aus, so müsste die Verhältnismäßigkeit i.e.S. abgelehnt werden.

Das normativ angelegte Defizit im Umsatzsteuervollzug hat seine Ursache indes in einem ebenso verfassungsrechtlich abgesicherten Gut, nämlich den

---

380 In diesem Sinne auch ausführlich *Krumm*, Steuervollzug und formelle Insolvenz, S. 121.

Eigentumsrechten nach Art. 14 GG der übrigen Gläubiger und der damit zusammenhängenden insolvenzrechtlichen Systemkonsequenz. Den Staat trifft diesbezüglich die Pflicht, die Eigentumsrechte seiner Grundrechtsberechtigten zu schützen. Dem ist der hierfür zuständige Gesetzgeber nachgekommen, indem er mit der Insolvenzordnung einen rechtlichen Rahmen geschaffen hat, der auf die mit der Insolvenz einhergehende Knappheit von schuldnerischem Vermögen reagiert. Dabei hat er weder den Fiskus, noch die übrigen einfachen Insolvenzgläubiger oder nur einzelne Personengruppen unter ihnen mit besonderen Rechten versehen. Die Beschneidung im gleichmäßigen Steuervollzug ist das Spiegelbild zur Gleichstellung mit den übrigen Insolvenzgläubigern. Diese sind in gleicher Weise in ihren verfassungsmäßig geschützten Rechten beschnitten. Öffentlicher Hand und privaten Gläubigern kommen die gleichen Teilhaberechte in der Insolvenz zu, um ihre Forderungen bestmöglich geltend zu machen. Die Einschränkungen der steuerrechtlichen Vollzugsgleichheit korrespondieren mit der Herstellung einer insolvenzrechtlichen Befriedigungsgleichheit. Es stehen sich zwei systembildende Prinzipien gegenüber, die beide Verfassungsrang genießen.

Im geltenden Umsatzsteuerinsolvenzrecht hat die Umsatzsteuer dabei trotz ihres im Vergleich zu Ertragsteuern besonderen Charakters keine diesem Umstand Rechnung tragende Behandlung erfahren. Eine die verfassungsrechtlichen Grenzen überschreitende, mithin also außerhalb des Gestaltungsspielraums des Gesetzgebers liegende Ungleichbehandlung kann darin gleichwohl nicht gesehen werden. Er hat eine vertretbare Gleichordnung von Umsatzsteuergläubiger und den übrigen einfachen Insolvenzgläubigern vorgenommen und sich bewusst gegen eine Differenzierung von Steuerarten entschieden. Daran vermag auch der im Vergleich zu anderen Steuerarten von der Umsatzsteuer ausgehende, erhöhte Rechtfertigungsdruck nichts zu ändern. Es ist an dieser Stelle nicht entscheidend, ob der Gesetzgeber die Umsatzsteuer entgegen der grundrechtlich geschützten Rechte der am Insolvenzverfahren beteiligten Privatrechtssubjekte bevorzugen *durfte*[381], sondern er das *musste*, um die Rückwirkung einer Verfassungswidrigkeit auf die Ausgestaltung des einfachen Rechts zu verhindern. Will man aber eine Handlungsanweisung an den Gesetzgeber formulieren, so muss sich der ihm grundsätzlich zustehende Gestaltungsspielraum zur Regelung eines Sachbereichs von einer Vielzahl verfassungskonformer Regelungsmöglichkeiten auf nur eine Regelungsmöglichkeit kanalisieren. Eine solche Konkretisierung lässt sich der Gemengelage unterschiedlicher verfassungsrechtlicher Güter indes nicht entnehmen.

Infolgedessen kann an dieser Stelle festgehalten werden, dass ein strukturelles Vollzugsdefizit zwar dem Grunde nach vorliegt, jedoch wegen einer verfassungsgemäßen Rechtfertigung nicht durchzuschlagen vermag. Mithin liegt bei dem hier in Rede stehenden Normenkomplex kein Verstoß gegen Art. 3 Abs. 1 GG vor, womit sich auch kein an den Gesetzgeber gerichtetes Gebot konstruieren lässt, nach dem

381 Dazu sogleich unter Erstes Kapitel F)III.

er die Umsatzsteuer in der Insolvenz bevorzugt zu behandeln hat, um eine etwaige Verfassungswidrigkeit zu beseitigen.

III. Kein verfassungsrechtliches Verbot zur gesetzlichen Einführung einer Treuguteigenschaft der Umsatzsteuer

Wir haben bereits oben gesehen, dass sich weder aus dem nationalen einfachen Recht, noch aus dem Europarecht ein *Gebot* ergibt, die Umsatzsteuer in der Insolvenz mit einer Treuguteigenschaft zu versehen und damit insolvenzfest zu machen[382]. Zu dem gleichen Ergebnis gelangt man mit Blick auf die vorstehenden Ausführungen bezüglich des nationalen Verfassungsrechts.

Damit ist aber nicht präjudiziert, ob daraus auch ein verfassungsrechtliches Verbot an die Legislative folgt mit dem Inhalt, Umsatz- und Vorsteuerbeträgen dürfte in der Insolvenz keine Treuguteigenschaft eingeräumt werden. Wie bereits ausgeführt kommt dem parlamentarischen Gesetzgeber im Rahmen des allgemeinen Gleichheitssatzes nämlich ein weiter Beurteilungsspielraum zu. Für das Steuerrecht wurde dies vom BVerfG weiter ausgestaltet durch das Kriterium der Folgerichtigkeit, nach der eine einmal getroffene Prinzipienentscheidung konsequent umzusetzen ist. Abweichungen hiervon müssen sich ihrerseits am Gleichheitssatz messen lassen[383]. Geht man nun von der Hypothese aus, der Umsatzsteuer würde *qua Gesetz* eine Treuguteigenschaft in der Insolvenz eingeräumt werden, indiziert das die uneingeschränkte Geltung des umsatzsteuerrechtlichen Vollzugsgebotes. Eine aufkommenswirksame Realisierung der Umsatzsteuer wäre damit in jeder Phase des Insolvenzverfahrens sichergestellt. Eine solche Aufwertung der Umsatzsteuer ginge aber mit einer Abwertung der Forderungen der übrigen Insolvenzgläubiger einher. Es kommt also zu einer Vertiefung der ohnehin schon durch die Insolvenz eingetretenen Beschränkungen der Eigentumsgarantie nach Art. 14 Abs. 1 GG. Überdies wird der insolvenzrechtliche Systemgedanke tangiert, indem der vormalige Insolvenzgläubiger *Umsatzsteuerfiskus* seine Forderungen fortan ungeachtet der einer Insolvenzforderung anhaftenden Beschränkungen geltend machen kann. Insofern ist der hypothetische Gesetzgeber dazu angehalten, eine Regelung zu finden, der der Umsatzsteuer eine Treuguteigenschaft beimisst und zugleich den eben geschilderten verfassungsrechtlichen Bedenken Rechnung trägt.

Es wurde schon festgestellt, dass die Umsatzsteuer allein den konsumtiven Letztverbrauch belasten will, im Gegenteil zum Ertragsteuerrecht nicht den sie abführenden Unternehmer zu treffen beabsichtigt. Insofern liegt die Kodifikation einer Norm nahe, die die Umsatzsteuer als nicht dem Vermögen des Unternehmers zugehörig fingiert[384]. Die damit verbundenen Rechts- und Aufkommensfolgen halten

382 Zweites Kapitel D)III.

383 Jüngst BVerfG, Urt. v. 5.11.2014, 1 BvF 3/11, HFR 2014, 1111, Rz. 41 m.w.N.

384 Wie dies im Einzelnen geschehen kann, wird im vierten Kapitel dargestellt.

einer *steuer*verfassungsrechtlichen[385] Prüfung gewiss stand. Ob sie es dagegen auch von *insolvenz*verfassungsrechtlicher Warte her tun, ist fraglich und kann erst beantwortet werden, nachdem die verfassungsrechtliche Herleitung des Grundsatzes der Gläubigergleichbehandlung geklärt wurde.

1. *Dogmatische Herleitung des Grundsatzes der Gläubigergleichbehandlung*

a) Ansichten im Schrifttum

Obwohl der Grundsatz der Gläubigergleichbehandlung (*par conditio creditorum*) im insolvenzrechtlichen Schrifttum stets betont wird, finden sich nur einige wenige Ansätze zu dessen dogmatischer Herleitung[386], deren wesentliche Inhalte an dieser Stelle dargestellt werden sollen.

Die Theorie der Ausgleichshaftung wurde von *Häsemeyer* entwickelt und geht von einer Ausgleichshaftung im Innenverhältnis der Insolvenzgläubiger aus. Diese haften wechselseitig für ihre Forderungen bzw. ihre Verluste, was zu einem wechselseitigen, quotalen Verzicht führt, damit alle Gläubiger befriedigt werden können[387]. Liegen besondere Umstände vor, kann ein Insolvenzgläubiger aus dem Haftungsverbund entlassen werden (Enthaftung)[388]. *Seine* Herleitung basiert allein auf dem privatrechtlichen Verbund der Insolvenzgläubiger.

Andere gehen davon aus, der Grundsatz der Gläubigergleichbehandlung sei ein bloßer Billigkeitsgrundsatz, nach dem sich die Verteilung nach der Maßgabe „Gleiches muss gleich und Ungleiches muss ungleich behandelt werden" richtet[389]. *Baur/Stürner*[390] nehmen an, dass daraus auch ein Gebot zur Differenzierung

---

385 S. die Ausführungen zur Vollzugsbelastungsgleichheit oben unter Erstes Kapitel F)II.

386 In diesem Sinne auch schon *Windel*, JURA 2002, 230, 231.

387 *Häsemeyer*, KTS 1982, 507, 515 ff. Beschränkungen der Gläubigergleichbehandlung außerhalb des privatrechtlichen Innenverhältnisses, also solche aus fiskalpolitischen Gründen, seien generell bedenklich, s. *Häsemeyer*, Insolvenzrecht, Rz. 2.19 f. Von einem wechselseitigen Ausgleich des Einflusses auf den Eintritt der Insolvenz spricht auch *Windel*, JURA 2002, 230, 232, der insofern mit *Häsemeyer* geht (s. ebd., Fn. 41). Ferner ist *Windel*, ebd., 231, Fn. 16, der Auffassung, dass genuin öffentlich-rechtliche Ansatzpunkte die Gläubigergleichbehandlung nicht rechtfertigen können. Richtig sei aber, dass die Gläubigergleichbehandlung mit Art. 3 GG vereinbar sei. *Windel* teilt – wie im Ergebnis auch hier – nicht die Auffassung, dass die Gläubigergleichbehandlung „unmittelbar" aus Art. 3 Abs. 1 GG abzuleiten ist, wobei er dabei wohl von einer *alleinigen* Ableitung ausgeht, s. *Windel*, in: Das Prinzip der Selbstverantwortung, S. 449, 478.

388 *Häsemeyer*, KTS 1982, 507, 529.

389 *Gassert-Schumacher*, Privilegien in der Insolvenz, S. 326 f., unter Bezug auf Art. 3 Abs. 1 GG; *Weiland*, Par condicio creditorum, S. 303.

390 Insolvenzrecht, Rz. 5.37.

zwischen den einzelnen Gläubigern und den Eigenarten ihrer Forderungen folgt[391]. Der Grundsatz der Gläubigergleichbehandlung sei dabei Ausfluss des allgemeinen Gleichheitssatzes nach Art. 3 Abs. 1 GG, der als überpositiver, unmittelbar aus der Gerechtigkeitsidee zu entwickelnder Grundsatz das gesamte öffentliche und private Recht beherrsche[392]. Etwaige Ungleichbehandlungen sollen an dessen Rechtfertigungsanforderungen gemessen werden.

Bauer fundiert das Gebot der Gläubigergleichbehandlung aus der Eigentumsgarantie des Art. 14 Abs. 1 GG, die auch das diesbezügliche Gebot effektiven Rechtsschutzes enthalte[393]. Diese verfassungsrechtlichen Gebote bestünden auch in der Insolvenz des Schuldners, und zwar allen Gläubigern gegenüber gleichermaßen[394]. Die Rechtfertigung von Eingriffen solle ebenfalls auf der Grundlage der zu Art. 14 Abs. 1 GG entwickelten Maßstäbe erfolgen.

b) Eigene Ansicht

Das Modell von *Häsemeyer* ist von seinem Ausgangspunkt her schlüssig. Es anerkennt die Insolvenzgläubiger als eine Verlust- und damit Schicksalsgemeinschaft, die – um eine quotale und damit gerechte Befriedigung zu erreichen – auf einen Teil ihrer Forderung verzichten müssen. Vernachlässigt werden indes die von der Insolvenzordnung ausgehenden Eingriffe in die Grundrechte der Gläubiger. Es sei beispielhaft nur angeführt, dass der einzelne Gläubiger in seinem Recht zur Einzelzwangsvollstreckung beschnitten wird, also jedenfalls eine Beeinträchtigung der Eigentumsgarantie vorliegt. *Häsemeyers* Modell beruht aber allein auf einer privatrechtlichen Prämisse und blendet diesen Umstand aus. Wegen der damit verbundenen Schwächen kann ihm nicht gefolgt werden.

Die beiden weiteren Ansätze vermögen bei separater Betrachtung nicht zu verfangen. Das allein auf Art. 3 Abs. 1 GG rekurrierende Modell überzeugt zwar mit dessen dogmatischem Ausgangspunkt, vernachlässigt aber die freiheitsrechtliche Relevanz der betroffenen Schutzgüter. Der Gläubigergleichbehandlungsgrundsatz ist seiner Struktur nach in der Tat dem allgemeinen Gleichbehandlungsgrundsatz ähnlich. Hier wie da ist keine formale, sondern eine materielle, weil nach sachlichen Kriterien differenzierende Gleichheit geboten. Die Auswahl und Gewichtung der Differenzierungskriterien obliegt solange dem Gesetzgeber, wie sie den – unterschiedlich hohen – Rechtfertigungsanforderungen standhält. Dabei hat er die

391 So auch *Wiórek*, Das Prinzip der Gläubigergleichbehandlung im Europäischen Insolvenzrecht, S. 82.

392 *Gassert-Schumacher*, Privilegien in der Insolvenz, S. 326. Inzidenter auch *Smid/Leonhardt*, in: Leonhardt/Smid/Zeuner, InsO, § 1, Rz. 34. Nach *Becker*, Insolvenzrecht, Rz. 215, ist die Gläubigergleichbehandlung vom Gleichheitsgrundrecht gefordert.

393 *Bauer*, Ungleichbehandlung der Gläubiger im geltenden Insolvenzrecht, S. 75, 81; *ders.*, ZInsO 2008, 119, 124 f.; *ders.*, ZInsO 2010, 1432, 1435 f.

394 *Bauer*, ZInsO 2008, 119, 124. In diese Richtung wohl auch *Werres*, Grundrechtsschutz in der Insolvenz, S. 22.

entscheidenden Regelungen in der Insolvenzordnung mit Wirkung für die am Insolvenzverfahren beteiligten privaten Rechtssubjekte getroffen. Es geht mithin nicht um die privatrechtlichen Beziehungen im Verhältnis der privaten Gläubiger untereinander, sondern um die Anordnungen des Gesetzgebers, die er in hoheitlicher Funktion vorgenommen hat. Allein die Tatsache, dass sich die *privaten* Gläubiger in einer *privaten* Verlustgemeinschaft befinden, ändert hieran nichts. Handelt der Gesetzgeber als Teil der Staatsgewalt, ist er bei dem Erlass und der Ausgestaltung von Rechtsnormen stets an die Grundrechte gebunden. Etwas anderes gilt nur, wenn es um die Auslegung und Anwendung von bereits vorhandenen Normen für die Rechtsverhältnisse gleichgeordneter Privater geht[395]. Insofern stellt sich vorliegend auch weder die Frage einer unmittelbaren, noch einer mittelbaren Drittwirkung des Gleichheitssatzes[396]. Art. 3 Abs. 1 GG bildet damit das Fundament für das subjektive Recht[397] eines jeden Gläubigers auf Gleichbehandlung in der Insolvenz[398].

Der Gesetzgeber ist in allen Regelungsbereichen über Art. 1 Abs. 3, 20 Abs. 3 GG verpflichtet, den allgemeinen Gleichheitssatz zu beachten. Insofern gilt dies auch dann, wenn er für den Fall der Insolvenz eines Rechtssubjekts einen Rechtsrahmen in Form der Insolvenzordnung schafft, die bestimmte Gläubigerrechte beschränkt, zeitweise suspendiert oder sogar gänzlich entzieht. Er hat die unterschiedlichen Gestaltungen und Konstruktionen des Wirtschaftsprivatrechts zu achten und bei der genauen Ausformung des Gläubigergleichbehandlungsgrundsatzes zu beachten. Dies ist mit der Insolvenzordnung und den darin vorgesehenen Mechanismen geschehen. Wie in Art. 3 Abs. 1 GG hat sich der Normgeber dazu entschieden, Gleiches gleich und Ungleiches seiner Eigenart nach ungleich zu behandeln. Dieser Befund lag indes auf dieser abstrakten Ebene nicht im Belieben des einfachen Gesetzgebers, sondern ist im Lichte der Grundrechtsgebundenheit ein aus Art. 3 Abs. 1 GG folgendes verfassungsrechtliches Gebot. Dem ist die InsO nachgekommen, indem sie beispielsweise das Eigentum an Sachen dem Innehaben von vorinsolvenzlich begründeten Forderungen für dessen Inhaber mit weitergehenden Rechten versehen hat. Grundsätzlich kann der Gläubigergleichbehandlungsgrundsatz also aus Art. 3

---

395 *Lepa*, Insolvenzordnung und Verfassungsrecht, S. 54.

396 Vgl. hierzu *Heun*, in: Dreier, GG, Art. 3, Rz. 70.

397 Vgl. zu dem Grundcharakter von Art. 3 Abs. 1 GG als subjektivem Recht BVerfG, Beschl. v. 17.1.2006, 1 BvR 541/02 u.a., BVerfGE 115, 81, 95; sowie in Abgrenzung zu anderen Wirkrichtungen des Grundgesetzes *Sodan/Ziekow*, Öffentliches Recht, § 30, Rz. 4.

398 So auch schon das nicht weiter beachtete Urteil des FG Hamburg v. 3.10.1979, II 119/78, EFG 1980, 60 f. Inzidenter wohl der gleichen Auffassung ist *Jacobi*, KTS 2006, 239, 250 f., 255.

Abs. 1 GG abgeleitet werden[399]. Er ist damit als dessen privatrechtliche Ausprägung für das Insolvenzrecht[400] zu verstehen.

Mit dem geschilderten Ansatz über den allgemeinen Gleichbehandlungsgrundsatz nach Art. 3 Abs. 1 GG ist aber noch nicht der freiheitsrechtliche Schutz der Gläubigerrechte in der Insolvenz berücksichtigt. Art. 14 Abs. 1 GG schützt nicht nur den konkreten Bestand an vermögenswerten Gütern in Form des zivilrechtlichen Eigentums vor ungerechtfertigten Eingriffen durch die öffentliche Gewalt, sondern auch schuldrechtliche Forderungen, die einem Rechtssubjekt zustehen[401]. Dazu gehört auch die Gewährleistung eines effektiven Verfahrensrechts, mittels dessen Gläubiger ihre Forderungen durchsetzen können[402]. Der Schutzbereich der Eigentumsgarantie ist in der Insolvenz mithin dort betroffen, wo der Gesetzgeber die Durchsetzung oder den Wert von schuldrechtlichen Forderungen beeinträchtigt. Entschließt er sich also zu einer Ungleichbehandlung von Gläubigern, kommt es zwangsläufig auch zu einer Beeinträchtigung des Schutzbereichs von Art. 14 Abs. 1 GG.

Fraglich ist nun, in welcher methodischen Weise dieser Doppelbetroffenheit[403] von gleich- und freiheitsverfassungsrechtlichen Wertungen im Rahmen der hier vorgenommenen Herleitung Rechnung getragen werden kann. Wegen der konstruktiven Ähnlichkeit von einfachrechtlichem Gläubigergleichbehandlungsgrundsatz und verfassungsrechtlichem Gleichheitssatz ist im Ausgangspunkt von dessen Prüfungsdogmatik auszugehen. Insofern ist auf der *ersten Prüfungsstufe* des verfassungsrechtlichen Gewährleistungsgehalts Art. 14 Abs. 1 GG außer Acht zu lassen. Aus Gründen der Grundrechtsdogmatik muss eine gegenseitige Einflussnahme an dieser Stelle vermieden werden; andernfalls käme es zu einer nicht hinnehmbaren Vermischung von Schutzrichtungen. Es erscheint daher konsistenter, zunächst danach zu fragen, ob eine rechtlich relevante Ungleichbehandlung von wesentlich Gleichem vorliegt. Zu der Bestimmung des „wesentlich Gleichen" wird auf der Grundlage der Dogmatik von Art. 3 Abs. 1 GG eine Vergleichsgruppenbildung anhand eines bestimmten Bezugspunktes (*tertium comparationis*) vorgenommen, mit dem Ziel der Bildung eines nächstgelegenen gemeinsamen Oberbegriffs

---

399 Hiervon geht inzidenter auch BAG, Beschl. v. 31.8.2010, 3 ABR 139/09, NJW 2011, 473, Rz. 25 f., aus, prüft sodann im Anschluss aber noch separat Art. 14 Abs. 1 GG. Ferner: *Knospe/Gellrich*, NZS 2006, 303, 310.

400 So auch *Nachtmann*, Das Fiskusvorrecht im deutschen Insolvenzrecht, S. 61.

401 BVerfG, Beschl. v. 31.10.1984, 1 BvR 35/82 u. a., BVerfGE 68, 193, 222; Beschl. v. 14.1.2004, 1 BvL 8/03, WM 2004, 339, Rz. 14 f.; BVerfG, Beschl. v. 15.5.2014, 1 BvR 2681/11, WM 2014, 1184, Rz. 5.

402 BVerfG, Beschl. v. 14.1.2004, 1 BvL 8/03, WM 2004, 339, Rz. 14 f.

403 Auch das BVerfG geht in seinem Beschl. v. 5.11.1982, 1 BvR 796/81, ZIP 1982, 1457, 1458, von der Einschlägigkeit von Art. 3 Abs. 1 GG und Art. 14 Abs. 1 GG aus, führt aber eine separate Prüfung beider Grundrechte durch. Tatbestandlich ging es um eine Urteilsverfassungsbeschwerde, die das Privileg aus § 61 Abs. 1 Nr. 1 KO rügte.

(*genus proximum*). Sodann werden die aufzeigten Gruppen des Bezugssachverhalts auf ihre Ungleichbehandlung überprüft.

Auf einer *zweiten Prüfungsstufe* kommt es sodann im Falle der Feststellung einer Ungleichbehandlung zu der sich aufdrängenden Frage einer etwaigen verfassungsrechtlichen Rechtfertigung derselben. Erst an dieser Stelle entfaltet sich der von Art. 14 Abs. 1 GG verbürgte Schutz der Eigentumsgarantie[404]. Wegen der personenbezogenen Ungleichbehandlung gebietet die sog. neue Formel anerkanntermaßen eine strenge Verhältnismäßigkeitsprüfung, deren Anforderungen sich bei gleichzeitiger Berührung grundrechtlich geschützter Freiheiten weiter verdichten[405]. Für Art. 14 Abs. 1 GG hat das BVerfG einen abgestuften Grundrechtsschutz[406] entwickelt, der dem einzelnen Grundrechtsinhaber einen Freiheitsraum im vermögensrechtlichen Bereich gewährleisten soll und dessen Intensität sich nach der Sozialbindung des Eigentums richtet. Die Befugnisse des Gesetzgebers seien umso weiter, „je mehr das Eigentumsobjekt in einem sozialen Bezug und einer sozialen Funktion steht"[407]. Anders gewendet sind die Anforderungen an einen Eingriff also umso höher, je weniger der Zweck zugleich dem Wohle der Allgemeinheit (Art. 14 Abs. 2 S. 2 GG) dient.

Abgesehen von diesem Element erhöhter Prüfungsanforderungen kommt darüber hinaus hinzu, dass sich der Gesetzgeber der Insolvenzordnung für ein besonders ausdifferenziertes und abgestuftes Befriedigungssystem entschieden hat. Nach der hier vertretenen Auffassung folgt aus einer derartigen Entscheidung des einfachen Gesetzgebers nicht nur die Manifestierung eines einfachrechtlichen Regelungssystems, sondern auch eine prospektive Grundsatzentscheidung mit verfassungsrechtlichen Implikationen. Dementsprechend betont das BVerfG in ständiger Rechtsprechung unabhängig vom jeweiligen Rechtsgebiet die *Systemgerechtigkeit*[408] innerhalb einer geschaffenen Ordnung. Sie selbst bilde aber weder

---

404 Von einer umgekehrten Wirkweise geht *Krumm*, Steuervollzug und formelle Insolvenz, S. 38 f., aus. Nach ihm wirkt nicht Art. 14 Abs. 1 GG auf den Gleichheitssatz mit der Folge erhöhter Rechtfertigungsanforderungen ein, sondern der allgemeine Gleichheitssatz sei im Rahmen der Rechtfertigung eines Eingriffs in Art. 14 Abs. 1 GG zu berücksichtigen. Ohne nähere Begründung ist *J. Schwarz*, Umsatzsteuer in der Insolvenz, S. 61, der Auffassung, dass das Erfordernis gleicher Befriedigungschancen aus dem Schutz der Art. 14, 2 GG i.V.m. Art. 3 Abs. 1 GG folgt.

405 St. Rspr. des BVerfG; aus neuerer Zeit etwa BVerfG, Beschl. v. 4.12.2002, 2 BvR 400/98, 2 BvR 1735/00, BVerfGE 107, 27, 45 f., Rz. 50 m.w.N. Aus der Literatur statt vieler nur *Huster*, in: BerlinerKommentar-GG, Art. 3, Rz. 125 i.V.m. 97, und *Rüfner*, in: BonnerKommentar-GG, Art. 3, Rz. 66, 108.

406 *Papier*, in: Maunz/Dürig, GG, Art. 14, Rz. 311.

407 BVerfG, Beschl. v. 15.10.1996, 1 BvL 44/92 u. a., BVerfGE 95, 64, 84 f., Rz. 103.

408 Terminologisch würde dabei nach *Dieterich*, Systemgerechtigkeit und Kohärenz, S. 56, immer häufiger der im Lichte des Steuerrechts entwickelte „Grundsatz der Folgerichtigkeit" herangezogen. Darüber hinaus würden die folgenden Phrasen verwendet: „einen Rechtskreis bestimmende Regeln", „selbst statuierte

einen eigenen Verfassungsmaßstab, noch führte eine Systemwidrigkeit für sich allein zu einer Verletzung von Art. 3 Abs. 1 GG[409]. Das BVerfG sieht aber durchaus verstärkte Rechtfertigungsanforderungen, wenn es formuliert, dass „die Gründe für eine Durchbrechung des einmal gewählten Ordnungsprinzips, um überzeugend zu sein, in ihrem Gewicht der Intensität der Abweichung von der zugrunde gelegten Ordnung entsprechen“[410] müssen. Auch wenn der Judikatur *bis dato* kein einheitlicher Rechtfertigungs*maßstab* für eine Systemwidrigkeit entnommen werden kann[411], sieht das BVerfG bei ihrem Vorliegen die Notwendigkeit zusätzlicher Begründung, die umso stärker sein muss, je unstimmiger die Ergebnisse der vom System gemachten Ausnahme sind[412].

Der überwiegende Teil der Literatur nimmt die Verortung einer *Systemgerechtigkeit* ebenso in Art. 3 Abs. 1 GG vor[413]. Mit *P. Kirchhof* fordert der Gleichheitssatz in einem rechtlich geordneten Gemeinwesen für alle Bereiche des Rechts, dass jede Regel auf ihr rechtliches Umfeld abgestimmt sein muss, den Widerspruch zu ihren rechtlichen Vorgaben meidet und vorgegebene Rechtsgedanken weiterführt[414]. Bloße gesetzliche Widersprüchlichkeiten mündeten aber nicht *per se* in die

---

Sachgesetzlichkeit“, „Grundregel eines Rechtsbereichs“, „Regelungsidee“ und „Grundentscheidung“.

409 St. Rspr., zuletzt BVerfG, Beschl. v. 19.3.2014, 1 BvR 1417/10, NVwZ 2014, 1005, 1008, Rz. 28. Anschaulich BVerfG, Beschl. v. 19.10.1982, 1 BvL 39/80, NJW 1983, 621 unter C.2. : „Nach welchem System der Gesetzgeber eine Materie ordnen will, obliegt, ebenso wie die Zweckmäßigkeit einer Regelung, seiner Entscheidung; das BVerfG kann eine solche Regelung nur nach den Maßstäben der Verfassung, nicht aber unter dem Gesichtspunkt der Systemwidrigkeit für verfassungswidrig erklären.“

410 Zuletzt BVerfG, Beschl. v. 15.5.1984, 1 BvR 464/81 u. a., BVerfGE 67, 70, 84, ausgewertet von *Crezelius*, BB Beilage 2007, Nr. 10, 1, 15 und *Huster*, in: BerlinerKommentar-GG, Art. 3, Rz. 110.

411 *Desens*, Das Halbeinkünfteverfahren, S. 382; *Dieterich*, Systemgerechtigkeit und Kohärenz, S. 459 f.; *Englisch*, in: FS Lang 2011, S. 167, 197; *Sachs*, GS Tettinger, S. 137, 155.

412 BVerfG, Beschl. v. 7.7.2009, 1 BvR 1164/07, BVerfGE 124, 199, 222 f., Rz. 94.

413 Allerdings zeigt sich kein einheitliches Bild darüber, ob eine Systemgerechtigkeit bereits bei der Bestimmung einer Ungleichbehandlung oder erst im Rahmen der Rechtfertigung zum Tragen kommen soll. Der Großteil des Schrifttums neigt der letztgenannten Variante zu. Vgl. zum Ganzen die ausführlichen Ausführungen von *Dieterich*, Systemgerechtigkeit und Kohärenz, S. 382 ff. Teilweise wird auch das Rechtsstaatsprinzip als Fundament für eine Systemgerechtigkeit in Betracht gezogen, s. etwa *Frenz*, DÖV 1999, 41, 43 f.; *Huber*, VSSR 2000, 369, 394, sowie die weiteren Nachweise bei *Degenhart*, Systemgerechtigkeit und Selbstbindung des Gesetzgebers als Verfassungspostulat, S. 68 ff. Sporadisch findet sich auch eine Kombination von Rechtsstaatsprinzip und Gleichheitssatz, s. etwa *Stern*, Das Staatsrecht der Bundesrepublik Deutschland, Bd. 1, S. 838.

414 Handbuch des Staatsrechts, VIII, § 181, Rz. 210, 215.

Verfassungswidrigkeit einer das System durchbrechenden Norm, sondern wirken sich erst dann aus, wenn der Widerspruch zu Rechtsfolgeunterschieden führt, die sich nicht auf einen vernünftigen oder sonst einleuchtenden Grund zurückführen lassen[415]. Dabei erhöht sich die Intensität der Ungleichbehandlung in gleichem Maße wie der Gesetzgeber das Gebot der Systemgerechtigkeit missachtet mit der Folge einer erhöhten Rechtfertigungslast[416]. Ob der aus Art. 3 Abs. 1 GG abgeleitete Topos der Systemgerechtigkeit nun die ohnehin durch die Betroffenheit von Art. 14 Abs. 1 GG verstärkten Rechtfertigungsanforderungen noch weiter erhöht[417], soll für die Zwecke der vorliegende Untersuchung offen bleiben. Er ist aber in die Bildung eines Prüfungsmaßstabes miteinzubeziehen, seine Maßgaben also grundsätzlich zu berücksichtigen.

c) Zusammenfassung

Nach der hier vertretenen Auffassung kann der insolvenzrechtliche Grundsatz der Gläubigergleichbehandlung im Ausgangspunkt aus dem allgemeinen Gleichbehandlungsgrundsatz des Art. 3 Abs. 1 GG hergeleitet werden. Auf der zweiten Prüfungsstufe einer Rechtfertigung ist sodann einerseits die Betroffenheit der Eigentumsgarantie aus Art. 14 Abs. 1 GG, und andererseits eine eventuell tangierte Systemgerechtigkeit zu berücksichtigen. Letztlich folgt daraus der Prüfungsmaßstab einer insolvenzrechtlichen Systemkonsequenz[418] aus Art. 3 Abs. 1 GG i.V.m. Art. 14 Abs. 1 GG, die damit eine Art Rahmenrecht aller grundrechtsberechtigten Insolvenzgläubiger bildet.

---

415 *P. Kirchhof*, Handbuch des Staatsrechts, VIII, § 181, Rz. 219: „Sie verraten mangelnde Beherrschung der Gesetzgebungskunst".

416 *Epping*, Grundrechte, Rz. 811. Exemplarisch aus der Literatur so auch *U. Becker*, in: FS 50 Jahre BSG, S. 77, 88; *Bergmann*, in: Hömig, GG, Art. 3, Rz. 8; *Starck*, in: von Mangoldt/Klein/Starck, GG, Art. 3, Rz. 45; *Schoch*, DVBl. 1988, 863, 878; *Leisner*, Kontinuität als Verfassungsprinzip, S. 243 ff.; *Morgenthaler*, in: Gleichheit im Verfassungsstaat, S. 51, 66; *K. Schwarz*, JZ 2001, 319, 324, jeweils m.w.N. Kritisch *Dieterich*, Systemgerechtigkeit und Kohärenz, S. 492 f., und *Kischel*, AöR 124 (1999), S. 174, 198.

417 Hinsichtlich Systemgerechtigkeit und neuer Formel geht *Kallina*, Willkürverbot und neue Formel, S. 136 f., jedenfalls nicht von einer Erhöhung der Rechtfertigungslast aus. Die Maßstäbe würden sich auf gleichem Niveau halten. Darüber hinaus geht aber bspw. *Sachs*, JuS 2010, 561, 563, der „strengere Prüfungsmaßstäbe" erkennt. Zu dieser Frage ausführlich und im Ergebnis kritisch *Dieterich*, Systemgerechtigkeit und Kohärenz, S. 470 ff.

418 Terminologisch ähnlich, inhaltlich aber nicht übereinstimmend *Krumm*, Steuervollzug und formelle Insolvenz, S. 57.

2. *Insolvenzrechtliche Systemkonsequenz aus Art. 3 Abs. 1 GG i.V.m. Art. 14 Abs. 1 GG*

a) Eingriff in den geschützten Bereich[419]

Die hypothetische gesetzgeberische Anordnung mit dem Inhalt, der Umsatzsteuer eine Treuguteigenschaft zuzuweisen, müsste in den geschützten Bereich der insolvenzrechtlichen Systemkonsequenz eingreifen. Auf einer ersten Prüfungsstufe ist also ausgehend vom allgemeinen Gleichheitssatz der fragliche Rechtssatz auf dessen rechtlich relevante Ungleichbehandlung von gleichen Sachverhalten zu überprüfen. Dabei kommen auf der Grundlage des geltenden insolvenzrechtlichen Systems bereits verschiedene Vergleichsgruppen in Betracht, nämlich einerseits die der übrigen Aussonderungsberechtigten und andererseits die aller Insolvenzgläubiger. Die Antwort auf die Frage folgt aus der Bildung eines gemeinsamen Oberbegriffes, der die wesentlichen Eigenschaften der betroffenen Personenkreise in sich aufnehmen muss. Hierin liegt die erste Schwierigkeit einer jeden Prüfung des allgemeinen Gleichheitssatzes. Aufzulösen ist sie unter Zuhilfenahme wertender Elemente des fraglichen Sachbereichs[420].

Der auf dem Fundament von Art. 3 Abs. 1 GG entwickelte Rahmen einer insolvenzrechtlichen Systemkonsequenz birgt die verfassungsrechtliche Herleitung einer allgemeinen Gläubigergleichbehandlung. Würde bereits auf der ersten Prüfungsstufe der Kreis der Gläubiger auf eine bestimmte Gläubigergruppe beschränkt werden, so könnte sich der an alle Gläubiger gerichtete Schutzgehalt nicht entfalten können. Der Gesetzgeber würde sich dem Risiko der Prüfung am hier gebildeten Maßstab entziehen können, ohne Rechtfertigungsgründe vortragen zu müssen. Um dem zu begegnen, hat der Rechtsanwender in Ermangelung eines rechtsgebietsübergreifend geltenden Maßstabes die Wahl des Vergleichsmaßstabes sachgebietsbezogen herauszuarbeiten, was zur Folge hat, dass sich dieser am jeweiligen Rechtssystem zu orientieren hat[421]. Insofern muss sich die Prüfung in den Bahnen der von der Insolvenzordnung vorgegeben Sachgesetzlichkeit halten, nach deren § 1 S. 1 die Gläubiger gemeinschaftlich im Sinne einer Gleichmäßigkeit zu befriedigen und mithin grundsätzlich gleich zu behandeln sind. Diese bilden den tauglichen Vergleichsgegenstand, der anhand des Kriteriums „Gläubigerstellung" ungleich privat- oder öffentlich-rechtlicher Quelle zu bestimmen ist. Mit der hypothetischen Regelung ordnete der Gesetzgeber für die Umsatzsteuer aber gerade eine anderslautende

---

419 Auch wenn dogmatisch von einer Prüfung am Maßstab des Art. 3 Abs. 1 GG ausgegangen wird, soll hier der Begriff „geschützter Bereich" verwendet werden. Nicht zurückgegriffen werden soll damit auf die zu den Freiheitsrechten entwickelte Prüfungsdogmatik von Schutzbereich – Eingriff – Rechtfertigung. Insofern wird auch sprachlich differenzierend nicht von „Schutzbereich", sondern von „geschütztem Bereich" gesprochen. Der Begriff soll lediglich dazu dienen, das hier gebildete Rahmenrecht zu erfassen.

420 *Osterloh/Nußberger*, in: Sachs, GG, Art. 3, Rz. 82; *Schoch*, DVBl. 1988, 863, 873 f.

421 *Lampert*, NVwZ 2013, 195, 197.

Rechtsfolge an, die deren Separierung aus der Insolvenzmasse zur Folge hat. Mithin liegt eine Ungleichbehandlung und damit ein Eingriff in die insolvenzrechtliche Systemkonsequenz vor.

b) Rechtfertigung des Eingriffs

Der Eingriff könnte jedoch auf einer zweiten Prüfungsstufe gerechtfertigt sein. Die an dieser Stelle relevanten Maßstäbe sind oben aufgezeigt worden. Ausgehend von der neuen Formel des Bundesverfassungsgerichts muss eine Prüfung nach Gesichtspunkten des Verhältnismäßigkeitsprinzips stattfinden, die ebenfalls die Rechtfertigungsanforderungen aus der Eigentumsgarantie sowie aus der Systemgerechtigkeit in sich aufnimmt.

Die hypothetische Norm verfolgt das Ziel, der Umsatzsteuer in der Insolvenz des Unternehmers eine Treuguteigenschaft zuzusprechen mit der Wirkung, sie *de facto* mit einem Aussonderungsrecht zu belegen. In Anbetracht der systematischen Eigenarten, des Charakters der Umsatzsteuer und der gesetzgeberischen Einschätzungsprärogative ist dieses Ziel auch legitim. Der hypothetische Rechtssatz ist auch geeignet, das Ziel zu erreichen. Die Erforderlichkeit ist ebenfalls zu bejahen, da kein Mittel ersichtlich ist, das das Ziel ebenso wirksam zu erreichen vermag, die insolvenzrechtliche Systemkonsequenz aber weniger stark beeinträchtigt.

Die Norm müsste aber auch angemessen i.e.S. sein. Die der Verhältnismäßigkeitsprüfung zugrunde liegende Zweck-Mittel-Relation beinhaltet danach die Anforderung, dass die Beeinträchtigung von Grundrechten nach ihrer Art und Intensität nicht außer Verhältnis zu demjenigen Rechtsgut steht, dessen Schutz der Zweck der Grundrechtsbeeinträchtigung ist. Dies führt somit zu einer Abwägung zwischen dem eingeschränkten grundrechtlichen Gewährleistungsgehalt auf der einen Seite, und dem Schutzgut auf der anderen Seite.

Die Wirkung der gedachten Regelung liegt darin, die Umsatzsteuer aus der allen Gläubigern zur Verfügung stehenden Insolvenzmasse in jeder Phase des Insolvenzverfahrens zu separieren. Damit einher geht die bereits festgestellte Ungleichbehandlung der Gläubiger sowie ein hiermit implizierter Eingriff in die Eigentumsgarantie. Denn ist die Umsatzsteuer nicht mehr *einfacher* Bestandteil der Insolvenzmasse, steht diese dem Fiskus und den übrigen Insolvenzgläubigern nicht mehr in gleichem Maße zur Verteilung zur Verfügung. Die Begründung hierfür ist aber nicht rein fiskalischer Natur, wie es beispielsweise bei der Einführung neuer Steuern der Fall ist. Die Umsatzsteuerhebung findet ungeachtet des Eintritts der Insolvenz des umsatzsteuerschuldenden Unternehmers statt. Wie schon an mehreren Stellen ausgeführt, sprechen rein steuersystematische Gründe dafür, die Umsatzsteuer im pathologischen Fall der Insolvenz wie im normalen Fall zu behandeln. Anknüpfend an den steuersystematischen Charakter und die aufgezeigten Elemente einer Treuguteigenschaft der Umsatzsteuer sieht die gedachte Norm indes kein Umsatzsteuervorrecht nach Art des abgeschafften Fiskusprivilegs oder eine Bevorrechtigung als Masseverbindlichkeit vor. Sie soll vielmehr gleichsam zu den mit einem Aussonderungsrecht ausgehenden Wirkungen von der übrigen Insolvenzmasse separiert werden. Wenn der einfache Gesetzgeber bestimmte Gruppen von Gläubigern, insb. die Aus- und Absonderungsberechtigten, den einfachen Insolvenzgläubigern gegenüber „besser" behandelt, so besteht hierfür ein legitimer Grund, dessen Daseinsberechtigung verfassungsrechtlich nirgends angezweifelt, geschweige denn die Existenz eines Privilegs behauptet wird. Der Grund liegt *in concreto* darin, dass die aus- bzw. absonderungsfähigen Gegenstände oder Rechte nicht dem Vermögen des Insolvenzschuldners zuzurechnen sind. Die meistenteils[422] privaten Berechtigten haben beispielsweise absolute dingliche Rechte an einzelnen Gegenständen durch Rechtsgeschäft begründet. Dass dieser dingliche Schutz auch in der Insolvenz fort gilt, ist eine Entscheidung des Gesetzgebers, die er systemgerecht für alle gleichartigen und vergleichbaren Gestaltungen umgesetzt hat. Wo der private Gläubiger durch rechtsgeschäftliche Willenserklärung handelt, kommt für den Steuergläubiger das Gesetz oder ein das Gesetz vollziehender Verwaltungsakt in Betracht. Die dahinter stehende Wertung und die damit verbundenen Rechtsfolgen kommen aber der gegenwärtigen Rechtslage der aus- und absonderungsberechtigten Gläubiger gleich. Hier wie da gehört ein Vermögensgegenstand nicht zur Insolvenzmasse, sondern ist dem Vermögen *seines* Berechtigten zuzurechnen.

Dass diese Berechtigten nicht die übrigen Insolvenzgläubiger sind, sondern ebendiese Berechtigung allein der Solidargemeinschaft der Steuerzahler zukommt, wurde bereits oben herausgearbeitet. Insolvenzgläubiger neben dem Umsatzsteuerfiskus können *de lege lata* überhaupt nur deswegen an der vom insolventen Umsatzsteuerschuldner vereinnahmten Umsatzsteuer partizipieren, weil das einfache Recht alle Steuerarten unterschiedslos behandelt. Die Statuierung einer Treuguteigenschaft exklusiv für die Umsatzsteuer führt zwar gleichwohl wegen der beschriebenen Beeinträchtigung der Eigentumsgarantie zu einem höheren Rechtfertigungsmaßstab. Die Beeinträchtigung der Eigentumsgarantie ist aber nicht darauf zurückzuführen, dass der Gesetzgeber der Insolvenzmasse etwas entzöge, das ihr zustände. Die Umsatzsteuer ist bei einer wertenden Betrachtung nicht wie jede andere (Steuer-) Forderung eine Verbindlichkeit des Insolvenzschuldners, sondern eine der intendierten Steuerträger. Verblieben vereinnahmte Umsatzsteuerbeträge in der Insolvenzmasse, würden *materiell Nichtberechtigte* von dieser Liquidität partizipieren. Die Eigentumsbetroffenheit der privaten Insolvenzgläubiger folgt erst daraus, dass vereinnahmte Umsatzsteuer steuersystematisch unzutreffend der Insolvenzmasse zugeschlagen wird. Bei Lichte besehen ist diese Zurechnung indes nicht richtig. Aus der Logik des insolvenzrechtlichen Gesamtvollstreckungsverfahren ergibt sich kein Bedürfnis für eine materielle Besserstellung der übrigen Gläubiger. Auch wenn diese legitimer Weise ein Interesse an der Erhöhung ihrer Insolvenzdividende haben, ist dieses Interesse allein deswegen noch nicht von Art. 14 Abs. 1 GG geschützt[423].

---

422 Eine Ausnahme bildet hierzu das Absonderungsrecht des Fiskus nach § 76 AO, das i.Ü. kein „Vorrecht" ist, s. hierzu *Bähr/Smid*, InVo 2000, 401, 407.

423 *Krumm*, Steuervollzug und formelle Insolvenz, S. 60.

Was *Krumm*[424] schon für die Steuer im Allgemeinen formuliert hat, muss erst recht für die Umsatzsteuer gelten: Bei einer Würdigung von Art. 14 Abs. 1 GG geht es nur um die Abwehr eines „Nehmens", nicht dagegen um das Verlangen nach einem zusätzlichen „Geben". Mit dem gedachten Rechtssatz würde damit nicht nur eine dem Grunde nach zulässige Inhalts- und Schrankenbestimmung nach Art. 14 Abs. 1 S. 2 GG, sondern auch eine den Angemessenheitsanforderungen genügende Vorschrift vorliegen.

Abweichungen vom regulären insolvenzrechtlichen System müssen angesichts des hier vertretenen Maßstabs wiederum selbst systemkonform sein. Eine solche Entscheidung würde in Ansehung der oben aufgezeigten Stellung der Umsatzsteuer nicht die von Art. 3 Abs. 1 GG gesetzten Grenzen einer gesetzgeberischen Einschätzungsprärogative verlassen, solange der Gesetzgeber eine von der geltenden Rechtslage abweichende Behandlung der Umsatzsteuer systemkonform ausgestaltet. Der Restriktion ist Genüge getan, wenn der Gesetzgeber *erstens*, klar und deutlich zum Ausdruck bringt, dass die Umsatz- bzw. Vorsteuer nicht dem Vermögen des leistenden bzw. leistungsempfangenden Unternehmers zugehörig ist, und *zweitens*, den derart formulierten Willen folgerichtig und insolvenzsystemkonsequent in eine gesetzliche Regelung fasst.

Diesen Prämissen würde ein hypothetisches Gesetz gerecht, welches die Umsatzsteuer eindeutig und unverkennbar der Zuordnung zum insolvenzschuldnerischen Vermögen entzieht. Das insolvenzrechtliche System gebietet über den Gleichheitssatz ein geordnetes Gesamtverfahren, das neben formaler Gleichheit von Gläubigern auch sachliche Differenzierungen in verfassungsrechtlich gerechtfertigter Weise zulässt[425]. Eine solche sachlich legitime Differenzierung läge bei der hier angenommenen Norm vor; ihre Umsetzung würde konsequent und folgerichtig erfolgen. Der Gesetzgeber würde hinsichtlich der Umsatzsteuer das insolvenzrechtliche Subsystem „Insolvenz- oder eventuell Massegläubiger" verlassen und das insolvenzrechtliche Subsystem der „Treuhandverhältnisse" betreten. Geht man hiervon aus, so löst sich der oben aufgedeckte Prinzipienwiderspruch zumindest annäherungsweise auf. Umsatzsteuerliches Vollzugsgebot und insolvenzrechtliche Systemkonsequenz konkurrierten nicht länger miteinander. Einzig die mit der gedachten Norm einhergehende Verschlechterung der Rechtsstellung der Insolvenzgläubiger und der daraus folgende Eingriff in die Eigentumsgarantie blieben. Allerdings muss auch diese Beschränkung wiederum im Lichte des insolvenzrechtlichen Systemgedankens nach Art. 3 Abs. 1 GG gesehen werden. Die diesbezüglichen Wechselwirkungen lassen sich anlehnend an die im Lüth-Urteil des BVerfG[426] entwickelte Wechselwirkungslehre auch abstrakt wie folgt umschreiben: ein die gegenwärtige Ausgestaltung der insolvenzrechtlichen Gläubigerkategorien in negativer Weise beeinflussendes Gesetz muss seinerseits im Lichte der Bedeutung dieser Gläubigerkategorien

424 *Krumm*, Steuervollzug und formelle Insolvenz, S. 60.
425 *Stürner*, in: MüKo, InsO, Einl., Rz. 77, 96.
426 BVerfG, Urt. v. 15.1.1958, 1 BvR 400/51, BVerfGE 7, 198.

ausgelegt werden. In Ansehung des ohnehin nach verschiedenen Gläubigerkategorien differenzierenden Insolvenzrechts und des daraus folgenden aufgelösten Prinzipienwiderspruchs ist der Eingriff in die die Insolvenzgläubiger schützende insolvenzrechtliche Systemkonsequenz gerechtfertigt. Der gedachte Rechtssatz genügt den verfassungsrechtlichen Anforderungen; er bewegt sich in den von Art. 3 Abs. 1 GG gesteckten Grenzen des gesetzgeberischen Gestaltungsspielraums.

3. Zwischenergebnis

Aus alledem folgt, dass der festgestellte Eingriff in die insolvenzrechtliche Systemkonsequenz aus Art. 3 Abs. 1 GG i.V.m. Art. 14 Abs. 1 GG gerechtfertigt ist. Das derart beschriebene Rahmenrecht ist das verfassungsrechtliche Gegenstück des privaten Rechts der Gläubigergleichbehandlung. Die mit einer hypothetischen Treuguteigenschaft der Umsatzsteuer einhergehende Beeinträchtigung dieses Rechts ist trotz der verstärkten Rechtfertigungslast zulässig. Der Gesetzgeber könnte sich also verfassungskonform zu einer solchen Regelung entscheiden.

G) Die Vorschrift des § 55 Abs. 4 InsO

Im Anschluss an die bereits oben dargestellte Entwicklungsgeschichte von § 55 Abs. 4 InsO[427] soll nun nach der Bildung eines umsatzsteuerinsolvenzrechtlichen Rahmens diese bis heute einzigartige, dem Fiskus eine besondere Stellung verschaffende Vorschrift näher beleuchtet werden, ihre Prüfung im Vergleich zu der noch bevorstehenden einfach-rechtlichen Würdigung des Umsatzsteuerinsolvenzrechts gleichsam vor die Klammer gezogen werden. Hierzu soll zunächst auf den Normtext von § 55 Abs. 4 InsO aufmerksam gemacht werden, der lautet: „Verbindlichkeiten des Insolvenzschuldners[428] *aus dem Steuerschuldverhältnis* [Hervorh., d. *Verf.*], die von einem vorläufigen Insolvenzverwalter oder vom Schuldner mit Zustimmung eines vorläufigen Insolvenzverwalters begründet worden sind, gelten nach Eröffnung des Insolvenzverfahrens als Masseverbindlichkeit[429]“.

I. Tatbestand

1. Begründetheit

Der Tatbestand von § 55 Abs. 4 InsO setzt zunächst voraus, dass Verbindlichkeiten *begründet* worden sind. Diese Semantik, in substantivischer Form „Begründetheit“,

---

427 Erstes Kapitel A)V.

428 Nur am Rande soll erwähnt werden, dass die InsO den Begriff „Insolvenzschuldner“ sonst nirgendwo verwendet. Geläufig für die entsprechende inhaltliche Beschreibung ist der Begriff „Schuldner“.

429 Ebenfalls beiläufig aufgezeigt werden soll, dass der Begriff „Masseverbindlichkeit“ anders als sonst in § 55 InsO im Singular vorkommt.

nutzt die InsO an vielen weiteren Stellen im Zusammenhang mit der Einordnung von Vermögensansprüchen. Wegen der systematischen Nähe zu § 55 Abs. 1 Nr. 1, Abs. 2 InsO kann aber auf eine Prüfung der übrigen Gesetzesfundstellen[430] verzichtet werden. Nach der insoweit unangefochtenen allgemeinen Auffassung ist bei der Bestimmung der „Begründetheit" auf dieselben Merkmale zurückzugreifen, wie bei der Abgrenzung von Insolvenz- von Masseforderung nach § 38 und § 55 Abs. 1 Nr. 1 InsO[431]. Diese grundsätzlich nicht weiter in Frage gestellte Differenzierung wird auch bei einer möglichen Begründung von Masseverbindlichkeiten nach § 55 Abs. 2 InsO vorgenommen[432]. Für die Umsatzsteuer ist mit dieser Auslegung indes noch nicht viel gewonnen. Sie führt, wie in anderen Sachverhaltskonstellationen auch, zu vergleichbaren einfach-gesetzlichen Abgrenzungsnöten.

Der V. Senat des BFH hat sich jüngst und abermals richtungsweisend im Zuge dessen Rechtsprechungsserie mit der Auslegung dieses Tatbestandsmerkmals befasst. Dem Ductus dieser Arbeit folgend soll sowohl eine kritische Würdigung dessen als auch eine eigene Auslegung hierzu gemeinsam mit den übrigen Judikaten ebendieser Serie an späterer Stelle stattfinden[433].

2. *Von Verbindlichkeiten des Insolvenzschuldners aus dem Steuerschuldverhältnis*

a) Erfasste Steuerarten

§ 55 Abs. 4 InsO ist seinem Anwendungsbereich nach beschränkt auf Verbindlichkeiten aus dem Steuerschuldverhältnis. Anders als bei § 55 Abs. 1 Nr. 1, Abs. 2 InsO ist die Vorschrift nicht anwendbar auf privat-rechtliche oder sonstige öffentlich-rechtliche Forderungen. Die Wortwahl lässt ferner vermuten, dass der Gesetzgeber mit dem *terminus* Steuerschuldverhältnis auf den zweiten Abschnitt des Zweiten Teils der Abgabenordnung Bezug nehmen wollte. §§ 37, 38 AO sprechen hier insb. von *Ansprüchen aus dem Steuerschuldverhältnis* und differenzieren dabei nicht nach der Art der Steuer. Eine nähere Differenzierung oder Einschränkung findet sich auch nicht in § 55 Abs. 4 InsO, obwohl man dies nach der Lektüre der Gesetzesbegründung vermuten könnte. Dort wird auffallend häufig ausdrücklich oder inzidenter auf die Umsatzsteuer angespielt, andere Steuerarten aber nicht einmal erwähnt[434].

---

430 §§ 25, 26, 38, 55 Abs. 1–3, 61, 90, 265, 270b, 290 InsO.

431 *Hefermehl*, in: MüKo, InsO, § 55, Rz. 241; *Kahlert*, ZIP 2011, 401, 401; *Onusseit*, ZInsO 2011, 641.

432 Statt vieler nur *Hefermehl*, in: MüKo, InsO, § 55, Rz. 228.

433 S. hierzu Zweites Kapitel D)IV.

434 Bspw. heißt es dort, dass „der in diesen Geschäften anfallende Vorsteuerabzug regelmäßig auch in voller Höhe dem schuldnerischen Unternehmen vor Verfahrenseröffnung zugutekommt", s. BT-DrS 17/3030, S. 43. Ebd.: „[...] insbesondere für die Umsatzsteuer". Bei einer Gesamtschau erscheint es klar, dass die Norm allein die Bekämpfung von Umsatzsteuerausfällen verhindern will. Zu ertragsteuerlichen Fragen im Zusammenhang mit § 55 Abs. 4 InsO, s. *Beck*, ZIP 2011, 551 ff.

Dem Gesetzgeber schien vor allem ein Dorn im Auge zu sein, dass der schwache vorläufige Insolvenzverwalter im Insolvenzeröffnungsverfahren umsatzsteuerpflichtige Geschäfte tätigen konnte, ohne die Umsatzsteuer tatsächlich (in voller Höhe) abführen zu müssen[435]. Gleichwohl ist eine teleologische Reduktion des Anwendungsbereichs „Steuerschuldverhältnis“ allein auf den Anwendungsbereich „Umsatzsteuerschuldverhältnis“ nicht möglich[436]. Angesichts des klaren Wortlauts der Vorschrift würde damit dem sich in dem Normtext wiederspiegelnden Willen des Gesetzgebers nicht entsprochen. Außerdem muss man dem Gesetzgeber unterstellen, dass er die Fassung der Vorschrift in Kenntnis der übrigen Steuerarten vorgenommen hat und sich darüber hinaus auch bewusst war, dass auch diese in der Insolvenz zum Tragen kommen können. Auch wenn er bei seiner Willens*bildung* nur die Umsatzsteuer im Fokus gehabt haben soll, kann dies der Willensäußerung weder entnommen, noch später über das methodische Mittel einer teleologischen Reduktion ergänzt werden. § 55 Abs. 4 InsO gilt damit für alle Steuerarten samt Nebenleistungen i.S.d. § 37 AO[437].

b) Auslegung von „Verbindlichkeiten“

Ebenfalls einer Erörterung bedarf es der Wahl des Begriffes „Verbindlichkeiten“. Während die Abgabenordnung in dem genannten Abschnitt nur *Ansprüche* aus dem Steuerschuldverhältnis kennt, spricht § 55 InsO von *Verbindlichkeiten* aus dem Steuerschuldverhältnis. Der Gesetzgeber hat sich vermutlich für diesen *terminus* entschieden, um die Gesetzestechnik von § 55 InsO und die Semantik der InsO beizubehalten. Dort ist stets von „Verbindlichkeiten“ die Rede. Unter einer Verbindlichkeit versteht man im Schuldrecht üblicherweise die Verpflichtung eines Schuldners gegenüber einem Gläubiger, die i.d.R. in der Leistung von Geld besteht. Im Steuerschuldverhältnis kommt es aber nicht selten dazu, dass den Steuerschuldner nicht nur ein allein ihn verpflichtendes Leistungsgebot trifft. Es kann ebenso zu einer Vergütung oder Erstattung von Steuern und damit zu dem Gegenstück einer Verbindlichkeit, nämlich einer Forderung kommen, die ohnehin der Insolvenzmasse zustünde.

Die nachfolgenden Erwägungen erfolgen bewusst unter Außerachtlassung der Rechtsprechungsserie des V. Senats des BFH, die vor dem Hintergrund eines Einschlusses von Besteuerungsgrundlagen in Unternehmensteile[438] insoweit zu anderen Ergebnissen führt. Es wird damit die Rechtslage allein auf der normativen Grundlage von § 55 Abs. 4 InsO gewürdigt.

---

435 S. zu dem Entscheidungshorizont des Gesetzgebers im Einzelnen oben unter Erstes Kapitel A)V.2.a).

436 A.A. wohl *Nawroth*, ZInsO 2011, 107.

437 *Beck*, ZIP 2011, 551, 556; *Hefermehl*, in: MüKo, InsO, § 55, Rz. 240; *Jarchow*, in: HK-InsO, § 55, Rz. 83; *Kahlert*, ZIP 2011, 401, 402; *Onusseit*, ZInsO 2011, 641, 646; *Uhländer*, AO-StB 2011, 84, 86.

438 S. hierzu noch unten unter Drittes Kapitel B)III.

aa) Die Gegenläufigkeit von Ansprüchen im Umsatzsteuerschuldverhältnis

Insbesondere mit Blick auf die Umsatzsteuer muss man an dieser Stelle an Umsatzsteuererstattungs- bzw. Vorsteuervergütungsansprüche denken. Gerade diese Gegenläufigkeit von *Ansprüchen* kann von dem Begriff *Verbindlichkeit* nicht erfasst werden[439]. Wendet man die oben beschriebene Prüfungsmethodik an, muss jede einzelne unselbstständige Besteuerungsgrundlage auf ihre Subsumtionsfähigkeit hin untersucht werden. Negative Besteuerungsgrundlagen, die bei einer autarken Betrachtung zu einem Umsatzsteuererstattungs- bzw. Vorsteuervergütungsanspruch führen, sind aber keine Verbindlichkeiten, sondern Forderungen des Insolvenzschuldners. Ist in einem Voranmeldungszeitraum ein nicht-starker vorläufiger Insolvenzverwalter bestellt, der sowohl Ein- als auch Ausgangsleistungen seine Zustimmung erteilt, kommt es zu einer solchen – für die Umsatzsteuer typischen – Vielzahl von positiven wie negativen Besteuerungsgrundlagen. Alle positiven Besteuerungsgrundlagen, die bei einer autarken Betrachtung eine Verbindlichkeit bilden, fallen dann unter § 55 Abs. 4 InsO. Für negative Besteuerungsgrundlagen gilt dies nicht, Auf sie kann § 55 Abs. 4 InsO wegen des klaren Wortlauts nicht angewendet werden[440], weil negative Besteuerungsgrundlagen überhaupt nicht zu einer Verbindlichkeit und damit auch nicht zu einer Masse*verbindlichkeit* des Insolvenzschuldners führen können. Dies folgt auch aus dem Telos der Norm, nach dem die Erhebung solcher *positiver* Besteuerungsgrundlagen sichergestellt werden sollte, die aus während des Eröffnungsverfahrens erbrachten Lieferungen und sonstigen Leistungen resultieren[441].

Eine anderslautende Einordnung folgt für Vorsteuerbeträge auch nicht daraus, dass das diesen zugrunde liegende Umsatzgeschäft, also die zivilrechtliche schuldrechtliche Beziehung zwischen dem Insolvenzschuldner und einem Dritten, zu einer Masseverbindlichkeit führt. Denn für die Zwecke einer Umsatzsteuerfestsetzung

---

439 Differenzierend BMF-Schreiben v. 20.5.2015, BStBl. I 2015, 476: Steuererstattungs- und Steuervergütungsansprüche werden nicht erfasst (Rz. 5), während Vorsteuerbeträge für nach Bestellung des schwachen vorläufigen Insolvenzverwalters bezogene und bezahlte Leistungen in den Anwendungsbereich von § 55 Abs. 4 InsO fallen sollen, sofern der schwache vorläufige Insolvenzverwalter zugestimmt hat (Rz. 21). In diesem Fall sind die aus Ausgangsleistungen begründeten Steuern um die vorstehend genannten Vorsteuerbeträge zu mindern (Rz. 33). Im Ergebnis ermöglicht die Finanzverwaltung damit eine – durchaus praxisgerechte – zeitraumbezogene Betrachtung von Ein- und Ausgangsleistungen.

440 So wohl auch *Debus/Schartl*, ZIP 2013, 350, 352, die von einer konsequenten Wortlautanwendung sprechen. *Schmittmann*, StuB 2012, 237, 238, ist der Auffassung, auf der Ebene des Verfassungsrechts eine Korrektur erfolgen zu lassen, weil mit der Ungleichbehandlung ein Verstoß gegen Art. 3 Abs. 1 GG vorläge. Wie er *de lege lata* die Norm anwenden will und ob er ggf. eine verfassungskonforme Auslegung präferiert, ist nicht ersichtlich. A.A. OFD Münster / OFD Rheinland v. 5.9.2011, S 0550–22-St 32–41/S7532-14-St 44–32, ZInsO 2011, 1942, 1944, Rz. 20 f.

441 S. hierzu oben unter Erstes Kapitel A)V.2.

muss unmittelbar an die aus dem Umsatzsteuerschuldverhältnis folgenden Rechtswirkungen angeknüpft werden[442]. Andernfalls verließe man die grundlegende und gleichsam tradierte, von der InsO vorgegebene Regelungstechnik, nach der es bei der Abgrenzung zwischen Masseverbindlichkeiten und Insolvenzforderungen auch bei Ansprüchen aus dem Umsatzsteuerschuldverhältnis ausschließlich auf die Wirkungen ankommt, die der gesetzliche Umsatzsteuertatbestand bereithält. Auch wenn man im Rahmen der diesbezüglichen Auslegung auf Eigenarten des darauf bezugnehmenden zivilrechtlichen Schuldverhältnisses abstellen kann oder bei der Frage nach einer Zustimmung i.S.v. § 55 Abs. 4 InsO sogar muss[443], folgt daraus nicht die Möglichkeit, diese als Ausgangspunkt für die Begründung von negativen Besteuerungsgrundlagen als Masseverbindlichkeit zu nutzen. Diese sind – bei einer rein insolvenzrechtlichen Betrachtung – vielmehr nur *eine Forderung* des Insolvenzschuldners selbst.

Allerdings gibt es das Umsatzsteuerrecht vor, dass ein Umsatzsteueranspruch erst nach der umsatzsteuerlichen Zwangsverrechnung geltend gemacht werden kann, weil er erst in diesem Moment ein steuerverfahrensrechtliches Eigenleben erlangt. Sind also in einem Voranmeldungszeitraum, in dem ein vorläufiger Insolvenzverwalter i.S.d. § 55 Abs. 4 InsO bestellt ist, sowohl positive als auch negative Besteuerungsgrundlagen verwirklicht, entscheidet nicht das Insolvenzrecht über die Höhe von Umsatzsteuerbeträgen, sondern die umsatzsteuerliche Zwangsverrechnung, die sich nach der zeitlichen Erfassung der Besteuerungsgrundlagen richtet. Nachdem dieser vom Umsatzsteuerrecht vorgesehene und zu wahrende Zwischenschritt vollzogen wurde, kann das Insolvenzrecht aktiviert werden und die Frage klären, ob eine positive Besteuerungsgrundlage als Masseverbindlichkeit nach § 55 Abs. 4 InsO geltend zu machen ist oder eine bloße Insolvenzforderung nach § 38 InsO darstellt. Es kommt also zu einer insolvenzrechtlichen Kategorisierung von positiven Besteuerungsgrundlagen. Eine solche Kategorisierung auch hinsichtlich negativer Besteuerungsgrundlagen zu leisten sind indes weder § 55 InsO noch § 38 InsO im Stande. Sie bleiben also getreu ihrer umsatzsteuerlichen Einordnung in dem entsprechenden vorinsolvenzlichen Voranmeldungszeitraum verhaftet und können, soweit

---

442 Anders OFD Münster / OFD Rheinland v. 5.9.2011, S 0550–22-St 32–41/S7532–14-St 44–32, ZInsO 2011, 1942, 1944, Rz. 20 f.; BMF Schreiben v. 17.1.2012, BStBl. I 2012, 120, Rz. 19, 31, die mit Blick auf das zivilrechtliche Geschäft auch bei Vorsteuerbeträgen davon ausgehen, dass diese vom vorläufigen Insolvenzverwalter begründet werden können. Das letztgenannten BMF-Schreiben ist ersetzt worden durch BMF-Schreiben v. 20.5.2015, BStBl. I 2015, 476, das nicht mehr *expressis verbis* auf das „zu Grunde" liegende Umsatzgeschäft abstellt.

443 S.u. unter Erstes Kapitel G)I.4. Die Frage nach der Zustimmung zu einem steuerbegründenden Umsatz kann und muss mittels Verweis auf das diesem zugrundeliegende zivilrechtliche Rechtsgeschäft bejaht werden. Gegenwärtig geht es aber darum, ob neben verbindlichkeits- auch forderungsbegründende Besteuerungsgrundlagen von § 55 Abs. 4 InsO erfasst werden können.

wie sie vorliegen, gegen solche positiven Besteuerungsgrundlagen ver-, womöglich sogar aufgerechnet werden, die den Rang einer Insolvenzforderung haben.

Die faktischen Auswirkungen dessen lassen sich anhand des folgenden Beispiels skizzieren: In einem Voranmeldungszeitraum vor der Eröffnung des Insolvenzverfahrens werden positive Besteuerungsgrundlagen i.H.v. 100 verwirklicht, die unter § 55 Abs. 4 InsO fallen. Nun sollen in Variante I gleichsam negative Besteuerungsgrundlagen i.H.v. 50 verwirklicht werden, die (nach hier *nicht* vertretener Lesart) unter § 55 Abs. 4 InsO fallen; in Variante 2 erfüllen sie ebendiesen Tatbestand nicht. Für Variante I ergäbe sich nun nach einer Saldierung im „§ 55 Abs. 4 InsO-Kreislauf" eine Umsatzsteuerschuld i.H.v. 50, die nach der Eröffnung des Insolvenzverfahrens als Masseverbindlichkeit geltend gemacht werden kann, wobei die Zuordnung der negativen Besteuerungsgrundlagen allein durch die in Rede stehende Norm erfolgen würde. Folgt man hingegen Variante II, so bleiben die negativen Besteuerungsgrundlagen in dem Voranmeldungszeitraum vor der Insolvenzeröffnung verhaftet, da die Einordnung richtigerweise aufgrund der umsatzsteuerlichen Erfassung derselben vorgenommen wird und bilden damit Ver- bzw. Aufrechnungspotential. Die positiven Besteuerungsgrundlagen können dagegen in voller Höhe von 100 als Masseverbindlichkeit erhoben werden.

bb) Zusammentreffen von positiven Besteuerungsgrundlagen im Rahmen der schwachen vorläufigen Verwaltung gem. § 55 Abs. 4 InsO und solchen, die nicht den Tatbestand auslösen

Von dem Vorstehenden unberührt bleibt damit die Frage, wie eine positive Besteuerungsgrundlage im Zeitraum der schwachen vorläufigen Verwaltung zu behandeln ist, die die Rechtsfolge des § 55 Abs. 4 InsO mangels Tatbestandsmäßigkeit nicht auslöst[444]. Die sich daraus ergebende Umsatzsteuerschuld führte dann zu einer Insolvenzforderung nach § 38 InsO. Der Konflikt wird also sichtbar, wenn in demselben Voranmeldungszeitraum eine positive Besteuerungsgrundlage nach § 38 InsO und eine nach § 55 Abs. 4 InsO zusammentreffen. Fraglich ist nun, auf welchem Wege eine Aufteilung vorzunehmen ist.

Einigkeit besteht insoweit, dass die den positiven Besteuerungsgrundlagen nach § 38 und nach § 55 InsO anhaftende unterschiedliche wirtschaftliche Wertigkeit durch die umsatzsteuerliche Zwangsverrechnung nicht wieder verloren geht. Andernfalls würden die insolvenzrechtlichen Vorentscheidungen über die Bedeutung der Ansprüche negiert. Gleichwohl muss aber berücksichtigt werden, dass die Besteuerungsgrundlagen in demselben Voranmeldungszeitraum verwirklicht wurden. Abhängig von der Auswahl und der Höhe der verrechnungsfähigen positiven Besteuerungsgrundlagen, die in der Saldierung den negativen

---

444 In welchen Fällen dies möglich ist, wird unten unter Erstes Kapitel G)I.4.b)bb) thematisiert. Ebenfalls denkbar ist es, dass die Bestellung eines schwachen vorläufigen Insolvenzverwalters inmitten eines Voranmeldungszeitraums liegt und der Insolvenzschuldner schon hiervor positive Besteuerungsgrundlagen verwirklicht hat.

Besteuerungsgrundlagen gegenüber gestellt werden, kann es wirtschaftlich gesehen sogar zu einer übermäßigen Befriedigung der an sich wertlosen Insolvenzforderungen kommen. Dies verdeutlicht ein Beispiel, in dem in einem Voranmeldungszeitraum der schwachen vorläufigen Insolvenzverwaltung positive Besteuerungsgrundlagen sowohl den Rang von § 38 InsO als auch von § 55 Abs. 4 InsO aufweisen. Dem gegenüber stehen negative Besteuerungsgrundlagen. Weil eine Vorentscheidung über die Zuordnung von negativen Besteuerungsgrundlagen über § 55 Abs. 4 InsO nicht hergeleitet werden kann[445], stellt sich die Frage, welche positiven Besteuerungsgrundlagen *zuerst* mit diesen verrechnet werden. Wählte man diejenigen nach § 38 InsO, kommt es zu der beschriebenen, übermäßigen Befriedigung, weil der Fiskus dann seine wertlosen Besteuerungsgrundlagen letztlich realisieren könnte. Wählte man diejenigen nach § 55 Abs. 4 InsO, verringert sich die dem Fiskus zustehenden Masseverbindlichkeit; es verbleibt auch hier eventuell noch ein Guthaben, welches mit den übrigen Besteuerungsgrundlagen nach § 38 InsO verrechnet werden kann.

Ausgehend von dem oben festgestellten Befund, dass sich negative Besteuerungsgrundlagen nicht in einem – sicherlich praxistauglichen – „§ 55 Abs. 4 InsO – Kreislauf“ erfassen lassen, weil sie schlicht nicht subsumtionsfähig sind, schlägt der *Verfasser* folgende Lösung vor: etwaige negative Besteuerungsgrundlagen in einem Voranmeldungszeitraum sind zunächst mit solchen positiven Besteuerungsgrundlagen zu verrechnen, denen die Qualität einer Insolvenzforderung nach § 38 InsO zukommt[446]. Ein eventuell verbleibendes Guthaben ist sodann mit positiven Besteuerungsgrundlagen nach § 55 Abs. 4 InsO zu verrechnen. Verbleiben dagegen aus der *ersten* Verrechnung Insolvenzforderungen, müssen diese separat zur Tabelle angemeldet werden. Verbleibende Umsatzsteuerverbindlichkeiten nach § 55 Abs. 4 InsO sind in jedem Fall als Leistungsgebot gegenüber dem Insolvenzverwalter geltend zu machen.

Mit dem aufgezeigten Lösungsweg wird der gesetzgeberischen Intention Rechnung getragen, die in den Anwendungsbereich von § 55 Abs. 4 InsO fallenden Steuerschulden in jedem Fall vollständig aufkommenswirksam zu erheben. Dies geschieht entweder durch Verrechnung oder – sofern eine Umsatzsteuerschuld verbleibt – mittels Steuerbescheid. Die in der Vorschrift angelegten Konstruktionsschwächen, die sich insbesondere bei der Umsatzsteuer offenbaren, dürfen nicht dazu führen, eine Auslegung zu bemühen, die den vom Gesetzgeber angestrebten Rechtsfolgen keine Geltung verleiht. Wählte man eine vorrangige Verrechnung mit positiven Besteuerungsgrundlagen nach § 55 Abs. 4 InsO, so könnte es dazu kommen, dass werthaltige Masseverbindlichkeiten zulasten von nicht-werthaltigen Insolvenzforderungen vorrangig verrechnet werden und damit bei einem etwaigen Überschuss von Guthaben überhaupt nicht aufkommenswirksam erhoben werden könnten.

---

445 S. hierzu im vorangegangenen Abschnitt.

446 *Rauschenbusch*, KSI 2013, 113, 115, bezweifelt dies hingegen mit Verweis auf ein unzulässiges „Cherry-Picking“.

cc) Missglückte Wahl der Begrifflichkeiten

Ungeachtet der vorstehenden Auslegungsprobleme kann dem Gesetzgeber mit Blick auf die insolvenzrechtliche Gesetzestechnik nicht der Vorwurf gemacht werden, er habe mit seiner Ausdrucksweise die steuerrechtliche Rechtstechnik grundsätzlich verkannt. Letztlich *meint* Verbindlichkeit im Kontext des § 55 Abs. 4 InsO *Anspruch* aus dem Steuerschuldverhältnis; die divergierende Semantik ist den unterschiedlichen Perspektiven von Insolvenz- und Steuerrecht geschuldet[447]. Der Gesetzgeber wollte mit seiner terminologischen Auswahl an dieser Stelle vermutlich die tradierte Systematik der Insolvenzordnung nicht verlassen, und hatte darüber hinaus ohnehin nur Ansprüche des Steuergläubigers, nicht aber des Insolvenzschuldners im Blick, wie sich aus der Gesetzgebungsgeschichte entnehmen lässt. Die Vorschrift kann damit auch angesichts ihres klaren Wortlauts nur auf solche Ansprüche Anwendung finden, die zulasten der Insolvenzmasse wirken, also Masse*verbindlichkeiten* zum Inhalt haben. Bei der Fassung des § 55 Abs. 4 InsO war es nicht das Ziel des Gesetzgebers, eine generelle Abstimmung von Insolvenz- und Steuerrecht vorzunehmen. Insofern kann die Wahl der Begrifflichkeiten zwar als durchaus missglückt empfunden werden, bietet aber nicht ausreichend Grund dafür, diesbezüglich schon für einen generellen Abstimmungsmangel zu streiten.

3. Von einem vorläufigen Insolvenzverwalter

§ 55 Abs. 4 InsO kennt zwei Verwirklichungsalternativen. Die erste (§ 55 Abs. 4 Alt. 1 InsO) liegt vor, wenn Verbindlichkeiten von *einem vorläufigen Insolvenzverwalter* begründet worden sind. Die genaue Auslegung des Tatbestandsmerkmals „vorläufiger Insolvenzverwalter" ist dabei zunächst in Abgrenzung zu § 55 Abs. 2 InsO vorzunehmen. Dort gelten nur solche Verbindlichkeiten nach der Eröffnung des Insolvenzverfahrens als Masseverbindlichkeiten, die von einem vorläufigen Insolvenzverwalter begründet worden sind, auf den die Verfügungsbefugnis über das Vermögen des Schuldners übergegangen ist. Der sog. starke vorläufige Insolvenzverwalter mit umfassender Verfügungsbefugnis gem. § 21 Abs. 2 Nr. 2 InsO war nach ganz herrschender Meinung schon vor Einführung von § 55 Abs. 4 InsO in der Lage, gem. § 55 Abs. 2 InsO durch sein Handeln Steueransprüche zu begründen[448]. Mit der Einfügung von § 55 Abs. 4 InsO bezweckte der Gesetzgeber diese Rechtsfolge auch für solche Fälle auf Ansprüche aus dem Steuerschuldverhältnis zu erweitern, in dem ein starker vorläufiger Insolvenzverwalter nicht bestellt wurde. § 55 Abs. 4 InsO erfasst also negativ abgegrenzt nur den vorläufigen Insolvenzverwalter, der nicht über die Kompetenzen nach §§ 21 Abs. 2 Nr. 2, 22 InsO verfügt. Im Umkehrschluss bedeutet das, dass grundsätzlich alle vorläufigen Insolvenzverwalter unter

447 *Kahlert*, ZIP 2011, 401; *Nachtmann*, Das Fiskusvorrecht im deutschen Insolvenzrecht, S. 105.

448 *Onusseit*, ZInsO 2011, 641, 644; so auch *Hefermehl*, in: MüKo, InsO, § 55, Rz. 242.

§ 55 Abs. 4 InsO fallen, die nicht stark, mithin also in verschiedenen Ausprägungen halbstark und schwach sind.

a) Sog. halbstarker vorläufiger Insolvenzverwalter

Hinsichtlich dieser „Kategorie" kann die vorstehende Auslegung wie folgt zum Tragen kommen. Bestellt das Insolvenzgericht einen halbstarken vorläufigen Insolvenzgericht, so stattet es ihn kumulativ oder alternativ zu den Berechtigungen eines schwachen vorläufigen Insolvenzverwalter nach Maßgabe des § 22 Abs. 2 InsO mit Einzelkompetenzen aus, was ihn damit „halbstark" macht. Damit kann der Entzug der Verwaltungs- und Verfügungsbefugnis des Schuldners auf diesen Gebieten einhergehen[449]. Das Insolvenzgericht kann den vorläufigen Insolvenzverwalter aber auch ohne begleitendes allgemeines Verfügungsverbot dazu ermächtigen, einzelne, im Voraus genau festgelegte Verpflichtungen zu Lasten der späteren Insolvenzmasse einzugehen, soweit dies für eine erfolgreiche Verwaltung nötig ist[450]. Die Insolvenzordnung überlässt es in weiten Teilen dem Insolvenzgericht, die für den Einzelfall gebotenen Maßnahmen zu treffen. Es ist damit aber der Fall denkbar, in dem das Insolvenzgericht den (dann) halbstarken vorläufig Insolvenzverwalter zur Vornahme von (bestimmten) umsatzsteuerpflichtigen Geschäften ermächtigt, die Pflicht zur Umsatzsteuerzahlung hiervon allerdings ausklammert.

Um auch diese Sachverhaltsalternative zu erfassen und dem von § 55 Abs. 4 InsO verfolgten Zweck gebührend Rechnung zu tragen, ist die erste Verwirklichungsalternative insofern bezogen auf das zivilrechtliche Grundgeschäft auf den hier beschriebenen halbstarken vorläufigen Insolvenzverwalter anzuwenden[451]. Das derart skizzierte Ergebnis einer Masseverbindlichkeitsbegründung über § 55 Abs. 4 InsO für Verbindlichkeiten aus dem Steuerschuldverhältnis ist damit zwar ein anderes als das des BGH für das zugrundeliegende Grundgeschäft, für das der vorläufige Insolvenzverwalter mit einer besonderen Einzelermächtigung zur Begründung von Masseverbindlichkeiten ausgestattet ist[452]. Der BGH rekurriert diesbezüglich auf § 55 Abs. 2 InsO. Dem wird hier aber nicht gefolgt, um zu vermeiden, dass wegen einer die Umsatzsteuerverbindlichkeiten auslassenden Ermächtigung des Gerichts diese nicht liquidiert werden können und es zu einem Auseinanderfallen von Grundgeschäft und Steuerverbindlichkeit kommt. Diese Sichtweise entspricht

---

449 *Beck*, in: Beck/Depré, Praxis der Insolvenz, § 1, Rz. 50 f.

450 BGH, Urt. v. 18.7.2002, IX ZR 195/01, NJW 2002, 3326, 3329, unter IV.2.a)aa); sog. Ermächtigungsmodell, vgl. hierzu im Ganzen *Laroche*, NZI 2010, 965; *Vallender*, in: Uhlenbruck, InsO, § 22, Rz. 238 ff.

451 So auch noch auch die Finanzverwaltung in BMF-Schreiben v. 17.1.2012, BStBl. I 2012, 120, Rz. 2 ff., die besonderes Augenmerk auf die vom Insolvenzgericht eingeräumten Einzelermächtigungen legt. Ohne diese Ausführungen aufzunehmen tritt an die Stelle der genannten Quelle das BMF-Schreiben v. 20.5.2015, BStBl. I 2015, 476. A.A. *Onusseit*, ZInsO 2011, 641, 645.

452 BGH, Urt. v. 18.7.2002, IX ZR 195/01, NJW 2002, 3326, 3329, unter IV.2.a)aa).

dem Telos von § 55 Abs. 4 InsO, offenbart aber eine weitere Unzulänglichkeit in der Regelungstechnik der Vorschrift.

b) Sog. schwacher vorläufiger Insolvenzverwalter

Neben dem eben erörterten halbstarken vorläufigen Insolvenzverwalter ist auch der schwache vorläufige Insolvenzverwalter einer Prüfung dahingehend zu unterziehen, ob er für eine Subsumtion unter § 55 Abs. 4 Alt. 1 InsO in Betracht kommt. Von einem schwachen vorläufigen Insolvenzverwalter spricht man dann, wenn dessen Bestellung verbunden ist mit der Anordnung, dass Verfügungen des Schuldners nur noch mit dessen Zustimmung wirksam sind (vgl. § 22 Abs. 2 Nr. 2 InsO). Diese Ausgestaltung gilt als Regelfall und stellt das Grundmuster dieser Rechtsfigur dar[453]. Die Anordnung eines allgemeinen Verfügungsverbots ist mit ihr nicht verbunden; andernfalls läge ein starker vorläufiger Insolvenzverwalter vor. Die Befugnisse und Pflichten des schwachen vorläufigen Insolvenzverwalters sind gesetzlich nicht definiert. Das Insolvenzgericht hat – ebenso wie bei dem halbstarken vorläufigen Insolvenzverwalter – unter Wahrung des Verhältnismäßigkeitsgrundsatzes[454] solche Maßnahmen zu treffen, die primär der Sicherung der Insolvenzmasse dienen. Dabei ist dem oben beschriebenen Grundgerüst stets gemein, dass der schwache vorläufige Insolvenzverwalter nicht zur Vornahme von Rechtsgeschäften ermächtigt wird. Er soll lediglich passiv fungieren und dazu beitragen, dass die Insolvenzmasse nicht geschmälert wird. Falls der Schuldner Rechtsgeschäfte – oder mit Blick auf die Umsatzsteuer die sonstige Verwirklichung von Besteuerungsgrundlagen – vornimmt, kann er dies ggf. im Wege des Zustimmungsvorbehalts negieren oder eben befürworten. Vor diesem Hintergrund kommt die Frage auf, auf welche Weise er dann überhaupt selbst *in persona* Handlungen vornehmen kann, die zu der Begründung von Masseverbindlichkeiten nach § 55 Abs. 4 InsO führen. Dies ist indes nicht möglich, da nicht er selbst der Urheber einer rechtsbegründenden Handlung sein kann, sondern diese stets vom Insolvenzschuldner selbst auszugehen hat. Gleiches gilt im Ergebnis für ebendiese Verwirklichungsalternativ auch für den Fall, in dem der schwache vorläufige Insolvenzverwalter mit der Befugnis zur Einziehung von (Alt-)Forderungen ausgestattet wird[455]. Insofern kommt der Vorschrift für die hier thematisierte Form der vorläufigen Insolvenzverwaltung kein Anwendungsbereich zu, womit ihr Regelungsgehalt ins Leere läuft[456].

---

453 *Mönning*, in: Nerlich/Römermann, InsO, § 22, Rz. 214.

454 Hierzu ausführlich *Haarmeyer*, in: MüKo, InsO, § 21, Rz. 23 ff.

455 A.A. BFH, Urt. v. 24.9.2014, V R 48/13, BStBl. II 2015, 506; s. dazu ausführlich unten unter Zweites Kapitel D)IV.

456 *Nachtmann*, Das Fiskusvorrecht im deutschen Insolvenzrecht, S. 107 f. Kritisch gegenüber der sich im Wortlaut von § 55 Abs. 4 InsO niederschlagenden mangelnden systematischen Abstimmung auch *Loose*, in: Tipke/Kruse, AO, § 251, Rz. 70b.

4. *Oder vom Schuldner mit Zustimmung eines vorläufigen Insolvenzverwalters*

Die zweite Verwirklichungsvariante von § 55 Abs. 4 InsO betrifft die Verbindlichkeiten, die *vom Schuldner mit Zustimmung eines vorläufigen Insolvenzverwalters* begründet worden sind. Zunächst ist damit festzustellen, dass der Wortlaut keinen anderen Schluss zulässt, als dass die die Verbindlichkeit aus dem Steuerschuldverhältnis begründende Handlung vom Schuldner selbst ausgehen muss. Der daneben agierende vorläufige Insolvenzverwalter muss darüber hinaus mit einem Zustimmungsvorbehalt ausgestattet sein. Das entspricht – wie gesehen – dem Grundgerüst eines typischen schwachen vorläufigen Insolvenzverwalters. § 55 Abs. 4 Alt. 2 InsO ist daneben auch grundsätzlich anwendbar, falls ein halbstarker vorläufiger Insolvenzverwalter bestellt worden ist, solange dieser nicht selbst im Rahmen einer eventuell angeordneten Einzelermächtigung tätig wird[457].

a) Einführung in den Problemkreis

Ein systematisches Problem ergibt sich vielmehr aus den intrainsolvenzrechtlichen Bezugspunkten des Begriffes „Zustimmung". In § 55 Abs. 4 InsO bezieht sich dieser auf *Verbindlichkeiten*; in § 22 Abs. 2 Nr. 2 InsO hingegen auf *Verfügungen*. Letztgenannte Vorschrift der InsO ist die gesetzliche Grundlage für den vorläufigen Insolvenzverwalter mit allgemeinem Zustimmungsvorbehalt (schwacher vorläufiger Insolvenzverwalter). Nun ließe sich argumentieren, dass § 55 Abs. 4 InsO schlechthin nicht greift, weil die Begründung neuer Rechte oder Pflichten in Form von Verbindlichkeiten für sich schon keine zustimmungsbedürftige Verfügung i.S.v. § 22 Abs. 2 Nr. 2 InsO sei[458]. Subsumiert man nun auch die infolge gesetzlicher Tatbestände verwirklichte Umsatzsteuerverbindlichkeit hierunter, würde die vom Insolvenzschuldner verwirklichte und vom vorläufigen Insolvenzverwalter durch Zustimmung gebilligte Umsatzsteuer nicht unter den Tatbestand des § 55 Abs. 4 InsO fallen und könnte somit nicht als Masseverbindlichkeit qualifiziert werden. Ein anderes Ergebnis ergäbe sich dann, wenn für die Zwecke der Umsatzsteuer i.V.m. § 55 Abs. 4 InsO an die umsatzsteuerrechtliche Verschaffung der Verfügungsmacht angeknüpft würde. Umsatzsteuerrechtliche Verschaffung der Verfügungsmacht geht regelmäßig, aber nicht zwingend einher mit der zivilrechtlichen dinglichen

---

457 Nicht anzuwenden ist § 55 Abs. 4 InsO demnach auf den Fall der sog. isolierten Bestellung eines vorläufigen Insolvenzverwalters, in dem weder ein allgemeiner Zustimmungsvorbehalt angeordnet, noch eine Einzelermächtigung erteilt wurde. Der vorläufige Insolvenzverwalter fungiert dann lediglich als gerichtlich bestellte Aufsichtsperson, die nicht in der Lage ist, nachteilige Veränderungen der Vermögenslage des Schuldners zu verhindern. Er vermag aber Erkenntnisse über den Insolvenzweck gefährdende Umstände zu sammeln und diese dem Gericht mitzuteilen, das auf Grundlage dessen weitere Maßnahmen treffen kann, s. hierzu *Haarmeyer*, in: MüKo, InsO, § 22, Rz. 30.

458 Vgl. FG Düsseldorf, Urt. v. 27.9.2013, 1 K 3372/ 12 U, EFG 2014, 69, 71, Rz. 57.

Übertragung des Eigentums an einem Gegenstand[459]. Insofern herrscht an dieser Stelle auch Übereinstimmung mit dem insolvenzrechtlichen Begriff der Verfügung, nach dem darunter diejenigen Rechtsgeschäfte zu verstehen sind, durch die ein Recht belastet, aufgehoben oder sonst in seinem Bestand verändert wird[460]. Das systematische Dilemma bei Annahme der letztgenannten Variante zeigt sich – neben ohnehin bestehender Auslegungszweifel – vor allem an einem Vergleich zur umsatzsteuerrechtlichen sonstigen Leistung, deren Tatbestände keine „Verschaffung der Verfügungsmacht" kennen und aus diesem Grund schlechthin nicht unter § 55 Abs. 4 InsO subsumiert werden könnten[461].

b) Auslegung des Tatbestandsmerkmals „Zustimmung"

aa) Wahl des Bezugspunktes zwischen Umsatzsteuerverbindlichkeit und Verbindlichkeit aus dem Grundgeschäft

Ausgangspunkt der näheren Prüfung von § 55 Abs. 4 Alt. 2 InsO muss das Handeln des Insolvenzschuldners sein. Die von ihm getätigten Verfügungen (bspw. über Grundstücke, Warenlager, Bargeld, Konten etc.) unterliegen bei der hier in Rede stehenden schwachen vorläufigen Insolvenzverwaltung einem (generellen) Zustimmungsvorbehalt nach § 21 Abs. 2 Nr. 2 Alt. 2 InsO. Der vorläufige Insolvenzverwalter ist also in der Lage, an sich wirksame rechtsgeschäftliche Verfügungen des Schuldners zu verhindern mit der Folge absoluter Unwirksamkeit[462]. Schuldrechtliche Verpflichtungen kann der Schuldner indes endgültig wirksam eingehen[463]. Erteilt der vorläufige Insolvenzverwalter seine Zustimmung, ist die Verfügung endgültig zivilrechtlich wirksam. In einem zweiten Schritt ist nun auf dieses insolvenzrechtliche Gerüst das Umsatzsteuerrecht anzuwenden.

Wie bereits oben angedeutet, ergibt sich das Problem aus der unscharfen Gesetzesformulierung, die nicht mit der insolvenzrechtlichen Systematik abgestimmt ist

---

459 *Heuermann/Martin*, in: Sölch/Ringleb, UStG, § 3, Rz. 70.

460 Statt vieler nur *Ott/Vuia*, in: MüKo, InsO, § 81, Rz. 4 m.w.N.

461 Vgl. dazu BFH, Urt. v. 24.9.2014, V R 48/13, BStBl. II 2015, 506, 509, Rz. 23, das zu Recht auf die differenzierungsbedingten Probleme mit dem allgemeinen Gleichheitssatz hinweist. Die Auslegung des Tatbestandsmerkmals „Zustimmung" war im Ergebnis nicht entscheidungstragend. Auch der XI. Senat des BFH wird sich voraussichtlich bald zu der Anwendung von § 55 Abs. 4 InsO auf die Erbringung von sonstigen Leistungen äußern müssen, nachdem eine entsprechende Revision unter dem Az. XI R 9/15 anhängig wurde (Mitteilung v. 20.8.2015). Die Vorinstanz (FG Berlin-Brandenburg, Urt. v. 15.1.2015, 5 K 5182/13, EFG 2015, 1847) schloss sich insoweit der Auffassung des V. Senats des BFH, ebd., an, wie sie auf die dem vorläufigen Insolvenzverwalter zustehenden „rechtlichen Befugnisse" abstellte (Rz. 12). Das gilt aber nicht für dessen Grundsätze zur Uneinbringlichkeit aus Rechtsgründen (Rz. 13 f.).

462 *Haarmeyer*, in: MüKo, InsO, § 21, Rz. 65.

463 *Böhm*, in: Braun, InsO, § 21, Rz. 45.

und deutlich wird, sobald man § 55 Abs. 4 Alt. 2 InsO mit dem Umsatzsteuerrecht aufzuladen versucht. Bei einer strengen Auslegung nach dem Wortlaut ließe sich sogar behaupten, dass Umsatzsteuerverbindlichkeiten überhaupt nicht begründet werden könnten. Den in die Norm eingeschobenen Relativsatz könnte man auch mit dem Inhalt interpretieren, er beziehe sich allein auf die durch Verwirklichung des gesetzlichen Tatbestands entstandene Umsatzsteuerverbindlichkeit und beinhalte damit nicht zugleich das dieser zuvorgehende zivilrechtliche Rechtsgeschäft. In diesem Fall wäre es den Insolvenzgerichten möglich, einen Zustimmungsvorbehalt anzuordnen, ohne dass dieser die gesetzlichen Umsatzsteuerverbindlichkeiten umfasst. Davon abgesehen wäre es bei einer solchen Lesart jedenfalls eher denkbar, § 55 Abs. 4 InsO abstrakt von § 21 Abs. 2 Nr. 2 InsO zu sehen, womit dem Begriff der Zustimmung nicht die Einschränkung anhaftet, nur auf Verfügungen anwendbar zu sein.

Neben dieser Auslegung ist jedenfalls auch eine davon abweichende möglich und unter Berücksichtigung der übrigen Auslegungsvarianten auch vorzugswürdig. Danach bezieht sich der angesprochene Relativsatz auf die für die Umsatzsteuerverbindlichkeit *ursächlichen* zivilrechtlichen Rechtsgeschäfte. Dieses Ergebnis dürfte auch dem Willen des Gesetzgebers entsprechen[464], der § 55 Abs. 4 InsO den Sinn und Zweck beigemessen hat, in der Phase der vorläufigen Insolvenzverwaltung die Umsatzsteuer vollständig erheben zu können.

In diesem Sinne ist auch die Frage zu entscheiden, ob mit der Verwendung des Begriffs *Zustimmung* vorentschieden ist, dass die Vorschrift nur Grundgeschäfte und damit Umsatzsteuerverbindlichkeiten erfassen kann, die eine Verfügung des Insolvenzschuldners voraussetzen. Die systematischen Bedenken hinsichtlich der mangelnden Abstimmung von § 55 Abs. 4 Alt. 2 InsO und § 21 Abs. 2 Nr. 2 InsO müssen insoweit zurücktreten und verfangen an dieser Stelle als Argument nicht. Die mit der Anordnung vorläufiger Maßnahmen nach § 21 InsO verbundene Grundintention ist die angestrebte Vermeidung nachteiliger Veränderungen der Vermögenslage des Schuldners und damit der Schutz aller Gläubiger. Anders als im Anfechtungsrecht beziehen sich diese nicht auf die Befriedungsmöglichkeiten der Insolvenzgläubiger allein. Neben diese Werterhaltungsfunktion tritt eine Bestandserhaltungsfunktion, die die Verhinderung einer Vorwegnahme der Vermögensverwertung durch Auflösung des Vermögensverbundes bezweckt[465]. Die spezielle Maßnahme der Anordnung eines Zustimmungsvorbehalts ist eine Ausprägung dieser Zielsetzung und soll den Schuldner daran hindern, ohne die Zustimmung des im Interesse der Gläubigergemeinschaft handelnden Insolvenzverwalters Verfügungen,

---

464 BT-DrS 17/3030, S. 42 f.: Die Gesetzesbegründung hat primär den Fall vor Augen, in dem der vorläufige Insolvenzverwalter selbst Umsatzgeschäfte tätigt. Auf die hier thematisierte Verwirklichungsvariante geht sie nur an einer Stelle (S. 42 unten) ein. Bestätigt durch BT-DrS 17/5712, S. 52: „[...] Umsatztätigkeit eines schwachen vorläufigen Insolvenzverwalters" und S. 68: „[...] im Rahmen seiner Einzelermächtigung durch das Insolvenzgericht tätig wird".

465 *Haarmeyer*, in: MüKo, InsO, § 21, Rz. 11 ff.

also nachteilige Vermögensveränderungen, vorzunehmen. Diese Verfügungen treten ausschließlich dann situativ auf, wenn es um bürgerlich-rechtliche Rechtsverhältnisse geht. Dass der Gesetzgeber bei der Schaffung von § 21 Abs. 2 Nr. 2 InsO auch öffentlich-rechtliche Rechtsbeziehungen, oder im speziellen steuerrechtliche Rechtsverhältnisse erfassen wollte, ist nicht ersichtlich. Davon abgesehen ist § 55 Abs. 4 InsO wegen seines vom Gesetzgeber deutlich formulierten steuerrechtlichen *Telos* auch steuerrechtlich autonom auszulegen. Der normative Sinngehalt bezieht sich allein auf steuerrechtliche Belange. Die Bezugnahme auf das insolvenzrechtliche Grundgerüst ändert daran nichts. Der Gesetzgeber hat klar zum Ausdruck gebracht, dass insbesondere Umsatzgeschäfte aus der Zeit des Insolvenzeröffnungsverfahrens auch unter der Ägide eines schwachen vorläufigen Insolvenzverwalters aufkommenswirksam erhoben werden sollen. Insofern ist das in der Tat unklar formulierte[466] und zumindest scheinbar im Widerspruch zu § 21 Abs. 2 Nr. 2 InsO stehende Tatbestandsmerkmal Zustimmung nicht nur auf solche Grundgeschäfte zu beziehen, die zugleich eine Verfügung und damit regelmäßig eine umsatzsteuerrechtliche Lieferung darstellen[467]. Vielmehr sind hiervon auch sonstige Leistungen zu erfassen[468]. Dies ergibt sich auch aus einer Kontrollüberlegung am Maßstab des allgemeinen Gleichheitssatzes, der bei der gegenteiligen Auffassung verletzt wäre. Die Differenzierung von Lieferungen und sonstigen Leistungen im Rahmen von § 55 Abs. 4 Alt. 2 InsO hätte nämlich zur Folge, dass Dienstleistungs- und Handelsunternehmen unterschiedlich behandelt würden[469]. Insofern ist Zustimmung in diesem Zusammenhang eigenständig als *Einverständniserklärung* auszulegen[470], deren genauer inhaltlicher Gehalt nachfolgend unter bb) überprüft wird.

---

466 Hätte der Gesetzgeber die dargestellten Abgrenzungsprobleme hinsichtlich des Bezugspunktes vermeiden wollen, wäre beispielsweise der folgende Normtext in Betracht gekommen: „Die von einem vorläufigen Insolvenzverwalter oder aus den mit Zustimmung des vorläufigen Insolvenzverwalters vorgenommenen Rechtshandlungen des Schuldners resultierenden Steuerverbindlichkeiten gelten nach Eröffnung des Verfahrens als Masseverbindlichkeiten."

467 FG Düsseldorf, Urt. v. 27.9.2013, 1 K 3372/ 12 U, EFG 2014, 69, 71, Rz. 60.

468 So wohl auch BMF-Schreiben v. 17.1.2012, BStBl. I 2012, 120, Rz. 3, das generell von „Handlungen" und „Umsatzgeschäften" spricht. Das dieses Schreiben ersetzende BMF-Schreiben v. 20.5.2015, BStBl. I 2015, 476, 477, Rz. 9, 11, hat dagegen den Einzug von Forderungen im Fokus und anerkennt die „Handlungen des schwachen vorläufigen Insolvenzverwalters nur noch „darüber hinaus". A.A. *Nachtmann*, Das Fiskusvorrecht im Deutschen Insolvenzrecht, S. 111 f. Mit gleicher Tendenz aus systematischen Gründen wie hier *Loose*, in: Tipke/Kruse, AO, § 251, Rz. 70b, der im Ergebnis aber auf die Entgeltvereinnahmung abstellt.

469 BFH, Urt. v. 24.9.2014, V R 48/13, BStBl. II 2015, 506, 509, Rz. 23.

470 *Nachtmann*, Das Fiskusvorrecht im Deutschen Insolvenzrecht, S. 112, spricht i.d.S. von einer formalen Zustimmung, lehnt die hier vorgenommene Auslegung aber ab. *Onusseit*, ZInsO 2011, 641, 645, spricht ebenso von der Interpretation i.S.e. „Einverständnis".

An die Anknüpfung an das zivilrechtliche Grundgeschäft, das wie gesehen sowohl umsatzsteuerliche Liefer- als auch Leistungsumsätze beinhalten kann, schließt der Mechanismus an, die durch das Grundgeschäft *qua* Gesetz entstandene Umsatzsteuerverbindlichkeit zu einer Masseverbindlichkeit zu machen. Obwohl sich die Zustimmung i.S. einer Einverständniserklärung auf das Grundgeschäft bezieht, bildet der Passus „aus dem Steuerschuldverhältnis“ als gesetzliche Anordnung den nötigen Hebel, der die steuerliche Verbindlichkeit letztlich zu einer Masseverbindlichkeit aufwertet. Der vom Insolvenzgericht angeordnete Zustimmungsvorbehalt führt damit im Anwendungsbereich des § 55 Abs. 4 Alt. 2 InsO bei der Vornahme entsprechender Geschäfte zwingend und uneinschränkbar stets auch zu Masseverbindlichkeiten hinsichtlich der entstandenen Umsatzsteuer.

bb) Inhaltliche Anforderungen

Nachdem der Bezugspunkt der Zustimmung mit dem hier vertretenen Gehalt festgestellt ist, stellt sich die Frage, bei Vorliegen welcher Handlungsformen diese angenommen werden kann. In Betracht kommt hier das aktive oder auch nur konkludente Handeln des vorläufigen Insolvenzverwalters durch Tun, Dulden oder Unterlassen[471]. Mit Blick auf die nach allgemeinen zivilrechtlichen Grundsätzen anerkannte Form der Zustimmung (§§ 182 ff. BGB) wird darunter eine einseitige empfangsbedürftige Willenserklärung verstanden, die nicht der für das Rechtsgeschäft bestimmten Form bedarf und daher objektiv nicht nur durch Benutzung von Wort und Schrift, sondern auch stillschweigend erfolgen kann, sofern ein entsprechender Erklärungswille vorliegt[472]. Ob diese Merkmale vorliegen, ist eine Frage der Auslegung, die bei empfangsbedürftigen Willenserklärungen nach dem objektiven Empfängerhorizont zu erfolgen hat (§§ 133, 157 BGB). Allerdings kann – wie das FG Münster[473] zutreffend festgestellt hat – diese zivilrechtliche Definition grundsätzlich nicht ohne weiteres für das Steuerschuldverhältnis übernommen werden, in dem es nicht um rechtsgeschäftliche, sondern um gesetzliche Rechte und Pflichten geht. Diese Aussage ist aber wiederum wie folgt einzuschränken. Freilich führt die Masseverbindlichkeit nach § 55 Abs. 4 InsO zu einer Verbindlichkeit aus dem Steuerschuldverhältnis. Eine Verbindlichkeit aus dem Steuerschuldverhältnis würde aber auch dann entstehen, wenn man das Vorliegen einer Zustimmung verneint. Sie wäre dann insolvenzrechtlich nicht als Masseverbindlichkeit, sondern als Insolvenzforderung einzuordnen. Darüber hinaus ist § 55 Abs. 4 InsO zwar autonom

---

471 So noch BMF-Schreiben v. 17.1.2012, BStBl. I 2012, 120, Rz. 3, auch in Bezug auf die Umsatzsteuer. Das an dessen Stelle getretene BMF-Schreiben v. 20.5.2015, BStBl. I 2015, 476, 478, Rz. 25, nennt diese Handlungsformen nur noch in Bezug auf die Einkommen-, Körperschaft- und Gewerbesteuer.

472 *Gursky*, in: Staudinger, BGB, § 182, Rz. 9, 23; FG Düsseldorf, Urt. v. 27.9.2013, 1 K 3372/ 12 U, EFG 2014, 69, 70 f., Rz. 58. Die insolvenzrechtliche Kommentarliteratur zu § 21 InsO ist insofern bislang unergiebig.

473 FG Düsseldorf, Urt. v. 27.9.2013, 1 K 3372/ 12 U, EFG 2014, 69, 70 f., Rz. 58.

steuerrechtlich auszulegen. Es führt aber zu keinem Widerspruch, wenn dem Steuerrecht unbekannte *termini* mit Blick auf das Zivilrecht ausgelegt werden, solange der steuerrechtliche Telos der Norm gewahrt bleibt.

Zustimmung muss – um diese tatbestandliche Restriktion nicht leerlaufen zu lassen – bedeuten, dass dem Verhalten des vorläufigen Insolvenzverwalters ein willensgetragenes Einverständnis entnommen werden können muss. Es entspricht dabei dem Telos von § 55 Abs. 4 InsO, dass dieser Wille nicht auf das Grundgeschäft und die Umsatzsteuerverbindlichkeit aufgesplittet werden kann. Ob und wann dieser Wille vorliegt und – wegen dessen Eigenschaft als empfangsbedürftiger Erklärung – objektiv feststellbar ist, ist eine Frage des Einzelfalls. Dabei ist zu berücksichtigen, dass der vorläufige Insolvenzverwalter mit Zustimmungsvorbehalt in erster Linie zur Sicherung der Gläubigerinteressen fungiert. Aus der Sicht des Insolvenzschuldners kommt ihm eine mitbestimmende Funktion zu, indem er darüber entscheidet, ob dessen zivilrechtliche Verfügungen wirksam sind. Nach der allgemeinen Handlungslehre kommt hierfür grundsätzlich *jedes* ausdrücklich oder konkludente Tun, Dulden oder Unterlassen in Betracht. Entscheidend ist der Erklärungsgehalt, der sich tatsächlich in vielfältiger Weise äußern kann. Für den häufigen Fall der Unternehmensfortführung im Insolvenzeröffnungsverfahren kann sich ein solcher Erklärungswille auch in der Tolerierung oder Billigung des schuldnerischen Handelns manifestieren. Eine *Miss*billigung der durch die Unternehmensfortführung entstehenden Umsatzsteuerverbindlichkeiten durch den Insolvenzverwalter scheidet damit aus, sofern er den Schuldner ansonsten gewähren lässt[474]. Dies folgt neben der bereits aufgezeigten fehlenden Möglichkeit der Willensseparation auch aus dem Verbot eines *venire contra factum proprium*, dem sich der vorläufige Insolvenzverwalter ansonsten aussetzen würde. Widerspricht der vorläufige Insolvenzverwalter nicht ausdrücklich der Fortführung der (kategorischen) Umsatztätigkeit, ist im Umkehrschluss eine konkludente oder sogar ausdrückliche Zustimmung anzunehmen[475]. Das Tatbestandsmerkmal der „Zustimmung" ist damit weit auszulegen. Nicht zu Masseverbindlichkeiten bei nachfolgender Insolvenzeröffnung kann es darüber hinaus nur insoweit kommen, wie der Insolvenzschuldner Handlungen vornimmt, für die ihm weiterhin die uneingeschränkte Verwaltungs- und

474 FG Düsseldorf, Urt. v. 27.9.2013, 1 K 3372/ 12 U, EFG 2014, 69, 71, Rz. 63.

475 So noch BMF-Schreiben v. 17.1.2012, BStBl. I 2012, 120, Rz. 3 f., das durch BMF-Schreiben v. 20.5.2015, BStBl. I 2015, 476, ersetzt wurde und diesen Schluss nur noch für die Einkommen-, Körperschaft- und Gewerbesteuer zulässt (ebd., Rz. 25); FG Düsseldorf, Urt. v. 27.9.2013, 1 K 3372/ 12 U, EFG 2014, 69, 71, Rz. 64; OLG Köln, Beschl. v. 29.1.2014, 2 W 4/14, juris, Rz. 13. In dem Fall des OLG Köln ging es um die Geltendmachung von Anfechtungsansprüchen, gegen die das Finanzamt in der Meinung aufgerechnet hat, es lägen Masseverbindlichkeiten nach § 55 Abs. 4 InsO vor.

Verfügungsbefugnis zukommt und für die das Insolvenzgericht auch kein Zustimmungserfordernis angeordnet hat[476].

5. *Anwendbarkeit auf umsatzsteuerrechtliche Berichtigungstatbestände*

Geht man von dem Vorgesagten aus, wonach von Grund auf nur positive Besteuerungsgrundlagen unter § 55 Abs. 4 InsO subsumiert werden können, ist die Betrachtung der in Frage kommenden Berichtigungstatbestände für die Zwecke dieser Untersuchung wie folgt zu begrenzen[477]: möglich ist, *erstens*, eine erneute Korrektur infolge einer tatsächlichen Uneinbringlichkeit gem. § 17 Abs. 2 Nr. 1 S. 2 UStG bei Vereinnahmung des Entgelts, *zweitens*, eine (Vorsteuer-)Korrektur gem. § 17 Abs. 1 S. 2 UStG i.V.m. § 17 Abs. 2 Nr. 1 S. 1 UStG infolge einer tatsächlichen Uneinbringlichkeit sowie, *drittens*, eine Korrektur gem. § 15a UStG. Ausgespart werden soll an dieser Stelle die Behandlung der von der Rechtsprechung des V. Senat des BFH geprägten Fallgruppe der „rechtlichen Uneinbringlichkeit“[478].

a) § 17 Abs. 2 Nr. 1 S. 2 UStG

Für den Fall des § 17 Abs. 2 Nr. 1 S. 2 UStG kommt es in dem hier gebildeten Beispiel bereits im zeitlichen Vorfeld dessen Tatbestandsmäßigkeit zu einer (ersten) Berichtigung der Umsatzsteuer gem. § 17 Abs. 1 i.V.m. § 17 Abs. 2 Nr. 1 S. 1 UStG. Diese gründet auf der tatsächlichen Uneinbringlichkeit des geschuldeten Entgelts und ist noch vor der Bestellung des vorläufigen Insolvenzverwalters eingetreten. Sie ist eine negative Besteuerungsgrundlage; wirkt also steuermindernd. § 17 Abs. 2 Nr. 1 S. 2 UStG wird erst durch die nachträgliche Vereinnahmung unter der Ägide des schwachen bzw. halbstarken vorläufigen Insolvenzverwalters ausgelöst[479]. Fraglich ist, ob diese positive Besteuerungsgrundlage unter § 55 Abs. 4 InsO subsumiert werden kann mit der Folge, ihr den Wert einer Masseverbindlichkeit zuzusprechen. Die Finanzverwaltung ist der Auffassung, dass dies zutreffend ist. Die auf Grund der

---

476 *Reiß*, in: Reiß/Kraeusel/Langer, UStG, § 18 – Exkurs: Umsatzsteuer in der Insolvenz, Rz. 2060.

477 Neben den aufgeführten Tatbeständen kommen noch die übrigen Alternativen des § 17 UStG in Betracht.

478 S. dazu unter Zweites Kapitel D)IV.

479 Das aufgeführte Beispiel kollidiert nicht mit dem Fall des BFH, Urt. v. 24.9.2014, V R 48/13, BStBl. II 2015, 506, in dem der Senat die Fallgruppe der rechtlichen Uneinbringlichkeit auch auf den vorläufigen Insolvenzverwalter mit allgemeinem Zustimmungsvorbehalt ausgedehnt hat. Denn dort ist der Berichtigungstatbestand erst durch die Bestellung des vorläufigen Insolvenzverwalters ausgelöst worden, nicht aber schon vorher durch tatsächliche Verhältnisse auf der Seite des Drittschuldners. Das Ergebnis ist hingegen dasselbe, s. dazu ausführlich unter Zweites Kapitel D)IV.

Vereinnahmung entstehende Steuerberichtigung sei eine sonstige Masseverbindlichkeit nach § 55 Abs. 4 InsO[480].

Dem kann weder für den halbstarken, noch für den schwachen vorläufigen Insolvenzverwalter zugestimmt werden, was wie folgt zu begründen ist. Bei dem Berichtigungstatbestand des § 17 Abs. 2 Nr. 1 S. 2 UStG handelt es sich um die Anordnung eines gesetzlichen Pflichtenprogramms, dem *der Insolvenzschuldner* Folge zu leisten hat. Er selbst hat den Zahlungseingang als Berichtigung in seiner Umsatzsteuervoranmeldung für den Besteuerungszeitraum vorzunehmen, in dem die Änderung der Bemessungsgrundlage eingetreten ist (§ 17 Abs. 1 S. 7 UStG). Ein Wahlrecht kommt ihm insoweit nicht zu. § 55 Abs. 4 InsO verlangt hingegen, dass die Verbindlichkeit – hier die positive Besteuerungsgrundlage – vom vorläufigen Insolvenzverwalter oder vom Schuldner mit dessen Zustimmung *begründet* worden ist.

Hinsichtlich der ersten Verwirklichungsalternative (§ 55 Abs. 4 Alt. 1 InsO) haben wir bereits oben unter 3. gesehen, dass diese – ungeachtet des umstrittenen Forderungseinzugs nach dem Fall einer rechtlichen Uneinbringlichkeit – nur für den halbstarken vorläufigen Insolvenzverwalter in Frage kommt. Diesbezüglich muss weiter gefragt werden, ob *er* die Verbindlichkeit begründet. Die Vereinnahmung des Entgelts erfolgt indes – zumindest in dem hier gebildeten Beispiel – ohne sein Zutun. Es wäre aber auch nicht anders zu entscheiden, wenn der vorläufige Insolvenzverwalter den Drittschuldner zur Zahlung aufgefordert hätte. Selbst wenn neben der Anordnung eines allgemeinen Zustimmungsvorbehalts auch noch eine besondere Verfügungsbeschränkung für Bankguthaben etc. seitens des Gerichts ausgesprochen wurde, versetzt das den vorläufigen Insolvenzverwalter nicht in die Lage, die Entgegennahme von Leistungen zu verhindern[481]. Er hat keine Möglichkeit, auf den Geldeingang Einfluss zu nehmen. Korrespondierend dazu vermag er dann aber auch keine Masseverbindlichkeiten zu begründen. Denn § 55 Abs. 4 InsO zielt gerade und nur darauf, Neugeschäfte in der Phase der vorläufigen Insolvenzverwaltung zu erfassen, für die das begründende Handeln des vorläufigen Verwalters zumindest mitursächlich ist[482]. § 17 Abs. 2 Nr. 1 S. 2 UStG wird aber unabhängig von dessen Tätigkeit verwirklicht. Mangels einer Regelung nach dem Vorbild von § 55 Abs. 1 Nr. 1 Alt. 2 InsO („[...] in sonstiger Weise") kann auch aus diesem Grund kein anderes Ergebnis angenommen werden.

Für die zweite Verwirklichungsalternative (§ 55 Abs. 4 Alt. 2 InsO) ergibt sich bei einer abweichenden Begründung eine übereinstimmende Schlussfolgerung. Insofern haben wir oben gesehen, dass sich das Tatbestandsmerkmal „Zustimmung" auf das zivilrechtliche Neugeschäft bezieht. Auf eine umsatzsteuerbegründende positive Besteuerungsgrundlage dieses Charakters kann indes bei dem hier in Rede

480 UStAE, Abschn. 17.1. Abs. 14 S. 3, eingeführt durch BMF-Schreiben v. 12.4.2013, BStBl. I 2013, 518.

481 *Haarmeyer*, in: MüKo, InsO, § 22, Rz. 31 f.

482 *Sinz/Oppermann*, DB 2011, 2185, 2187.

stehenden Berichtigungstatbestand nicht zurückgegriffen werden. Wie bereits ausgeführt handelt es sich dabei um eine gesetzliche Verpflichtung, die *ipso iure* eintritt und damit der Zustimmung in Form einer *Einverständniserklärung* entzogen ist. Angesichts dessen gilt auch diesbezüglich, dass die Begründung von Masseverbindlichkeiten ausgeschlossen ist[483].

b) § 17 Abs. 1 S. 2 UStG i.V.m. § 17 Abs. 2 Nr. 1 S. 1 UStG

Der Fall von § 17 Abs. 1 S. 2 UStG i.V.m. § 17 Abs. 2 Nr. 1 S. 1 UStG kommt in der nicht-starken vorläufigen Insolvenzverwaltung vermutlich selten vor, ist aber gleichwohl denkbar. Abzugrenzen ist er zunächst – abermals – von der neueren Rechtsprechung des V. Senats des BFH, nach der bereits bei der Bestellung eines schwachen vorläufigen Insolvenzverwalters der Vorsteuerabzug zu berichtigen ist[484]. Auch unter Berücksichtigung der dort aufgestellten Vorgaben ist es noch möglich, dass es bei der Bestellung eines schwachen vorläufigen Insolvenzverwalters nicht zu einer Berichtigung zu diesem Zeitpunkt kommt[485]. Eine tatsächliche Uneinbringlichkeit wegen der Insolvenz des Leistungsempfängers tritt jedenfalls erst mit der Eröffnung des Insolvenzverfahrens ein. Hinsichtlich des Berichtigungstatbestands nach § 17 Abs. 1 S. 2 UStG i.V.m. § 17 Abs. 2 Nr. 1 S. 1 UStG ist hier von folgendem Sachverhalt auszugehen: der spätere Insolvenzschuldner zieht noch vor der Bestellung des vorläufigen Insolvenzverwalters die Vorsteuer. Im Laufe des Insolvenzeröffnungsverfahrens stellt sich heraus, dass das zugrundeliegende Entgelt uneinbringlich wird[486]. Umsatzsteuerrechtlich hat der Schuldner dementsprechend

---

483 Ohne nach den beiden Verwirklichungsalternativen zu differenzieren ist gleicher Auffassung *Lenger*, NZI 2014, 144, 147. Tendenziell auch *Widmann*, UR 2011, 555, 556.

484 Urt. v. 24.9.2014, V R 48/13, BStBl. II 2015, 506, 510, Rz. 30, s. dazu unter Zweites Kapitel D)IV.

485 Zu denken ist an dieser Stelle an die sog. isolierte Bestellung eines vorläufigen Verwalters, ohne dass ein allgemeiner Zustimmungsvorbehalt angeordnet wird. Zumindest nach den in V R 48/13 aufgestellten Maßstäben dürfte ebendiese Rechtsprechung dann nicht anwendbar sein. Der vorläufige Insolvenzverwalter fungiert dann lediglich als gerichtlich bestellte Aufsichtsperson, die nicht in der Lage ist, nachteilige Veränderungen der Vermögenslage des Schuldners zu verhindern, s. hierzu die fallgruppenartige Aufarbeitung der Erstreckung der rechtlichen Uneinbringlichkeit auf bislang nicht entschiedene Fälle unten unter Zweites Kapitel E). Danach wird der V. Senat des BFH seine Rspr. vermutlich trotz der damit einhergehenden Verwerfungen auf den hier in Rede stehenden Fall anwenden.

486 Dabei kann (und muss für das zugrunde liegende Beispiel) nicht der „klassische" Fall einer tatsächlichen Uneinbringlichkeit infolge von Insolvenz vorliegen. Eine mögliche Sachverhaltsalternative ist die Stundung, die zumindest dann eine Uneinbringlichkeit begründet, wenn sie aus unternehmerischen Gründen gewährt wurde, s. *Stadie*, in: Rau/Dürrwächter, UStG, § 17, Rz. 412; BFH, Beschl. v. 10.3.1983, V B 46/80, BStBl. II 1983, 389.

seine Vorsteuer gem. § 17 Abs. 1 S. 2 UStG i.V.m. § 17 Abs. 2 Nr. 1 S. 1 UStG zu berichtigen, was die Wirkung einer positiven Besteuerungsgrundlage hat.

Eine Vorsteuerkorrektur infolge tatsächlicher Uneinbringlichkeit setzt für den nun zu prüfenden Fall des § 55 Abs. 4 Alt. 1 InsO voraus, dass sie von dem vorläufigen Insolvenzverwalter selbst begründet worden ist. Dabei stellt sich die Lage anders dar, als es bei der Korrektur nach § 17 Abs. 2 Nr. 1 S. 2 UStG der Fall war. Denn hier geht es um die Uneinbringlichkeit, die auf der Seite des leistungsempfangenden Insolvenzschuldners auftritt, der infolgedessen eine Vorsteuerkorrektur nach § 17 Abs. 1 S. 2 i.V.m. § 17 Abs. 2 Nr. 1 S. 1 UStG vorzunehmen hat. Auch hier ist der Blick zunächst auf das zivilrechtliche Grundgeschäft zu richten. In dessen Rahmen tritt ein Ereignis ein, welches die umsatzsteuerliche Bemessungsgrundlage (auf null) reduziert. Das setzt voraus, dass dem leistungsempfangenden Insolvenzschuldner eine Schuld (endgültig) erlassen wurde[487]. Auch wenn der vorläufige Insolvenzverwalter an einem solchen zivilrechtlichen Rechtsgeschäft beteiligt ist, und man es darüber hinaus als *sein* Geschäft bezeichnen darf, folgt aus der Verwirklichung des umsatzsteuerrechtlichen Berichtigungstatbestands keine Masseverbindlichkeit nach § 55 Abs. 4 InsO. Denn das zivilrechtliche Grundgeschäft bringt keine Pflichten mit sich, womit es auch keine Verbindlichkeit sein kann. Aus dem angeführten Beispiel erlangt der Schuldner im Gegenteil dazu sogar einen Vorteil. Auch wenn demgegenüber aus der Vorsteuerkorrektur freilich ein Nachteil folgte, kann auf der Grundlage von § 55 Abs. 4 Alt. 1 InsO nicht davon abgewichen werden, zunächst das Grundgeschäft zu würdigen.

Der Subsumtionsversuch in Bezug auf § 55 Abs. 4 Alt. 2 InsO bereitet abermals im Rahmen des Tatbestandsmerkmals *Zustimmung* Schwierigkeiten. Es ergeben sich hier im Vergleich zu den Ausführungen hinsichtlich der ersten Verwirklichungsalternative aber große Ähnlichkeiten in der Begründung. Begründet der Insolvenzschuldner ein Rechtsgeschäft mit dessen Leistungserbringer mit der Folge eines vorsteuerkorrekturbedürftigen Ereignisses, und ist davon auszugehen, dass der vorläufige Insolvenzverwalter sein Einverständnis hierzu abgibt, liegt gleichwohl keine Zustimmung vor. Denn um diese anzunehmen, bedürfte es auch eines zustimmungspflichtigen zivilrechtlichen Grundgeschäfts, das – wie oben gesehen – nicht vorliegt. Mithin ist auch eine Subsumtion von § 17 Abs. 1 S. 2 i.V.m. § 17 Abs. 2 Nr. 1 S. 1 UStG unter § 55 Abs. 4 Alt. 2 InsO nicht möglich.

c) § 15a UStG

Der umsatzsteuerliche Berichtigungstatbestand nach § 15a UStG regelt die Anpassung des Vorsteuerabzugs auf Grund einer geänderten Verwendung der Eingangsumsätze, weil die für den erstmaligen Vorsteuerabzug als dauerhaft unterstellte Art der Verwendung tatsächlich nicht für den gesamten Beurteilungszeitraum

487 Zu allen Fallgruppen der Uneinbringlichkeit s. *Stadie*, in: Rau/Dürrwächter, UStG, § 17, Rz. 385 ff.

eingetreten ist[488]. Auch dieser Berichtigungstatbestand hat die Wirkung einer positiven Besteuerungsgrundlage. Exemplarisch soll auf die nachfolgenden Fallgruppen eingegangen werden[489].

aa) Veräußerung eines Grundstücks

§ 15a Abs. 1 UStG wird beispielsweise ausgelöst, wenn ein Wirtschaftsgut steuerfrei veräußert wird, für das die Vorsteuer gezogen wurde. In Betracht kommt dabei die Veräußerung eines Grundstücks, das bislang ausschließlich zur Ausführung steuerpflichtiger Leistungen verwendet wurde, wobei darauf verzichtet wird, das Optionsrecht nach §§ 9 Abs. 1 i.V.m. 4 Nr. 9a) UStG auszuüben.

Der Berichtigungstatbestand des § 15a Abs. 1 UStG soll vorliegend zunächst am Beispiel einer Grundstücksveräußerung gewürdigt werden. Denn auch im Insolvenzeröffnungsverfahren ist es denkbar, wenn auch tatsächlich nicht die Regel, dass ein Grundstück zum Zwecke der Masseanreicherung verkauft wird, weil beispielsweise ein Aufschub dessen in die Phase des eröffneten Verfahrens nicht sinnvoll ist[490]. Auch dann stellt sich die Frage, ob die damit einhergehende Pflicht zur Vorsteuerberichtigung nach § 15a UStG eine Masseverbindlichkeit nach § 55 Abs. 4 InsO auslöst.

Wiederum ist zu Beginn der Würdigung nach den möglichen Verwirklichungsalternativen zu differenzieren. Ist der halbstarke vorläufige Insolvenzverwalter vom Insolvenzgericht mit einer auf den Grundstücksverkauf bezogenen Ermächtigung zur Begründung von Masseverbindlichkeiten ausgestattet, und macht er auch hiervon Gebrauch, so wird der Erfüllungsanspruch damit zur Masseverbindlichkeit[491]; die Insolvenzmasse trifft die Pflicht zur Übereignung des Grundstücks, die sich bei Nichterfüllung ebendieser Primärpflicht in einen sekundärrechtlichen Schadensersatzanspruch wandelt. Es liegt eine zivilrechtliche Verbindlichkeit vor, an die § 55 Abs. 4 Alt. 1 InsO für die Zwecke der Vorsteuerberichtigung nach § 15a Abs. 1 UStG anzuknüpfen vermag. Die daraus resultierende positive Besteuerungsgrundlage führt zu einer Masseverbindlichkeit nach § 55 Abs. 4 InsO.

Gleiches gilt für die in § 55 Abs. 4 Alt. 2 InsO normierte Verwirklichungsalternative. Sofern der schwache vorläufige Insolvenzverwalter seine Zustimmung zu dem

---

488 *Stadie*, in: *ders.*, UStG, § 15a Rz. 2.

489 Die beiden unter aa) und bb) geschilderten Fälle sind nicht abschließend. Zu denken ist etwa noch an Vorsteuerkorrekturen bei einem Wechsel von steuerpflichtiger zu steuerfreier Vermietung oder sofern die erworbenen Wirtschaftsgüter durch Einbau in andere Wirtschaftsgüter ihre Selbstständigkeit verlieren (§15a Abs. 3 UStG) oder an solche bezüglich aktivierungspflichtiger sonstiger Leistungen, vgl. zu den beiden letztgenannten Alternativen *Englisch*, in: Tipke/Lang, Steuerrecht, § 17, Rz. 368 f.

490 Es mag sich zum Beispiel ereignen, dass der Markt gerade einen besonders guten, weil hohen Preis hergibt und / oder die beteiligten Parteien bereits in konkrete Verhandlungen eingetreten sind und das Geschäft bald zum Abschluss bringen wollen.

491 Zu dem Widerspruch in der diesbezüglichen Wahl zwischen § 55 Abs. 2 InsO analog und § 55 Abs. 4 InsO s. oben unter Erstes Kapitel G)I.3.a).

Grundstücksverkauf erteilt hat, resultiert daraus zivilrechtlich eine Insolvenzforderung nach § 38 InsO auf Übereignung der Kaufsache, der gem. § 45 InsO in Geld umgerechnet wird[492]. Mit der erteilten Zustimmung in Bezug auf das zivilrechtliche Geschäft ist auch die Brücke geschlagen, um den daraus folgenden Berichtigungstatbestand nach § 15a UStG unter die Voraussetzungen von § 55 Abs. 4 InsO subsumieren zu können.

bb) Entnahme eines Gegenstands im Sinne des § 3 Abs. 1b Nr. 1 UStG

Außerdem soll beleuchtet werden, wie die Entnahme eines Gegenstands nach § 3 Abs. 1b Nr. 1 UStG im Lichte von § 55 Abs. 4 InsO einzuordnen ist. § 15a Abs. 8 UStG gibt diesbezüglich vor, dass auch insoweit eine Änderung der Verhältnisse vorliegt und mithin eine Berichtigung des Vorsteuerabzugs vorzunehmen ist, die sich wie eine positive Besteuerungsgrundlage auswirkt.

Die Problematik zeigt sich bereits im ersten Gedankenschritt. Beide Verwirklichungsalternativen von § 55 Abs. 4 InsO verlangen ein – gleich wie geartetes – zivilrechtliches Grundgeschäft. Bei einer umsatzsteuerlichen Entnahmehandlung liegt ein solches aber nicht vor. Die Entnahme führt als Eigenverbrauch (nur) zu der Fiktion einer entgeltlichen Lieferung[493]. Sie setzt eine solche zivilrechtlich aber gerade nicht voraus. Die Entnahmehandlung unterliegt im vorläufigen Insolvenzverfahren auch keinen insolvenzrechtlichen Restriktionen, an die sich anknüpfen ließe, um daraus eine Beteiligung des schwachen oder halbstarken vorläufigen Insolvenzverwalters herzuleiten. Stellt man sich vor, dass der Einzelunternehmer einen Gegenstand aus der unternehmerischen in die nichtunternehmerische Sphäre verbringt, geht damit auch keine Veränderung der zivilrechtlichen Vermögensverhältnisse einher, die zu einer Gefährdung der Insolvenzmasse führte. Auch der vorläufige Insolvenzverwalter ist nicht dazu in der Lage, selbst einen Entnahmetatbestand zu verwirklichen, ohne damit zugleich eine umsatzsteuerliche Lieferung durchzuführen, die wiederum ein zivilrechtliches Grundgeschäft darstellte. Anders als im Rahmen von § 55 Abs. 1 Nr. 1 InsO kennt § 55 Abs. 4 InsO auch keine Tatbestandsalternative der „sonstigen Weise". Nur hierunter ließe sich aber die fragliche Vorsteuerberichtigung subsumieren. Damit muss im Ergebnis festgehalten werden, dass § 55 Abs. 4 InsO die Entnahme eines Gegenstands im Sinne von § 3 Abs. 1b Nr. 1 UStG nicht erfassen kann.

d) Stellungnahme

Die vorstehenden Ausführungen haben gezeigt, dass § 55 Abs. 4 InsO bis auf eine Ausnahme keine Anwendung auf umsatzsteuerliche Berichtigungstatbestände

492 In der Praxis wird sich freilich niemand auf ein solches Geschäft einlassen, bei dem er letztlich nicht das Grundstück, sondern nur eine wirtschaftlich wertlose Insolvenzforderung erhält.

493 *Heuermann*, in: Sölch/Ringleb, UStG, § 3, Rz. 302.

findet. Dieses Ergebnis entspricht nicht nur Wortlaut und Systematik der Vorschrift, sondern auch dem ihr vom Gesetzgeber vermittelten Sinn und Zweck. Es gelingt damit nicht, den Zeitraum eines „umsatzsteuerlichen Insolvenzeröffnungsverfahren" abzustecken, in dem ausnahmslos alle positiven umsatzsteuerlichen Besteuerungsgrundlagen als Masseverbindlichkeiten erfasst und somit einer einheitlichen Beurteilung zugeführt werden können. Daraus folgt, dass jede umsatzsteuerliche Besteuerungsgrundlage separat daraufhin zu untersuchen ist, ob sie den Tatbestand des § 55 Abs. 4 InsO auslöst. Es kann also dazu kommen, dass sich im Zeitraum des Insolvenzeröffnungsverfahrens, indem ein nicht-starker vorläufiger Insolvenzverwalter bestellt wurde, Besteuerungsgrundlagen gegenüberstehen, die einerseits Masseverbindlichkeiten nach § 55 Abs. 4 InsO, und andererseits bloße Insolvenzforderungen sind. Ein anderer, nämlich den gesamten Zeitraum einheitlich behandelnder Befund wäre zwar im Interesse der Rechtssicherheit und der Rechtshandhabbarkeit wünschenswert, aber mit dem geltenden Recht nicht zu vereinbaren.

6. Verhältnis von § 55 Abs. 4 InsO zu § 55 Abs. 2 InsO

Sowohl § 55 Abs. 4 InsO wie auch § 55 Abs. 2 InsO bezwecken die Aufwertung von Forderungen gegenüber der Insolvenzmasse zu Masseverbindlichkeiten. Beide Vorschriften beziehen sich auf das Insolvenzeröffnungsverfahren. Sie unterscheiden sich indessen nach den möglichen Verwirklichungsalternativen. Während im Rahmen des Absatz 2 nur das Handeln des starken vorläufigen Insolvenzverwalters den Tatbestand erfüllen kann, kommt dafür nach dem Wortlaut des Absatz 4 auch das Handeln des bzw. eventuell *jedes anderen* vorläufigen Insolvenzverwalters oder das Handeln des Schuldners mit Zustimmung des vorläufigen Insolvenzverwalters in Betracht. Insofern stellt sich die Frage, in welchem Verhältnis die beiden Absätze zueinander stehen.

Argumentieren ließe sich, dass § 55 Abs. 4 InsO als Spezialvorschrift für Verbindlichkeiten aus dem Steuerschuldverhältnis § 55 Abs. 2 InsO vorgeht[494]. Das würde bedeuten, dass Abs. 4 als *lex specialis* Abs. 2 auch dann verdrängt, wenn der starke vorläufige Insolvenzverwalter tätig geworden ist. Andererseits wird vertreten, dass § 55 Abs. 4 nicht anwendbar ist, sofern die Verwaltungs- und Verfügungsbefugnis auf den Insolvenzverwalter übergegangen ist, da insoweit bereits

494 *Kahlert*, ZIP 2011, 401, 402. Unklar die Gegenäußerung der Bundesregierung auf eine vom Bundesrat vorgeschlagene Änderung von § 55 Abs. 4 InsO, die dort eine Berücksichtigung der (vorläufigen) Eigenverwaltung vorsah, BT-DrS 17/5712, S. 68: „Sie [§ 55 Abs. 4 InsO, d. *Verf.*] deckt also sowohl den Fall ab, dass ein starker vorläufiger Insolvenzverwalter bestellt wurde, als auch den, dass ein schwacher vorläufiger Insolvenzverwalter im Rahmen einer Einzelermächtigung durch das Insolvenzgericht tätig wird."

Masseverbindlichkeiten nach § 55 Abs. 2 InsO begründet werden[495]. Diese Lesart geht mithin davon aus, dass es im Kontext mit Verbindlichkeiten aus dem Steuerschuldverhältnis nicht zu einem generellen Vorrang von § 55 Abs. 4 InsO kommt, sondern die beiden hier zitierten Absätze differenziert nach der Kompetenzausstattung des vorläufigen Insolvenzverwalters anzuwenden sind.

Die juristische Auslegungsregel des *lex specialis derogat legi generali* dient dazu, Widersprüche zwischen verschiedenen Gesetzen (Rechtssätzen, d. *Verf.*) zu vermeiden um die Einheit und Widerspruchslosigkeit der Rechtsordnung zu gewährleisten[496]. Er kommt zum Tragen, wenn das (vermeintlich) speziellere Gesetz alle tatbestandlichen Merkmale enthält, über die auch das (vermeintlich) allgemeine Gesetz verfügt und ferner ein zusätzliches Merkmal aufweist[497]. Danach sind die beiden fraglichen Normen zunächst daraufhin zu untersuchen, ob *eine* von ihnen im Gegensatz zu der *anderen* die allgemeinere ist, mit anderen Worten die eine den Anwendungsbereich der anderen grundsätzlich in sich aufnimmt. Dabei kann man die Annäherung (auch) an dieser Stelle aus zwei verschiedenen Perspektiven betreiben.

Aus *insolvenzrechtlicher Sicht* lässt sich vortragen, dass eine Gemeinsamkeit der beiden Vorschriften in dem zeitlichen Anwendungsbereich *Insolvenzeröffnungsverfahren* liegt. Dem starken vorläufigen Insolvenzverwalter steht dabei ein weitreichenderer Befugnisspielraum zu, als es beim schwachen oder halbstarken vorläufigen Insolvenzverwalter der Fall ist, da auf ihn insgesamt die Verwaltungs- und Verfügungsbefugnis über das Vermögen des Schuldners übergeht. Die gesetzliche Kompetenzausstattung des starken vorläufigen Insolvenzverwalters geht also (zum Teil weit) über das hinaus, was andere vorläufige Insolvenzverwalter auszuüben im Stande sind. Geht man von dieser Prämisse aus, dann vereint ein nicht-starker vorläufiger Insolvenzverwalter zwar alle Merkmale auf sich, die auch der starke hat, bleibt aber hinter dessen Fähigkeiten zurück. Der starke vorläufige Insolvenzverwalter ist damit der allgemeine, der nicht-starke der speziellere Fall. Stellte man also auf eine insolvenzrechtliche Sicht und damit auf die Ausgestaltung von vorläufigen Insolvenzverwaltern ab, so verdrängte § 55 Abs. 4 InsO § 55 Abs. 2 InsO im Wege der Spezialität mit dem Ergebnis, dass nur der nicht-starke vorläufige Insolvenzverwalter unter § 55 Abs. 4 InsO zu subsumieren ist.

Aus *steuerrechtlicher Perspektive* kann man anführen, dass weder in § 55 Abs. 2, noch in § 55 Abs. 1, 3 InsO eine das Steuerrecht ausdrücklich betreffende Regelung enthalten ist. Eine solche findet sich allein in § 55 Abs. 4 InsO. Die Vorschrift trifft also im Gegensatz zu den übrigen Absätzen Regelungen zu dem speziellen Sachbereich *Steuerrecht*. Ferner spricht hierfür, dass der Gesetzgeber in § 55 Abs. 4 InsO

495 BMF-Schreiben v. 20.5.1015, BStBl. I 2015, 476, Rz. 3; UStAE zu § 17 Abs. 14 S. 3 f.; *Fischer*, DB 2012, 885, 887; *Nachtmann*, Das Fiskusvorrecht im deutschen Insolvenzrecht, S. 107. Inzidenter auch *Frotscher*, Besteuerung bei Insolvenz, S. 78; *Onusseit*, ZInsO 2011, 641, 644 f.

496 *Engisch*, Einführung in das Juristische Denken, S. 209 ff.

497 *Bydlinski*, Juristische Methodenlehre und Rechtsbegriff, S. 465.

nicht angeordnet hat, dass § 55 Abs. 2 InsO für die Fälle des vorläufigen Insolvenzverwalters, auf den die Verwaltungs- und Verfügungsbefugnis übergegangen ist, auch für Verbindlichkeiten aus dem Steuerschuldverhältnis weiterhin Anwendung finden soll[498]. Das spräche für einen Vorrang von Abs. 4 gegenüber Abs. 2 für Verbindlichkeiten aus dem Steuerschuldverhältnis, womit auch die Verbindlichkeiten aus dem Steuerschuldverhältnis, die von einem starken vorläufigen Insolvenzverwalter begründet worden sind, unter § 55 Abs. 4 InsO subsumiert werden müssten.

Der Vorzug zu geben ist hier der als *insolvenzrechtliche Sichtweise* beschriebenen Lesart. Zu Eingang ist festzustellen, dass sich der Gesetzesbegründung keine ausdrücklichen Äußerungen zum Verhältnis von § 55 Abs. 4 InsO zu § 55 Abs. 2 InsO entnehmen lassen. Gleichwohl liegt es nahe, aus dem Gesamtzusammenhang zu schlussfolgern, dass der Gesetzgeber einen für den schwachen bzw. halbstarken vorläufigen Insolvenzverwalter *zusätzlichen* Tatbestand für Verbindlichkeiten aus dem Steuerschuldverhältnis schaffen wollte und diese Änderung unter Beibehaltung der geltenden Rechtslage vorgenommen hat, nach der Steuerverbindlichkeiten aus der Zeit der starken vorläufigen Insolvenzverwaltung unter § 55 Abs. 2 InsO fallen. Belegt werden kann diese Annahme mit dem Hintergrund von § 55 Abs. 4 InsO, der in der Gesetzesbegründung geschildert wird. Danach ist die Erwartung des Gesetzgebers nicht eingetreten, die Insolvenzgerichte würden regelmäßig starke vorläufige Insolvenzverwalter bestellen. Es sollte – stark verkürzt dargestellt – (nur) für den Fall der schwachen vorläufigen Insolvenzverwaltung eine Möglichkeit geschaffen werden, die Realisierung von (Umsatz-)Steuerverbindlichkeiten sicherzustellen. Wenn der Gesetzgeber gewollt hätte, dass auch die Steuerverbindlichkeiten aus der Zeit der starken vorläufigen Insolvenzverwaltung fortan unter § 55 Abs. 4 InsO fallen sollen, hätte er in diesem Zusammenhang ausreichend Möglichkeit gehabt, dies – abgesehen von einer normativen Ergänzung – klarzustellen. Ebenfalls für die hier vertretene Sichtweise spricht die Systematik von § 55 InsO. Die Norm ist hinsichtlich der (vorläufigen) Insolvenzverwalter stufenförmig aufgebaut. § 55 Abs. 1 Nr. 1 InsO erfasst die Handlungen [...] des für das eröffnete Verfahren bestellten Insolvenzverwalters, § 55 Abs. 2 InsO regelt die Begründung von Masseverbindlichkeiten durch den starken vorläufigen Insolvenzverwalter und § 55 Abs. 4 InsO zielt auf den schwachen bzw. halbstarken vorläufigen Insolvenzverwalter ab. Das Differenzierungskriterium einer jeden Stufe ist also die Kompetenzausstattung des (vorläufigen) Insolvenzverwalters. Ungeachtet dessen, ob bürgerlich-, steuer- oder sonstige öffentlich-rechtliche Masseverbindlichkeiten in Rede stehen, ist von diesem Kriterium auszugehen und anhand dessen die Anwendbarkeit der Absätze des § 55 InsO zu prüfen. Folgte man nicht der Systematik der einzelnen Absätze, so käme es auch im Beispiel der starken vorläufigen Insolvenzverwalter zu einem Auseinanderfallen von Ansprüchen aus dem Steuerschuldverhältnis, die nach § 55 Abs. 4 InsO geltend zu machen wären, und privaten- und sonstigen

498 Hier hätte bspw. ein § 55 Abs. 4 S. 2 InsO mit folgendem Wortlaut angefügt werden können: „Absatz 2 bleibt unberührt.".

öffentlich-rechtlichen Ansprüchen, die von § 55 Abs. 2 InsO erfasst würden. Von einer solchen Divergenz kann auch angesichts einer geschlossenen Systematik nicht ausgegangen werden. Infolgedessen ist § 55 Abs. 4 InsO hinsichtlich Verbindlichkeiten aus dem Steuerschuldverhältnis nicht gegenüber § 55 Abs. 2 InsO in dem hier beschriebenen Sinne vorrangig. Was das praktische Ergebnis anbelangt, so kommt es freilich nicht darauf an, ob ein schwacher bzw. halbstarker oder starker vorläufiger Insolvenzverwalter Steuerverbindlichkeiten begründet hat – eine Masseverbindlichkeit liegt in jedem Fall vor.

II. Rechtsfolge

Nach § 55 Abs. 4 InsO gelten Verbindlichkeiten aus dem Steuerschuldverhältnis bei Vorliegen der Tatbestandsvoraussetzungen nach Eröffnung des Insolvenzverfahrens als Masseverbindlichkeit. Mit der vom Gesetzgeber gewählten und bereits i.R.v. § 55 Abs. 2 InsO erprobten Regelungstechnik einer *Fiktion* ist die Wirkung verbunden, dass Steuerverbindlichkeiten nach § 55 Abs. 4 InsO vorweg aus der Insolvenzmasse zu berichtigen sind (§ 53 InsO). Das Risiko des Umsatzsteuerausfalls kann sich aus der Perspektive des Fiskus nur noch dann verwirklichen, wenn der Insolvenzverwalter gezwungen ist, nach § 208 InsO die Unzulänglichkeit der Masse anzuzeigen[499]. In diesem Fall würden Steuerschulden nach der Maßgabe des § 209 InsO befriedigt. Steuerverfahrensrechtlich sind die Masseverbindlichkeiten gem. § 55 Abs. 4 InsO nach Eröffnung des Insolvenzverfahrens durch Steuerbescheid festzusetzen.

III. Kritik aus dem Schrifttum

1. Darstellung

Die Einführung von § 55 Abs. 4 InsO hat insbesondere im insolvenzrechtlichen Schrifttum massive Kritik hervorgerufen. Die Autoren sind sich mit teilweise unterschiedlichen Nuancierungen größtenteils darin einig, dass der Gesetzgeber das bzw.

---

499 *Nachtmann*, Das Fiskusvorrecht im deutschen Insolvenzrecht, S. 137, sieht die „Flucht in die Masseunzulänglichkeit" sogar als eine „taugliche Möglichkeit" an, den Wirkungen des § 55 Abs. 4 InsO zu entkommen. Außerdem ist zu bemerken, dass es der Gesetzgeber mit der Regelung nicht vermocht hat, die aufkommenswirksame Realisierung von Umsatzsteuer vollständig zu gewährleisten.

ein Fiskusvorrecht[500] wieder eingeführt[501] habe und plädieren für eine Abschaffung[502] oder grundlegende Überarbeitung. Schlagwortartig ist dabei von „Fiskusprivileg“[503], „Sonderabgabe“[504], „Vorrecht der Finanzverwaltung“[505], „isoliertem Fiskusprivileg“[506], „abgeschwächten Fiskusvorrang“[507], „Fiskusprivileg light“[508] oder „einer Form der Privilegierung“[509] die Rede. Ebenso fielen die Kommentare zu den Vorboten von § 55 Abs. 4 InsO aus[510]. Namentlich *Kahlert* hat darüber hinaus schon früh (auch) in diesem Zusammenhang auf die mangelnde Verzahnung mit dem Steuerrecht hingewiesen und auf die damit verbundenen Rechtsunsicherheiten aufmerksam gemacht[511]. Positive Kritik findet sich demgegenüber nur selten. Für eine Modifizierung der Befriedigungsaussichten des Fiskus bei Vorliegen von § 55 Abs. 4

---

500 *Jaffé/Friedrich-Vache*, MwStR 2013, 75, 76; *Kahlert*, DStR 2011, 1973, 1975; *Sinz/Oppermann*, DB 2011, 2185 f.

501 So *Bauer*, ZInsO 2010, 1432. Nach *Kahlert*, ZIP 2010, 1274, 1282, geht eine „Wiedereinführung“ des Fiskusvorrechts an der Steuerrechtswirklichkeit vorbei, da bereits vor der Einführung von § 55 Abs. 4 eine Vielzahl von einzelnen Fiskusvorrechten (u. a. §§ 48–48d EStG, § 13 Abs. 1 S. 1 UStG, § 13c UStG und insb. die Rechtsprechung des V. Senats des BFH v. 29.1.2009) geltendes Recht sei.

502 *Kahlert*, ZIP 2011, 401, 407, der zusätzlich einen BMF-Erlass forderte, um die Norm für die Insolvenzpraxis rechtssicher anwendbar zu machen (sodann geschehen durch BMF-Schreiben v. 17.1.2012, BStBl. I 2012, 120, das mittlerweile abgelöst wurde durch BMF-Schreiben v. 20.5.2015, BStBl. I 2015, 476).

503 *Onusseit*, ZInsO 2011, 641, 643. Eine differenzierende Position nimmt *Zimmer*, ZInsO 2010, 2299 ff., 2306, ein, der kein Privileg „als solches“, sondern eine Gleichstellung zu einem angenommenen Lieferanten- und Arbeitnehmerprivileg begründet.

504 *Bauer*, ZInsO 2010, 1917.

505 *Schmittmann*, StuB 2012, 237, 238.

506 *Marotzke*, ZInsO 2010, 2163, 2176. Der einst zur Einführung geplante § 251 Abs. 4 AO (s. dazu oben unter Erstes Kapitel A)V.1.) sei ausschließlich mit Blick auf die Umsatzsteuer vertretbar, sofern die Umsatzsteuer vereinnahmt wurde (ebd., 2174). Die Argumentation darf wohl auch auf § 55 Abs. 4 InsO bezogen werden. Ähnlich für die Umsatzsteuer *Jungclaus/Keller*, NZI 2010, 808, 809, die von einem „vordergründigen dogmatischen Fortschritt“ sprechen, letztlich aber § 55 Abs. 4 InsO insgesamt sehr kritisch gegenüber stehen.

507 *Grundlach/Rautmann*, DStR 2011, 82, 84.

508 *Bisle*, GWR 2011, 352.

509 *Nawroth*, ZInsO 2011, 107.

510 S. die verschiedenen Reformansätze oben unter Erstes Kapitel A)V.1. An markigen Formulierungen herauszugreifen sind an dieser Stelle „Zerstörung des Herzstücks der Insolvenzrechtsreform“(*Güther/Kohly*, ZIP 2007, 1349, 1355) und „Insolvenzrechtsreform für die Katz“(*Pape/Uhlenbruck*, ZIP 2005, 417).

511 *Kahlert*, ZIP 2010, 1887; *ders.*, ZIP 2011, 401. Aus jüngerer Zeit *ders.*, Stellungnahme zum Gesetzentwurf der Bundesregierung zur Erleichterung der Bewältigung von Konzerninsolvenzen, S. 14: „Der Gesetzgeber sollte über eine Abschaffung der Vorschrift oder jedenfalls über eine grundlegende Überarbeitung der Vorschrift nachdenken.“; *ders.*, ZIP 2014, 1101, 1105.

InsO spricht sich *de lege ferenda Wäger* aus, wonach eine quotale Begründung von Masseverbindlichkeiten im Insolvenzeröffnungsverfahren gelten soll[512]. *Stadie* hält die Regelung für sachgerecht und zwingend, weil die vereinnahmten Umsatzsteuerbeträge nicht zum Vermögen des Schuldners zählten[513]. Eine uneingeschränkte Zustimmung kann darin aber nicht erkannt werden; gleiches gilt für die übrigen Quellen im Schrifttum.

In der Sache lässt sich die vorgetragene Kritik neben den schon oben unter I. erörterten Abgrenzungsproblemen in drei große Blöcke unterteilen:

Es würden, *erstens*, die Sanierungschancen eines Unternehmens durch § 55 Abs. 4 InsO erheblich verschlechtert, weil der Insolvenzmasse weniger liquide Mittel zur Verfügung stünden[514]. Teilweise wird in diesem Zusammenhang auch gemahnt, dass die Masseinsuffizienz als bislang negativer Ausnahmefall zum Regelfall werden könnte[515]. Besonders zweifelhaft sei die Einführung von § 55 Abs. 4 InsO vor dem Hintergrund, dass die Gesetzgebung weiterhin unaufhörlich die Verbesserung der Sanierungschancen betone[516]. Mit der Einfügung der Vorschrift müsse sich der Gesetzgeber bewusst sein, dass er damit unmittelbar negativen Einfluss auf die Finanzierbarkeit von Betriebsfortführungen in der Insolvenz nimmt und auf diese Weise den mit dem *Gesetz zur weiteren Erleichterung der Sanierung von Unternehmen* (ESUG)[517] verfolgten Zweck, die Fortführung von sanierungsfähigen Unternehmen zu erleichtern und damit den Erhalt von Arbeitsplätzen zu sichern, konterkariere[518]. Nach der früheren Rechtslage habe der Insolvenzverwalter mit der Umsatzsteuer wirtschaften können; dieses Geld fehle nun für die Betriebsfortführung, was ein Sanierungshindernis darstelle[519].

---

512 *Wäger*, ZInsO 2014, 1121, 1126 f. Parallel zur Bestimmung der anteiligen Haftung bei § 69 AO sollen die Masseverbindlichkeiten des Fiskus aus § 55 Abs. 4 InsO nur in dem Verhältnis quotal befriedigt werden, wie die übrigen Gläubiger aus dem Insolvenzeröffnungsverfahren tatsächlich Befriedigung erlangt haben.

513 *Stadie*, in: Rau/Dürrwächter, Anhang – Umsatzsteuer und Insolvenz, Rz. 93. *Stadies* Ergebnis ist auf seiner Ausgangsthese begründet, wonach die Umsatzsteuer nicht dem Vermögen des Unternehmers zuzuordnen ist und infolgedessen der Aussonderung unterliegt.

514 *Bisle*, GWR 2011, 352, 355.

515 *Kahlert*, ZIP 2010, 1887, 1889; *Pape*, ZInsO 2010, 2155, 2156; *Sterzinger*, BB 2011, 1367, 1372.

516 *Schacht*, ZInsO 2011, 1048, 1050.

517 Gesetz vom 7.11.2011, BGBl. I 2011, 2582, in Bezug auf die Änderungen der Insolvenzordnung (Art. 1) mit Wirkung vom 1.3.2012.

518 *Jungclaus/Keller*, NZI 2010, 808, 809. Differenzierend *Weiland*, DZWiR 2011, 224, 231 f., der einen zwingenden Zusammenhang zwischen einer *generellen* Ausweitung von Masseverbindlichkeiten und Sanierungschancen aufgrund tatsächlicher Erfahrungswerte nicht anerkennt, ihn aber bei einer beschränkten Ausweitung betr. Steuerverbindlichkeiten bejaht.

519 *Nachtmann*, Das Fiskusvorrecht im deutschen Insolvenzrecht, S. 103. Außerdem würde die Durchführung des Insolvenzverfahrens insgesamt erschwert, da das

Zweitens, ginge die vom Gesetzgeber vorgetragene Argumentation fehl, der Fiskus sei ein Zwangsgläubiger, der sich seine Schuldner nicht aussuchen könne und infolgedessen besonders schutzwürdig sei. Denn dieses Schicksal teile er mit allen Gläubigern, deren Forderungen nicht auf Vertrag, sondern auf Gesetz beruhen[520].

Außerdem wird, *drittens*, eine Rückschau auf das seinerzeit unter der Konkursordnung geltende Fiskusvorrecht des § 61 Abs. 1 Nr. 2 KO und der damit nach heutiger Lesart unbestrittenen Beeinträchtigung des Grundsatzes der Gläubigergleichbehandlung vorgenommen[521]. *Bauer* substantiiert diesen Vortrag und führt an, dass es sich bei Steuerverbindlichkeiten nicht um „echte" Masseverbindlichkeiten handele, ohne die die Durchführung eines Insolvenzverfahrens gar nicht erst möglich wäre, sondern in Wahrheit „unechte" Masseverbindlichkeiten vorlägen. Die Privilegierung liege darin, dass bestimmte Forderungen, die eigentlich Insolvenzforderungen wären, zu Masseverbindlichkeiten gemacht würden[522]. Dadurch komme es zu einer Umverteilung an Befriedigungsaussichten der einfachen Insolvenzgläubiger hin zum Fiskus und infolgedessen zu einem Verstoß gegen den Grundsatz der Gläubigergleichbehandlung[523]. Gerade diejenigen Marktteilnehmer – bspw. kleine bis mittelgroße Handwerksbetriebe – müssten den Preis eines Fiskusprivilegs zahlen, da sie in Unkenntnis der Tücken des Insolvenzrechts mit einem vorläufigen Insolvenzverwalter Verträge eingingen und erst später erkennen, dass die ihnen haftende Vermögensmasse nach Auskehr der dem Fiskus zustehenden Beträge zu ihrer eigenen Befriedigung nicht mehr ausreiche[524]. Im Gegensatz zu § 55 Abs. 2 InsO komme erschwerend hinzu, dass nicht alle Gläubiger von § 55 Abs. 4 InsO profitierten, sondern nur der Fiskus. Wollte man eine Gläubigergleichbehandlung herstellen, wäre es nur konsequent, die schwache zugunsten der starken vorläufigen Insolvenzverwaltung abzuschaffen[525].

---

notwendige Geld zur Begleichung der Verfahrenskosten nicht mehr im selben Umfang zur Verfügung stünde und die Quotenzahlungen dadurch geringer ausfielen. An anderer Stelle (S. 205) wiederholt *sie*, dass die Umsatzsteuer als bedeutender Faktor die Fortführungs- und Sanierungschancen verschlechtere. *Nachtmann* muss damit der Vorwurf einer zweckwidrigen Vorstellung des umsatzsteuerlichen Grundgedankens gemacht werden, der mitnichten darin besteht, das Insolvenzverfahren „zu finanzieren".

520 *Marotzke*, ZInsO 2010, 2163, 2178. In Betracht kommen Ansprüche aus deliktischer Handlung oder ungerechtfertigter Bereicherung.

521 Damit ist freilich nicht gesagt, ob nicht auch noch nach heutigem Verständnis die Wiedereinführung einer Vorschrift nach dem Vorbild von § 61 Abs. 1 Nr. 2 KO verfassungskonform wäre; dies bejahend *Krumm*, Steuervollzug und formelle Insolvenz, S. 52 ff.

522 *Jaffé/Friedrich-Vache*, MwStR 2013, 75, 76; *Kahlert/Schmidt*, DB 2012, 197, 198.

523 *Bauer*, ZInsO 2010, 1917, 1920. So auch *Frotscher*, Besteuerung bei Insolvenz, S. 78.

524 *Marotzke*, ZInsO 2010, 2163, 2176.

525 *Wäger*, ZInsO 2014, 1121, 1126, der im Ergebnis aber nicht grundsätzlich gegen § 55 Abs. 4 InsO, sondern *de lege ferenda* für eine quotale Begründung von

2. *Stellungnahme*

a) Sanierungsfeindlichkeit

In der Tat ist es das übergeordnete Ansinnen des Gesetzgebers, die Sanierung von Unternehmen zu erleichtern, was sich mit dem ESUG nochmals ausdrücklich in Gesetzesform niedergeschlagen hat. Dies soll durch einen stärkeren Einfluss der Gläubiger auf die Auswahl des Insolvenzverwalters, durch Ausbau und Straffung des Insolvenzplanverfahrens, durch die Vereinfachung des Zugangs zur Eigenverwaltung und durch eine größere Konzentration der Zuständigkeit der Insolvenzgerichte geschehen. Mit der Verbesserung der Sanierungschancen werde zugleich zum Erhalt von Arbeitsplätzen beigetragen[526]. Es wurde aber weiterhin an dem vorrangigen Ziel der bestmöglichen Befriedigung der Gläubiger festgehalten. Denn die Erhaltung eines insolventen Unternehmens kann in einer marktwirtschaftlichen Ordnung kein Selbstzweck sein. Sie ist nur dann erstrebenswert, wenn der Fortführungswert den Zerschlagungswert übersteigt, mit anderen Worten durch die erhaltende Sanierung Werte geschaffen werden, wodurch die Befriedigungsaussichten der Gläubiger steigen[527]. Dass der Gesetzgeber davon ausging, mit der zum Zeitpunkt der ersten parlamentarischen Beratungen des ESUG bereits geltenden Regelung des § 55 Abs. 4 InsO die Sanierungschancen zu beeinträchtigen, lässt sich aus der Gesetzesbegründung zum ESUG nicht entnehmen. Auf sanierungs*steuer*rechtliche Fragestellungen wird dort ohnehin bis auf eine Anregung des Bundesrates[528] weder unmittelbar, noch im Rahmen des weiteren Gesetzgebungsverfahrens eingegangen.

Es kann aber nicht von der Hand gewiesen werden, dass die Insolvenzmasse in einem höheren Maße mit Steuerschulden belastet ist, als sie es vor der Einführung von § 55 Abs. 4 InsO war. *In praxi* sind diesbezügliche etwaige Ertragsteuerschulden von untergeordneter Bedeutung[529]. Zu vergleichsweise hohen und zeitnahen Liquiditätsabflüssen kommt es hingegen bei der Umsatzsteuer. Wo der schwache vorläufige Insolvenzverwalter im Zeitraum des Insolvenzeröffnungsverfahrens nach alter Rechtslage noch Umsatzgeschäfte tätigen konnte, ohne die hierauf entfallende und zugleich vereinnahmte Umsatzsteuer i.H.v. 19 % in voller Höhe an den Fiskus abführen zu müssen, muss er die Umsatzsteuerschuld nun aus der Insolvenzmasse bedienen. Er hatte also die Möglichkeit, mit den jeweiligen Summen im Interesse

---

Steueransprüchen als Masseverbindlichkeiten plädiert. Zu beachten sei, dass der Unternehmer auch im Insolvenzeröffnungsverfahren als „Steuereinnehmer" tätig ist.

526 BT-DrS 17/5712, S. 17.

527 BT-DrS 17/5712, S. 17.

528 Der Bundesrat bat darum zu prüfen, ob die Regelungen zur Änderungen der Insolvenzordnung durch solche im Steuerrecht ergänzt werden könnten um auch dort dem Sanierungsgedanken Rechnung zu tragen und konzentrierte sich hierbei auf die Problematik des sog. Sanierungsgewinns, s. BT-DrS 17/5712, S. 65 f.

529 In der Literatur finden sich für eine gegenteilige Annahme jedenfalls keine Nachweise. Als Grund hierfür kommen Verlustvorträge oder der Erlass von sog. Sanierungsgewinnen in Betracht.

der Gläubiger zu wirtschaften und etwaige Sanierungsbemühungen voranzutreiben. Das dem zugrundeliegende Motiv ist wirtschaftlich nachvollziehbar. Allerdings ist es mitnichten der Zweck der Umsatzsteuer, insolventen Unternehmen eine Form der Anschubfinanzierung zu gewähren[530]. Vereinnahmte Umsatzsteuerbeträge stehen der Insolvenzmasse materiell überhaupt nicht zu. Der *status quo ante* führte dazu, dass der Insolvenzgläubigergemeinschaft ohne den Willen des Fiskus ein „Umsatzsteuerdarlehen" eingeräumt wurde, das diese nur in Höhe der Insolvenzquote zu begleichen hatten. Der Fiskus ist aber nicht Darlehensgeber, sondern Steuergläubiger. Die Besonderheit zu der faktischen Kreditierung anderer Insolvenzforderungen bestand hierbei darin, dass dem Insolvenzschuldner die Umsatzsteuerbeträge von Drittschuldnern zugeflossen sind und es sich mithin nicht um ein typisches Zwei-Personen-Verhältnis handelte. Braucht es für Sanierungsmaßnahmen Liquidität, die weder in der Insolvenzmasse vorhanden, noch durch Verwertungshandlungen herbeizuführen ist, so muss der vorläufige Insolvenzverwalter versuchen, sich diese aktiv am Kapitalmarkt zu verschaffen. Dass Kreditinstitute in der Regel die (weitere) Unterstützung mangels Sicherheiten versagen, ist für eine Sanierung gleichsam bedauerlich wie nachvollziehbar. Wollte aber der Staat an dieser Stelle Unterstützung leisten, so könnte er dies mit offenem Visier unter Beachtung des unionsrechtlichen Beihilfenverbots[531] in Form von entsprechenden finanziellen Hilfen tun. Bis dahin ist eine Massestärkung nur mit den von der Insolvenzordnung hierzu vorgesehenen Mitteln, wie beispielsweise der Anfechtung durch den Insolvenzverwalter statthaft, deren Regelungsregime im Vergleich zu der Konkursordnung vor allem für diesen Zweck verschärft wurde. Der *legitime* Wunsch nach der Sanierung von Unternehmen und die damit zum Teil vorausgesetzten und in der Vergangenheit gelebten Anreicherungen der Insolvenzmasse mit Umsatzsteuer dürfen nicht dazu führen, sie als *das legitime* Mittel zum Zweck hochzustilisieren. Die Umsatzsteuer ist nämlich nicht zur Finanzierung der *einen* Insolvenzmasse sondern zur Finanzierung des öffentlichen Haushalts bestimmt. Nach alledem muss das Zwischenfazit lauten, dass die Sanierungschancen durch die Verpflichtung zur Weiterleitung der Umsatzsteuer an den Fiskus und die damit verbundenen Liquiditätsabflüsse zwar beeinträchtigt werden. Der *status quo ante* basierte aber auf einem unzutreffenden Verständnis der Umsatzsteuer, welches dementsprechend in der Insolvenzpraxis gelebt und nunmehr durch den Gesetzgeber zumindest für einen Teilbereich des Insolvenzeröffnungsverfahrens geändert wurde. Infolgedessen muss das Argument der Sanierungsfeindlichkeit bei einer sowohl das Insolvenz-, wie auch das Umsatzsteuerrecht berücksichtigenden Bewertung zurücktreten. Eine aus heutiger Sicht

530 Deutlich und hierzu krit. *Urban*, UR 2011, 285: „Der Zugriff auf die Umsatzsteuer stellt ein gewichtiges Mittel der Insolvenzfinanzierung dar."

531 Vgl. hierzu auch die Leitlinien der EU-Kommission für staatliche Beihilfen zur Rettung und Umstrukturierung nichtfinanzieller Unternehmen in Schwierigkeiten in ZIP 2014, Beilage zu Heft 44, S. 1 ff., mit Analyse von *Möhlenkamp*.

zweckwidrige Behandlung der Umsatzsteuer in der Insolvenz kann nicht als Rechtfertigung für die Beibehaltung ebendieses Zustandes in der Zukunft überzeugen.

b) Zwangsgläubigerschaft des Fiskus

Ähnlich verhält es sich mit dem Vorwurf, der Steuergläubiger sei nicht der einzige mögliche Zwangsgläubiger und damit nicht besonders schutzbedürftig. Denn bei näherer Betrachtung ist auch dieses Argument zu relativieren. Es ist zwar zutreffend, dass auch andere Insolvenzgläubiger ihre Forderung nicht freiverantwortlich gegenüber dem Insolvenzschuldner begründen. Dabei handelt es sich aber anders als bei dem Verhältnis zum Steuergläubiger nicht um ein Dauerschuldverhältnis, sondern um einzelne Verbindlichkeiten, die beispielsweise aus gesetzlichen Schadensersatzansprüchen herrühren. Gerade die Umsatzsteuerschulden des Insolvenzschuldners basieren aber auf in der Regel wiederkehrenden Geschäften, die der Steuergläubiger nicht unterbinden kann. In der Insolvenz vermag er dies auch nicht durch seine hoheitlichen Instrumentarien wie zum Beispiel der Selbsttitulierung und -vollstreckung zu kompensieren. Insofern liegt an dieser Stelle eine im Vergleich zu privaten Gläubigern unterschiedliche Ausgangslage vor. Denn diese gehen gewöhnlicher Weise Verbindlichkeiten nur noch dann ein, wenn deren endgültige Befriedigung als Masseverbindlichkeit oder wegen des Vorliegens eines Bargeschäfts nach § 142 InsO gesichert ist. Betrachtet man also den typischen Fall von privatem Gläubiger und Steuergläubiger, so offenbaren sich dort Unterschiede, die eine besondere Schutzbedürftigkeit suggerieren. Dass sich der Gesetzgeber dazu entschieden hat, diese mittels § 55 Abs. 4 InsO zu berücksichtigen, ist damit weder evident unplausibel, noch unsachgerecht. Eine solche Entscheidung liegt allein in dem Entscheidungsspielraum des Gesetzgebers.

c) Verstoß gegen den Grundsatz der Gläubigergleichbehandlung

Es ist nicht zweifelhaft, dass § 55 Abs. 4 InsO den Grundsatz der Gläubigergleichbehandlung beeinträchtigt. Fraglich ist aber, ob diese Beeinträchtigung auch zu einem Verstoß führt und ob dieser auch eine verfassungsrechtliche Relevanz hat. Der Gesetzgeber hat in das mehr als eine Dekade geltende System der Begründung von Masseverbindlichkeiten im Insolvenzeröffnungsverfahren massiv zugunsten des Fiskus eingegriffen und diesem im Vergleich zu übrigen Insolvenzgläubigern eine günstigere Stellung eingeräumt. Anders als bei der Bestellung eines starken vorläufigen Insolvenzverwalters, der Masseverbindlichkeiten für jeden privaten und öffentlichen Gläubiger zu begründen vermag, trifft dies für den schwachen bzw. halbstarken vorläufigen Insolvenzverwalter nur für den Fiskus zu. Bevor die Verfassungsmäßigkeit von § 55 Abs. 4 InsO untersucht wird, soll auf dem Boden des einfachen Rechts eine nähere Auseinandersetzung mit der Frage stattfinden, ob (allein) der Fiskus privilegiert ist.

aa) Einfachgesetzliche Betrachtung

Wir haben oben bereits gesehen, dass der Grundsatz der Gläubigergleichbehandlung das Herzstück des Insolvenzverfahrens ist und als solches herausragende Bedeutung genießt. Die Gläubiger bilden in der Insolvenz eine Risikogemeinschaft, in der Vorrechte grundsätzlich nicht zulässig sind. Ebenso ist in diesem Zusammenhang dargestellt worden, dass es eine ausnahmslos klassenlose Insolvenz aber nicht gibt, der Gesetzgeber also beispielsweise durch die Schaffung von Tatbeständen, die zu Masseverbindlichkeiten führen, in das insolvenzrechtliche Befriedigungssystem eingreifen kann. Er tut dies, wo er eine differenzierende, zu einer Aufwertung des Anspruchs führende Anordnung für sinnvoll erachtet. Für den hier interessierenden zeitlichen Rahmen des Insolvenzeröffnungsverfahrens ist dies in § 55 Abs. 2 InsO nach den Vorstellungen des Gesetzgebers geschehen, damit der starke vorläufige Insolvenzverwalter die Fortführung eines insolventen Unternehmens betreiben kann, was dem Insolvenzschuldner selbst wegen der Auferlegung eines Verfügungsverbots nicht länger möglich ist. Ohne die Möglichkeit, Masseverbindlichkeiten zu begründen, würde der starke vorläufige Insolvenzverwalter indes Schwierigkeiten haben, Vertragspartner zu finden, die an einen insolventen Unternehmer Leistungen erbringen wollen. Die Fortführung des Betriebs wäre ernstlich gefährdet. Insofern besteht ein Bedürfnis nach der Begründung von Masseverbindlichkeiten. Dieses hat der Gesetzgeber weder für die Zeit der schwachen, noch grundsätzlich[532] der halbstarken vorläufigen Insolvenzverwaltung gesehen. Allein für Verbindlichkeiten aus dem Steuerschuldverhältnis hat er dies mit der Einführung von § 55 Abs. 4 InsO geändert und damit eine im Vergleich zu privaten Gläubigern gesetzliche Besserstellung herbeigeführt.

Der vormalige Insolvenzgläubiger „Fiskus" wird damit zum Massegläubiger. Entgegen der übrigen Massegläubiger leistet er dabei keine vermögenswerten Sachen oder Rechte in die Insolvenzmasse, die für das schuldnerische Unternehmen verwendet werden könnten. Über § 55 Abs. 4 InsO, der von „Verbindlichkeiten" spricht, wird der Insolvenzmasse also lediglich etwas entnommen. Ungeachtet dieser grundlegenden Frage um das Verständnis von Steuerschulden als Masseverbindlichkeiten kann die Regelung wohl als *privilegium*[533], nämlich als ein Ausnahmegesetz für den Fiskus charakterisiert werden. Der Gesetzgeber hat sich aus den bereits genannten Gründen dafür entschieden, von der Regel, den Fiskus im Insolvenzeröffnungsverfahren, in dem kein starker vorläufiger Insolvenzverwalter bestellt wurde, wie jeden

---

532 Eine entsprechende Anwendung von § 55 Abs. 2 InsO kommt nach der Rspr. nur im Ausnahmefall in Betracht, in dem das Insolvenzgericht den vorläufigen Insolvenzverwalter ohne begleitendes allgemeines Verfügungsverbot dazu ermächtigt, einzelne, im Voraus genau festgelegte Verpflichtungen zu Lasten der späteren Insolvenzmasse einzugehen, st. Rspr. des BGH, s. statt vieler nur Urt. v. 20.9.2007, IX ZR 91/06, NJW-RR 2008, 295, Rz. 9.

533 Das lateinische *privilegium* besteht aus den Wörtern *lex* (Gesetz) und *privus* (einzeln, gesondert).

anderen als Insolvenzgläubiger zu behandeln, abzuweichen. Für die Umsatzsteuer mag das Ergebnis, dieselbe nicht im Vermögen des Insolvenzschuldners zu belassen, sondern sie zwingend an den Fiskus *auszukehren*, eine gewichtige Rechtfertigung sein, der den Grundsatz formaler Gleichheit legitimer Weise beeinträchtigen dürfte, ihn also nicht verletzte. Dies gilt aber jedenfalls nicht für alle übrigen Steuerarten, bei denen Steuerträger und Steuerschuldner in der Person des Insolvenzschuldners zusammenfallen[534]. Insofern ist die Gewichtung des Gesetzgebers zweifelhaft, wenn er Steuern unterschiedslos privilegiert. Damit liegt ein Eingriff in den Grundsatz der Gläubigergleichbehandlung vor.

bb) Vergleich zu Lieferanten*privileg*

Die Begutachtung führte aber zu einer nur allzu eingeschränkten Sicht auf die Rechtslage, ließe man außen vor, dass im Insolvenzeröffnungsverfahren auch andere *Privilegien* Platz greifen. Um sich ein abschließendes Urteil über das festgestellte Fiskusprivileg bilden zu können, soll daher exemplarisch noch ein Vergleich zum Lieferantenprivileg gezogen werden. Anders als es die Gesetzeslektüre von § 55 Abs. 4 InsO vermuten lässt, ist der Fiskus nicht die einzige Gläubigergruppe, die im Insolvenzeröffnungsverfahren, in dem ein starker vorläufiger Insolvenzverwalter nicht bestellt wurde, bevorzugt ist.

Lieferanten sind neben dem Fiskus und den Arbeitnehmern gemeinhin die relevanteste Gläubigergruppe in der vorläufigen Insolvenz. Gerade zur Sicherung von Lieferanten sind verschiedene Konstruktionen entwickelt worden, die allesamt darauf abzielen, diese nicht nur quotal, sondern vollständig zu befriedigen. Betriebswirtschaftlich sind die Geschäftsbeziehungen mit Lieferanten zu jeder Zeit des Insolvenzverfahrens zumindest dann sehr wichtig, falls der Betrieb fortgeführt werden soll. Deren Einstufung als vorinsolvenzliche Schuldner und dem damit verbundenen Schicksal der entsprechenden Forderungen als Insolvenzforderungen nach § 38 InsO wird beispielsweise damit abgeholfen, die Forderungen auch in der Phase der vorläufigen Insolvenz unverzüglich durch Tilgung zum Erlöschen zu bringen[535]. Das Geschäft mit dem vorläufigen Insolvenzverwalter gilt dann als Bargeschäft nach § 142 InsO, was eine spätere Anfechtung ausschließt[536]. Weiterhin wird das (umstrittene)[537] Treuhandmodell[538] praktiziert, das die Zahlungsansprüche

---

534 S. hierzu noch unten unter Erstes Kapitel G)IV.2.b).

535 *Zimmer*, ZInsO 2010, 2299, 2300, dort ebenso zu den beiden folgenden Möglichkeiten, Lieferanten vollständig zu befriedigen. Außerdem zeigt er ein Arbeitnehmerprivileg auf.

536 *H.-P. Kirchhof*, in: MüKo, InsO, § 142, Rz. 4.

537 Zum Streitstand *Vallender*, in: Uhlenbruck, InsO, § 22, Rz. 243. Es wird insb. geltend gemacht, dass es für diese den Grundsatz der Gläubigergleichbehandlung tangierende Konstruktion einer rechtlichen Grundlage entbehre.

538 Beim sog. Treuhandmodell in Form der Doppeltreuhand vereinbart der Schuldner mit Zustimmung des schwachen vorläufigen Insolvenzverwalters mit dem Liefe-

der Lieferanten sicherstellen soll. Schließlich hat der BGH einen Weg aufgezeigt um sicherzustellen, dass Geschäftspartner des vorläufigen Insolvenzverwalters auf dessen Zahlungszusagen sicher vertrauen können[539]. Diese als Ermächtigungstheorie in die Literatur eingegangene Rechtsprechung[540] basiert auf einer Ermächtigung des Insolvenzgerichts mit dem Inhalt, der schwache vorläufige Insolvenzverwalter könne einzelne, im Voraus genau festgelegte Verpflichtungen zu Lasten der späteren Insolvenzmasse eingehen, soweit dies für eine erfolgreiche Verwaltung nötig ist. Damit können Forderungen, die an sich nach § 38 InsO einzustufen wären, zu Masseverbindlichkeiten nach § 55 Abs. 2 InsO werden[541].

Bei einem Vergleich von Fiskus- und Lieferantenprivileg darf aber nicht außer Acht gelassen werden, dass der Lieferant der Insolvenzmasse einen unmittelbaren Nutzen in Form von Waren oder (seltener) Dienstleistungen überlässt. Die mit dem Lieferantenprivileg verbundene bzw. aus ihm erwachsende Gegenleistung ist der Grund dafür, weswegen es in der Literatur deutlich geringerer Kritik als das Fiskusprivileg ausgesetzt ist. Dieser Umstand ist ohne weiteres ein wichtiger Faktor. Es bleiben aber Zweifel, weshalb die aufgezeigte Sonderstellung von Lieferanten nicht durch eine gesetzliche Rahmenregelung abgesichert ist. Dies gilt insbesondere mit Blick darauf, welche Gläubiger im Einzelnen von den Wirkungen eines der oben aufgeführten Konstrukte profitieren. Um die mit der Besserstellung einzelner Lieferanten einhergehende Schlechterstellung anderer Insolvenzgläubiger rechtfertigen zu können, bedürfte es in jedem Einzelfall einer Abwägung, ob sie in angemessenem Verhältnis zur Stärkung der Insolvenzmasse und damit der Verbesserung der Befriedigungsaussichten der Gläubigergemeinschaft insgesamt steht.

cc) Zwischenergebnis

Die Ausführungen haben gezeigt, dass § 55 Abs. 4 InsO als Fiskusprivileg bezeichnet werden kann. Die Regelung ist dem Wortsinne nach ein einer einzelnen Gruppe vorbehaltenes Recht, die in den Grundsatz der Gläubigergleichbehandlung in ihrer derzeitigen Ausgestaltung eingreift. Zur ganzen Wahrheit gehört aber, dass es nicht nur ein gesetzliches Fiskusprivileg, sondern u. a. auch ein durch verschiedene rechtliche Konstruktionen geschaffenes Lieferantenprivileg gibt.

Bliebe es an dieser Stelle bei einer einfachrechtlichen Fehleranalyse, so ergäbe sich hieraus wegen des eindeutigen gesetzgeberischen Willens weder das Potential

---

ranten als Gegenleistung für dessen Warenlieferung, dass die aus den Geschäften mit den Waren resultierenden Forderungen im Voraus an einen Treuhänder abgetreten werden. Die Schuldner ebendieser Forderungen werden angewiesen, ausschließlich an den Treuhänder und auf dessen Treuhandkonto zu leisten. Die Lieferanten sind damit Treugeber. Im Sicherungsfall können sie die Aussonderung nach § 47 InsO verlangen.

539 Hierzu *Vallender*, in: Uhlenbruck, InsO, § 22, Rz. 244.

540 Grundlegend BGH, Urt. v. 18.7.2002, IX ZR 15/01, NJW 2002, 3326.

541 *Vallender*, in: Uhlenbruck, InsO, § 22, Rz. 244.

einer teleologischen Reduktion von § 55 Abs. 4 InsO, noch sonst eine Option für den Rechtsanwender, aus diesem Befund ein fruchtbares und justitiables Ergebnis zu entnehmen. Eine etwaig gebotene Fehlerkorrektur müsste dann allein auf dem Boden des *einfachen* Insolvenzrechts im Rahmen des rechtspolitischen Diskurses ausgetragen werden. Insofern ist fraglich, ob dieser Bruch der einfach-insolvenzrechtlichen Dogmatik in zulässiger Weise erfolgte, was nur am Maßstab des ihm übergeordneten Verfassungsrechts beurteilt werden kann.

IV. Prüfung der Verfassungsmäßigkeit am Maßstab der insolvenzrechtlichen Systemkonsequenz aus Art. 3 Abs. 1 GG i.V.m. Art. 14 Abs. 1 GG

1. Eingriff in den geschützten Bereich

Ob § 55 Abs. 4 InsO verfassungsgemäß ist, muss am Maßstab der oben entwickelten insolvenzrechtlichen Systemkonsequenz aus Art. 3 Abs. 1 i.V.m. Art. 14 Abs. 1 GG beurteilt werden. Dazu ist zunächst zu prüfen, ob ein Eingriff in den geschützten Bereich vorliegt.

Der dogmatische Ausgangspunkt des gebildeten Rahmenrechts ist der allgemeine Gleichheitssatz. Aus diesem Grund ist auch an dieser Stelle zunächst einer etwaigen Ungleichbehandlung von wesentlich Gleichem nachzugehen. Dabei ist, wie bereits an anderer Stelle geschehen[542], die Vergleichsgruppe „alle Insolvenzgläubiger" zu bilden. Mit § 55 Abs. 4 InsO hat der Gesetzgeber den Fiskus als einen von vielen Insolvenzgläubigern für die Phase des Insolvenzeröffnungsverfahren, in der ein nicht-starker Insolvenzverwalter bestellt wurde, exklusiv in die Position eines vorrangig zu befriedigenden Massegläubigers versetzt. Im Unterschied zu den übrigen Insolvenzgläubigern erlangt der Fiskus damit regelmäßig eine 100%ige Befriedigung der in dieser Phase begründeten Steuerverbindlichkeiten. Außerdem wird dadurch die Insolvenzmasse verkürzt, die den übrigen Insolvenzgläubigern zur Verfügung steht. Mithin liegt eine Ungleichbehandlung[543] und damit ein Eingriff in die insolvenzrechtliche Systemkonsequenz vor.

2. Verfassungsrechtliche Rechtfertigung

Die für eine verfassungsrechtliche Rechtfertigung bestehenden Maßstäbe haben wir oben gesehen. Um diesen zu genügen, kommt es im Rahmen der vorzunehmenden Verhältnismäßigkeitsprüfung vor allem auf die Angemessenheit i.e.S. an, wobei in diesem Zusammenhang sowohl der freiheitsrechtliche Schutzgehalt der Eigentumsgarantie wie auch die Systemgerechtigkeit berücksichtigt werden müssen.

---

542 S. hierzu oben unter Erstes Kapitel F)III.2.a).

543 So auch *Hölzle*, BB 2012, 1571, 1577; *Nachtmann*, Das Fiskusprivileg im deutschen Insolvenzrecht, S. 185.

a) Legitimes Ziel, Geeignetheit und Erforderlichkeit

Zunächst sollen die ersten drei Prüfungsstufen der Angemessenheit i.w.S. beleuchtet werden. Das *Ziel* von § 55 Abs. 4 InsO besteht ausweislich der Gesetzesbegründung darin, die für den Fiskus nachteilige Rechtslage auszugleichen, die durch die Umsatztätigkeit eines schwachen vorläufigen Insolvenzverwalters entstehe und zu einer ungerechtfertigten Benachteiligung des Fiskus führe. Darüber hinaus hätten schwache vorläufige Insolvenzverwalter gezielt ihre Rechtsstellung ausgenutzt, um die Masse zulasten des Fiskus anzureichern[544]. Dieses Ziel ist aus steuerrechtlicher Perspektive *legitim*; aus insolvenzrechtlicher Sicht kann dies indes auch anders betrachtet werden, da (Umsatz-)Steuerausfälle als in der Insolvenz und im vorläufigen Insolvenzverfahren *naturgemäß* pariert werden könnten und es dem Pflichtenkanon des (vorläufigen) Insolvenzverwalters entspricht, die Masse zu mehren. Dem einen Gesetzgeber von Insolvenz- und Steuerrecht kommt aber eine Einschätzungsprärogative zu, die eine verfassungsrechtliche Vorentscheidung an dieser Stelle nicht zu begründen vermag. § 55 Abs. 4 InsO ist ferner dazu *geeignet*, die gewünschte Wirkung zu erzielen.

Weiter müsste die Regelung auch *erforderlich* sein, d.h. es dürfte keine gleich geeignete Alternative geben, die das intendierte Ergebnis ebenso wirksam zu erzielen vermag, die übrigen Gläubiger dabei aber weniger belastet. Es stellt sich mithin insbesondere die Frage nach einer vor diesem Hintergrund milderen, aber ebenso effizienten Regelungsalternative. Eine andere Möglichkeit, die Umsatzsteuer in der Insolvenz in jedem Stadium des Insolvenzverfahrens aufkommenswirksam vom Fiskus realisieren zu können, läge in der oben aufgezeigten, verfassungskonformen Freistellung durch die Etablierung einer Treugut-Eigenschaft. Dieser Alternativenansatz ist indes aus zwei Gründen *an dieser Stelle* zweifelhaft. Zum einen führt er dazu, dass die Umsatzsteuer in jeder Phase des Insolvenzverfahrens aus der Insolvenzmasse separiert wird. Die übrigen Gläubiger hätten also zu keiner Zeit Zugriff auf sie. Bei der derzeitigen Ausgestaltung des Umsatzsteuerinsolvenzrechts kann dies aber trotz § 55 Abs. 4 InsO und der Rechtsprechung des V. Senats des BFH der Fall sein[545]. Insofern wäre sie für die Gläubiger einschneidender als sie es mit § 55 Abs. 4 InsO aktuell ist. Zum zweiten ist die angeführte Alternative auf die Umsatzsteuer beschränkt. § 55 Abs. 4 InsO ist aber unterschiedslos auf alle Steuerarten anwendbar. Daran ändert auch die ausschließlich auf die Umsatzsteuer rekurrierende Gesetzesbegründung nichts. Der kodifizierte Wille des Gesetzgebers geht damit über

544 BT-DrS 17/3030, S. 42 f.

545 Zu denken ist nicht nur an die eben aufgezeigte, nicht mögliche Erfassung positiver Besteuerungsgrundlagen von § 55 Abs. 4 InsO, sondern auch insbesondere an die fragwürdige Erstreckung der Rechtsprechungsserie des V. Senats des BFH auf bislang noch nicht entschiedene Fallgruppen und Berichtigungstatbestände (s. dazu unten unter Zweites Kapitel E)) und die Realisation vereinnahmter Umsatzsteuerbeträge vor der Anordnung vorläufiger Maßnahmen durch das Insolvenzgericht.

die Wirkung der hier aufgezeigten Regelungsalternative hinaus. Es gäbe freilich noch weitere Alternativen. Auch an dieser Stelle ist dem Gesetzgeber aber eine Einschätzungsprärogative zuzugestehen, die es nur erlaubt, *evident* mildere Alternativmaßnahmen anzuführen. Nach alledem ist § 55 Abs. 4 InsO auch erforderlich.

b) Angemessenheit i.e.S.

Das BVerfG judiziert für die sog. neue Formel, dass die für die Differenzierung vorgesehenen Gründe von solcher Art und solchem Gewicht sein müssen, dass sie die ungleichen Rechtsfolgen rechtfertigen können[546]. Die mit der Ungleichbehandlung einhergehenden Eingriffe in die Rechte der Insolvenzgläubiger und etwaige Systembrüche und der sie rechtfertigende Grund müssen in einem angemessenen Verhältnis zueinander stehen. Um schließlich die gebotene Abwägung vorzunehmen, müssen zunächst die sie begründenden Erwägungen näher beleuchtet werden.

aa) Steuerliche Erwägungen

Die zu § 55 Abs. 4 InsO erfolgte Gesetzesbegründung führt selbst an, dass Steuerausfälle vermieden werden sollen. Dem Kontext der weiteren Ausführungen nach gilt dies insbesondere für die Umsatzsteuer[547]; im Gesetzestext selbst hat sich dies nicht niedergeschlagen. Tatsächlich ist gerade diese Steuerart in der Insolvenz besonders gefährdet, was sich an dem im Vergleich zu übrigen Steuerarten hohen Aufkommensausfall beweisen lässt. Der Steuergläubiger ist mit dem Eintritt der Insolvenz nicht mehr in der Lage, seinem Vollzugsauftrag gerecht zu werden. Die Intensität dieses Einschnitts zeigt sich im speziellen am Beispiel der Umsatzsteuer. Die den Steuervollzug ausübenden Finanzbehörden hatten vor der Einführung von § 55 Abs. 4 InsO keine gesetzliche Handhabe, um die von einem nicht-starken Insolvenzverwalter ausgeführten Umsätze aufkommenswirksam zu besteuern. Bedenkt man dabei, dass trotzdem der umsatzsteuerliche Belastungsgrund eingetreten ist, ergibt sich daraus ein weiteres steuersystematisches Argument für eine lückenlose Erfassung von Umsatzsteuer in der Phase der vorläufigen Insolvenz. Hinzu kommt, dass vereinnahmte Umsatzsteuerbeträge in der Insolvenz des Unternehmers massefördernd wirken, falls sie nicht an den Fiskus weitergeleitet werden, und damit letztlich nicht der Solidargemeinschaft der Steuerzahler zur Verfügung stehen, sondern der Gruppe der Insolvenzgläubiger. Ebenso verhält es sich mit im Ergebnis zu Unrecht erhaltener Vorsteuer, die in der Insolvenz häufig nicht in voller Höhe vom Fiskus zurückerlangt werden kann. Insofern ist nicht nur der Fiskus doppelt geschädigt[548], sondern auch die Insolvenzmasse bereichert, ohne hierfür einen materiellen Rechtsgrund zu haben.

---

546 Statt vieler nur BVerfG, Beschl. v. 7.5.2013, 2 BvR 909/06 u.a., BVerfGE 133, 377, 408, Rz. 76 m.w.N.

547 BT-DrS 17/3030, S. 42 f.; zu den weiteren Motiven des Gesetzgebers ausführlich oben unter Erstes Kapitel A)V.2.

548 S. hierzu mit einem entsprechenden Beispiel oben unter Erstes Kapitel C).

Von der Einbuße an Steuern außer der Umsatzsteuer lässt sich der Gesetzesbegründung nichts entnehmen. Einfachrechtlich gelten für diese aber die gleichen Mechanismen, wie für die Umsatzsteuer auch. Ausgehend von der Frage ihrer Realisierbarkeit in der Insolvenz des Steuerschuldners kommt es also auch diesbezüglich darauf an, ob die einzelne Steuerforderung unter § 38 InsO oder § 55 InsO zu subsumieren ist. Angesichts dessen erfahren auch sie eine Aufwertung, sofern ihre diesbezüglichen Besteuerungsgrundlagen von einem nicht-starken vorläufigen Insolvenzverwalter begründet werden.

Bei der Beurteilung der Angemessenheit von § 55 Abs. 4 InsO darf nicht außer Acht gelassen werden, dass die Vorschrift – für eine bestimmte, partielle Phase des Insolvenzverfahrens – eine dem steuerlichen Vollzugsauftrag dienende Funktion besitzt, die die gleichmäßige Aufkommensrealisierung von Steuern fördert. Dem steuerlichen Vollzugsgebot kommt ebenso Verfassungsrang zu, wie es auch bei der insolvenzrechtlichen Systemkonsequenz der Fall ist, die die Gläubiger schützt. Wie wir oben gesehen haben, kann aus ihm mit Blick auf die entgegenstehenden Rechte der Gläubiger zwar kein Gebot zu einer stets aufkommenswirksamen Erhebung von Umsatzsteuer und erst recht nicht der Erhebung anderer Steuern entnommen werden. Gleichwohl ist es aber in die Betrachtung miteinzustellen und im Rahmen der Abwägung zu berücksichtigen. Ebenso nicht zu vernachlässigen ist dort die Tatsache, dass der Fiskus – was bereits angedeutet wurde – als Zwangsgläubiger anderen Gläubigern gegenüber benachteiligt ist, die freiverantwortlich ein Schuldverhältnis mit dem Insolvenzschuldner eingehen.

bb) Gläubigereinbußen

Demgegenüber stehen zuvorderst die aus § 55 Abs. 4 InsO resultierenden Befriedigungseinbußen der restlichen Insolvenzgläubiger. Vergleicht man die derzeitige Rechtslage mit dem *status quo ante*, so haben sich diese erhöht. Denn mit der Statuierung einer Masseverbindlichkeit müssen alle Verbindlichkeiten aus dem Steuerschuldverhältnis aus der Phase des vorläufigen Insolvenzverfahrens auch bei einem nicht-starken vorläufigen Insolvenzverwalter vorrangig befriedigt werden. Daraus folgt eine Verringerung der Insolvenzmasse und damit eine geringere quotale Befriedigung pro einzelnen Gläubiger[549]. Wir haben indes oben gesehen[550], dass eine Gläubigerbenachteiligung bei einer wertenden Benachteiligung nicht angenommen werden kann, wenn es um vereinnahmte Umsatzsteuer bzw. gezogene Vorsteuerbeträge geht, die der Masse materiell nicht zustehen. Insofern relativieren sich die Bedenken hinsichtlich der Umsatzsteuer. Dies gilt jedoch nicht für alle übrigen Steuerarten, die nach dem Wortlaut von § 55 Abs. 4 InsO ebenfalls nach Eröffnung des Insolvenzverfahrens zur Masseverbindlichkeit fingiert werden. Die

549 Diese These setzt freilich voraus, dass der vorläufige Insolvenzverwalter die vereinnahmten Umsatzsteuer- bzw. gezogenen Vorsteuerbeträge auch in der Masse hält und hieraus keine Geschäfte finanziert.

550 Erstes Kapitel F)III.2.

diesbezüglichen Steuerforderungen des Fiskus, insbesondere solche aus ertragsteuerlichen Festsetzungen, fallen auch bei einer wertenden Betrachtung in die Masse der Verlustgemeinschaft, dürften also vor dieser Prämisse nicht exklusiv vorrangig befriedigt werden. Dadurch erhöht sich der von Art. 14 Abs. 1 GG ausgehende Rechtfertigungsdruck[551].

Das Argument einer einseitigen Begünstigung des Fiskus und der damit angeblich nur zu dessen Vorteil ausgehenden Gläubigerbenachteiligung muss aber auch im Lichte des oben aufgezeigten Lieferantenprivilegs gesehen werden. Daraus wird deutlich, dass nicht nur Gläubiger von Masseverbindlichkeiten nach § 55 Abs. 4 oder § 55 Abs. 2 InsO vorrangigen Zugriff und damit Befriedigung aus der Insolvenzmasse für Handlungen aus einer Zeit vor der Insolvenzeröffnung erlangen. Dies geschieht nämlich auch auf den gezeigten Wegen, was zu dem gleichen Ergebnis einer geringeren quotalen Befriedigungschance führt. Eine entscheidende Einschränkung erfährt dieser Punkt aber, wenn man die Zielsetzung dessen genauer überprüft. Anders als Steuerverbindlichkeiten führen Geschäfte mit Lieferanten zur Aufrechterhaltung des Betriebs und damit – zumindest der Maxime nach – zu einer Erhöhung der Befriedigungschancen für alle Gläubiger, einschließlich des Fiskus.

cc) Systemgerechtigkeit

Der Gesetzgeber hat sich dazu entschieden, sein beabsichtigtes Regelungsziel durch die Einfügung eines weiteren Masseverbindlichkeitstatbestands zu erreichen. Ausgehend von dem Gedanken des insolvenzrechtlichen Befriedigungssystems ist es das Kennzeichen der Massegläubiger, dass die mit ihnen eingegangenen Geschäfte im Interesse der Masse und damit zum Vorteil aller Insolvenzgläubiger vorgenommen werden[552]. Die Grundsatznorm hierzu findet sich in § 55 Abs. 1 Nr. 1 InsO, der sich auf die Funktion des Insolvenzverwalters bezieht. Der Gesetzgeber hat sich außerdem mit § 55 Abs. 2 InsO dafür ausgesprochen, den starken vorläufigen Insolvenzverwalter mit den gleichen Befugnissen auszustatten. Grund hierfür war, dass der Erhalt von Unternehmen dadurch erleichtert würde, wenn schon der starke vorläufige Insolvenzverwalter das insolvente Unternehmen weiterführen könne[553], was ohne die Begründung von Masseverbindlichkeiten *de facto* nicht denkbar ist. Sowohl in § 55 Abs. 1 InsO wie auch in § 55 Abs. 2 InsO hat der Steuergläubiger eine unterschiedslose Behandlung erfahren, d.h. Steueransprüche sind nach den gleichen Tatbestandsmerkmalen zu begründen, wie privat-rechtliche Ansprüche.

Mit § 55 Abs. 4 InsO hat der Gesetzgeber dieses bestehende System verlassen und einen Sondertatbestand für den Fiskus eingeführt[554]. Die Norm ist trotz ihrer

551 S. ebenso Erstes Kapitel F)III.2.

552 *Hefermehl*, in: MüKo, InsO, § 53, Rz. 5.

553 *Hefermehl*, in: MüKo, InsO, § 55, Rz. 219.

554 Ähnlich *Seer*, Abschlussbericht der Kommission zur Harmonisierung von Insolvenz- und Steuerrecht, Beihefter zu DStR 42/2014, 117, 123, nach dem § 55 Abs. 4 InsO letztlich ein „steuerspezifischer Fremdkörper im Regelungssystem der

Lokalisation in der InsO eine rein steuerrechtliche, die in das ausdifferenzierte Befriedigungssystem der InsO eingreift. Anders als bei § 55 Abs. 1 und Abs. 2 InsO knüpfen die verwirklichten Steuertatbestände nicht länger an zivilrechtliche Geschäfte oder (sonstige) Verwertungshandlungen an, die ihrerseits als Masseverbindlichkeiten vorweg zu befriedigen sind. Es fehlt damit der ansonsten bestehende *Konnex* zu einer masseverbindlichkeitsbegründenden Handlung des (vorläufigen) Insolvenzverwalters. Der vom Gesetzgeber in § 55 Abs. 4 InsO gewählte Mechanismus stimmt damit nicht mit demjenigen der sonstigen Tatbestände des § 55 InsO überein[555].

Geht man mit dem Schwerpunkt der Gesetzesbegründung davon aus, dass allein die Umsatzsteuer Gegenstand der von § 55 Abs. 4 InsO angeordneten Rechtsfolgen sein sollte, so ist dies weder vor umsatz-, noch vor insolvenzrechtlich-systematischen Aspekten im Ergebnis kritikwürdig und infolgedessen vor dem Vorwurf einer System*un*gerechtigkeit gefeit. Die Regelung erfasst indes auch alle übrigen Steuerarten, für deren gleichsame Bevorrechtigung keine Argumente angeführt werden. Diesbezüglich sind auch keine Rechtfertigungsgründe ersichtlich, wie sie bei der Umsatzsteuer auftreten. Solange der Gesetzgeber aber seine mit der Einführung der Insolvenzordnung verkündete Grundentscheidung nicht aufgibt, den Fiskus nicht generell zu bevorrechten, ihn also den übrigen privaten Insolvenzgläubigern gleichzustellen, müssen sich spätere Rechtssätze an diesem *Topos* messen lassen.

Vereinnahmte Umsatzsteuerbeträge aus der Sicht des Fiskus aufkommenswirksam zu realisieren, steht diesem Gedanken nicht entgegen. Eine ausnahmslose und immerwährende Bindung des Gesetzgebers kann bereits aus Gründen des Demokratieprinzips nicht kompromisslos angenommen werden. Dass sich der Gesetzgeber grundsätzlich nicht für die vom *Verfasser* rechtspolitisch präferierte Separierung der Umsatzsteuer ausgesprochen hat, ist verfassungsrechtlich freilich ebenso wenig zu beanstanden. Die kodifizierte Lösung erscheint aber inkonsistent. § 55 Abs. 4 InsO ist nämlich auch hinsichtlich der Umsatzsteuer nicht systemgerecht, da eine Anwendung auf positive Besteuerungsgrundlagen außer derjenigen des „Umsatzes" selbst ausgeschlossen ist[556]. Insofern liegt schon für die Phase des Insolvenzeröffnungsverfahrens, in der ein schwacher vorläufiger Insolvenzverwalter bestellt wurde, keine in sich konsequente Regelung vor. Diese Inkonsistenz wird noch dadurch verstärkt,

---

InsO [sei], der aufgrund seiner tatbestandlichen Fassung […] über Umsatzsteuerschulden, die den Anlass der Regelung bildeten, hinausgeht."

555 Die durch das InsOÄndG 2001 eingefügte Regelung in § 55 Abs. 3 InsO ist als Annex zu § 55 Abs. 2 InsO zu interpretieren und erfasst die Insolvenzgeldfinanzierung durch die Bundesagentur für Arbeit. In der Rechtsfolge der Vorschrift, auf die BA übergegangene Ansprüche nur als Insolvenzgläubiger geltend zu machen, liegt ein Subventionseffekt, der auch als „Sanierungsbeitrag" verstanden wird, s. *Hefermehl*, in: MüKo, InsO, § 55, Rz. 234 f.

556 S. oben unter Erstes Kapitel G)I.5. Allein die aus der Veräußerung eines Grundstücks folgende Vorsteuerkorrektur ist nach hier vertretener Auffassung subsumtionsfähig.

dass § 55 Abs. 4 InsO nicht in der Lage ist, den – freilich praxisirrelevanten – Fall der sog. ganz schwachen vorläufigen Insolvenzverwaltung mangels insofern bestehenden Zustimmungsvorbehalts und Einzelermächtigung zu erfassen. Erweitert man außerdem die Betrachtung auf alle Phasen der Insolvenz, so ergibt sich für die Umsatzsteuer ein ebenso uneinheitliches, weil inkonsequentes Bild, das sich aus der herkömmlichen Einordnung von Insolvenzforderung und Masseverbindlichkeit erklärt. Dies mag für alle übrigen Steuerarten vor der Prämisse einer alle Gläubiger betreffenden Gleichbehandlung systemgerecht sein, ist es aber nicht für die der Insolvenzmasse materiell nicht zustehenden Umsatz- bzw. Vorsteuerbeträge.

Der Gesetzgeber hat sich weder für eine generelle Separierung der Umsatzsteuer entschieden, noch die Wirkungen von § 55 Abs. 4 InsO auf dieselbe begrenzt. Obgleich die letztgenannte Alternative hinter einer systemumfassenden Lösung zurückbliebe, würde sie doch partiell eine im kassenmäßigen Ergebnis folgerichtige Lösung der umsatzsteuerinsolvenzrechtlichen Wertungen bedeuten. Auch wenn die Ausgestaltung des gesetzgeberischen Mechanismus weder insolvenz-, noch umsatzsteuersystematischen Wertungen entspricht, kann daraus allein aber keine verfassungsrechtliche Relevanz geschlussfolgert werden. Die demokratische Legitimation des Gesetzgebers reicht nämlich über die Frage einer einfachen Sinnhaftigkeit hinaus[557]. Eine nicht durchdachte Regelung wird erst dann zum Problem, wenn er nicht die von ihm selbst geschaffenen Strukturen beachtet. Wenn der Gesetzgeber dem aber nachgekommen ist, stellt die Logik seines Werkes ein Prüfungsraster dar, das umso engmaschiger wird, desto mehr die fragliche Regelung von ebendiesen Strukturen abweicht und damit zu diesen in Widerspruch steht[558].

Einen solchen Widerspruch bildet die Tatsache, dass § 55 Abs. 4 InsO auch auf alle übrigen Steuerarten Anwendung findet. Entscheidend ist dabei nicht der Umstand, dass alle Steuerarten im Ergebnis privilegiert behandelt werden. Auch nach meinem Dafürhalten wäre die Wiedereinführung eines generellen Fiskusprivilegs nach dem Vorbild von § 61 Abs. 1 Nr. 2 KO unter Berücksichtigung der aufgestellten Maßstäbe systemgerecht und verfassungsrechtlich unbedenklich[559]. Das Hauptaugenmerk muss auf der Art und Weise der konkreten Ausgestaltung einer das insolvenzrechtliche System durchbrechenden Norm liegen. Sie muss eine klare Grundentscheidung erkennen lassen, die folgerichtig umgesetzt wird. Bei § 55 Abs. 4 InsO ist dies hingegen nicht beachtet worden. Anders als die Gesetzesbegründung suggeriert, werden entgegen steuersystematischer Notwendigkeiten alle Steuerarten erfasst. Dies geschieht mittels des Hebels „Masseverbindlichkeit", der ausgehend vom insolvenzrechtlichen Grundgedanken hierfür nicht vorgesehen

557 Anschaulich *Bryde*, Die Effektivität von Recht als Rechtsproblem, S. 19: „In der parlamentarischen Demokratie hat der Gesetzgeber grundsätzlich auch das Recht, schlechte Gesetze zu machen, und soll dafür vom Volk, nicht vom Bundesverfassungsgericht zur Rechenschaft gezogen werden."

558 *Bryde/Kleindiek*, JURA 1999, 36, 41.

559 So auch *Krumm*, Steuervollzug und formelle Insolvenz, S. 52 ff. Gl. A. schon FG Hamburg, Urt. v. 3.10.1979, II 119/78, EFG 1980, 60.

ist. Der Widerspruch in der gesetzlichen Ausgestaltung zeigt sich letztlich in einer Kumulation von zwei sich gegenseitig ergänzenden Befunden:

Erstens, hätte der Gesetzgeber für das ins Visier genommene Insolvenzeröffnungsverfahren eine Regelung schaffen müssen, die dem Wesen der Umsatzsteuer gerecht wird, mithin alle umsatzsteuerlichen positiven Besteuerungsgrundlagen zu erfassen in der Lage ist. Nach den oben aufgezeigten Auslegungsergebnissen ist das indes nicht möglich. Das entbehrt der nötigen Konsequenz und stellt damit bereits aus der Perspektive des Umsatzsteuerrechts die Systemgerechtigkeit der Regelung in Frage. Wollte er sich diesem Vorwurf nicht aussetzen, so müsste er sicherstellen, dass alle positiven Besteuerungsgrundlagen erfasst werden können. Ob er eine Realisation schlussendlich mittels eines Masseverbindlichkeitstatbestands, eines Aussonderungsrechts oder eines sonstigen Mechanismus sicherstellt, ist dann sekundär. Auch wenn eine den Treugutcharakter der Umsatzsteuer widerspiegelnde Konstruktion einen höchstmöglichen Grad an Systemgerechtigkeit aufwies, läge auch die Regelungsalternative eines entsprechend abgeänderten § 55 Abs. 4 InsO innerhalb der Grenzen des gesetzgeberischen Gestaltungsspielraums.

Das führt, *zweitens*, zu einer Antithese zu dem ersten Teil des Gedankengangs. Dieser geht davon aus, dass in Bezug auf die Umsatzsteuer die Rechtfertigungsanforderungen an § 55 Abs. 4 InsO ungleich niedrig zu denjenigen in Bezug auf sonstige Steuerarten sind, da die darauf entfallenden Beträge ohnehin materiell nicht dem Vermögen des Schuldners zuzuordnen sind, weil es die Umsatzsteuer beabsichtigt, die wirtschaftliche Leistungsfähigkeit des Verbrauchers zu erfassen. Die genannte Norm differenziert danach aber nicht, sondern ist unterschiedslos auf alle Steuerarten anwendbar, womit also auch beispielsweise die Einkommen- und Körperschaftsteuer vom vorläufigen Insolvenzverwalter i.S.d. § 55 Abs. 4 InsO begründet werden kann[560]. Das ist aber unter steuersystematischen Gesichtspunkten nicht nachvollziehbar. Insofern geht der Gesetzgeber an dieser Stelle mit seiner undifferenzierten Regelung über das aus der Perspektive der Steuerrechtsordnung legitime Verlangen hinaus.

dd) Abwägung der vorangestellten Erwägungen

Die vorangestellten Gedanken sind im Folgenden gegeneinander abzuwägen. Für die Angemessenheit von § 55 Abs. 4 InsO spricht zunächst die damit einhergehende Förderung des steuerlichen Vollzugsauftrags im Sinne eines gleichmäßigen Vollzugs von Steuergesetzen und einer damit einhergehenden Gleichheit im Belastungserfolg für die Phase des vorläufigen Insolvenzverfahrens. Außerdem wird mit der Regelung insbesondere dem umsatzsteuerlichen Belastungsgrund Rechnung getragen,

---

560 Im Rahmen der Subsumtion ist grundsätzlich darauf abzustellen, ob der Rechtsgrund für das Einkommen auf eine aktive Mitwirkung des vorläufigen Insolvenzverwalters zurückzuführen ist, vgl. hierzu *Sinz*, in: Uhlenbruck, InsO, § 55, Rz. 126. Ggf. ist bei auf einen längeren Zeitraum entfallende einmalige Einkünfte eine zeitanteilige Aufteilung vorzunehmen.

was eine Verwendung von vereinnahmten Umsatzsteuerbeträgen zugunsten der Masse verhindert.

Auf der Gegenseite steht indes die mit der Regelung einhergehende Ungleichbehandlung der Gläubiger, die auch in eine Beeinträchtigung der Eigentumsgarantie mündet. Zwar ist diesbezüglich festgestellt worden, dass eine solche für die Umsatzsteuer nur geringe Intensität hat, da sie ohnehin materiell nicht der Insolvenzmasse zuzuordnen ist. Dies gilt indes nicht für die übrigen von § 55 Abs. 4 InsO erfassten Steuerarten. Außerdem ist das von der Norm ausgehende Fiskusprivileg als insolvenzrechtlicher Systembruch aufgedeckt worden. Allein dieser führt freilich nicht zu einem zur Verfassungswidrigkeit führenden Ergebnis der Angemessenheitsprüfung. Er bietet aber Anlass, auch ihn einer zusätzlichen Rechtfertigung zu unterziehen. Der dem Gesetzgeber zustehende, grundsätzlich weite Beurteilungsspielraum wird nicht nur dadurch, sondern auch durch die gleichzeitige Betroffenheit der Eigentumsgarantie verengt, die Grenzen einer im Rahmen des allgemeinen Gleichheitssatzes vorzunehmenden Vertretbarkeitsprüfung schmaler. Für die Ergebnisfindung ist es nicht allein entscheidend, ob der Gesetzgeber den Fiskus überhaupt bevorrechtigt und ob er hierbei nach Steuerarten unterscheidet oder nicht. Er hat aber jedenfalls das ausdifferenzierte insolvenzrechtliche Befriedigungssystem und die systematischen Eigenarten verschiedener Steuern zu achten. Damit kollidiert die konkrete Ausgestaltung von § 55 Abs. 4 InsO, die von insolvenzrechtlicher Warte nicht nur generell schwerlich mit dem Typus einer Masseverbindlichkeit zu vereinbaren ist, sondern auch noch zusätzlich steuerartenunterschiedslos agiert und damit im Lichte der unterschiedlichen Belastungsgründe auch steuer*un*systematisch ist. Liegt damit hinsichtlich aller übrigen Steuerarten eine rein fiskalische Durchbrechung der gesetzgeberischen Grundentscheidung vor, so tritt diese verfassungsrechtlich nicht zu rechtfertigende Wirkung[561] noch zu der Beeinträchtigung von Art. 14 Abs. 1 GG hinzu. Es kann insoweit nicht argumentiert werden, dass § 55 Abs. 4 InsO der Vermeidung von Missbrauch und mithin der Verhinderung von Steuerausfall nützt. Die Norm dient dem Zweck, ein fiskalisches Aufkommen zu generieren, das dem Fiskus wegen der Insolvenz des Steuerschuldners nicht zusteht. Die gerade wegen dieser Insolvenz von der InsO vorgesehenen Reglementierungen lassen sich auch unter Berücksichtigung umsatzsteuersystematischer Aspekte nicht als Missbrauch charakterisieren. Außerdem muss beachtet werden, dass auch bei einer nur die Umsatzsteuer betrachtenden Beurteilung Inkonsistenzen vorliegen, die aus der mangelnden Erfassung aller positiven Besteuerungsgrundlagen resultieren. Auch deren Erfüllung spiegelt aber den umsatzsteuerlichen Belastungsgrund

561 Vgl. die st. Rspr. des BVerfG zum Steuerrecht, s. schon BVerfG, Beschl. v. 17.1.1957, 1 BvL 4/54, BVerfGE 6, 55, 80, aus neuerer Zeit etwa v. 21.6.2006, 2 BvL 2/99, BVerfGE 116, 164, 182; so auch *Hey*, in: Tipke/Lang, Steuerrecht, § 3, Rz. 130. Diese Grundsätze können auch für insolvenzrechtliche Durchbrechungen fruchtbar gemacht werden, die – wie vorliegend – auf rein steuerrechtlichen Normen beruhen und für das Insolvenzrecht materielle Wirkung entfalten.

wieder, den der Gesetzgeber mithin nicht konsequent berücksichtigt hat, weil er deren Erfassung von § 55 Abs. 4 InsO nicht geregelt hat.

Diese *monita* allein wiegen vor dem Hintergrund eines geschlossenen Systems zwar schwer, sind aber verfassungsrechtlich nicht entscheidend. Die Regelung schließt zumindest partiell eine insolvenzbedingte Lücke in der Systematik des Umsatzsteuerrechts und stellt für einen bestimmten Anwendungsbereich sicher, dass dem Verbrauchsteuercharakter der Umsatzsteuer Rechnung getragen wird. Dass § 55 Abs. 4 InsO in seiner derzeitigen Ausgestaltung dabei wegen dessen mangelnder Abstimmung mit der Rechtsstellung des nicht-starken vorläufigen Insolvenzverwalters und dem Umsatzsteuerrecht nicht alle denkbaren positiven umsatzsteuerlichen Besteuerungsgrundlagen erfasst, ist dogmatisch kritikwürdig, lässt aber aus sich heraus noch keinen Schluss auf eine Verfassungswidrigkeit zu. Auch wenn ein in sich geschlossenes System wünschenswert ist, liegt es doch in der Hand des parlamentarisch legitimierten Gesetzgebers, den Regelungsbereich eines Gesetzes zu verengen. Dies muss ihm mit Blick auf seine weite Einschätzungsprärogative insbesondere dort zustehen, wo er dem Grundgedanken des Umsatzsteuerrechts nachkommt und auf diese Weise zugleich eine von ihm aufgedeckte Besteuerungslücke schließt, die dazu geführt hat, dass Insolvenzmassen zweckwidrig mit Umsatzsteuer angereichert wurden[562]. Neben dem vom einfachen Gesetzgeber aufgestellten Grundgedanken des insolvenzrechtlichen Befriedigungsregimes ist nämlich gleichermaßen derjenige des Umsatzsteuerrechts in die Abwägung einzustellen.

Nicht beiseite zu schieben ist indes die überschießende Tendenz, die von § 55 Abs. 4 InsO hinsichtlich der übrigen Steuerarten ausgeht, die gerade eben auf die wirtschaftliche Leistungsfähigkeit des Insolvenzschuldners selbst ausgerichtet sind und damit weder vor steuer- noch insolvenzrechtlichen Gesichtspunkten systemgerecht ist. Insofern liegt auch eine höhere Eingriffsintensität in Bezug auf die insolvenzrechtliche Systemkonsequenz und die damit verbundene Eigentumsgarantie gem. Art. 14 Abs. 1 GG vor. Wir stehen damit vor einer Gemengelage, die aus dem steuerartenunterschiedslosen Anwendungsbereich von § 55 Abs. 4 InsO hervorgeht. Fraglich ist nun, wie diese aufzulösen ist. Einerseits ließe sich insofern argumentieren, dass die Norm wegen ihrer überschießenden Tendenz insgesamt verfassungswidrig und der Gesetzgeber aufgefordert ist, entsprechende Nachbesserungen vorzunehmen. Würde er § 55 Abs. 4 InsO lediglich auf die Umsatzsteuer beziehen, so läge mit der daraus folgenden Anordnung einer Masseverbindlichkeit ebenfalls ein insolvenzrechtlicher Systembruch vor[563]. Dieser allein führte aber nicht zu verfassungsrechtlichen Bedenken einer Systemungerechtigkeit[564]. Denn bei der

562 S. hierzu oben unter Erstes Kapitel A)V.2.a).

563 Dies folgt nicht nur aus der Gegenleistungslosigkeit der Steuer, sondern vor allem aus dem fehlenden Konnex zu einer Handlung des Insolvenzverwalters, s. auch oben unter Zweites Kapitel G)IV.2.b)cc).

564 Im Ergebnis ebenso wenig verfassungsrechtlich bedenklich wäre es gewesen, § 55 Abs. 2 InsO, wie einst geplant (hierzu s.o. unter Erstes Kapitel A)V.2.a)) auch auf den nicht-starken vorläufigen Insolvenzverwalter zu erweitern und auf diese

Umsatzsteuer liegt im Gegensatz zu anderen Steuern nur ein ungleich minder intensiver Eingriff in die Eigentumsgarantie vor. Es darf allerdings andererseits nicht vergessen werden, dass § 55 Abs. 4 InsO *auch* in Bezug auf andere Steuerarten das Verfassungsgut der Gleichmäßigkeit der Besteuerung aus Art. 3 Abs. 1 GG[565] fördert. Ebendieses Gebot von Verfassungsrang ist bei der in Rede stehenden Abwägung gegen die insolvenzrechtliche Systemkonsequenz aus Art. 3 Abs. 1 GG i.V.m. Art. 14 Abs. 1 GG einzustellen und am konkreten Beispiel von § 55 Abs. 4 InsO zu berücksichtigen. In abstrakter Hinsicht steht damit ein aus Art. 3 Abs. 1 GG hergeleitetes *Verbot* der Ungleichbehandlung einem *Gebot* der Gleichbehandlung gegenüber. Dahinter verbirgt sich einerseits das Interesse der Gläubigergemeinschaft an deren gleichmäßiger Befriedigung und dem Schutz ihrer Eigentumsrechte und andererseits das Interesse des Fiskus an Steuergerechtigkeit. Damit steht der Gesetzgeber vor der Aufgabe, zwei kollidierende Güter von Verfassungsrang gegeneinander abzuwägen. Will der Rechtsanwender in derlei Spannungsverhältnis einen Verfassungsverstoß begründen, so hat er vorzutragen, dass der Gesetzgeber für den erfassten Sachverhalt *genau diese* Regelungsanordnung nicht hätte erlassen dürfen. Insoweit trifft denjenigen, der die Rüge geltend macht, die Darlegungs- und Beweislast dafür, dass der Gesetzgeber die Grenzen seines Vertretbarkeitsspielraums überschritten hat. Eine solche Überschreitung der skizzierten Demarkationslinie kann in § 55 Abs. 4 InsO jedoch nicht erkannt werden. Die Vorschrift fördert erkennbar eines der hier widerstreitenden Verfassungsgüter. Der Gesetzgeber hat sich damit in verfassungskonformer Weise für eine von mehreren möglichen Regelungsalternativen entschieden, um eine Interessenkollision zu Gunsten der Gleichmäßigkeit der Besteuerung für einen Teilbereich des Insolvenzverfahrens aufzulösen. Eine etwaige Negation des legislativen Postulats in Form von § 55 Abs. 4 InsO ist damit der Verfassung entzogen; sie ist der politischen Auseinandersetzung vorbehalten.

Unter Berücksichtigung aller vorgebrachten Argumente ist § 55 Abs. 4 InsO damit trotz der aufgezeigten verfassungsrechtlich-relevanten Schwächen im Ergebnis angemessen i.e.S. Die von der Norm ausgehende Beeinträchtigung der von der insolvenzrechtlichen Systemkonsequenz geschützten Güter steht damit in einem angemessenen Verhältnis zu den von der ihr verfolgten Zielen. Der Gesetzgeber hat seinen Vertretbarkeitsspielraum insgesamt nicht überschritten.

3. Zwischenergebnis

Als Zwischenergebnis ist festzuhalten, dass der aus § 55 Abs. 4 InsO resultierende Eingriff in die insolvenzrechtliche Systemkonsequenz aus Art. 3 Abs. 1 GG i.V.m.

Weise *auch* Steuerverbindlichkeiten aus dieser Phase zu erfassen. Gl. Auffassung *Bauer*, Ungleichbehandlung der Gläubiger im geltenden Insolvenzrecht, S. 121 f.

565 S. dazu bereits oben unter Erstes Kapitel F)II.

Art. 14 Abs. 1 GG gerechtfertigt und damit in seiner derzeitigen Ausgestaltung verfassungsgemäß ist[566].

H) Thesenförmige Zusammenfassung des Ersten Kapitels

I. Konkurs- bzw. Insolvenz- und Umsatzsteuerrecht sind in ihrer gemeinsamen, beinahe 100jährigen Geschichte zu keiner Zeit einer systematischen Harmonisierung unterzogen worden. Der Gesetzgeber hat auch bei sich bietenden Anlässen nur geringes Interesse an der normativen Gemengelage gezeigt. Abgesehen von Einzelfalllösungen kam es bislang zu keiner legislativen Annäherung der beiden Rechtsgebiete.

II. Die Rechtsanwendung an der Schnittstelle von Insolvenz- und Umsatzsteuerrecht fordert ihre eigene Prüfungsmethodik. Diese muss insbesondere die umsatzsteuerrechtlichen technischen Eigenarten berücksichtigen, die in dem Wechselspiel zwischen positiven und negativen Besteuerungsgrundlagen sowie der umsatzsteuerrechtlichen Zwangsverrechnung bestehen. Ausgangspunkt einer jeden Prüfung ist die separate Betrachtung umsatzsteuerlicher Besteuerungsgrundlagen. Erst darauf folgt deren insolvenzrechtliche Zuordnung.

III. Das Umsatzsteueraufkommen ist in der Insolvenz des umsatzsteuerlichen Unternehmers regelmäßig doppelt gefährdet. Das umsatzsteuersystematisch bedingte Ausfallrisiko zeigt sich sowohl in der mangelnden Erhebung von positiven wie auch in der Rückabwicklung negativer Besteuerungsgrundlagen. Der Fiskus kann damit auch – anders als bei anderen Steuerarten – etwas verlieren, das er in die (noch zu bildende) Insolvenzmasse geleistet hat.

IV. Aus dem einfachen nationalen wie auch dem europäischen Recht ist keine Treugut-Eigenschaft der Umsatzsteuer herzuleiten, die zu deren Separierung

---

566 Im Ergebnis anderer Ansicht, also für eine Verfassungswidrigkeit, sind *8. Deutscher Insolvenzrechtstag*, Thesenpapier zu Workshop IV: Steuern als Masseverbindlichkeiten, unter 1., abrufbar unter www.arge-insolvenzrecht.de; *Nachtmann*, Das Fiskusvorrecht im deutschen Insolvenzrecht, S. 219 ff., die die Angemessenheit i.e.S. verneint. Ebenso auch *Bauer*, ZInsO 2010, 1917, 1920; *Hölzle*, BB 2012, 1571, 1579: „[...] erscheinen verfassungswidrig"; *Krüger*, ZInsO 2012, 149, 153, wegen Eingriffs in die Verteilungsgerechtigkeit; *Marotzke*, ZInsO 2010, 2163, 2180, dessen verfassungsrechtliches Verdikt wohl zumindest auch auf § 55 Abs. 4 InsO bezogen ist. Anders als *Nachtmann*, Das Fiskusvorrecht im deutschen Insolvenzrecht, S. 221 (Fn. 797), behauptet, kann ich weder bei *Onusseit*, ZInsO 2011, 641, 643 f., noch bei *Sinz/Oppermann*, DB 2011, 2185, 2186, erkennen, dass *diese* sich für eine Verfassungswidrigkeit aussprechen. Offen gelassen ist die Frage der Verfassungswidrigkeit zunächst bei *Kahlert*, ZIP 2010, 1887, 1889, der sie indes später in *ders.*, ZIP 2014, 1101, 1105 – unter Verweis auf den Beschluss des 8. Deutschen Insolvenzrechtstages des DAV v. 7./8.4.2011 –; *ders.*, in: Stellungnahme zum Gesetzentwurf der Bundesregierung zur Erleichterung der Bewältigung von Konzerninsolvenzen v. 30.1.2014, wegen eines Verstoßes gegen das Rechtsstaatsprinzip aus Art. 20 Abs. 3 GG (Normenklarheit und Vollziehbarkeit) annimmt.

in der Insolvenz mittels eines Treuhandverhältnisses und damit der Gewährleistung ihrer aufkommenswirksamen Erhebung führt. Die diesbezügliche Begutachtung hat zwar ergeben, dass aus der Umsatzsteuersystematik Elemente einer Treugut-Eigenschaft hergeleitet werden können. Dies genügt aber insbesondere wegen der Erheblichkeit des Eingriffs in die insolvenzrechtliche Systematik nicht, um die vorgefundenen Indizien rechtssicher ohne einen entsprechenden Legislativakt zu konstruieren. Das Bild des „Unternehmers als Steuereinnehmer für Rechnung des Staates" ist damit nicht insolvenzfest.

V. Aus dem in § 251 Abs. 2 AO fundierten „Grundsatz" „Insolvenzrecht geht vor Steuerrecht" lassen sich keine übergeordneten Werteentscheidungen herleiten. Nur im Falle einer Kollision von formellem Insolvenz- und Steuerrecht statuiert er einen Anwendungsvorrang des Insolvenzrechts.

VI. Die von Verfassungs wegen gebotene umsatzsteuerrechtliche Belastungsgleichheit im Steuervollzug wird in legitimer Weise durch insolvenzrechtliche Schutzgüter beschränkt. Insofern folgt auch aus dem Verfassungsrecht keine Pflicht des Gesetzgebers (Gebot), die Umsatzsteuer in der Insolvenz zu separieren und ihre aufkommenswirksame Erhebung sicherzustellen. Aus der Verfassung folgt aber auch kein Verbot, ein Gesetz diesen Inhalts zu erlassen. Das subjektive Recht der Gläubiger einer insolvenzrechtlichen Systemkonsequenz aus Art. 3 Abs. 1 GG i.V.m. Art. 14 Abs. 1 GG steht dem nicht entgegen. Die Entscheidung hierüber liegt im Gestaltungsspielraum des Gesetzgebers.

VII. § 55 Abs. 4 InsO weist konstruktive Mängel auf, die aber mittels der gängigen Auslegungsmethoden zu bewältigen sind. Die im Schrifttum gegen die Regelung angebrachte Kritik ist hinsichtlich der Verletzung des Grundsatzes der Gläubigergleichbehandlung einfachrechtlich gerechtfertigt. In verfassungsrechtlicher Hinsicht ist die Vorschrift indes nicht zu beanstanden. Sie ist mit der hier entwickelten insolvenzrechtlichen Systemkonsequenz aus Art. 3 Abs. 1 i.V.m. Art. 14 Abs. 1 GG vereinbar.

Zweites Kapitel: Das Umsatzsteuerinsolvenzrecht aus der Perspektive des umsatzsteuerrechtlichen Festsetzungsverfahrens unter besonderer Berücksichtigung neuerer Rechtsprechung

A) Einführung in das Kapitel

Nach größtenteils grundsätzlichen Erwägungen im ersten Kapitel folgt nun im zweiten Kapitel eine einfach-rechtliche Betrachtung des Umsatzsteuerinsolvenzrechts aus der Perspektive des steuerlichen Festsetzungsverfahrens. Aspekte der umsatzsteuerlichen Zwangsverrechnung nach § 16 Abs. 2 UStG sowie des steuerlichen Erhebungsverfahrens vor der Prämisse der insolvenzrechtlichen Aufrechnungsverbote sind hiervon abgeschichtet und werden erst im dritten Kapitel behandelt.

Eine Umsatzsteuerfestsetzung verlangt einen entsprechenden Umsatzsteuer-Vorauszahlungs- oder einen Umsatzsteuer-Jahresbescheid. Auf Grundlage dessen ist die Finanzbehörde *außerhalb* der Insolvenz des Unternehmers berechtigt, den geschuldeten Umsatzsteuerbetrag zu erheben. Dieser ergibt sich aus einer Saldierung von positiven wie negativen Besteuerungsgrundlagen innerhalb eines Besteuerungszeitraums. Mit Eintritt des Insolvenzfalls – also *innerhalb* der Insolvenz – ist jede einzelne in der Umsatzsteuerschuld enthaltene Besteuerungsgrundlage daraufhin zu untersuchen, ob sie bloße Insolvenzforderung oder Masseverbindlichkeit ist. Daraus ergibt sich, ob sie bzw. die aus ihr resultierende Umsatzsteuerschuld zur Tabelle anzumelden oder durch Steuerbescheid festzusetzen ist. Ebendieser *Prüfungsductus*[567] liegt auch dieser Arbeit zugrunde. Nachdem die aufgeworfene Frage für jede Besteuerungsgrundlage beantwortet wurde, schließen sich die genannten Problemstellungen im dritten Kapitel an.

Wegen der für das Umsatzsteuerinsolvenzrecht herausragenden Bedeutung der Rechtsprechungsserie des V. Senats des BFH orientieren sich die nachfolgenden Ausführungen zum größten Teil an dieser. Zuvor werden die *bis dato* vertretenen Auffassungen in Rechtsprechung und Literatur geschildert, später der Blick in die Zukunft gerichtet und die Prämissen der neueren Rechtsprechung auf bislang nicht entschiedene Fallgruppen angewendet.

567 S. hierzu schon oben unter Erstes Kapitel B).

B) Rückschau bisheriger Rechtsprechung

I. Vorbemerkung

Bei der Lektüre der jüngeren Literatur sowie der Rechtsprechungsserie des V. Senats des BFH vermag sich dem Leser mitunter der Eindruck zu vermitteln, dass die mit Beginn des ersten Urteils der Rechtsprechungsserie aus Januar 2009 aufgezeigten Abgrenzungsprobleme „neu" seien; dies ist allerdings mitnichten der Fall. Vielmehr bestehen die virulenten Fragestellungen schon seit dem Nebeneinander von Konkursordnung und Umsatzsteuergesetz 1918, das sich mit der Einführung eines Allphasen-Netto-Umsatzsteuersystems mit Vorsteuerabzug im Jahr 1968 um weitere Fragen verkomplizierte. Sicherlich hat sich das normative Gewand der entscheidenden Paragraphen in der Vergangenheit geändert, ihr inhaltlicher Gehalt ist aber im Wesentlichen bis heute identisch.

Recht lässt sich häufig erst aus der Historie verstehen und belastbar auslegen, mindestens aber führt ein rückwärtsgerichteter Blick dazu, die aktuellen Positionen besser nachvollziehen zu können, sie in einen breiteren Kontext zu setzen. Im Lichte dessen wenden sich die beiden nachfolgenden Abschnitte der Vergangenheit zu, wobei die Betrachtung ihren Beginn zu den Zeiten der Konkursordnung nimmt und sich sodann über die Insolvenzordnung bis hin zum ersten Urteil der Neukonzeptionierung des Umsatzsteuerinsolvenzrechts durch den V. Senat des BFH erstrecken wird. Einzuräumen ist dabei, dass zu Zeiten der bis 1998 geltenden Konkursordnung die praktische Bedeutung für das (Umsatz-)Steueraufkommen eher gering war, ob das Ergebnis lautete, es liegen Konkursforderungen *oder* Masseverbindlichkeiten (nach damaliger Formulierung *Massekosten* [§ 58 Nr. 2 KO][568] oder *Masseschulden* [§ 59 Abs. 1 Nr. 1 KO][569]) vor. Denn wegen des in § 61 Abs. 1 Nr. 2 KO statuierten Privilegs genoss der Fiskus ohnehin eine vorrangige Befriedigung im Kreise der Konkursgläubiger. Gleichwohl musste auch seinerzeit zunächst entschieden werden, ob eine Umsatzsteuerforderung und damit die darin enthaltene Besteuerungsgrundlage vor oder nach der Eröffnung des Konkursverfahrens begründet war und damit überhaupt eine Konkursforderung nach § 3 KO[570] vorlag. Der Gesetzgeber hat später den Bedeutungsgehalt von § 3 KO für § 38 InsO inhaltlich ohne Änderungen übernommen[571] und damit

---

568 Die Vorschrift lautete: „Massekosten sind [...] die Ausgaben für die Verwaltung, Verwertung und Verteilung der Masse."

569 Die Vorschrift lautete: „Masseschulden sind [...] die Ansprüche, welche aus Geschäften oder Handlungen des Konkursverwalters entstehen."

570 Die Vorschrift lautete: „Die Konkursmasse dient zur gemeinschaftlichen Befriedigung aller persönlichen Gläubiger, welche einen zur Zeit der Eröffnung des Verfahrens begründeten Vermögensanspruch an den Gemeinschuldner haben (Konkursgläubiger)."

571 BT-DrS. 12/2443, S. 123; § 38 InsO ist in dem genannten Gesetzentwurf § 45 InsO. Gleiches gilt für die später noch relevante Vorschrift des § 96 Abs. 1 Nr. 1, die

auch die diesbezüglichen Abgrenzungsprobleme und den damaligen Stand der Wissenschaft in das neue Insolvenzrecht importiert[572]. Dieser Umstand wird in der gegenwärtigen Diskussion um die Einordnung von Umsatzsteuerforderungen in der Insolvenz nicht ausreichend stark berücksichtigt.

Dazu gehört auch die nachfolgende Exegese der relevanten Rechtsprechung der mit dem Themenbereich befassten Senate des BFH sowie des IX. Zivilsenats des BGH. Diese soll als erstes nachgeholt werden, später folgt eine Darstellung der seinerzeit vertretenen Auffassungen in der Literatur.

II. Bisherige Judikatur des V. Senats des BFH und Reflektion

Der V. Senat des Bundesfinanzhofs war auch zu Zeiten der Konkursordnung für die Festsetzung der Umsatzsteuer zuständig. Er hat sich erstmalig mit Urteil vom 4.7.1957[573] mit einem Fall des hier eingegrenzten Umsatzsteuerinsolvenzrechts auseinandergesetzt[574]. Tatbestandlich ging es um eine Ausgangsleistung, deren dazugehörige Forderung der spätere Konkursschuldner seiner Bank sicherungshalber abgetreten hatte. Da der spätere Konkursschuldner die Umsatzsteuer nach *vereinnahmten* Entgelten berechnete, hatte er *bis dato* keine Umsatzsteuer zu entrichten. Nach Konkurseröffnung hatte die Bank die Forderung zur Tilgung des mit der Forderungsabtretung besicherten Kredites eingezogen. Der Konkursverwalter wurde als Schuldner der Umsatzsteuer herangezogen. Der V. Senat des BFH entsprach der Auffassung des Finanzamts und zählte die fragliche Umsatzsteuerforderung zu den Massekosten nach § 58 Nr. 2 KO mit der Begründung, die Einziehung von Forderungen gehöre zur Verwertung der Masse. Dies galt nach dem Senat auch in dem Fall, in dem nicht der Konkursverwalter, sondern ein absonderungsberechtigter Gläubiger die Forderung eingezogen hatte. Die Vereinnahmung der Entgelte für die der Forderung zugrundeliegenden Warenlieferungen hätte darin bestanden, dass die Bank die eingezogenen Forderungsbeträge mit der gegen den Konkursschuldner gerichteten Darlehensforderung verrechnet habe.

---

inhaltlich § 55 Nr. 1 KO entspricht. Hier soll für die nähere Auslegung auf Rechtsprechung und Lehre zurückgegriffen werden, s. BT-DrS 12/2443, S. 141.

572 In diesem Sinne auch *Reiß*, in: GS Blomeyer, S. 427, 429, wonach allein die Unterscheidung zwischen Massekosten und Masseverbindlichkeiten eingeebnet wurde.

573 V 199/56 U, BStBl. III 1957, 282; hierauf verweist auch BFH, Urt. v. 29.1.2009, V R 64/07, BStBl. II 2009, 682, 684, Rz. 23, das sonst kein Judikat aus früherer Zeit anführt.

574 Den RFH hat kein Fall zu den hier relevanten Fragestellungen erreicht. Ohnehin sind nur zwei Urteile an der Schnittstelle des Umsatzsteuerinsolvenzrechts veröffentlicht, vgl. RFH v. 7.11.1922, V A 400/22, RFHE 10, 348, zur Pflichtenreichweite des Konkursverwalters und der Dauer der unternehmerischen Betätigung, und RFH v. 12.6.1928, V A 362/28, RFHE 23, 278, zu der Frage, ob die Vergütung eines Konkursverwalters umsatzsteuerpflichtig ist.

Nach der Einführung des Allphasen-Netto-Umsatzsteuersystems mit Vorsteuerabzug im Jahre 1968 hatte sich der V. Senat des BFH – von Entscheidungen zu für die Untersuchung nicht relevanten Fragestellungen abgesehen[575] – erstmalig mit seinem Urteil vom 2.2.1978[576] mit einem Problem an der Schnittstelle zum Insolvenzrecht zu befassen. Dort hatte es der klagende Konkursverwalter abgelehnt, einen noch nicht vollständig abgewickelten Vertrag zu erfüllen (vgl. 17 KO)[577]. Vertragsgegenstand waren verschiedene Werklieferungen über Bauvorhaben. Im Ergebnis nahm der erkennende Senat eine bloße Konkursforderung an. Für den vorliegenden Fall der *Soll-Versteuerung* stützte er die Begründetheit im Sinne des § 3 KO auf die folgenden Erwägungen: der Konkursschuldner habe die Werklieferungen mit, also nicht nach Konkurseröffnung ausgeführt und damit von seiner Seite her alles getan, was zur Begründung erforderlich sei[578]. Dieser Anspruch sei wegen der Besteuerung nach *vereinbarten Entgelten* in seinen materiellen Merkmalen bereits verwirklicht und seine Entstehung lediglich aus steuertechnischen Gründen hinausgeschoben[579]. Obschon der Tatbestand an dieser Stelle nicht eindeutig ist, kann davon ausgegangen werden, dass der Konkursverwalter für die bereits vor Konkurseröffnung erbrachte Teilleistung ein entsprechendes Entgelt zur Konkursmasse gezogen hat. Den hierin enthaltenen Umsatzsteuerbetrag hat der erkennende Senat hingegen weder als Masseschuld, noch Massekosten befunden, sondern vielmehr eine Konkursforderung angenommen, da die Besteuerungsgrundlage bereits vor der Konkurseröffnung begründet gewesen sei. Der BFH stellt an dieser Stelle also deutlich erkennbar auf die umsatzsteuerliche Leistungserbringung ab[580]. Bemerkenswert ist, dass der V. Senat des BFH diese – von ihm selbst gebildete Definition – zumindest in der neueren Judikatur nicht mehr aufgreift.

In einem späteren (noch heute häufig zitierten)[581] Urteil vom 13.11.1986 hat er sich intensiv mit dem Umsatzsteuerkonkursrecht befasst und – im Gegensatz zu

---

575 Insb. ist hier das teilweise in Zitaten vorzufindende Judikat des BFH, Urt. v. 12.6.1975, V R 42/74, zur Frage der Fälligkeit eines Vorsteuerrückforderungsanspruchs vor dem Hintergrund der Voraussetzungen des § 61 Nr. 2 KO zu nennen.

576 BFH, Urt. v. 2.2.1978, V R 128/76, BStBl. II 1978, 483.

577 Der BFH stellte in dem vorliegenden Urteil auch fest, dass er nicht länger an seiner noch in BFH, Urt. v. 13.9.1973, V R 18/73, n.v., vertretenen Auffassung festhalte, die Umsatzsteuer aus den Werkverträgen gehöre jedenfalls bei Wahl der Vertragserfüllung zu den Massekosten nach § 58 Nr. 2 KO. Vielmehr ist dieser Anspruch Masseschuld nach § 59 I Nr. 2 KO, s. BFH, Urt. v. 2.2.1978, V R 128/76, BStBl. II 1978, 483, 485, Rz. 15.

578 BFH, Urt. v. 2.2.1978, V R 128/76, BStBl. II 1978, 483, 486, Rz. 24.

579 BFH, Urt. v. 2.2.1978, V R 128/76, BStBl. II 1978, 483, 486, Rz. 24.

580 Ob die Rechtslage im Fall der Besteuerung nach vereinnahmten Entgelten hinsichtlich der Begründetheit dieselbe ist, hat der Senat ausdrücklich dahinstehen lassen, s. BFH, Urt. v. 2.2.1978, V R 128/76, BStBl. II 1978, 483, 486, Rz. 24.

581 So bspw. in den Entscheidungen der Rechtsprechungsserie, s. BFH, Urt. v. 29.1.2009, V R 64/07, BStBl. II 2009, 682, 683, Rz. 14; v. 9.12.2010, V R 22/10, BStBl. II 2011, 996, 998, Rz. 26; v. 24.11.2011, V R 13/11, BStBl. II 2012, 298, 304, Rz. 53.

früheren Entscheidungen – abstrakte Maßstäbe für die Abgrenzung „Konkursforderung oder Massekosten“ aufgestellt[582]. Der Entscheidung lag ein Sachverhalt zugrunde, in dem die spätere Konkursschuldnerin vor der Eröffnung des Konkursverfahrens Waren von ihren Lieferanten bezogen und hierfür die Vorsteuer abgesetzt hatte (Fall des Eingangsumsatzes); bezahlt war die Lieferung hingegen noch nicht. Die wegen tatsächlicher Uneinbringlichkeit nach § 17 Abs. 1 S. 2 i.V.m. Abs. 2 Nr. 1 UStG vorzunehmende Korrektur der Vorsteuer hat das Finanzamt durch Umsatzsteuervorauszahlungsbescheid gegenüber dem Konkursverwalter als Masseanspruch im Sinne des § 59 Abs. 1 Nr. 1 KO geltend gemacht. Der BFH hatte zu entscheiden, ob diese Festsetzung rechtmäßig oder ob der Vorsteuerrückforderungsanspruch lediglich Konkursforderung im Sinne des § 3 KO war. Erstmalig in der Geschichte der Umsatzsteuersenate des Reichs- und des Bundesfinanzhofs findet sich in den Entscheidungsgründen der Satz „Die Geltendmachung von Steueransprüchen beurteilt sich nach Eröffnung des Konkursverfahrens ausschließlich nach Konkursrecht“[583]. Unter Verweis auf § 251 Abs. 2 AO u. a. stellte der Senat fest, dass das Finanzamt lediglich Konkursgläubiger gewesen sei, wenn die Steueransprüche im Zeitpunkt der Konkurseröffnung bereits begründet waren. Unter Rekurs auf § 3 KO sollte der in Rede stehende Vorsteuerrückforderungsanspruch dann zur Zeit der Eröffnung des Konkursverfahrens begründet sein, wenn der den Anspruch begründende Tatbestand zu diesem Zeitpunkt „vollständig verwirklicht, also abgeschlossen war“[584]. Entscheidend hierfür sei nicht der Entstehungszeitpunkt der Steuer, sondern der Zeitpunkt, in dem die für den Vorsteuerrückforderungsanspruch maßgebenden Tatbestandsmerkmale erfüllt gewesen sind. Dies sollte nach dem erkennenden Senat bereits im Zeitpunkt der Uneinbringlichkeit, also *zur Zeit* der Eröffnung des Konkursverfahrens der Fall gewesen sein.

Im Spiegel der heutigen Erkenntnisse ist die Begründung hierzu bemerkenswert. Der V. Senat des BFH stellte nämlich darauf ab, dass im Augenblick der Konkurseröffnung *der Rechtsgrund* für die Entstehung des Vorsteuerrückforderungsanspruchs bereits gelegt war und verweist auf die Uneinbringlichkeit der Forderungen der Vorbehaltsverkäufer, die gleichfalls mit Eröffnung des Konkursverfahrens eintritt. Nach dem V. Senat des BFH waren für die Uneinbringlichkeit weniger die tatsächlichen Befriedigungschancen und die damit zusammenhängende Frage des wirtschaftlichen Werts der Forderung, als vielmehr die Tatsache entscheidend, dass die Forderung mit der Konkurseröffnung nunmehr von Rechts wegen gegenüber dem Schuldner zunächst nicht mehr durchsetzbar war[585].

---

582 BFH, Urt. v. 13.11.1986, V R 59/79, BStBl. II 1987, 226; die *bis dato* ergangenen Urteile v. 4.7.1957, V 199/56 U, V 199/56 U, BStBl. III 1957, 282, und v. 2.2.1978, V R 128/76, BStBl. II 1978, 483, äußerten sich nicht zum generellen Verhältnis von Umsatzsteuer- und Konkursrecht. Auch die Rechtsprechung des RFH musste sich offenbar nicht mit Fragestellungen des Konkursumsatzsteuerrechts beschäftigen.

583 BFH, Urt. v. 13.11.1986, V R 59/79, BStBl. II 1987, 226, 227, Rz. 12.

584 BFH, Urt. v. 13.11.1986, V R 59/79, BStBl. II 1987, 226, 227, Rz. 13.

585 BFH, Urt. v. 13.11.1986, V R 59/79, BStBl. II 1987, 226, 228, Rz. 16.

Im darauffolgenden Jahr hatte sich der BFH mit einem Fall[586] zu befassen, der hinsichtlich des Sachverhalts dem vorgenannten Urteil[587] vergleichbar ist. Dementsprechend hatte das Finanzamt seine Vorsteuerrückforderung zur Tabelle angemeldet und begehrte das Konkursvorrecht nach § 61 Abs. 1 Nr. 2 KO. Nachdem der Konkursverwalter im Prüfungstermin die Forderung bestritt, erließ das Finanzamt antragsgemäß einen Feststellungsbescheid nach § 251 Abs. 3 InsO, der Gegenstand des Klageverfahrens wurde. In seinen Entscheidungsgründen verweist der V. Senat des BFH hinsichtlich der Frage der Begründetheit im Sinne des § 3 KO im Wesentlichen auf seine Ausführungen im eben aufgezeigten Urteil vom 13.11.1986. Die nach ebendieser Entscheidung nunmehr noch revisionsrelevante Rechtsfrage, ob die Voraussetzungen des Konkursvorrechts vorlägen, hat er mangels Fälligkeit des Vorsteuerrückforderungsanspruchs verneint[588]. Der Fall ist für die vorliegende Untersuchung relevant, da er letztlich nicht mit dem dritten Urteil aus der Rechtsprechungsserie des V. Senats des BFH zu vereinbaren ist[589]. Seinerzeit musste für die Zwecke des Konkursvorrechts nach § 61 Abs. 1 Nr. 2 KO der Fälligkeitszeitpunkt der Steuerforderung ermittelt werden, wobei dies wiederum davon abhing, ob eventuell der Voranmeldungszeitraum bereits mit der Konkurseröffnung beendet wurde. Die im BMF-Schreiben v. 27.9.1976[590] vorgetragene Auffassung der Finanzverwaltung, der Voranmeldungszeitraum habe bereits mit der Konkurseröffnung geendet, teilte der Senat damals – anders als heute – nicht. Er argumentierte, dass das Umsatzsteuergesetz von festen Zeiträumen ausgehe und die unternehmerische Tätigkeit durch die Konkurseröffnung im Laufe des Kalenderjahres weder begonnen, noch beendet werde. Außerdem führe die Konkurseröffnung weder zu einer Trennung des Vermögens des Gemeinschuldners und der Konkursmasse, noch entstehe ein Einschnitt in Bezug auf den Unternehmer, der Leistungen bezieht oder empfängt. Zu der gleichen Auffassung gelangte der BFH auch in einem ähnlichen gelagerten Fall mit Urteil vom selben Tag[591]. (Auch) danach hat die Eröffnung des Konkursverfahrens über das Vermögen der Gemeinschuldnerin keine Abkürzung des Besteuerungszeitraums zur Folge, womit eine Anwendung von § 16 Abs. 3, 4 UStG ausscheide[592].

Auch in den Fällen einer Berichtigung nach § 15a UStG forderte die Finanzverwaltung einst bereits ausgekehrte Vorsteuerbeträge zurück. Die Berichtigung wird

586 BFH, Urt. v. 16.7.1987, V R 80/82, BStBl. II 1987, 691.

587 BFH, Urt. v. 13.11.1986, V R 59/79, BStBl. II 1987, 226.

588 BFH, Urt. v. 16.7.1987, V R 80/82, BStBl. II 1987, 691, 693, Rz. 13.

589 S. hierzu unten unter Zweites Kapitel D)III.

590 IV A 2 – S 733 – 1/76, BStBl. I 1976, 536, Abschn. I. 1.

591 BFH, Urt. v. 16.7.1987, V R 2/81, BStBl. II 1988, 190.

592 BFH, Urt. v. 16.7.1987, V R 2/81, BStBl. II 1988, 190, 191, Rz. 15; zulässig ist aber die Beschränkung des Steuerbescheids auf (nur) einen Teil des Kalenderjahres um den nach der KO unterschiedlichen Verfahren Rechnung zu tragen und die gebotene Abgrenzung von Steuerforderungen vorzunehmen. S. hierzu noch die inhaltliche Würdigung unten unter Zweites Kapitel D)III.

meistens durch Veräußerungen ausgelöst, die der Konkurs-/Insolvenzverwalter im Rahmen des zur Masse gehörenden Vermögens vornimmt. Der Unterschied zu den beiden oben vorgestellten Entscheidungen liegt also bereits darin, dass die Berichtigung nicht durch das Ereignis „Konkurseröffnung“ geboten, sondern auf eine Verwertungshandlung des Konkursverwalters zurückzuführen ist. Der V. Senat des BFH hat erstmalig mit Urteil v. 9.4.1987[593] dazu entschieden, ob die hiermit verbundenen Vorsteuerrückforderungsansprüche als Masseanspruch vorweg aus der Konkursmasse mittels Umsatzsteuerbescheides gegenüber dem Konkursverwalter durchgesetzt werden konnten. Das Finanzgericht hat in dieser Sache die Auffassung vertreten, dass der Vorsteuerrückforderungsanspruch bereits zur Zeit der Eröffnung des Konkursverfahrens begründet war. Es stellte hierbei auf die Grundlagen des Schuldverhältnisses ab, aus dem sich der Anspruch ergeben sollte und meinte hiermit den Zeitpunkt des ursprünglichen Eingangsumsatzes. Der V. Senat des BFH war anderer Auffassung: der Tatbestand des § 15a UStG sei erst dann vollständig verwirklicht, also abgeschlossen gewesen, wenn sich die Verhältnisse, die im Kalenderjahr der erstmaligen Verwendung des Wirtschaftsguts maßgebend waren, änderten[594]. Die Berichtigung nach § 15a UStG wirke nicht auf den Zeitpunkt der Vornahme des Vorsteuerabzugs gem. § 15 UStG zurück, da sie selbständig ausgestaltet sei. Im Ergebnis lagen damit Massekosten nach § 58 Nr. 2 KO vor.

Dem Urteil des V. Senats des BFH vom 6.6.1991[595] lag ebenfalls ein Fall zugrunde, bei dem das Finanzamt einen Vorsteuerberichtigungsanspruch gegenüber dem Konkursverwalter als Massekosten im Sinne des § 58 Nr. 2 KO geltend gemacht hat. Die Besonderheit war im vorliegenden Fall, dass die Veräußerungshandlung nicht durch den Konkursverwalter erfolgte; vielmehr ließ ein absonderungsberechtigter Grundschuldgläubiger ein zur Konkursmasse gehörendes Grundstück zwangsversteigern. Der BFH stimmte dem Finanzamt in seiner rechtlichen Bewertung zu. Er stellte zunächst klar, dass aus seiner Sicht der Vorsteuerberichtigungsanspruch nach § 15a UStG keine aufschiebend bedingte Forderung im Sinne des § 67 KO sei (wie es aber schon seinerzeit konstruktiv der VII. Senat des BFH annahm). Er begründete dies damit, dass die Umsatzsteuertatbestände nach § 15 UStG und § 15a UStG selbständig nebeneinander stünden. Der erkennende Senat war darüber hinaus nicht der Auffassung, dass Massekosten ausschließlich durch die Amtstätigkeit des Konkursverwalters ausgelöst werden könnten. Das neuartige und damit bemerkenswerte an dieser Entscheidung besteht aber darin, dass der Senat erstmals systematische und teleologische Erwägungen in den Entscheidungsgründen erkennen ließ, die den indirekten Charakter der Umsatzsteuer betonten. So heißt es in dem Urteil, dass es auch sachlich nicht gerechtfertigt scheine, die Konkursmasse von der Umsatzsteuer freizustellen, die durch die Veräußerung eines Massegegenstands entsteht. Sofern der Versteigerungserlös die Forderung des die Zwangsversteigerung betreibenden

593 BFH, V R 23/80, BStBl. II 1987, 527.
594 BFH, Urt. v. 09.04.1987, V R 23/80, BStBl. II 1987, 527, 529, Rz. 14 ff.
595 V R 115/87, BStBl. II 1991, 817.

Gläubigers übersteige, [der Masse also Liquidität zugeführt wird] gebühre dieser Überschuss der Konkursmasse. Dem *entspreche* es, dass die hierbei entstandene Umsatzsteuer aus der Konkursmasse zu zahlen ist[596].

Die Entscheidungsgründe der vorstehend dargestellten Rechtsprechung des V. Senats des BFH lassen – bis auf eine Ausnahme – eine für das Verständnis der Judikatur unbefriedigende Lücke: sie schweigen sich zu einem Verständnis von Telos und Systematik des Umsatzsteuerinsolvenzrechts aus. So muss es (schon) dem damaligen Rechtsanwender schwer gefallen sein, bislang nicht entschiedene Einzelfälle mangels einer erkennbaren Wertungsvorgabe belastbar zu antizipieren. Der Beginn einer Konturierung von subsumtionsfähigen, allgemeingültigen Obersätzen in dem Urteil vom 13.11.1986 ist in der späteren Rechtsprechung nicht weiter fortgesetzt worden. Gleiches gilt für ein klares Bekenntnis zur Behandlung der Umsatzsteuer in der Insolvenz im Allgemeinen. Die diesbezüglichen Ansätze im Urteil vom 6.6.1991 sind bis zum Beginn der Rechtsprechungsserie nicht weiter vom V. Senat des BFH aufgegriffen worden. Grund hierfür könnte u. a. das ehemalige Fiskusprivileg gewesen sein, das auf alle Konkursverfahren Anwendung fand, die bis zum 31.12.1998 eröffnet wurden. Es machte damit in der Regel keinen Unterschied für das Umsatzsteueraufkommen, ob eine Umsatzsteuerforderung des Fiskus als Konkursforderung oder Masseverbindlichkeit eingeordnet wurde. Dies mag auch erklären, weshalb sich der erkennende Senat in seinem ansonsten ausführlichen Urteil vom 13.11.1986 zu der Einordnung des Vorsteuerrückforderungsanspruchs nicht mit den daraus ergebenden Folgen für das Umsatzsteueraufkommen auseinandersetzte. Bei der Berücksichtigung umsatzsteuer-systematischer Erwägungen hätten ansonsten Zweifel daran aufkommen müssen, an dieser Stelle eine Konkursforderung anzunehmen, da die einst gezogenen Vorsteuern nur unter Berücksichtigung von § 61 Nr. 2 KO die Chance hatten, aufkommenswirksam erhoben zu werden. Bis zum ersten Urteil aus der Rechtsprechungsserie findet sich keine Entscheidung, in der sich der V. Senat des BFH zu der Behandlung der Umsatzsteuer unter Geltung der Insolvenzordnung äußert. Damit bleibt bisweilen der Eindruck haften, dass der V. Senat des BFH in seiner früheren Rechtsprechung bestrebt war, eine eher formale Betrachtungsweise anzulegen und auf *dieser* Grundlage zu Einzelfalllösungen zu gelangen. Anders als seit Beginn der Rechtsprechungsserie sind Wertungen des Umsatzsteuerrechts an der Schnittstelle zum Konkurs- bzw. Insolvenzrecht in der Regel genauso ausgeblieben, wie ein Versuch genereller richterrechtlicher Abstimmung der beiden Rechtsgebiete.

---

596 BFH, Urt. v. 6.6.1991, V R 115/87, BStBl. II 1991, 817, 818, Rz. 14; dieses Argument wurde im Rahmen der Auslegung von § 58 Nr. 2 KO angebracht. Im vorliegenden Fall galt es zu entscheiden, ob auch die von einem Sondergläubiger betriebene Zwangsvollstreckung unter diese Vorschrift subsumiert werden konnte.

III. Bisherige Linie des VII. Senats des BFH und Reflektion

Der VII. Senat des BFH würdigt Probleme des Umsatzsteuerinsolvenzrechts am Maßstab der konkurs-/insolvenzrechtlichen Aufrechnungsverbote (§ 55 KO, §§ 94 ff. InsO); er ist laut Geschäftsverteilungsplan des BFH u. a. für das steuerliche Erhebungsverfahren zuständig und damit stets dann mit der Auslegung der genannten Vorschriften befasst, wenn Streitgegenstand ein Abrechnungsbescheid ist. Von besonderem Interesse für das vorliegende Zweite Kapitel sind die Aufrechnungsverbote in den Tatbestandsalternativen des § 55 Nr. 1 KO[597] bzw. des § 96 Abs. 1 Nr. 1 InsO. Ihnen liegt für die Bestimmung des Zeitpunkts des „Schuldigwerdens" derselbe Rechtsgedanke wie der des § 3 KO bzw. des § 38 InsO zugrunde. Aus diesem Grund ist neben der Rechtsprechung der Umsatzsteuerfestsetzungssenate des BFH auch diejenige des VII. Senats des BFH mit in den Blick zu nehmen und ihre Entwicklung über die Behandlung der Umsatzsteuer in der Insolvenz in groben Zügen nachzuzeichnen.

Dass der VII. Senat des BFH bei der Bestimmung des Zeitpunkts des „Schuldigwerdens" ein anderes Konzept als der V. Senat des BFH verfolgte, hat sich erstmalig mit Urteil v. 4.8.1987[598] gezeigt. Tatbestandlich ging es um die Aufrechnung gegen einen Erstattungsanspruch, der auf nach Konkurseröffnung eingetretenen Entgeltminderungen (tatsächliche Uneinbringlichkeit) basierte. Ohne auf die Spezifika der Umsatzsteuer einzugehen, hat er unter Verweis auf seine zu § 55 KO hinsichtlich der Körperschaftsteuer ergangene Rechtsprechung entschieden, dass der Erstattungsanspruch steuerrechtlich zwar erst nach Konkurseröffnung entstanden, sein *Rechtsgrund* aber bereits vor Eröffnung des Konkursverfahrens gelegt worden ist. Maßgeblich sei, dass das vereinbarte Entgelt bereits der Besteuerung zugeführt worden sei (Fall der Ausgangsleistung[599]). Dies begründe einen aufschiebend bedingten Erstattungsanspruch, der im praktischen Ergebnis auf eine Korrektur der Umsatzsteuerschuld abziele. Solche aufschiebend bedingten Erstattungsansprüche seien also vorkonkurslich begründet[600]. Einen Hinweis auf oder sogar die

597 Die Vorschrift lautete: „Eine Aufrechnung im Konkursverfahren ist unzulässig: 1. wenn jemand vor oder nach der Eröffnung des Verfahrens eine Forderung an den Gemeinschuldner erworben hat und nach der Eröffnung etwas zur Masse schuldig geworden ist; [...]".

598 VII R 11/84, BFH/NV 1987, 707. Die schon seinerzeit vorliegenden Divergenzen schildert *Endres*, UR 1988, 333 ff., der sich bereits für eine Vorlage an den Großen Senat des BFH aussprach. Darüber hinaus ist es nicht Gegenstand dieser Untersuchung, ob die vergangene oder aktuelle Rechtsprechung des BFH die erkennenden Senate zu einer Anrufung des Großen Senats hätten verpflichten müssen oder immer noch verpflichten, s. hierzu auch unten unter Zweites Kapitel B)III. (Fußnote 614).

599 Ein Fall dieser Art würde auf der Grundlage der Rechtsprechungsserie des V. Senats des BFH nicht mehr vorkommen. Denn dann würde auch im Fall der Ausgangsleistung mit Insolvenzeröffnung eine Uneinbringlichkeit aus Rechtsgründen eintreten.

600 BFH, Urt. v. 4.8.1987, VII R 11/84, BFH/NV 1987, 707, Rz. 6.

Auseinandersetzung mit dem Maßstab des V. Senats des BFH für die Bestimmung zu § 3 KO nahm der VII. Senat nicht vor.

Der entgegengesetzte Weg des VII. Senats des BFH zum Umsatzsteuerinsolvenzrecht wurde später besonders deutlich in zwei Urteilen v. 21.9.1993[601]. Er hatte in zwei Fällen über die Zuordnung von Steueransprüchen im Rahmen eines Streits über einen Abrechnungsbescheid zu entscheiden. Den entsprechenden Bescheiden lag jeweils eine Aufrechnung des Vorsteuervergütungsanspruchs aus der Tätigkeit des Sequesters gegen vorkonkurslich entstandene Steuerforderungen zugrunde. Während des Finanzamt vortrug, der Vorsteuervergütungsanspruch sei wegen des Zeitpunkts der Leistungserbringung bereits vor Eröffnung des Konkursverfahrens begründet, war der Konkursverwalter der Auffassung, das Aufrechnungsverbot gem. § 55 Abs. 1 Nr. 1 KO griffe ein. Die ausführlich begründete Entscheidung des VII. Senats räumt letztlich der Auffassung des Finanzamts den Vorzug ein. Ausgehend von der These, dass es im Konkurs des Steuerpflichtigen für die Frage, ob ein Anspruch zur Konkursmasse gehöre, nicht darauf ankomme, ob der Anspruch zum Zeitpunkt der Konkurseröffnung steuerlich bereits entstanden war, stellt er folgendes fest: „Maßgeblich ist gemäß § 3 KO nicht die Vollrechtsentstehung, sondern der Zeitpunkt, in dem nach konkursrechtlichen Grundsätzen der Rechtsgrund für den Anspruch gelegt worden ist". Bei der Frage des „Begründetseins nach § 3 KO geht es um eine konkursrechtliche Vermögenszuordnung, die allein nach konkursrechtlichen Kriterien zu entscheiden ist."[602] Spätestens an dem Satz „Unter dem Gesichtswinkel des § 3 Abs. 1 KO ist allerdings keine vollständige Tatbestandserfüllung zu verlangen" wird deutlich, dass der VII. Senat des BFH einen anderen Weg einschlägt, als es der V. Senat des BFH getan hat. Er führt weiter aus, dass „als begründet i.S. des § 3 Abs. 1 KO [...] eine Forderung schon dann angesehen [wird, d. *Verf.*], wenn – etwa weil aufschiebend bedingt – im Zeitpunkt der Konkurseröffnung zu Ihrer „Entstehung" noch ein ungewisses Ereignis fehlt, spätestens aber dann, wenn der Eintritt der Tatbestandsverwirklichung bei Konkurseröffnung derart gesichert ist, daß er als unausweichlich anzusehen ist"[603]. Als taugliches Abgrenzungskriterium, wann die Steuerforderung Konkursforderung ist, greift der VII. Senat des BFH auf den zugrunde liegenden zivilrechtlichen Sachverhalt zurück, der zur Entstehung des Steueranspruchs führt. Für konkursrechtliche Zwecke sei es insbesondere irrelevant, ob und wann eine Rechnung für die Leistung des Sequesters erstellt wurde. Außerdem ist es nach der Auffassung des VII. Senats des BFH für die Aufrechnung des Finanzamts mit vorkonkurslichen Steuerforderungen gegen den Vorsteueranspruch aus der Tätigkeit des Sequesters unbedeutend, ob die Sequestervergütung

601 VII R 119/91, BStBl. II 1994, 83 und VII R 68/92, BFH/NV 1994, 521.
602 BFH, Urt. v. 21.09.1993, VII R 119/91, BStBl. II 1994, 83, 84, Rz. 13.
603 BFH, Urt. v. 21.09.1993, VII R 119/91, BStBl. II 1994, 83, 84, Rz. 14.

einschließlich der darauf entfallenden Umsatzsteuer als ein gegen die Masse gerichteter Anspruch anzusehen ist[604].

Der VII. Senat hat seine Dogmatik des Umsatzsteuerinsolvenzrechts mit Urteil v. 20.7.2004[605] noch einmal bekräftigt. Gestritten wurde um die Aufrechnung eines Umsatzsteuer-Erstattungsanspruchs mit der Rückforderung einer Investitionszulage unter Geltung der Gesamtvollstreckungsordnung (GesO)[606]. Abgesehen von der Frage, ob die wenig detailliert ausgestaltete GesO vor dem Hintergrund der KO und/oder der InsO ausgelegt werden konnte oder sogar[607] musste, hatte der VII. Senat des BFH die folgende Rechtsfrage zu beantworten: Hat die Aufrechnungslage bereits bei Verfahrenseröffnung bestanden, vgl. § 7 Abs. 5 GesO? Im Kern ging es darum, ob der Rechtsgrund für den Erstattungsanspruch bereits zur Eröffnung des Gesamtvollstreckungsverfahrens gelegt war. Der Senat griff abermals – wie im vorstehend dargelegten Urteil vom 4.8.1987 – die Konstruktion eines aufschiebend bedingten Erstattungsanspruchs auf, der letztlich auf die Besteuerung der für die Leistung vereinbarten Entgelte zurückwirke. Im Ergebnis war die Aufrechnung daher rechtmäßig. Erwähnenswert ist die wiederholte Auseinandersetzung mit einer möglichen Divergenz zum V. Senat des BFH. Eine solche sollte nicht bestehen, weil dessen Rechtsauffassung hinsichtlich der Frage, wann der Erstattungsanspruch für im Laufe des Gesamtvollstreckungsverfahrens uneinbringlich gewordene Forderungen gelegt wurde, nicht entscheidungserheblich war.

Der VII. Senat des BFH hatte erstmals am 5.10.2004[608] die Möglichkeit, zu einem umsatzsteuerinsolvenzrechtlichen Fall unter der Geltung der InsO zu entscheiden.

---

604 Der VII. Senat des BFH hat seine Rechtsprechung diesbezüglich in einem beinahe identisch gelagerten Fall bestätigt, in dem es um einen Vergleichsverwalter ging, s. BFH, Urt. v. 17.12.1998, VII R 47/98, BFHE 188, 149. Unter Auseinandersetzung mit dem Meinungsstreit in Rechtsprechung und Literatur war er – nach wie vor – der Auffassung, dass für die konkursrechtliche Begründetheit nicht der Zeitpunkt ausschlaggebend ist, zu dem die steuerrechtlichen Entstehungstatbestände erfüllt sind, sondern derjenige, zu dem die zivilrechtlichen Grundlagen für die Entstehung des materiell-rechtlichen Steueranspruchs gelegt sind, s. Rz. 11. Dem teilweise als Annäherung an die Rechtsprechung des V. Senats des BFH anerkannten Fall des VII. Senats, Urt. v. 1.8.2000, VII R 31/99, BStBl. II 2002, 323, lassen sich keine anderen Maßstäbe entnehmen. Es ging dort um den speziellen Fall der Anzeige von Masseunzulänglichkeit durch den Konkursverwalter und eine mögliche analoge Anwendung von § 55 Nr. 1 KO.

605 VII R 28/03, BStBl. II 2005, 10.

606 Die Gesamtvollstreckungsordnung (GesO, früher Gesamtvollstreckungs*ver*ordnung) war die „Insolvenzordnung“ der neuen Bundesländer und galt wegen einer lex specialis im Einigungsvertrag bis zum Inkrafttreten der Insolvenzordnung am 1.1.1999 in den Beitrittsgebieten fort.

607 Nach der Auffassung des VII. Senats des BFH war dies wegen der bewusst vom Gesetzgeber in Kauf genommenen Lückenhaftigkeit der Fall.

608 VII R 69/03, BStBl. II 2005, 195. Zu seinen dort ebenso aufgestellten Maßstäben hinsichtlich der Anwendung von § 96 Abs. 1 Nr. 1 InsO auf die umsatzsteuerliche Zwangsverrechnung s. unten unter Drittes Kapitel B)II.2.b).

Bereits das Ende des ersten Leitsatzes „Es besteht kein Anlass, von dieser unter der Geltung der KO entwickelten Rechtsprechung abzuweichen“ lässt erahnen, dass sich die zur KO bzw. GesO gefundenen Auslegungsergebnisse aus der Sicht des VII. Senats des BFH übernehmen lassen. Der Senat hatte sich in diesem Fall mit einer Aufrechnungslage zu befassen, die sich nicht nur aus *einer* Eingangsleistung, sondern aus *mehreren* zusammensetzte, die sowohl vor als auch nach Eröffnung des Insolvenzverfahrens durchgeführt worden sind. (Auch) Für die vom Senat geprüfte Alternative des Aufrechnungsverbots des § 96 Abs. 1 Nr. 1 InsO sei für die Frage, ob ebendieses einer Aufrechnung entgegensteht, entscheidend, dass die Hauptforderung ihrem Kern nach bereits vor der Eröffnung des Insolvenzverfahrens entstanden ist. Unter Einbeziehung von § 38 InsO sei eine Steuerforderung immer dann „begründet“, wenn der ihr zugrunde liegende zivilrechtliche Sachverhalt bereits vor Insolvenzeröffnung verwirklicht ist. Dies geschieht in dem Zeitpunkt, in dem ein anderer Unternehmer eine Lieferung oder Leistung für das Unternehmen des zum Vorsteuerabzug berechtigten Unternehmers erbringt. Der Senat führt weiter aus, dass es nicht auf den Zeitpunkt der Rechnungsstellung ankomme.

Schon dem Leitsatz des Urteils vom 16.11.2004[609] ist zu entnehmen, dass der VII. Senat seine Rechtsprechung vom 5.10.2004 fortführt. Der Fall gab aber unter einem anderen Gesichtspunkt Anlass, ihn revisionsrechtlich zu überprüfen. Der Insolvenzverwalter trug vor, dass die Aufrechnung des Finanzamts gegen das Aufrechnungsverbot des § 96 Abs. 1 Nr. 3 verstoße mit der Begründung, die Leistung an den Insolvenzschuldner sei eine im Sinne der §§ 129 ff. InsO anfechtungsrelevante Rechtshandlung. Diese Argumentation ließ der Senat unter zweierlei Gesichtspunkten nicht gelten: Zum einen habe der vorläufige Insolvenzverwalter seine Leistungen nicht aufgrund einer vertraglichen Verpflichtung an die Insolvenzschuldnerin erbracht. Vielmehr sei er aufgrund seiner Bestellung durch das Insolvenzgericht tätig geworden. Dieses setze auch seine Vergütung fest, die zu den vorweg zu befriedigenden Massekosten gehöre. Zum anderen sei zu bedenken, dass die durch die Leistung des vorläufigen Insolvenzverwalters entstandene Umsatzsteuer nicht durch eine Rechtshandlung, sondern kraft Gesetzes durch Erfüllung der entsprechenden Tatbestandsvoraussetzungen entstehe[610]. Neben den Ausführungen zu § 96 Abs. 1 Nr. 3 InsO hat sich der VII. Senat des BFH auch – ohne dass dies durch die Revision gerügt wurde – abermals des § 96 Abs. 1 Nr. 1 InsO angenommen. Nachdem er seine *bis dato* ständige Rechtsprechung zum Zeitpunkt der Begründetheit und Gleichlauf der Auslegung von §§ 38 und 96 Abs. 1 Nr. 1 InsO rezipierte, machte er zum ersten Mal detaillierte Ausführungen dazu, wie sich das Verhältnis von umsatzsteuerrechtlicher Zwangsverrechnung und danebenstehender Aufrechnung unter Berücksichtigung der insolvenzrechtlichen Aufrechnungsverbote verhalte[611].

609 VII R 75/03, BStBl. II 2006, 193.
610 BFH, Urt. v. 16.11.2004, VII R 75/03, BStBl. II 2006, 193, 194, Rz. 10.
611 S. hierzu unten im Dritten Kapitel.

Ein Novum in der Rechtsprechung des VII. Senats des BFH ist das Urteil v. 31.5.2005[612] insofern, als es erstmalig ausdrücklich eine umsatzsteuerliche Ausgangsleistung auf ihre insolvenzrechtliche Einordnung hin prüft. Bei diesen sei der „Rechtsgrund dadurch gelegt worden, dass die Schuldnerin die betreffenden Lieferungen oder sonstige Leistungen ausgeführt hat“[613]. Aus dem Kontext mit den vorstehenden Randziffern wird deutlich, dass es hierbei um die Bewertung der Frage geht, ob die aus ihr resultierende Umsatzsteuerforderung vor der Insolvenzeröffnung begründet war i.S.d. § 38 InsO. Damit hat der VII. Senat des BFH seine bislang nur zu Eingangsleistungen vertretene Auffassung expressis verbis auch auf positive Besteuerungsgrundlagen in Form der Ausgangsleistung angewendet und damit inzidenter eine Fallkonstellation überprüft, wie es ansonsten nur die Festsetzungssenate vermögen, und an dieser Stelle seine eigenen Maßstäbe angelegt.

Der V. Senat des BFH verfolgt ein anderes Konzept zur Nutzbarmachung der insolvenzrechtlichen Abgrenzungsvorschriften als es der VII. Senat des BFH tat. Letzterem kann eine insolvenzrechtliche Sichtweise attestiert werden, ersterem eine eher steuerrechtliche. Die Rechtsfindung des VII. Senats des BFH orientiert sich damit an den Leitlinien, die der BGH für die Auslegung von § 3 KO bzw. § 38 InsO auf der Grundlage rechtsgeschäftlicher Verbindlichkeiten aufgestellt hat und überträgt diese auf das öffentlich-rechtliche Steuerschuldverhältnis. Damit entscheidet er sich hinsichtlich der in Rede stehenden Fragen inzidenter für einen Vorrang des Insolvenzrechts vor dem Umsatzsteuerrecht und anerkennt die insolvenzrechtlichen Abgrenzungsvorschriften als wertbegründend. Auf die systematischen Eigenarten des Umsatzsteuerrechts geht er dabei nicht ein. Vielmehr legt er dieselben Maßstäbe an die Einordnung von Umsatzsteuererstattungs- bzw. vergütungsansprüchen, wie er es auch bei Ansprüchen hinsichtlich anderer Steuerarten tut. Das ist aus insolvenzrechtlicher Sicht konsequent und führt dazu, dass im Steuerinsolvenzrecht stets an den Lebenssachverhalt, also die Handlung selbst, angeknüpft wird, der vom Steuertatbestand erfasst wird. Auf weitere Merkmale zur Verwirklichung des Steuertatbestands, wie es der V. Senat des BFH fordert, kommt es ihm zufolge hingegen nicht an. Damit ist es in der Tat *prima facie* bemerkenswert, dass es in der Vergangenheit nicht zu einer Anrufung des Großen Senats des BFH gekommen ist[614].

---

612 VII R 74/04, BFH/NV 2005, 1745.

613 BFH, Urt. v. 31.5.2005, VII R 74/04, BFH/NV 2005, 1745, Rz. 14.

614 Ob das mit dem geltenden Recht zu vereinbaren war bzw. ist, ist nicht Gegenstand dieser Untersuchung. Die Frage entscheidet sich nach § 11 Abs. 2, 3 FGO. Ob die dort geregelte Divergenzanrufung zulässig und begründet ist, ist insb. davon abhängig, ob die vorzulegende Rechtsfrage sowohl für die Entscheidung desjenigen Senats, von der der anrufende Senat abweichen will, als auch für die Entscheidung des anrufenden Senats als tragendes Element entscheidungserheblich ist (s. *Brandis*, in: Tipke/Kruse, FGO, § 11, Rz. 8). Die ebenfalls nötige Identität der Rechtsfrage setzt nicht voraus, dass es sich um die Auslegung derselben Norm handelt. Es reicht auch aus, wenn es um einen in verschiedenen Normen verankerten Rechtsgrundsatz geht (*Brandis*, in: Tipke/Kruse, FGO, § 11, Rz. 7). Lädt man

IV. Position des XI. Senats des BFH und Reflektion

Der XI. Senat des Bundesfinanzhofs hat sich in der Zeit vor wie nach der Rechtsprechungsserie seines Schwestersenats interessanterweise nur am Rande mit den hier interessierenden Fragestellungen des Umsatzsteuerinsolvenzrechts befasst bzw. mangels entsprechender Anrufung durch eine der streitbeteiligten Parteien befassen können. Blickt man in die ältere Vergangenheit, so ist dies auch darauf zurückzuführen, dass ihm nach dem Geschäftsverteilungsplan des Bundesfinanzhofs nicht durchgehend die Zuständigkeit für Rechtssachen der Umsatzsteuerfestsetzung zugeordnet war[615]. Aus den wenigen Judikaten zum Umsatzsteuerinsolvenzrecht werden nachfolgend zwei dargestellt, die sich zu dem hier interessierenden Fragenkreis bis zum Beginn der Rechtsprechungsserie äußern.

Mit Urteil v. 12.10.1994[616] hatte der XI. Senat einen Fall zu entscheiden, in dem die Konkursschuldnerin vor der Konkurseröffnung Waren bezog und aus der dieser Lieferung zugrundeliegenden Rechnung die Vorsteuer geltend machte. Später stellte sich heraus, dass die Lieferungen fälschlicherweise als steuerpflichtig behandelt wurden, sie aber tatsächlich von Anfang an steuerfrei waren. Der Lieferant der Konkursschuldnerin berichtigte dementsprechend seine ehemalige Voranmeldung. Die entsprechende Vorsteuerberichtigung nahm das Finanzamt selbst vor, nachdem eine eigene Berichtigung durch die Konkursschuldnerin ausblieb. Gegenstand des Klageverfahrens war die Frage, ob der in Rede stehende Vorsteuerrückforderungsanspruch Masseschuld oder Konkursforderung i.S.d. § 3 KO war. Unter Verweis auf eine Rechtsprechung des V. Senats[617] hat der erkennende Senat angenommen, dass der Anspruch nach Konkurseröffnung entstanden und demzufolge keine

---

diese Maßstäbe weiter mit der Teleologie der Divergenzanfrage, nämlich dem Willen nach einer einheitlichen Rechtsprechung auf, so sprechen gute Gründe dafür, eine Vorlagepflicht an den Großen Senat des BFH nach Durchführung eines Anfrageverfahrens gem. § 11 Abs. 3 FGO anzunehmen. Das gilt insbesondere für die Auslegung von § 38 InsO und § 96 Abs. 1 Nr. 1 InsO, die eine identische Rechtsfrage nur aus zwei verschiedenen Perspektiven betrachten und damit letztlich nur zwei Seiten derselben Medaille sind. Darüber hinaus ist abzuwarten, wie sich die Auslegung des V. und des VII. Senats des BFH zu § 96 Abs. 1 Nr. 3 InsO entwickelt, s. dazu unten unter Drittes Kapitel.

615 Erst seit dem Geschäftsverteilungsplan für das Jahr 2008 (s. BFHE 220, X) ist er für die Umsatzsteuer von Steuerpflichtigen mit den Anfangsbuchstaben L bis Z zuständig. In dem Vorjahr war noch der V. Senat ausschließlich für die Umsatzsteuer zuständig (s. BFHE 219, VII, X). Die Zuständigkeiten wechselten in der Vergangenheit allerdings häufiger. So war der XI. Senat nach dem Geschäftsverteilungsplan für das Jahr 1994 bspw. auch (mit Ausnahmen) schon einmal zur Entscheidung über die Umsatzsteuer (Q bis Z) berufen (s. BFHE 175, X).

616 BFH, Urt. v. 12.10.1994, XI R 78/93, BStBl. II 1995, 33.

617 BFH, Urt. v. 13.11.1986, V R 59/79, BStBl. II 1987, 226, s. hierzu oben unter Zweites Kapitel B)II.

Konkursforderung i.S.d. § 3 KO ist[618]. Augenfällig ist, dass der XI. Senat des BFH weder den sonst vom V. Senat des BFH gebrauchten Maßstab vorwegstellt, noch eine Definition zu § 3 KO gibt. Er setzt sich ausschließlich mit der Funktionsweise des hier einschlägigen Berichtigungstatbestands (§§ 14 Abs. 2 S. 2 i.V.m. 17 Abs. 1 S. 3 UStG 1980) auseinander und betont den eigenständigen Charakter desselben. Die Berichtigung der Rechnung sei ein neues Ereignis, dem selbständige Bedeutung als Besteuerungstatbestand zukommt und das den Anspruch auf Vorsteuerberichtigung originär entstehen lässt[619].

Daneben soll noch eine weitere Entscheidung des XI. Senats Erwähnung finden. Dem – in der Literatur beinahe unbeachtet gebliebenen[620] – Beschluss vom 26.02.2008[621] lag ein Sachverhalt zugrunde, in dem es um die Lieferung eines Grundstücks am Schnittpunkt der Eröffnung eines Konkursverfahrens ging[622]. Der Senat sah unter anderem deswegen keinen Grund für die Zulassung der Revision, weil sich die entscheidungserhebliche Rechtsfrage, ob der Umsatzsteueranspruch bei Konkurseröffnung begründet war, „aus dem Gesetz beantworten" ließe. Nach der bereits vorliegenden Rechtsprechung sei geklärt, dass eine Steuerforderung i.S.d. § 3 KO begründet ist, wenn der den Steueranspruch begründende Tatbestand vollständig verwirklicht, also abgeschlossen ist[623]. Für den hier vorliegenden Fall einer Ausgangsleistung judizierte der Senat weiter, dass dies der Zeitpunkt der Verschaffung der Verfügungsmacht nach § 3 Abs. 1 UStG sei. Der XI. Senat kommt schließlich zu dem Ergebnis, es komme für die Bestimmung der Begründetheit auf die Leistungserbringung an[624].

Die Stellungnahme zu der Rechtsprechung des XI. Senats des BFH fällt zunächst ähnlich zu derjenigen des V. Senats des BFH aus. Hier wie da lassen sich keine Ansätze erkennen, die auf eine wertebasierte Verzahnung von Umsatzsteuer- und Insolvenzrecht hindeuten. Der XI. Senat des BFH hat die beiden aufgezeigten Fälle jeweils unter Verweis auf die ebenso formale Rechtsprechung des V. Senats des BFH gelöst, dabei aber nicht dessen Obersätze zur Abgrenzung von Konkurs- bzw.

618 BFH, Urt. v. 12.10.1994, XI R 78/93, BStBl. II 1995, 33, 34, Rz. 11.

619 BFH, Urt. v. 12.10.1994, XI R 78/93, BStBl. II 1995, 33, 34, Rz. 10.

620 Soweit erkennbar hat den Beschluss bislang nur *Stadie*, in Rau/Dürrwächter, UStG, Anhang – Umsatzsteuer und Insolvenz, Rz. 64, ausgewertet.

621 BFH, Beschl. v. 26.2.2008, XI B 169/07, BFH/NV 2008, 830.

622 Weitere relevante Angaben zum Sachverhalt lassen sich den Gründen zu der Nichtzulassungsbeschwerde nicht entnehmen. Die FG-Entscheidung (FG Münster, Urt. v. 5.12.2006, 15 K 1998/01 U) ist nicht veröffentlicht.

623 BFH, Beschl. v. 26.2.2008, XI B 169/07, BFH/NV 2008, 830, Rz. 3, unter Verweis auf eine Entscheidung des V. Senats, BFH, Urt. v. 13.11.1986, V R 59/79, BStBl. II 1987, 226.

624 BFH, Beschl. v. 26.2.2008, XI B 169/07, BFH/NV 2008, 830, Rz. 3. So auch jedenfalls in den Urteilsgründen BFH, Urt. v. 2.2.1978, V R 128/76, BStBl. II 1978, 483, 486, Rz. 24; der Tatbestand des vorstehenden Falls ist hingegen nicht identisch. Dort ging es um die Ablehnung einer Erfüllungswahl nach § 17 KO.

Insolvenzforderungen und Masseverbindlichkeiten übernommen. Unter Berücksichtigung der weiteren Untersuchung erwähnenswert ist gleichwohl die im jüngeren Beschluss vom 26.02.2008 aufgestellte Definition zur Begründetheit bei Ausgangsleistungen, die letztlich auf das Moment der umsatzsteuerlichen Leistungserbringung abstellt. Nicht zu entnehmen ist dem veröffentlichten Beschluss, ob es sich um einen Fall der Ist- oder der Soll-Versteuerung handelte[625]. Wegen der tatbestandlichen Besonderheiten des dortigen Falls würden sich aus dieser Erkenntnis für die hier relevanten Fragen aber ohnehin keine neuen Begründungsansätze ergeben, da Verschaffung der Verfügungsmacht, also Lieferung, und Entgeltvereinnahmung zeitlich zusammenfielen[626]. Insofern ist auch für den XI. Senat des BFH festzuhalten, dass sich eine für den Rechtsanwender erkennbare stringente Linie nicht herausgebildet hat.

V. Position des IX. Senats des BGH und Reflektion

Der IX. Zivilsenat des Bundesgerichtshofs ist – neben anderen Sachen – am BGH allein für die Entscheidung über Insolvenzrechtsstreitigkeiten zuständig. Ihm kommt damit eine gewisse Deutungshoheit über die Insolvenzordnung zu[627]. Grund genug dafür, dessen an der Schnittstelle von Umsatzsteuer- und Insolvenzrecht ergangenen Entscheidungen in die vorliegende Rechtsprechungsexegese mitaufzunehmen.

Das Urteil des BGH vom 25.03.1993[628] ist auf den ersten Blick für den Gang der weiteren Untersuchung bloß von geringem Interesse, behandelt es doch *nur* einen Fall der Sequesterhaftung. Bei genauerem Hinsehen finden sich aber bemerkenswerte Aspekte, die der BGH inzidenter abhandelt und dem Leser erstmals das Verständnis des BGH von der Umsatzsteuer im Konkurs-/Insolvenzfall offenbart. Dort hatte ein Bundesland klageweise gegen den Sequester den Ersatz eines Umsatzsteuerausfalls geltend gemacht, der aus Geschäften der Konkursschuldnerin entstand, an dem dieser mitgewirkt hatte. Der BGH kam für die streitentscheidende Frage zu dem Ergebnis, dass nach der entsprechenden Anwendung der Haftungsvorschrift des § 82 KO[629] nur solche Schäden zu ersetzen seien, die in den Schutzbereich der §§ 106, 82 KO fielen. Hierzu gehöre aber nicht der entstandene

---

625 Das Urteil des Instanzgerichts (FG Münster v. 5.12.2006, 15 K 1998/01 U) ist auch über juris nicht verfügbar. Von der Anforderung einer Entscheidungsabschrift wurde abgesehen.

626 BFH, Beschl. v. 26.2.2008, XI B 169/07, BFH/NV 2008, 830, Rz. 3.

627 Damit soll freilich nicht angezweifelt werden, dass auch die steuerlichen Fachgerichte nicht nur über Fragen des Insolvenzrechts entscheiden können, sondern dies sogar von Verfassungs wegen müssen.

628 BGH, Urt. v. 25.3.1993, IX ZR 164/92, ZIP 1993, 687.

629 Der Wortlaut von § 82 KO lautet: „Der Verwalter ist für die Erfüllung der ihm obliegenden Pflichten allen Beteiligten verantwortlich". Eine direkte Anwendung war wegen der tatbestandlichen Beschränkung auf den Konkursverwalter nicht möglich.

Umsatzsteuerausfall[630]. In Ansehung der Tatsache, dass die gesetzliche Umsatzsteuer „mittelbare, zwangsläufige Folge“ des Veräußerungsgeschäfts sei und nach der Konkurseröffnung lediglich den ungünstigen Rang einer Konkursforderung aufweist, vermittle dies dem Steuergläubiger *keine* „durch eine Anwartschaft oder einen Rechtsanspruch gesicherte Rechtsstellung“[631]. Auch dass die „Umsatzsteuer die Konkursmasse vermehrt hat“, gab dem BGH keinen Anlass, von seinem Ergebnis abzuweichen. Er erachtete diesen Umstand als „Folge der dargelegten Rechtslage nach dem Umsatzsteuergesetz und der Konkursordnung“ [632].

In einem Urteil vom 19.7.2007[633] hat sich der BGH u. a. mit der für die vorliegende Untersuchung wichtigen Frage auseinandergesetzt, wann ein Vorsteuerrückforderungsanspruch nach § 17 Abs. 2 Nr. 1 i.V.m. § 17 Abs. 1 S. 2 UStG entsteht, der auf eine tatsächliche Uneinbringlichkeit zurückgeht. In dieser Sache hatte die Insolvenzschuldnerin Werklohnforderungen gegen das beklagte Land. Dieses rechnete durch das für die Insolvenzschuldnerin zuständige Finanzamt die Werklohnforderungen u.a. mit Vorsteuerrückforderungsansprüchen auf. Angemerkt sei, dass der vorliegende Sachverhalt nicht dem typischen Aufrechnungsfall gegen Vorsteuern entspricht, da nicht die Insolvenzschuldnerin Gläubigerin zu vergütender Vorsteuer ist, sondern das Finanzamt Gläubiger eines anlässlich von Berichtigungen entstandenen Rückforderungsanspruchs[634]. Insofern stellt sich nicht die Frage nach der Anwendung des § 96 Abs. 1 Nr. 1 InsO, da das Finanzamt die Werklohnforderung unstreitig vor der Eröffnung des Insolvenzverfahrens schuldig geworden ist. Der Senat hatte also zu klären, ob bereits bei Insolvenzeröffnung eine Aufrechnungslage nach § 94 ff. InsO bestanden hat, was er letztlich verneinte. Auf dem Weg zu diesem Ergebnis hat er jedenfalls der Rechtsprechung des VII. Senats des BFH inzidenter eine Absage erteilt[635]. Anders als der VII. Senat des BFH[636] geht der BGH nicht davon aus, dass der Vorsteuerrückforderungsanspruch unter einer gesetzlichen Bedingung i.S.d. § 95 Abs. 1 S. 1 InsO steht. Denn „die Vorschrift soll den Gläubiger schützen, dessen Forderung in ihrem rechtlichen Kern aufgrund gesetzlicher Bestimmungen oder vertraglicher Vereinbarungen bereits gesichert ist und fällig

630 BGH, Urt. v. 25.3.1993, IX ZR 164/92, ZIP 1993, 687, Rz. 12 ff.

631 BGH, Urt. v. 25.3.1993, IX ZR 164/92, ZIP 1993, 687, Rz. 17.

632 BGH, Urt. v. 25.3.1993, IX ZR 164/92, ZIP 1993, 687, Rz. 18.

633 IX ZR 81/06, NJW-RR 2008, 206.

634 BGH, Urt. v. 19.7.2007, IX ZR 81/06, NJW-RR 2008, 206, 207, Rz. 1 f, 15 f.

635 Ob der BGH sich auch gegen die Rspr. des V. Senats des BFH (Urt. v. 13.11.1986, V R 59/79, BStBl. II 1987, 226) gestellt hat, ist nicht zweifelsfrei zu interpretieren. Obwohl der BGH an einer Stelle erkennen lässt, dass der Vorsteuerrückforderungsanspruch nicht Insolvenzforderung sein kann, da der Rechtsgrund erst „mit Insolvenzeröffnung gelegt wird“ (Rz. 23) stellt er an anderer Stelle (Rz. 25) fest, dass er „als bloße Insolvenzforderung“ den Aufrechnungsregeln der §§ 94 ff. InsO unterliege, wobei er freilich nur Insolvenzforderung sein kann, wenn der Rechtsgrund für die Begründetheit i.S.d. § 38 InsO bereits vorliegt.

636 S. hierzu oben Zweites Kapitel B)III. sowie Drittes Kapitel C)II.

ist, ohne dass es einer weiteren Rechtshandlung des Anspruchsinhabers bedarf"[637]. Eine Voraussetzung ebendieses Vertrauensschutzes ist es also, dass der Gläubiger sich darauf verlassen können darf, dass ihm die Durchsetzung seiner Forderung mit Blick auf die Aufrechnungslage gelinge. Nach der Auffassung des BGH fehlt es aber an einem solchen Vertrauen im Fall des Vorsteuerrückforderungsanspruchs, da der Rechtsgrund desselben erst mit – also nach – der Eröffnung des Insolvenzverfahrens gelegt wird[638].

Im darauffolgenden Jahr hatte der BGH abermals Gelegenheit, sich mit der Behandlung von Umsatzsteuerbeträgen in der Insolvenz zu befassen[639]. Diesmal ging es um die Frage, ob sich das Recht zur Ersatzaussonderung nach § 48 S. 1 InsO auch auf den im Kaufpreis enthaltenen Umsatzsteueranteil bezieht. Der Kläger hatte nämlich geltend gemacht, dass ihm der beklagte Insolvenzverwalter den Bruttobetrag für die Verwertung einer Sache schulde, an der ihm ein Aussonderungsrecht zustand. Ausgekehrt hatte der beklagte Insolvenzverwalter hingegen nur den Erlös abzüglich der Umsatzsteuer. Der BGH ließ in seinen Urteilsgründen (im Ergebnis nur vermeintlich) erstmals die Eigenarten der Umsatzsteuer deutlich werden. Die Abführung der Umsatzsteuerbeträge könne beliebigen anderen Zahlungen des Verwalters ohne Einfluss auf den Mindestsaldo nicht gleichgesetzt werden. Die Umsatzsteuer sei „von vornherein zur Weiterleitung an das Finanzamt bestimmt, auch weil der Käufer sie bei Vorliegen der Voraussetzungen gem. §§ 15, 16 Abs. 2 UStG im Wege des Vorsteuerabzugs geltend machen wird."[640] Infolgedessen könne der auf die Umsatzsteuer entfallende Teil der Gegenleistung nicht mehr von der restlichen Masse unterschieden werden, was eine Ersatzaussonderung nach § 48 S. 2 InsO verhindere[641]. Diese Rechtsauffassung halte auch dem Einwand stand, dass die Gegenleistung, nämlich der Anspruch aus § 433 Abs. 2 BGB, auf den Bruttobetrag

637 BGH, Urt. v. 19.7.2007, IX ZR 81/06, ZIP 2007, 1612, Rz. 23.

638 BGH, Urt. v. 19.7.2007, IX ZR 81/06, ZIP 2007, 1612, Rz. 23. Der BGH hat bei der Rechtsfindung für revisionsrechtliche Zwecke unterstellt, dass die Zahlungsunfähigkeit i.S.d. § 17 Abs. 2 Nr. 1 UStG erst mit Insolvenzeröffnung eingetreten ist. Gegenteiliges habe das Berufungsgericht nicht festgestellt.

639 BGH, Urt. v. 8.5.2008, IX ZR 229/06, ZIP 2008, 1127.

640 BGH, Urt. v. 8.5.2008, IX ZR 229/06, ZIP 2008, 1127, Rz. 9.

641 BGH, Urt. v. 8.5.2008, IX ZR 229/06, ZIP 2008, 1127, Rz. 9. Weitere grundlegende Äußerungen zum Verhältnis von Umsatzsteuer- und Insolvenzrecht, für die der Sachverhalt Gelegenheit geboten hätte, sind in dem Urteil nicht zu finden. Ebenso wenig ist der BGH auf die Zusammenhänge mit § 55 Abs. 1 Nr. 1 InsO eingegangen. Man muss den Fall nämlich auch vor dem Hintergrund sehen, dass die aus der Verwertung der Sache resultierende Umsatzsteuerschuld Masseverbindlichkeit war. Hätte der BGH nun den Anspruch auf Ersatzaussonderung auch auf die Umsatzsteuer erstreckt, wäre die Insolvenzmasse wirtschaftlich doppelt mit dem Abfluss der Umsatzsteuer belastet worden. Außerdem hätte sich an dieser Stelle ein Vergleich mit den §§ 170, 171 InsO angeboten, die für die Absonderungsrechte, bspw. Sicherungseigentum, die Abführung der Umsatzsteuerbeträge an die Masse vorsehen.

gerichtet ist. Denn diese Rechtsfolge werde durch § 48 S. 2 InsO insofern modifiziert, als die Gegenleistung „noch unterscheidbar in der Masse vorhanden ist“, was nach dem Abführen der Umsatzsteuer an das Finanzamt nicht mehr der Fall sei[642].

Schließlich soll noch auf das Urteil des BGH vom 22.10.2009[643] hingewiesen werden, dem sich der VII. Senat des BFH angeschlossen und damit seine frühere Rechtsprechung zu einer Frage hinsichtlich § 96 Abs. 1 Nr. 3 InsO aufgegeben hat[644]. Das Finanzamt hatte gegen Vorsteuererstattungsansprüche der Insolvenzschuldnerin die Aufrechnung mit Umsatzsteuerforderungen erklärt. Der Insolvenzverwalter hingegen begehrte die Auszahlung des Steuererstattungsanspruchs. Der – an sich für diese Klage nicht zuständige[645] – IX. Zivilsenat des BGH hat in Abweichung zum Berufungsgericht angenommen, dass die für eine Anfechtung i.S.d. § 96 Abs. 1 Nr. 3 InsO nötige Rechtshandlung die zur Aufrechnungslage führende umsatzsteuerbegründende Handlung sei. Dass die Umsatzsteuer nicht kraft Rechtsgeschäfts, sondern kraft Gesetzes entsteht, sei nicht ausschlaggebend, da die Umsatzsteuer als Steuertatbestand selbst an Rechtshandlungen des Steuerpflichtigen oder Dritter anknüpft. Mit Verweis auf die „ganz herrschende“ Meinung – und ohne die noch im früheren Judikat vertretene Erwägung zu wiederholen – erachtete der BGH die Aufrechnung als unzulässig i.S.d. § 96 Abs. 1 Nr. 3 InsO[646].

Die Rechtsprechung des BGH zum Umsatzsteuerinsolvenzrecht zeichnet sich dadurch aus, dass sie die konkurs- bzw. insolvenzrechtlichen Vorschriften dergestalt auch bei Schnittmengen zum Umsatzsteuerrecht anwendet, wie es eine Masseerhaltung bzw. -mehrung erfordert. Aus ihr ergeben sich keine Hinweise darauf, dass der IX. Senat des BGH auch umsatzsteuersystematische Wertungen anerkennt und bei seiner Rechtsfindung berücksichtigt. Er judiziert vielmehr allein auf der Grundlage der Insolvenzordnung und zieht die Regelungen des Umsatzsteuerrechts nur in ihrer technischen Ausgestaltung heran. Bei der Behandlung der Umsatzsteuer in der Insolvenz geht der BGH von solchen Maßstäben aus, die er auch für rechtsgeschäftliche Rechtsverhältnisse oder für gesetzliche Verbindlichkeiten aus dem Sozialrecht oder dem sonstigen Steuerrecht aufgestellt hat.

Wer anlässlich des aus dem Urteil vom 8.5.2008 stammenden Satzes „Die Umsatzsteuer [...] sei von vornherein zur Weiterleitung an das Finanzamt bestimmt[...]“ annimmt, der BGH würde den besonderen Charakter der Umsatzsteuer bei seiner

642 BGH, Urt. v. 8.5.2008, IX ZR 229/06, ZIP 2008, 1127, Rz. 10.

643 IX ZR 147/06, ZIP 2010, 90.

644 S. hierzu die Urteile des BFH v. 2.11.2010, VII R 6/10, BStBl. II 2011, 374, und VII R 62/10, BStBl. II 2011, 439, sowie die Auswertung derselben unten unter Drittes Kapitel C)III.

645 Die Zuständigkeit für diese Rechtssache hätte an sich bei den Finanzgerichten gelegen, die im Rahmen eines Abrechnungsbescheids nach § 218 Abs. 2 AO entschieden hätten. Der BGH war hingegen gem. § 17a Abs. 5 GVG an den vom Landgericht ohne gesonderten Beschluss nach § 17a Abs. 3 GVG bejahten Rechtsweg gebunden. Das Urteil des Landgerichts ist nicht veröffentlicht.

646 BGH, Urt. v. 22.10.2009, IX ZR 147/06, ZIP 2010, 90, Rz. 14 ff.

Rechtsfindung berücksichtigen, geht damit fehl. Dieser Satz galt nur als Erklärung dafür, einem Ersatzaussonderungsberechtigten nicht neben dem Netto-Verwertungserlös auch noch den darauf entfallenden Umsatzsteuerbetrag zuzusprechen. Andernfalls wäre die Insolvenzmasse in Summe ebendieses Umsatzsteuerbetrages geschmälert worden, da der verwertungsbedingte Umsatz eine Masseverbindlichkeit darstellte. Insofern war es nicht das Bestreben des BGH, die Umsatzsteuer zu „schützen" oder ihr inzidenter eine Treuguteigenschaft zuzusprechen, sondern die Masse zu erhalten.

C) Die Positionen des Schrifttums und der Finanzverwaltung bis zum ersten Urteil der Rechtsprechungsserie des V. Senats des BFH

Nach einer Exegese der wesentlichen Rechtsprechung bis in das Jahr 2009 sollen nun die *bis dato* vertretenen Auffassungen von Schrifttum und Finanzverwaltung einer näheren Betrachtung unterzogen werden. Besonderes Augenmerk liegt dabei auf der Auslegung der relevanten Normen (§§ 3, 58, 59 KO einerseits, sowie §§ 38, 55 InsO andererseits). Die inhaltliche Auseinandersetzung mit den einzelnen Argumenten erfolgt im Rahmen der Stellungnahmen zu der Rechtsprechungsserie des V. Senats des BFH.

I. Unter Geltung der Konkursordnung

Namentlich *Endres* hat 1988 unter dem Titel „Zur Umsatzsteuer im Konkurs – Die unterschiedlichen Auffassungen des V. Senats und VII. Senats des BFH und ihre Folgen"[647] die erst in jüngerer Zeit zum Tragen gekommenen Rechtsprechungsdivergenzen pointiert formuliert und auf die „gegenwärtige Verwirrung"[648] hingewiesen. Schon damals finden sich die noch heute vertretenen Interpretationen, wonach sich der V. Senat des BFH für die Auslegung des Begriffs der „Begründetheit" auffallend stark an demjenigen der steuerrechtlichen Entstehung i.S.d. § 38 AO orientiert[649]. Im Gegensatz dazu wurde die Auslegung des VII. Senats des BFH als *zivilrechtlich* bezeichnet, vor allem mit der Begründung, er differenziere klar zwischen der Entstehung des Anspruchs nach den Steuergesetzen und der Begründetheit nach der Konkursordnung[650]. Ebendiese Zweiteilung der Lager findet sich auch in der nachfolgenden Darstellung der in der Vergangenheit vertretenen Auffassungen wieder.

647 UR 1988, 333. *Endres* forderte in dem Zusammenhang auch eine in Kürze zu treffende Entscheidung des Großen Senats des BFH.
648 *Endres*, UR 1988, 333, 337.
649 *Endres*, UR 1988, 333, 334.
650 *Endres*, UR 1988, 333, 334.

1. *Zu der Auslegung von § 3 KO*

a) *Positive Besteuerungsgrundlagen in Form von Ausgangsumsätzen*

In der Literatur hat sich erstmals *Knobbe-Keuk* dezidiert mit der Auslegung von § 3 KO vor dem Hintergrund umsatzsteuerlicher Ausgangsumsätze auseinandergesetzt[651]. Dabei bestand im Ausgangspunkt Einigkeit darin, dass der Entstehungszeitpunkt einer Umsatzsteuerforderung im umsatzsteuerrechtlichen Sinne noch keine Entscheidung darüber treffe, wie die Forderung konkursrechtlich zu qualifizieren ist. Allein maßgeblich seien die konkursrechtlichen Ordnungsprinzipien[652]. Ein Gleichsetzen dieser beiden Zeitpunkte habe sich also verboten[653]. An dieser Auffassung hätten auch die im Steueranpassungsgesetz 1934[654] kodifizierten Maßgaben zu den Entstehungszeitpunkten der Umsatzsteuer nichts geändert[655]. Denn im Gegensatz zu einem bereits entstandenen Umsatzsteueranspruch sei für einen begründeten Anspruch i.S.d. Konkursrechts nicht Voraussetzung, dass bereits ein „restlos konkretisiertes Schuldverhältnis" vorliegt[656]. Eine Steuerforderung könne im konkursrechtlichen Sinne also auch schon begründet sein, bevor sie im steuerrechtlichen Sinne entstanden oder gar fällig ist[657]. Dabei sei das konkursrechtliche *Begründetsein* an den vorhandenen steuerrechtlichen Begriffen zu messen[658].

---

651 *Knobbe-Keuk*, BB 1977, 757. *Knobbe-Keuk* fordert einerseits die Zivilgerichte auf, die wirtschaftliche Bedeutung der Umsatzsteuer im Zusammenhang mit der Verwertung von Sicherungsgut zu begreifen (S. 763), beklagt andererseits aber die Eigenschaft einer Umsatzsteuerforderung als Masseforderung (S. 757) und negiert damit den Charakter der Umsatzsteuer als allgemeine Verbrauchsteuer. Anlass ihres Beitrags war die Behandlung von Umsatzsteuer im Konkurs bei sog. halbfertigen Bauten (Nürnberger Umsatzsteuer).

652 *Knobbe-Keuk*, BB 1977, 757, 758.

653 Gleichwohl wurde stellenweise auch hiervon ausgegangen, s. etwa *Fürholzer*, JW 1931, 279 und *Mattern*, DStZ 1953, 175.

654 Steueranpassungsgesetz (StAnpG) 1934 v. 16.10.1934, RGBl. I 1934, 925, aufgehoben mit Einführung der AO 1977, s. Art. 96 Nr. 5 des Einführungsgesetzes zur Abgabenordnung 1977 (EGAO 1977) v. 14.12.1976, BGBl. I 1976, 3341, 3380.

655 So *Berges*, KTS 1961, 161, 162, unter Verweis auf BFH, Urt. v. 31.1.1956, V 223/55, KTS 1956, 125 = DStR 1964, 583; § 3 Abs. 5 Nr. 3 StAnpG lautete: „[Die Steuerschuld entsteht] bei der Umsatzsteuer für Lieferungen und sonstige Leistungen: a) im Fall der Besteuerung nach vereinnahmten Entgelten: mit Ablauf des Voranmeldungszeitraums, in dem die Entgelte vereinnahmt worden sind; b) im Fall der Besteuerung nach vereinbarten Entgelten: mit Ablauf des Voranmeldungszeitraums, in dem die Lieferungen oder sonstigen Leistungen ausgeführt worden sind;" und entspricht damit der heutigen Fassung von § 13 UStG. Vgl. generell zu § 3 StAnpG *Krollmann*, UR 1957, 47 ff.

656 *Großmann*, DStR 1989, 22; in diesem Sinne auch *Uhlenbruck*, in: Kuhn/Uhlenbruck, KO, § 3 KO, Rz. 11.

657 *Geist*, Insolvenzen und Steuern, S. 55, 58; *Onusseit*, Umsatzsteuer im Konkurs, S. 84.

658 *Onusseit*, Umsatzsteuer im Konkurs, S. 83.

In der Literatur wurde angenommen, dass eine Forderung vor Konkurseröffnung begründet ist, wenn alle Merkmale des Schuldverhältnisses (der Schuldrechtsorganismus), das die *Grundlage* des in Rede stehenden Anspruchs bildet, bereits bei Eröffnung des Konkursverfahrens vollständig verwirklicht sind[659]. Ein Anspruch im Sinne des Konkursrechts stelle im Gegenteil zur entstandenen Umsatzsteuer kein restlos konkretisiertes Schuldverhältnis dar. Die Begründetheit liege vielmehr schon in einer früheren Phase der schuldrechtlichen Beziehung vor[660]. Welche Anforderungen hieran im Einzelnen gestellt wurden, soll für die Ausgangsumsätze differenziert nach Ist- und Soll-Versteuerung dargestellt werden.

aa) Anforderungen bei Ist-Versteuerung

Schon seinerzeit war diese Frage heftig umstritten. Eine Strömung im Schrifttum war der Auffassung, dass sich die Begründetheit im Rahmen der Ist-Versteuerung nach der *Ausführung des Umsatzes* richte und die Vereinnahmung des Entgelts *nicht* voraussetze[661]. Auch bei der Ist-Versteuerung liege der eigentliche Rechtsgrund für die Umsatzsteuerpflicht in der Bewirkung einer entgeltlichen Leistung[662]. Dementgegen stellte die Finanzverwaltung[663] mit einigen Literaten[664] auf den späteren Vereinnahmungsakt ab und sah die Begründetheit erst in diesem Zeitpunkt als gegeben an; diese Umsätze seien dann als Massekosten nach § 58 Nr. 2 KO zu behandeln und mithin vorrangig zu befriedigen. Für letztgenannte Lesart wurde angeführt, dass § 1 UStG zwei gleichwertige Tatbestandsmerkmale beinhalte, nämlich die „Ausführung

---

659 *Geist*, Insolvenzen und Steuern, S. 54.

660 *Großmann*, DStR 1989, 22.

661 *Bücheler*, DStR 1980, 70, 73; *Forgách*, DB 1976, 1561, 1562; *Frotscher*, Steuern im Konkurs, 1974, S. 110 f; *ders.*, BB 1975, 1445, 1449; *Henckel*, in: Jaeger, KO, § 3, Rz. 85; *Knobbe-Keuk*, BB 1977, 757, 758; *Onusseit*, Umsatzsteuer im Konkurs, S. 89; *Prugger*, UR 1956, 10, 11. Einen Sonderweg beschreitet *Großmann*, DStR 1989, 22, 25, der im Ergebnis die Begründetheit sowohl für die Ist- wie auch für die Soll-Versteuerung in zeitlicher Hinsicht am weitesten vorverlagert. Nach ihm sei nämlich auch für die gesetzliche Umsatzsteuerschuld auf den Zeitpunkt abzustellen, in dem das zivilrechtliche Verpflichtungsgeschäft abgeschlossen wurde. Wohl auch *Nieskens*, DStZ 1984, 391, 392. Unklar *Haegele*, KTS 1958, 106, 107.

662 *Forgách*, DB 1976, 1561, 1562.

663 Zunächst BMF Schreiben v. 13.12.1955, U-Kartei S. 4231 K 53, abgedruckt bei *Rosenau*, KTS 1972, 130, 143, später (sogar für den Spezialfall der Einziehung sicherungshalber abgetretener Forderungen durch den Sicherungsnehmer) BMF-Schreiben v. 6.12.1972, BStBl. I 1972, 578, 579, sowie OFD Düsseldorf v. 4.10.1974, UR 1975, 92.

664 *Geist*, Insolvenzen und Steuern, S. 58; *ders.*, KTS 1968, 1, 11; *Gierschmann*, Steuern im Konkurs, S. 23; *Heyden*, UR 1954, 49, 51; *Netzer*, UR 1977, 65, 66; *Puttlitz*, DStR 1975, 270; *Wilke*, Umsatzsteuerkongreß-Bericht 1982/1983, S. 209, 223. Über die Konstruktion eines Treuhandverhältnisses kommt zu diesem Ergebnis (wohl für die Ist- wie auch für die Soll-Versteuerung) ebenso *Flies*, DB 1970, 559, 560 f. Vgl. hierzu die krit. Replik von *Dewein*, DB 1970, 1708 ff.

des Umsatzes“, die „gegen Entgelt“ zu erfolgen habe. Dies müsse im Kontext mit § 13 Abs. 1 Nr. 1b UStG ausgelegt werden, wonach die Umsatzsteuer erst im Zeitpunkt der Vereinnahmung des Entgelts entstehe[665]. Die dagegen gerichteten Bedenken brachten insbesondere vor, dass von dem Grundtatbestand des § 1 UStG ausgegangen werden müsse. Dort sei geregelt, welchen Lebenssachverhalt die Umsatzsteuer erfasse. § 13 UStG bestimme nur das Entstehen der Umsatzsteuer, welches aber für die Bestimmung der Begründetheit im Rahmen von § 3 KO keine Relevanz habe[666]. Eine Umsatzsteuerforderung sei danach immer dann Konkursforderung, sofern die Lieferung oder sonstige Leistung vor Konkurseröffnung durchgeführt wurde. Auf den Zeitpunkt der Vereinnahmung kam es danach also nicht an.

bb) Anforderungen bei Soll-Versteuerung

Unterlag der umsatzsteuerliche Unternehmer den Regeln der Soll-Versteuerung, so war es damals allgemeine Meinung[667], dass der Zeitpunkt der konkursrechtlichen Begründetheit identisch mit der umsatzsteuerlichen Leistungsbewirkung sei[668]. Daran könnten insbesondere deswegen kein Zweifel bestehen, weil es an einem wie in § 13 Abs. 1 Nr. 1b UStG enthaltenen Tatbestandsmerkmal „[...] in dem die Entgelte vereinnahmt sind“ fehlt. Etwas anderes ergäbe sich auch nicht daraus, dass in § 1 UStG die Leistung gegen Entgelt verlangt werde, was sich aus dem Vorhandensein der Berichtigungstatbestände von § 17 UStG zeigt[669]. Dies entsprach auch der damaligen Haltung der Finanzverwaltung[670].

---

665 *Onusseit*, Umsatzsteuer im Konkurs, S. 89.

666 Statt vieler nur *Onusseit*, Umsatzsteuer im Konkurs, S. 89 f., m.w.N.

667 So auch *Onusseit*, Umsatzsteuer im Konkurs, S. 88, Fn. 36.

668 *Bücheler*, DStR 1980, 70, 71; *Forgách*, UR 1975, 37; *ders.*, DB 1976, 1561, 1562; *Frotscher*, Steuern im Konkurs, 1983, S. 125; *Geist*, Insolvenzen und Steuern, S. 58; *ders.*, KTS 1968, 1, 11; *Gierschmann*, Steuern im Konkurs, S. 23, der aber von dem Automatismus ausgeht, dass die Umsatzsteuer bei späterer Entgeltvereinnahmung Masseforderung i.S.d. § 58 Nr. 2 KO ist; *Henckel*, in: Jaeger, KO, § 3, Rz. 85; *Heyden*, UR 1954, 49, 51; *Knobbe-Keuk*, BB 1977, 757, 758; *Netzer*, UR 1977, 65; *Nieskens*, DStZ 1984, 391, 392; *Puttlitz*, DStR 1975, 270; *Prugger*, UR 1956, 10, 11. So wohl auch *Haegele*, KTS 1958, 106, 107.

669 *Onusseit*, Umsatzsteuer im Konkurs, S. 87 f.

670 Zunächst BMF Schreiben v. 13.12.1955, U-Kartei S. 4231 K 53, abgedruckt bei *Rosenau*, KTS 1972, 130, 143, später (sogar für den Spezialfall der Einziehung sicherungshalber abgetretener Forderungen durch den Sicherungsnehmer) BMF-Schreiben v. 6.12.1972, BStBl. I 1972, 578, 579 f. sowie OFD Düsseldorf v. 4.10.1974, UR 1975, 92.

b) *Positive Besteuerungsgrundlagen in Form von Umsatzsteuerberichtigungen nach § 17 Abs. 2 Nr. 1 S. 2 UStG*

Die in der damaligen Literatur zu einer Umsatzsteuerberichtigung nach § 17 Abs. 2 Nr. 1 S. 2 UStG vorzufindenden Ausführungen sind rar. Es zeichnete sich aber auch insofern die Auffassung ab, dass die Vornahme einer Berichtigung wegen der nachträglichen Vereinnahmung des Entgelts bei einem der Soll-Versteuerung unterliegenden Unternehmer zu einer Konkursforderung nach § 3 KO führen sollte. Denn auch in diesem Fall sei das entscheidende Kriterium, nämlich die Umsatzbewirkung an sich, bereits vor dem Zeitpunkt der Konkurseröffnung vorgenommen worden, woraus die Begründetheit bereits zu diesem Zeitpunkt folge[671].

c) *Positive Besteuerungsgrundlagen in Form von Vorsteuerberichtigungen nach §§ 17 Abs. 1 S. 2 i.V.m. § 17 Abs. 2 Nr. 1 UStG*

Neben den vorstehend thematisierten Ausgangsumsätzen mussten seit der Einführung des UStG 1967 auch diejenigen Eigenheiten konkursrechtlich bewertet werden, die durch die Rückforderung von Vorsteuern entstanden. Dieses Problem stellte und stellt sich letztlich in allen Fällen, in denen der Konkursschuldner Vorsteuer für Eingangsleistungen gezogen hat, das hierfür geschuldete Entgelt aber (infolge des Konkurses) nicht erbringt. In diesem Fall ist der Konkursschuldner verpflichtet, eine Berichtigung nach § 17 Abs. 1 S. 2 UStG i.V.m. § 17 Abs. 2 Nr. 1 UStG vorzunehmen. Die aus dieser positiven Besteuerungsgrundlage resultierende Umsatzsteuerforderung des Fiskus sei eine Konkursforderung nach § 3 KO, weil sie spätestens im Zeitpunkt der Konkurseröffnung begründet ist[672]. Teilweise wurde dies auch daraus abgeleitet, dass nicht erst die Berichtigung der Bemessungsgrundlage nach § 17 UStG, sondern bereits der Abzug der Vorsteuerbeträge nach § 15 UStG *der* Grund für die konkursrechtliche Einordnung sei, da es sich in der Sache um die ursprüngliche Umsatzsteuerforderung handele, deren umsatzsteuerliche Berichtigung allein aus verfahrenstechnischen Gründen in einen anderen Voranmeldungszeitraum verschoben würde[673]. Weil ein unlösbarer Zusammenhang mit den ursprünglichen Leistungsbezügen bestanden habe, ging auch die Finanzverwaltung davon aus, dass die entsprechenden Vorsteuerberichtigungen vor Konkurseröffnung begründet gewesen sind[674].

---

671 *Onusseit*, Umsatzsteuer im Konkurs, S. 98.

672 *Geist*, Insolvenzen und Steuern, S. 63; *Forgách*, DB 1976, 1561, 1562; *Frotscher*, BB 1975, 1445, 1449; *Rosenau*, KTS 1972, 130, 146; *Schneider*, UR 1981, 49, 50; *Wilke*, Umsatzsteuerkongreß-Bericht 1982/1983, S. 209, 228.

673 *Knobbe-Keuk*, BB 1977, 757, 761; *Probst*, BB 1986, 1751; *ders.*, UR 1988, 49, 43 f. In diesem Sinne auch *Frotscher*, in: DStJG 13 (1990), S. 213, 230. So auch FG München, Urt. v. 9.4.1986, III 283/80, UR 1987, 180.

674 OFD Düsseldorf v. 20.8.1987, UR 1987, 376; ohne diese Begründung auch BMF-Schreiben v. 27.9.1976, BStBl. I 1976, 536, später v. 4.5.1988, BStBl. I 1988, 165.

d) *Positive Besteuerungsgrundlagen in Form von Vorsteuerberichtigungen nach § 15a UStG*

Mit der Auffassung *Netzers*[675] hat diese Vorschrift im Schrifttum und den Anweisungen der Finanzverwaltung nur kaum oder gar keine Beachtung gefunden. Dies muss wegen der auch schon seinerzeit hohen summenmäßigen Auswirkungen verwundern, die sich vor allem bei Grundstücksveräußerungen zeigten. Es wurde in diesem Fall teilweise darauf abgestellt, wann das der Berichtigung unmittelbar zugrundeliegende zivilrechtliche Rechtsgeschäft eingegangen wurde, woraus gegebenenfalls Masseverbindlichkeiten entstehen konnten[676]. Dagegen wurde eingewandt, dass der Berichtigungstatbestand nach § 15a UStG keinen materiell neuen Steueranspruch konstituiere, sondern zur materiell korrekten Besteuerung des ursprünglichen Erwerbs führen solle. Insofern sei für die Frage der Begründetheit i.S.d. § 3 KO auch allein daran anzuknüpfen, womit eine Konkursforderung vorliege[677].

2. *Zu der Auslegung von § 58 Nr. 2 bzw. 59 KO*

Die Konkursordnung kannte zwei masseverbindlichkeitsbegründende Vorschriften, unter die Umsatzsteuerverbindlichkeiten grundsätzlich subsumiert werden konnten und wurden und damit vorrangig zu befriedigen waren. Der heutige § 55 Abs. 1 Nr. 1 InsO umfasst die bisherigen Masseschulden im Sinne des § 59 Abs. 1 Nr. 1 KO[678] ebenso wie auch die bisherigen Massekosten im Sinne des § 58 Nr. 2 KO[679]. Die Einordnung von Umsatzsteuerverbindlichkeiten in die Kategorien von Konkursforderungen nach § 3 KO oder Masseschulden bzw. -kosten war dabei summenmäßig trotz der Geltung des Fiskusprivilegs gem. § 61 Abs. 1 Nr. 2 KO relevant, da der Fiskus selbst bei einer bevorrechtigten Forderung mangels ausreichender Masse häufig nur eine teilweise Befriedigung erlangen konnte[680].

Meistenteils wurden Umsatzsteuerverbindlichkeiten auch dann als Massekosten nach § 58 Nr. 2 KO betrachtet, wenn sie auf ein Handeln des Konkursverwalters zurückzuführen waren und damit eine Einordnung nach § 59 Abs. 1 Nr. 1 KO näher gelegen hätte[681]. Es bedurfte also stets eines Anknüpfungspunktes, der

---

675 UR 1977, 65, 68 f.

676 *Netzer*, UR 1977, 65, 68 f.

677 *Frotscher*, in: DStJG 13 (1990), S. 213, 231; *Onusseit*, Umsatzsteuer im Konkurs, S. 218.

678 Der Normtext lautete: „Masseschulden sind: 1. die Ansprüche, welche aus Geschäften oder Handlungen des Konkursverwalters entstehen; [...]".

679 *Welzel*, Die Umsatzsteuer als Masseverbindlichkeit, S. 42 f. Der Normtext von § 58 Nr. 2 KO lautete: „Massekosten sind: [...] 2. die Ausgaben für die Verwaltung, Verwertung und Verteilung der Masse; [...]".

680 *Forgách*, DB 1976, 1561, 1564.

681 *Frotscher*, in: DStJG 13 (1990), S. 213, 228; *Gierschmann*, Steuern im Konkurs, S. 23; *Heyden*, UR 1954, 49, 51; *Liebisch*, VJStFR 1929, S. 212, 255; a.A. *Forgách*, DB 1976, 1561, 1565, für Masseschulden nach § 59 KO. Es bestand generell Streit darüber,

im Handeln des Insolvenzverwalters zu suchen gewesen ist. Als Handlungen des Konkursverwalters, die Masseschulden zu begründen vermochten, seien hingegen nicht sog. Eingriffsakte in Frage gekommen, durch die der Konkursverwalter in bei Konkurseröffnung schon bestehende Rechtsbeziehungen eingreift; es müssten neue Rechtsbeziehungen vorliegen. Andernfalls würde den Gläubigern, deren Anspruch bereits vor Konkurseröffnung begründet ist, eine bessere Position zugewiesen als ihnen tatsächlich zusteht[682].

Die Finanzverwaltung war der Auffassung, dass eine Masseforderung nach § 58 Nr. 2 KO vorlag, soweit die Umsatzsteuerforderung Umsätze betraf, bei denen die Vereinnahmung des Entgelts im Fall der Ist-Versteuerung bzw. die Ausführung der Leistung im Fall der Soll-Versteuerung nach der Eröffnung des Konkursverfahrens geschehen ist[683]. Für Verwertungshandlungen des Konkursverwalters galt dies ungeachtet der Besteuerungsart[684].

3. Zu einer Abkürzung des umsatzsteuerlichen Besteuerungszeitraums

Mitnichten ist auch die aktuell geführte Diskussion über die „Abkürzung des umsatzsteuerrechtlichen Besteuerungszeitraums" nach § 16 Abs. 3 UStG nicht schon bereits in der Vergangenheit geführt worden[685]. Die Frage stellt sich immer dann, wenn der Zeitpunkt der Eröffnung des Konkursverfahrens inmitten eines umsatzsteuerlichen Voranmeldungszeitraums liegt. *Heyden* hat hierzu bereits früh angemerkt, dass sich mittels dieser Annahme dem oben zu § 3 KO geschilderten Abgrenzungsproblem aus dem Weg gehen ließe[686]. Denn wenn durch die Konkurseröffnung *ipso iure* der Besteuerungszeitraum unterbrochen würde, fielen insolvenzrechtlicher Begründungs- und steuerrechtlicher Entstehungszeitpunkt zusammen. Die Unterbrechung des umsatzsteuerlichen Besteuerungszeitraums hätte unter der Geltung der KO aber auch erhebliche Auswirkungen auf die Anwendbarkeit des Fiskusprivilegs gehabt. In diesem Fall wäre beispielsweise der Vorsteuerrückforderungsanspruch des Fiskus über § 65 Abs. 1 KO als bevorrechtigt im Sinne des § 61 Abs. 1 Nr. 2 KO anzusehen gewesen[687]. Auch *Enno Becker* hat sich einst hinsichtlich

---

von welchem Tatbestand die Umsatzsteuer erfasst wird. Mit *Frotscher*, ebd., war diese Frage praktisch nur für den Fall der Massearmut relevant und damit von eher untergeordneter Bedeutung.

682 *Frotscher*, in: DStJG 13 (1990), S. 213, 221; *Knobbe-Keuk*, BB 1977, 757, 758.

683 Zunächst BMF Schreiben v. 13.12.1955, U-Kartei S. 4231 K 53, abgedruckt bei *Rosenau*, KTS 1972, 130, 143, später für den Spezialfall der Einziehung sicherungshalber abgetretener Forderungen durch den Sicherungsnehmer, deutlich nur für die Ist-Versteuerung BMF-Schreiben v. 6.12.1972, BStBl. I 1972, 579.

684 BMF Schreiben v. 26.10.1987, UR 1987, 375.

685 Vgl. hierzu die Ausführungen unten unter Zweites Kapitel D)III. anlässlich BFH, Urt. v. 24.11.2011, V R 13/11, BStBl. II 2012, 298.

686 *Heyden*, UR 1954, 49.

687 *Probst*, UR 1988, 39, 41.

der Einkommensteuer dafür ausgesprochen, den Fall der Konkurseröffnung mit demjenigen der Betriebsveräußerung gleichzustellen, womit er infolgedessen die außerordentliche Unterbrechung des Wirtschaftsjahres und damit des laufenden Steuerabschnitts annahm[688]. Der RFH ist dem zunächst gefolgt[689], später jedoch von seiner Auffassung wieder abgerückt[690]. Grund hierfür war die Aufgabe der sog. Separationsthese, die zum Gegenstand hatte, dass die Konkursmasse eine ab der Konkurseröffnung verselbständigte Vermögensmasse sei[691]. Für die Umsatzsteuer hatte der BFH einer Abkürzung des Besteuerungszeitraums ebenso widersprochen[692]. Auch die Finanzverwaltung hat ihre Auslegung von § 16 Abs. 3 UStG im Laufe der Zeit einer Änderung unterzogen. Im Anschluss an die genannte Rechtsprechung des BFH ist auch sie nicht länger der Auffassung, dass mit der Eröffnung des Konkursverfahrens der Besteuerungszeitraum beendet würde[693].

Demgegenüber gab es in der Literatur auch weiterhin Bestrebungen, § 16 Abs. 3 UStG im Falle der Konkurseröffnung in dem beschriebenen Sinne anzuwenden[694]. Die für konkursrechtliche Zwecke vorzunehmende Unterteilung von Vermögensphären sollte auf diese Art auch hinsichtlich der Dauer des umsatzsteuerlichen Besteuerungszeitraums fruchtbar gemacht werden. Hierfür wurden im Wesentlichen zwei Argumente angeführt: *Erstens*, sei die Tatsache, dass die Umsatzsteueransprüche nicht laufend, sondern erst mit Ende eines Voranmeldungs- bzw. Besteuerungszeitraums entstehen, dem Vereinfachungseffekt des Umsatzsteuerverfahrens geschuldet, der wegen der Vielzahl und der Gegenläufigkeit von umsatzsteuerlichen Besteuerungsgrundlagen geboten sei. Das zeitliche Element ändere aber nichts am Steueranspruch als solchen. Insofern sei auch eine Unterscheidung nach zeitlichen Kriterien nicht sachgerecht[695]. *Zweitens*, müsse berücksichtigt werden, dass der Gesetzgeber bei Erlass des Steueranpassungsgesetzes 1934 aufgrund der damaligen Rechtsprechung des RFH[696] von einer Beendigung des laufenden Steuerabschnitts

---

688 *Becker*, in: Handkommentar der Reichsteuergesetze, EStG 1925, Bd. II, Erl. 33 II b f. zu § 10 (S. 231).

689 RFH, Urt. v. 8.2.1928, VI A 71/27, RFHE 23, 70.

690 RFH, Urt. v. 22.6.1938, VI 687/37, RFHE 44, 162.

691 Vgl. hierzu *Weiss*, FR 1990, 539 f.

692 BFH, Urt. v. 16.7.1987, V R 80/82, BStBl. II 1987, 691, vgl. auch oben unter Zweites Kapitel B) I.

693 Zunächst BMF-Schreiben v. 27.9.1976, BStBl. I 1976, 536, unter I. 1., später fortgeführt mit BMF-Schreiben v. 4.5.1988, BStBl. I 1988, 165.

694 *Hofmann*, Umsatzsteuerkongreß-Bericht 1982/83, S. 189, 203 f.; *Probst*, UR 1988, 39, 41 ff., mittels einer analogen Anwendung von § 16 Abs. 3 UStG; *Schwakenberg*, UR 1993, 295, 299; *Weiss*, UR 1987, 291, 293. Von einer Empfehlung an das Finanzamt, den Veranlagungszeitraum abzukürzen, spricht *Geist*, KTS 1968, 1, 13; ähnlich *Wilke*, Umsatzsteuerkongreß-Bericht 1982/1983, S. 209, 229, nach dem diese Maßnahme geboten erscheint. Früh schon dieser Auffassung waren *Gierschmann*, Steuern im Konkurs, S. 23; *Haegele*, KTS 1958, 106, 107; *Spörlein*, BB 1949, 686.

695 In diesem Sinne *Probst*, UR 1988, 41 f.

696 S. die später aufgegebene Rspr. des RFH, Urt. v. 8.2.1928, VI A 71/27, RFHE 23, 70.

ausgegangen ist und die Steuerforderung auch zu diesem Zeitpunkt entstünde[697]. Dieser Auffassung wurde indes auch aus Gründen des diesbezüglich nicht tragfähigen Wortlauts widersprochen[698].

II. Unter Geltung der Insolvenzordnung

Auch unter der Geltung der Insolvenzordnung ist um die Behandlung der Umsatzsteuer in der Insolvenz weiter gestritten worden. Die Schwierigkeiten in der Auslegung der Abgrenzungsvorschriften änderten sich dabei nur hinsichtlich der Bezeichnung der Normen, nicht aber der Sache nach[699]. Inhaltlich haben die *neuen* Abgrenzungsnormen der InsO die Inhalte der soeben aufgeführten Vorschriften der Konkursordnung in sich aufgenommen. Die virulenten Zuordnungsprobleme hat der Gesetzgeber auch in das reformierte Insolvenzrecht übertragen[700].

1. Zu der Auslegung von § 38 InsO

Im Ausgangspunkt wurde zu § 38 InsO eine zu § 3 KO identische Auslegung vertreten. Danach sei eine Umsatzsteuerforderung dann Insolvenzforderung, wenn sie bereits vor Eröffnung des Insolvenzverfahrens begründet war. Zu bestimmen sei, wann der Rechtsgrund für die Entstehung der Forderung gelegt worden ist. Nicht entscheidend sei, ob der Anspruch zum Zeitpunkt der Eröffnung des Insolvenzverfahrens bereits im steuerrechtlichen Sinne entstanden war, sondern nur, ob zu diesem Zeitpunkt nach insolvenzrechtlichen Grundsätzen der Rechtsgrund für den Anspruch bereits gelegt war[701].

a) Positive Besteuerungsgrundlagen in Form von Ausgangsumsätzen

aa) Anforderungen bei Ist-Versteuerung

Gleichsam zu den parallelen Ausführungen unter Geltung der Konkursordnung finden sich auch ab dem Jahr 1999 im Wesentlichen zwei unterschiedliche Auffassungen zu den Anforderungen an die Begründetheit im Sinne des § 38 InsO bei Ist-Versteuerung. Auf der einen Seite wird vertreten, dass ausschließlich auf den

---

697 *Probst*, UR 1988, 41 f.

698 *Geist*, Insolvenzen und Steuern, S. 58; *Mattern*, UR 1953, 72, 73; *Müller*, DStZ 1950, 206, 208; *Schneider*, UR 1981, 49, 50.

699 S. hierzu die Gesetzesbegründung der InsO; ad § 38 InsO (§ 45 InsO-E) BT-DrS 12/2443, S. 123; ad § 55 InsO (§ 64 InsO-E) BT-DrS 12/2443, S. 126.

700 Anlässlich dessen finden sich auch unter der Geltung der InsO erste Rufe nach einem Einschreiten des Gesetzgebers, um die anhaltenden Rechtsunsicherheiten zu beseitigen, falls nicht die Rechtsprechung für klare Entscheidungen sorgt, s. *Eckert*, UVR 2001, 273, 278. Plakativ auch OVG Thüringen, Beschl. v. 27.9.2006, 4 EO 1283/04, Rz. 6: „Die Abgrenzung […] war bereits unter Geltung der entsprechenden Vorgängervorschrift des § 3 Abs. 1 KO nicht immer einfach."

701 *Abenheimer*, in: FS Braun, S. 295, 299; *Rüsken*, NZI 2006, 330, 332.

Zeitpunkt der Erbringung der Lieferung oder sonstigen Leistung abzustellen sei[702], wobei dies stellenweise mit dem zugrundeliegenden *zivilrechtlichen Sachverhalt*[703] oder dem *verwirklichten Lebenssachverhalt*[704] begründet wird. Außerdem könne aus systematischen Gründen nicht auf den „willkürlichen Zahlungszeitpunkt" abgestellt werden und diesem auf diese Weise erheblichen Einfluss auf die insolvenzrechtliche Einordnung verliehen werden[705]. Die gegenteilige Lesart betont unter Verweis auf § 13 Abs. 1 Nr. 1b UStG, dass es für die Annahme einer Begründetheit noch zusätzlich der Entgeltvereinnahmung bedürfe[706]. Eine bundeseinheitliche Auffassung der Finanzverwaltung zu dieser Frage lag seinerzeit nicht vor. Das BMF-Schreiben zur Behandlung von Steueransprüchen im Insolvenzverfahren[707] schweigt sich hierzu – anders als zur Soll-Versteuerung – aus. Es finden sich indes auch vor dem Urteil des V. Senats des BFH zur Ist-Versteuerung v. 29.1.2009 vereinzelte Verfügungen auf der Ebene der Oberfinanzdirektionen, die wohl der Auffassung zugeneigt sind, auch bei der Ist-Versteuerung allein auf den zugrundeliegenden Lebenssachverhalt abzustellen[708].

---

702 *Frotscher*, Besteuerung bei Insolvenz, 6. Auflage, 2005, S. 177 f.; *Häsemeyer*, Insolvenzrecht, Rz. 23.56; *Henckel*, in: Jaeger, InsO, § 38, Rz. 146; *Obermair*, BB 2004, 2610, 2611; *Olufs/Ziegenhagen*, DZWiR 1999, 146, die allerdings verkennen, dass es auch unter Geltung der KO nicht auf den Zeitpunkt der steuerlichen Entstehung ankam; *Onusseit*, in: Kübler/Prütting/Bork, InsO, InsSteuerR II F, Stand 12/09, Rz. 194, 200 ff.; *Reiß*, in: GS Blomeyer, S. 427, 440, der einen insolvenzrechtlichen Gleichlauf von Ist- und Soll-Versteuerung herbeiführen will; *Wagenknecht-Hose*, Vertragliche und umsatzsteuerliche Neuverbindlichkeiten, S. 172; *Werth*, AO-StB 2007, 70, 71. Unklar *Hüttner*, Aufrechnung des Finanzamtes, S. 62 ff.

703 *Abenheimer*, in: FS Braun, S. 295, 299 f. Wohl auch *A. Birk*, ZInsO 2007, 743, 746; *Rüsken*, NZI 2006, 330, 332; *ders.*, ZIP 2007, 2053, 2055.

704 *Kling/Schüppen/Ruh*, in: MüKo, InsO, 2. Auflage, Anhang Insolvenzsteuerrecht, Rz. 131; *Ruhe*, Steuern in der Insolvenz, S. 71; *Zeeck*, KTS 2006, 407, 423.

705 *Radeisen*, INF 2005, 658, 659.

706 *Beermann*, in: Hübschmann/Hepp/Spitaler, AO, 166. EGL, Stand 09/2000, § 251, Rz. 377; *Birkenfeld*, in: Birkenfeld/Wäger, USt-Handbuch, § 209a, Rz. 201; *Eckert*, UVR 1999, 305, 207; *Leibner*, UStB 2004, 133; *Olbing*, Steuerrecht in der Insolvenz, S. 50 f. Im Ergebnis ebenso bei herkömmlicher Auslegung *Stadie*, in: Rau/Dürrwächter, UStG, Anhang Umsatzsteuer und Insolvenz, Rz. 67, der darüber hinaus aber für ein Aussonderungsrecht nach § 47 InsO eintritt, s. hierzu ausführlich unter Zweites Kapitel D)I.4.c)ee). Ohne Bezug auf insolvenzrechtliche Normen entspricht die Maßgabe der Entgeltvereinnahmung auch *P. Kirchhof*, in: Umsatzsteuergesetzbuch, Vorschlag zur Reform der Umsatzsteuer, § 21, Rz. 19 ff., der sich im Kontext des Vorschlags einer generellen Ist-Versteuerung hinsichtlich der Umsatzsteuer für ein gerechtfertigtes Fiskus-Privileg ausspricht.

707 BMF-Schreiben v. 17.12.1998, BStBl. I 1998, 1500.

708 OFD Frankfurt a.M. v. 1.10.1998, UR 1999, 297, 298: „Eine Umsatzsteuerforderung ist danach begründet, wenn der Steuertatbestand (§§ 1, 14 Abs. 2 und Abs. 3, 15a, 17, 25b Abs. 2 UStG) vor Eröffnung des Insolvenzverfahrens vom Insolvenzschuldner erfüllt (verwirklicht) wurde". Da § 13 UStG gerade nicht aufgeführt ist, geht

bb) Anforderungen bei Soll-Versteuerung

Die rechtlichen Prämissen der insolvenzrechtlichen Einordnung von positiven Besteuerungsgrundlagen bei umsatzsteuerlicher Soll-Versteuerung entsprechen ebenso denen, die schon in der Zeit der Konkursordnung galten. Meistenteils findet sich diesbezüglich die Auffassung, dass es allein auf den Zeitpunkt der umsatzsteuerlichen Leistungserbringung ankomme[709]. Teilweise wird in diesem Zusammenhang gleichbedeutend auch von einem *umsatzsteuerlich relevanten Lebenssachverhalt* gesprochen[710]. Im Ergebnis der gleichen Auffassung war die Finanzverwaltung nach der seinerzeit geltenden Erlasslage jedenfalls bis zum 9.12.2011, wonach es darauf ankam, dass der Rechtsgrund zum Zeitpunkt der Verfahrenseröffnung bereits gelegt war und die Umsatzsteuerforderung mithin „bereits begründet ist, soweit die Leistung erbracht ist."[711] Zu dem gleichen Schluss gelangt auch *Reiß* unter Verwendung einer abweichenden Konstruktion. Danach sei § 1 Abs. 1 Nr. 1 UStG der für die Umsatzsteuer relevante materielle Besteuerungstatbestand und bestehe aus zwei Akten,

---

der *Verf.* von einer identischen Behandlung von Ist- und Sollversteuerung aus. Ähnlich OFD Hannover v. 7.2.2001, UR 2001, 364, 365, unter 5., später diesbezüglich gleichlautend Verfügung v. 28.5.2004, UR 2005, 628, 630 unter 3.5. Außerdem: OFD Nürnberg v. 25.1.2005, UR 2005, 626, 627: „[...] ist Insolvenzforderung, wenn der umsatzsteuerlich relevante Lebenssachverhalt vor Verfahrenseröffnung verwirklicht worden ist." Eine Unterscheidung zwischen Soll- und Ist-Versteuerung wird nicht vorgenommen.

709 *Abenheimer*, in: FS Braun, S. 295, 299 f.; *Beermann*, in: Hübschmann/Hepp/Spitaler, AO, 166. EGL, Stand 09/2000, § 251, Rz. 377; *Häsemeyer*, Insolvenzrecht, Rz. 23.56; *Henckel*, in: Jaeger, InsO, § 38, Rz. 146; *Leibner*, UStB 2004, 133; *Loose*, StuW 1999, 20, 25; *Maus*, Steuern im Insolvenzverfahren, S. 15; *Olbing*, Steuerrecht in der Insolvenz, S. 48 ff.; *Olufs/Ziegenhagen*, DZWiR 1999, 146; *Onusseit*, ZInsO 2006, 516, 518; *ders.*, in: Kübler/Prütting/Bork, InsSteuerR II F, Stand 12/09, Rz. 194; *Rüsken*, NZI 2006, 330, 332; *ders.*, ZIP 2007, 2053, 2055; *Ruhe*, Steuern in der Insolvenz, S. 71; *Wagenknecht-Hose*, Vertragliche und umsatzsteuerliche Neuverbindlichkeiten, S. 166 ff.; *Werth*, AO-StB 2007, 70, 71. Inzidenter *Eckert*, UVR 2001, 273, 276. Wohl auch *Hüttner*, Aufrechnung des Finanzamtes, S. 62 ff. Unklar *Birkenfeld*, in: Birkenfeld/Wäger, USt-Handbuch, § 209a, Rz. 201.

710 *A. Birk*, ZInsO 2007, 743, 746; ähnlich: *Kling/Schüppen/Ruh*, in: MüKo, InsO, 2. Auflage, Anhang Insolvenzsteuerrecht, Rz. 131; *Zeeck*, KTS 2006, 407, 423.

711 BMF-Schreiben v. 17.12.1998, BStBl. I 1998, 1500, unter 4.2, insb. Bsp. 1. Diese Auffassung teilt *Krüger*, ZInsO 2012, 149, 153 f. Das BMF-Schreiben wurde erstmalig geändert durch BMF-Schreiben v. 31.1.2013, BStBl. I 2013, 118. Die zitierte Passage wurde mit einem „grundsätzlich" versehen und lautet bis heute in Gänze „[...] ist sie grundsätzlich bereits begründet, soweit die Leistung erbracht ist" (AEAO zu § 251, 5.1., Bsp. 1). Mit besagtem Schreiben v. 31.1.2013 ist in den AEAO auch ein speziell auf die USt ausgerichteter Abschnitt (unter 9.2) aufgenommen worden, der wegen des dort angeführten Verweises auf das BMF-Schreiben v. 9.12.2011, BStBl. I 2011, 1273, das „grundsätzlich" dahingehend definiert, dass es auch bei der Soll-Versteuerung im Ergebnis auf die Entgeltvereinnahmung ankommt.

der Ausführung der Leistung und der Entrichtung des Entgelts. Es reiche nicht aus, dass das Entgelt nur versprochen und nicht tatsächlich entrichtet sei[712]. Dies führt *ihn* aber nicht zu der Annahme, dass es auch für die Bestimmung der Begründetheit auf die Vereinnahmung des Entgelts ankommt. Denn „über § 16 i.V.m. § 13 und § 20 i.V.m. § 13 wird es ermöglicht, bereits mit Ausführung der Leistung zu besteuern." Im Rahmen der Soll-Versteuerung lägen damit Insolvenzforderungen vor[713].

Eine umsatzsteuersystematische Wertungen berücksichtigende Argumentation nimmt unter Geltung der Insolvenzordnung erstmals *Stadie* vor und gelangt damit zu einem abweichenden Ergebnis[714]. Die herkömmliche Unterscheidung der Umsatzsteueransprüche zwischen Insolvenzforderungen und Masseverbindlichkeiten verkenne das Wesen der Umsatzsteuer und die Funktion des Unternehmers als zwangsverpflichteten Gehilfen des Staates bei der Besteuerung der Verbraucher. Weil nur die Leistung gegen Entgelt versteuert werde, werde auch erst mit dessen Vereinnahmung der Umsatzsteuertatbestand verwirklicht[715].

b) *Positive Besteuerungsgrundlagen in Form von Umsatzsteuerberichtigungen nach § 17 Abs. 2 Nr. 1 S. 2 UStG*

Weder die Literatur noch die Finanzverwaltung hat sich bis zum ersten Urteil der Rechtsprechungsserie eindeutig zu der Frage geäußert, wie die vom Insolvenzverwalter nach einer bereits durchgeführten Umsatzsteuerberichtigung vereinnahmten Entgelte und die damit einhergehende Umsatzsteuerberichtigung nach § 17 Abs. 2 Nr. 1 S. 2 UStG insolvenzrechtlich zu erfassen sind. Es ließe sich insoweit vertreten, dass ebendiese Vereinnahmung eine Verwaltung der Insolvenzmasse darstellte und mithin eine Masseverbindlichkeit nach § 55 Abs. 1 Nr. 1 Alt. 2 InsO anzunehmen ist. Andererseits könnte man der Auffassung zugeneigt sein, trotz eines nach der Insolvenzeröffnung ausgelösten Berichtigungstatbestandes von einer Insolvenzforderung nach § 38 InsO auszugehen, weil eine *neue* Lieferung gerade nicht vorliegt[716].

---

712 *Reiß*, in: GS Blomeyer, S. 427, 435.

713 *Reiß*, in: GS Blomeyer, S. 427, 435.

714 *Stadie* hat nach *Onusseit*, ZInsO 2006, 516, 517, seine bis zur 124. EGL [das war ca. Mitte 2006] in *Stadie*, in: Rau/Dürrwächter, UStG, § 18, Rz. 1192 ff., vertretene Rechtsauffassung ausdrücklich aufgegeben. *Bis dato* sei auch *Stadie* der Auffassung gewesen, dass das entscheidende Abgrenzungskriterium in der Ausführung des Umsatzes liege. Eine ausführliche Auseinandersetzung mit den Thesen *Stadies* findet sich unter Zweites Kapitel D)I.4.c)ee).

715 Zitiert nach *Onusseit*, ZInsO 2006, 516, 571, der wiederum auf *Stadie*, in: Rau/Dürrwächter, UStG, 125. EGL, § 18, Rz. 829, Bezug nimmt und dessen Auffassung ablehnt. In der aktuellen Fassung der Kommentierung plädiert *Stadie* ferner für ein Aussonderungsrecht nach § 47 InsO. Vgl. die ausführliche Kritik zu der damaligen Auffassung von *Stadie* bei *Wagenknecht-Hose*, Vertragliche und umsatzsteuerliche Neuverbindlichkeiten, S. 166 ff.

716 So wohl *Onusseit*, in: Kübler/Prütting/Bork, InsSteuerR II F, Stand 12/09, Rz. 194.

c) *Positive Besteuerungsgrundlagen in Form von Vorsteuerberichtigungen nach §§ 17 Abs. 1 S. 2 i.V.m. § 17 Abs. 2 Nr. 1 UStG*

Auch an dieser Stelle ergibt sich im Vergleich zu der konkursrechtlichen Einordnung ein sehr ähnliches Bild. Gemeinhin ist der Vorsteuerberichtigungsanspruch nach §§ 17 Abs. 1 S. 2 i.V.m. 17 Abs. 2 Nr. 1 UStG als Insolvenzforderung klassifiziert worden, soweit er umsatzsteuerlich aufgrund der Insolvenz des leistungsempfangenden Unternehmers verwirklicht wurde[717]. Er sei vor der Eröffnung des Insolvenzverfahrens begründet worden, falls sowohl der ursprüngliche Leistungsbezug als auch der den Vorsteuerabzug begründende Sachverhalt zum Zeitpunkt der Eröffnung bereits vorlagen[718]. Davon ging auch die Finanzverwaltung aus[719].

d) *Positive Besteuerungsgrundlagen in Form von Vorsteuerberichtigungen nach § 15a UStG*

Die Gemengelage um die Einordnung der Vorsteuerberichtigung nach § 15a UStG hat sich nach Einführung der Insolvenzordnung nicht verändert. Größtenteils wird angenommen, dass der Zeitpunkt der umsatzsteuerlichen Auslösung des Berichtigungstatbestandes auch das insolvenzrechtliche Schicksal präjudiziere[720]. Ist das die Vorsteuerberichtigung auslösende Ereignis also auf eine Handlung des (vorläufigen) Insolvenzverwalters zurückzuführen, liegt damit eine Masseverbindlichkeit vor[721]. Von Seiten der Finanzverwaltung gab es hierzu bis 2012 keine (veröffentlichte) Einlassung[722].

---

717 *Klünemann*, UStB 2002, 192, 194; *Leibner*, UStB 2004, 133, 135; *Olbing*, Steuerrecht in der Insolvenz, S. 51; *Reiß*, in: GS Blomeyer, S. 427, 444; *Ruhe*, Steuern in der Insolvenz, S. 74 f.

718 *Zeeck*, KTS 2006, 407, 444.

719 BMF-Schreiben v. 17.12.1998, BStBl. I 1998, 1500, unter 4.2, insb. Bsp. 2. OFD Hannover v. 7.2.2001, UR 2001, 364, 370, unter 12.3.2., später diesbezüglich gleichlautend Verfügung v. 28.5.2004, UR 2005, 628, 638 f. unter 10.2.2.

720 *Beermann*, in: Hübschmann/Hepp/Spitaler, AO, 166. EGL, Stand 09/2000, § 251, Rz. 441; *Leibner*, UStB 2004, 133, 135; *Olbing*, Steuerrecht in der Insolvenz, S. 50 f.; *Reiß*, in: GS Blomeyer, S. 427, 444 f. A.A. *Frotscher*, Besteuerung bei Insolvenz, 2010, S. 224 ff.; *Ruhe*, Steuern in der Insolvenz, S. 77 ff., nach dem auf das dem ursprünglichen Vorsteuerabzug zugrundeliegende Geschäft und damit dessen Begründungszeitpunkt abzustellen ist; *Zeeck*, KTS 2006, 407, 443.

721 Dies gilt auch im Anwendungsbereich von § 55 Abs. 4 InsO, s.o. unter Erstes Kapitel G)I.5.c).

722 Für den Anwendungsbereich von 55 Abs. 4 InsO findet sich erstmals in BMF-Schreiben v. 17.1.2012, BStBl. I 2012, 120, 121, Rz. 15, die Anweisung, dass die Vorschrift auf Berichtigungen nach § 15a UStG anzuwenden ist (mittlerweile inkorporiert in BMF-Schreiben v. 20.5.2015, BStBl. I 2015, 476, 478, Rz. 22); für Masseverbindlichkeiten nach § 55 Abs. 1 Nr. 1 InsO zeigt sich das gleiche Ergebnis in BMF-Schreiben v. 31.1.2013, BStBl. I 2013, 118, unter 6.1., das den AEAO zu § 251 eingefügt hat.

2. *Zu der Auslegung von § 55 Abs. 1 Nr. 1 InsO*

Nach § 55 Abs. 1 Nr. 1 InsO sind sonstige Masseverbindlichkeiten die Verbindlichkeiten, die durch Handlungen des Insolvenzverwalters oder in anderer Weise durch die Verwaltung, Verwertung und Verteilung der Insolvenzmasse begründet werden [...]. Nach Auffassung der Literatur bedeutete dies für die Umsatzsteuer, dass regelmäßig solche Lieferungen und sonstigen Leistungen darunter zu subsumieren seien, die der Insolvenzverwalter nach Eröffnung des Insolvenzverfahrens erbracht hat[723]. Nicht von der Vorschrift erfasst seien solche (steuer-)begründenden Verpflichtungen, in die er nur eingreift, die also bereits vor der Eröffnung des Insolvenzverfahrens bestanden haben. Hierzu zählte auch die Vereinnahmung von Entgelten, die auf vor Insolvenzeröffnung erbrachten Leistungen beruhen[724]. Grund hierfür sei, dass zu diesem Zeitpunkt noch nicht der Insolvenzverwalter das Verwaltungs- und Verfügungsrecht über die Insolvenzmasse gehabt habe. Die Finanzverwaltung folgte diesem Weg jedenfalls für den Fall der Soll-Versteuerung und qualifizierte nur solche Umsatzsteuerforderungen als Masseverbindlichkeiten, die sich aus Maßnahmen des Insolvenzverwalters ergaben[725].

3. *Zu einer Abkürzung des Besteuerungszeitraums*

Nach der Einführung der Insolvenzordnung wurde, soweit ersichtlich, nirgends angenommen, dass mit der Eröffnung des Insolvenzverfahrens die Abkürzung des umsatzsteuerlichen Besteuerungszeitraums einhergehe[726].

D) Die Rechtsprechungsserie des V. Senats des BFH aus neuerer Zeit

Es ist bereits an vielen Stellen angeklungen, dass die neuere Rechtsprechung des V. Senats des BFH das gegenwärtige Umsatzsteuerinsolvenzrecht hinsichtlich des

723 *Abenheimer*, in: FS Braun, S. 295, 300; *Reiß*, in: GS Blomeyer, S. 427, 433 f.

724 Statt vieler nur *Eckert*, UVR 2001, 273, 276.

725 OFD Hannover v. 28.5.2004, UR 2005, 628, 631, unter 3.6; BMF-Schreiben v. 17.12.1998, BStBl. I 1998, 1500, 1504, unter 8.: „Umsatzsteuer auf Umsätze nach Eröffnung des Insolvenzverfahrens, [...]".

726 Statt vieler nur *Beermann*, in: Hübschmann/Hepp/Spitaler, AO, 166. EGL, Stand 09/2000, § 251, Rz. 379; *Eckert*, UVR 1999, 305, 308; *Kling*, DStR 1998, 1813, 1815; *Olufs/Ziegenhagen*, DZWiR 1999, 146; *Roth*, Insolvenzsteuerrecht, Rz. 4.369; *Wagenknecht-Hose*, Vertragliche und umsatzsteuerliche Neuverbindlichkeiten, S. 191; *Werth*, AO-StB 2007, 70, 71; *Zeeck*, KTS 2006, 407, 419, jeweils m.w.N. Einzig *Möhlmann*, NWB 1999, 1782, ließe sich dahingehend interpretieren. M.E. ist seine „materielle Notwendigkeit der Abgrenzung des Voranmeldungszeitraums" aber eher als rechtspolitische Forderung zu verstehen. Unklar auch *Klünemann*, UStB 2001, 385, 386. *Birkenfeld*, in: Birkenfeld/Wäger, USt-Handbuch, § 205, Rz. 15, meint, dass die Nichtunterbrechung des Voranmeldungszeitraums mehr Probleme schafft, als sie löst.

hier relevanten Bereichs der Umsatzsteuerfestsetzung entscheidend geprägt, und im Ergebnis zu dessen Neukonzeptionierung geführt hat. Diesbezüglich lassen sich insgesamt vier Urteile[727] ausmachen, die tiefgreifende und richtungsweisende Maßstäbe formuliert haben. Sie werden in dieser Untersuchung als *Rechtsprechungsserie* verstanden, die jeweiligen Zusammenhänge an geeigneter Stelle aufgezeigt. Seinen Anfang hat der so verstandene judikative Vierschritt im Januar 2009 genommen, sein gegenwärtiges Ende im September 2014. Die vier Urteile sollen zunächst in dem nachfolgenden Abschnitt D) ausführlich untersucht werden, bevor im darauffolgenden Abschnitt E) die vom V. Senat des BFH geschaffene Konstruktion einer rechtlichen Uneinbringlichkeit auf bislang noch nicht entschiedene Fallgruppen projiziert wird. Schließlich wendet sich die Untersuchung im letzten Abschnitt des Kapitels [E)] der Frage zu, ob mit ebendieser Konstruktion die verfassungsrechtlich zulässigen Grenzen der Rechtsfortbildung überschritten wurden.

I. Urteil vom 29.1.2009 – V R 64/07[728] – Fall der Ist-Besteuerung bei Leistungserbringung vor und Entgeltvereinnahmung nach der Insolvenzeröffnung

1. *Darstellung des Tatbestands*

Das erste Urteil der Rechtsprechungsserie des BFH zum Umsatzsteuerinsolvenzrecht hatte den folgenden Fall zum Gegenstand: Über das Vermögen eines Bauunternehmers hatte das Amtsgericht am 16. August 2004 das Insolvenzverfahren eröffnet. Der Unternehmer versteuerte seine Umsätze nach vereinnahmten Entgelten gem. § 13 Abs. 1 Nr. 1b UStG. Der Insolvenzverwalter vereinnahmte nach der Insolvenzeröffnung in den Streitjahren 2004 und 2005 verschiedene Entgelte, die dem Bauunternehmer für vorinsolvenzlich erbrachte Leistungen zustanden. Das Finanzamt stellte sich nach einer Außenprüfung auf den Standpunkt, dass es sich in Bezug auf diese Entgelte um Masseverbindlichkeiten handele und setzte infolgedessen die Umsatzsteuer durch Umsatzsteuerjahresbescheid 2004 und einen Vorauszahlungsbescheid I/2005 gegenüber dem Insolvenzverwalter fest. Das nach erfolglosem Einspruchsverfahren vom Insolvenzverwalter angerufene Finanzgericht des Landes Sachsen-Anhalt[729] gab der Klage statt. Seiner Ansicht nach handelte es sich bei den Umsatzsteueransprüchen des Fiskus um Insolvenzforderungen gem. § 38 InsO.

727 BFH, Urt. v. 29.1.2009, V R 64/07, BStBl. II 2009, 682; v. 9.12.2010, V R 22/10, BStBl. II 2011, 996; v. 24.11.2011, V R 13/11, BStBl. II 2012, 298; v. 24.9.2014, V R 48/13, BStBl. II 2015, 506.

728 BFH, Urt. v. 29.1.2009, V R 64/07, BStBl. II 2009, 682.

729 FG Sachsen Anhalt, Urt. v. 12.7.2007, 1 K 806/06, EFG 2007, 1737.

2. *Darstellung der tragenden Gründe*

a) *§ 38 InsO und das Tatbestandsmerkmal „begründet“ im Kontext von § 13 Abs. 1 Nr. 1b UStG*

Unter Verweis auf verschiedene Entscheidungen aus seiner früheren Rechtsprechung konstatierte der Senat, dass sich die Abgrenzung zwischen einer Insolvenzforderung und einer Masseverbindlichkeit nach dem Zeitpunkt bestimmt, zu dem der den Umsatzsteueranspruch begründende Tatbestand vollständig verwirklicht und damit abgeschlossen ist. Unerheblich sei demgegenüber der Zeitpunkt der Steuerentstehung. Ob und wann genau ebendiese Anforderungen im Einzelnen erfüllt seien, richte sich nach den jeweiligen Vorschriften des Steuerrechts, nicht aber nach dem Insolvenzrecht[730]. Er führt weiter aus, dass es sich um eine Insolvenzforderung handele, wenn es bereits vor Verfahrenseröffnung zur vollständigen Tatbestandsverwirklichung gekommen ist, hingegen unter den Voraussetzungen des § 55 InsO eine Masseverbindlichkeit vorliege, wenn die vollständige Tatbestandsverwirklichung erst nach Verfahrenseröffnung vorgenommen worden sei. Seiner Ansicht nach läge diese vollständige Tatbestandsverwirklichung in dem Moment vor, in dem im Falle des der Ist-Versteuerung unterliegenden Unternehmers das Entgelt vereinnahmt wird. Denn nach § 13 Abs. 1 Nr. 1b UStG entstehe die Steuer für Lieferungen und sonstige Leistungen mit Ablauf des Voranmeldungszeitraums, in dem das Entgelt vereinnahmt wird. Das entscheidende Merkmal sei dabei die Vereinnahmung des Entgelts, nicht aber die Leistungserbringung[731]. Weil insofern nicht auf den Ablauf des Voranmeldungszeitraums abgestellt würde, läge auch keine Gleichsetzung von Begründetheit und Steuerentstehung vor, wie sie die Vorinstanz anmahne[732].

Der Senat sieht sich in seiner Rechtsauffassung auch durch die bei der Umsatzbesteuerung bestehenden Besonderheiten bestätigt, da der umsatzsteuerliche Unternehmer – im Vergleich zu anderen Steuerarten – als Steuereinnehmer für Rechnung des Staates tätig sei und dabei öffentliche Gelder im Interesse der Staatskasse vereinnahme. Das gelte nach der Eröffnung des Insolvenzverfahrens auch für den Insolvenzverwalter[733]. Die hierfür angegebenen Quellen aus der Rechtsprechung des EuGH dienten außerdem als Beleg dafür, dass der Unternehmer für die Vereinnahmung einer vom Endverbraucher zu tragenden Verbrauchsteuer zuständig

730 BFH, Urt. v. 29.1.2009, V R 64/07, BStBl. II 2009, 682, 683, Rz. 14. Die Definition des XI. Senats des BFH (Urt. v. 9.2.2011, XI R 35/09, BStBl. II 2011, 1000, Rz. 17) ist derjenigen des V. Senats des BFH ähnlich, aber nicht identisch. Es fehlt daran, dass sich die erforderliche vollständige Tatbestandsverwirklichung nach Steuer- und nicht nach Insolvenzrecht richtet.

731 BFH, Urt. v. 29.1.2009, V R 64/07, BStBl. II 2009, 682, 683 f., Rz. 15 f.

732 BFH, Urt. v. 29.1.2009, V R 64/07, BStBl. II 2009, 682, 683, Rz. 16, insofern mit Verweis auf FG Sachsen Anhalt, Urt. v. 12.7.2007, EFG 2007, 1737, Rz. 22 f.

733 Von einem Übergang der Empfangszuständigkeit, wie im später behandelten zweiten Urteil der Rechtsprechungsserie v. 9.12.2010, V R 22/10, ist nicht die Rede.

sei[734]. Auch das Zivilrecht trage dem unter Verweis auf die Rechtsprechung des BGH[735] Rechnung, weil die Umsatzsteuer aus der unberechtigten Veräußerung eines der Aussonderung nach § 47 InsO unterliegenden Gegenstands von vornherein zur Weiterleitung an das Finanzamt bestimmt sei[736]. Darauf aufbauend macht der Senat weiter § 55 Abs. 1 Nr. 3 InsO für seine Auslegung fruchtbar, aus dessen Wertung sich ergebe, dass die Umsatzsteuer nicht dem Insolvenzschuldner und damit der Masse zur allgemeinen Befriedigung zustünde, weil sie gerade zur Weiterleitung an das Finanzamt bestimmt sei[737].

Es sei mit Blick auf die Besonderheiten der Umsatzbesteuerung und die insolvenzrechtlichen Wertungen unerheblich, ob der Insolvenzverwalter Entgelte vereinnahmt, die auf vor oder nach Insolvenzeröffnung ausgeführte Lieferungen und sonstige Leistungen entfallen, weil ab dem genannten Zeitpunkt der Insolvenzverwalter die an sich dem Unternehmer zugewiesene Aufgabe des Steuereinsammlers übernommen habe[738].

Im Folgenden betont der Senat, dass es wegen der gefundenen Auslegung nicht zu einer ungerechtfertigten Privilegierung des Steuergläubigers gegenüber privaten Gläubigern komme. Dies folgt aus dem Insolvenzrisiko des Steuergläubigers für den Fall, in dem der Unternehmer vor Eröffnung des Insolvenzverfahrens eine Gegenleistung für einen steuerpflichtigen Umsatz vereinnahmt, diesen aber nicht ordnungsgemäß versteuert und die in der Gegenleistung neben dem Netto-Entgelt enthaltene Umsatzsteuer nicht an das für ihn zuständige Finanzamt abführt. Denn dann handele es sich um eine Insolvenzforderung nach § 38 InsO. Aus dem Fehlen eines Fiskusprivilegs, wie es § 61 Abs. 1 Nr. 2 KO vorsah, folge aber nicht, dass der Steuergläubiger auch für den entschiedenen Fall das Insolvenzrisiko zu tragen habe. Diese Frage richte sich nach den §§ 38, 55 InsO, wobei die eben beschriebenen umsatzsteuerrechtlichen Besonderheiten zu berücksichtigen seien[739].

b) Masseverbindlichkeit nach § 55 Abs. 1 Nr. 1 InsO

Ferner lägen auch die weiteren Voraussetzungen einer Masseverbindlichkeit nach § 55 Abs. 1 Nr. 1 InsO vor, da die Umsatzsteuer durch die Verwaltung und Verwertung der Masse entstanden sei. Unter Verweis auf seine zur KO ergangene Rechtsprechung[740] hielt der Senat daran fest, dass die Einziehung von Forderungen zur Verwertung der Masse gehöre und damit Massekosten nach § 58 Nr. 2 KO bzw. § 55 Abs. 1 Nr. 1 InsO begründet würden. Den dagegen gerichteten – im Urteil zitierten,

734 BFH, Urt. v. 29.1.2009, V R 64/07, BStBl. II 2009, 682, 684, Rz. 17.
735 BGH, Urt. v. 8.5.2008, IX ZR 229/06, ZIP 2008, 1127.
736 BFH, Urt. v. 29.1.2009, V R 64/07, BStBl. II 2009, 682, 684, Rz. 17.
737 BFH, Urt. v. 29.1.2009, V R 64/07, BStBl. II 2009, 682, 684, Rz. 18.
738 BFH, Urt. v. 29.1.2009, V R 64/07, BStBl. II 2009, 682, 684, Rz. 19. An dieser Stelle findet sich erstmals ein Hinweis auf *Stadie*, in: Rau/Dürrwächter, UStG, § 18, Rz. 829.
739 BFH, Urt. v. 29.1.2009, V R 64/07, BStBl. II 2009, 682, 684, Rz. 20 ff.
740 BFH, Urt. v. 4.7.1957, V 199/56 U, BStBl. III 1957, 282.

aber nicht näher wiedergegebenen – Bedenken des Schrifttums[741] schließe sich der Senat für den zu entscheidenden Fall der Ist-Versteuerung nicht an[742].

Im Ergebnis ist festzuhalten, dass es sich um eine Masseverbindlichkeit nach § 55 Abs. 1 Nr. 1 InsO handelt, wenn der Insolvenzverwalter nach der Eröffnung des Insolvenzverfahrens im Rahmen der Ist-Besteuerung gem. § 13 Abs. 1 Nr. 1b UStG Entgelte für Leistungen vereinnahmt, die bereits vor Verfahrenseröffnung erbracht wurden.

3. Reaktionen des Schrifttums und der Finanzverwaltung

Im Vergleich zu dem zweiten Urteil aus der Rechtsprechungsserie zum Fall der Soll-Versteuerung ist die Kritik zu der hier vorliegenden Entscheidung deutlich, aber nicht massiv ausgefallen[743]. Die dabei verwendeten Argumentationslinien liegen größtenteils nahe beieinander und unterscheiden sich im Ausgangspunkt nicht zu denen, wie sie bereits vor dem in Rede stehenden Judikat vertreten wurden. Basierend auf § 38 InsO wird angeführt, dass ebendiese insolvenzrechtliche Vorschrift den umsatzsteuerlichen Entstehungszeitpunkt nach § 13 Abs. 1 Nr. 1b UStG überlagere, so dass allein die insolvenzrechtliche Begründung des Rechtsgrundes entscheidend sei, um damit den insolvenzrechtlichen Wertungen gerecht zu werden[744]. Auf die Vereinnahmung des Entgelts komme es gerade nicht an. Abzustellen sei allein auf den Lebenssachverhalt, der dem jeweiligen Umsatzsteuertatbestand zugrunde liegt[745]. Die Rechtsprechung fixiere sich zu Unrecht auf den Zeitpunkt der Vereinnahmung, der lediglich für die steuerrechtliche Entstehung maßgeblich sei.

---

741 Z.B. (so gibt es das Urteil wieder) MünchKomm-InsO, 2. Aufl. 2007, § 38, Rz. 87 und § 55, Rz. 71; *Onusseit*, ZInsO 2006, 516 ff.; Waza/Uhländer/Schmittmann, Insolvenzen und Steuern, 7. Aufl. 2007, Rz. 1595; *Frotscher*, Besteuerung bei Insolvenz, 6. Auflage, 2005, S. 177 f. Weitere kritische Auffassungen aus der Literatur, die seinerzeit bereits veröffentlich waren, finden sich oben unter Zweites Kapitel C) I.1.a)aa) und II.1.a)aa).

742 BFH, Urt. v. 29.1.2009, V R 64/07, BStBl. II 2009, 682, 684 f., Rz. 23.

743 *Heinze*, DZWiR 2013, 45, 46, der von einer „ersten fatalen Weichenstellung" spricht. Auch *Schmittmann*, ZIP 2011, 1125, 1126, sieht eine „erste Warnung". Nach *Krüger*, ZInsO 2010, 164, 171, habe das Urteil für „Verwirrung und Unverständnis gesorgt". *Berger*, EWiR 2009, 315, 316, kritisiert ein „nicht überzeugendes, ja unzutreffendes Urteil", das ein Gefühl „gewisser Willkürlichkeit" hinterließe und nach *Werres*, NZI 2013, 605, einen „ersten Angriff" gegen die InsO darstelle. Ohne die Entscheidung abschließend zu bewerten anerkennt sie *Bächer*, ZInsO 2009, 1634, als „zutreffend und konsequent" und „schlüssig".

744 In diesem Sinne *Kahlert*, DStR 2011, 921, 923.

745 *Frotscher*, in: Gottwald, Insolvenzrechts-Handbuch, § 124, Rz. 5; *Kraus*, ZfZ 2013, 123, 124; *Roth*, Insolvenzsteuerrecht, Rz. 4.327 ff.; *Sämisch/Adam*, ZInsO 2010, 934, 935 f.; nicht *in concreto* bzgl. USt. *Werres*, NZI 2013, 605.

Entscheidend sei damit die Ausführung der Lieferung oder sonstigen Leistung[746], was sich auch aus Art. 2 MwStSystRL ergebe, wonach lediglich die Vereinbarung über eine Entrichtung des Entgelts, nicht aber dessen tatsächliche Entrichtung vorliegen müsse[747]. Diese nur steuertechnische Frage, ob nach vereinbarten oder vereinnahmten Entgelten besteuert wird, könne nicht über die insolvenzrechtliche Qualifizierung und damit über die Gleichbehandlung von Gläubigern entscheiden[748]. Mit seiner Auslegung unterlaufe der V. Senat des BFH jegliche bisherige Systematik des Insolvenzsteuerrechts[749] und verstoße gegen den Grundsatz „Insolvenzrecht geht vor Steuerrecht"[750]. Mangels dinglicher Aufteilungsmöglichkeit in Leistungsentgelt und Steueranteil trete die insolvenzrechtliche Begründetheit der Umsatzsteuerforderung im gleichen Zeitpunkt ein, wie es auch diejenige hinsichtlich der jeweiligen zivilrechtlichen Forderung gegen den Drittschuldner tut[751]. Die vom V. Senat des BFH gewählte „Bildersprache" eines „Unternehmers als Steuereinsammler für den Staat" sei in juristischer Hinsicht gefährlich, da man hiermit alles oder nichts erklären könne[752]. Auch die zu dieser Aussage zitierten Urteile des EuGH könnten diese Metapher inhaltlich nicht untermauern, da keines von ihnen davon handelt, wie mit der Umsatzsteuer in der Insolvenz und der entsprechenden Risikoverteilung zu verfahren ist[753]. Die Annahme sei darüber hinaus schlicht unzutreffend, weil die Umsatzsteuer nicht zur Weiterleitung an den Fiskus bestimmt ist. Die Leistungsbeziehungen Fiskus-Leistender und Leistender-Leistungsempfänger seien nämlich unabhängig voneinander. Die Insolvenzrisiken des Fiskus in Bezug auf den Leistenden müssten allein aus ebendiesem Steuerschuldverhältnis mit dem Leistenden heraus bestimmt werden[754]. Der weitere tragende Urteilsgrund mit dem Inhalt, es

---

746 *Dißars*, in: Schwarz/Pahlke, AO, § 251, Rz. 113; *Heinze*, DZWiR 2013, 45, 46; *Jasse*, Umsatzsteuer in der Insolvenz, S. 37 f., ohne das Urteil auszuwerten; *Steinberg*, Insolvenzforderung oder Masseverbindlichkeit, S. 80 f.; *Kahlert*, DStR 2011, 921, 923, ebenso kritisch *ders.*, ZIP 2012, 1274, 1277; *Sinz*, in: Uhlenbruck, InsO, § 38, Rz. 79. Wohl auch *Onusseit*, ZIP 2009, 2180, 2181 f. Ferner: Diese Einordnung nimmt auch die österreichische Rechtsordnung vor, nach deren § 46 Abs. 1 Z. 2 der Konkursordnung nur dann eine Masseforderung vorliegt, wenn der die Abgabepflicht auslösende Sachverhalt während des Konkursverfahrens verwirklicht wird, s. dazu *Achatz*, in: Insolvenz – Sanierung – Liquidation, S. 215, 217; *ders.*, in: Umsatzsteuer in der Insolvenz, S. 1, 5, sowie *Kanduth-Kristen/Caganek*, in: Insolvenz und Steuern, S. 90. Vgl. zu der Rechtslage in Österreich auch *Kahlert*, DStR 2015, 1485, 1488.

747 *Jaffé/Friedrich-Vache*, MwStR 2013, 75, 78.

748 *Berger*, EWiR 2009, 315, 316.

749 *Schmittmann*, ZIP 2011, 1125, 1126

750 *Krüger*, ZInsO 2010, 164, 171; *Weitzmann*, ZInsO 2009, 923. In diesem Sinne auch *Rosenmüller/Schulz*, ZInsO 2010, 558, 559.

751 *Häsemeyer*, in: FS Stürner, S. 769, 775.

752 *Berger*, EWiR 2009, 315, 316.

753 *Kahlert*, DStR 2011, 1973, 1979.

754 *Kahlert*, DStR 2011, 1973, 1978.

läge eine Masseverbindlichkeit nach § 55 Abs. 1 Nr. 1 InsO vor, gehe schon deswegen fehl, weil ein Zahlungseingang nicht zwingend auf eine Handlung des Insolvenzverwalters zurückgehen muss[755]. Außerdem ginge mit ebendieser Rechtsprechung eine Belastung der Masse einher[756]. Die Befriedigungsreihenfolge der Insolvenzordnung sei ferner der richterlichen Rechtsfortbildung entzogen, womit das Urteil einen enteignungsgleichen Eingriff in die Rechte der anderen Gläubiger darstelle[757].

Um die damit verbundenen negativen Auswirkungen zu vermeiden, wurde empfohlen, auch noch im bereits eröffneten Verfahren von der Besteuerung nach vereinnahmten Entgelten zur Regelbesteuerung nach vereinbarten Entgelten zu wechseln[758]. Wenn diese Maßgabe beachtet würde, hätte die Umsatzsteuer als Masseverbindlichkeit im Rahmen der Ist-Versteuerung nahezu keine Bedeutung mehr[759]. Andernorts finden sich sogar Stimmen, die in dem Judikat „Potenziale zur Massemehrung" sehen, weil auf Grund der Auslegung des V. Senats des BFH Erstattungsansprüche aus § 17 UStG nicht länger wegen des insoweit entgegenstehenden § 96 Abs. 1 Nr. 1 InsO aufgerechnet werden könnten[760].

Dagegen findet sich aber stellenweise auch gewichtige Zustimmung aus dem Schrifttum. Allen diesbezüglichen Beiträgen gemein ist die Argumentation anhand von umsatzsteuersystematischen Wertungen, die sich an den vom V. Senat des BFH vorgetragenen Aspekten orientiert und sich insbesondere auf die quasitreuhänderische Funktion des umsatzsteuerlichen Unternehmers konzentriert und damit dessen Funktion als Steuereinsammler betont[761]. Als ein wesentlicher Baustein dessen wird auch der umsatzsteuerliche Neutralitätsgrundsatz ins Feld geführt, der in der Insolvenz mit dem Grundsatz der Gläubigergleichbehandlung in Einklang gebracht werden müsse. Diesbezüglich gelte, dass wenn die Umsatzsteuer tatsächlich vermögensneutral wirke, die übrigen Gläubiger nicht benachteiligt werden könnten[762]. Mit Blick auf das Belastungskonzept der Umsatzsteuer ergebe sich aus

---

755 *Roth*, ZInsO 2014, 309, 310.

756 *Rosenmüller/Schulz*, ZInsO 2010, 558, 559.

757 *Weitzmann*, ZInsO 2009, 923, 924.

758 *Bächer*, ZInsO 2009, 1634; *Krüger*, ZInsO 2010, 164, 171.

759 *Bächer*, ZInsO 2009, 1634, 1635, nach dem die(se) Erarbeitung alternativer Lösungsansätze zugunsten der Insolvenzmasse für die tägliche Insolvenzpraxis von entscheidender Bedeutung ist.

760 *Rosenmüller/Schulz*, ZInsO 2010, 558, 560 f. Die *Autoren* gehen an dieser Stelle davon aus, dass auch die negativen Besteuerungsgrundlagen erst im Zeitpunkt ihrer steuerrechtlichen *Entstehung* insolvenzrechtlich schuldig geworden sind und nicht auf die vorinsolvenzlich erbrachte Leistung abgestellt würde. Insofern könne sich die Rspr. als „Glücksfall" darstellen.

761 *Schuster*, DStR 2013, 1509, 1511 f.; *Stadie*, UR 2013, 158, 166 ff.; eine ausführliche Auseinandersetzung mit den Thesen *Stadies* findet sich unten unter Zweites Kapitel D)I.4c)dd); *Wäger*, UR 2013, 673, 678. Ohne systematische Erwägungen *Schluck-Amend*, in: Pape/Uhländer, InsO, § 38, Rz. 21.

762 *Desens*, in: 13. Leipziger Insolvenzrechtstag, S. 58, 61 f., 64.

§ 38 InsO i.V.m. § 13 Abs. 1 Nr. 1b UStG die Begründetheit erst im Zeitpunkt der Vereinnahmung der Gegenleistung[763].

Die Finanzverwaltung hat das erste Urteil aus der Rechtsprechungsserie des V. Senats des BFH im Bundessteuerblatt Teil II veröffentlicht und damit die Finanzämter angewiesen, diese Entscheidung in vergleichbaren Fällen anzuwenden, sich mithin der Auffassung des BFH inzidenter angeschlossen[764].

4. *Eigene Auffassung*

a) *Die insolvenzrechtliche Grundwertung von § 38 InsO und das Tatbestandsmerkmal der Begründetheit im öffentlich-rechtlichen Steuerschuldverhältnis*

Will man sich der hier entscheidenden Abgrenzung zwischen Insolvenzforderung und Masseverbindlichkeit für die umsatzsteuerliche positive Besteuerungsgrundlage „Umsatz" nähern, so braucht es zunächst eines ersten normativen Anknüpfungspunktes. Diesen birgt § 38 InsO, nach dem die Insolvenzmasse zur Befriedigung (nur) der persönlichen Gläubiger dient, die einen zur Zeit der Eröffnung des Insolvenzverfahrens begründeten Vermögensanspruch gegen den Schuldner haben. Die Vorschrift gilt ausweislich ihres Normtextes unterschiedslos für privat- wie öffentlich-rechtliche Ansprüche und unterscheidet weiter nicht nach ihrem Entstehungsgrund, der sowohl (quasi-)rechtsgeschäftlicher wie auch gesetzlicher Natur sein kann. Entscheidendes Tatbestandsmerkmal ist „begründeten", das in Rechtsprechung wie Literatur in substantivischer Form als Begründetheit oder Begründung inhaltlich synonym verwendet wird. Zur Auslegung der Be*gründ*etheit (so hier im Folgenden) ist der Rechtsanwender daher gehalten, seinen Blick auf das zu*grund*e liegende rechtliche Verhältnis zu richten. Die Begründetheit ist damit ein unbestimmter Rechtsbegriff auf Tatbestandsseite, mit anderen Worten ein *Blankettatbestand*, zu dessen näherer Bestimmung Kriterien heranzuziehen sind, die er selbst nicht aufweist.

§ 38 InsO kommt als Ausfluss des Grundsatzes der Gläubigergleichbehandlung entscheidende Bedeutung zu. Mit seiner Unterscheidung zwischen Insolvenzgläubigern und sonstigen Gläubigern gibt die Norm eine Antwort auf die Frage, welche der Gläubiger, die eine Forderung inne haben, tatsächlich an der gemeinschaftlichen Befriedigung teilhaben dürfen und welche davon ausgeschlossen sind, sei es, weil sie als Massegläubiger vorweg zu befriedigen sind oder sei es, weil sie von der Teilnahme am Insolvenzverfahren ausgeschlossen sind und sich daher nur an den Insolvenzschuldner persönlich halten können. Zugleich bestimmt sich danach, wer von den Restriktionen betroffen ist, die das Insolvenzrecht für Insolvenzforderungen

763 *Reiß*, in: Reiß/Kraeusel/Langer, UStG, Exkurs: Umsatzsteuer in der Insolvenz, Rz. 2085 ff.

764 Vgl. BStBl. II 2009, 682. Ein das Urteil als unmittelbare Reaktion hierauf begleitendes BMF-Schreiben ist nicht veröffentlicht worden.

aufstellt[765]. Der Zeitpunkt der Begründetheit einer Forderung ist mithin auch relevant, um die Abgrenzung zwischen Insolvenzforderung und Masseverbindlichkeit vornehmen zu können. Damit einher geht indes nicht der Automatismus, dass sofern keine Insolvenzforderung vorliegt, zwingenderweise eine Masseverbindlichkeit anzunehmen ist oder umgekehrt[766]. Keine Rolle für die Ermittlung des Zeitpunkts der Begründetheit spielt ferner die Frage, ob die Forderung bereits nach den Regeln des sie prägenden Rechtsverhältnisses entstanden oder gar fällig ist. Vielmehr reicht es schon aus, wenn der Rechtsgrund ihrer Entstehung im Zeitpunkt der Verfahrenseröffnung bereits gelegt war; insofern wird zu Recht formuliert, dass es nötig aber auch ausreichend ist, wenn der Schuldrechtsorganismus, der die Grundlage des Anspruchs darstellt, bereits besteht[767]. Stellenweise findet sich im Zusammenhang mit Ansprüchen aus dem Steuerschuldverhältnis hierbei auch die Maßgabe, dass der zivilrechtliche Tatbestand oder die zivilrechtlichen Grundlagen, die zur Entstehung des materiell-rechtlichen Steueranspruchs führt, vom Schuldner schon vor Verfahrenseröffnung verwirklicht sein müssten[768].

Das hier als Blanketttatbestand verstandene Merkmal der Begründetheit kann naturgemäß nur unter Heranziehung des zugrundeliegenden Rechtsverhältnisses bestimmt werden. Das Steuerrecht hält in § 38 AO wiederum seine eigene Blankettnorm bereit, nach der „Die Ansprüche aus dem Steuerschuldverhältnis entstehen, sobald der Tatbestand verwirklicht ist, an den das Gesetz die Leistungspflicht knüpft." Aus einer Zusammenschau mit § 37 Abs. 1 AO folgt, dass hierzu auch der Steueranspruch und der Steuervergütungsanspruch gehören. Anders als bei

765 *Andres*, in: Nerlich/Römermann, InsO, § 38, Rz. 2; *Ehricke*, in: MüKo, InsO, § 38, Rz. 2; *Henckel*, in: Jaeger, InsO, § 38, Rz. 8.

766 Statt vieler nur *Kahlert*, FR 2014, 731, 742; *Onusseit*, in: Kübler/Prütting/Bork, InsO, InsSteuerR II F, Rz. 163, der insoweit zutreffend davon spricht, dass es sich nicht allein um eine „temporäre" Abgrenzung handelt, sondern es auf die Art und Weise ihrer Begründung und den Urheber dessen ankommt. Ist der Umsatzsteuertatbestand verwirklicht, dieser aber weder nach § 38 InsO, noch § 55 InsO zu qualifizieren, ist die Forderung gegen das insolvenzfreie Vermögen zu richten. Hierzu gehören v.a. die unpfändbaren Gegenstände i.S.d. § 36 InsO sowie das nach § 35 Abs. 2 InsO freigegebene Vermögen.

767 *Bornemann*, in: FK-InsO, § 38, Rz. 14; *Ehricke*, in: MüKo, InsO, § 38, Rz. 16; *Sinz*, in: Uhlenbruck, InsO, § 38, Rz. 26. Aus der Rspr. des BGH nur Beschl. v. 22.9.2011, IX ZB 121/11, NZI 2011, 953, Rz. 3. So auch BVerwG, Urt. v. 26.2.2015, 3 C 8.14, ZIP 2015, 1182, 1184, Rz. 14.

768 *Andres*, in: Nerlich/Römermann, InsO, § 38, Rz. 15; BFH, Beschl. v. 1.4.2008, X B 201/07, ZIP 2008, 1780, Rz. 17. So auch die bis zuletzt st. Rspr. des VII. Senats des BFH, s. statt vieler nur Urt. v. 21.9.1993, VII R 119/91, BStBl. II 1994, 83, 84, Rz. 14; v. 17.12.1998, VII R 47/98, BStBl. II 1999, 423, 424, Rz. 11. Für Verfahren unter Geltung der KO bestätigt mit Urt. v. 5.10.2004, VII R 69/03, BStBl. II 2005, 195, 196, Rz. 11, aufgehoben mit Urt. v. 25.7.2012, VII R 29/11, BStBl. II 2013, 36, 38, Rz. 16 f., als Reaktion auf die Rechtsprechungsserie des V. Senats des BFH, s. hierzu noch unten unter Drittes Kapitel C)II.1.

Rechtsverhältnissen, die auf dem freiwilligen Konsens zweier Willenserklärungen unter Privaten beruhen, folgt also die Leistungspflicht aus der Verwirklichung eines gesetzlichen Tatbestands. Diesen Tatbestand bildet die Gesamtheit der materiellen steuerrechtlichen Normen und wird damit zum abstrakten Spiegelbild des zu besteuernden konkreten Lebenssachverhalts[769]. Um diese Obersätze zur Bestimmung der Begründetheit fruchtbar zu machen, muss § 38 AO mit dem inhaltlichen Gehalt der jeweiligen Einzelsteuergesetze versehen werden. Erst sie halten die Merkmale bereit, um den Mechanismus des konkreten Steueranspruchs greifbar zu machen. Für die Umsatzsteuer sind dies die einzelnen positiven Besteuerungsgrundlagen „Umsatz" bei Ist- und bei Soll-Versteuerung sowie die entsprechenden Berichtigungstatbestände. Bei der gebotenen separaten Betrachtung von Besteuerungsgrundlagen können nur die Genannten zu einer Schuld der Insolvenzmasse führen, die auf ihre insolvenzrechtliche Einordnung hin untersucht werden müssen.

Maßgeblich hierfür sind die in § 38 InsO enthaltenen Wertungen[770]. Denn für den Fall der Insolvenz hat der Gesetzgeber ein Sonderrecht geschaffen, dessen Aktivierung dazu führt, dass die Befriedigung von Forderungen gegenüber dem Insolvenzschuldner bestimmten Restriktionen unterliegt, denen sich alle persönlichen Gläubiger unterschiedslos zu unterwerfen haben. Bildhaft gesprochen stellt das Insolvenzrecht eine Schablone dar, die über das Steuerrecht gelegt wird und die Leitplanken für die Erhebung von Steueransprüchen bildet. § 38 InsO ist letztlich die höhere und entscheidende Definitionsebene, nach der sich etwaige diesen Tatbestand ausgestaltende Merkmale zu richten haben. Dem Umsatzsteuerrecht entstammende Wertungen lassen sich an dieser Stelle nicht berücksichtigen, weil ihre Geltung in der Insolvenz weder vom Gesetzgeber angeordnet wurde, noch aus in der Normenhierarchie höherrangigen Regelungen insolvenzfest abgeleitet werden konnte[771].

Unter Einbeziehung der oben genannten Interpretationen zu § 38 InsO soll als gedanklicher Ansatzpunkt an dieser Stelle die Konstruktion eines Anwartschaftsrechts[772]

---

769 In diesem Sinne *Drüen*, in: Tipke/Kruse, AO, § 38, Rz. 3.

770 So auch *Häsemeyer*, Insolvenzrecht, Rz. 23.42: Vorrang der allseitig konzipierten insolvenzrechtlichen Haftungsordnung; *Schmittmann*, in: K. Schmidt, InsO, Anhang Steuerrecht, Rz. 105 f.: „[...] eigenständiger insolvenzrechtlicher Begriff", „insolvenzrechtliche Vermögenszuordnung".; BVerwG, Urt. v. 26.2.2015, 3 C 8.14, ZIP 2015, 1182, 1184, Rz. 13: „[...] insolvenzrechtlich zu bestimmen".

771 S. oben unter Erstes Kapitel D).

772 In dem hier vertretenen Sinne auch *Hefermehl*, in: MüKo, InsO, § 55, Rz. 69; *Sinz*, in: Uhlenbruck, InsO, § 38, Rz. 33 f.; *Steinberg*, Insolvenzforderung oder Masseverbindlichkeit, S. 12 f. Ähnlich BFH, Beschl. v. 28.7.1983, V S 8/81, BStBl. II 1983, 694, Rz. 8: „[...] und ihre Entstehung nicht [...] von einer (weiteren) persönlichen Handlung des Gemeinschuldners abhängt."; BGH, Urt. v. 25.03.1993, IX ZR 164/92, ZIP 1993, 687, Rz. 17. Ein Anwartschaftsrecht ist stets auf den Erwerb eines dinglichen Rechts, nicht eines schuldrechtlichen Status gerichtet. Vorliegend soll es trotz dieses systemischen Unterschiedes als Konstruktionshilfe verwendet werden.

dienen, das gleichsam Gesichtspunkte des Vertrauensschutzes auf sich vereint. Danach liegt der *Rechtsgrund* für den Anspruch bzw. der Schuldrechtsorganismus bereits dann vor, wenn sich der Steuern schuldende Insolvenzschuldner der materiellen Verwirklichung des Steuertatbestandes nicht mehr aus eigener Kraft entziehen kann, mit anderen Worten, er von einem mehraktigen Steuertatbestand bereits so viele Merkmale verwirklicht hat, dass dessen Entstehung für den Steuergläubiger nicht mehr vom Willen des Steuerschuldners abhängt[773]. Der so gebildete Obersatz ist damit inhaltsgleich mit der Annahme eines gesicherten Rechtsgrundes[774]. Insofern deckt sich dieser Gedankengang auch mit dem ausdrücklichen Willen des historischen Gesetzgebers, nach dem es nicht darauf ankommt, dass die Forderung bereits vor Konkurseröffnung *perfekt* ist, wenn nur „ihre Perfektion ohne jedes Zuthun des Gemeinschuldners [nach Konkurseröffnung, d. *Verf.*]" eintritt.[775] Diese erweiternde Definition anhand eines Anwartschaftsgedankens entspricht auch dem Gedanken aus § 41 InsO, nach dem sog. betagte Forderungen mit Eintritt der Insolvenz als fällig gelten. Die Norm erfasst zwar den Fall, in dem ein Anspruch nicht erst begründet, sondern bereits entstanden ist, meint aber in der Sache nichts anderes als dass sich rein technische Abwicklungsfragen nicht auf den Charakter der Forderung als solches auswirken sollen[776]. Dem entspricht auch die rechtliche Einordnung des unter einer Potestativbedingung stehenden Rechtsgeschäfts, das gerade keine Insolvenzforderung darstellt, weil es von einem in das Belieben *des Schuldners* gestellten Tuns abhängig ist[777]. Außerdem lässt sich als Argument hierfür der Vertrauensschutz des Steuergläubigers anführen. Dieser vermag sich ausschließlich an solchen Gesichtspunkten zu orientieren, die das Gesetz zur Tatbestandsverwirklichung vorgibt und insofern zur Bildung eines entsprechenden Empfängerhorizonts herangezogen werden können. Wenn der Steuerschuldner diese aber schon vor der Eröffnung des Insolvenzverfahrens erfüllt, kann der Steuergläubiger auch nur darauf vertrauen, dass ihm eine Insolvenzforderung nach § 38 InsO zusteht. Wann genau vor dieser Prämisse die so aufgestellte erweiternde Definition der Begründetheit vorliegt, muss anhand der Kriterien von § 38 AO i.V.m. dem jeweiligen Einzelsteuergesetz bestimmt werden[778].

---

773 Ähnlich BFH, Urt. v. 25.7.2012, VII R 29/11, BStBl. II 2013, 36, 37, Rz. 12, unter Verweis auf die Rspr. des BGH, exemplarisch Urt. v. 9.3.2000, IX ZR 355/98, NJW RR 2000, 1285, für die wertungsgleichen §§ 95, 96 InsO: „[...] nur den Gläubiger schützen, dessen Anspruch gesichert und fällig ist, ohne dass es einer weiteren Rechtshandlung des Anspruchsinhabers bedürfe." In diesem Sinne auch BVerwG, Urt. v. 26.2.2015, 3 C 8.14, ZIP 2015, 1182, 1184, Rz. 14.

774 BFH, Urt. v. 23.2.2011, I R 20/10, BStBl. II 2011, 822, 823, Rz. 12. Der VII. Senat des BFH hat seine diesbezügliche Rspr. mit Urt. v. 25.7.2012, VII 29/11, BStBl. II 2013, 36, 37 f., Rz. 12, 16 f., als Reaktion auf die Rechtsprechungsserie des V. Senats des BFH aufgehoben.

775 RT-DrS, Band 37, 1874/75, Motive KO, Aktenstück zu Nr. 200, S. 1373.

776 *Ehricke*, in: MüKo, InsO, § 38, Rz. 17.

777 *Ehricke*, in: MüKo, InsO, § 38, Rz. 18.

778 Dazu sogleich unter Zweites Kapitel D)I.4.c)bb).

b) Die Voraussetzungen von § 55 Abs. 1 Nr. 1 InsO

Es wurde bereits oben angedeutet, dass die Wechselwirkung zwischen § 38 und § 55 Abs. 1 Nr. 1 InsO nicht in einen Automatismus mündet. Falls eine (Steuer-) Forderung also nicht als Insolvenzforderung nach § 38 InsO einzustufen ist, müssen zur Annahme einer Masseverbindlichkeit derselben auch die Voraussetzungen von § 55 Abs. 1 Nr. 1 InsO vorliegen[779]. Es reicht also nicht aus, dass die Begründetheit schlicht nach der Eröffnung des Insolvenzverfahrens liegt, sondern diese muss sich entweder „durch die Handlungen des Insolvenzverwalters" (Alt. 1) oder „in anderer Weise durch die Verwaltung, Verwertung und Verteilung der Insolvenzmasse" (Alt. 2) ergeben. Der Normzweck besteht darin, dem von Gläubigern in die Handlungen des Insolvenzverwalters investierten Vertrauen in die Erfüllung von Verbindlichkeiten zu entsprechen[780]. Außerdem dient die Vorschrift in tatsächlicher Hinsicht der Möglichkeit zur Betriebsfortführung, die ohne diese Begünstigung des Verwalterhandelns mangels ausreichender Befriedigungschancen von Gläubigern nicht möglich wäre.

§ 55 Abs. 1 Nr. 1 InsO verfügt – insofern rechtstechnisch ähnlich zu § 55 Abs. 4 InsO – über zwei Verwirklichungsalternativen. Die erste Alternative erfasst Handlungen des Insolvenzverwalters, die grundsätzlich auf alle Arten rechtlich relevanten Handelns zurückgeführt werden können, beispielsweise Rechtsgeschäfte, deliktische Haftung, Prozesshandlungen, Auskunftsansprüche etc. Unter die zweite Verwirklichungsalternative werden gemeinhin solche Steuerforderungen subsumiert, die auf einer Verwaltungsmaßnahme des Insolvenzverwalters beruhen[781].

---

779 Andernfalls muss sich die Umsatzsteuerforderung gegen das insolvenzfreie Vermögen des Schuldners richten.

780 *Hefermehl*, in: MüKo, InsO, § 55, Rz. 1.

781 Die stellenweise aufgeworfene Frage in diesem Zusammenhang lautet, ob eine Steuerverbindlichkeit, die kraft Gesetzes entsteht, überhaupt durch ein Handeln des Insolvenzverwalters im Sinne der ersten Alternative ausgelöst werden kann. Hierzu kritisch *Kahlert*, DStR 2011, 1973, 1974. Das ist m.E. zu eng, da das Handeln des Insolvenzverwalters für die Auslösung von Masseverbindlichkeiten nach § 55 Abs. 1 Nr. 1 InsO lediglich ein kausales, nicht aber finales Handeln voraussetzt. Es ist damit nicht von Bedeutung, ob er mit seinem Handeln zugleich auch gesetzliche Tatbestände auslöst, die zur Entstehung von Steuerschulden führen. Sollte nicht er selbst den Lebenssachverhalt verwirklichen, der unter einen Umsatzsteuertatbestand subsumiert werden kann, so ist ihm das Handeln des Schuldners bzw. dessen Erfüllungsgehilfen zuzurechnen, sofern es auf seinen Anlass geschah. Dieses Ergebnis wird bestätigt durch BT-DrS 12/2443, S. 126, wonach sogar durch Handlungen des starken vorläufigen Insolvenzverwalters gesetzliche Ansprüche zu Masseverbindlichkeiten werden können. Das muss dann erst recht für den Insolvenzverwalter gelten. Die Beantwortung der in Rede stehenden Frage ist vorliegend letztlich nicht entscheidungsrelevant, da beiden Verwirklichungsalternativen von § 55 Abs. 1 InsO gemein ist, dass sie sich auf neue, nach der Eröffnung des Insolvenzverfahrens begründete Rechtsverhältnisse beziehen müssen, also nicht der Abwicklung von dem Grunde

Deren Abgrenzung ist letztlich aber an dieser Stelle nicht entscheidungsrelevant. Beiden Alternativen gemein ist nämlich sicher, dass sie sich auf neu begründete Rechtsverhältnisse beziehen müssen, also nicht zur Abwicklung von dem Grunde nach bei Verfahrenseröffnung bereits bestehenden Rechtsbeziehungen aktiviert werden können.

c) *Stellungnahme und Anwendung auf den vorliegenden Fall der umsatzsteuerlichen Ist-Besteuerung*

aa) Unzulässiges Abstellen auf zivilrechtliche Umstände

Vor der Anwendung der oben aufgestellten Maßstäbe auf den Fall der umsatzsteuerlichen Ist-Versteuerung sind zunächst zwei Prämissen abzuschichten, die zu der in Rede stehenden Einordnung vertreten werden:

Dazu gehört zunächst die These, nach der bei der Bestimmung von Steuerforderungen als Insolvenzforderungen oder Masseverbindlichkeiten „auch zivilrechtliche Umstände maßgebend sein" können bzw. „der zu Grunde liegende zivilrechtliche Sachverhalt, der zur Entstehung der Steuerforderung führt"[782] Einfluss hierauf nehmen kann. Diesbezüglich ist zumindest die verwendete Semantik missverständlich, obgleich das inhaltliche Ergebnis dem hier vertretenen entsprechen mag. Wir haben oben gesehen, dass zur näheren Bestimmung des Blankettatbestands des § 38 InsO auf § 38 AO i.V.m. § 13 Abs. 1 Nr. 1b) UStG zurückgegriffen werden muss. Das Umsatzsteuerrecht ist dabei aber gerade nicht von zivilrechtlichen Begriffen, Wertungen oder Ergebnissen präkludiert. Es mag zwar hilfsweise auf wirtschaftliche und infolgedessen auch zivilrechtliche Rechtsbeziehungen zurückgreifen, um einzelne Fragestellungen zu beantworten. Letztlich entscheidend bleibt an dieser Stelle aber das Umsatzsteuerrecht selbst, das insoweit einfachrechtlich autonom im Sinne seiner Regelungstechnik anzuwenden ist[783]. Dagegen spricht auch nicht, dass bei der Anwendung von § 38 InsO allein auf insolvenzrechtliche Wertungen abgestellt werden muss. Denn bei dessen Prüfung muss zwangsläufig auf das genauer zu prüfende Rechtsverhältnis eingegangen werden. Diese Prüfung vollzieht sich aber allein in den Grenzen des Rechtsgebietes, auf dem es beruht. Das ist im Rahmen des Umsatzsteuerrechts gerade nicht der zivilrechtliche Sachverhalt. Insolvenzrechtliche Wertungen greifen erst an der Stelle ein, an dem das umsatzsteuerliche Rechtsverhältnis bereits bestimmt ist, um sodann den ersten, maßgeblichen

---

nach bereits bei Verfahrenseröffnung bestehender Rechtsbeziehungen dienen (vgl. *Hefermehl*, in: MüKo, InsO, § 55, Rz. 18).

782 So BGH, Urt. v. 1.4.2008, X B 201/07, Rz. 17; in diesem Sinne auch Vorinstanz zu Besprechungsurteil, FG Sachsen-Anhalt, Urt. v. 12.7.2007, 1 K 806/06, EFG 2007, 1737, Rz. 22.

783 Die These bezieht sich also lediglich auf die Ausfüllung des Blankettatbestands und gibt damit keine Antwort auf die Frage, *ob* oder *wie* die Wertungen des Umsatzsteuerrechts hierbei zu berücksichtigen sind, s. hierzu oben unter Zweites Kapitel D)I 4.a).

Zeitpunkt der Begründetheit festzulegen. Um Missverständnisse zu vermeiden sollte daher die Verwirklichung des umsatzsteuerlich relevanten Lebenssachverhaltes, der letztlich zur Tatbestandsmäßigkeit führt, auch als solcher bezeichnet werden[784].

Ferner wird vertreten, dass sich die Begründetheit einer Umsatzsteuerverbindlichkeit nach der Begründetheit des dem Umsatz zugrundeliegenden zivilrechtlichen Rechtsgeschäfts richtet. Als Grund hierfür wird angeführt, dass sich der in dem Entgelt für eine Leistung enthaltene Umsatzsteueranteil nicht von der Bruttoforderung separieren ließe[785]. Das könne auch als Maßstab für die Begründetheit der Umsatzsteuerforderung herangezogen werden. Hiergegen ist indes einzuwenden, dass die insolvenzrechtlich näher einzuordnende Besteuerungsgrundlage zu einem Steueranspruch und damit zu einem Rechtsverhältnis zwischen Fiskus und Insolvenzschuldner führt. Die zivilrechtliche Bruttoforderung auf das Entgelt für eine ausgeführte Leistung besteht aber in dem Verhältnis zwischen Dritt- und Insolvenzschuldner. Außerdem bezieht sich der Steueranspruch nicht auf den konkreten, in der Bruttoforderung enthaltenen Umsatzsteueranteil, sondern ist seitens des die Umsatzsteuer schuldenden Insolvenzschuldners aus irgendeinem Teil seines Vermögens aufzubringen. Insofern ist auch dieses Abstellen auf zivilrechtliche Umstände unzulässig.

bb) Das Ergebnis des V. Senats des BFH dem Grunde nach: Insolvenzforderung oder Masseverbindlichkeit ?

Dem Urteil des BFH zur umsatzsteuerlichen Ist-Versteuerung im Falle der Leistungserbringung vor und der Entgeltvereinnahmung nach der Eröffnung des Insolvenzverfahrens ist weder im Ergebnis, noch inhaltlich zuzustimmen. Ausgehend von § 38 InsO unter Berücksichtigung der hier verwendeten erweiterten Definition mit dem Gehalt eines schuldrechtlichen Anwartschaftsrechts liegt keine Masseverbindlichkeit, sondern eine Insolvenzforderung vor. Aus § 13 Abs. 1 Nr. 1b) UStG folgt, dass die Steuer bei der Berechnung nach vereinnahmten Entgelten (§ 20 UStG) mit Ablauf des Voranmeldungszeitraums entsteht, in dem die Entgelte vereinnahmt worden sind. Die Anordnung dieses Einzelsteuergesetzes ist in Verbindung mit § 38 AO zur näheren Ausgestaltung des Blanketttatbestands des § 38 InsO heranzuziehen. Nicht ausreichend ist insoweit die alleinige Bezugnahme auf § 1 Abs. 1 Nr. 1 UStG, da dieser nur regelt, ob ein Umsatz steuerbar ist, er also generell der Umsatzsteuer unterliegt, nicht aber, wann dieser entsteht, also solche Merkmale eines Anspruchs entwickelt, um ihn auf seine Begründetheit hin untersuchen zu können.

---

784 In diesem Sinne auch FG Sachsen-Anhalt, Urt. v. 12.7.2007, 1 K 806/06, EFG 2007, 1737, Rz. 26. Ob mit der Leistungserbringung, also einer Lieferung und der damit einhergehenden Verschaffung der Verfügungsmacht auch ein zivilrechtliches Rechtsgeschäft (Übereignung etc.) geschlossen bzw. vollzogen wird, ist dabei ebenso wenig ausschlaggebend.

785 *Häsemeyer*, in: FS Stürner, S. 769, 775, nach dem es eine „dingliche Aufteilungsmöglichkeit" nicht gebe.

Gerade darauf kommt es aber im Rahmen der insolvenzrechtlichen Vorschriften an. Begründetheit bedeutet nämlich, dass der Rechtsgrund der Entstehung des Steuer*anspruchs* bereits gelegt sein muss[786]. Das ist der Fall, wenn der Steuerschuldner selbst bereits so viele Elemente des mehraktigen Tatbestands „Umsatz bei Ist-Versteuerung" verwirklicht hat, dass die endgültige Entstehung nicht mehr von seinem Belieben abhängt (Anwartschaftsgedanke). Dies ist mit der Leistungserbringung vor der Insolvenzeröffnung bereits der Fall. Er hat zwar an dieser Stelle erst den ersten Akt eines insgesamt zweiaktigen Tatbestands verwirklicht. Es entspricht aber gerade dem Wesen eines Anwartschaftsrechts, dass nicht schon alle, sondern nur solche Teilakte erfüllt sein müssen, auf die der Verpflichtete selbst Einfluss nehmen kann. Nach der Insolvenzeröffnung hat der Insolvenzschuldner aber wegen des Übergangs der Verwaltungs- und Verfügungsbefugnis gerade keine Möglichkeit mehr, die Vereinnahmung des Entgelts bzw. das Erbringen desselben durch den Drittschuldner zu steuern oder ihm, dem Drittschuldner, sogar eventuell die Forderung zu erlassen und damit die Annahme eines Anwartschaftsrechts zu verhindern. Vielmehr wird der Insolvenzverwalter alles daran setzen, seinem Pflichtenprogramm nachzukommen und ausstehende Forderungen schnellstmöglich beitreiben.

Dabei kann es zu dem durchaus eigentümlich Fall kommen, dass eine Umsatzsteuerforderung zwar begründet i.S.d. § 38 InsO ist, vom Fiskus mangels Entstehen aber nicht zur Insolvenztabelle angemeldet werden könnte. Gerade dieses Auseinanderfallen von den Zeitpunkten der Begründetheit und des Entstehens ist aber schon normativ in § 38 InsO angelegt[787]. Für den vorliegenden Fall folgt auch nichts anderes aus der Tatsache, dass der Insolvenzverwalter das (Brutto-)Entgelt nach der Insolvenzeröffnung eingenommen hat. Damit hat er weder die erste, noch die zweite Alternative von § 55 Abs. 1 Nr. 1 InsO verwirklicht. Die Vereinnahmung des Entgelts ist nämlich nicht auf ein Neugeschäft des Insolvenzverwalters zurückzuführen. Wie gezeigt hat nicht *er* den Umsatz und damit die Umsatzsteuerverbindlichkeit, die daraus folgt, begründet, sondern vielmehr der seinerzeit noch autonom handlungsfähige Insolvenzschuldner selbst.

---

786 Insofern kann die von *Welte/Friedrich-Vache*, ZIP 2011, 1595, 1598, hilfsweise Begründung nicht recht verstanden werden, wonach allein auf die Ausführung einer Leistung i.S.d. § 1 Abs. 1 UStG abgestellt wird. Auch die Gesamtschau von Art. 63 und 66 MwStSystRL vermag in der Sache keine neuen Erkenntnisse zu vermitteln, da dort ebenso wie im deutschen UStG zwischen Tatbestand der Steuer und Entstehung derselben unterschieden wird.

787 Warum der Gesetzgeber sich für die Formulierung „Begründetheit" entschieden hat, ist ausdrücklich auch den Materialien zur KO (RT-DrS, Band 37, 1874/75, Motive KO, Aktenstück zu Nr. 200, S. 1373, Begründung zu § 2 KO-E) nicht zu entnehmen. Mutmaßlich sollte damit sichergestellt werden, dass alle auf Geld oder in Geld umrechenbaren Ansprüche von § 3 KO erfasst werden können. Inhaltlich soll § 38 InsO nach dem Willen des Gesetzgebers § 3 KO entsprechen, s. Zweites Kapitel B)I.

cc) Auseinandersetzung mit den Entscheidungsgründen des V. Senats des BFH

(1) Der Maßstab zu § 38 InsO

Zunächst ist dem V. Senat des BFH insofern zuzustimmen, als der Zeitpunkt der Steuerentstehung für die Bestimmung der Begründetheit – wie gezeigt – unerheblich ist. Im Folgenden unterscheidet sich die dort vertretene Auslegung von § 38 InsO aber zumindest im Ergebnis von der hier präferierten Sichtweise. Dass sich die Unterscheidung zwischen Insolvenzforderung und Masseverbindlichkeit nach dem Zeitpunkt bestimmt, zu dem der den Umsatzsteueranspruch *begründende Tatbestand vollständig verwirklicht und damit abgeschlossen ist*, ließe sich auch in Richtung des hier bevorzugten Ergebnisses auslegen. Gleiches gilt für den Satz: „Welche Anforderungen im Einzelnen an die somit vollständige Tatbestandsverwirklichung im Zeitpunkt der Insolvenzeröffnung zu stellen sind, richtet sich nach den jeweiligen Vorschriften des Steuerrechts, nicht aber nach dem Insolvenzrecht[788]. Der für die endgültige Ergebnisfindung entscheidende Schritt ist in diesem Fall nicht der Streit um den Obersatz, sondern um die Subsumtion. Die Frage ist gerade, *wann* der den Umsatzsteueranspruch *begründende* Tatbestand vollständig verwirklicht und damit abgeschlossen ist. Zerlegt man die Definition wiederum in ihre Einzelteile, muss zunächst der Umsatzsteuertatbestand bestimmt werden. Dieser ist dort wie hier § 13 Abs. 1 Nr. 1b UStG. Für die sich daran anschließende Frage, wann dieser nun vollständig verwirklicht ist, stellt der V. Senat des BFH nun auf die Merkmale ab, die zur Entstehung des Steueranspruchs führen, mit Ausnahme des Ablaufs des Voranmeldungszeitraums. Es ist aber nicht der Zeitpunkt zu ermitteln, zu dem der den Umsatzsteuertatbestand *entstehende* Tatbestand vollständig verwirklicht und damit abgeschlossen ist, sondern der ihn *begründende*. Insofern sind spätestens auf der Subsumtionsebene solche Merkmale aus der Prüfung auszuscheiden, die über das für eine Begründetheit nötige Maß hinausgehen. Wo dieses erreicht ist, wurde oben nicht zuletzt unter Verweis auf den historischen Gesetzgeber dargelegt. Die Auffassung des V. Senats des BFH geht darüber hinaus und bezieht bei ihrer Subsumtion auch das Kriterium der Vereinnahmung mit ein, was für die Bestimmung der Begründetheit weder nötig, noch möglich ist. Ließe man diesen letzten Schritt im Zuge der Subsumtion bei Seite, würden sich auch auf der Grundlage der vom V. Senat des BFH vertretenen Definition, nach der der den Umsatzsteueranspruch begründende Tatbestand vollständige verwirklicht

---

788 BFH, Urt. v. 29.1.2009, V R 64/07, BStBl. II 2009, 682, 683, Rz. 14. So auch schon BFH, Urt. v. 13.11.1986, V R 59/79, BStBl. II 1987, 226, 227, Rz. 13. Der VII. Senat des BFH verfolgte indes schon in frühen Zeiten ein anderes Konzept. Seiner Ansicht nach ist die Frage des Begründetseins nämlich „allein nach konkursrechtlichen Kriterien“ zu entscheiden, auf die vollständige Verwirklichung des Steuertatbestandes komme es nicht an, s. BFH, Urt. v. 21.9.1993, VII R 119/91, BStBl. II 1994, 83, 84, Rz. 13, 17. Aufgegeben mit BFH, Urt. v. 25.7.2012, VII R 29/11, BStBl. II 2013, 36, 38, Rz. 16 f. S. hierzu noch unter Drittes Kapitel C)II.

und damit abgeschlossen sein muss, zutreffende Ergebnisse erzielen lassen. Denn wie gesehen ist der den Umsatzsteueranspruch *begründende* Tatbestand *allein die Leistungserbringung* und damit schon vor der Insolvenzeröffnung vollständig verwirklicht und damit abgeschlossen[789].

(2) Implikation umsatzsteuer-systematischer Wertungen

Der BFH führt für seine Rechtsauslegung ferner einige umsatzsteuer-systematische Gesichtspunkte an, die für die Rechtsfindung mutmaßlich von zentraler Bedeutung waren. Darauf weist eine Formulierung an späterer Stelle in den Urteilsgründen hin, nach der die nun folgenden „Besonderheiten" für die Einordnung in die Kategorien von § 38 oder § 55 InsO zu berücksichtigen seien. Im Mittelpunkt der Argumentation steht hierbei die Figur des umsatzsteuerlichen Unternehmers als „Steuereinnehmer für Rechnung des Staates". Dieses vom europäischen Gesetzgeber gewählte und umsatzsteuer-systematisch gebotene Konstrukt überträgt der V. Senat des BFH vom typischen Fall der umsatzsteuerlichen Massenerhebung auf den atypischen Fall des insolventen umsatzsteuerlichen Unternehmers mit der Maßgabe, beide Fälle möglichst gleich zu behandeln. Als Beleg bedient er sich zweier Urteile des EuGH, *in concreto* den Rechtssachen *Balocchi* und *Netto Supermarkt*. Ebendiese Nachweise vermögen der Herleitung des Ergebnisses aber nur dann einen Mehrwert zu vermitteln, wenn sie den atypischen Fall „Insolvenz" im Blick haben. Eines Nachweises für das wohl unstreitig zutreffende Konstrukt des Steuereinsammlers hätte es ansonsten nicht bedurft. In den beiden zitierten EuGH-Urteilen ging es indes nicht um die Zahlungsunfähigkeit eines Unternehmers, sondern einerseits um die Möglichkeit, vorläufige Abschlagszahlungen vom Unternehmer erhalten zu können[790], und andererseits um die Steuerfreiheit von Ausfuhrlieferungen in einen Ort außerhalb der Europäischen Union bei dem Verdacht einer Steuerhinterziehung[791]. In diesem Zusammenhang soll nicht die Richtigkeit der geschilderten Konstruktion angezweifelt werden. Ihre Anwendung ist im Regelungsbereich des Insolvenzrechts aber weder belastbar, noch infolgedessen zulässig. Sie führt letztlich zu einer Treugut-Eigenschaft von Umsatzsteuerbeträgen, die der Insolvenzverwalter für die Masse vereinnahmt. Eine solche lässt sich aber – wie ausführlich oben gezeigt[792] – weder aus dem Europarecht oder dem einfachen Umsatzsteuer- bzw. Insolvenzrecht oder gar dem Verfassungsrecht herleiten. Die Implikation umsatzsteuer-systematischer Wertungen in das geltende Insolvenzrecht ist daher nicht möglich.

---

789 So auch die herrschende Auffassung in der Literatur (Nachweise oben unter Zweites Kapitel D)I.3.) und die Vorinstanz FG Sachsen-Anhalt, Urt. v. 12.7.2007, 1 K 806/06, EFG 2007, 1737, Rz. 26.

790 EuGH, Urt. v. 20.10.1993, C-10/92, *Balocchi*, Slg 1993, I-05105.

791 EuGH, Urt. v. 21.2.2008, C-271/06, *Netto Supermarkt*, Slg 2008, I-00771.

792 S. hierzu Erstes Kapitel D).

(3) Vergleich zu der unberechtigten Veräußerung eines der Aussonderung unterliegenden Gegenstands

Der V. Senat des BFH versucht seiner Rechtsauffassung ferner mit einem Beispiel aus dem Insolvenzrecht Überzeugung zu verleihen, nach dem auch dort dem Konstrukt des „Steuereinnehmers" Rechnung getragen werde. Unter Verweis auf ein Urteil des IX. Zivilsenats des BGH folgerte der V. Senat des BFH dies aus dem dort aufgestellten Satz: „sie (die Umsatzsteuer, d. *Verf.*) ist jedoch von vornherein zur Weiterleitung an das Finanzamt bestimmt [...]"[793]. Bei Lichte besehen sollte dieser Satz aber nicht die Systematik der Umsatzsteuer im Rahmen des Insolvenzverfahrens zur Geltung bringen. Der BGH hat diese Begründung als stützendes Argument dafür verwendet, die Masse nicht zu belasten. Das Urteil hatte nämlich einen Sachverhalt zum Inhalt, in dem der Insolvenzverwalter unberechtigterweise einen der Aussonderung nach § 47 InsO unterliegenden Gegenstand veräußert und die hierauf als Masseverbindlichkeit nach § 55 Abs. 1 Nr. 1 InsO entfallende Umsatzsteuer bereits abgeführt hatte. Der ehedem Aussonderungsberechtigte machte in dem vorliegenden Verfahren nunmehr seinen Ersatzaussonderungsanspruch nach § 48 InsO geltend und beanspruchte nicht nur den Netto-, sondern den Brutto-Verkaufserlös. Hätte der BGH dies zugelassen, wäre damit eine endgültige Belastung der Insolvenzmasse in Höhe der auf den Verkaufserlös entfallenden Umsatzsteuer einhergegangen. Denn in diesem Fall war die Umsatzsteuer unstreitig den Masseverbindlichkeiten zuzuordnen, die sogar schon seitens des Insolvenzverwalters bedient wurden. Aus diesem Grund ist die zitierte Phrase des BGH nicht dazu geeignet ist, die Argumentation des V. Senats des BFH zu stützen.

(4) Privilegierung des Steuergläubigers

Eine weitere Stütze in der Argumentation des V. Senats des BFH ist die Schlussfolgerung, dass mit (oder trotz, d. *Verf.*) der Ergebnisfindung keine ungerechtfertigte Privilegierung des Steuergläubigers vorläge. Zuzustimmen ist dem Senat darin, dass den Steuergläubiger das Insolvenzrisiko für den Fall trifft, in dem der Unternehmer vor Eröffnung des Insolvenzverfahrens eine Gegenleistung für einen Umsatz vereinnahmt, diesen aber nicht ordnungsgemäß versteuert und die darauf entfallende Umsatzsteuer nicht an das Finanzamt abgeführt hat. Nach der Auffassung des Senats käme es aber nicht einem Fiskusprivileg gleich, wenn der Insolvenzverwalter eine Gegenleistung bestehend aus Entgelt und Umsatzsteueranteil nach der Verfahrenseröffnung vereinnahmt. Denn für diese Einordnung in die Kategorien von § 38 und § 55 InsO seien die umsatzsteuerlichen Besonderheiten zu berücksichtigen, denen hier schon an anderer Stelle für den Fall der Insolvenz die Tragfähigkeit genommen wurde. Vor diesem Hintergrund geht mit der Rechtsauffassung des V. Senats des BFH in der Tat aber eine Privilegierung des Steuergläubigers einher. Denn das in der insofern maßgeblichen Insolvenzordnung angelegte Befriedigungsraster ordnet die

793 BGH, Urt. v. 8.5.2008, IX ZR 229/06, ZIP 2008, 1127, Rz. 9.

in Rede stehende umsatzsteuerliche Besteuerungsgrundlage den Insolvenzforderungen zu. Dass die Finanzverwaltung mangels Entstehung der Umsatzsteuerforderung schon aus steuerverfahrensrechtlichen Gründen noch gar keine Möglichkeit hat, die Umsatzsteuer zu erheben, ist ein in § 38 InsO angelegter Umstand, der auch private Gläubiger treffen kann. Stehen nämlich privatrechtliche Forderungen im Raum, sind an diese dieselben Maßstäbe anzulegen, wie an öffentlich-rechtliche. Auch diesbezüglich kommt es also nicht darauf an, ob die Forderung bereits entstanden oder gar fällig ist[794]. So können auch private Gläubiger in die Lage geraten, dass sie als Insolvenzschuldner klassifiziert werden und aus forderungsinhärenten Rechtsgründen nicht einmal theoretisch vor bzw. außerhalb der Insolvenz auf das Vermögen des Insolvenzschuldners zugreifen konnten. Diese Maßgaben verkehrt der erkennende Senat; der Fiskus erlangt nach dessen Rechtsprechung nicht nur eine ihm vom Gesetz zugewiesene quotale, sondern eine vollständige, vorweggenommene Befriedigung aus der Masse. Insoweit liegt mithin eine Privilegierung vor.

(5) Masseverbindlichkeit nach § 55 Abs. 1 Nr. 1 InsO

Schließlich führt der V. Senat des BFH an, dass „[...] auch die weiteren Voraussetzungen einer Masseverbindlichkeit nach § 55 Abs. 1 Nr. 1 InsO“ vorlägen, da die Umsatzsteuer durch die Verwaltung und Verwertung der Masse entstanden ist[795]. Hierbei verweist er auf seine frühere, noch unter der Geltung der KO ergangene Rechtsprechung, die ein noch weiteres Verständnis von § 55 Abs. 1 Nr. 1 InsO (damals § 58 Nr. 2 KO) aufweist. Dort sollte sogar allein die Zugehörigkeit einer Forderung zur Masse ausreichen, auch wenn nicht der Insolvenzverwalter, sondern die einziehungsberechtigte Bank die Forderung letztlich vom Drittschuldner erhalten hat. Dem kann nicht zugestimmt werden, da § 55 Abs. 1 Nr. 1 InsO für beide Verwirklichungsalternativen die Neubegründung eines rechtlichen Verhältnisses voraussetzt. Diese ist bei der positiven Besteuerungsgrundlage „Umsatz“ bei Ist-Versteuerung nach der hier vertretenen Auffassung aber bereits im Zeitpunkt der Leistungserbringung eingetreten. Die Norm greift nicht auf Teilakte eines Forderungsentstehungstatbestandes zu, und lässt sie auf diese Weise zu Masseverbindlichkeiten werden. Insofern ist auch der seinerzeitigen Rechtsprechung des V. Senats des BFH nicht zu folgen. Für die zweite Verwirklichungsalternative von § 55 Abs. 1 Nr. 1 InsO reicht es zwar aus, wenn die zu prüfende Forderung nur selbst irgendeinen Bezug zur Insolvenzmasse aufweist; sie muss also nicht zwangsläufig auf ein Handeln des Insolvenzverwalters zurückzuführen sein. Entscheidend ist aber, dass die Begründetheit nicht schon vor der Insolvenzeröffnung eingetreten ist[796], was vorliegend aber der Fall ist. Sobald dies geschehen ist, sperrt das eine mögliche

---

794 Statt vieler nur BGH, Beschl. v. 22.9.2011, IX ZB 121/11, NZI 2011, 953, 954; *Ehricke*, in: MüKo, InsO, § 38, Rz. 16; *Sinz*, in: Uhlenbruck, InsO, § 38, Rz. 26.

795 BFH, Urt. v. 29.1.2009, V R 64/07, BStBl. II 2009, 682, 684 f., Rz. 23.

796 So auch *Hefermehl*, in: MüKo, InsO, § 55, Rz. 67; BVerwG, Urt. v. 16.12.2009, 8 C 9/09, NJW 2010, 2152, 2153, Rz. 14.

Neubegründung nach Eröffnung des Insolvenzverfahrens, womit die Annahme einer Masseverbindlichkeit ausscheidet.

Daran vermag auch das ebenfalls vom Senat angeführte Argument nichts ändern, der Insolvenzverwalter habe mit der Verfahrenseröffnung die Aufgabe des „Steuereinnehmers" vom Unternehmer übernommen. Ungeachtet der Fruchtbarkeit des Bildes im Rahmen der Insolvenz ist auch die angestellte Schlussfolgerung nicht zutreffend. Richtig ist zwar, dass der Insolvenzverwalter mit Eintritt der Insolvenz die steuerlichen Pflichten des Insolvenzschuldners zu erfüllen hat, vgl. § 34 Abs. 1, Abs. 3 AO, woraus sogar die „vollständige Versteuerung der nach Verfahrenseröffnung vereinnahmten Entgelte" resultiert[797]. Versteuerung kann in diesem Fall aber nicht „Abführung" der vereinnahmten Entgelte meinen. Denn ob, in welcher Höhe und wann Forderungen des Fiskus in der Insolvenz bedient werden, entscheidet sich auf der Grundlage des geltenden Rechts allein nach dem insolvenzrechtlichen Befriedigungsregime, das das Steuerrecht insofern überlagert.

(6) Zwischenergebnis

Das hier gewürdigte Urteil des V. Senats des BFH zur Ist-Besteuerung ist auf der Grundlage des geltenden Rechts nicht zutreffend, weil es die maßgeblichen insolvenzrechtlichen Vorschriften in unzulässiger Weise anhand von umsatzsteuer-systematischen Wertungen zu korrigieren sucht. Auch wenn dies mit der Auffassung des *Verfassers* rechtspolitisch begrüßenswert ist, muss die Entscheidung hierüber dem demokratisch legitimierten Gesetzgeber überlassen werden. Dieser hätte die Möglichkeit, europa- und verfassungsrechtlich konforme einfach-gesetzliche Regelungen zu schaffen, die der Umsatzsteuer eine Treugut-Eigenschaft einräumen[798]. Damit ließe sich auch eine quasi-subventive Wirkung vereinnahmter Umsatzsteuerbeträge für die Masse unterbinden und damit auch in der Insolvenz dem umsatzsteuerlichen Neutralitätsgrundsatz Rechnung tragen. Das vermeintliche Ziel des Judikats ist es hingegen, durch eine größtenteils systematische Auslegung diesen Wertungen schon *de lege lata* zur Geltung zu verhelfen. Der unternommene Versuch hätte aber dort steckenbleiben müssen, wo rein umsatzsteuerliche Wertungen zur Bestimmung der Begründetheit herangezogen wurden. Dass es darum im Kontext von § 38 InsO aber gerade nicht geht, ist oben dargestellt worden. Der V. Senat des BFH erweitert den Begriff der *Begründetheit* einzig ungeachtet eines Ablaufs des Voranmeldungszeitraum in unzulässiger Weise zum *Entstehen* der Umsatzsteuerforderung. Das führt außerdem dazu, dass es letztlich der Drittschuldner in der Hand hat, ob die jeweilige Umsatzsteuerforderung in der Insolvenz als Insolvenzforderung oder Masseverbindlichkeit geltend zu machen ist. Dies kann zwar aus umsatzsteuerrechtlicher, nicht aber aus insolvenzrechtlicher Perspektive überzeugen. Will der Rechtsanwender sein Ergebnis *intra legem* finden, so muss er sich auch für das

797 BFH, Urt. v. 29.1.2009, V R 64/07, BStBl. II 2009, 682, 684, Rz. 19.
798 S. hierzu noch unten unter Viertes Kapitel A)IV.6. und 7.

Steuerrecht den einschlägigen insolvenzrechtlichen Regelungen unterwerfen und deren Maßgeblichkeit akzeptieren.

dd) Auseinandersetzung mit den Thesen von *Schwarz*

Nach Veröffentlichung der Rechtsprechung des V. Senats des BFH zur Ist-Versteuerung hat *Schwarz*[799] einen neuen Ansatz zur Behandlung der Umsatzsteuer in der Insolvenz herzuleiten versucht. Unter Berücksichtigung neuer „Facetten des Leistungsfähigkeitsprinzips" will er mit seiner Arbeit zeigen, dass sich insoweit dogmatisch überzeugende Lösungen für die insolvenzrechtliche Einordnung der Umsatzsteuer ergeben. Methodisch soll dies mittels teleologischer Korrektur des Begründetheitsbegriffs geschehen, die sich an dem Prinzip der Besteuerung nach der wirtschaftlichen Leistungsfähigkeit auszurichten habe[800]. In seinem ersten Schritt gelangt er sodann zu dem Ergebnis, dass es der verfassungsrechtliche Grundsatz der Besteuerung nach der wirtschaftlichen Leistungsfähigkeit für die Umsatzsteuer nicht nur gebietet, die wirtschaftliche Leistungsfähigkeit des Leistungsempfängers, sondern auch des ebenfalls mit der Umsatzsteuer belasteten leistenden Unternehmers zu berücksichtigen[801]. Der Belastungsgrund der Umsatzsteuer sei nach dem „objektiven Willen des Gesetzgebers nicht nur die wirtschaftliche Leistungsfähigkeit des Verbrauchers, sondern auch die wirtschaftliche Leistungsfähigkeit des Unternehmers"[802]. Von dem Einfluss von Insolvenzen ist an dieser Stelle noch keine Rede. Die Herleitung erfolgt bis hierher allein auf umsatzsteuerrechtlicher Grundlage. Als Beleg für seine Thesen führt *Schwarz* u. a. an, dass infolge der Einführung des ermäßigten Steuersatzes auf Hotelübernachtungen (§ 12 Abs. 2 Nr. 11 UStG) eine großflächige Preissenkung für ebendiese Leistungen nicht zu verzeichnen sei und die Neuregelung mithin allein eine gewinnerhöhende Wirkung für die Unternehmer habe. Das mag zwar empirisch richtig sein, sagt jedoch für sich allein nichts darüber aus, welche Intention der Gesetzgeber der Umsatzsteuer gegeben hat. Dass diese allein in der Belastung des konsumtiven Letztverbrauchs besteht und die Umsatzsteuer für den Unternehmer grundsätzlich neutral sein soll, wurde bereits an anderer Stelle erörtert. Insofern geht *Schwarz* bereits von einer unzutreffenden Grundannahme aus.

Davon abgesehen lässt sich das Prinzip der Leistungsfähigkeit auch nicht insoweit in der Insolvenz fruchtbar machen, wie es auf den Verbrauch bzw. den Verbraucher zielt. Es ist nämlich in seiner Grundausrichtung ein Schutzrecht des Bürgers

---

799 Umsatzsteuer in der Insolvenz – neue Facetten des Leistungsfähigkeitsprinzips, Stand von Rspr. und Literatur: Juli 2011 (s. Vorwort, ebd.). Auf das Urteil des BFH zur Soll-Versteuerung vom 9.12.2010, V R 22/10, geht *Schwarz* erst zum Ende seiner Untersuchung auf S. 160 ein, das Urteil des BFH vom 29.1.2009 zur Ist-Versteuerung findet sich in seiner Arbeit nicht.

800 *J. Schwarz*, Umsatzsteuer in der Insolvenz, S. 3.

801 *J. Schwarz*, Umsatzsteuer in der Insolvenz, S. 3 f.

802 *J. Schwarz*, Umsatzsteuer in der Insolvenz, S. 34 f., 39.

gegen den Staat, das aus dem allgemeinen Gleichheitssatz des Art. 3 Abs. 1 GG hergeleitet wird. Um es indes für das von *Schwarz* inzidenter angenommene und an den Fiskus zu richtende *Gebot* der Steuererhebung nach der wirtschaftlichen Leistungsfähigkeit aufzuladen, bedürfte es einer verfassungsrechtlichen Herleitung, wie sie hier bereits vergeblich versucht wurde[803]. Allenfalls könnte der – von *Schwarz* ebenfalls im Rahmen der Umsatzsteuer nach *seiner* wirtschaftlichen Leistungsfähigkeit zu besteuernde – insolvenzschuldnerische *Unternehmer* für sich reklamieren, dass ihm steuerliche Lasten auferlegt würden, die er nicht zu tragen brauche. Der dahinter stehende Gedanke ist aber nicht die Besteuerung nach der wirtschaftlichen Leistungsfähigkeit, sondern der Grundsatz der umsatzsteuerlichen Neutralität, nach dem der Unternehmer durch die Umsatzsteuer weder be-, noch entlastet werden darf. Diesem Grundsatz wird indes durch die verschiedenen Mechanismen des Umsatzsteuerrechts Rechnung getragen, indem beispielsweise im Rahmen der Ist-Versteuerung die Steuer erst mit der Vereinnahmung des Entgelts entsteht oder im Rahmen der Soll-Versteuerung verschiedene Berichtigungstatbestände dafür sorgen, dass der Unternehmer für erbrachte Ausgangsleistungen nur dann und insoweit mit Umsatzsteuer belastet wird, wie er den Umsatzsteuerbetrag, auch tatsächlich und endgültig vereinnahmt hat.

Der an sich begrüßenswerte Versuch von *Schwarz* scheitert auch an einer zutreffenden Bewertung des Aufeinandertreffens von Insolvenz- und Umsatzsteuerrecht. Er versucht nämlich, – schon vom Ausgangspunkt her zweifelhaft, s.o. – umsatzsteuerliche Wertungen im Rahmen der Auslegung von § 38 InsO fruchtbar zu machen, da eine bloß wertende Betrachtung anhand des Insolvenzrechts nicht genüge[804]. Besonders deutlich tritt dies zu Tage, wenn er zunächst der Auslegung den Vorzug geben will, die den Rechtsgrund i.S.d. § 38 InsO bei Umsätzen als mit der Leistungserbringung gelegt sieht und der Vereinnahmung eines Entgelts keine Wirkung zukommen lassen will, weil in diesem Moment die Entstehung der Steuer nicht mehr einseitig verhindert werden könne[805]. Dies sei aber keine „vollständig zufriedenstellende Antwort auf die Frage nach der insolvenzrechtlichen Begründetheit der Umsatzsteuer", woraufhin er „eine überzeugende Zuordnung der Umsatzsteuer" mittels teleologischer Korrektur des Begründetheitsbegriffs sucht[806]. Auf seinem Weg dorthin identifiziert *er* den Konflikt zwischen insolvenzrechtlichem Gläubigergleichbehandlungsgrundsatz und dem Grundsatz der Gesetzmäßigkeit der Besteuerung[807], der zunächst „grundsätzlich zugunsten des Prinzips der Gläubigergleichbehandlung gelöst werden" soll, später dann eine praktische Konkordanz der betroffenen Rechtsgebiete hergestellt werden müsse[808]. Gerade diese Abwägung

803 S. hierzu oben unter Erstes Kapitel F)II.
804 *J. Schwarz*, Umsatzsteuer in der Insolvenz, S. 46.
805 *J. Schwarz*, Umsatzsteuer in der Insolvenz, S. 56 f.
806 *J. Schwarz*, Umsatzsteuer in der Insolvenz, S. 57, 58.
807 *J. Schwarz*, Umsatzsteuer in der Insolvenz, S. 65.
808 *J. Schwarz*, Umsatzsteuer in der Insolvenz, S. 68 f.

bleibt *Schwarz* später indes schuldig. Zu Recht zeigt *er* zwar auf, dass der gegen eine rein umsatzsteuerliche Bewertung sprechende Grundgedanke der Gläubigergleichbehandlung auch durch Masseverbindlichkeiten grundsätzlich zulässigerweise eingeschränkt werden kann. Warum dies gerade bei der Umsatzsteuer der Fall ist, vermag er aber nur für den Fall der Vereinnahmung eines Entgelts für die Masse plausibel zu begründen. Denn nur dort kommt unmittelbar der Insolvenzmasse ein liquider Vermögensvorteil zu, der seiner Auffassung nach eine Belastung rechtfertige. Aus diesem Grund sei eine teleologische Korrektur angezeigt[809].

Eine teleologische Korrektur der Begründetheit gem. § 38 InsO ist aber auch aus einem weiteren Grund mit Skepsis zu betrachten. An dieser Stelle versucht *Schwarz*, ein rein insolvenzrechtliches Tatbestandsmerkmal anhand von Sinn und Zweck des Steuerrechts erweiternd auszulegen. Sein normativer Anknüpfungspunkt ist mithin nicht beispielsweise der umsatzsteuerliche Tatbestand einer positiven Besteuerungsgrundlage[810]. Dies ist indes unzulässig, da im Rahmen der Bestimmung des Blanketttatbestands des § 38 InsO zunächst nur insolvenzrechtliche Wertungen zu berücksichtigen sind. Umsatzsteuerliche Beweggründe können allenfalls in die Auslegung einbezogen werden, wenn es um das § 38 InsO zugrunde liegende Rechtsverhältnis geht, aber auch nur, sofern diese nicht § 38 InsO widersprechen. Dies ist – wie gezeigt – aber gerade der Fall. Eine dem Insolvenzrecht genügende, die Umsatzsteuer entsprechend ihrer Systematik behandelnde Lösung müsste zunächst anhand einer insolvenzrechtlichen Konstruktion hergeleitet werden können, was zumindest bei dem oben thematisierten Treuhandverhältnis auf der Grundlage des geltenden Rechts nicht erfolgreich war[811].

Darüber hinaus führen die von *Schwarz* gefundenen Ergebnisse auch nicht zu einer umsatzsteuer-systematisch konsistenten Behandlung von positiven und negativen Besteuerungsgrundlagen. Anders als es seine Grundthese einer Besteuerung nach der wirtschaftlichen Leistungsfähigkeit in der Insolvenz vielleicht vermuten ließe, ordnet *er* die positive Besteuerungsgrundlage „Vorsteuerberichtigung infolge Insolvenz“ nach § 17 Abs. 2 Nr. 1 i.V.m. § 17 Abs. 1 S. 2 UStG nämlich nicht den Masseverbindlichkeiten, sondern den Insolvenzforderungen zu, weil ein Mittelzufluss nicht stattgefunden habe[812]. Dies hält zwar unter Berücksichtigung des mit der Insolvenz eintretenden Vollstreckungsschutzes des Insolvenzschuldners einer näheren Betrachtung stand. Das so gefundene Ergebnis vermag es aber nicht, die Friktionen zwischen Insolvenz- und Umsatzsteuerrecht ganzheitlich einer konsistenten Lösung zuzuführen. Eine solche müsste sich nämlich an der Maßgabe orientieren, dass dem umsatzsteuerlichen Neutralitätsgrundsatz auch in der Insolvenz Genüge getan wird, weil der Unternehmer nur als Steuereinnehmer des Staates für die den Bürger

809 *J. Schwarz*, Umsatzsteuer in der Insolvenz, S. 81.

810 Exemplarisch für den Fall der Leistung vor und der Entgeltvereinnahmung nach Insolvenzeröffnung *J. Schwarz*, Umsatzsteuer in der Insolvenz, S. 90.

811 S. dazu oben unter Erstes Kapitel D).

812 *J. Schwarz*, Umsatzsteuer in der Insolvenz, S. 159 f.

treffende Verbrauchsteuer fungiert. Dies ist mit der vorgestellten Zuordnung des Berichtigungstatbestands allerdings nicht der Fall. *Schwarz* verfolgt die im Kontext des Insolvenzrechts maßgeblich von *Stadie* geprägte These des Steuereinsammlers in seiner Auseinandersetzung ohnehin nicht weiter, weil die „Belastungswirkung der Umsatzsteuer nicht allein auf den Verbraucher, sondern auch auf den umsatzsteuerlichen Unternehmer gerichtet" sei[813].

Für den hier in Rede stehenden Fall der Leistungserbringung vor und der Entgeltvereinnahmung nach der Eröffnung des Insolvenzverfahrens gelangt er – ohne nach Ist- und Soll-Versteuerung zu differenzieren – zu dem Ergebnis, dass die Umsatzsteuerforderung infolge teleologischer Korrektur des Begründetheitsbegriffs eine Masseverbindlichkeit sei. Denn „Die wirtschaftliche Leistungsfähigkeit, die in der Erbringung der Leistung typisiert und abstrakt zum Ausdruck gekommen ist, wirkt aufgrund des bei Insolvenzeröffnung noch nicht erfüllten Anspruchs auf die Gegenleistung fort" und erhöhe sich mit der Vereinnahmung des Entgelts[814]. Diese Auffassung ist aus den oben genannten Gründen sowohl hinsichtlich ihrer Herleitung wie auch ihrem Ergebnis abzulehnen.

ee) Auseinandersetzung mit den Thesen von *Stadie*

Wie bereits an anderer Stelle angedeutet, ist *Stadie* Begründer der These, nach der vom Unternehmer vereinnahmte Umsatzsteuerbeträge den Fiskus zur Aussonderung nach § 47 InsO berechtigen. Dazu nimmt er eine am Wesen der Umsatzsteuer ausgerichtete Auslegung der Insolvenzordnung vor, infolgederer es eine Unterscheidung zwischen Insolvenzforderungen und Masseverbindlichkeiten nicht mehr gäbe[815]. Eine solche Differenzierung verkenne nämlich die Funktion des Unternehmers als zwangsverpflichteten Gehilfen des Staates bei der Besteuerung der Verbraucher. Ihn, den Unternehmer, treffe nur eine formale, aber keine echte Steuerschuld, welche aus seinem eigenen Vermögen zu begleichen wäre. Weil die vereinnahmten Umsatzsteuerbeträge nicht zur Insolvenzmasse gehörten, unterlägen sie der Aussonderung nach § 47 InsO[816]. Der dort normierte Begriff „Gegenstand" sei entgegen der herkömmlichen, rein zivilrechtlich orientieren Auslegung durch den BGH, in einem weiteren Sinne zu verstehen, um dem von der MwStSystRL und dem Umsatzsteuergesetz verfolgten Zweck zu entsprechen. Vereinnahmte Umsatzsteuerbeträge stünden weder dem Insolvenzverwalter, noch der Masse zur allgemeinen Befriedigung der Insolvenzgläubiger zu[817]. Seine Lesart von § 47 InsO entspreche auch dem Willen des *einen* Gesetzgebers von Insolvenz- und Umsatzsteuerrecht,

---

813 *J. Schwarz*, Umsatzsteuer in der Insolvenz, S. 51 ff.

814 *J. Schwarz*, Umsatzsteuer in der Insolvenz, S. 90.

815 *Stadie*, in: Rau/Dürrwächter, UStG, Anhang – Umsatzsteuer und Insolvenz, Rz. 59, mit gleicher Begründung auch *ders.*, UR 2013, 158, 169 ff. A.A. statt vieler nur *Frotscher*, Besteuerung bei Insolvenz, S. 89.

816 *Stadie*, in: Rau/Dürrwächter, UStG, Anhang Umsatzsteuer und Insolvenz, Rz. 79 f.

817 *Stadie*, in: Rau/Dürrwächter, UStG, Anhang Umsatzsteuer und Insolvenz, Rz. 79.

was aus einer Gesamtschau mehrerer Vorschriften der Insolvenzordnung und des Umsatzsteuergesetzes folge. Hierbei nennt er § 13b Abs. 2 Nr. 2 und 3 i.V.m. Abs. 5 UStG, § 13c UStG, § 170 Abs. 2 und § 171 Abs. 2 S. 3 InsO. Die vorstehend ausgeführte Behandlung von Umsatzsteuerbeträgen will *Stadie* nur auf *unechte* Steuerschulden anwenden, also solche, die sich auf vereinnahmte Umsatzsteuerbeträge beziehen und damit seiner Auffassung nach *Abführungsschulden* darstellen. Nicht davon erfasst sein sollen *echte* Umsatzsteuerschulden, wozu solche gehören, die den Insolvenzschuldner als Leistungsempfänger nach § 13b UStG oder aufgrund der Verwirklichung von Entnahmetatbeständen nach § 3 Abs. 1b und Abs. 9a UStG treffen, oder die Rückzahlung von Vorsteuerberichtigungsbeträgen i.S.d. § 15a UStG und des § 17 UStG sowie von zu Unrecht vergüteten Vorsteuern[818].

Der umsatzsteuer-systematisch grundsätzlich zustimmungsfähigen und auch rechtspolitisch sinnvollen Auffassung *Stadies*, die sich zumindest in der Sache der V. Senat des BFH letztlich zu eigen gemacht hat[819], kann im Ergebnis gleichwohl nicht gefolgt werden. Sie stützt sich auf die aus umsatzsteuerrechtlicher Sicht nachvollziehbaren Grundwertungen mit dem gemeinsamen Nenner des Unternehmers „als Gehilfe des Staates bei der Erhebung der Umsatzsteuer", die der *Verfechter* des Aussonderungsrechts eindrucksvoll darlegt. Auch der *Verfasser* ist insofern der Auffassung zugeneigt, dass die Umsatzsteuer aus steuersystematischer Perspektive nicht dem Vermögen des umsatzsteuerlichen Unternehmers zugehörig ist. Diese Argumentation bekommt indes an der Stelle die ersten Risse, an der die Schablone des Insolvenzrechts über die umsatzsteuerrechtliche Betrachtung gelegt wird. Denn ab diesem Zeitpunkt bedarf es der Rückkoppelung mit insolvenzrechtlichen Wertungen, Mechanismen und Konstruktionen, die die These der Nichtzugehörigkeit vereinnahmter Umsatzsteuerbeträge *insolvenzfest* machten. Diesen Versuch hat auch der *Verfasser* mittels Konstruktion eines Treuhandverhältnisses unternommen, das letztlich zu einem schuldrechtlichen Aussonderungsrecht geführt hätte[820]. *Stadie* nutzt diese Konstruktion nicht ausdrücklich und lässt auch sonst offen, ob er für ein dingliches oder ein schuldrechtliches Aussonderungsrecht plädiert. Letzterem muss mit Blick auf die oben gemachten Ausführungen die Gefolgschaft versagt werden. Gleiches gilt im Ergebnis aber auch für ein dingliches Zuordnungsrecht, das *de lege lata* schlicht weder direkt, noch durch entsprechende Auslegung aus deutschem oder europäischem Recht für den Fall der Insolvenz hergeleitet werden kann.

Dass als Stütze *Stadies* Auffassung auch der Wille des „einen Gesetzgebers" tragfähig gemacht werden kann, ist darüber hinaus keinesfalls zutreffend. Die oben aufgezeigten Kontroversen um die Behandlung (einzelner Fallgestaltungen) von Umsatzsteuer in der Insolvenz wären allesamt nicht vonnöten gewesen, würde der

---

818 *Stadie*, UR 2013, 158, 161, 170.

819 So auch *Stadie* selbst, UR 2013, 158, 168: „Diese vom Verfasser seit längerem vertretene Auffassung ist vom V. Senat des BFH bereits 2009 für die sog Ist-Besteuerung [...] übernommen worden".

820 S. hierzu oben unter Erstes Kapitel D)III.

Gesetzgeber davon ausgehen, dass die vereinnahmten Umsatzsteuerbeträge in der Insolvenz ausgesondert werden müssten. Der Gesetzgeber hat sich vielmehr bislang stets nur zu der Lösung einzelner Fallgestaltungen durchringen können, was deutlich macht, dass gerade kein Konsens des *einen* Gesetzgebers besteht. Dabei soll weiter angemerkt werden, dass sich insbesondere aus § 170 Abs. 2 und § 171 Abs. 2 S. 3 InsO nicht ergibt, dass die Umsatzsteuerbeträge keine Vermögenswerte des Schuldners sind, welche der Gläubigerbefriedigung dienen[821]. Der Gesetzgeber wollte mit diesen Regelungen ausweislich der Gesetzesbegründung ausschließlich die „erheblich Belastung der Insolvenzmasse, die sich in einer erheblichen Verminderung der Befriedigungschancen der ungesicherten Gläubiger niederschlägt“ vermeiden, indem der Insolvenzverwalter „nach der Veräußerung von Sicherungsgut nur zur Auszahlung des Nettoerlöses, des um den Umsatzsteuerbetrag verminderten Erlöses, verpflichtet“ ist[822]. Eine generelle Wertung lässt sich darin nicht erblicken; vielmehr hat es der Gesetzgeber unterlassen, diese im Rahmen der Reform des Insolvenzrechts zu treffen, sondern die insoweit offenen Fragen der Klärung von Rechtsprechung und Praxis überlassen[823]. Gleiches gilt auch für das von *Stadie* angeführte Urteil des BGH, das seine Schlussfolgerungen aus § 170 Abs. 2 und § 171 Abs. 2 S. 3 InsO bestätigen soll. Daraus lassen sich indes keine generellen Aussagen zu der Behandlung der Umsatzsteuer in der Insolvenz und erst recht nicht deren Aussonderung zugunsten des Fiskus folgern. Vielmehr suchte der BGH[824] für den nicht von der InsO bedachten Fall, dass der Absonderungsberechtigte den Besitz an sicherungsübereigneten Gegenständen vor Eröffnung des Insolvenzverfahrens erlangt, die Verwertung aber erst nach der Eröffnung durchführt, nach einer die Masse schonenden Lösung und fand diese in einer Analogie zu § 170 Abs. 2 InsO. Diese führte zu dem Ergebnis, dass der Absonderungsberechtigte den Umsatzsteuerbetrag an die Masse zu erstatten hatte. Es gebe keinen „sachlich gerechtfertigten Grund, die Belastung mit der Umsatzsteuer auf die Masse zu verlagern“[825]. Insofern beabsichtigt die zitierte Rechtsprechung des BGH keine Aussage zu der Vermögenszugehörigkeit der Umsatzsteuer, sondern allein die Freistellung der mit derselben einhergehenden Auswirkungen auf die Insolvenzmasse und damit die Erhöhung der Befriedigungschancen der Gläubiger.

Darüber hinaus ist die von *Stadie* vorgenommene Unterteilung in echte und unechte Umsatzsteuerschulden für den Fall der Insolvenz nicht recht nachvollziehbar. Umsatzsteuer-systematisch korrekt ist freilich, dass vereinnahmte Umsatzsteuerbeträge nicht dem Vermögen des Unternehmers zuzuordnen sind. Fraglich ist aber, ob man diesen Gedankengang bei einer rein umsatzsteuerlichen Betrachtung nicht auch konsequenterweise beispielsweise auf die Rückzahlung von Vorsteuerbeträgen

---

821 So aber *Stadie*, UR 2013, 158, 170.
822 BT-DrS 12/2443, S. 182 zu § 196 InsO-E (heute § 171 InsO).
823 S.o. unter Erstes Kapitel A)VI.
824 BGH, Urt. v. 29.3.2007, IX ZR 27/07, ZIP 2007, 1126.
825 BGH, Urt. v. 29.3.2007, IX ZR 27/07, ZIP 2007, 1126, 1127 f., Rz. 15, 19.

übertragen müsste. Die aufgeworfene Frage wird deutlich, wenn man die Umsatzsteuer in ihrer Ausgestaltung als Allphasen-Netto-Umsatzsteuer mit Vorsteuerabzug in ihrer ganzen Breite betrachtet. Das gesamte System ist mit *Stadie* allein darauf ausgerichtet, den Endverbraucher zu belasten; die Umsatzsteuerbeträge sind von ihrer wirtschaftlichen Wirkung her durchlaufende Posten, die das Vermögen des Insolvenzschuldners nicht beeinflussen und nach dieser Lesart nicht der Befriedigung der Gläubiger dienen dürf(t)en[826]. Denkt man dies aber zu Ende, dann müsste auch die Berichtigung von Vorsteuerbeträgen für vorinsolvenzlich erhaltene Leistungen ausgesondert oder jedenfalls sonst ihre aufkommenswirksame Erhebung sichergestellt werden. Deren Ursprung liegt nämlich allein in den technischen Eigenarten des Umsatzsteuerrechts, ist also letztlich nur eine von vielen Bedingungen dafür, allein den Letztverbrauch zu erfassen. Andernfalls würden die vom Fiskus an den Insolvenzschuldner ausgekehrten Vorsteuerbeträge, die diesem infolge der Verwirklichung des Berichtigungstatbestands materiell nicht mehr zustehen, in der Insolvenzmasse verbleiben und, ungeachtet einer hierauf entfallenden Quote, der – von *Stadie* als nicht gerechtfertigt angesehenen – Befriedigung der Gläubiger dienen. Dass die Erhebung dieser Beträge wirtschaftlich durch die umsatzsteuerliche Saldierung oder eine nachfolgende Aufrechnung wirtschaftlich auch ohne Aussonderung eintritt, ist jedenfalls kein Automatismus, sondern hängt insbesondere von den tatsächlichen Umständen des Einzelfalls ab. Aus diesem Beispiel wird deutlich, dass ein Aussonderungsrecht für unechte Umsatzsteuerschulden allein den umsatzsteuerlichen Besonderheiten insgesamt nicht ausreichend Rechnung trägt. Wollte man eine diesen Besonderheiten gerecht werdende Lösung herbeiführen, müsste man schlechthin allen umsatzsteuerlichen Besteuerungsgrundlagen eine Treuguteigenschaft zuweisen, was *de lege lata* nicht begründbar ist.

5. Zwischenergebnis

Als Zwischenergebnis ist festzuhalten, dass das Urteil des V. Senats des BFH vom 29.1.2009 mit dem geltenden Recht nicht vereinbar ist. Mit großen Teilen des Schrifttums ist die positive Besteuerungsgrundlage „Umsatz bei Ist-Versteuerung" bereits in dem Zeitpunkt begründet i.S.d. § 38 InsO, in dem die Leistung erbracht ist. Die Vereinnahmung des hierauf entfallenden Entgelts nach der Eröffnung des Insolvenzverfahrens vermag dies nicht zu ändern und führt infolgedessen auch nicht zu einer Masseverbindlichkeit nach § 55 Abs. 1 Nr. 1 InsO. Die Berücksichtigung umsatzsteuer-systematischer Wertungen ist bei Vorliegen des atypischen Falls der Insolvenz auf der Grundlage des geltenden Rechts nicht möglich. Dies gilt sowohl für die vom V. Senat des BFH vorgetragenen Erwägungen, wie auch insbesondere für die von *Schwarz* und *Stadie* genannten Argumente. Sie sind zwar sowohl umsatzsteuer-systematisch als auch rechtspolitisch wünschenswert, vermögen aber eine andere Bewertung nicht zu rechtfertigen.

---

826 *Stadie*, UR 2013, 158, 160 f.

II. Urteil vom 9.12.2010 – V R 22/10[827] – Fall der Soll-Besteuerung bei Leistungserbringung vor und Entgeltvereinnahmung nach Insolvenzeröffnung

1. Darstellung des Tatbestands

In dem Verfahren des BFH vom 9.12.2010, V R 22/10, schloss eine Gesellschaft A, vertreten durch den Kläger als vorläufigem Insolvenzverwalter, mit einer anderen Gesellschaft B, für die der Kläger bereits zum Insolvenzverwalter bestellt war, am 2.1.2004 einen Vertrag, der die Nutzungsüberlassung eines Fuhrparks zum Gegenstand hatte. Der Vertrag wurde bis zum 29.2.2004 tatsächlich durchgeführt[828]. Am 4.3.2004 wurde über das Vermögen der Gesellschaft A das Insolvenzverfahren eröffnet und der Kläger zum Insolvenzverwalter bestellt. Bis zu diesem Zeitpunkt unterlag sie der Soll-Versteuerung. Unter dem 14.7.2005 vereinnahmte der Kläger die vereinbarte Miete für die im Januar und Februar 2004 ausgeführten Leistungen. Zu diesem Zeitpunkt unterlag die Gesellschaft A bereits der Ist-Versteuerung, zu deren Wechsel das Finanzamt unter dem 6.4.2004 seine Genehmigung erteilte. Das Finanzamt ging nach Durchführung einer Umsatzsteuer-Sonderprüfung davon aus, dass es sich bei den vereinnahmten Entgelten um Masseverbindlichkeiten handelte und setzte demgemäß Umsatzsteuer gegenüber dem Kläger fest. Der entsprechende Vorauszahlungsbescheid ist Gegenstand des Rechtsstreits. Das Finanzgericht[829] gab der Klage des Insolvenzverwalters statt und war der Auffassung, dass die streitgegenständlichen Umsatzsteuerverbindlichkeiten als Insolvenzforderungen zur Tabelle anzumelden gewesen seien. Aus dem zwischenzeitlich erfolgten Wechsel der Besteuerungsart könne nichts Gegenteiliges folgen. Insbesondere würde dadurch eine bereits begründete Umsatzsteuerverbindlichkeit nicht rückwirkend wieder unbegründet[830].

2. Darstellung der tragenden Gründe

Der V. Senat des BFH ist in seinem zweiten Urteil der Rechtsprechungsserie zu dem Ergebnis gelangt, dass auch im Rahmen der Soll-Versteuerung bei vorinsolvenzlich

---

827 BFH, Urt. v. 9.12.2010, V R 22/10, BStBl. II 2011, 996.

828 Die Wirksamkeit dieser Vereinbarung war von der Genehmigung eines durch das Insolvenzgericht einzusetzenden Sonderverwalters abhängig, die dieser am 19.5.2005 erteilte, s. BFH, Urt. v. 9.12.2010, V R 22/10, BStBl. II 2011, 996, Rz. 3, 5. Hintergrund dessen war vermutlich, dass der die bürgerlich-rechtlichen Willenserklärungen abgebende bzw. empfangende (vorläufige) Insolvenzverwalter auf Seiten der Vertragspartner personenidentisch war und damit den Beschränkungen des § 181 BGB (sog. Insich-Geschäft) unterlag.

829 FG Sachsen-Anhalt, Urt. v. 29.4.2010, 1 K 533/09, EFG 2010, 1845. Die Sache lag damit demselben FG-Senat vor, der auch das Instanzurteil zu dem unter I. gewürdigten Fall der Ist-Versteuerung gesprochen hat.

830 FG Sachsen-Anhalt, Urt. v. 29.4.2010, 1 K 533/09, EFG 2010, 1845, Rz. 28 f.

erbrachten Leistungen, für die das Entgelt nach der Insolvenzeröffnung vereinnahmt wird, eine Masseverbindlichkeit vorliegt. Den (ersten) Obersatz bildet auch hier wieder, dass sich die Abgrenzung zwischen Insolvenzforderung und Masseverbindlichkeit nach dem Zeitpunkt bestimmt, zu dem der den Umsatzsteueranspruch begründende Tatbestand vollständig verwirklicht und damit abgeschlossen ist. Er betont weiter, dass demgegenüber der Zeitpunkt der Steuerentstehung unerheblich sei und sich die an die vollständige Tatbestandsverwirklichung zu stellenden Anforderungen nach den jeweiligen Vorschriften des Steuerrechts, nicht aber nach denen des Insolvenzrechts richteten[831]. Zu der Statuierung einer Masseverbindlichkeit gelangt er letztlich durch eine *doppelte Berichtigung* mittels § 17 Abs. 2 Nr. 1 UStG wegen *rechtlicher Uneinbringlichkeit*. Bei der diesbezüglichen Entscheidungsfindung geht der Senat in einem argumentativen Dreischritt vor, dessen tragende Säulen in den folgenden Erwägungen zum Ausdruck kommen.

a) Aufspaltung in Unternehmensteile

Gedanklicher Ausgangspunkt der rechtlichen Uneinbringlichkeit i.S.d. § 17 Abs. 2 Nr. 1 UStG ist die Bildung verschiedener Unternehmensteile in der Insolvenz des leistenden Unternehmers. Denn durch die Eröffnung des Insolvenzverfahrens komme es zu einer Aufspaltung des Unternehmens in einzelne Teile, bei denen es sich „[...] z.B. um die Insolvenzmasse und das vom Insolvenzverwalter freigegebene Vermögen handeln kann."[832] Als Begründung hierfür führt der Senat an, dass Vorsteuerbeträge, die sich für die Insolvenzmasse ergeben, nicht nach § 16 Abs. 2 S. 1 UStG von der Steuer, die sich aus Leistungen für den insolvenzfreien Unternehmensteil ergeben, abgesetzt werden könnten. Davon würde der Grundsatz der Unternehmenseinheit aber nicht betroffen, da es hierfür ausreiche, dass die Summe der für alle Unternehmensteile insgesamt festgesetzten oder angemeldeten Umsatzsteuer der Umsatzsteuer für das gesamte Unternehmen entspreche[833]. Neben den genannten Unternehmensteilen bestünde zudem noch ein vorinsolvenzrechtlicher Unternehmensteil, in dem ebenso wenig ein Vorsteueranspruch des massezugehörigen Unternehmensteils gemäß § 16 Abs. 2 S. 1 UStG mit einem Steueranspruch gegen den vorinsolvenzrechtlichen Unternehmensteil verrechnet werden könne[834].

b) Übergang der Empfangszuständigkeit mit der Folge der rechtlichen Uneinbringlichkeit nach § 17 Abs. 2 Nr. 1 S. 1 UStG (erste Berichtigung)

Vor dem Hintergrund mehrerer eigenständiger Unternehmensteile würden die bei Verfahrenseröffnung noch nicht vereinnahmten Entgelte aus vor Verfahrenseröffnung

831 BFH, Urt. v. 9.12.2010, V R 22/10, BStBl. II 2011, 996, 997, Rz. 18.
832 BFH, Urt. v. 9.12.2010, V R 22/10, BStBl. II 2011, 996, 998, Rz. 28.
833 BFH, Urt. v. 9.12.2010, V R 22/10, BStBl. II 2011, 996, 998, Rz. 28.
834 BFH, Urt. v. 9.12.2010, V R 22/10, BStBl. II 2011, 996, 998, Rz. 29, dort mit Klammerzusatz „(vgl. §§ 95, 96 InsO)".

erbrachten Leistungen im vorinsolvenzrechtlichen Unternehmensteil aus Rechtsgründen uneinbringlich, da der Entgeltanspruch ab der Eröffnung des Insolvenzverfahrens nicht mehr durch diesen Unternehmensteil vereinnahmt werden könne. Grund hierfür sei, dass mit Eröffnung des Insolvenzverfahrens nach § 80 Abs. 1 InsO die Empfangszuständigkeit für alle Leistungen, welche auf die zur Insolvenzmasse gehörenden Forderungen erbracht werden, auf den Insolvenzverwalter übergingen[835]. Dabei setzt das Tatbestandsmerkmal der Uneinbringlichkeit nach dem Senat voraus, dass der „Anspruch auf Entrichtung des Entgelts nicht erfüllt wird und bei objektiver Betrachtung damit zu rechnen ist, dass der Leistende die Entgeltforderung (ganz oder teilweise) jedenfalls auf absehbare Zeit rechtlich oder tatsächlich nicht durchsetzen kann."[836] Weiter definiert er, dass sich zumindest im Sonderfall der Eröffnung des Insolvenzverfahrens die fehlende Durchsetzbarkeit für den Leistenden aus Umständen ergeben könne, die in seiner Person oder in der Person des Leistungsempfängers begründet sind. Falls über das Vermögen eines Unternehmers das Insolvenzverfahren eröffnet wird, trete hinsichtlich der noch nicht entrichteten Leistungsentgelte Uneinbringlichkeit ein, wobei unerheblich sei, ob es sich hierbei um ein Entgelt für eine vom Unternehmer bezogene oder erbrachte Leistung handele[837]. Mit der Eröffnung des Insolvenzverfahrens werde die der Umsatzsteuer unterliegende Entgeltforderung spätestens mit Verfahrenseröffnung unbeschadet einer möglichen Insolvenzquote in voller Höhe uneinbringlich[838]. Unter diesen Maßstab subsumiert der Senat den Übergang der Empfangszuständigkeit, da der Unternehmer aus rechtlichen Gründen nicht mehr in der Lage sei, rechtswirksam Entgeltforderungen in seinem vorinsolvenzrechtlichen Unternehmensteil zu vereinnahmen, da diese in die Insolvenzmasse zu leisten sind[839]. Damit korrespondiere auch, dass dieser Unternehmensteil rechtlich nicht mehr befugt ist, öffentliche Gelder entsprechend der Rechtsprechung des EuGH als Steuereinnehmer für Rechnung des Staates zu vereinnahmen. Die daraus resultierende erste Berichtigung wegen rechtlicher Uneinbringlichkeit sei im vorinsolvenzrechtlichen Unternehmensteil vorzunehmen[840].

---

835 BFH, Urt. v. 9.12.2010, V R 22/10, BStBl. II 2011, 996, 998, Rz. 30.

836 BFH, Urt. v. 9.12.2010, V R 22/10, BStBl. II 2011, 996, 998, Rz. 24, mit Verweis auf die ständige Rechtsprechung.

837 BFH, Urt. v. 9.12.2010, V R 22/10, BStBl. II 2011, 996, 998, Rz. 24.

838 BFH, Urt. v. 9.12.2010, V R 22/10, BStBl. II 2011, 996, 998, Rz. 25.

839 BFH, Urt. v. 9.12.2010, V R 22/10, BStBl. II 2011, 996, 998 f., Rz. 30.

840 BFH, Urt. v. 9.12.2010, V R 22/10, BStBl. II 2011, 996, 999, Rz. 31. Stellenweise wurde insofern angemerkt, dass der Zeitpunkt der rechtlichen Uneinbringlichkeit nicht zweifelsfrei feststand. Der BFH hat dies mit Urteil v. 24.11.2011, V R 13/11, BStBl. II 2012, 298, 304, Rz. 52, dahingehend präzisiert, dass der Berichtigungsanspruch „eine juristische Sekunde" vor der Insolvenzeröffnung entstehe und insoweit eine Insolvenzforderung vorliege.

c) *Vereinnahmung im Bereich der Insolvenzmasse – § 17 Abs. 2 Nr. 1 S. 2 UStG (zweite Berichtigung)*

Im Zeitpunkt der Vereinnahmung sei eine zweite Berichtigung nach § 17 Abs. 2 Nr. 1 S. 2 UStG vorzunehmen, die eine Masseverbindlichkeit i.S.v. § 55 Abs. 1 Nr. 1 InsO begründet. Grund hierfür sei, dass der sich aus der genannten Berichtigungsvorschrift ergebende Steueranspruch erst mit der Vereinnahmung vollständig verwirklicht und damit abgeschlossen würde[841]. Dies entspreche auch dem Erfordernis, die Besteuerungsgleichheit zwischen Ist- und Sollbesteuerung zu wahren, was bei der Auslegung des Begriffs der Uneinbringlichkeit zu berücksichtigen ist. Mit diesem Erfordernis wäre es auch nicht zu vereinbaren, wenn bei einer Entgeltvereinnahmung durch den Insolvenzverwalter für vor Verfahrenseröffnung erbrachte Leistungen zwischen Ist- und Soll-Besteuerung differenziert würde[842].

3. *Reaktionen des Schrifttums und der Finanzverwaltung*

Die vorstehend aufgeführte Rechtsprechung hat im Schrifttum massive Kritik ausgelöst[843] und führte zu einer vollständigen Aufgabe der bisherigen

---

841 BFH, Urt. v. 9.12.2010, V R 22/10, BStBl. II 2011, 996, 999, Rz. 32, mit Verweis auf BFH, Urt. v. 29.1.2009, V R 64/07, BStBl. II 2009, 682.

842 BFH, Urt. v. 9.12.2010, V R 22/10, BStBl. II 2011, 996, 999, Rz. 32.

843 So etwa *Arbeitsgemeinschaft Insolvenzrecht und Sanierung des DAV*, ZInsO 2011, 1449: „Die Entscheidung ist falsch.", die *ARGE* hat sich nach eigener Verlautbarung diesbezüglich gemeinsam mit dem Verband der Insolvenzverwalter Deutschlands und dem Gravenbrucher Kreise an das Bundesfinanz- und das Bundesjustizministerium gewandt; *Depré/Lambert*, KSI 2011, 214, 219: „Meilenstein einer gläubigerbenachteiligenden und sanierungswidrigen Entwicklung der Rechtsprechung des BFH [...]"; *Paul*, in: Graf-Schlicker, InsO, § 55, Rz. 33: „[...] größte Bedenken"; *Bschorr*, in: Fachberater für Sanierung und Insolvenzverwaltung, S. 811: „[...] zweier Kunstgriffe bedient"; *Heinze*, DZWiR 2011, 276, 278: „[...] juristische Trixerei fern von Sinn und Zweck, sowohl des Steuer- als auch des Insolvenzrechts"; *ders.*, DZWiR 2013, 45, 46: „Geisterfahrt", „phantastische Konstruktion"; *Hölzle*, BB 2012, 1571, 1578: „tatbestandlicher Kunstgriff"; *Onusseit*, DZWiR 2011, 353, 354: „[...] stellt sie [die Entscheidung, d. *Verf.*] doch alles bisher Dagewesene auf den Kopf."; ebenso krit. *ders.*, in: Kübler/Prütting/Bork, InsO, InsSteuerR II F, Rz. 258 ff.; *Rüsken*, Tagungsbericht zur ersten Jahrestagung des Instituts für Insolvenz- und Sanierungsrecht, ZInsO 2015, 242, 244: „dogmatische Verwerfungen", „kühne Argumentation"; *Schmittmann*, ZIP 2011, 1125: „[...] mit einer spektakulären Entscheidung die austarierte und wohl überlegte Verteilungssystematik der Insolvenzordnung konterkariert"; *Wagner/Köhler*, BB 2011, 1510: „Der Fiskus erfahre [...] starke Privilegierung."; *Weiland*, DZWiR 2011, 224, 232: „[...] dogmatisch kunstvolle Argumentation"; *Werres*, NZI 2013, 605, 606: „[...] juristische Geisterfahrt des V. Senats des BFH". Jüngst kritisch auch *Feuerborn*, Privilegien des Fiskus, S. 96 ff., der später (S. 119 ff.) aus seiner ökonomischen Perspektive noch auf die Folgewirkungen von fiskalischen Vorrechten im Insolvenzverfahren

Insolvenzpraxis[844]. Heftigen Angriffen ausgesetzt sind dabei insbesondere die vom V. Senat des BFH vorgenommene Auslegung von § 17 Abs. 2 Nr. 1 UStG, die damit zusammenhängende Annahme einer *rechtlichen* Uneinbringlichkeit und die daraus folgende *doppelte Berichtigung*. Im Einzelnen finden sich diesbezüglich Remonstrationen einer Verkennung von Sinn und Zweck der genannten Norm. Namentlich haben insbesondere *Birk*, *Kahlert* und *Stadie* dargelegt, dass dieser allein darin bestünde, dem Wesen einer Verbrauchsteuer Rechnung zu tragen und somit den der Soll-Besteuerung unterliegenden Unternehmer für den Fall wieder von der Last der Umsatzsteuer zu befreien, in dem er das auf die Leistung entfallende Entgelt schlicht nicht vereinnahmen kann. Die vom V. Senat des BFH gewählte Lesart entspreche diesem Zweck aber nicht[845]. Eine Uneinbringlichkeit liege daher in dem entschiedenen Fall nicht vor, da über das Vermögen des Gläubigers, nicht des Schuldners der Entgeltforderung das Insolvenzverfahren eröffnet worden ist[846]. Auch der in den Entscheidungsgründen ins Feld geführte Wechsel einer Empfangszuständigkeit vermöge eine rechtliche Uneinbringlichkeit nicht zu begründen, da der Insolvenzverwalter weiterhin fähig ist, die Forderung einzuziehen[847]. Stellenweise wird in diesem Zusammenhang auch darauf hingewiesen, dass der § 17 Abs. 2 Nr. 1 UStG

---

eingeht und hierbei insb. die Rspr. des V. Senats des BFH und § 55 Abs. 4 InsO in den Blick nimmt.

844 *Jarchow*, in: HK-InsO, § 55, Rz. 60; *Wagner/Köhler*, BB 2011, 1510. In diesem Sinne stellt auch die vom BFH am 13.4.2011 veröffentlichte Pressemitteilung Nr. 27, abrufbar unter www.bundesfinanzhof.de, fest, dass dem Urteil große Bedeutung für die Praxis der Insolvenzverwaltung zukomme. Technische Hinweise zur Handhabung des Urteils in der Praxis finden sich bei *Dobler*, ZInsO 2011, 1098 ff.

845 *D. Birk*, Gutachten im Auftrag des DAV, S. 26 ff.; *Kahlert*, DStR 2011, 921, 925; *ders.*, DStR 2015, 1485, 1486; *ders.*, in: Kahlert/Rühland, Sanierungs- und Insolvenzsteuerrecht, 7.93 ff.; *Stadie*, UR 2013, 158, 168: „abstruse Begründung"; *ders.*, in: Rau/Dürrwächter, UStG, Anhang – Umsatzsteuer und Insolvenz, Rz. 69.

846 *Depré/Lambert*, KSI 2011, 214, 216; *Heinze*, DZWiR 2011, 276, 277 f.; *ders.*, DZWiR 2013, 45, 46; *Nachtmann*, Das Fiskusvorrecht im deutschen Insolvenzrecht, S. 156 ff.; *Werres*, NZI 2013, 605. In diesem Sinne auch *Onusseit*, DZWiR 2011, 353, 354; *Rauschenbusch*, KSI 2013, 113, 228; *Schmittmann*, ZIP 2011, 1125, 1126; ebenso krit. *ders.*, ZIP 2012, 249, 252. Von einem „kunstvollen Rückgriff auf § 17 UStG", der zu einer „erweiterten, nach Wortsinn und allgemeinem Sprachgebrauch überraschenden Bedeutung verhilft[...]", sprechen *Wagner/Köhler*, BB 2011, 1510. Ebenso lehnen das Urteil ab *Commandeur*, NZG 2011, 618; *Dißars*, in: Schwarz/Pahlke, AO, § 251, Rz. 11; *H. Schwarz*, NZI 2011, 613, 614. Zweifelnd auch *Jatzke* (Richter im VII. Senat des BFH), in: Hübschmann/Hepp/Spitaler, AO, § 251, Rz. 382: „Es ist zu bezweifeln, ob der Gesetzgeber bei der Konzeption der Korrekturvorschrift an den Fall der Insolvenz und an die Entstehung mehrerer Unternehmensteile überhaupt gedacht hat".

847 Ausführlich mit Vergleich zu einem „echten" Rechtsträgerwechsel im Falle des Forderungsverkaufs *Welte/Friedrich-Vache*, UR 2012, 740, 746 ff.

zugrundeliegende Tatbestand in der Mehrwertsteuer-System-Richtlinie (Art. 90 Abs. 1) die Auslegung der Rechtsprechung nicht hergebe[848].

Sie führe ferner zu einer Abkehr vom Begriff der Begründetheit i.S.d. § 38 InsO, der bei der Soll-Versteuerung schon dann erfüllt sei, wenn die Leistung seitens des Unternehmers erbracht worden ist. Dahinter stecke wohl auch die Erwägung, dass der Unternehmer in Bezug auf die Umsatzsteuer in gewisser Hinsicht treuhänderisch tätig werde[849], was indes nicht mit dem Recht vereinbar sei[850]. Damit komme es zu einer „dinglichen Haftung des Vermögenssubstrats für die Steuer"[851]. Die vom V. Senat des BFH vorgenommene insolvenzrechtliche Auslegung sei, um das gewünschte Ergebnis zu begründen, ausschließlich am Steuerrecht orientiert, wobei wiederum die steuerrechtliche Argumentation selbst aus den Fugen gerate[852]. Sofern es ohne die Annahmen der Rechtsprechung zu einer Schlechterstellung des Fiskus komme, sei dies bereits im System der Einziehung über den umsatzsteuerlichen Unternehmer als Steuerschuldner angelegt. Wollte man dies ändern, bedürfte es einer entsprechenden gesetzlichen Regelung[853].

Darüber hinaus komme auch eine Begründung von Masseverbindlichkeiten nach § 55 Abs. 1 Nr. 1 InsO nicht in Betracht. Hat nämlich der vorinsolvenzrechtliche Unternehmensteil die Leistung ausgeführt, so könne sie weder alternativ, noch kumulativ durch die Masse erbracht worden sein[854]. Insofern sei die Schaffung einer insolvenzrechtlichen „Wiederbegründung" über § 17 UStG unzulässig[855].

Auch sei die Differenzierung zwischen vorinsolvenzlichem und nachinsolvenzlichem Unternehmensteil nicht sachgerecht und verletze den Grundsatz der Unternehmenseinheit[856]. Sie lehne sich dogmatisch unzulässiger Weise an die ehemalige sog. Organtheorie an, nach der die Insolvenzmasse ein materiell selbständiger

---

848 *Welte/Friedrich-Vache*, ZIP 2011, 1595, 1599; *dies.*, UR 2012, 740, 745 f., jeweils ausführlich auch zu den übrigen Kritikpunkten. Außerdem *Roth*, ZInsO 2014, 309, 313.

849 So *Wagner/Köhler*, BB 2011, 1510.

850 *Hölzle*, BB 2012, 1571, 1578.

851 *Hölzle*, BB 2012, 1571, 1574.

852 *Hölzle*, BB 2012, 1571, 1577. *Weiland*, DZWiR 2011, 224, 233, der im Ergebnis der Rspr. ebenso kritisch gegenüber steht, anerkennt die Argumentation des V. Senats des BFH aber steuerrechtlich als schlüssig und konsequent.

853 *Röpke*, in: Hess, InsO, § 55, Rz. 339.

854 *Onusseit*, DZWiR 2011, 353, 355.

855 *D. Birk*, Gutachten im Auftrag des DAV, S. 10, 12 f. Auch *Nachtmann*, Das Fiskusvorrecht im deutschen Insolvenzrecht, S. 161 f., geht im Ergebnis hiervon aus. In diesem Sinne fragt auch *Stadie*, UR 2013, 158, 168, danach, warum die Begründetheit nicht bereits für den *anfänglichen* Steueranspruch, also die Leistungserbringung, gelten solle.

856 *Rauschenbusch*, KSI 2013, 113, 228. Ebenso *Nachtmann*, Das Fiskusvorrecht im deutschen Insolvenzrecht, S. 158 f. Nach *Onusseit*, in: 13. Leipziger Insolvenzrechtstag, Bericht zum Workshop von *Kühne*, S. 77, ist die Aufteilung in Unternehmensteile die „Krux der Entscheidung".

Rechtsträger ist[857]. Dieser Ansatz könnte letztlich sogar dazu führen, Umsätze zwischen der Masse und dem insolvenzfreien Vermögen als steuerbar anzusehen[858].

Mit Argwohn bedacht wird auch der Zeitpunkt der ersten vorzunehmenden Berichtigung. Dieser läge nämlich nicht vor, sondern nach der Verfahrenseröffnung, weil der Tatbestand erst in der logischen Sekunde danach verwirklicht worden sei[859]. Mit einer Berichtigung im vorinsolvenzrechtlichen Bereich setze sich der V. Senat des BFH zudem in Widerspruch zu der Rechtsprechung des IX. Senats des BGH, nach dessen Auffassung ein Anspruch, der mit Insolvenzeröffnung entstehe, nicht so zu behandeln sei, als sei er vor diesem Zeitpunkt entstanden[860]. Die vom Senat gewählte Lösung einer doppelten Berichtigung vermag auch nicht durch das Erfordernis der Gleichheit in der Besteuerung nach vereinnahmten und vereinbarten Entgelten ihre Rechtfertigung finden[861].

Vielen Beiträgen gemein ist auch, dass sie eine Verletzung des Grundsatzes der Gläubigergleichbehandlung monieren[862]. Die Folge hiervon sei eine Besserstellung des Fiskus im Bereich der Umsatzbesteuerung[863]. Außerdem wird auf breiter Flur kritisiert, dass die Sanierungschancen insolventer Unternehmen zukünftig erheblich erschwert oder sogar gänzlich verhindert würden[864]. Diese habe das ESUG aber gerade erleichtern wollen; das Urteil stehe diesen Bestrebungen entgegen[865]. Schließlich sind in der Literatur auch Stimmen zu finden, die das Urteil aus verschiedenen Gründen für verfassungswidrig halten[866].

Eine vermittelnde Position zu der Rechtsprechung des V. Senats des BFH nimmt namentlich *Desens* ein, der versucht, „das umsatzsteuerrechtliche Neutralitätskonzept

857 *Krüger*, ZInsO 2012, 149, 155.
858 *Onusseit*, DZWiR 2011, 353, 354.
859 *Krüger*, ZInsO 2012, 149, 154.
860 *Kahlert/Schmidt*, DB 2012, 197, 201, sowie *Kahlert/Onusseit*, DStR 2012, 334, 335, jeweils mit Verweis auf BGH, Urt. v. 19.7.2007, IX ZR 81/06, ZIP 2007, 1612.
861 In diesem Sinne *Nachtmann*, Das Fiskusvorrecht im deutschen Insolvenzrecht, S. 162 f.
862 *Kahlert*, DStR 2011, 921, 925.
863 Statt vieler nur *Jaffé/Friedrich-Vache*, MwStR 2013, 75, 78; *Kahlert*, DStR 2011, 921: „Der V. Senat des BFH als Schöpfer von Fiskusvorrechten"; *Verband der Insolvenzverwalter Deutschlands*, Pressemitteilung vom 21.4.2011, abrufbar unter www.vid.de.
864 *Arbeitsgemeinschaft Insolvenzrecht und Sanierung des DAV*, ZInsO 2011, 1449, 1451; *Berliner Erklärung zu Sanierung und Insolvenz*, ZInsO 2011, 2077; *Schmittmann*, ZIP 2011, 1125, 1127; *Wagner/Köhler*, BB 2011, 1510, 1511; *Weiland*, DZWiR 2011, 224, 232. Abwartend *Sterzinger*, NZI 2012, 63, 67.
865 *Welte/Friedrich-Vache*, ZIP 2011, 1595, 1604.
866 *Hölzle*, BB 2012, 1571, 1578: „[…] erscheinen verfassungswidrig" vor dem Hintergrund eines verfassungsrechtlich relevanten Vorrangs des Insolvenzrechts bei der Rangqualifizierung von Steuerverbindlichkeiten aus Art. 3 Abs. 1 GG; *Roth*, ZInsO 2014, 309, 311, 312, wegen Verstoßes gegen Art. 3 Abs. 1, 14 Abs. 1 GG, später noch des Rechtsstaatsprinzips.

mit dem Grundsatz der Gläubigergleichbehandlung in Einklang"[867] zu bringen. Das Judikat reize zwar Wortlaut und bisherige (sic!) Systematik bis an ihre Grenzen aus, das Ergebnis widerspreche aber nicht den gesetzlichen Vorgaben, sei also keine unzulässige Auslegung. Es sei also zu kurz gegriffen, hinter der Rechtsprechung bloßen Fiskalismus zu erkennen[868]. Das Konzept des V. Senats des BFH sei jedoch noch ein fragiles Gebilde, womit eine erhebliche Rechtsunsicherheit einherginge, die zu beseitigen nach der Auffassung *Desens´* „zuvörderst Aufgabe des Gesetzgebers" wäre[869]. In ähnlicher Tonlage ist auch *Reiß* zu vernehmen, der dem V. Senat des BFH im Ergebnis uneingeschränkt folgt, aber sowohl die Aufspaltung des Unternehmens in Unternehmensteile als auch die Annahme einer rechtlichen Uneinbringlichkeit scharf kritisiert[870].

Uneingeschränkte Zustimmung findet die Entscheidung des BFH nur bei *Wäger*[871], *Widmann*[872] und *Schuster*[873]. Namentlich *Wäger* führt u.a. an, dass es durch die Rechtsprechung nicht zu einer Bevorzugung des Fiskus gegenüber privaten

---

867 *Desens*, in: 13. Leipziger Insolvenzrechtstag, S. 58, 61. In der späteren Diskussion (S. 74) spricht er davon, dass er infolge der Vielzahl von Einzelfallentscheidungen an der Schnittstelle von Insolvenz- und Umsatzsteuerrecht eine Problemlösung nur dann für möglich hält, wenn man sich an gewissen Prinzipien orientiert, was er damit versucht habe. Vermittelnd auch *Seer*, im Diskussionsbericht zum 51. Berliner Steuergespräch von *Richter/Welling*, FR 2014, 747, 749, sowie ähnlich *ders.*, Abschlussbericht der Kommission zur Harmonisierung von Insolvenz- und Steuerrecht, Beihefter zu DStR Heft 42/2014, 117, 122, der einerseits die Steuereinsammlerfunktion des Unternehmers betont, sogleich aber andererseits die Entscheidung als einen Akt der Rechtsfortbildung empfindet, der nach der Auffassung der Mehrheit der Kommissionsmitglieder „über die Anwendung des traditionellen Auslegungskanons hinausgeht". In der Kommission seien insofern Bedenken gegenüber der rechtsdogmatischen Ableitung der doppelten Berichtigungspflicht i.S.d. § 17 UStG bestehen geblieben (S. 121).

868 *Desens*, in: 13. Leipziger Insolvenzrechtstag, S. 58, 61.

869 *Desens*, in: 13. Leipziger Insolvenzrechtstag, S. 58, 72. *Werres*, NZI 2013, 605, bezeichnet das Konzept das BFH dagegen als „radikalen Umbau des Insolvenzsteuerrechts".

870 *Reiß*, in: Reiß/Kraeusel/Langer, UStG, § 18 – Exkurs: Umsatzsteuer in der Insolvenz, Rz. 2087.2 ff. Anders noch *ders.*, in: GS Blomeyer, S. 427, 435 f.

871 *Wäger*, DStR 2011, 1925, 1926 ff.; *ders.*, UR 2013, 673, 678 ff., der später in ZInsO 2014, 1121, 1125, den Vorschlag macht, die Rechtsprechung des V. Senats zur Doppelberichtigung vom Gesetzgeber daraufhin überprüfen zu lassen, ob er an ihr festhalten will. *Wäger* ist Mitglied des V. Senats des BFH.

872 UR 2011, 555. Eine kritische Auseinandersetzung mit den Urteilsgründen nimmt *Widmann* m.E. nicht vor. Seine Urteilsanmerkung liest sich insb. hinsichtlich der entscheidenden Punkte eher wie eine bloße Wiedergabe.

873 DStR 2013, 1509 ff. *Schuster* wurde am 24.8.2011 zur Vorsitzenden Richterin des VII. Senats ernannt (s. Pressemitteilung des BFH Nr. 68/2011). Gegenwärtig sitzt sie als Vizepräsidentin dem X. Senat des Bundesfinanzhofs vor (s. Pressemitteilung des BFH Nr. 31/2016).

Gläubigern komme, was er an einem Beispiel verdeutlicht, in dem ein Unternehmer vor Insolvenzeröffnung sowohl Leistungen erbracht wie auch das hierauf entfallende Entgelt vereinnahmt hat. Zahlungen an das Finanzamt hat er indes nicht geleistet. In diesem Fall würde sich das allgemeine Insolvenzrisiko des Fiskus verwirklichen; die Umsatzsteuerforderung sei lediglich eine Insolvenzforderung[874]. Vereinnahme aber der Insolvenzverwalter eine Gegenleistung, so übe dieser in diesem Moment die auf ihn übergegangene Aufgabe als „Steuereinnehmer" aus. Nach der gesetzlichen Konzeption der Umsatzsteuer habe er den darin enthaltenen Anteil an Umsatzsteuer an das zuständige Finanzamt weiterzuleiten. Ein Verbleib dieser Liquidität in der Masse und deren damit einhergehende „Stärkung" sei damit nicht zu vereinbaren[875]. Die Annahme einer Uneinbringlichkeit gem. § 17 Abs. 2 Nr. 1 UStG im Falle der Insolvenzeröffnung sowohl auf der Eingangs- wie auf der Ausgangsseite sei „Kerngedanke" der BFH-Rechtsprechung[876]. Die dort vorgenommene Anwendung der Berichtigungsvorschrift auf den Fall der Insolvenz des leistenden Unternehmers, die zeitlich gesehen in der juristischen Sekunde vor Insolvenzeröffnung vorzunehmen sei, begegne keinen Bedenken[877]. Die Definition von § 17 Abs. 2 Nr. 1 UStG stelle auch nicht isoliert auf die Verhältnisse des Schuldners der Entgeltforderung ab, sodass auch die Verhältnisse des Leistenden und damit der Insolvenzfall berücksichtigt werden könnten[878].

Wie *Wäger* misst auch *Widmann* dem Aspekt Bedeutung bei, dass keine unterschiedlichen insolvenzrechtlichen Wirkungen zwischen der Ist- und der Soll-Versteuerung eintreten dürften. Insofern schlüge die „Umsatzsteuersystematik das Insolvenzrecht aus dem Feld"[879]. Zu dem gleichen Ergebnis gelangt *Schuster*, die ebenso die Rechtsprechung des V. Senats des BFH verteidigt. Mit ihr sei kein Fiskusvorrecht geschaffen worden; vielmehr sei der Steuergläubiger anderen Gläubigern gleichgestellt worden. Das Steuerrecht sei zur Neutralität verpflichtet. Wo es der

874 *Wäger*, UR 2013, 673, 678 f. Früher hat *ders.*, DStR 2011, 1925, 1928, inzidenter noch eine Ungleichbehandlung angenommen, die jedoch hinsichtlich des in Rede stehenden Urteils für den Fiskus gerechtfertigt sei, da im Vergleich zur Situation von Privatgläubigern unterschiedliche Sachverhalte vorlägen. Der Fiskus habe bspw. nicht die Möglichkeit, sich dinglich zu sichern mit der Folge einer Absonderung nach § 51 Abs. 1 Nr. 1 InsO. Auch eine Umkehr der Steuerschuldnerschaft nach § 13b UStG scheide aus.

875 *Wäger*, UR 2013, 673, 679. In diesem Sinne auch *ders.*, DStR 2011, 1925, 1926; *ders.*, ZInsO 2012, 520, 522. S. Ferner die ausführliche Auseinandersetzung mit den Thesen von *Wäger* unten unter Zweites Kapitel D)II.5.d). Auch *Fehrenbacher* räumt in seiner jüngst erschienenen Kommentierung (Jaeger, InsO, Band 5/1, Anhang Insolvenzsteuerrecht, Rz. 153) umsatzsteuersystematischen Erwägungen den Vorrang ein und folgt damit im Ergebnis der Rechtsprechung des V. Senats des BFH.

876 *Wäger*, UR 2012, 125, 130.

877 *Wäger*, DB 2012, 1460, 1463 f.

878 *Wäger*, DStR 2011, 1925, 1928.

879 *Widmann*, UR 2011, 555, 556.

Gesetzgeber versäumt habe, das Steuerrecht mit dem Insolvenzrecht zu verzahnen, komme diese Aufgabe der höchstrichterlichen Rechtsprechung zu[880].

Die Finanzverwaltung hat sich die Auffassung des Besprechungsurteils erwartungsgemäß zu eigen gemacht. Mit BMF-Schreiben vom 9.12.2011[881] hat sie in Abschnitt 17.1. des Umsatzsteuer-Anwendungs-erlasses (UStAE) fünf neue Absätze eingefügt, die den Finanzbehörden dezidierte Handlungsanweisungen an die Hand geben, wie das Besprechungsurteil in der Verwaltungspraxis umzusetzen ist. Insbesondere folgt die Finanzverwaltung der doppelten Berichtigung wegen einer Uneinbringlichkeit aus Rechtsgründen im Ergebnis sowie in der Begründung[882]. Anzuwenden sind die Grundsätze dieses BMF-Schreibens auf alle Insolvenzverfahren, die nach dem 31.12.2011 eröffnet wurden.

4. *Reaktionen der übrigen Rechtsprechung*

a) Finanzgerichte

Im Nachgang zu dem zweiten Urteil aus der Rechtsprechungsserie des V. Senats des BFH hat sich aus der ersten Ebene des finanzgerichtlichen Instanzenzuges bislang nur das Finanzgericht Berlin-Brandenburg in zwei Entscheidungen kritisch mit dem Besprechungsurteil des V. Senats des BFH auseinandergesetzt[883], denen jeweils derselbe Sachverhalt zugrunde lag. Schon im Rahmen seines AdV-Beschlusses vom 18.3.2013[884] kommt der erkennende Senat zu dem Ergebnis, dass eine Uneinbringlichkeit nach § 17 Abs. 2 Nr. 1 UStG wegen des Übergangs der

---

880 *Schuster*, DStR 1509, 1512, die ferner auch noch die Argumente aus dem Urteil des V. Senats des BFH hinsichtlich der Steuereinsammlerfunktion des steuerpflichtigen Unternehmers anbringt.

881 BStBl. I 2011, 1273. Der Appell *Kahlerts*, DStR 2011, 921, 926, die Rechtsprechung des BFH mit einem Nichtanwendungserlass zu belegen, hatte damit keinen Erfolg. Vgl. zu dem BMF-Schreiben im speziellen *Kahlert/Schmidt*, DB 2012, 197 ff. Der UStAE, Abschn. 17.1 wurde zuletzt in den hier relevanten Abs. 11–16 geändert durch BMF-Schreiben v. 18.5.2016, BStBl. I 2016, 506.

882 UStAE, zu § 17 UStG, Abschn. 17.1., Abs. 11; Inhaltsgleich BMF-Schreiben v. 17.1.2012, BStBl. I 2012, 120, 121 (später sinngemäß ersetzt durch BMF-Schreiben v. 20.5.2015, BStBl. I 2015, 476, 478, Rz. 14) sowie AEAO zu § 251, Rz. 6.1. Früher schon OFD Münster / OFD Rheinland, Vorl. Verfügung v. 5.9.2011, ZInsO 2011, 1942, 1943 f.

883 Ohne Kritik gefolgt sind dem Urteil des V. Senats des BFH in der Sache bislang FG Köln, Urt. v. 21.4.2011, 6 K 1598/07, EFG 2011, 1844, Rz. 32; sowie FG Niedersachsen, Beschl. v. 7.8.2014, 15 V 75/14, EFG 2014, 1811, Rz. 67. Wohl auch FG Hessen, Urt. v. 12.3.2013, 6 K 1700/10, EFG 2013, 1297, Rz. 41. Dagegen evtl. zweifelnd FG Mecklenburg-Vorpommern, Beschl. v. 11.1.2013, 2 V 90/12, EFG 2013, 1181, Rz. 22. Die Maßstäbe des V. Senats des BFH für das Ertragsteuerrecht übernehmen will FG Thüringen, Urt. v. 30.11.2011, 3 K 581/09, EFG 2013, 317, Rz. 53, Rev. anhängig, Az. X R 12/12.

884 FG Berlin-Brandenburg, Beschl. v. 18.3.2013, 7 V 7279/12, EFG 2013, 1076. A.A. die Beschwerdeinstanz, BFH, Beschl. v. 11.7.2013, XI B 41/13, ZIP 2013, 1680. *Werres*, NZI 2013, 605, bezeichnet den Beschluss des FG als eine „mutige Entscheidung

Verwaltungs- und Verfügungsbefugnis über das Vermögen des Insolvenzschuldners auf den Insolvenzverwalter nach § 80 InsO nicht frei von Zweifeln sei. Auch habe der BFH bisher nicht erörtert, ob dessen Rechtsprechung am Maßstab von Art. 90 Abs. 1 MwStSystRL richtlinienkonform sei[885]. Im Zuge seines Urteils vom 2.4.2014[886] bekräftig der Senat seine Bedenken und erweitert seine Begründung. Es sei nämlich auch nicht erkennbar, inwiefern sich die Rechtsposition des Finanzamts von derjenigen anderer Insolvenzgläubiger unterscheide, dass dadurch „gewissermaßen die Umwandlung" der zunächst als Insolvenzforderungen begründeten Steueransprüche in Masseforderungen geboten wäre. Es könne mangels gesetzlicher Grundlage auch nicht eingewandt werden, dass der Unternehmer i.S.v. § 2 UStG Treuhänder hinsichtlich der vereinnahmten Umsatzsteuer sei. Daran änderte auch die zitierte Rechtsprechung des EuGH nichts, wonach der Steuerpflichtige die Umsatzsteuer für Rechnung der Steuerverwaltung erhebe[887].

b) XI. Senat des BFH

Demgegenüber hat sich der XI. Senat des BFH[888], der ebenso für das Umsatzsteuerfestsetzungsverfahren zuständig ist, im Nachgang zu den eben zitierten Entscheidungen des FG Berlin-Brandenburg der Rechtsprechung des V. Senats des BFH mit einer Entscheidung im Verfahrensstadium des vorläufigen Rechtsschutzes angeschlossen[889]. Es bestünden jedenfalls keine ernstlichen Zweifel an der Rechtmäßigkeit des streitgegenständlichen Bescheids, der auf der Grundlage der Rechtsprechung des V. Senats des BFH erlassen wurde und die diesbezügliche Rechtsauffassung innehatte[890]. Der V. Senat des BFH habe sich, so der XI. Senat des BFH, insbesondere mit der im Schrifttum zu der Entscheidung geäußerten Kritik befasst und festgestellt, dass diese nicht insolvenzrechtlichen Wertungen widerspreche. Ohne sich – im

---

gegen einen allmächtig erscheinenden V. Senat des BFH!" *Kahlert* begrüßt ihn ebenso in seiner diesbezüglichen Urteilsanmerkung in MwStR 2013, 526 f.

885 FG Berlin-Brandenburg, Beschl. v. 18.3.2013, 7 V 7279/12, EFG 2013, 1076, Rz. 20 f.

886 FG Berlin-Brandenburg, Urt. v. 2.4.2014, 7 K 7337/12, EFG 2014, 1427 ff., Revision anhängig beim XI. Senat des BFH unter XI R 21/14.

887 FG Berlin-Brandenburg, Urt. v. 2.4.2014, 7 K 7337/12, EFG 2014, 1427 ff., Rz. 28 f.

888 BFH, Beschl. v. 11.7.2013, XI B 41/13, ZIP 2013, 1680, mit Anm. v. *Boie Harder*, NZI 2013, 995 f.

889 Tatbestandlich ging es um Entgelte, die sowohl in der Phase der starken vorläufigen Insolvenzverwaltung wie auch im eröffneten Insolvenzverfahren vom Insolvenzverwalter vereinnahmt wurden. In einem anderen AdV-Verfahren des XI. Senats des BFH (XI B 27/11, BFH/NV 2011, 1374) hat es kein Hauptsacheverfahren gegeben. Dort hätte der Senat die Frage klären müssen, ob aufgrund einer durch die Vereinnahmung einer bereits wegen tatsächlicher Uneinbringlichkeit ausgebuchten Forderung bedingten Berichtigung nach § 17 Abs. 2 Nr. 1 S. 2 UStG eine Masseverbindlichkeit nach § 55 Abs. 1 Nr. 1 InsO entsteht, wenn der Insolvenzverwalter das Entgelt vereinnahmt.

890 BFH, Beschl. v. 11.7.2013, XI B 41/13, ZIP 2013, 1680, Rz. 20 ff.

Rahmen seiner summarischen Prüfung im Einzelnen hiermit und den sonstigen Argumenten auseinanderzusetzen[891] – hat der XI. Senat des BFH auf die Ausführungen seines *Schwestersenats* verwiesen. Auch vermochten die übrigen vom FG vorgebrachten Hinweise, insbesondere zu der Richtlinienkonformität der Auslegung von § 17 Abs. 2 Nr. 1 UStG, nicht eine andere Entscheidung im Verfahren des vorläufigen Rechtsschutzes rechtfertigen[892]; insofern wurde auf die Hauptsache[893] verwiesen, deren Entscheidung bislang noch aussteht.

c) VII. Senat des BFH

Auch der VII. Senat des BFH, der u. a. für das steuerliche Erhebungsverfahren zuständig ist, hat sich in jüngerer Zeit mit der Rechtsprechung des V. Senats des BFH auseinandergesetzt[894]. Anlässlich des Bestrebens, die Einheitlichkeit der Rechtsprechung zu wahren bzw. wiederherzustellen ist der VII. Senat der Auffassung des V. Senats mit seinen Urteilen vom 25.7.2012 zumindest in der Frage gefolgt, wann die aus einem Berichtigungstatbestand resultierende Umsatzsteuerforderung begründet i.S.d. § 38 InsO bzw. schuldig i.S.d. § 96 Abs. 1 Nr. 1 InsO ist[895]. Eingangs weist der erkennende Senat richtigerweise darauf hin, dass den beiden genannten

891 Es soll gleichwohl nicht verschwiegen werden, dass in den Entscheidungsgründen auf insgesamt 10 Randziffern eine Darstellung der (verschiedenen) Rechtsauffassungen von Schrifttum und Rechtsprechung vorgenommen wird.

892 BFH, Beschl. v. 11.7.2013, XI B 41/13, ZIP 2013, 1680, Rz. 34 ff.

893 XI R 21/14; in die Datenbank des BFH aufgenommen am 20.10.2014. Wann es zu einer Entscheidung kommt, ist momentan nicht absehbar.

894 S. hierzu die Urteile des VII. Senats des BFH v. 25.7.2012, VII R 29/11, BStBl. II 2013, 36; VII R 56/09, BFH/NV 2013, 413; VII R 30/11, BFH/NV 2013, 603; VII R 44/10, BStBl. II 2013, 33.

895 BFH, Urt. v. 25.7.2012, VII R 29/11, BStBl. II 2013, 36, 38, Rz. 17. An dieser Stelle soll daran erinnert werden, dass der VII. Senat des BFH mit Fragen des Umsatzsteuerinsolvenzrechts immer dann konfrontiert ist, wenn es um einen Abrechnungsbescheid nach § 218 Abs. 2 InsO im Zuge einer Aufrechnungslage geht. Diesen liegt regelmäßig eine Sachverhaltsgestaltung zu Grunde, bei denen im vorinsolvenzlichen Bereich umsatzsteuerrechtlich relevante Sachverhalte verwirklicht worden sind, die zu einem Guthaben führen (Vorsteuerabzug aus vorinsolvenzlich an den Insolvenzschuldner erbrachten Leistungen) oder erst im nachinsolvenzlichen Bereich Ereignisse eingetreten sind, die einen Bezug zu vorinsolvenzlichen Geschehnissen haben (Uneinbringlichkeit von vor Insolvenzeröffnung erbrachten Leistungen). Beiden Fallgruppen gemein ist, dass sie letztlich nach der hier vorgenommenen Lesart negative Besteuerungsgrundlagen darstellen. Für insolvenzrechtliche Zwecke ist nun im Rahmen der geschilderten Konstellationen u. a. im Einzelnen zu prüfen, wann diese schuldig geworden sind i.S.d. § 96 Abs. 1 Nr. 1 InsO. Dabei kann es zu einem Auseinanderfallen zwischen den umsatzsteuer- und insolvenzrechtlich entscheidenden Zeitpunkten kommen. S. hierzu im Einzelnen unten unter Drittes Kapitel C)II.

Vorschriften derselbe Rechtsgedanke zugrunde liegt[896]. Im Rahmen der Aufrechnung ist dabei freilich nur § 96 Abs. 1 Nr. 1 InsO relevant. In dem streitgegenständlichen Fall handelte es sich um Berichtigungen wegen tatsächlicher Uneinbringlichkeit aus vorinsolvenzlich erbrachten Leistungen, die zu einem Guthaben führten, gegen das die Finanzbehörde aufrechnen wollte. Was die Entscheidung des VII. Senats in der Sache anbelangt, so wäre es voreilig anzunehmen, er sei dem V. Senat des BFH *auf ganzer Linie* gefolgt. In den Entscheidungsgründen findet sich nämlich weder ein Bekenntnis (oder ein Widerspruch)[897] zu der doppelten Berichtigung wegen rechtlicher Uneinbringlichkeit, noch wenigstens die Übernahme des vom V. Senat des BFH gebildeten – eher steuerrechtlich orientierten – Obersatzes, wonach sich „[…] die Abgrenzung zwischen Insolvenzforderung und Masseverbindlichkeit nach dem Zeitpunkt bestimmt, zu dem der den Umsatzsteueranspruch begründende Tatbestand vollständig verwirklicht und damit abgeschlossen ist". Der VII. Senat des BFH spricht dagegen von einem Zeitpunkt, zu dem der „[…] materiell-rechtliche Berichtigungstatbestand des § 17 Abs. 2 UStG verwirklicht wird, die in dieser Vorschrift aufgeführten Tatbestandsvoraussetzungen also eintreten."[898] Dies mag für den entschiedenen Fall letztlich zu gleichen Ergebnissen führen, bietet aber keine Veranlassung dazu, nunmehr von einer geschlossenen Linie in den Reihen der BFH-Senate auszugehen. In diesem Zusammenhang sei auch erwähnt, dass der VII. Senat bislang nirgendwo die für die Rechtsprechung des V. Senats des BFH tragende Figur des umsatzsteuerlichen Unternehmers als „Steuereinnehmer für Rechnung des Staates" und damit dessen treuhänderische Funktion bemüht hat. Auch dies macht deutlich, dass sich die beteiligten Senate bislang noch nicht auf eine Sprachregelung verständigt haben, die auf einer konsentierten Werteentscheidung basiert[899].

5. Eigene Auffassung

Zu Beginn der Stellungnahme ist darauf hinzuweisen, dass nach der Auffassung des *Verfassers* auch für den vorliegenden Fall, in dem es um die Vereinnahmung von

896 BFH, Urt. v. 25.7.2012, VII R 29/11, BStBl. II 2013, 36, 38, Rz. 16.

897 Der VII. Senat hat die Doppelberichtigung nur einmal im Rahmen der Subsumtion klarstellend thematisiert, um einer möglichen Kollision von Berichtigungen vorzukommen. Ausdrücklich bedürfe es aber keiner Stellungnahme des erkennenden Senats zu *dieser* Rechtsauffassung, s. BFH, Urt. v. 25.7.2012, VII R 29/11, BStBl. II 2013, 36, 39, Rz. 21.

898 BFH, Urt. v. 25.7.2012, VII R 29/11, BStBl. II 2013, 36, 38, Rz. 17; so auch die teilweise Parallelentscheidung vom gleichen Tag, VII R 56/09, BFH/NV 2013, 413, 416, Rz. 20.

899 Anlass zur Skepsis gibt auch die Tatsache, dass der VII. Senat in seinem Urteil v. 25.7.2012, VII R 29/11, über vier Randziffern (12–15) seine bisherige Rechtsauffassung *gerechtfertigt* hat, die „im Schrifttum keinen oder nur zurückhaltenden Widerspruch" gefunden hat und nach der es – verkürzt gesprochen – entscheidend war, dass die Forderung „ihrem Kern nach" bereits vor Eröffnung des Insolvenzverfahrens begründet war. Erst danach gelangt der Senat zu der Abkehr von derselben, s. hierzu noch unten unter Drittes Kapitel C)II.

Entgelten für vorinsolvenzlich erbrachte Leistungen geht, und der Unternehmer seine Umsätze nach vereinbarten Entgelten versteuert, von einer Begründetheit der positiven Besteuerungsgrundlage „Umsatz" vor Insolvenzeröffnung auszugehen ist. Diese Prämisse teilt grundsätzlich wohl auch der V. Senat des BFH; jedenfalls findet sich an keiner Stelle in den Urteilsgründen ein anderslautender Hinweis. Insofern wird wegen der Erwägungsgründe der hier vertretenen Auffassung zwecks Vermeidung von Wiederholungen nach oben verwiesen. Gleiches gilt auch für die Auseinandersetzung mit solchen Argumenten aus dem Urteil vom 9.12.2010, die der erkennende Senat des BFH bereits im Rahmen seines ersten Urteils aus der Rechtsprechungsserie angebracht hat. Hierzu zählt insbesondere die Implikation umsatzsteuer-systematischer Wertungen. Auf diesbezügliche Inhalte wird nur noch insoweit eingegangen, wie sie aus anderen als den bislang erörterten Gründen relevant werden.

Wie beschrieben, wird nunmehr also nicht mehr der *herkömmlichen*[900] Abgrenzung nach § 38 oder § 55 InsO nachgegangen, sondern der dem Urteil entstammende Dreischritt mit dem Inhalt einer doppelten Berichtigung näher gewürdigt.

a) *Die nötigen Grundannahmen zur Konstruktion einer Doppelberichtigung*

aa) Von einer Trennung in Unternehmensteile und einem Wechsel der Empfangszuständigkeit mit materiellen Rechtsfolgen

Der konstruktive Ausgangspunkt des V. Senats des BFH ist die Aufspaltung (sic!) des insolvenzschuldnerischen Unternehmens in mehrere Unternehmensteile[901]. Dies soll nach einem weiteren Gedankenschritt und dem Bemühen von § 80 InsO dazu führen, dass die Empfangszuständigkeit für alle Leistungen, welche auf die zur Insolvenzmasse gehörenden Forderungen erbracht werden, auf den Insolvenzverwalter übergehen. Schichtet man die zu erörternden Fragestellungen an dieser Stelle ab, so ist die vorgenommene Unternehmensdreiteilung zunächst vor dem Hintergrund des Grundsatzes der Unternehmenseinheit kritisch zu würdigen.

(1) Verletzung des Grundsatzes der Unternehmenseinheit

Die vom V. Senat des BFH vorgenommene Unterteilung in einen vorinsolvenzrechtlichen Bereich, die Insolvenzmasse selbst und das gegebenenfalls vom Insolvenzverwalter freigegebene Vermögen suggeriert zunächst eine Beeinträchtigung des Grundsatzes der Unternehmenseinheit. Dieser besagt, dass ein umsatzsteuerlicher

---

900 Der V. Senat des BFH stellt nämlich nicht in Frage, dass es sich nach einer herkömmlichen Auslegung um Insolvenzforderungen nach § 38 InsO handelt.

901 Der konstruktive Ausgangspunkt ist dabei aus meiner Sicht nur das Mittel zum Zweck, um den umsatzsteuer-systematischen Ausgangspunkt des V. Senats des BFH zu realisieren. Eine Aufteilung des Unternehmens nahm für andere Zwecke schon an BFH, Urt. v 28.6.2000, V R 87/99, BStBl. II 2000, 639, Rz. 12 ff.; für die Zwangsverwaltung BFH, Urt. v. 18.10.2001, V R 44/00, Rz. 16: „Unternehmensbereich".

Unternehmer (§ 2 Abs. 1 UStG) stets nur *ein* Unternehmen haben kann; übt er mehrere unternehmerische Tätigkeiten aus, verschränken sich diese zu einer Einheit[902], bilden also den tatbestandlichen Inhalt des Grundsatzes der Unternehmenseinheit. Die Bedeutung dessen zeigt sich daran, dass zwischen einzelnen Unternehmensteilen (Teilbetrieben) weder ein Leistungsaustausch stattfinden kann[903], noch handelt es sich bei der Überführung von Gegenständen von dem einen in den anderen Betrieb um unentgeltliche Wertabgaben nach § 3 Abs. 1b Nr. 1 und Abs. 9a Nr. 1 UStG. Vielmehr liegen in einem solchen Fall nicht steuerbare Innenumsätze vor[904]. Der dem Umsatzsteuerrecht eigentümliche Begriff des Unternehmers soll damit also gleichsam die Grenzen des Unternehmens bestimmen und die unternehmerische von der nichtunternehmerischen Sphäre abgrenzen[905]. Es ist indes nicht zu erkennen, an welcher Stelle das Urteil mit einem derart verstandenen Grundsatz der Unternehmenseinheit in Konflikt gerät[906].

Denn *zum einen* schränkt der V. Senat des BFH seine vorgenommene Aufspaltung dahingehend ein, dass sie „nur" dazu führt, dass zwischen den einzelnen Unternehmensteilen umsatzsteuerrechtliche Berechtigungen und Verpflichtungen nicht miteinander verrechnet werden dürfen. Dies *enthebt* den einen Unternehmensteil aber nicht dem übrigen Unternehmen mit der Folge einer sodann eigenständigen rechtlichen Trägerschaft. Aus insolvenzrechtlichen Gründen ist vielmehr sicherzustellen, dass es mit Niedergang des Fallbeils der Insolvenzeröffnung zu einer Trennung von Vermögensmassen kommt, die der gebotenen haftungsrechtlichen Zuordnung zu unterwerfen sind. Anlässlich der Formulierung in den Entscheidungsgründen, der Unternehmer sei nicht mehr in der Lage, eine Vereinnahmung in „seinem" Unternehmensteil auszuüben[907], ließe sich zwar womöglich schlussfolgern, dass der Senat doch von einer tiefergehenden Teilung ausgeht. Damit wird aber nur auf die insolvenzrechtliche Beschlagnahmewirkung Bezug genommen, die indes – und insoweit ist die Formulierung sprachlich unglücklich – freilich nicht zur Folge hat, dass der Unternehmer das Eigentum an der Gesamtheit seines Unternehmens verliert. Der V. Senat des BFH hat versucht, die insolvenzrechtlichen Maßgaben in Form einer insolvenzrechtlichen Schablone über die Figur des umsatzsteuerlichen Unternehmers zu legen und für seine Zwecke zu adaptieren. Ob diese letztlich auch im gefundenen Ergebnis einer Rechtmäßigkeitsprüfung standhalten, muss dabei der abschließenden Bewertung vorbehalten bleiben.

Zum anderen lässt sich anführen, dass der Grundsatz der Unternehmenseinheit seine Berechtigung allein aus rein umsatzsteuer-systematischer Sicht hat. Was

---

902 Statt vieler nur *Stadie*, in: Rau/Dürrwächter, UStG, § 2, Rz. 605.

903 So auch *Wäger*, DStR 2011, 1925, 1927. Dieses Risiko sieht indes *Onusseit*, DZWiR 2011, 353, 354.

904 *Englisch*, in: Tipke/Lang, Steuerrecht, § 17, Rz. 52.

905 *Kensbock*, Der Unternehmerbegriff, S. 48.

906 So auch der BFH selbst in Urt. v. 8.3.2012, V R 24/11, BStBl. II 2012, 466, 468, Rz. 22; A.A. *Nachtmann*, Das Fiskusvorrecht im deutschen Insolvenzrecht, S. 158 f.

907 BFH, Urt. v. 9.12.2010, BStBl. 2011, 996, Rz. 30.

hindert es den Rechtsanwender also, ihn für insolvenzrechtliche Zwecke insoweit zu modifizieren, wie es das Insolvenzverfahren für notwendig erachtet und nicht mit den oben aufgeführten Inhalten desselben kollidiert? Modifikation soll in diesem Zusammenhang nicht bedeuten, dass er vollkommen außer Kraft gesetzt wird. Dies würde in der Konsequenz nämlich zu einem Aufleben der früher vertretenen Separationsthese führen, nach der es zwischen Masse und insolvenzfreiem Bereich zu steuerbaren Umsetzen kommen konnte[908]. Wo es indes nicht zu der Verselbständigung eines Rechtsträgers kommt, ist auch kein Konfliktpotential vor der Prämisse des Grundsatzes der Unternehmenseinheit erkennbar, das Risiko eines Wiederauflebens der Separationsthese also gebannt. Die insolvenzrechtlichen Parameter führen zunächst allein dazu, dass der gebotenen Trennung der Vermögensmassen entsprochen wird[909].

(2) Übergang der Empfangszuständigkeit

Der sich an die Aufspaltung des Unternehmens anschließende Gedankenschritt liegt in dem vom V. Senat des BFH angenommenen Übergang der Empfangszuständigkeit, der wiederum zu einer rechtlichen Uneinbringlichkeit i.S.d. § 17 Abs. 2 Nr. 1 UStG führen soll. Denn mit der Eröffnung des Insolvenzverfahrens und dem insoweit obligatorischen Übergang der Verwaltungs- und Verfügungsbefugnis über das Vermögen des Insolvenzschuldners auf den Insolvenzverwalter soll auch die Zuständigkeit zum Empfang für alle Leistungen, welche auf die zur Insolvenzmasse gehörenden Forderungen erbracht werden, nach § 80 Abs. 1 InsO auf diesen übergehen. Hiermit spielt der Senat offenkundig auf die zivilrechtliche Verwaltungsbefugnis über den zur Insolvenzmasse gehörenden Zahlungsanspruch an, der in dem jeweils vereinbarten Bruttoentgelt besteht. Richtig ist zunächst, dass es durch die Bestellung des Insolvenzverwalters zu einer Beschlagnahme des zur Insolvenzmasse gehörenden Vermögens kommt[910]. Damit korrespondierend verliert der Insolvenzschuldner seine Verwaltungs- und Verfügungsbefugnis[911]. Trifft er dennoch eine Verfügung über einen Gegenstand, so ist diese unwirksam (§ 81 Abs. 1 S. 1 InsO). Er bleibt aber Eigentümer des zur Insolvenzmasse gehörenden Vermögens bzw. Inhaber der dazu gehörenden Rechte und Forderungen[912].

Um sich der Frage eines Übergangs der Empfangszuständigkeit weiter zu nähern, bietet es sich an, § 82 InsO mit in den Blick zu nehmen. Ist nach dieser Vorschrift erst im Anschluss an die Eröffnung des Insolvenzverfahrens zur Erfüllung

908 S. hierzu oben unter Zweites Kapitel C. I. 3.

909 Zu den Auswirkungen auf die umsatzsteuerliche Zwangsverrechnung s. unten im Dritten Kapitel.

910 *Ott/Vuia*, in: MüKo, InsO, § 80, Rz. 1. Ohne diese Maßnahme wäre ein Insolvenzverfahren als Gesamtvollstreckungsverfahren schlechterdings nicht sinnvoll durchführbar.

911 *Wittkowski/Kruth*, in: Nerlich/Römermann, InsO, § 80, Rz. 9.

912 *Ott/Vuia*, in: MüKo, InsO, § 80, Rz. 6.

einer Verbindlichkeit an den Schuldner geleistet worden, obwohl die Verbindlichkeit zur Insolvenzmasse zu erfüllen war, so wird der Leistende nur befreit, wenn er zur Zeit der Leistung von der Eröffnung des Verfahrens keine Kenntnis hatte. Wie wir oben gesehen haben, steht vorliegend in Rede, ob *der Insolvenzschuldner selbst* weiterhin zur rechtswirksamen Vereinnahmung einer Bruttoentgeltforderung befugt ist. Dem vorweggeschickt sei auch noch, dass der Begriff der Leistung in § 82 InsO identisch mit dem allgemeinen Leistungsbegriff des § 362 BGB ist, wonach es auf den Leistungs*erfolg* ankommt[913]. Nimmt man aber nun eine Leistung des Drittschuldners an den Insolvenzschuldner an, so kann ebendieser Leistung keine befreiende Wirkung zukommen. Denn eine solche setzt voraus, dass Erfüllung nach § 362 BGB eintreten kann, was indes nicht der Fall ist, weil der Insolvenzschuldner dann über die der Insolvenzmasse zustehende Forderung *verfügen*, sie nämlich zum Erlöschen bringen würde. Insofern hat der Insolvenzschuldner in der Tat mit der Verfügungsbefugnis auch seine Empfangszuständigkeit zugunsten des Insolvenzverwalters verloren[914]. Dabei bildet § 82 InsO nur einen Ausnahmetatbestand um den gutgläubigen Drittschuldner in Anlehnung an § 407 BGB zu schützen. Der Übergang der Empfangszuständigkeit selbst folgt – wie es auch der V. Senat des BFH annimmt – aus § 80 Abs. 1 InsO.

bb) Rechtliche Uneinbringlichkeit nach § 17 Abs. 2 Nr. 1 UStG – erste Berichtigung

Fraglich ist aber, ob mit dem Übergang der Empfangszuständigkeit auch eine rechtliche Uneinbringlichkeit einhergeht, die der V. Senat des BFH damit begründet, dass der Unternehmer nicht mehr in der Lage ist, rechtswirksam Entgeltforderungen in seinem vorinsolvenzrechtlichen Unternehmensteil selbst zu vereinnahmen, da diese in die Insolvenzmasse zu leisten sind.

(1) Mechanismus und Telos der Vorschrift

Um sich dieser Fragestellung auf der zweiten Ebene des argumentativen Dreischritts des Urteils zu nähern, sollen zunächst Mechanismus und Telos von § 17 Abs. 2 Nr. 1 UStG erörtert werden. Der fragliche Tatbestand nimmt Bezug auf § 17 Abs. 1 UStG („[...] gilt sinngemäß"), nachdem der Unternehmer den Steuerbetrag für einen von ihm ausgeführten Umsatz zu berichtigen hat, sofern sich die Bemessungsgrundlage für diesen geändert hat. Dieser Tatbestand ist nach dem insoweit ausgestaltend wirkenden § 17 Abs. 2 Nr. 1 UStG erfüllt, wenn das vereinbarte Entgelt für eine steuerpflichtige Lieferung, sonstige Leistung oder einen steuerpflichtigen

---

913 *Ott/Vuia*, in: MüKo, InsO, § 82, Rz. 3.

914 *App*, in: FK, InsO, § 82, Rz. 1; *Grüneberg*, in: Palandt, BGB, § 362, Rz. 3; *Hess*, in: Hess, InsO, § 82, Rz. 3; *Ott/Vuia*, in: MüKo, InsO, § 82, Rz. 3; sinngemäß *Mock*, in: Uhlenbruck, InsO, § 82, Rz. 3 i.V.m. 6; BGH, Urt. v. 16.7.2009, IX ZR 118/08, BGHZ 182, 85, Rz. 7.

innergemeinschaftlichen Erwerb *uneinbringlich* geworden ist. Der Unternehmer hat eine solche Berichtigung in dem Besteuerungszeitraum vorzunehmen, in dem die Änderung eingetreten ist (§ 17 Abs. 1 S. 7 UStG). Um den Bedarf nach dieser Vorschrift zu verstehen, muss man sich die regelmäßige Besteuerung nach vereinbarten Entgelten (Soll-Versteuerung) als Ausnahme zur Besteuerung nach vereinnahmten Entgelten (Ist-Versteuerung) vor Augen führen. Wenn im Rahmen der letztgenannten Besteuerungsform die Steuer erst in dem Moment entsteht, in dem der Unternehmer das Entgelt und damit die darauf entfallende Umsatzsteuer vereinnahmt hat, tritt dieser Zeitpunkt bei der Besteuerung nach vereinbarten Entgelten schon mit der Leistung selbst ein. Eine mögliche Konsequenz dessen ist die Verpflichtung des Unternehmers, Umsatzsteuerbeträge abzuführen, bevor er diese vereinnahmt hat. Es kommt zu einer Vorfinanzierung zugunsten des Fiskus[915]. Weil die Umsatzsteuer als allgemeine Verbrauchsteuer aber nur den tatsächlichen Aufwand des Leistungsempfängers besteuern will, ist die mit der Umsatzsteuerabführung eingetretene Belastung auf der Seite des Unternehmers insbesondere in dem Fall wieder rückgängig zu machen, in dem der Unternehmer das Entgelt – wider Erwarten – nicht erhält, damit also uneinbringlich wird[916]. Die Vorschrift ist damit das notwenige Korrektiv zur Steuerentstehung bei Soll-Versteuerung[917].

Tatbestandlich liegt Uneinbringlichkeit einer Forderung im Sinne des § 17 Abs. 2 Nr. 1 UStG nach allgemeiner Auffassung vor, wenn sie der Leistungsempfänger nicht erfüllt und bei objektiver Betrachtung damit zu rechnen ist, dass der Leistende die Entgeltforderung ganz oder teilweise jedenfalls auf absehbare Zeit rechtlich oder tatsächlich nicht durchsetzen kann[918]. Dies ist insbesondere bei Insolvenz desjenigen der Fall, der das Entgelt schuldet. Insofern ist der nicht angegriffenen Auffassung des V. Senats des BFH zuzustimmen, nach der die Entgeltforderungen aus Lieferungen und sonstigen Leistungen spätestens im Augenblick der

---

915 Dieser Umstand bietet für *Stadie* Anlass zu einer verfassungsrechtlichen Überprüfung, deren Ergebnis darin besteht, einen Verstoß gegen das Übermaßverbot anzunehmen, s. *Stadie*, in: Rau/Dürrwächter, UStG § 17, Rz. 371 ff.

916 Dies bestätigt auch § 17 Abs. 2 Nr. 1 S. 2 UStG, der den einst ausgeführten Umsatz im Fall der Uneinbringlichkeit schließlich erst dann wieder der Besteuerung unterwirft, wenn der Unternehmer das Entgelt vereinnahmen konnte.

917 *Stadie*, in: Rau/Dürrwächter, UStG, § 17, Rz. 351.

918 *Klenk*, in: Sölch/Ringleb, UStG, § 17, Rz. 103; *Korn*, in: Bunjes, UStG, § 17, Rz. 61; st. Rspr. des BFH, s. statt vieler nur Urt. v. 20.7.2006, V R 13/04, BStBl. II 2007, 22; Beschl. v. 4.6.2007, V B 76/06, BFH/NV 2007, 2151. Aus jüngerer Zeit auch BFH, Urt. v. 24.10.2013, V R 31/12, BFHE 243, 451, 455, Rz. 19. Der BFH hatte jüngst über einen Fall zu entscheiden, in dem der leistende Unternehmer aufgrund von Sicherungseinbehalten über einen Zeitraum von zwei bis fünf Jahren die entsprechenden Leistungsentgelte nicht vereinnahmen konnte. Dort läge „erst recht" Uneinbringlichkeit vor. Interessant ist, dass er auch in diesem Judikat mittels der Figur des Steuereinsammlers und der Besteuerungsgleichheit zwischen Ist- und Soll-Versteuerung argumentiert hat. Im Ergebnis ist der V. Senat des BFH (auch dort) einen Schritt in Richtung Ist-Versteuerung gegangen.

Insolvenzeröffnung unbeschadet einer möglichen Insolvenzquote in voller Höhe uneinbringlich werden. Spätestens zu diesem Zeitpunkt ist die Umsatzsteuer des leistenden Unternehmers und dementsprechend der Vorsteuerabzug des Leistungsempfängers nach § 17 Abs. 1 UStG zu berichtigen[919], wenn der das Entgelt schuldende Leistungsempfänger insolvent wird. Dies entspricht im Wesentlichen auch der Bedeutung des Tatbestandsmerkmals „Uneinbringlichkeit", wie es in anderen Steuergesetzen wie § 334 Abs. 1 S. 1 AO[920] oder § 12 Abs. 2 BewG[921] verwendet wird.

(2) Der inhaltliche Widerspruch zwischen Insolvenzeröffnung und rechtlicher Uneinbringlichkeit der Forderung gegen den Drittschuldner

Diese Definition hat der V. Senat des BFH für den „Sonderfall der Eröffnung des Insolvenzverfahrens" insoweit abgewandelt, als sich die fehlende Durchsetzbarkeit für den Leistenden [auch, d. *Verf.*] aus Umständen ergeben kann, die *in seiner Person* [Hervorh. d. *Verf.*] oder in der Person des Leistungsempfängers begründet sind[922]. Grund hierfür soll sein, dass der Unternehmer aus rechtlichen Gründen nicht mehr in der Lage ist, rechtswirksam Entgeltforderungen in seinem vorinsolvenzrechtlichen Unternehmensteil selbst zu vereinnahmen, da diese in die Insolvenzmasse zu leisten sind. Dies führt nach dem Judikat zu einer Uneinbringlichkeit aus Rechtsgründen.

Schon vor der eigentlichen inhaltlichen Stellungnahme erscheint der Ausgangspunkt des V. Senats des BFH fraglich, wonach die Eröffnung des Insolvenzverfahrens einen „Sonderfall" bildet. Vielmehr ist doch die Insolvenz einer der typischen und anerkannten Fälle einer Uneinbringlichkeit i.S.d. § 17 Abs. 2 Nr. 1 UStG. Insofern ist diese zu Anfang angenommene Prämisse bereits nicht recht nachvollziehbar.

Der entscheidende Mangel in der Argumentation ist aber die vom V. Senat des BFH angenommene Umkehrung der Wirkweise von § 17 Abs. 2 Nr. 1 UStG. Denn diese besteht – wie oben bereits dargelegt – nicht darin, eine Veränderung der Entgeltforderung auf Gläubiger-, sondern auf Schuldnerseite zu erfassen. Die im fraglichen Tatbestand abgebildete wirtschaftliche Insuffizienz des Schuldners wird vom erkennenden Senat schlicht auf den Gläubiger übertragen. In dem entschiedenen Fall ist aber gerade nicht der Schuldner, sondern der Gläubiger insolvent

919 St. Rspr. des BFH, s. nur Urt. v. 22.10.2009, V R 14/08, DStRE 2008, 1011, Rz. 27; Urt. v. 28.6.2000, V R 45/99, BStBl. II 2000, 703, 704 f., Rz. 15.

920 Explizit zur Eröffnung des Insolvenzverfahrens *Seibel*, in: Lippross/Seibel, Basiskommentar Steuerrecht, AO, § 334, Rz. 1. Weiter sind die Auffassungen von *Zöllner*, in: Koenig, AO, § 334, Rz. 4, und *Hohrmann*, in: Hübschmann/Hepp/Spitaler, AO, § 334, Rz. 14, die die Eröffnung des Insolvenzverfahrens nicht zwingend verlangen.

921 Nach *Götz*, in: Wilms/Jochum, BewG, § 12, Rz. 50.2, reicht das Vorliegen der Insolvenzantragsgründe nicht aus. Es müsse vielmehr das Insolvenzverfahren mangels Masse abgewiesen bzw. gem. § 207 InsO eingestellt werden. Ähnlich *Grootens*, in: Lippross/Seibel, Basiskommentar Steuerrecht, BewG, § 12, Rz. 36.

922 BFH, Urt. v. 9.12.2010, V R 22/10, BStBl. II 2011, 996, 998, Rz. 24.

und damit wirtschaftlich insuffizient. Dieser Befund ist auch nicht zu korrigieren, wenn man die oben grundsätzlich statthaften Gedanken einer Aufspaltung in Unternehmensteile und den Wechsel der Empfangszuständigkeit berücksichtigt. Daraus folgt nämlich nicht, dass die Entgeltforderung in gleich welcher Weise *rechtlich* uneinbringlich wird. Inhaber der Forderung ist und bleibt der Insolvenzschuldner selbst; sie wird ihm weiterhin als sein wirtschaftliches Eigentum zugerechnet. Sofern der Insolvenzverwalter ab dem Zeitpunkt seiner Bestellung Rechtshandlungen in Bezug auf die Insolvenzmasse tätigt, wirken diese unmittelbar für und gegen den Insolvenzschuldner als Rechtsträger aller zur Insolvenzmasse gehörenden Gegenstände[923]. Dem entspricht auch die von der Rechtsprechung und dem überwiegenden Schrifttum vertretene Amtstheorie, die die Stellung des Insolvenzverwalters beschreibt[924]. Eine anderslautende Auslegung verbietet sich auch insofern, weil sie sich von den Verhältnissen des zugrundeliegenden zivilrechtlichen Rechtsgeschäfts abhebt, auf die das Tatbestandsmerkmal der Uneinbringlichkeit aber gerade abstellt. Diese Bezugnahme ist freilich kein Selbstzweck, sondern will dem Verbrauchsteuergedanken der Umsatzsteuer Rechnung tragen, sofern ein Entgelt nicht oder nicht in absehbarer Zeit vereinnahmt werden kann. Ebendieser Grundgedanke wird von der Rechtsprechung des V. Senats des BFH aber negiert, indem er die Vorschrift des § 17 Abs. 2 Nr. 1 UStG aus umsatzsteuer-systematischen Gründen instrumentalisiert, um eine aufkommenswirksame Realisation von vereinnahmten Umsatzsteuerbeträgen zu gewährleisten. Das ist aber nicht der Zweck der Vorschrift, der allein darin besteht, den leistenden Unternehmer in Fällen zu entlasten, in denen er seine vertraglich geschuldete Leistung erbracht und darauf entfallende Umsatzsteuer abgeführt hat, die diesbezügliche Forderung aber nicht von seinem Schuldner liquidieren konnte. Die Norm soll also den leistenden Unternehmer vor Liquiditätsverlust schützen. Der auf diese Weise identifizierte Telos greift seinem Regelungsbereich nach also nicht ein, wenn überhaupt keine Schutzbedürftigkeit des leistenden Unternehmers vorliegt. Das wird auch daran deutlich, dass nach dem Besprechungsurteil eine Forderung sogar dann rechtlich uneinbringlich würde, wenn diese auf Grund privat-rechtlicher Abreden bislang nicht einmal fällig ist, der Gläubiger also das Entgelt gar nicht verlangen darf (§ 271 BGB).

Im Übrigen bietet der vom V. Senat des BFH entschiedene Fall auch noch unter einem weiteren Gesichtspunkt Anlass dazu, das in dem Urteil gefundene Ergebnis zu kritisieren. Zu der schon steuerrechtlich fehlerhaften Anwendung von § 17 Abs. 2 Nr. 1 UStG tritt hinzu, dass die Auslegung auch aus zivilrechtlichen Gründen unverständlich ist. In dem Besprechungsurteil wurde über das Vermögen einer GmbH, also einer Kapitalgesellschaft, das Insolvenzverfahren eröffnet. Diese fungiert als juristische Person des Privatrechts und damit gleichsam als eigener

---

923 *Ott/Vuia*, MüKo, InsO, § 80, Rz. 8. In diesem Sinne auch *Welte/Friedrich-Vache*, ZIP 2011, 1595, 1601.

924 *Ott/Vuia*, MüKo, InsO, § 80, Rz. 27, s. dort auch zum Theorienstreit über die rechtliche Stellung des Insolvenzverwalters insgesamt.

Träger von Rechten und Pflichten. Wenn der V. Senat des BFH nun formuliert, dass der „Unternehmer [...] somit aus rechtlichen Gründen nicht mehr in der Lage ist, rechtswirksam Entgeltforderungen [...] selbst zu vereinnahmen", dann ist dies bei näherer Betrachtung sowohl außerhalb wie innerhalb eines Insolvenzverfahrens zutreffend. Denn auch eine wirtschaftlich gesunde GmbH kann ihre Entgelte schlechterdings nicht selbst vereinnahmen, da sie selbst nicht handlungsfähig ist. Hierzu ist sie konstruktionsbedingt auf ihre Organe angewiesen, deren Handeln für und gegen die GmbH wirkt; es findet also eine Zurechnung dessen statt. Freilich muss nicht immer der Geschäftsführer selbst hierzu auf den Plan treten. Vertretungs- und Verfügungsberechtigungen können auch weiteren Personen eingeräumt werden. Mit der Eröffnung des Insolvenzverfahrens übt diese Funktion nunmehr (zunächst allein, später ggf. gemeinsam mit weiteren Personen, denen er Vertretungsmacht einräumt) der Insolvenzverwalter aus. An dem Bestand der Entgeltforderung hat sich damit aber nichts geändert. Sie kann auch nicht uneinbringlich sein, weder im vorinsolvenzrechtlichen Bereich, noch im zeitlich darauffolgenden Massebereich. Sie war und ist als Aktivposition dem Vermögen der GmbH zuzurechnen[925], über das nunmehr lediglich eine andere natürliche Person zu verfügen berechtigt ist. Eine davon abweichende Betrachtung führte dazu, dass der Bestand von Forderungen für die Relevanz der Anwendung von § 17 Abs. 2 Nr. 1 UStG auf Gläubigerseite an die Berechtigung einzelner oder mehrerer Personen geknüpft würde. Streng genommen ließe sich dann eine rechtliche Uneinbringlichkeit sogar annehmen, wenn derjenige Geschäftsführer von den Gesellschaftern durch einen personenverschiedenen Nachfolger ersetzt wird, der den die Entgeltforderung konstituierenden Vertrag geschlossen hat. In diesem Fall eine *erste Berichtigung* vorzunehmen, die zu einer zweiten Berichtigung bei Vereinnahmung durch den Nachfolger führt, ist fern jeden insolvenz- und umsatzsteuerrechtlichen Verständnisses. Der Insolvenzverwalter löst den Geschäftsführer aber noch nicht einmal ab. Mit seiner Bestellung und der Eröffnung des Insolvenzverfahrens wird der Geschäftsführer nicht *qua* Gesetz seines Amtes enthoben; seine Organstellung wird nicht berührt. Der Insolvenzverwalter rückt – insofern *nur* – umfassend in dessen Rechte- und Pflichtenkanon ein. Er wird *de facto* zum alleinigen gesetzlichen Vertreter der Gesellschaft. Die Entgeltforderung selbst verbleibt aber bei dem Rechtsträger, für und gegen den sie wirkt, dem sie rechtlich und wirtschaftlich zuzurechnen ist. Es findet also kein Rechtsträger- sondern lediglich ein Personenwechsel statt[926], der keinen Einfluss darauf hat, ob die Forderung einbringlich oder uneinbringlich ist bzw. wird, was aus der insoweit entscheidenden Perspektive des Unternehmers bzw. Unternehmens selbst zu beurteilen ist.

---

925 In diesem Sinne auch *Heinze*, DZWiR 2011, 276, 278: „Die ganze Konstruktion einer rechtlichen Uneinbringlichkeit ist auf der Aktivseite rechtsdogmatisch ohne Basis."

926 *Welte/Friedrich-Vache*, UR 2012, 740, 743. Ähnlich *D. Birk*, Gutachten im Auftrag des DAV, S. 24.

Aber selbst wenn die Forderung ihren früheren Rechtsträger wechselt, wäre die Annahme einer Uneinbringlichkeit verfehlt[927]. Als Beispiel hierzu soll ein Fall dienen, in dem der leistende Unternehmer die Entgeltforderung an einen Dritten endgültig abtritt, sie also zivilrechtlich seinen Verfügungsbereich verlässt. Auch wenn der Forderungskaufpreis sogar unterhalb des Nennwerts der Forderung liegt und der Zessionar das Risiko der Eintreibung tragen soll (sog. echtes factoring), ist weder eine teilweise, noch eine volle Minderung der Bemessungsgrundlage vorzunehmen[928], infolgedessen auch nicht von einer Uneinbringlichkeit auszugehen. Mit einer Abtretung verändert sich aber die dingliche Zuordnung der Forderung; sie geht nach § 398 BGB mitsamt aller Neben- und Vorzugsrechte (§ 401 BGB) vom Zedenten auf den Zessionar über. Daraus folgt, dass der Abtretende die Forderung mangels Inhaberschaft nicht länger geltend machen kann. Hier nur vom Wechsel einer Empfangs*zuständigkeit* zu sprechen, würde die sachenrechtliche Tragweite verkennen. Wenn aber schon diese dingliche, absolut wirkende Rechtsfolge nicht zu der Anwendbarkeit von § 17 Abs. 2 Nr. 1 UStG führt, dann kann es der vom V. Senat des BFH angenommene Wechsel einer Empfangszuständigkeit infolge der Eröffnung des Insolvenzverfahrens *erst recht* nicht[929].

(3) Richtlinienkonforme Auslegung anhand von Art. 90 MwStSystRL

Der oben unter (1) näher definierte Telos liegt auch Art. 90 Abs. 1 MwStSystRL zugrunde, auf den Art. 17 Abs. 2 Nr. 1 UStG zurückgeht. Danach wird im „[...] Falle der Annullierung, der Rückgängigmachung, der Auflösung, der vollständigen oder teilweisen Nichtbezahlung oder des Preisnachlasses nach der Bewirkung des Umsatzes die Steuerbemessungsgrundlage unter den von den Mitgliedstaaten festgelegten Bedingungen entsprechend vermindert". In dessen Absatz 2 heißt es weiter, dass „[...] die Mitgliedstaaten im Falle der vollständigen oder teilweisen Nichtbezahlung von Absatz 1 abweichen" können. Der EuGH anerkennt die unionsrechtskonforme, und damit die richtlinienkonforme Auslegung nationalen Rechts als ein europarechtliches Grundprinzip und gründet diese im Ausgangspunkt auf Art. 288 AEUV i.V.m. Art. 4 Abs. 3 EUV. Danach erwächst die Pflicht aller Behörden und Gerichte, im Rahmen ihrer Zuständigkeit das nationale Recht im Lichte des Wortlauts und des Zwecks der jeweiligen Richtlinie auszulegen[930]. Dieses Gebot

---

927 Vermeintlich sieht auch *Wäger*, DStR 2011, 1925, 1932, die Gefahr, dass die Rechtspraxis in diesem Fall auf die Idee einer Uneinbringlichkeit kommen könnte und verneint dies als Replik auf *Heinze*, DZWiR 2011, 276, 277, und *Onusseit*, DZWiR 2011, 353, 354 f., die diese Rechtsfolge als möglich ansehen.

928 BFH, Urt. v. 6.5.2010, V R 15/09, BStBl. II 2011, 142, 143 f., Rz. 9 ff.; *Stadie*, in: Rau/Dürrwächter, UStG, § 17, Rz. 189 f.

929 Im Ergebnis so auch *Welte/Friedrich-Vache*, UR 2012, 740, 748.

930 EuGH, Urt. v. 14.7.1994, C-91/92, *Faccini Dori*, Slg. 1994, I-3325, 3357; *W. Kahl*, in: Calliess/Ruffert, EUV/AEUV, Art. 4, Rz. 92; *Mayer*, in: Grabitz/Hilf/Nettesheim, Recht der EU, Art. 19 EUV, Rz. 40.

der richtlinienkonformen Interpretation des nationalen Umsetzungsrechts kommt immer dann zum Tragen, *wenn* und soweit das nationale Umsetzungsrecht Interpretationsergebnisse zuließe, die mit den Gehalten der Richtlinienbestimmung unvereinbar wären[931]. Der V. Senat des BFH nimmt offenbar an, dass seine Interpretation von Art. 90 Abs. 1 MwStSystRL gedeckt ist[932]. Auch wenn bereits diesbezüglich Bedenken bestehen, soll der These für einen Moment gefolgt werden, nach der § 17 Abs. 2 Nr. 1 UStG überhaupt einen entsprechenden Interpretationsspielraum hergibt, woran wegen der engen Fassung beider Tatbestände bereits gezweifelt werden kann. Den beiden oben zitierten Absätzen ist gemein, dass sie auf den wirtschaftlichen Gehalt der Entgeltforderung abzielen, indem sie auf die mit dieser Forderung zusammenhängenden tatsächlichen oder rechtlichen Verhältnisse, wie beispielsweise ihre *Nichtbezahlung* rekurrieren. Auch an dem Begriff „Preisnachlass" wird deutlich, dass es sich um eine Veränderung in der Höhe oder dem Bestand der Forderung selbst handeln muss. Diese kann zwar auch nach dem insoweit vorrangigen Unionsrecht durch *rechtliche Umstände* entstehen, was beispielsweise bei einer „Auflösung" der Fall ist. Die sich nach der Bewirkung des Umsatzes ergebenden Veränderungen bleiben aber unabhängig von ihrer Ursache immer an der Forderung selbst behaftet. Art. 90 MwStSystRL ist nicht zu entnehmen, dass dessen Regelungsbereich auch die Insolvenz des leistenden Unternehmers erfassen will, die auf den Bestand der Forderung weder ihrem Grund, noch der Höhe nach Einfluss hat.

Diese Kritik vermag auch nicht durch die vom V. Senat des BFH in einem späteren Urteil angeführte Argumentation zerstreut werden. Vielmehr ist sie bereits im Ansatz nicht nachvollziehbar, weil sie ein inhaltlich nicht zielführendes Zitat auf die Rechtsprechung des EuGH enthält, das aus einem Urteil dessen (EuGH) zu der Vorgängervorschrift von Art. 90 Abs. 1 MwStSystRL[933] ergangen ist. Danach lässt die Regelung einen „Gestaltungsspielraum bei der Festlegung der Maßnahmen zur Bestimmung des Betrags der Minderung" zu[934]. Nimmt man aber die Ausführungen des EuGH in der Randziffer davor mit in den Blick, so wird klar, dass das Zitat für

---

931 *Nettesheim*, in: Grabitz/Hilf/Nettesheim, Recht der EU, Art. 288 AEUV, Rz. 135.

932 BFH, Urt. v. 24.9.2014, V R 48/13, BStBl. II 2015, 506, 510, Rz. 37 f., Replik auf FG Berlin-Brandenburg v. 2.4.2014, 7 K 7337/12, EFG 2014, 1427. In dem angeführten Urteil nimmt der V. Senat des BFH das erste Mal inhaltlich auf Art. 90 MwStSystRL Bezug, nachdem er insoweit noch mit Beschl. v. 11.3.2014, V B 61/13, juris, keinen Klärungsbedarf sah. In dem hier in Rede stehenden Besprechungsurteil hat er sich nicht mit der Vorschrift auseinandergesetzt. Auch ist er insoweit nicht auf die zwischenzeitlich erschienene Kritik aus der Literatur (s.o. unter Zweites Kapitel D)II.3.) eingegangen. Nach *Heuermann*, UR 2015, 174, 179, ist „für den V. Senat [...] jedenfalls klar, dass § 17 UStG in seiner Interpretation durch die Richtlinie gedeckt ist." *Er* will den Fall der rechtlichen Uneinbringlichkeit unter eine „Art von Annullierung i.S.v. Art. 90 MwStSystRL" subsumieren.

933 Art. 11 Teil C Abs. 1 Unterabs. 1 RL 77/388/EWG.

934 BFH, Urt. v. 24.9.2014, V R 48/13, BStBl. II 2015, 506, 510, Rz. 38, Verweis auf EuGH, Urt. v. 3.9.2014, C-589/12, *GMAC*, DStR 2014, 1921, 1923, Rz. 32.

den vorliegenden Fall keinen gedanklichen Nutzen hat. Denn dort geht es um das konventionelle Verständnis der Minderung der Bemessungsgrundlage, „wenn der Steuerpflichtige nach Bewirkung eines Umsatzes die gesamte Gegenleistung oder einen Teil davon nicht erhält."[935] Nur diesbezüglich soll den Mitgliedstaaten also nach der Auffassung des EuGH ein gewisser Gestaltungsspielraum verbleiben. Weiter scheint es, als wolle der V. Senat des BFH ein weiteres teleologisches Element in seine Auslegung von § 17 Abs. 2 Nr. 1 UStG und Art. 90 Abs. 1 MwStSystRL hineinlesen, wenn er Art. 273 MwStSystRL anführt[936]. Danach können die Mitgliedstaaten [...] weitere Pflichten vorsehen, die sie für erforderlich erachten, um eine genaue Erhebung der Steuer sicherzustellen und um Steuerhinterziehung zu vermeiden. Schon der letzte Teil des vorstehenden Satzes lässt erahnen, welcher Zweck der Vorschrift eigentlich zukommt und Mitgliedstaaten berechtigt, Regelungen zu erlassen, die kein Pendant in der Mehrwertsteuer-Systemrichtlinie haben[937]. Davon abgesehen greift der Verweis auch schon deswegen ins Leere, weil die genannte Vorschrift nicht die Rechtsprechung, sondern den jeweiligen Gesetzgeber eines Mitgliedstaates befähigt, weitere Pflichten vorzusehen, also in einem entsprechenden Gesetzgebungsverfahren zu erlassen.

Aus alledem wird deutlich, dass Art. 90 Abs. 1 MwStSystRL die vom V. Senat des BFH vorgenommene Auslegung von § 17 Abs. 2 Nr. 1 UStG nicht deckt. Wie hinsichtlich der nationalen Vorschrift misst er damit einer europarechtlichen Norm eine Bedeutung bei, die ihr nicht zukommt und allein dem Zweck dient, vereinnahmte Umsatzsteuerbeträge in der Insolvenz des leistenden Unternehmers aufkommenswirksam zu realisieren. Eine solcher Telos ist indes auch Art. 90 Abs. 1 MwStSystRL nicht zu entnehmen, weder in dessen systematisch autarkem Verständnis, noch unter Berücksichtigung von Sinn und Zweck der Mehrwertsteuer-Systemrichtlinie in ihrer Gesamtheit. Denn wie wir oben bereits gesehen haben, folgt aus ihr nicht die Pflicht, die Umsatzsteuer in der Insolvenz zu separieren. Insofern ist festzustellen, dass der V. Senat des BFH gegen Unionsrecht verstoßen hat.

(4) Richtiges Verständnis der Fallgruppe

In Abgrenzung zu dem unzutreffenden Verständnis einer rechtlichen Uneinbringlichkeit des V. Senats des BFH soll nunmehr untersucht werden, was unter dem

---

935 EuGH, Urt. v. 3.9.2014, C-589/12, *GMAC*, DStR 2014, 1921, 1923, Rz. 31.

936 BFH, Urt. v. 24.9.2014, V R 48/13, BStBl. II 2015, 506, 510, Rz. 38, „zudem".

937 Aus der Judikatur des EuGH lassen sich dazu die folgenden Fälle entnehmen, bei denen es um die Schaffung einer nationalen Rechtsvorschrift auf Grundlage von Art. 273 MwStSystRL ging: Urt. v. 13.2.2014, C-18/13, DStRE 2014, 1249, 1254, Rz. 42 ff. „zusätzliche Rechnungslegungsvorschrift"; Urt. v. 19.12.2013, C-563/12, ABl. EU 2014, Nr. C 52, 21, Rz. 33 ff.: „besondere Voraussetzungen für steuerfreie Ausfuhrlieferungen"; Urt. v. 20.6.2013, C-259/12, DStRE 2014, 97, 99, Rz. 30 ff.: „Verwaltungsgeldstrafe für nicht rechtzeitigen Ausweis ausgeführter Umsätze"; jeweils zur Vermeidung von Steuerhinterziehung.

Begriff im Rahmen von § 17 Abs. 2 Nr. 1 UStG richtigerweise zu verstehen ist. Die Fallgruppe einer rechtlichen Uneinbringlichkeit ist nämlich keinesfalls neu; allein deswegen ist auch die gewählte Bezeichnung durch den V. Senat des BFH unglücklich, insbesondere, weil sie nicht nach solchen Fällen differenziert, die nach Literatur und Rechtsprechung zu einer solchen Uneinbringlichkeit führen. Nun ließe sich an dieser Stelle einwenden, dass auch die Uneinbringlichkeit wegen Insolvenz letztlich eine rechtliche ist, weil dort das Vollstreckungsverbot des § 89 InsO einsetzt. Dies ist aber erst die Folge und nicht die Ursache der Uneinbringlichkeit, die auf tatsächlichen Verhältnissen, nämlich dem wirtschaftlichen Unvermögen und der darin mündenden Zahlungsunfähigkeit bzw. Überschuldung des Insolvenzschuldners beruht. Rechtliche Uneinbringlichkeit liegt ungeachtet dessen dann vor, wenn die Ursache der Uneinbringlichkeit auf rechtliche Mechanismen zurückzuführen ist. Ist die Entgeltforderung beispielsweise wegen der Erhebung der Einrede der Verjährung nicht durchsetzbar, so ist sie im umsatzsteuerrechtlichen Sinne rechtlich uneinbringlich[938]. Gleiches gilt für den Fall, in dem sich der Gläubiger im Rahmen eines *pactum de non petendo* dazu verpflichtet, seine Forderung nicht geltend zu machen[939] oder ein zur Zahlung hingegebener Wechsel oder Scheck bei Fälligkeit nicht eingelöst wird[940]. Ebenfalls in Betracht kommt ein Verzicht auf die Forderung über das Entgelt[941]. Alle genannten Fallgruppen entsprechen nicht nur Wortlaut, sondern auch Sinn und Zweck von § 17 Abs. 2 Nr. 1 UStG, der auf den wirtschaftlichen Gehalt der Entgeltforderung abzielt. Der V. Senat des BFH schlägt die von ihm geschaffene Lesart also semantisch einer Kategorie von *Uneinbringlichkeit* zu, die inhaltlich nichts mit ihr gemein hat.

(5) Zeitpunkt der Berichtigung

Näher einzugehen ist ferner auf den Zeitpunkt, zu dem der V. Senat des BFH die Berichtigung nach § 17 Abs. 2 Nr. 1 UStG vorgenommen hat. Diesbezüglich hat er sich schon in dem in Rede stehenden Urteil dahingehend geäußert, dass „[...] die erste Steuerberichtigung aufgrund der Uneinbringlichkeit im vorinsolvenzrechtlichen Unternehmensteil" vorzunehmen ist[942]. Gleichwohl hat der Senat seine

---

938 *Klenk*, in: Sölch/Ringleb, UStG, § 17, Rz. 106; *Straub*, DStR 2009, 1303, 1305.

939 BFH, Beschl. v. 7.1.1998, V B 106/97, BFH/NV 1998, 1003; *Klenk*, in: Sölch/Ringleb, UStG, § 17, Rz. 106; *Korn*, in: Bunjes, UStG, § 17, Rz. 63.

940 BFH, Urt. v. 8.12.1993, XI R 81/90, BStBl. II 1994, 338; BFH, Urt. v. 9.8.1990, V R 134/85, BStBl. II 1990, 1098; *Weymüller*, in: Birkenfeld/Wäger, USt-Handbuch, § 209, Rz. 36.

941 *Stadie*, in: Rau/Dürrwächter, UStG, § 17, Rz. 414 f.

942 BFH, Urt. v. 9.12.2010, V R 22/10, BStBl. II 2011, 996, 999, Rz. 31. In der Literatur finden sich demgegenüber Stimmen, die den Zeitpunkt als *nicht deutlich* oder *unklar* bestimmt ansahen, möglicherweise die Berichtigung erst nach Insolvenzeröffnung vornehmen wollten. Wenn aber nach der Rspr. im *vor*insolvenzrechtlichen Unternehmensteil zu berichtigen ist, musste auch davon ausgegangen werden, dass dies auch *vor* der Eröffnung des Insolvenzverfahrens stattzufinden hat.

Rechtsprechung später dahingehend (deklaratorisch) präzisiert, dass der Berichtigungsanspruch für Entgelte aus durch den insolventen Unternehmer erbrachten Leistungen „mit und damit eine juristische Sekunde vor der Insolvenzeröffnung“ entsteht[943]. Damit handele es sich um Insolvenzforderungen nach § 38 InsO. Hierbei verweist der Senat – nicht im Besprechungs-, sondern in einem späteren Urteil[944] – auf eine frühere Rechtsprechung, nach der ein „Vorsteuerrückforderungsanspruch des Finanzamtes *zur Zeit* [Hervorh., d. *Verf.*] der Eröffnung des Konkurses über das Vermögen der Gemeinschuldnerin begründet und demzufolge Konkursforderung“ ist[945]. Diese Auffassung ist nachvollziehbar und richtig, vergegenwärtigt man sich, dass es um den Fall einer tatsächlichen Uneinbringlichkeit ging. Dort war nicht der Leistende, sondern der Leistungsempfänger in Konkurs geraten. Der V. Senat des BFH hatte nun darüber zu entscheiden, wann der Vorsteuerrückforderungsanspruch begründet war. Dass dies *spätestens* im Zeitpunkt der Eröffnung des Konkursverfahrens über das Vermögen des Leistungsempfängers sein musste, leuchtet ein. Die Eröffnung des Konkurs- bzw. Insolvenzverfahrens durch das Insolvenzgericht ist nämlich nur der letzte Akt, der eine schon länger bestehende Zahlungsunfähigkeit bzw. Überschuldung manifestiert. Es handelte sich dabei also dem Grunde nach um eine tatsächliche Uneinbringlichkeit[946], die bedingt durch die Konkurseröffnung dazu führt, dass die Ansprüche der Gläubiger „von Rechts wegen gegenüber dem Schuldner“[947] nicht mehr durchsetzbar sind. Wenn der V. Senat des BFH in dem Besprechungsurteil aber nun für Recht erkennt, dass diese zeitliche Abfolge auch bei der von ihm geschaffenen Fallgruppe einer rechtlichen Uneinbringlichkeit wegen Übergangs der Vereinnahmungszuständigkeit erfolgen

943 BFH, Urt. v. 24.11.2011, V R 13/11, BStBl. II 2012, 298, 304, Rz. 52; so auch schon vor dem Urteil *Wäger*, DStR 2011, 1925, 1926. Mit diesem Urteil verpuffte auch die Hoffnung *Kahlerts*, ZIP 2011, 2421, 2424, 2425 („Paradigmenwechsel“), es hätte sich bei dem Urteil des BFH vom 9.12.2010 um eine Einzelfallentscheidung handeln können. Anlass zu dieser Annahme gab ihm das Urteil des BFH vom 24.8.2011, V R 53/09, BStBl. II 2012, 256, nach dem sich die Abgrenzung zwischen Insolvenzforderungen/-verbindlichkeiten nach „[…] dem Zeitpunkt der insolvenzrechtlichen Begründung“ richtet (Rz. 17). Dieser – auch in der Formulierung von der „Norm“ abweichende – Obersatz wäre eine Abkehr vom üblichen Maßstab gewesen.

944 BFH, Urt. v. 24.11.2011, V R 13/11, BStBl. II 2012, 298.

945 BFH, Urt. v. 13.11.1986, V R 59/79, BStBl. II 1987, 226, 228, Rz. 16. Maßgebend sei danach nicht, ob den Vermögensansprüchen gegen die Gemeinschuldnerin „spätestens mit Eröffnung“ des Konkursverfahrens noch ein Wert zukommt, sondern das konkursrechtliche Vollstreckungsverbot. Dieses Ergebnis dürfte der Rechtsprechung des IX. Senats des BGH indes widersprechen, vgl. BGH, Urt. v. 19.7.2007, IX ZR 81/06, ZIP 2007, 1612, Rz. 23 f.

946 Die Abgrenzung zur rechtlichen Uneinbringlichkeit ist oben unter Zweites Kapitel D)II.5.a)bb)(4) beschrieben.

947 BFH, Urt. v. 13.11.1986, V R 59/79, BStBl. II 1987, 226, 228, Rz. 16.

soll, so setzt er sich in Widerspruch zu dem Prinzip von Ursache und Wirkung[948]. Ungeachtet der Tatsache, dass dort nach der hier vertretenen Auffassung schon kein Fall des § 17 Abs. 2 Nr. 1 UStG vorliegt, müsste die erste Berichtigung nach der Vorschrift auch erst nach der Eröffnung des Insolvenzverfahrens durchgeführt werden[949]. Die Ursache der Uneinbringlichkeit ist nämlich auch nach dem Besprechungsurteil nicht die Zahlungsunfähigkeit des Entgeltschuldners – wie es aber in dem Urteil der Fall ist, auf das der Senat Bezug nimmt[950] –, sondern der Übergang der Empfangszuständigkeit auf den Insolvenzverwalter. An dieser Stelle greift also nicht die vorhin angestellte Überlegung, wonach die Uneinbringlichkeit *spätestens* mit Eröffnung des Insolvenzverfahrens eintreten muss. Vielmehr tritt der Wechsel der Empfangszuständigkeit *erst* in dem Moment ein, in dem das Insolvenzverfahren eröffnet wird. Insofern müsste formuliert werden, dass *frühestens* mit diesem Zeitpunkt auch eine Uneinbringlichkeit eintreten könnte[951]. Dann müsste die erste Berichtigung aber im Unternehmensbereich der Insolvenzmasse vorgenommen werden, was wiederum mit dem übergeordneten Motiv des V. Senats des BFH kollidieren würde. In diesem Fall würde nämlich sowohl die erste *wie auch* die zweite Berichtigung im Massebereich vorzunehmen sein, was – abhängig von den Einzelheiten des Sachverhalts – zu einer Neutralisierung dieser beiden Besteuerungsgrundlagen führen würde.

(6) Relevanz des Erfordernisses der Besteuerungsgleichheit zwischen den Besteuerungsformen

Um seine Konstruktion einer Doppelberichtigung weiter zu stützen, führt der V. Senat des BFH auch das Erfordernis an, die Besteuerungsgleichheit zwischen Ist- und Soll-Versteuerung zu wahren. Damit sei es nämlich nicht zu vereinbaren,

---

948 So auch *Seer*, Abschlussbericht der Kommission zur Harmonisierung von Insolvenz- und Steuerrecht, Beihefter zu DStR 42/2014, 117, 122.

949 Ob dies noch mit der Metapher *einer juristischen Sekunde* unterlegt werden muss, mag jeder Leser für sich entscheiden. Meines Erachtens wird diese gedankliche Hilfskonstruktion zu oft für Sachbereiche bemüht, in denen sie nichts auszurichten vermag. Anders ist dies bspw. beim Übergang von Rechten und Pflichten i.R.v. Verfügungsgeschäften und Kettenbildungen. Vgl. hierzu im Allgemeinen *Wieacker*, in: FS Wolf, S. 421 ff.

950 Vgl. BFH, Urt. v. 13.11.1989, V R 59/79, BStBl. II 1987, 226.

951 Die zweifelhafte Logik des V. Senats des BFH zeigt sich auch an seinem Urteil v. 8.8.2013, V R 18/13, in dem es um den Zeitpunkt der Entstehung eines Vorsteuerberichtigungsanspruchs nach § 17 Abs. 1 S. 2 i.V.m. § 17 Abs. 2 Nr. 1 UStG bei Beendigung einer umsatzsteuerlichen Organschaft bedingt durch die Bestellung eines vorläufigen Insolvenzverwalters mit Zustimmungsvorbehalt ging. Die tatsächliche Uneinbringlichkeit soll dort mit, und damit vor einem Entfallen der Eingliederung eingetreten sein, obwohl der vorläufige Insolvenzverwalter zu diesem Zeitpunkt noch nicht bestellt war. Im Ergebnis konnte also der (nicht insolvente) Organträger seitens des FA in Anspruch genommen werden.

bei der Entgeltvereinnahmung durch den Insolvenzverwalter für vorinsolvenzlich erbrachte Leistungen nach Besteuerungsformen zu differenzieren[952]. Diesem nachvollziehbaren und legitimen Anliegen muss auf der Grundlage der hier vertretenen Auffassung aber schon deswegen der Boden entzogen werden, weil auch bei der Ist-Versteuerung hinsichtlich der Frage einer Begründetheit gem. § 38 InsO allein an die Erbringung der steuerbaren Leistung angeknüpft wird. Insofern käme es zu *keinem* Auseinanderfallen zwischen Ist- und Soll-Versteuerung, wenn auch bei letztgenannter Besteuerungsform allein die Leistungserbringung das ausschlaggebende Moment für § 38 InsO wäre[953]. Aber auch wenn man mit der Auffassung des V. Senats des BFH geht, vermag der Hinweis auf die Besteuerungsgleichheit zwar plausibel sein, taugt jedoch nicht dafür, die gefundene Konstruktion zu rechtfertigen oder sogar die Auslegung von § 17 Abs. 2 Nr. 1 UStG im vorliegenden Fall zu begründen[954]. Um diesen Maßstab mit Gehalt aufzuladen, müsste man ihn nämlich zunächst genauer hinterfragen, indem Vergleichsgruppen gebildet werden und sodann der Grund für eine etwaige Rechtfertigung auf seine Tauglichkeit hin untersucht wird. Hier müsste abermals das Insolvenzrecht im Allgemeinen und im verfassungsrechtlichen Sinne im Besonderen die insolvenzrechtliche Systemkonsequenz aus Art. 3 Abs. 1 i.V.m. Art. 14 Abs. 1 GG ins Feld geführt werden. Daraus ließe sich ableiten, dass die insolvenzrechtliche Befriedigungssystematik mit ihrer Anknüpfung an die Leistungserbringung selbst keinen Raum für die Berücksichtigung von Erfordernissen lässt, die allein aus umsatzsteuer-verfahrenstechnischen Besonderheiten herrühren. Davon abgesehen dient die Gewährleistung der Besteuerungsgleichheit zwischen beiden Besteuerungsformen allein als Korrektiv zu den Lasten, die mit einer Vorfinanzierung von Umsatzsteuerbeträgen einhergehen und diejenigen Unternehmer treffen, die ihre Umsätze nach vereinbarten Entgelten versteuern. Dieser Ausschnitt aus dem allgemeinen Gleichheitssatz des Art. 3 Abs. 1 GG[955] dient also nicht dazu, in der Insolvenz des Unternehmers eine aufkommenswirksame Realisation von Umsatzsteuer sicherzustellen. Er dient einer verfassungsrechtlichen Reflektion der mit der Soll-Versteuerung einhergehenden Liquiditätseinbußen. Dieses Risiko steht in dem Besprechungsurteil indes nicht in Frage. Denn dort geht es nicht um die Frage, ob oder wann der Unternehmer ein Entgelt überhaupt vereinnahmt und

952 BFH, Urt. v. 9.12.2010, V R 22/10, BStBl. II 2011, 996, 999, Rz. 32.

953 In diesem Sinne auch *Zeeck*, KTS 2006, 407, 422 f.

954 Zu der Auslegung von § 17 Abs. 2 Nr. 1 UStG aber BFH, Urt. v. 9.12.2010, V R 22/10, BStBl. II 2011, 996, 999, Rz. 32. Insofern führt auch der Verweis auf BFH, Urt. v. 22.7.2010, V R 4/09, BFHE, 231, 260, ins Leere, bei dem es in der Sache u. a. darum ging, inwieweit die sich aus der Soll-Versteuerung ergebenden Liquiditätsnachteile durch die Auslegung von § 17 Abs. 2 Nr. 1 UStG abgemildert und so zu einer Annäherung von Ist- und Soll-Versteuerung genutzt werden. Das BVerfG hat sich im Rahmen der darauffolgenden Verfassungsbeschwerde, Kammerbeschl. v. 20.3.2013, 1 BvR 3063/10, UR 2013, 468 ff., nicht zu der Auslegung von § 17 Abs. 2 Nr. 1 UStG eingelassen.

955 S. hierzu BFH, Urt. v. 22.7.2010, V R 4/09, BStBl. II 2013, 590, 594, Rz. 44.

damit sein dem Fiskus überlassen*es Darlehen* durch Leistung des Drittschuldners tilgen kann. Insofern ist der beabsichtigte Schutzzweck der Besteuerungsgleichheit überhaupt nicht tangiert. Er ist damit lediglich ein *prima-facie* Argument, das ein grundsätzlich legitimes Anliegen verfolgt, für die in Rede stehende Fragestellung aber nichts herzugeben vermag[956].

(7) (Keine) Korrespondierende Berichtigung auf Seiten des Leistungsempfängers

Es ist ein wesentliches Merkmal der Berichtigung der Bemessungsgrundlage nach § 17 Abs. 2 Nr. 1 UStG, dass diese bei Vorliegen der Tatbestandsmerkmale auf beiden Seiten des Leistungsaustauschs vorgenommen werden muss. Insoweit gilt, dass der Unternehmer, *der den* Umsatz ausgeführt hat, nach § 17 Abs. 1 S. 1 UStG und der Unternehmer, *an den* der Umsatz ausgeführt worden ist, nach § 17 Abs. 1 S. 2 UStG i.V.m. § 17 Abs. 2 Nr. 1 UStG den jeweiligen Steuerbetrag zu berichtigen haben[957]. Der V. Senat des BFH hat in dem Besprechungsurteil ausdrücklich offen gelassen[958], ob er diese Korrespondenz von Berichtigungen beibehalten will oder nicht. Er gibt aber zu bedenken, dass der Leistungsempfänger selbst bei Bestehen einer derartigen Berichtigungspflicht nicht beschwert sei, da er ohnehin zu prüfen habe, ob über das Vermögen des Leistenden das Insolvenzverfahren eröffnet wurde, um sicherzustellen, dass er seine Zahlung an den Insolvenzverwalter richtet, um die schuldbefreiende Wirkung derselben sicherzustellen. Eine Berichtigung sei jedenfalls dann nicht erforderlich, wenn der Leistungsempfänger das Entgelt im selben Voranmeldungszeitraum zahle, wie auch das Insolvenzverfahren eröffnet wurde, da sich in diesem Fall die erste mit der vorzunehmenden zweiten Berichtigung aufheben würde[959]. Die Finanzverwaltung hat sich demgegenüber klar dafür ausgesprochen, dass auf Empfängerseite mit der ersten Berichtigung wegen rechtlicher Uneinbringlichkeit auf der Seite des Leistenden keine Berichtigung des Vorsteuerabzugs stattzufinden hat[960]. Die dort abgedruckte Begründung verdeutlicht abermals die Mängel des Konstrukts vom V. Senat des BFH und erweist sich damit gewissermaßen als

---

956 Zu der insolvenzrechtlichen Eigenart, dass die Begründetheit i.S.d. § 38 InsO vor dem frühestmöglichen Zeitpunkt des Zugriffs durch die Steuerbehörden liegt, s. oben unter Zweites Kapitel D)I.4.c)cc)(4).

957 *Stadie*, in: Rau/Dürrwächter, UStG, § 17, Rz. 170; *P. Weymüller*, in: Birkenfeld/Wäger, USt-Handbuch, § 207, Rz. 221 f. Damit muss nicht zwingend auch eine zeitliche Korrespondenz dergestalt einhergehen, dass die Berichtigungen im identischen Voranmeldungszeitraum vorzunehmen sind. Die Korrespondenz *dem Grund nach* bleibt davon aber unangetastet.

958 BFH, Urt. v. 9.12.2010, V R 22/10, BStBl. II 2011, 996, 999, Rz. 33 f.

959 BFH, Urt. v. 9.12.2010, V R 22/10, BStBl. II 2011, 996, 999, Rz. 34.

960 UStAE zu § 17, Abschn. 17.1, Abs. 15 S. 1. Vgl. hierzu *Kahlert/Schmidt*, DB 2012, 197, 200. Das gilt nach der neuesten Änderung des UStAE, ebd., durch BMF-Schreiben v. 18.5.2016, BStBl. I 2016, 506, nunmehr auch – parallel zum Leistenden – bei der „Bestellung eines vorläufigen Insolvenzverwalters (vgl. Absätze 12 und 13)".

Bärendienst. Danach bestehen nämlich *„Zahlungsverpflichtung und Zahlungsbereitschaft des Leistungsempfängers* [Hervorh., d. *Verf.*] fort und sind unabhängig von der Uneinbringlichkeit des Entgelts im vorinsolvenzrechtlichen Unternehmensteil des leistenden Unternehmers zu beurteilen." Damit hebt die Finanzverwaltung auf den eigentlichen Sinngehalt von § 17 Abs. 2 Nr. 1 UStG ab, nämlich die wirtschaftliche Werthaltigkeit der Forderung, die sich in der finanziellen Leistungskraft des Leistungsempfängers, aber gerade nicht des Leistenden zeigt. Aufgrund der Handhabung der Finanzverwaltung wird sich die Rechtsprechung mit diesem Problem vermutlich nicht, auch nicht dann, wenn der Leistungsempfänger seine Schuld nicht im mit der Insolvenzeröffnung des Leistenden identischen Voranmeldungszeitraum tilgt, befassen müssen. Denn der Leistungsempfänger selbst wird eine Berichtigung seines Vorsteuerabzugs nicht vornehmen, wenn er nicht dazu *verpflichtet* ist, um sich so lange wie möglich den daraus folgenden Liquiditätsvorteil zu erhalten. Die Frage wird mithin erst dann virulent, wenn das Entgelt *tatsächlich* uneinbringlich wird, also beispielsweise der Leistungsempfänger in die Insolvenz fällt. Spätestens dann ist nämlich der Vorsteuerabzug auf dessen Seite zu berichtigen.

Das wiederum führt zu der Frage, was in diesem Fall auf der Seite des leistenden Unternehmers zu geschehen hat, der seinen Ausgangsumsatz schon vorher wegen angeblicher rechtlicher Uneinbringlichkeit berichtigt hat. In diesem Fall wird man wohl davon ausgehen müssen, dass eine nochmalige Berichtigung nicht durchgeführt werden kann, weil eine solche schlicht ins Leere laufen würde, da bereits eine „Null-Stellung" erfolgt ist. Insofern ist festzustellen, dass durch die Rechtsprechung des V. Senats des BFH in zweierlei Hinsicht von einer Korrespondenz der Berichtigung von Ein- und Ausgangsumsatz im Falle von § 17 Abs. 2 Nr. 1 UStG abgewichen wird, nämlich zum einen zum Zeitpunkt der rechtlichen Uneinbringlichkeit auf Seiten des Leistenden und zum anderen zum Zeitpunkt der tatsächlichen – insoweit richtigerweise vorzunehmenden – Berichtigung auf Seiten des Leistungsempfängers. Auch damit offenbart sich ein Bruch, der zwar nicht den Wertungen des Umsatzsteuerrechts konträr gegenübersteht[961], indes aber auch nicht von der Ausgestaltung der Berichtigungstatbestände vorgesehen ist.

(8) Zwischenergebnis

Die vorstehend ausgeführten Gedanken sind – wie bereits oben vorweggenommen – unter Ausnahme der Figur des „Steuereinnehmers für Rechnung des Staates"

961 Es ließe sich allein für den Fall ein Widerspruch erkennen, in dem der Leistungsempfänger trotz Berichtigung wegen rechtlicher Uneinbringlichkeit auf der Seite des Leistenden materiell zu Unrecht den Vorsteuerabzug in Anspruch nehmen kann, ohne dass er wirklich ein Entgelt zahlt, also tatsächlich durch Umsatzsteuer belastet ist. Dieser Umstand ist aber der Technik der Soll-Versteuerung geschuldet und damit systemimmanent.

gewürdigt worden[962]. Es lässt sich aber insofern festhalten, dass der V. Senat des BFH auf diese im Besprechungsurteil inhaltlich nur in einem Satz Bezug nimmt[963]. In Relation zu der mit der Rechtsprechung einhergehenden Abkehr von bislang bewährter Praxis, Auffassung in Rechtsprechung und Schrifttum sowie der festgestellten Überdehnung von Wortlaut[964] und Telos von § 17 Abs. 2 Nr. 1 UStG ist das Urteil aber auch in seiner Gesamtheit weder quantitativ, noch qualitativ ausreichend begründet. In quantitativer Hinsicht ist festzustellen, dass die Entscheidungsgründe zwar insgesamt 40 Randziffern enthalten, Ausführungen zur *bis dato* vollkommen unbekannten rechtlichen Uneinbringlichkeit aber lediglich in drei Randziffern zu finden sind. Außerdem ist anzumerken, dass sich der erkennende Senat an keiner Stelle mit den Auffassungen aus Rechtsprechung und Literatur auseinandersetzt[965]. Dessen hätte es aber angesichts einer solch progressiven und neuartigen Auslegung bedurft. In qualitativer Hinsicht haben die vorstehenden Ausführungen die Schwächen des Urteils gezeigt. Es leidet nicht nur an einfach-rechtlichen Auslegungsmängeln, sondern auch an einer nicht statthaften Implikation umsatzsteuersystematischer Wertungen. Der V. Senat des BFH überträgt in unzulässiger Weise die wirtschaftliche Insuffizienz des Leistungsempfängers auf diejenige des Leistenden und nimmt damit einen nicht haltbaren Perspektivwechsel vor.

In methodischer Hinsicht ist dies eine *unzulässige Analogie*, da schon keine *planwidrige Regelungslücke* vorliegt. Die unzulässige Auslegung der Norm führt nämlich dazu, dass ihre Rechtsfolge auf einen Sachverhalt angewendet wird, der an sich vom Tatbestand der Norm nicht erfasst wird. Eine solche erweiternde Rechtsfortbildung ist vorliegend aber nicht möglich, da es schon sowohl an einer *Regelungslücke*, als auch an der Planwidrigkeit derselben fehlt. Das Gesetz sieht nämlich im ausdifferenzierten Befriedigungsregime der Insolvenzordnung verschiedene Mechanismen vor, mittels derer Umsatzsteuerverbindlichkeiten erfasst werden; eine erweiternde Auslegung von § 17 Abs. 2 Nr. 1 UStG gehört nicht dazu. Auch wenn man davon ausginge, dass ein bloßer „rechtspolitischer Fehler"[966] vorliegt, so führte auch dieser nicht zu einer Regelungslücke. Selbst wenn man aber vor dem Hintergrund rein umsatzsteuer-systematischer Wertungen gleichwohl eine solche

962 S. dazu die Ausführungen oben unter Erstes Kapitel D) und Zweites Kapitel D) I.4.c)cc)(2).

963 BFH, Urt. v. 9.12.2010, V R 22/10, BStBl. II 2011, 996, 999, Rz. 30.

964 Auch *Seer*, Tagungsbericht zur ersten Jahrestagung des Instituts für Insolvenz- und Sanierungsrecht, ZInsO 2015, 242, 246, sieht eine über die Wortlautgrenze des § 17 UStG hinausgehende Rechtsfortbildung. Die Rechtsprechung sei aber mit europarechtlichen Maßgaben und insbesondere dem Verbot unzulässiger Beihilfen konform. Die Begründung der Entscheidung des V. Senats des BFH hält er für kritisch, in der Sache aber für richtig.

965 Eine Wiedergabe derer findet sich oben unter Zweites Kapitel B) und C)II. Damit soll nicht gesagt sein, dass das Besprechungsurteil überhaupt keine Verweise auf die Rechtsprechung des BGH, des BFH oder des EuGH enthält.

966 *Koenig*, in: Koenig, AO, § 4, Rz. 113.

für vereinnahmte Umsatzsteuerbeträge bejahen wollte, scheiterte die Analogiebildung an deren *Planwidrigkeit.* Denn wie wir gesehen haben, werden die Wertungen des Umsatzsteuerrechts auf der Grundlage des geltenden Rechts durch diejenigen des Insolvenzrechts in verfassungs- und unionsrechtskonformer Weise überlagert. Insofern lässt sich auch daraus eine Planwidrigkeit nicht ableiten. Schließlich ist die Analogieprüfung damit zu komplettieren, dass auch eine *vergleichbare Interessenlage* nicht angenommen werden kann. Der von Wortlaut und Sinn des Gesetzes unter § 17 Abs. 2 Nr. 1 UStG fallende Sachverhalt gleicht in seinen Merkmalen nicht demjenigen der Insolvenz des leistenden Unternehmers. Dort geht es nämlich allein um den wirtschaftlichen Wert und die daraus folgende Vereinnahmung des auf die Leistungserbringung entfallenden Entgelts, die im Fall der Insolvenz des leistenden Unternehmers nach wie vor möglich ist.

Die Gleichsetzung von nicht bezahlten Eingangs- und nicht bezahlten Ausgangsleistungen im Insolvenzfall findet damit im Gesetz keine Grundlage. Hinzu kommt, dass die gefundene Auslegung von § 17 Abs. 2 Nr. 1 UStG sogar noch bezüglich ihres zeitlichen Moments verkannt und damit inkonsequent angewandt wurde, was zu einem insofern falschen ersten Berichtigungszeitpunkt führt. In diesem (ersten) Zwischenergebnis ist damit festzuhalten, dass die Auffassung des V. Senats des BFH zu Auslegung und Wirkweise von § 17 Abs. 2 Nr. 1 UStG für den hier untersuchten Fall von vorinsolvenzlich erbrachten Leistungen bei Soll-Versteuerung abzulehnen ist.

b) Masseverbindlichkeit nach § 55 Abs. 1 Nr. 1 InsO durch zweite Berichtigung gem. § 17 Abs. 2 Nr. 1 S. 2 UStG

Schließlich gilt es noch, den dritten und letzten Gedankenschritt des Besprechungsurteils zu überprüfen. Danach begründet die aufgrund der Vereinnahmung des Entgelts entstehende Steuerberichtigung eine Masseverbindlichkeit im Sinne von § 55 Abs. 1 Nr. 1 InsO, weil der sich aus § 17 Abs. 2 Nr. 1 S. 2 UStG ergebende Steueranspruch erst mit der Vereinnahmung vollständig verwirklicht und damit abgeschlossen sein soll[967]. An dieser Stelle verweist der V. Senat des BFH auf sein Urteil zur Ist-Besteuerung, in dem er die zweite Alternative von § 55 Abs. 1 Nr. 1 InsO („in anderer Weise durch die Verwaltung, Verwertung") als einschlägig erkannte[968]. In den Entscheidungsgründen des Urteils vom 9.12.2010 lässt er eine präzise Subsumtion indes vermissen und damit den Leser im Unklaren, welche Tatbestandsalternative er verwirklicht sehen will. Es ist aber davon auszugehen, dass er insofern ebenfalls die zweite präferiert. Stellt man die erste Berichtigung nicht in Frage, ist diese Einordnung der zweiten Berichtigung konsequent und inhaltlich zutreffend. Die Entstehung einer umsatzsteuerrechtlichen Besteuerungsgrundlage begründet (auch) insolvenzrechtlich ein neues Rechtsverhältnis, dessen Erfassung sowohl die erste, wie auch die zweite Verwirklichungsalternative von § 55 Abs. 1

967 BFH, Urt. v. 9.12.2010, V R 22/10, BStBl. II 2011, 996, 999, Rz. 32.
968 BFH, Urt. v. 29.1.2009, V R 64/07, BStBl. II 2009, 682, 684 f., Rz. 23.

Nr. 1 zu leisten im Stande ist. Insofern ergeben sich an dieser Stelle keine Zweifel, die denen im Fall der Ist-Versteuerung vergleichbar sind[969].

Gleichwohl ist der letzte und entscheidende Gedankenschritt des V. Senats des BFH kritisch zu sehen, schließlich führt er zu einem insgesamt unzutreffenden Ergebnis. Auch wenn es den Urteilsgründen *expressis verbis* nicht zu entnehmen ist, geht der erkennende Senat inzidenter von einer ersten Begründetheit nach § 38 InsO im Zeitpunkt der Leistungserbringung aus. Falls dem nicht so wäre, würde der negativen Besteuerungsgrundlage aus der ersten Berichtigung nach § 17 Abs. 2 Nr. 1 UStG keine positive Besteuerungsgrundlage (ursprünglicher Umsatz) gegenüberstehen. Wenn aber der ursprüngliche Umsatz nicht als Insolvenzforderung nach § 38 InsO seitens des Fiskus geltend gemacht werden würde, bliebe als Haftungsmasse nur das insolvenzfreie Vermögen des Schuldners. Im Ergebnis würde der Fiskus dann auch unter Einbeziehung der zweiten Berichtigung nach § 17 Abs. 2 Nr. 1 S. 2 UStG, die zu einer Masseverbindlichkeit führt, nominell – also ohne Berücksichtigung einer Quote – einen Saldo von null erhalten. Bezöge man aber den ersten Umsatz mit ein, führte dies zu einer (weiteren) positiven Besteuerungsgrundlage, die letztlich zu einem Saldo auf Seiten des Fiskus in Höhe des materiell geschuldeten Umsatzsteuerbetrages führt. Vor dieser Prämisse wird deutlich, dass die Annahme einer Masseverbindlichkeit durch die *zweite Berichtigung* nach § 17 Abs. 2 Nr. 1 S. 2 UStG in der Sache nicht zu einer ersten Begründetheit ebendieses Berichtigungstatbestandes, sondern zu einer *zweiten Begründetheit des ursprünglichen Umsatzes* führt. Einer solchen muss zwar zunächst aus denklogischen Gründen vehement widersprochen werden. Die (weitere) offene Flanke lässt sich aber mit den Eigenarten der Entstehung umsatzsteuerrechtlicher Besteuerungsgrundlagen erfolgreich schließen[970]. Positive wie negative Besteuerungsgrundlagen gleich welcher Art sind nämlich insolvenzrechtlich separat zu bewerten. Daraus ergibt sich, dass die ihnen oftmals anhaftende Korrespondenz für insolvenzrechtliche Zwecke ausgeblendet wird. Jede einzelne Verwirklichung einer Besteuerungsgrundlage ist damit autonom von der anderen. Folgt man diesem Gedanken, so können die Bedenken hinsichtlich einer zweiten Begründetheit des ursprünglichen Umsatzes zerstreut werden. Ebendiese beruht auf einer ganzheitlichen Betrachtung *des Umsatzes*; die im Zusammenhang mit diesem Umsatz ausgelösten übrigen Besteuerungsgrundlagen würden dabei ausgeblendet, was – wie gerade festgestellt – nicht zutreffend ist. Insofern kann der letzte Gedankenschritt des V. Senats – betrachtet man ihn ebenso separat wie die einzelnen Besteuerungsgrundlagen – als zutreffend und konsequent eingestuft werden.

c) § 55 Abs. 4 InsO als mögliche Auslegungshilfe

Wendet man den Blick nun von den genannten Entscheidungsgründen des Besprechungsurteils vom 9.12.2010 ab, so kommt – unter diesem Gesichtspunkt in dieser

969 S. hierzu oben unter Zweites Kapitel D)I.4.c)cc)(4).

970 A.A. *D. Birk*, Gutachten im Auftrag des DAV, S. 10 f.; *Onusseit*, DZWiR 2011, 353, 355.

Arbeit bislang noch nicht berücksichtigter Weise – als eine mögliche Auslegungshilfe auch der in engem zeitlichen Zusammenhang neueingefügte § 55 Abs. 4 InsO in Betracht[971]. Die Idee ist wie folgt zu begründen: Geht man davon aus, dass der Gesetzgeber in Ansehung seiner Entscheidung, mit der Norm umsatzsteuerliche Leistungserbringungen, die vor der Eröffnung des Insolvenzverfahrens ausgeführt wurden, erfassen wollte, so bezieht sich das sowohl auf den denjenigen Unternehmer, der seine Umsätze nach vereinnahmten, wie nach vereinbarten Umsätzen versteuert[972]. Ausweislich der Gesetzesbegründung sollten insbesondere Umsatzsteuerforderungen erfasst werden, die aus der Umsatztätigkeit eines schwachen vorläufigen Insolvenzverwalters entstehen[973]. Der Gesetzgeber ging also davon aus, dass solche Umsätze nach der *bis dato* geltenden Rechtslage keine Masseverbindlichkeiten, sondern vielmehr Insolvenzforderungen seien. Unter Berücksichtigung der dargestellten Auffassungen in Rechtsprechung und Schrifttum bis zu dem ersten Urteil der Rechtsprechungsserie ist dabei wohl anzunehmen, dass dies jedenfalls bei der Soll-Versteuerung unterliegenden Unternehmern galt. Hält man demnach für die weitere Untersuchung fest, dass der Gesetzgeber für die Phase der schwachen vorläufigen Insolvenzverwaltung einen der „Nachbesserung" bedürftigen Regelungsbereich[974] für in dieser Zeit ausgeführte Umsätze erkannte, muss dieser zu Tage getretene gesetzgeberische Wille mit den Rechtsfolgen aus dem Besprechungsurteil abgeglichen werden.

Um dem nachzukommen, soll noch einmal in aller Kürze der Tatbestand des Besprechungsurteils skizziert werden. Die Gesellschaft A schloss am 2.1.2004, vertreten durch den Kläger als vorläufigem Insolvenzverwalter, mit einer weiteren Gesellschaft B einen Vertrag, nach dem die A der B ihren Fuhrpark gegen ein monatliches Entgelt überlassen sollte. Dieser Vertrag wurde tatsächlich durchgeführt. Über das Vermögen der A wurde am 4.3.2004 das Insolvenzverfahren eröffnet. Der Kläger vereinnahmte die Entgelte für die Nutzungsüberlassung erst am 14.7.2005. Aus dem skizzierten Tatbestand geht nicht ausdrücklich hervor, ob es sich bei dem Kläger um einen starken, schwachen oder sog. halbstarken vorläufigen Insolvenzverwalter

971 § 55 Abs. 4 InsO wurde eingeführt durch Haushaltsbegleitgesetz 2011, das mit gleichem Datum (9.12.2010) versehen ist, wie das Besprechungsurteil, s. BGBl. I 2010, S. 1885, 1898.

972 In der Gesetzesbegründung wird nicht nach umsatzsteuerlichen Besteuerungsformen differenziert, s. BT-DrS 17/3030, S. 42 f.

973 S. hierzu auch die Genese der Vorschrift oben unter Erstes Kapitel A)V.2.

974 Hinsichtlich der oben (Zweites Kapitel D.II.5.a)bb)(8)) angenommenen unzulässigen Analogie folgt daraus kein anderes Ergebnis. Denn dort geht es um die Auslegung von § 17 Abs. 2 Nr. 1 UStG, vorliegend aber um § 55 Abs. 4 InsO. Davon abgesehen mangelte es auch bei gegenteiliger Annahme weiter an einer Planwidrigkeit, da sich aus der gesetzgeberischen Grundentscheidung keine Pflicht zur Abführung vereinnahmter Umsatzsteuerbeträge ableiten lässt. Eine solche hat der Gesetzgeber auch mit § 55 Abs. 4 InsO nicht getroffen, der seinen Regelungsgehalt lediglich auf den Teilbereich der vorläufigen Insolvenzverwaltung erstreckt.

handelte[975]. Weil aber weder der V. Senat des BFH, noch die Vorinstanz eine Prüfung von § 55 Abs. 2 InsO vornahmen, ist davon auszugehen, dass der Kläger nicht über die Befugnisse eines starken vorläufigen Insolvenzverwalters verfügte. Eine Begutachtung von § 55 Abs. 2 InsO wäre andernfalls nicht nur in Betracht zu ziehen, sondern auch positiv zu bescheiden. Der Kläger hat den Fuhrpark nämlich allein in der Phase der vorläufigen Insolvenzverwaltung zur Nutzung überlassen, mithin eine sonstige Leistung ausgeführt. Diese würde – wäre nach § 22 Abs. 1 InsO die Verwaltungs- und Verfügungsbefugnis auf den Kläger übergegangen – die Tatbestandsmerkmale von § 55 Abs. 2 InsO erfüllen, mithin also auch ohne den zweifelhaften Begründungsaufwand des Besprechungsurteils eine Masseverbindlichkeit begründen. Es ist also davon auszugehen, dass tatbestandlich kein starker vorläufiger Insolvenzverwalter vorlag, der die Umsätze in der Phase des Insolvenzeröffnungsverfahrens erbracht hat.

Vergleicht man nun den soeben aufbereiteten Tatbestand und die daraus gezogenen Schlüsse des V. Senats des BFH mit dem gesetzgeberischen Willen zu § 55 Abs. 4 InsO, so offenbart sich ein Widerspruch. Denn hier wie da galt es, den Fall der Leistungserbringung in der Phase vor Eröffnung des Insolvenzverfahrens zu regeln, wobei diese unter Mitwirkung eines nicht-starken vorläufigen Insolvenzverwalters begründet wurde[976]. Der Gesetzgeber ging dabei ebenfalls – jedenfalls u. a. – davon aus, dass die Entgelte für die erbrachten Leistungen in der Insolvenzmasse vereinnahmt werden[977]. Wenn *Wäger* hierzu ausführt, dass § 55 Abs. 4 InsO die Besteuerung von während der vorläufigen Verwaltung erbrachten Leistungen betrifft, sich aber nicht wie das Besprechungsurteil dem Problem annimmt, zu welchem Zeitpunkt die Uneinbringlichkeit der dem Unternehmer zustehenden

975 Auch die Lektüre des Tatbestands aus der Vorinstanz, FG Sachsen-Anhalt, Urt. v. 29.4.2010, 1 K 533/09, EFG 2010, 1845, gibt hierzu keinen Aufschluss.

976 Auch falls der vorläufige Insolvenzverwalter nicht im Rahmen einer Einzelermächtigung, also als *halbstarker* vorläufiger Insolvenzverwalter, gehandelt hat, wäre sein Mitwirken nach der hier vertretenen Auffassung ausreichend gewesen, um es unter das Tatbestandsmerkmal der „Zustimmung" zu subsumieren (s. hierzu oben unter Erstes Kapitel G)I.4,b). Hiervon können auch sonstige Leistung i.S.e. Nutzungsüberlassung erfasst sein. Die tatbestandliche Besonderheit eines vom Insolvenzgericht einzusetzenden Sonderverwalters, der das zivilrechtliche Grundgeschäft im Nachhinein genehmigt hat, ändert m.E. nichts an der hier vertretenen Auffassung, da sich die Genehmigung ohnehin nicht auf die von Gesetzes wegen entstehende Umsatzsteuerverbindlichkeit beziehen kann.

977 BT-DrS 17/3030, S. 43: „Anreicherung der Insolvenzmasse", „Zudem ist zu beobachten, dass manche schwachen vorläufigen Insolvenzverwalter ihre Rechtsstellung gezielt ausnutzen, um die Masse durch aktive Gestaltungen zu Lasten des Fiskus weiter anzureichern. Durch den neu angefügten Absatz 4 wird dieser Praxis ein Riegel vorgeschoben". Dem ist m.E. keine Einschränkung dahingehend zu entnehmen, dass nicht auch solche Entgelte als „Masseanreicherung" verstanden werden, die erst vom Insolvenzverwalter vereinnahmt werden.

Entgelte aus zuvor erbrachten Leistungen im Insolvenzfall eintritt[978], so ist das nicht nachvollziehbar. Denn wie gesehen liegt dem Tatbestand des Urteils auch ein von § 55 Abs. 4 InsO erfasster Sachverhalt zugrunde. Die „Uneinbringlichkeit“ ist nur eine vom BFH angenommene, hier als nicht zutreffend erkannte Folge dieses Umstands. Aus einem *Umkehrschluss* des ausdrücklich geäußerten gesetzgeberischen Willens ist zu folgern, dass der vom V. Senat des BFH entschiedene Fall vor der Neuregelung des § 55 Abs. 4 InsO zu der Annahme einer Insolvenzforderung hätte führen müssen. Das dahinterstehende normative Konzept sieht zwar bis heute nicht die Annahme einer rechtlichen Uneinbringlichkeit vor, dafür aber zumindest mit der hier vertretenen Auffassung die Annahme einer Masseverbindlichkeit nach § 55 Abs. 4 InsO sowohl für die Umsatzsteuerschuld aus Lieferungen als auch aus sonstigen Leistungen. Das galt allerdings noch nicht für den im Besprechungsurteil zu entscheidenden Zeitraum. Der Senat hat sich mit seiner Rechtsauffassung also erkennbar in Widerspruch zu der Auslegung geltender Rechtssätze gesetzt, von der der Gesetzgeber selbst ausging. Ob er darüber zum Zeitpunkt seiner Entscheidung positive Kenntnis hatte oder nicht, ist dabei nicht entscheidend, würde der Rechtsprechung eventuell allerdings ein doloses Verhalten anlasten[979]. Letztlich ist festzustellen, dass § 55 Abs. 4 InsO als Auslegungshilfe für das Besprechungsurteil tauglich ist und auf der Grundlage eines Umkehrschlusses dessen Schwächen einmal mehr zu Tage fördert.

978 *Wäger*, DStR 2011, 1925, 1928; in diesem Sinne ebenso *ders.*, UR 2013, 673, 680. Es läge aber eine Überschneidung zwischen § 55 Abs. 4 InsO und dem BFH-Urteil vom 9.12.2010 vor, wenn der vorläufige Verwalter eine Leistung erbringt oder ihr zustimmt, ohne dass das Entgelt hierfür bis zur Insolvenzeröffnung vereinnahmt wird. In diesem Fall sei § 55 Abs. 4 InsO anzuwenden und eine Doppelberichtigung zu unterlassen. Damit identifiziert er selbst einen (teilweisen) – hier kritisierten – Konflikt zwischen dem Regelungsbereich von § 55 Abs. 4 InsO und dem Urt. des BFH v. 9.12.2010, V R 22/10, für die Zeit nach Anwendbarkeit der Vorschrift.

979 Hinsichtlich des zeitlichen Ablaufs von Gesetzesfassung und Rechtsprechung soll auf folgendes hingewiesen werden: Der erste, dem Bundesrat vorgelegte Gesetzentwurf zu § 55 Abs. 4 InsO datiert unter dem 3.9.2010 (BR-DrS 532/10), die für den Bundestag bestimmte Fassung unter dem 27.9.2010 (BT-DrS 17/3030). Nach einer Beschlussempfehlung des Haushaltsausschusses vom 27.10.2010 (BT-DrS 17/3406) und drei Beratungen im Plenum des Bundestages (letzte Sitzung v. 28.10.2010) ist das Gesetz am 9.12.2010 unterzeichnet und am 14.12.2010 verkündet worden. Auch wenn zwischen dem Urteil der Vorinstanz (29.4.2010) und demjenigen des BFH (9.12.2010) nur etwas mehr als sieben Monate lagen, ist davon auszugehen, dass die im V. Senat des BFH berufenen Richter von den Entwicklungen der Gesetzgebung Kenntnis haben mussten, nicht zuletzt wegen der großen Aufmerksamkeit in Literatur und Presse (s. hierzu oben unter Erstes Kapitel A)V.2. und G)III.), die § 55 Abs. 4 InsO zu Teil wurde.

d) *Auseinandersetzung mit den Thesen von* Wäger

Vor der Bildung eines Zwischenergebnisses zu dem Gesamtkonstrukt der Rechtsprechung des V. Senats des BFH soll an dieser Stelle noch eine Auseinandersetzung mit denjenigen Thesen *Wägers*[980] stattfinden, die bislang noch nicht erörtert worden sind.

aa) Fiskus als absonderungsberechtigter Gläubiger nach § 51 Nr. 1 InsO?

Im Fortgang zu dem Übergang der Empfangszuständigkeit auf den Insolvenzverwalter und der damit einhergehenden Übernahme der Aufgabe des „Steuereinnehmers" führt er hinsichtlich der Einziehungsbefugnis des Insolvenzverwalters noch folgenden Gedanken an: Der Fiskus befinde sich in einer Situation, die auch einem nach § 51 Nr. 1 InsO absonderungsberechtigten Privatgläubiger nicht fremd ist. Sofern der Insolvenzschuldner entsprechend dieser Vorschrift eine Forderung als Sicherheit an einen Gläubiger abgetreten habe, bestehe für den Insolvenzverwalter eine sich – in diesem Fall aus § 166 Abs. 2 InsO ergebende – Einziehungsbefugnis. Die Kehrseite dessen sei die sich aus § 170 Abs. 1 S. 2 InsO ergebende Verpflichtung zur Erlösauskehr an den Sicherungszessionar. Auch wenn der Insolvenzschuldner in Bezug auf die Umsatzsteuer nicht selbst ein Recht entsprechend § 51 Nr. 1 InsO übertragen hat, sondern – mangels Umkehr der Steuerschuldnerschaft – selbst das Recht erhalten hat, Umsatzsteuer als Bestandteil des Entgelts miteinzuziehen, bestehe hinsichtlich der Einziehungsbefugnis „eine durchaus vergleichbare Interessenlage", weil das dem Insolvenzverwalter eingeräumte Recht zum Forderungseinzug hier wie da nicht dazu diene, die Masse zu stärken. „Diese Wertung bestätigt die BFH-Rechtsprechung, nach der die im Rahmen der Masseverwaltung erfolgende Entgeltvereinnahmung sowohl bei der Istbesteuerung als auch bei der Sollbesteuerung zu einer Masseverbindlichkeit nach § 55 Abs. 1 Nr. 1 InsO führt."[981]

Die Argumentation *Wägers* ist nachvollziehbar, vermag aber nicht das von ihm angenommene Ergebnis tragen. Sie beruht letztlich im Kern – wie auch die Urteile des V. Senats des BFH – auf einer unzulässigen Einflussnahme umsatzsteuer-systematischer Wertungen. Diese werden indes durch die Maßgaben des Insolvenzrechts überlagert, die den jeweiligen Umsatzsteuerbeträgen den Charakter absprechen, zivilrechtlich nicht zu dem Vermögen des Insolvenzschuldners zu gehören. Die versuchte Annahme eines Absonderungsrechts führt zu der mit dem geltenden Recht nicht zu vereinbarenden These, dass der im Entgelt enthaltende Umsatzsteuerbetrag nicht endgültig dem vermeintlichen Sicherungszedenten gehört. Das Recht des Sicherungsnehmers (nach *Wäger* des Fiskus) auf abgesonderte Befriedigung nach § 51 Nr. 1 InsO ist im Rahmen der Insolvenzrechtsreform nur deswegen nicht den

980 Zur Erinnerung soll gesagt sein, dass *Christoph Wäger* Mitglied des V. Senats des BFH ist und die Rechtsprechung dessen sowohl in der Literatur als auch auf verschiedenen Veranstaltungen im Dunstkreis der steuerinsolvenzrechtlichen Gemeinschaft erläutert und verteidigt hat.

981 *Wäger*, UR 2013, 673, 679.

Aussonderungsrechten zugeschlagen worden, weil die Sicherungszession bei wirtschaftlicher Betrachtungsweise der Verpfändung näher steht als der Übereignung[982].

Unter einer Sicherungszession versteht man in Abgrenzung dazu aber nur die als vorübergehend gedachte Abtretung einer Forderung gegen einen Dritten durch den Sicherungsgeber an den Sicherungsnehmer. Der Sicherungsnehmer darf dabei nur in zweiter Linie auf die Forderung zugreifen, die primäre Einziehungsbefugnis verbleibt beim Sicherungsgeber[983]. Wir haben aber bereits oben gesehen, dass der Versuch, die Umsatzsteuer mittels umsatzsteuer-systematischer Wertungen nicht dem Vermögen des Insolvenzschuldners zuzuordnen, fehlgeschlagen ist[984]. Auch wenn *Wäger* insofern nicht einen vollständigen Übergang mit der Folge eines Aussonderungsrechts nach § 47 InsO annimmt, fehlt es für seine Annahmen nicht nur an einer positiv-rechtlichen Regelung, sondern auch an der Möglichkeit, seine Wertungen mit den insolvenzrechtlichen Vorschriften in Einklang zu bringen. Das geltende Recht gibt es nämlich nicht her, eine Sicherungszession für vereinnahmte Umsatzsteuerbeträge zu fingieren. Davon abgesehen setzte eine Sicherungszession auch ein zu sicherndes Gut voraus. Dabei wird es sich in der Regel um Geld oder Warenkredite handeln. Inwiefern der Fiskus dem Insolvenzschuldner aber etwas zu Teil werden lässt, ist unklar. Zu denken wäre allenfalls an ausgekehrte Vorsteuerbeträge, die der Fiskus in der Erwartung überlässt, dass sie durch korrespondierende Umsatzsteuerbeträge in der Leistungskette neutralisiert werden und sich schließlich erst dann in einer aufkommenswirksamen Realisation von Umsatzsteuer wiederfinden, sobald ein konsumtiver Letztverbrauch stattgefunden hat. Aber auch diese Erwägung kann im Ergebnis deswegen nicht überzeugen, weil es diesbezüglich an einer gesetzgeberischen Anordnung fehlt, die dieses Gedankenspiel abzusichern vermag.

Endgültig scheitern muss der von *Wäger* vorgenommene Vergleich aber wegen seiner Annahme einer vergleichbaren Interessenlage im Kontext mit § 170 Abs. 1 S. 2 InsO. In der Tat besagt dieser, dass der absonderungsberechtigte Gläubiger aus dem verbleibenden Betrag unverzüglich zu befriedigen ist. Auf die von *Wäger* angenommene Konstruktion übertragen bedeutet das, dass dem Fiskus vereinnahmte Umsatzsteuerbeträge auszukehren sind, sobald der Insolvenzverwalter eine Forderung verwertet, diese also vereinnahmt hat. Der Gesetzgeber hat die Behandlung der Umsatzsteuer im Rahmen der Verwertung von der Absonderung unterliegenden Sachen oder Forderungen indes in § 170 Abs. 1 S. 2 i.V.m. § 170 Abs. 2 S. 3 InsO ausdrücklich geregelt, zumindest für den Fall, in dem die Verwertung zu einer Belastung der Masse mit Umsatzsteuer führt. Zwar hatte der Gesetzgeber bei der Schaffung der Vorschriften nicht den vom V. Senat des BFH entschiedenen Fall vor Augen, sondern allein die Verwertung von Sicherungsgut. Wollte man nun aber die Vorschriften wegen einer vergleichbaren Interessenlage heranziehen, müsste

982 BT-DrS 12/2443, S. 125 zu § 58 InsO-E; *Ganter*, in: MüKo, InsO, § 51, Rz. 9.
983 *Ganter*, in: MüKo, InsO, § 51, Rz. 136 f.
984 Erstes Kapitel D).

gleichwohl zunächst im Rahmen der Analogiebildung eine planwidrige Regelungslücke festgestellt werden. Diese liegt aber nicht vor, weil der Gesetzgeber mit der Vorschrift bewusst die Behandlung der Umsatzsteuer nicht im Allgemeinen, sondern nur im Besonderen regeln wollte. Infolgedessen ist der Argumentation *Wägers* auch vor diesem Hintergrund nicht zu folgen.

bb) Verstoß gegen den Gläubigergleichbehandlungsgrundsatz

Wäger verteidigt außerdem stets den Einwand, der V. Senat des BFH verletzte mit dem Besprechungsurteil den Grundsatz der Gläubigergleichbehandlung[985]. Er führt an, dass im Hinblick auf die bei der Umsatzsteuererhebung bestehenden Besonderheiten im Vergleich zur Situation von Privatgläubigern unterschiedliche Sachverhalte vorlägen, bei denen eine Ungleichbehandlung zumindest gerechtfertigt sei[986]. Insbesondere fehlten dem Fiskus Sicherungsmöglichkeiten, wie sie private Gläubiger hätten. Es bestehe „nicht einmal die Möglichkeit, ein § 13b UStG entsprechendes reverse-charge-System mit Besteuerung beim Leistungsempfänger allgemein anzuwenden." Im Hinblick auf diese Unterschiede sei die Rechtsprechung nicht „gleichheitswidrig"[987]. Das mit dem vorgenannten Gedankengang inzidenter abgegebene Eingeständnis einer Ungleichbehandlung *dem Grunde nach*, hat er in einem späteren Beitrag jedenfalls nicht mehr wiederholt; vermutlich hat *Wäger* dieser Haltung sogar entsagt[988]. Als Beleg für seine These führt er ein Beispiel an, in dem ein Unternehmer vor der Eröffnung des Insolvenzverfahrens Umsätze ausgeführt und die darauf entfallenden Entgelte vereinnahmt, sie aber nicht an das Finanzamt abgeführt hat. In diesem Fall handele es sich sowohl bei der Ist- wie auch bei der Soll-Versteuerung um eine Insolvenzforderung, womit sich für das Finanzamt das allgemeine Insolvenzrisiko verwirklicht hätte, das jeder Gläubiger zu tragen habe[989].

Bezieht man die Bewertung *Wägers* Argumentation zunächst auf den ersten Block, so fand eine Auseinandersetzung hiermit bereits an anderer Stelle statt, die zum Ergebnis hatte, dass die aufgeworfenen Aspekte bei separater Betrachtung zwar zutreffen, für die Behandlung der Umsatzsteuer in der Insolvenz in der vom V. Senat des BFH vorgenommenen Art und Weise aber keine Stütze bieten. Der Gesetzgeber hat sich dazu entschlossen, (Umsatz-)Steuern *auch* in Ansehung der damit naturgemäß verbundenen Unterschiede gleich zu behandeln.

---

985 Ebenso im Ergebnis *Reiß*, in: Reiß/Kraeusel/Langer, UStG, § 18 – Exkurs: Umsatzsteuer in der Insolvenz, Rz. 2089; *Schuster*, DStR 2013, 1509, 1512.

986 *Wäger*, DStR 2011, 1925, 1928.

987 *Wäger*, DStR 2011, 1925, 1928.

988 Darauf lässt zumindest der folgende Satz aus *Wäger*, UR 2013, 673, 678, schließen: „Insbesondere führt die Rechtsprechung des BFH nicht zu einer Bevorzugung des Fiskus gegenüber anderen Gläubigern des Insolvenzschuldners, sondern behandelt den Fiskus nicht anders als Privatgläubiger [...]."

989 *Wäger*, UR 2013, 673, 678 f.

Der zweite oben wiedergegebene Block ist für die in Rede stehende Frage nicht nur plausibel, sondern entspricht auch nach der hier vertretenen Auffassung dem geltenden Recht[990]. Das Beispiel taugt indes nicht für einen Vergleich. Es vermag die vom V. Senat des BFH vorgenommene Auslegung von §§ 38, 55 InsO nicht zu stützen. Nur weil in diesem Fall nicht auch eine Masseverbindlichkeit angenommen wird bzw. werden kann, folgt daraus noch nicht, dass eine Ungleichbehandlung von Gläubigern zu verneinen ist. Die Gleichbehandlung von Gläubigern und damit das von der Insolvenzordnung vorgegebene Befriedigungsregime wird hinsichtlich ungesicherter Gläubiger nämlich maßgeblich durch die Abgrenzung zwischen Insolvenzforderungen und Masseverbindlichkeiten bestimmt[991]. In die Auslegung der diesbezüglichen Normen hat der V. Senat des BFH aber sowohl hinsichtlich der Ist- als auch der Soll-Versteuerung zugunsten umsatzsteuer-systematischer Wertungen eingegriffen. Er ist damit – wie oben bereits dargelegt – vom insolvenzrechtlichen Verteilungsschlüssel abgewichen mit der Folge, dass die Insolvenzmasse um vereinnahmte Umsatzsteuerbeträge geschmälert wird und ungesicherten Gläubigern mithin weniger Masse zur Befriedigung ihrer Forderungen zur Verfügung steht. Der Grundsatz der Gläubigergleichbehandlung würde also nicht nur dann zu Gunsten des Fiskus durchbrochen, wenn ihm ein Aussonderungsrecht zu Teil wird[992], sondern auch wenn §§ 38, 55 *in seinem Sinne* ausgelegt werden. Warum *Wäger* in diesem Zusammenhang zwar zugibt, dass der Fiskus, wenn er den Unternehmer zu seinem Steuereinnehmer macht, dessen Insolvenzrisiko wie jeder andere Gläubiger zu tragen hat, dies indes auf vorinsolvenzlich vereinnahmte, aber nicht versteuerte Leistungsentgelte beschränkt, den damit einhergehenden Umsatzsteuerausfall also akzeptiert, ist im Speziellen nachvollziehbar, lässt aber nicht auf einen allgemeinen Grundgedanken schließen. Konsequenterweise müsste dies mangels entsprechender Regelung auch für erst in der Insolvenz vereinnahmte Entgelte gelten, soweit diese auf vorinsolvenzlich begründete Besteuerungsgrundlagen zurückzuführen sind. Es bleibt damit

990 Das Ergebnis des Beispiels ist meiner Auffassung nach *rechtspolitisch* nicht wünschenswert, s. daher den rechtspolitischen Gegenvorschlag unten im Vierten Kapitel. Man kann aber nicht einwenden, dass deswegen die Rspr. des V. Senats des BFH inkonsequent sei. Der BFH hat in dieser frühen vorinsolvenzlichen Phase – es ist wohl auch noch kein vorläufiger Insolvenzverwalter bestellt worden – schlicht keine Handhabe, vereinnahmte Umsatzsteuerbeträge zu Masseverbindlichkeiten zu machen, weil der Umsatzsteuertatbestand mit der Vereinnahmung des Entgelts in jedem Fall abgeschlossen ist.

991 S. hierzu oben unter Zweites Kapitel D)I.4. sowie *in concreto* betr. das Besprechungsurteil *Kahlert*, DStR 2011, 1973, 1980.

992 Allein diese Abgrenzung führt aber *Wäger*, UR 2013, 673, 679, an.

festzuhalten, dass der V. Senat des BFH entgegen seiner eigenen[993] und der Auffassung *Wägers*[994] den Grundsatz der Gläubigergleichbehandlung verletzt.

6. Zwischenergebnis

Das Urteil des V. Senats des BFH vom 9.12.2010 ist mit der massiven Kritik im Schrifttum[995] abzulehnen. Es birgt eine über die Grenzen zulässiger Rechtsfortbildung hinausgehende Auslegung von insolvenz- und umsatzsteuerrechtlichen Vorschriften, die an anderer Stelle auf ihre verfassungsrechtliche Tragweite untersucht wird[996]. Die ergebnisorientierte Rechtsfindung[997] geschah nach hier vertretener Auslegung insbesondere fernab von Wortlaut und Telos des § 17 Abs. 2 Nr. 1 UStG. Die Konstruktion einer doppelten Berichtigung von Ausgangsumsätzen ist *in toto* verfehlt[998]. Sie führt faktisch zu einer Ist-Versteuerung[999], die mittels eines falschen Verständnisses von § 17 Abs. 2 Nr. 1 UStG statuiert wird und ausschließlich dazu dient, vereinnahmte Umsatzsteuerbeträge über das Vehikel *Masseverbindlichkeit* zugunsten des Fiskus aufkommenswirksam zu realisieren. Für diese *Besteuerungsform* lassen sich zwar wegen des Verbrauchsteuercharakters der Umsatzsteuer und ihrer verminderten Missbrauchsanfälligkeit gewichtige Argumente anführen, was auf den ersten Zugriff durchaus Sympathien für sie weckt. Nicht zulässig ist es aber, eine durch Judikatur hergestellte Ist-Versteuerung als Deckmantel für ein Unterlaufen insolvenzrechtlicher Vorgaben heranzuziehen. Allein die umsatzsteuersystematischen Motive des V. Senats des BFH, die als heimlicher Treiber hinter dem Urteil stehen[1000], vermögen bei separater Betrachtung zu überzeugen. Ihre

---

993 BFH, Urt. v. 24.11.2011, V R 13/11, BStBl. II 2012, 298, 304, Rz. 54; Beschl. v. 11.3.2014, V B 61/13, BFH/NV 2014, 920, Rz. 7.

994 *Wäger*, UR 2013, 673, 678 f.; *ders.*, DStR 2011, 1925, 1928.

995 S. hierzu die Nachweise oben unter Zweites Kapitel D.II.3.

996 S. hierzu unten unter Zweites Kapitel F).

997 So auch *Hölzle*, BB 2012, 1571, 1573: „steuerlich richtige Ergebnisse"; *Nachtmann*, Das Fiskusvorrecht im deutschen Insolvenzrecht, S. 156.

998 S. hierzu schon das erste Zwischenergebnis oben unter Zweites Kapitel D.II.5.bb) (7). Mit *Stadie*, UR 2013, 158, 168, bin ich der Auffassung, dass der V. Senat des BFH die Annahme einer Masseverbindlichkeit mit weniger Aufwand und vor allem mit (etwas) weniger konstruktiven Schwächen (auch) wie folgt hätte begründen können: Ausgehend von § 38 InsO ist der Umsatzsteuertatbestand erst dann vollständig verwirklicht und damit abgeschlossen, wenn das Entgelt vereinnahmt ist. Dies gilt unabhängig davon, ob der Unternehmer die Umsätze nach vereinbarten oder vereinnahmten Entgelten versteuert. Dies bestätigt das Wesen der Umsatzsteuer als Verbrauchsteuer. Mit dieser Auslegung hätten die Entscheidungsgründe jedenfalls etwas weniger Angriffspotential geliefert.

999 Diese Besteuerungsform sei nach *Wäger*, ZInsO 2014, 1121, 1123, *de lege ferenda* als Regelungsalternative für den Insolvenzfall zu prüfen.

1000 Dieser Auffassung ist auch *Kahlert*, DStR 2011, 1973, 1978. Ähnlich *Seer*, Tagungsbericht zur ersten Jahrestagung des Instituts für Insolvenz- und Sanierungsrecht,

Berücksichtigung ist aber aus den dargelegten Gründen unzulässig. Die Ausführungen hinsichtlich § 55 Abs. 4 InsO, der diesbezüglich als Auslegungshilfe herangezogen wurde, haben auch gezeigt, dass die Rechtsauffassung des erkennenden Senats von derjenigen des Gesetzgebers abweicht und infolgedessen zu einem klaren Widerspruch führt. Die für das Urteil angeführten Argumente, allen voran diejenigen von *Wäger*, vermochten im Ergebnis nicht zu überzeugen. Alle Bemühungen, die Wertungen des Umsatzsteuerrechts in der Insolvenz zur Geltung zu bringen, können auf der Grundlage des geltenden Rechts nicht erfolgreich sein. Bei der Lektüre des Urteils ist außerdem auffällig, dass sich der Senat bei der Beantwortung der virulenten Fragen nicht mit den hierzu veröffentlichten (zum ganz überwiegenden Teil anderslautenden) Auffassungen aus dem Schrifttum befasst hat, die es indes sowohl unter der Geltung der Konkurs- wie auch unter der Insolvenzordnung gab und gibt[1001]. Wenn man die Tragweite dieser fundamentalen Rechtsprechung überdenkt, ist dies aber angezeigt gewesen. Vor diesem Hintergrund ebenso auffällig ist die in Relation zu der Wirkung eher kurze Begründung des Urteils. Bis auf einen näher ausgeführten – in der Sache aber für die Zwecke nicht brauchbaren – Wechsel der Vereinnahmungszuständigkeit finden sich größtenteils nur Thesen, indes außer Rechtsfolgenbetrachtungen im Einzelnen keine entsprechenden Belege. In Summe leidet das Urteil des V. Senats vom 9.12.2010 in seiner Begründung wie im Ergebnis unter tiefgreifenden Mängeln, die zu einer *de lege lata* ungerechtfertigten Bevorzugung des Fiskus und zu einem Verstoß gegen den Grundsatz der Gläubigergleichbehandlung führt. Daraus folgt eine Schmälerung der verteilungsfähigen Masse. Bei aller rechtspolitischen Sympathie für die vom BFH vorgenommene Neukonzeptionierung des Umsatzsteuerinsolvenzrechts muss die Entscheidung über die bestehenden und ohne jeden Einwand neuralgischen Punkte dieser Rechtsmaterie dem demokratisch legitimierten Gesetzgeber vorbehalten sein.

III. Urteil vom 24.11.2011 – V R 13/11[1002] – Abkürzung des Besteuerungszeitraums

1. Darstellung des Tatbestands

Dem dritten Urteil der Rechtsprechungsserie des V. Senats des BFH vom 24.11.2011 liegt – im Gegensatz zu den beiden ersten – primär eine verfahrensrechtliche Frage zu Grunde, die sich wie folgt erklärt. Über das Vermögen des Unternehmers wurde mit Beschluss vom 23.8.2006 das Insolvenzverfahren eröffnet. Ausgehend von den Umsatzsteuer-Voranmeldungen Juni bis August 2006 meldete die vom Insolvenzverwalter beklagte Finanzbehörde die daraus folgenden Umsatzsteueransprüche zur

---

ZInsO 2015, 242, 246, der den dogmatischen Bezugspunkt der Doppelberichtigungsrechtsprechung in der Bestimmung des Belastungsgrundes der Umsatzsteuer sieht.

1001 S. hierzu die Nachweise oben unter Zweites Kapitel C)I. und II.

1002 BStBl. II 2012, 298.

Insolvenztabelle an; der Insolvenzverwalter erkannte diese am 26.1.2007 zur Tabelle an. Der Finanzbehörde ging am 25.5.2007 eine korrigierte Umsatzsteuererklärung für den Zeitraum 1.1.-22.8.2006 zu, die eine – in der Sache unstreitige – geringere Steuerschuld als die eingereichten Voranmeldungen auswies. Hierzu erteilte die Finanzbehörde unter dem 19.7.2007 nach § 168 S. 2 AO ihre Zustimmung. Im Übrigen behandelte sie die eingereichte Erklärung als Antrag auf Änderung des Tabelleneintrags und lehnte diesen durch Bescheid vom 10.4.2008 ohne Ermessensausübung ab. Ihrer Einlassung gemäß wirke dieser gemäß § 178 Abs. 3 InsO wie ein rechtskräftiges Urteil und sei nur unter den Voraussetzungen einer Restitutionsklage aufzuheben. Der dagegen gerichtete Einspruch hatte keinen Erfolg.

Das Finanzgericht[1003] gab der Klage des Insolvenzverwalters statt. Eine Korrektur des Tabelleneintrags sei möglich; § 178 Abs. 3 InsO stehe bei Steuerforderungen zur Disposition. Es sei ein entsprechender Feststellungsbescheid zu erlassen, wobei der Finanzbehörde dabei ein Ermessensspielraum nicht zustünde.

2. *Darstellung des für die Untersuchung an dieser Stelle relevanten tragenden Grundes: Anwendung von § 16 Abs. 3 UStG hinsichtlich des vorinsolvenzrechtlichen Unternehmensteils*

Die Darstellung der Entscheidungsgründe ist an dieser Stelle begrenzt auf die Ausführungen des Urteils hinsichtlich der Abkürzung des Besteuerungszeitraums gem. § 16 Abs. 3 UStG; die (ebenfalls) streitgegenständliche verfahrensrechtliche Frage nach der Wirkung eines Tabelleneintrages ist für diese Untersuchung nicht von Belang[1004]. Unter Bezugnahme auf das zweite Urteil der Rechtsprechungsserie stellt der erkennende V. Senat des BFH zunächst fest, dass das Unternehmen nach Eröffnung

1003 FG Sachsen, Urt. v. 9.6.2010, 8 K 1573/09, juris.

1004 Der V. Senat des BFH hat das Besprechungsurteil außerdem dazu genutzt, sich neben der Beantwortung der eigentlichen Streitfrage sowie den Einlassungen zu der Abkürzung des Besteuerungszeitraums auch noch weiteren Fragen zu widmen. Hierzu zählt die bereits oben (Zweites Kapitel D)II.5.a)bb)(5)) angesprochene „Präzision“ des Berichtigungszeitpunktes. Darüber hinaus finden sich aber auch breite Passagen zu Fragen der umsatzsteuerrechtlichen Zwangsverrechnung nach § 16 Abs. 2 UStG und deren Behandlung in der Insolvenz. Diese sei weder eine Aufrechnung nach §§ 94 InsO, noch eine anfechtbare Rechtshandlung nach §§ 129 ff. (Rz. 21, 29). Insbesondere könne die Umsatzsteuer aufgrund des Neutralitätsgrundsatzes nicht gläubigerbenachteiligend wirken (Rz. 36). Zu diesen Fragen s. in dieser Arbeit unten unter Drittes Kapitel B)II.3.e)bb). Die extensiven, fernab der Streitfrage liegenden Ausführungen sind zwar vor dem Hintergrund einer Antizipation der Rechtsauffassung des V. Senats begrüßenswert, berechtigen andererseits aber in der Tat dazu, das Urteil als „obiter-dicta-Entscheidung“ zu etikettieren, s. auch *Stadie*, UR 2013, 2013, 158, 162.

des Insolvenzverfahrens aus mehreren Unternehmensteilen besteht[1005]. Dabei sei bei der Anmeldung zur Insolvenztabelle nach den §§ 174 ff. InsO der gegen den vorinsolvenzrechtlichen Unternehmensteil bestehende Umsatzsteueranspruch für jedes Kalenderjahr gesondert zu berechnen und nach Abzug der vom Unternehmer jeweils geleisteten Zahlungen anzumelden. Für das Kalenderjahr der Insolvenzeröffnung sei die für diesen Unternehmensteil entstandene Umsatzsteuer grundsätzlich für den Zeitraum bis zur Insolvenzeröffnung zu berechnen und anzumelden[1006]. Der Besteuerungszeitraum erstrecke sich auch für den vorinsolvenzrechtlichen Unternehmensteil nach § 16 Abs. 1 S. 2 UStG auf das Kalenderjahr, so dass Grundlage der Forderungsanmeldung nach § 174 InsO die Steuer für das Kalenderjahr sei. Im Jahr der Insolvenzeröffnung sei die Steuerberechnung demgegenüber grundsätzlich [nur, d. *Verf.*] für den Zeitraum bis zur Insolvenzeröffnung vorzunehmen. Habe nämlich der Unternehmer seine gewerbliche oder berufliche Tätigkeit nur in einem Teil des Kalenderjahres ausgeübt, so tritt dieser Teil gemäß § 16 Abs. 3 UStG an die Stelle des Kalenderjahres. Dies müsse auch in Bezug auf den vorinsolvenzrechtlichen Unternehmensteil beachtet werden und entspreche der bisherigen Rechtsprechung des Senats. Nach ebendieser Rechtsprechung sei es erforderlich aber auch ausreichend, dass – nicht anders als bei einem Umsatzsteuerjahresbescheid – der Inhalt der Forderungsanmeldung die Individualisierung der Besteuerungssachverhalte (sic) ermöglicht[1007]. Insofern sei die Steuer für das Kalenderjahr oder den „abgekürzten Besteuerungszeitraum bis zur Insolvenzeröffnung" anzumelden[1008].

3. *Auffassungen des Schrifttums und der Finanzverwaltung*

Die hier in Rede stehende Frage ist in der Literatur kaum erörtert worden. Dies mag damit zusammenhängen, dass ihre Folgewirkungen bislang nicht vollumfänglich antizipiert wurden[1009]. *Kahlert*[1010] ist wohl der einzige, der diese bislang aufgeworfen hat. Unter Bezugnahme auf das Besprechungsurteil geht er folgerichtig davon aus, dass die (unterjährige) Jahressteuerberechnung materiell-rechtlich den Inhalt der Steuerfestsetzungen für die (bis dahin zurückliegenden, d. *Verf.*) Voranmeldungszeiträume in sich aufnimmt und die entsprechenden Vorauszahlungsbescheide insofern

---

1005 BFH, Urt. v. 24.11.2011, V R 13/11, BStBl. II 2012, 298, 299, Rz. 11. Den Begriff der „Aufspaltung" nutzt der V. Senat des BFH dabei nicht mehr, so aber noch in BFH, Urt. v. 9.12.2010, V R 22/10, BStBl. II 2011, 996, 998, Rz. 28.

1006 BFH, Urt. v. 24.11.2011, V R 13/11, BStBl. II 2012, 298, 299, Rz. 12.

1007 BFH, Urt. v. 24.11.2011, V R 13/11, BStBl. II 2012, 298, 300, Rz. 14, unter Verweis auf BFH, Urt. v. 26.11.1987, V R 130/82, BStBl. II 1988, 124, 126, Rz. 20 ff.

1008 BFH, Urt. v. 24.11.2011, V R 13/11, BStBl. II 2012, 298, 300, Rz. 15, später noch ebd.: „[...] kürzeren Besteuerungszeitraum im Jahr der Insolvenzeröffnung".

1009 Hierzu unten im Dritten Kapitel.

1010 *Kahlert*, ZIP 2013, 500, 504, 506; andeutend womöglich auch schon *Kahlert/Onusseit*, DStR 2012, 334, 336 f.

ihre Wirksamkeit verlören[1011]. In der *Jahres*steuerberechnung (Hervorh., d. *Verf.*) für die Zeit vom Beginn des Jahres der Insolvenzeröffnung bis zur Insolvenzeröffnung seien damit Umsatzsteuer und Vorsteuer sowie die jeweiligen Berichtigungen zu saldieren[1012]. In Anbetracht der BFH-Rechtsprechung verbleibe damit nur noch ein geringer Anwendungsbereich für Fragen der Aufrechnung von Umsatzsteuern im Stadium des steuerlichen Erhebungsverfahrens[1013]. Die dahinter liegende Grundannahme eines abgekürzten Besteuerungszeitraums verstoße indes gegen den Grundsatz der Unternehmenseinheit, da diese das Umsatzsteuerrecht auch im Falle der Insolvenz nicht vorgibt. Außerdem sei sie nicht durch insolvenzrechtliche Vorschriften oder Regelungszusammenhänge geboten[1014]. Abermals steht auch *Stadie*[1015] der Auffassung des V. Senats des BFH streitbar gegenüber, der seine Ausführungen indes nicht vor dem Hintergrund der eben angedeuteten Folgewirkungen anbringt. *Er* könne es nicht nachvollziehen, warum bei Insolvenzeröffnung für den vorinsolvenzrechtlichen Teil ein abgekürzter Besteuerungszeitraum i.S.d § 16 Abs. 3 UStG anzunehmen sein soll. Denn auch die unternehmerische Tätigkeit, die der Insolvenzverwalter mit Hilfe der Insolvenzmasse betreibt, würde dem Schuldner zugerechnet, so dass dieser Unternehmer bleibe[1016]. Die Auffassung des V. Senats des BFH wäre nur dann nachvollziehbar, wenn er den vorinsolvenzrechtlichen Teil als eigenständiges Unternehmensgebilde ansehen wollte. Dies habe er aber gerade mit Verweis auf den Grundsatz der Unternehmenseinheit von sich gewiesen[1017]. Auch von insolvenzrechtlicher Warte hätte die Auslegung keinen Mehrwert, weil die Insolvenzordnung diesen Begriff nämlich nicht kennt. Die im Besprechungsurteil aufgestellte These verstoße damit gegen den klaren Wortlaut von § 16 Abs. 3 UStG und laufe außerdem insolvenzrechtlich ins Leere[1018]. Schließlich ist auch *Wäger* – zwar ohne direkte Bezugnahme auf das Besprechungsurteil, aber diesem zeitlich nachgelagert – der (insofern überraschenden) Auffassung, dass es insbesondere durch die Insolvenzeröffnung nicht zu einer Abkürzung von Besteuerungszeiträumen komme[1019].

Die Finanzverwaltung hat sich auf Bundesebene bislang nicht zu der Frage positioniert. Es entspricht aber der Verwaltungspraxis, dass der Insolvenzmasse regelmäßig eine eigene Steuernummer zugewiesen wird (sog. Masse-Steuernummer). Diese

---

1011 *Kahlert*, ZIP 2013, 500, 504.
1012 Von einer getrennten Saldierung geht auch *Frotscher*, Besteuerung bei Insolvenz, S. 274, aus.
1013 *Kahlert*, ZIP 2013, 500, 504.
1014 *Kahlert/Onusseit*, DStR 2012, 334, 336 f.
1015 *Stadie*, in: Rau/Dürrwächter, UStG, § 16, Rz. 30; *ders.*, in: Stadie, UStG, § 16, Rz. 8; *ders.*, UR 2013, 158, 166.
1016 Ebenso *Reiß*, in: Reiß/Kraeusel/Langer, UStG, § 16, Rz. 39.
1017 *Stadie*, in: Rau/Dürrwächter, UStG, § 16, Rz. 30; *ders.*, UR 2013, 158, 166.
1018 *Stadie*, UR 2013, 158, 166: „[...] keine „Auslegung", sondern eine Vergewaltigung der Vorschrift".
1019 *Wäger*, DB 2012, 1460.

wird indes nicht erst bei der Eröffnung des Insolvenzverfahrens erteilt, sondern schon bei der Bestellung eines vorläufigen Insolvenzverwalters[1020]. Der (vorläufige) Insolvenzverwalter hat die von ihm verwirklichten positiven Besteuerungsgrundlagen fortan unter dieser neuen Steuernummer zu deklarieren. Darüber hinaus gehende Wirkungen dürfte sie nicht haben; ihre Vergabe erschöpft sich nach dem veröffentlichten Meinungsstand der Finanzverwaltung wohl in behördeninternen Zuordnungsgründen[1021], die eine Geltendmachung[1022] von Umsatzsteueransprüchen gegebenenfalls in administrativer Weise erleichtern kann, ihr aber hinsichtlich einer Verwirklichung von § 16 Abs. 3 UStG wohl keine materiell-rechtlichen Präjudizien beimisst.

4. *Eigene Auffassung*

Wie bereits oben angedeutet, soll die Überprüfung des Besprechungsurteils an dieser Stelle auf die Konstruktion eines abgekürzten Besteuerungszeitraums beschränkt bleiben[1023]. Hierzu wird zunächst § 16 Abs. 3 UStG auf seinen eigentlichen Mechanismus hin untersucht.

a) Das konventionelle Verständnis von § 16 Abs. 3 UStG

Sofern der „Unternehmer seine gewerbliche oder berufliche Tätigkeit nur in einem Teil des Kalenderjahres ausgeübt" hat, tritt dieser Teil an die Stelle des Kalenderjahres. Der derart formulierte Wortlaut von § 16 Abs. 3 UStG muss im Zusammenhang mit § 16 Abs. 1 S. 1 UStG gelesen werden, wonach regelmäßiger Besteuerungszeitraum das Kalenderjahr ist. Der Besteuerungszeitraum ist außerdem die zeitliche Bandbreite für die Anwendung der umsatzsteuerrechtlichen Zwangsverrechnung nach § 16 Abs. 2 S. 1 UStG. Der regelmäßig ein Kalenderjahr umfassende Besteuerungszeitraum wird für die Zwecke des Besteuerungsverfahrens in mehrere Voranmeldungszeiträume eingeteilt, die für gewöhnlich die Länge eines Kalendervierteljahres oder eines Kalendermonats aufweisen (§ 18 Abs. 2 UStG). Nach Ablauf des – ggf. unterjährigen Besteuerungszeitraums – hat

---

1020 Exemplarisch OFD Frankfurt a.M., Verfügung v. 25.5.2007, UR 2008, 354, Rz. 92 f. S. auch *Farr*, Besteuerung bei Insolvenz, Rz. 364, sowie FG Düsseldorf, Beschl. v. 21.3.2012, 1 V 152/12, NZI 2012, 524.

1021 *Schüppen/Ruh*, in: MüKo, InsO, Anhang Insolvenzsteuerrecht, Rz. 25 f.

1022 Unter Geltendmachung soll dabei nicht nur der Erlass eines Steuerbescheids, sondern auch die Auf- und Verrechnung gemeint sein.

1023 Zu den restlichen für diese Untersuchung relevanten Entscheidungsgründen s. u. unter Drittes Kapitel B)II.3. Davon abgesehen ist auch die vom V. Senat des BFH getroffene Auslegung von § 178 Abs. 1 S. 1 i.V.m. Abs. 3 InsO nicht ohne Kritik geblieben. Das FG Köln, Urt. v. 8.5.2013, 10 K 3191/12, EFG 2013, 1371, Rz. 24, bezeichnet sie als „bedenkliche Rechtsprechung", mit der der BFH die „Bestimmung der Insolvenzordnung unterläuft." Die Finanzverwaltung hat sich der Auslegung des BFH angeschlossen, s. AEAO zu § 251, Rz. 5.3.6.

der Unternehmer eine Steuererklärung abzugeben (§ 18 Abs. 3 UStG). Es gilt das Prinzip der Abschnittsbesteuerung[1024].

Das Ende der Ausübung einer gewerblichen oder beruflichen Tätigkeit i.S.v. § 16 Abs. 3 UStG ist in dem Moment anzunehmen, wenn die werbende Tätigkeit endgültig eingestellt wurde und die Abwicklung des Unternehmens beendet ist. Lässt der Unternehmer seine Tätigkeit nur ruhen, ist dies noch nicht der Fall[1025]. Bei einer Unternehmensveräußerung im Ganzen endet der Besteuerungszeitraum in dem Moment, in dem alle Rechtsbeziehungen auf den Erwerber übergehen. Gleiches gilt bei Tod des Unternehmers[1026].

b) Anwendung auf das Besprechungsurteil

Die Statuierung eines abgekürzten Besteuerungszeitraums durch die Auslegung des V. Senats des BFH entspricht weder dem Wortlaut, noch dem Telos von § 16 Abs. 3 UStG. Anhand des oben skizzierten konventionellen Verständnisses der Vorschrift wird deutlich, dass ein Besteuerungszeitraum nur dann vor Ablauf des Kalenderjahres beendet wird, wenn der Unternehmer schlicht nicht mehr tätig ist und insofern auch nicht länger Besteuerungsgrundlagen verwirklicht werden, die zu einem *Verbrauch* führen, mithin also von der intendierten Belastungswirkung der Umsatzsteuer zu erfassen wären. Mit dem Eintritt dieser Annahme gibt es keinen Grund mehr, den Besteuerungszeitraum länger andauern zu lassen. Das Unternehmen ist dann vielmehr auch steuerverfahrensrechtlich abzuwickeln, der Unternehmer beispielsweise gehalten, mit seiner letzten Steuerklärung einen Schlussstrich zu ziehen. Dies noch bis zum Ablauf des Kalenderjahres hinauszuzögern, würde keinen Sinn ergeben. Wenn aber im Gegensatz dazu das Unternehmen noch weitere Tätigkeiten und damit Umsätze ausführt, wäre die Anwendung von § 16 Abs. 3 UStG nicht nur voreilig, sondern auch weder von ihrem Wortlaut, noch ihrem Telos gedeckt. Wie wir nicht zuletzt oben am Beispiel einer Kapitalgesellschaft gesehen haben[1027], geht die Annahme fehl, im Zeitpunkt der Insolvenzeröffnung eine Einstellung unternehmerischer Tätigkeiten anzunehmen. Der Insolvenzverwalter übernimmt insofern nur die Funktion des Geschäftsführers.

Die vom V. Senat des BFH getroffene Annahme, dass der vorinsolvenzrechtliche Unternehmensteil seine Tätigkeit mit der Insolvenzeröffnung beendet hat[1028], ist damit nicht zutreffend und kann auch nicht der früheren Rechtsprechung des BFH entnommen werden, auf die er in dem Besprechungsurteil verweist[1029]. Vielmehr

1024 *Birkenfeld*, in: Birkenfeld/Wäger, USt-Handbuch, § 205, Rz. 10.

1025 *Birkenfeld*, in: Birkenfeld/Wäger, USt-Handbuch, § 205, Rz. 15; *Korn*, in: Bunjes, UStG, § 16, Rz. 21.

1026 *Reiß*, in: Reiß/Kraeusel/Langer, UStG, § 16, Rz. 37.

1027 S. hierzu oben unter Zweites Kapitel D)II.5.a)bb)(2).

1028 Urt. v. 24.11.2011, V R 13/11, BStBl. II 2012, 298, 300, Rz. 14.

1029 BFH, Urt. v. 26.11.1987, V R 130/82, BStBl. II 1988, 124, 126, Rz. 20 ff. In dem angeführten Abschnitt des Urteils geht es um das Bestreiten von Umsatzsteuerforderungen,

hätte (nicht zitierten) älteren Entscheidungen das Gegenteil hierzu entnommen werden können. Der V. Senat des BFH hat nämlich mit zwei Urteilen vom 16.7.1987 entschieden, dass im Fall der Konkurseröffnung gerade keine Abkürzung des Besteuerungszeitraums anzunehmen ist, weder nach § 16 Abs. 3 UStG, noch nach § 16 Abs. 4 UStG wegen einer Gefährdung von Umsatzsteuern[1030]. Stattdessen statten die Richter den vorinsolvenzrechtlichen Unternehmensteil mit einer rechtlichen Selbständigkeit aus, die weder umsatzsteuer- noch insolvenzrechtlich haltbar ist. In umsatzsteuerrechtlicher Hinsicht führt diese Annahme im Ergebnis doch zu einer – vom V. Senat des BFH an anderer Stelle ausdrücklich abgelehnten – Negierung des Grundsatzes der Unternehmenseinheit und zu einem Wiederaufleben der Separationsthese[1031].

Aber auch dem insolvenzrechtlichen Regelungsregime kann ein Gebot zu der Abkürzung des umsatzsteuerlichen Besteuerungszeitraums nicht entnommen werden. Denn die insoweit relevante Abgrenzung zwischen Insolvenzforderungen und Masseverbindlichkeiten (§§ 38, 55 InsO) einerseits, und die Beachtung der Aufrechnungsverbote (§§ 94 ff. InsO) andererseits, folgt allein aus ebendiesen Vorschriften. Sie enthalten die diesbezüglichen Rechtsfolgen, die für die Durchsetzung von Ansprüchen in der Insolvenz maßgeblich sind. Sie knüpfen aber – wie gesehen – an die einzelnen positiven wie negativen Besteuerungsgrundlagen an und untersuchen diese auf ihre *Wertigkeit.* Auch aus § 155 Abs. 2 S. 1 InsO kann nichts Gegenteiliges entnommen werden. Die Vorschrift normiert zwar, dass mit der Eröffnung des Insolvenzverfahrens ein „neues Geschäftsjahr" beginnt. Dies bezieht sich aber ausschließlich auf handels- und steuerrechtliche Pflichten des Schuldners zur Buchführung und zur Rechnungslegung (§ 155 Abs. 1 S. 1 InsO). Nur diesbezüglich entsteht also ein Rumpfgeschäftsjahr[1032]. Außerdem ist zu bemerken, dass es (ebenfalls) an einer gesetzlichen Grundlage dafür fehlt, einen weiteren Besteuerungszeitraum ab dem Zeitpunkt der Insolvenzeröffnung anzunehmen. Eine solche bräuchte es aber denklogisch, um das nötige Korsett zur Erfassung der später verwirklichten Besteuerungsgrundlagen zu bilden. Eine Antwort hierauf ist der V. Senat des BFH bislang schuldig geblieben.

5. *Zwischenergebnis*

Das – vom *Verfasser* unterstellte – Motiv des V. Senats des BFH ist nachvollziehbar und im Sinne einer einfachen Handhabung des Umsatzsteuerinsolvenzrechts

---

die zur Konkurstabelle angemeldet worden sind und die Frage, ob eine für Prüfungszwecke notwendige Individualisierung möglich ist.

1030 BFH, Urt. v. 16.7.1982, V R 2/81, BStBl. II 1988, 190, 191, Rz. 15; v. 16.7.1987, V R 80/82, BStBl. II 1987, 691, 693, Rz. 17, krit. hierzu die Anm. v. *Weiss*, UR 1987, 291 ff. Später nochmal aufgegriffen in BFH, Urt. v. 28.6.2000, V R 45/99, BStBl. II 2000, 703, 705, Rz. 20.

1031 Zu beidem s. oben unter Zweites Kapitel D)II.5.a)aa)(1).

1032 Vgl. *Füchsl/Weishäupl/Jaffé*, in: MüKo, InsO, § 155, Rz. 5.

rechtspolitisch sogar wünschenswert, allerdings nicht mit dem geltenden Recht in Einklang zu bringen. Die insofern unzulässige Auslegung von § 16 Abs. 3 UStG führt zu einem Gleichlauf von umsatzsteuer- und insolvenzrechtlich entscheidenden Zeitpunkten und knüpft diesbezüglich an den Zeitpunkt der rechtlichen Uneinbringlichkeit an. Wo insolvenzrechtlich das Insolvenzverfahren eröffnet wird, soll nun umsatzsteuerrechtlich der Besteuerungszeitraum enden. Diese Auslegung hat zweifelsohne den Charme, dass ein umsatzsteuerlicher Voranmeldungszeitraum nicht länger „über die Insolvenzeröffnung hinweg" andauern kann, wird er doch gleichsam mit dem Besteuerungszeitraum abgekürzt. Das führt zwar zunächst zu einer praktikablen Handhabung. Die Nebenwirkungen dessen sind allerdings erheblich und werden sichtbar, sobald die umsatzsteuerliche Zwangsverrechnung und Fragen der Aufrechnung nach § 226 AO mit in den Blick genommen werden[1033]. Die an dieser Stelle für unzutreffend erkannte Auslegung von § 16 Abs. 3 UStG dient damit nicht nur ihrer selbst, sondern ist gleichsam ein unzulässiges Puzzleteil im Konzept des V. Senats des BFH.

IV. Urteil vom 24.9.2014 – V R 48/13[1034] – Masseverbindlichkeiten nach § 55 Abs. 4 InsO

1. Darstellung des Tatbestands

Das bislang letzte Urteil des V. Senats des BFH vom 24.9.2014 aus der hier gebildeten Rechtsprechungsserie ist die erste Entscheidung eines Bundesgerichts zu § 55 Abs. 4 InsO. Ihr lag folgender Sachverhalt zu Grunde: Der Kläger ist zum Insolvenzverwalter über das Vermögen einer KG bestellt worden. Diese beantragte am 6.10.2011 die Eröffnung des Insolvenzverfahrens. Mit Beschluss vom 7.10.2011 bestellte das Insolvenzgericht den Kläger zum vorläufigen Insolvenzverwalter und ordnete an, dass Verfügungen der KG über Gegenstände ihres Vermögens nur noch mit Zustimmung des Klägers wirksam seien (§ 21 Abs. 2 S. 1 Nr. 2 Alt. 2 InsO)[1035]. Ferner verbot das Insolvenzgericht den Schuldnern der KG, an diese zu zahlen und ermächtigte den vorläufigen Insolvenzverwalter dazu, Bankguthaben und sonstige Forderungen der KG einzuziehen sowie eingehende Gelder entgegenzunehmen. Dementsprechend wurden die Schuldner der KG aufgefordert, Zahlungen direkt an den vorläufigen Insolvenzverwalter zu leisten (§ 23 Abs. 1 S. 3 InsO). Nachdem die KG ihren Geschäftsbetrieb zunächst fortführte, stellte sie den Betrieb schließlich zum 31.12.2011 ein[1036]. Das Insolvenzverfahren wurde durch Beschluss vom 1.1.2012 eröffnet. Im Insolvenzeröffnungsverfahren konnten bis zum 28.12.2011 verschiedene offene Forderungen eingezogen werden. Die – im Rahmen des Einspruchsverfahren teilweise der Höhe nach geänderten – Vorauszahlungsbescheide für die Monate

1033 S. hierzu noch ausführlich im Dritten Kapitel.
1034 BStBl. II 2015, 506.
1035 BFH, Urt. v. 24.9.2014, V R 48/13, BStBl. II 2015, 506, 507, Rz. 1 f.
1036 BFH, Urt. v. 24.9.2014, V R 48/13, BStBl. II 2015, 506, 507, Rz. 4.

Oktober und November bezogen sich auf eine vom Finanzamt für die Masse ausgegebene, zweite Steuernummer[1037]. Der dagegen gerichtete Einspruch hatte keinen Erfolg, gleiches gilt für die Klage vor dem Finanzgericht[1038].

Mit der Auffassung der Finanzverwaltung kam es zu dem Ergebnis, dass in dem vorliegenden Fall Masseverbindlichkeiten nach § 55 Abs. 4 InsO anzunehmen seien, weil der schwache vorläufige Insolvenzverwalter offensichtlich mit der Fortführung des Unternehmens ausdrücklich einverstanden gewesen sei. Dies reiche für eine Zustimmung i.S.d. Norm aus[1039]. Der Kläger macht in der Revision hierzu geltend, dass sich eine Zustimmung nur auf das beziehen könne, was zustimmungsbedürftig sei, mithin also nur Verfügungen, nicht aber wie im vorliegenden Fall Dienstleistungen. Außerdem sei das Urteil des BFH vom 9.12.2010 für das Insolvenzeröffnungsverfahren ohne Bedeutung[1040]. Die Finanzverwaltung erwiderte darauf, dass § 55 Abs. 4 InsO den Zweck habe, den Fiskus mit den während der vorläufigen Insolvenzverwaltung begründeten Steuerforderungen nicht ausfallen zu lassen. Hierfür reiche es aus, dass der vorläufige Insolvenzverwalter mit der Fortführung der Geschäftstätigkeit einverstanden sei. Da die Vereinnahmungszuständigkeit mit dem Beschluss des Insolvenzgerichts vom 7.10.2011 auf diesen übergegangen sei, führten die Forderungsvereinnahmungen nach den Grundsätzen des BFH-Urteils vom 9.12.2010 zu einer Masseverbindlichkeit. Grund hierfür sei die Gleichbehandlung von Soll- und Ist-Versteuerung im Insolvenzfall. Außerdem beschränke sich § 55 Abs. 4 InsO nicht auf Neugeschäfte. Die Norm verfolge das Ziel, steuermindernde Gestaltungen zu verhindern, womit auch Altgeschäfte erfasst werden könnten[1041].

2. *Darstellung der tragenden Gründe*

Der V. Senat des BFH ist in seinem letzten Urteil der Rechtsprechungsserie zu einem dem zweiten Urteil vom 9.12.2010 in Konstruktion und Ergebnis vergleichbarem Ergebnis gelangt. Auch im Besprechungsurteil macht er sich (s)eine *doppelte Berichtigung* zu Nutze um die Vereinnahmung von Entgelten unter einen masseverbindlichkeitsbegründenden Tatbestand (hier: § 55 Abs. 4 InsO) subsubsumieren zu können.

1037 BFH, Urt. v. 24.9.2014, V R 48/13, BStBl. II 2015, 506, 507, Rz. 5 f.

1038 FG Düsseldorf, Urt. v. 27.9.2013, 1 K 3372/12 U, EFG 2014, 69, insb. ausgewertet im Rahmen der Ausführungen zum Tatbestand des § 55 Abs. 4 InsO oben unter Erstes Kapitel G)I.

1039 BFH, Urt. v. 24.9.2014, V R 48/13, BStBl. II 2015, 506, 507, Rz. 8.

1040 BFH, Urt. v. 24.9.2014, V R 48/13, BStBl. II 2015, 506, 507, Rz. 9.

1041 BFH, Urt. v. 24.9.2014, V R 48/13, BStBl. II 2015, 506, 507 f., Rz. 12. Ob in die streitigen Umsatzsteuervoranmeldungen neben der „Vereinnahmung von Entgelten", also der positiven Besteuerungsgrundlage nach § 17 Abs. 2 Nr. 1 S. 2 UStG, auch „echte" Umsätze, also Neugeschäfte, enthalten sind, lässt sich weder dem Urteil des BFH, noch dem des FG Düsseldorf entnehmen. Da der Insolvenzschuldner seinen Geschäftsbetrieb aber zunächst fortführte, ist dies durchaus wahrscheinlich.

a) *Übergang der Einziehungsbefugnis mit der Folge der rechtlichen Uneinbringlichkeit (erste Berichtigung)*

Der V. Senat des BFH geht hinsichtlich vor der Bestellung des vorläufigen Insolvenzverwalters erbrachter Ausgangsleistungen von einer ersten Berichtigung nach § 17 Abs. 2 Nr. 1 UStG zu Beginn des Insolvenzeröffnungsverfahrens aus[1042]. In diesem Moment sei das vereinbarte [und noch ausstehende, d. *Verf.*] Entgelt nämlich aus rechtlichen Gründen uneinbringlich geworden. Hierbei zitiert der Senat zunächst Passagen aus seinem Urteil vom 9.12.2010, wonach der insolvenzschuldnerische Unternehmer nicht mehr in der Lage sei, rechtswirksam Entgeltforderungen in seinem eigenen vorinsolvenzrechtlichen Unternehmensteil selbst zu vereinnahmen[1043]. Ebenso verhalte es sich im Insolvenzeröffnungsverfahren. Dabei ergebe sich das Recht zum Forderungseinzug zwar nicht aus §§ 80 ff. InsO. Unter Verweis auf ein Urteil des BGH[1044] werde das Rechtsverhältnis zwischen dem Schuldner und dem vorläufigen Insolvenzverwalter gegenüber Drittschuldnern aber in einer Weise geregelt, die § 80 Abs. 1 und § 82 InsO entspricht, wenn das Insolvenzgericht bei der Bestellung eines vorläufigen Insolvenzverwalters mit Zustimmungsvorbehalt das Verbot an Drittschuldner erlässt, an den Schuldner zu zahlen und den vorläufigen Insolvenzverwalter dazu ermächtigt, die Forderungen des Schuldners einzuziehen und Gelder entgegenzunehmen[1045]. Damit sei es dem Unternehmer aufgrund der auf den vorläufigen Insolvenzverwalter übergegangenen Einziehungsbefugnis nicht mehr möglich, das Entgelt für die zuvor entstandene Steuerschuld zu erlangen[1046].

b) *Vereinnahmung im Bereich der Insolvenzmasse – § 17 Abs. 2 Nr. 1 S. 2 UStG (zweite Berichtigung)*

Kommt es im Nachgang zu der ersten Berichtigung zu einer Entgeltentrichtung, so ist nach dem Besprechungsurteil eine zweite Berichtigung nach § 17 Abs. 2 Nr. 1 S. 2 UStG vorzunehmen. Diese sei – im Gegensatz zur ersten Berichtigung – insolvenzrechtlich bei der Berechnung der sich für den Voranmeldungs- oder Besteuerungszeitraum ergebenden Masseverbindlichkeit nach § 55 Abs. 4 InsO zu berücksichtigen, da es hierfür auf die rechtlichen Befugnisse des vorläufigen Insolvenzverwalters und dessen Recht zum Forderungseinzug und zur Entgeltvereinnahmung ankomme[1047]. Nach der Maßgabe ebendieser rechtlichen Befugnisse sei für das Entstehen von Masseverbindlichkeiten bei umsatzsteuerrechtlichen Verbindlichkeiten aus dem Steuerschuldverhältnis (entgegen der Auffassung der Finanzverwaltung) nicht auf die lediglich zeitliche Verbindlichkeitsbegründung

---

1042 BFH, Urt. v. 24.9.2014, V R 48/13, BStBl. II 2015, 506, 509, Rz. 24, 27 f.
1043 BFH, Urt. v. 24.9.2014, V R 48/13, BStBl. II 2015, 506, 509, Rz. 27.
1044 BGH, Urt. v. 22.2.2007, IX ZR 2/06, DB 2007, 1079, Rz. 12 f.
1045 BFH, Urt. v. 24.9.2014, V R 48/13, BStBl. II 2015, 506, 509, Rz. 28.
1046 BFH, Urt. v. 24.9.2014, V R 48/13, BStBl. II 2015, 506, 509 f., Rz. 29.
1047 BFH, Urt. v. 24.9.2014, V R 48/13, BStBl. II 2015, 506, 510, Rz. 34.

„nach der Bestellung eines schwachen vorläufigen Insolvenzverwalters“ abzustellen[1048]. Insofern komme es im Rahmen von § 55 Abs. 4 InsO bei der Besteuerung nach vereinbarten wie nach vereinnahmten Entgelten nicht auf die Leistungserbringung, sondern auf die Entgeltvereinnahmung an[1049]. Die Ermächtigung zum Forderungseinzug könne nämlich dazu führen, dass umsatzsteuerrechtliche Verbindlichkeiten aus dem Steuerschuldverhältnis, die mit dem Forderungseinzug in Zusammenhang stehen, zur Masseverbindlichkeit nach § 55 Abs. 4 InsO werden[1050]. Es könne [im Rahmen von § 55 Abs. 4 InsO, d. *Verf.*] demgegenüber nicht auf das Erbringen steuerbarer Leistungen i.S.v. § 1 Abs. 1 Nr. 1 UStG abgestellt werden, da sich ein Zustimmungsvorbehalt nur auf „Verfügungen“ beziehen könne. Damit wäre es allein denkbar, vom Insolvenzschuldner erbrachte Lieferungen und damit die Verschaffung der Verfügungsmacht an Gegenständen i.S.v. § 3 Abs. 1 UStG als masseverbindlichkeitsbegründend anzusehen, nicht hingegen die Erbringung sonstiger Leistungen. Die damit einhergehende Differenzierung von Händlern und Dienstleistungsunternehmen hätte zur Folge, dass bei der einen Gruppe die Fortführung und Sanierung des Unternehmens erleichtert, während diejenige der anderen Gruppe erschwert würde, was mit dem allgemeinen Gleichheitsgrundsatz unvereinbar wäre[1051].

c) *Uneinbringlichkeit von Entgelten bzgl. im Insolvenzeröffnungsverfahren erbrachter oder bezogener Leistungen*

Nach der Auffassung des V. Senats des BFH werden außerdem auch diejenigen Entgelte für Leistungen uneinbringlich, die der Unternehmer nach Bestellung des vorläufigen Insolvenzverwalters mit allgemeinem Zustimmungsvorbehalt und Recht zum Forderungseinzug bis zur Beendigung des Insolvenzeröffnungsverfahrens erbringt oder bezieht. Es bestehe nämlich kein sachlicher Rechtfertigungsgrund für eine differenzierende Betrachtung nach den Leistungen, die das Unternehmen vor der Bestellung des vorläufigen Insolvenzverwalters erbringt oder bezieht, und den Leistungen, die das Unternehmen nach dessen Bestellung bis zur Beendigung des Insolvenzeröffnungsverfahrens erbringt oder bezieht. In beiden Fällen sei die Befugnis, das für erbrachte Leistungen geschuldete Entgelt zu vereinnahmen, auf den vorläufigen Insolvenzverwalter übergegangen. Anders als bei Leistungen, die durch einen starken vorläufigen Insolvenzverwalter oder nach Insolvenzeröffnung

1048 BFH, Urt. v. 24.9.2014, V R 48/13, BStBl. II 2015, 506, 508, Rz. 17.
1049 BFH, Urt. v. 24.9.2014, V R 48/13, BStBl. II 2015, 506, 508, Rz. 20.
1050 BFH, Urt. v. 24.9.2014, V R 48/13, BStBl. II 2015, 506, 509, Rz. 21. Ob diese Rechtsfolge auch anzunehmen ist, wenn das Insolvenzgericht den vorläufigen Insolvenzverwalter nicht zum Forderungseinzug und zur Entgegennahme von Geldern ermächtigt, sondern ihn nur mit einem allgemeinen Zustimmungsvorbehalt ausstattet, hätte der Senat im Streitfall nicht zu entscheiden gehabt, s. ebd., Rz. 21.
1051 BFH, Urt. v. 24.9.2014, V R 48/13, BStBl. II 2015, 506, 509, Rz. 23.

durch den Insolvenzverwalter erbracht werden, komme es damit zu einer Trennung von Leistungserbringung und Entgeltvereinnahmung[1052].

d) Berichtigung des Vorsteuerabzugs

Ferner komme es im vorliegenden Fall [unter Verweis auf seine jüngere Rechtsprechung zur Bestellung eines schwachen vorläufigen Insolvenzverwalters bei einer umsatzsteuerlichen Organschaft[1053], d. *Verf.*] mit der Bestellung des vorläufigen Insolvenzverwalters auch zu einer Berichtigung des Vorsteuerabzugs für noch nicht bezahlte Leistungsbezüge, was der Senat bereits mehrfach entschieden habe. Der Gläubiger des Insolvenzschuldners könne dann nämlich seinen Entgeltanspruch zumindest für die Dauer des Eröffnungsverfahrens und damit im Regelfall über einen längeren Zeitraum nicht mehr durchsetzen[1054].

3. Reaktionen des Schrifttums und die Auffassung der Finanzverwaltung

Die Reaktionen des Schrifttums sind bislang überschaubar. Neben einiger Urteilsanmerkungen[1055] haben sich bisweilen *Heuermann*[1056], *Kahlert*[1057] und *Kruth*[1058] ausführlich mit der vorliegenden Entscheidung auseinandergesetzt. Wie schon hinsichtlich des Urteils des BFH vom 9.12.2010 ist *Kahlert* der Auffassung, dass auch die Besprechungsentscheidung „zielgerichtet" sei. Die Auslegung des Begriffs „Uneinbringlichkeit" sei weder mit dem Wortlaut, noch mit dem Zweck von § 17 Abs. 2 Nr. 1 S. 1 UStG vereinbar. Bei der zweiten Berichtigung im Anwendungsbereich von § 55 Abs. 4 InsO falle auf, dass der V. Senat des BFH zu diesem Ergebnis nicht durch eine Subsumtion unter die Tatbestandsmerkmale der Vorschrift gelangt, sondern dies mit dem allgemeinen Prinzip begründet, wonach es für die Begründung von Masseverbindlichkeiten auf die rechtlichen Befugnisse des vorläufigen

---

1052 BFH, Urt. v. 24.9.2014, V R 48/13, BStBl. II 2015, 506, 510, Rz. 31.

1053 BFH, Urt. v. 8.8.2013, V R 18/13, BFHE 242, 433; v. 3.7.2014, V R 32/13, BFHE 246, 264, vgl. hierzu *Wagner/Marchal*, BB 2015, 86 ff.

1054 BFH, Urt. v. 24.9.2014, V R 48/13, BStBl. II 2015, 506, 510, Rz. 30.

1055 *Fritsch*, UStB 2015, 4; *Schmittmann*, EWiR 2015, 19 f.; *Wäger*, BFH/PR 2015, 68 ff.; *Werres*, NZI 2015, 213. *Wäger* ist noch in DStR 2011, 1925, 1931, davon ausgegangen, dass es mit der Bestellung eines „vorläufigen Verwalters mit Verfügungsbefugnis oder Zustimmungsvorbehalt" nicht zu einer Uneinbringlichkeit kommt, u. a. weil noch nicht feststünde, ob es wirklich zu einer Insolvenzeröffnung kommt und im Eröffnungsverfahren noch keine Insolvenzmasse vorläge und somit nicht von einem unterschiedlichen Unternehmensteil ausgegangen werden könnte. Vgl. zu dem Besprechungsurteil auch ohne Bewertung desselben *Wäger*, UR 2015, 125, 129 f. (Rechtsprechungsauslese 2014).

1056 UR 2015, 174 ff.; sowie Urteilsanmerkung in *Ders.*, DStR 2014, 2457 f. *Bernd Heuermann* ist Vorsitzender Richter des V. Senats am Bundesfinanzhof.

1057 ZIP 2015, 11 ff.

1058 MwStR 2015, 77 ff.

Insolvenzverwalters ankomme[1059]. Eine Zustimmung liege aber nicht vor, was auch im Ergebnis dem BFH-Urteil entspreche. Zwar erscheine es möglich, dass die Vereinnahmung auf Basis der ersten Berichtigung im Sinne der Zurechnung einer amtlichen Liquidationsmaßnahme vom vorläufigen Insolvenzverwalter [selbst, d. *Verf.*] begründet worden sein könnte. Dies sei aber umgekehrt nicht für die Entgeltvereinnahmung [und die daraus folgende zweite Berichtigung, d. *Verf.*] der Fall, weil der vorläufige Insolvenzverwalter mit Zustimmungsvorbehalt „lediglich" seinen Zustimmungsvorbehalt ausübe[1060]. Es stehe allein dem Gesetzgeber zu, eine „Umstellung auf Ist-Besteuerung bereits im Insolvenzeröffnungsverfahren" vorzunehmen[1061]. Die Rechtsprechung des BFH führte nach *Kruth* zu Rechtsfolgen, die in ihren Ausmaßen noch über die vom Gesetzgeber mit § 55 Abs. 4 InsO verfolgte Privilegierung des Fiskus hinausgingen[1062].

Heuermann hingegen verteidigt das Besprechungsurteil. Danach würden die vom V. Senat des BFH bereits für die Insolvenzeröffnung judizierten Wirkungen „sozusagen vorverlagert auf das Insolvenzeröffnungsverfahren"[1063]. Die Gesetzesfassung von § 55 Abs. 4 InsO habe indes zunächst Ratlosigkeit hinterlassen, sei doch der Begriff der „Zustimmung" kaum in das Umsatzsteuerrecht zu übertragen[1064]. Allein systemgerecht sei es daher, „Zustimmung" „nicht autonom auszulegen, sondern im Zusammenhang mit der Rechtsstellung des vorläufigen Insolvenzverwalters zu verstehen". Wenn der BFH hieran anknüpft, wende er § 55 Abs. 4 InsO „entsprechend der gesetzgeberischen Intention" auch in dem Fall an, in dem es nicht um die Ausführung von Leistungen, sondern um die Entgeltsvereinnahmung ginge. Es komme damit für das Vorliegen der Begründetheit i.S.v. § 55 Abs. 4 InsO nicht darauf an, „ob und wann der Schuldner eine umsatzsteuerbare Leistung erbringt oder erbracht hat."[1065] „Vor diesem Hintergrund entwickelt der BFH eine *eigenständig umsatzsteuerrechtliche Lösung* [Hervorh., d. *Verf.*], indem er seine Rechtsprechung zu § 17 UStG fortführt. Er erreicht auf diese Weise eine durch die Bestellung des vorläufigen Verwalters bedingte Transformation der Soll-Besteuerung in eine Ist-Besteuerung."[1066] Die hinter der Rechtsprechung stehende Botschaft sei letztlich

1059 *Kahlert*, ZIP 2015, 11, 14.
1060 *Kahlert*, ZIP 2015, 11, 15.
1061 *Kahlert*, ZIP 2015, 11, 15 f. Der Gesetzgeber sei aufgefordert, Rechtssicherheit zu schaffen.
1062 *Kruth*, MwStR 2015, 77, 79.
1063 *Heuermann*, UR 2015, 174, 179.
1064 *Heuermann*, UR 2015, 174, 176. Mit Blick auf eine den Gleichheitssatz verletzende Ungleichbehandlung von Lieferungen und sonstigen Leistungen hält auch jüngst *Onusseit*, ZIP 2016, 452, 453, die Auffassung des V. Senats des BFH im Ausgangspunkt für zutreffend, was aber diesbezüglich ausdrücklich zur Unanwendbarkeit von § 55 Abs. 4 InsO führen müsse. Seine Kritik geht in diesem Zusammenhang hauptsächlich auf die These der „rechtlichen Uneinbringlichkeit" zurück.
1065 *Heuermann*, UR 2015, 174, 177.
1066 *Heuermann*, UR 2015, 174, 178.

einfach: „Der Steueranspruch entsteht neu und begründet eine Masseverbindlichkeit, wenn es zur Eröffnung des Insolvenzverfahrens kommt."[1067]

Die Finanzverwaltung hat das Besprechungsurteil erwartungsgemäß im Bundessteuerblatt Teil II[1068] verkündet und darüber hinaus ein entsprechendes BMF-Schreiben veröffentlicht, das zu möglichen Anwendungsfragen Stellung bezieht. Das Schreiben befürwortet in der Begründung wie im Ergebnis die aufgestellten Maßstäbe des V. Senats des BFH. Anders als in früheren Bekanntmachungen geht es aber noch hierüber hinaus. Es nimmt nämlich ausdrücklich auch dann eine rechtliche Uneinbringlichkeit an, wenn ein vorläufiger Insolvenzverwalter mit allgemeinem Zustimmungsvorbehalt *ohne* Recht zum Forderungseinzug bestellt worden ist, da der Drittschuldner dann schuldbefreiend nur noch mit dessen Zustimmung leisten könne[1069]. Es reiche sogar allein die Berechtigung zur Kassenführung bis zur Beendigung des Insolvenzeröffnungsverfahrens aus[1070]. Dies gelte sowohl für vor dem Insolvenzeröffnungsverfahren wie auch danach erbrachte Leistungen[1071]. Darin fügt sich ein, dass sich die Finanzverwaltung auch insoweit dem V. Senat des BFH anschließt, wie es den Zeitpunkt der Berichtigung des Vorsteuerabzugs für noch nicht bezahlte Leistungsbezüge auf die Bestellung des schwachen vorläufigen Insolvenzverwalters vorverlegt, der laut BMF-Schreiben mit einem Zustimmungsvorbehalt ausgestattet sein muss[1072]. Mit der in Rede stehenden Verlautbarung ist die Finanzverwaltung von ihrer noch vor dem Urteil veröffentlichten Sichtweise abgerückt. Dort ist sie demgegenüber nämlich, *erstens*, noch davon ausgegangen, dass die Entgeltvereinnahmung durch den schwachen vorläufigen Insolvenzverwalter hinsichtlich solcher Umsätze, die vor dem Insolvenzeröffnungsverfahren getätigt wurden, im Rahmen der hier vorliegenden Soll-Versteuerung nicht zu Masseverbindlichkeiten nach § 55 Abs. 4 InsO führten[1073]. Außerdem nahm sie, *zweitens*, auch nicht an, dass solche Umsätze uneinbringlich würden, die während

---

1067 *Heuermann*, UR 2015, 174, 179.

1068 BFH, Urt. v. 24.9.2014, V R 48/13, BStBl. II 2015, 506.

1069 BMF-Schreiben v. 20.5.2015, BStBl. I 2015, 476, 477, Rz. 10, 13, 15; vgl. hierzu den Beitrag von *Nowak*, ZInsO 2015, 1189, der eine instruktive Aufbereitung für die Praxis gibt; ferner zu dem BMF-Schreiben jüngst *Onusseit*, ZIP 2016, 452 ff., der dort u. a. die seinerzeit „sieben insolvenzsteuerrechtlichen Akte" von Rechtsprechung, Gesetzgebung und Finanzverwaltung darstellt. Mittlerweile ist mit dem BMF-Schreiben v. 18.5.2016, BStBl. I 2016, 506, das zugleich den UStAE zu § 17, Rz. 17.1, Abs. 11–16, ändert, ein weiterer „achter" Akt hinzugetreten.

1070 BMF-Schreiben v. 20.5.2015, BStBl. I 2015, 476, 477, Rz. 10, 13.

1071 BMF-Schreiben v. 20.5.2015, BStBl. I 2015, 476, 477, Rz. 13.

1072 BMF-Schreiben v. 20.5.2015, BStBl. I 2015, 476, 478, Rz. 20. Entgegen dem Wortlaut würde es die Finanzverwaltung wohl auch für ausreichend erachten, wenn – spiegelbildlich zu der Berichtigung bei Ausgangsleistungen – ein schwacher vorläufiger Insolvenzverwalter bestellt ist, der nicht über einen Zustimmungsvorbehalt verfügt, sondern „nur" das Recht zur Kassenführung hat.

1073 BMF-Schreiben v. 17.1.2012, BStBl. I 2012, 120, 121, Rz. 18. Dort wird nicht zwischen schwachen vorläufigen Insolvenzverwaltern mit oder ohne Recht zum Fordes Insolvenzeröffnungsverfahrens erbracht werden, da diesbezüglich ohnehin Masseverbindlichkeiten nach § 55 Abs. 4 InsO vorlägen[1074].

4. *Eigene Auffassung*

Zu Beginn der näheren Überprüfung des Besprechungsurteils soll darauf hingewiesen werden, dass den folgenden Ausführungen das oben gefundene Ergebnis zu Grunde liegt, nach dem die vom V. Senat des BFH vorgenommene Auslegung von § 17 Abs. 2 Nr. 1 UStG mit dem geltenden Recht nicht zu vereinbaren ist. Insofern beschränkt sich die Untersuchung im Folgenden auf die Erörterung derjenigen Fragen, zu denen die Ausführungen dieser Arbeit bislang noch nicht Stellung genommen haben.

a) *Übergang der Einziehungsbefugnis bei Bestellung eines vorläufigen Insolvenzverwalters mit Zustimmungsvorbehalt und Recht zum Forderungseinzug und zur Entgegennahme von Geldern mit der Folge rechtlicher Uneinbringlichkeit*

Wo der BFH in seinem Urteil vom 9.12.2010 noch einen Übergang der *Empfangszuständigkeit*[1075] annimmt, spricht er nun anlässlich der Bestellung eines vorläufigen Insolvenzverwalters mit Zustimmungsvorbehalt und Recht zum Forderungseinzug und zur Entgegennahme von Geldern von einem Übergang der *Einziehungsbefugnis*[1076]. Zur Begründung führt er – unter Verweis auf ein BGH-Urteil – an, dass das Rechtsverhältnis zwischen dem Insolvenzschuldner und dem vorläufigen Insolvenzverwalter gegenüber Drittschuldnern im vorliegenden Fall den Wirkweisen von § 80 Abs. 1 InsO und § 82 InsO entspreche. Nimmt man die eingangs beschriebenen Übergänge hinzu, so folgt daraus tatsächlich, dass Zuständigkeit und Befugnis zwei Seiten derselben Medaille sind und letztlich zu vergleichbaren Rechtsfolgen führen. Die dahinterstehende Konstruktion bestehend aus insolvenzrechtlichen Mechanismen weist indes Unterschiede zu der unmittelbaren Anwendung von § 80 Abs. 1 InsO auf, der hier im Ergebnis nicht widersprochen wurde[1077].

Die Unterschiede haben ihren Ursprung in der abweichenden Ausstattung von Rechten und Pflichten des vorläufigen und endgültigen Insolvenzverwalters und den Beschränkungen des Insolvenzschuldners. Während der Übergang der

---

derungseinzug unterschieden. Das genannte BMF-Schreiben ist ersetzt worden durch BMF-Schreiben v. 20.5.2015, BStBl. I 2015, 476.

1074 BMF-Schreiben v. 17.1.2012, BStBl. I 2012, 120, 121, Rz. 14.

1075 V R 22/10, BStBl. II 2011, 996, 998, Rz. 30.

1076 BFH, Urt. v. 24.9.2014, V R 48/13, BStBl. II 2015, 506, 509 f., Rz. 29. *Werres*, NZI 2015, 213, 214, schlägt in diesem Zusammenhang vor, dass die Insolvenzgerichte zur Umgehung der genannten Rspr. nicht länger den schwachen vorläufigen Insolvenzverwalter zum Forderungseinzug ermächtigen sollen.

1077 S. oben unter Zweites Kapitel D)II.5.a)aa)(2).

Verwaltungs- und Verfügungsbefugnis auf den Insolvenzverwalter sowie die an den Insolvenzschuldner selbst gerichtete Beschränkung von Verfügungen gleichsam automatisch mit der Eröffnung des Insolvenzverfahrens eintritt, liegen diese Eigenarten für die zeitliche Phase des Insolvenzeröffnungsverfahrens allein in der Hand des Insolvenzgerichts. Wenn wie im vorliegenden Fall das Insolvenzgericht *nur* einen allgemeinen *Zustimmungsvorbehalt* anordnet (§ 21 Abs. 2 S. 1 Nr. 2 Alt. 2 InsO), dann wird dem Insolvenzschuldner damit kein allgemeines *Verfügungsverbot* auferlegt[1078]. Trifft er in diesem Fall Verfügungen, dann sind diese aber nur mit Zustimmung des vorläufigen Insolvenzverwalters wirksam. Ihm kommt damit in erster Linie die Funktion der Vermögenssicherung zu[1079]. Ordnet das Insolvenzgericht nicht zusätzlich zu einem Zustimmungsvorbehalt an, dass der vorläufige Insolvenzverwalter zum Einzug von Forderungen und zur Entgegennahme von Geldern berechtigt ist, dann würde die etwaige Leistung von Drittschuldnern nicht in einen Leistungserfolg nach § 362 BGB münden. Der einziehende vorläufige Insolvenzverwalter könnte dann nämlich nicht über das Vermögen des Insolvenzschuldners verfügen, was aber in dem Moment geschehen würde, in dem der Leistungserfolg im Sinne eines Tilgungserfolgs eintritt und damit die Forderung des Insolvenzschuldners erlischt. Erteilt das Insolvenzgericht aber eine entsprechende Einzelermächtigung, fehlt dem Schuldner die Einziehungsbefugnis hinsichtlich der zum Vermögen gehörenden Forderungen mit der Folge eines diesbezüglichen Verfügungsverbots[1080]. Wenn damit noch eine Bekanntmachung ebendieser Verfügungsbeschränkungen an Drittschuldner mit der Aufforderung, Zahlungen nur noch an den vorläufigen Insolvenzverwalter zu leisten (§ 23 Abs. 1 InsO) einhergeht, entspricht das in dieser Hinsicht in der Tat denjenigen Rechtsfolgen, die auch bei der Eröffnung des Insolvenzverfahrens eintreten[1081]. Insofern ist die Argumentation des V. Senats des BFH bis hierher – wie in dessen Urteil vom 9.12.2010[1082] – zutreffend.

Dieses Zwischenergebnis war schon in zwei früheren Entscheidungen des V. Senats des BFH abzusehen[1083], in denen er sich mit der Beendigung der

---

1078 Andernfalls läge ein sog. starker vorläufiger Insolvenzverwalter (§ 22 Abs. 1 InsO) mit der Folge des § 55 Abs. 2 InsO vor.

1079 Statt vieler nur *Böhm*, in: Braun, InsO, § 22, Rz. 23.

1080 *Haarmeyer*, in: MüKo, InsO, § 22, Rz. 54.

1081 V R 48/13, BStBl. II 2015, 506, 509, Rz. 28; BGH, Urt. v. 22.2.2007, IX ZR 2/06, ZIP 2007, 827, Rz. 13, wobei Inhalt der Entscheidung des BGH freilich weder steuerrechtliche Fragen noch die Anwendung von § 55 Abs. 4 InsO waren. Es ging darum, ob der Sicherungsnehmer bei Einziehung sicherungshalber abgetretener Forderungen durch den vorläufigen Insolvenzverwalter gegen diesen einen Anspruch auf Herausgabe hat.

1082 S. hierzu oben unter Zweites Kapitel D.II.5.a)aa)(2).

1083 Eine andere Tendenz hatte die Aussage des senatsangehörigen Richters *Wäger* in DStR 2011, 1925, s. hierzu oben unter Zweites Kapitel D)IV.3. (Fußnote 1055). *Wagner/Köhler*, BB 2011, 1510, haben in einer Anmerkung zum Urteil des BFH

umsatzsteuerlichen Organschaft bei der Bestellung eines vorläufigen Insolvenzverwalters mit allgemeinem Zustimmungsvorbehalt befasste, dem das Recht eingeräumt wurde, Forderungen einzuziehen und Gelder zu vereinnahmen[1084], auf die der Senat auch in dem Besprechungsurteil an anderer Stelle Bezug nimmt. Die hier entscheidenden und die dort genannten Gedankengänge sind durchaus vergleichbar und liegen auf der Linie des V. Senats des BFH, das Bild des „Unternehmers als Steuereinnehmer für Rechnung des Staates"[1085] anzuerkennen und daraus möglichst weitgehend eine aufkommenswirksame Realisation von Umsatzsteuerbeträgen herzuleiten. Dies mag umsatzsteuerrechtlich zulässig sein, das Insolvenzrecht folgt dem indes nicht. In seinem ersten Urteil[1086] zur umsatzsteuerlichen Organschaft sagte sich der V. Senat des BFH von seiner alten Rechtsprechung los, nach der die organisatorische Eingliederung so lange bestehen blieb, wie eine vom Organträger abweichende Willensbildung in der Organgesellschaft ausgeschlossen war. Nunmehr soll dies nicht mehr ausreichen, da der Organträger die Möglichkeit der Beherrschung der Tochtergesellschaft auch rechtlich wahrnehmen können müsse, da andernfalls der Organträger seine Aufgabe des „Steuereinnehmers" für die Organgesellschaft nicht erfüllen könne[1087]. Legte man nun dieses altbewährte Bild über den Sachverhalt des Besprechungsurteils, so ließ sich dessen Ergebnis bereits antizipieren, da der V. Senat des BFH insoweit schon in seinem Urteil zur umsatzsteuerlichen Organschaft davon ausging, dass der vorläufige Insolvenzverwalter mit Zustimmungsvorbehalt diese Funktion – wie eben dargelegt – nicht mehr ausüben könne. Er spricht nunmehr zwar nicht mehr von einer Trennung in Unternehmensteile. Das hier gewünschte Ergebnis vermochte er aber ohnehin auch durch diese Konstruktion, nämlich allein mittels des Übergangs einer Empfangs- bzw. Einziehungsbefugnis zu begründen.

---

v. 9.12.2010 ebenfalls darauf hingewiesen, dass nach der „Logik des Urteils" auch in dem Fall des Besprechungsurteils nach gleichem *ductus* zu berichtigen sei, wie bei der Bestellung eines Insolvenzverwalters. Von einem Konnex des Besprechungsurteils zu den beiden früheren Entscheidungen geht auch *Wäger*, UR 2015, 125, 129, aus, der insoweit formuliert, dass „der BFH an einer gleichlautenden Entscheidung" festgehalten hat.

1084 Grundlegend BFH, Urt. v. 8.8.2013, V R 18/13, BFHE 242, 433, 434, Rz. 11; später bestätigt durch Urt. v. 3.7.2014, V R 32/13, BFHE 246, 264.

1085 Erstmals für die Ist-Versteuerung in BFH, Urt. v. 29.1.2009, V R 64/07, BStBl. II 2009, 682, 684, Rz. 17, für den Fall der Soll-Versteuerung später in BFH, Urt. v. 9.12.2010, V R 22/10, BStBl. II 2011, 996, 999, Rz. 30.

1086 V. 8.8.2013, V R 18/13, BFHE 242, 433. Das Insolvenzgericht hatte für die Organgesellschaft einen vorläufigen Insolvenzverwalter mit Zustimmungsvorbehalt bestellt. Streitfrage war die Geltendmachung von Vorsteuerberichtigungsansprüchen gegen den (ehemaligen) Organträger, eine natürliche Person, die zugleich Geschäftsführer der Organgesellschaft, einer GmbH, war und sich gegen die entsprechenden Bescheide wehrte.

1087 BFH, Urt. v. 8.8.2013, V R 18/13, BFHE 242, 433, 438, Rz. 28.

Auch wenn die Argumentation des V. Senats des BFH bis hierher für sich betrachtet keinen Bedenken unterliegt, vermag sie – wie es auch der XI. Senat des BFH für Recht erkannt hat[1088] – die Annahme einer rechtlichen Uneinbringlichkeit nach § 17 Abs. 2 Nr. 1 UStG mit der bereits oben angeführten Begründung nicht zu rechtfertigen. Insofern ist festzuhalten, dass bereits diese gegen geltendes Recht verstößt[1089].

b) Begründetheit i.S.v. § 55 Abs. 4 InsO im Zeitpunkt der Entgeltvereinnahmung

Der entscheidende und im Vergleich zu den bereits gewürdigten Urteilen neue Aspekt des Besprechungsurteils ist die Anwendung von § 55 Abs. 4 InsO. Die Auslegung ebendieser Norm entscheidet darüber, ob die in Entgelten für vor der Bestellung des vorläufigen Insolvenzverwalters erbrachte Leistungen enthaltenen Umsatzsteuerbeträge als Masseverbindlichkeiten seitens des Fiskus realisiert werden können. Der V. Senat des BFH ist insoweit der Auffassung, dass der Tatbestand von § 55 Abs. 4 InsO erfüllt sei, weil es hierzu auf die rechtlichen Befugnisse des vorläufigen Insolvenzverwalters und dessen Recht zum Forderungseinzug und zur Entgeltvereinnahmung ankomme[1090].

aa) Rechtliche Befugnisse des vorläufigen Insolvenzverwalters

Eine positive Definition dessen, was der V. Senat des BFH in diesem Zusammenhang unter *rechtlichen Befugnissen* versteht, bleibt er schuldig. Es fehlt an einer *Verknüpfung* zwischen den Befugnissen, mit denen das Insolvenzgericht den vorläufigen Insolvenzverwalter ausstattet, und dem Tatbestand von § 55 Abs. 4 InsO. Der Leser findet insofern lediglich eine negative Abgrenzung der Befugnisse. Danach sei jedenfalls nicht auf die zeitliche Verbindlichkeitsbegründung nach der Bestellung eines schwachen vorläufigen Insolvenzverwalters abzustellen, wie sie die Finanzverwaltung annimmt[1091]. Außerdem komme es nicht auf die Leistungserbringung,

---

1088 S. hierzu das Urt. des BFH v. 20.3.2013, XI R 11/12, BFHE 241, 89, 99, Rz. 54 f. In dem Fall war ebenso ein vorläufiger Insolvenzverwalter mit Zustimmungsvorbehalt und Recht zum Forderungseinzug und zur Entgegennahme von Geldern bestellt worden (Rz. 4). Allerdings war § 55 Abs. 4 InsO nicht anwendbar, da der Antrag auf Eröffnung des Insolvenzverfahrens vor dem 1.1.2011 gestellt wurde. Anders als sonst klagte nicht der Insolvenzverwalter für das schuldnerische Unternehmen, sondern eine Sicherungsnehmerin, die gem. § 191 AO i.V.m. § 13c UStG als Empfängerin einer Globalabtretung in Haftung genommen wurde. Das Besprechungsurteil nennt das Urteil des XI. Senats des BFH nicht.

1089 S. hierzu ausführlich oben unter Zweites Kapitel D)II.5.

1090 BFH, Urt. v. 24.9.2014, V R 48/13, BStBl. II 2015, 506, 510, Rz. 33 f.

1091 BFH, Urt. v. 24.9.2014, V R 48/13, BStBl. II 2015, 506, 510, Rz. 17, unter Verweis auf BMF-Schreiben v. 17.1.2012, BStBl. I 2012, 120, Rz. 11. Außerdem folgt der V. Senat des BFH der Finanzverwaltung nicht insofern, als sie § 55 Abs. 4 InsO als nicht erfüllt ansehen will, wenn Umsatzsteuerverbindlichkeiten auf Umsätzen beruhen, denen der vorläufige Insolvenzverwalter ausdrücklich widersprochen hat. Der Insolvenzordnung sei eine solche Maßgabe fremd, die Verwaltungsanweisung

sondern auf die Entgeltvereinnahmung an, weil ansonsten nicht zuletzt nur Lieferungen und nicht auch sonstige Leistungen von § 55 Abs. 4 InsO erfasst werden könnten[1092]. Warum die Einziehung von Forderungen, die zweifellos zum Kanon der rechtlichen Befugnisse zählt, aber zu Masseverbindlichkeiten nach § 55 Abs. 4 InsO führt, ist damit noch nicht gesagt.

Der Grund für diese fehlende Verknüpfung ist in der gesetzlichen Ausgangslage zu suchen. Wie der V. Senat des BFH zutreffend ausführt, dient § 55 Abs. 4 InsO dazu, die nach § 55 Abs. 1 und 2 InsO bestehenden Tatbestände zu erweitern, und zwar ausschließlich für Verbindlichkeiten aus dem Steuerschuldverhältnis. Dies steht mit den Ausführungen des Besprechungsurteils unter dem Vorbehalt, dass hierfür die für den vorläufigen Insolvenzverwalter bestehenden rechtlichen Befugnisse zu berücksichtigen sind. Ebendiese Befugnisse haben sich aber in dem Rahmen zu halten, wie ihn das Insolvenzgericht in seinem konkreten Beschluss vorgibt. Der entscheidende Unterschied zu § 55 Abs. 1 und 2 InsO ist, dass die Ausgestaltung von Aufgaben, Funktion und Befugnissen des nicht-starken vorläufigen Insolvenzverwalters maßgeblich dem Ermessen des Insolvenzgerichts unterstellt sind. Es hat diejenigen Sicherungsmaßnahmen zu treffen, die dem Insolvenzzweck möglichst effizient Rechnung tragen und den Insolvenzschuldner gleichwohl bestmöglich vor Eingriffen in seine Freiheitsrechte bewahren. Demgegenüber ist das diesbezügliche *Programm* in § 55 Abs. 1 und 2 InsO streng vorgegeben. Auf den nicht-starken vorläufigen Insolvenzverwalter geht aber beispielsweise nicht die Verwaltungs- und Verfügungsbefugnis über das Vermögen des (späteren) Insolvenzschuldners über. Vielmehr bleibt dieser – wie auch im vorliegenden Fall – grundsätzlich selbst allein verfügungsbefugt, wenn auch mit der Einschränkung eines Zustimmungsvorbehalts. In diesem Fall hat der vorläufige Insolvenzverwalter auch nicht die Möglichkeit, selbständig Masseverbindlichkeiten zu begründen, da ihm hierfür die entsprechende Einzelermächtigung fehlt. Die Verfügungsbefugnis des Insolvenzschuldners geht nämlich nur insoweit auf den vorläufigen Verwalter über, wie es das Insolvenzgericht anordnet, was im Besprechungsurteil nur für die Einziehung von Forderungen und die Vereinnahmung von Entgelt der Fall ist.

Vor dieser Prämisse ist die Verknüpfung mit § 55 Abs. 4 InsO herzustellen. Die Inhalte des Beschlusses des Insolvenzgerichts sind mit den dort normierten Tatbestandsmerkmalen abzugleichen. Nur wenn diesbezüglich eine *Deckung* vorliegt, ist der Tatbestand erfüllt und führt zu der Rechtsfolge *Masseverbindlichkeit.* Für die Annahme von Umsatzsteuerverbindlichkeiten als Masseverbindlichkeiten folgt daraus, dass diese nur dann vorliegen, wenn sie sowohl vom Beschluss des Insolvenzgerichts als auch von § 55 Abs. 4 InsO erfasst werden.

---

mithin mit den insolvenzrechtlichen Anforderungen an die Begründung von Masseverbindlichkeiten nach § 55 Abs. 4 InsO nicht vereinbar.

1092 BFH, Urt. v. 24.9.2014, V R 48/13, BStBl. II 2015, 506, 508 f., Rz. 20 ff.

bb) Die Entgeltvereinnahmung durch den vorläufigen Insolvenzverwalter

Dass die hier in Rede stehende Entgeltvereinnahmung durch den vorläufigen Insolvenzverwalter durch den Beschluss des Insolvenzgerichts gedeckt ist, bedarf keiner weiteren Erörterung; sie wurde sogar ausdrücklich angeordnet. Fraglich ist aber, ob auch § 55 Abs. 4 InsO im Stande ist, die insoweit normative Anknüpfung im Umsatzsteuerrecht (zweite Berichtigung – § 17 Abs. 2 Nr. 1 S. 2 UStG) zu verarbeiten. Dies ist indes nicht möglich. Insofern folgt auch vor dem Hintergrund *rechtlicher Befugnisse* des vorläufigen Insolvenzverwalters aus einer zweiten Berichtigung wegen vorheriger *tatsächlicher* Uneinbringlichkeit[1093] nichts anderes als aus einer zweiten Berichtigung wegen vorheriger angeblicher *rechtlicher* Uneinbringlichkeit. Der Gesetzgeber hat mit § 55 Abs. 4 InsO nämlich nur Umsätze, also Leistungserbringungen, erfassen wollen, die von einem vorläufigen Insolvenzverwalter oder vom Schuldner mit Zustimmung des vorläufigen Insolvenzverwalters ausgeführt und damit auch begründet worden sind (sog. Neugeschäfte in der Phase des Inso lvenzeröffnungsverfahrens)[1094]. Wenn der V. Senat des BFH insofern meint, dass gerade nicht auf das „[...] Erbringen steuerbarer Leistungen i.S. von § 1 Abs. 1 Nr. 1 UStG abgestellt werden“ kann[1095], so ist das nicht zutreffend und ein Vorwand dafür, auch die auf vor der Bestellung des vorläufigen Insolvenzverwalters erbrachte Leistungen entfallenden Entgelte zu Masseverbindlichkeiten nach § 55 Abs. 4 InsO aufzuwerten und damit aufkommenswirksam zu realisieren. Das Urteil führt damit dazu, dass von § 55 Abs. 4 InsO fälschlicherweise Fälle erfasst werden, in denen der Schuldner völlig autonom, ungeachtet jedweder Einwirkungsmöglichkeiten des vorläufigen Insolvenzverwalters gehandelt hat[1096]. Auch seine zu dem Ergebnis

1093 Hierzu s. bereits oben unter Erstes Kapitel G.I.5.a).

1094 BT-DrS 17/3030, S. 43; bestätigt durch BT-DrS 17/5712, S. 67 f. So wohl auch noch die Finanzverwaltung in der bis zum 17.5.2016 gültigen Fassung des UStAE, Abschn. 17.1., Abs. 13, Zusammenschau aus Sätzen 1 und 2. Zumindest für die Soll-Versteuerung wurde das noch bestätigt durch BMF-Schreiben v. 17.1.2012, BStBl. I 2012, 120, 121, Rz. 18, an dessen Stelle später das BMF-Schreiben v. 20.5.2015, BStBl. I 2015, 476, getreten ist, welches das nicht mehr hergibt. Nunmehr ist jüngst im Anschluss an das Urt. des BFH v. 24.9.2014, V R 48/13, der UStAE, ebd., durch BMF-Schreiben v. 18.5.2016, BStBl. I 2016, 506, dahingehend geändert worden, das die „Grundsätze zur Uneinbringlichkeit aus Rechtsgründen [...] auch im Falle der Bestellung eines sog. schwachen vorläufigen Insolvenzverwalters mit allgemeinem Zustimmungsvorbehalt [...] und dem Recht zum Forderungseinzug [...] Anwendung“ finden. *Reiß*, in: Reiß/Kraeusel/Langer, UStG, § 18 – Exkurs: Umsatzsteuer in der Insolvenz, Rz. 2060.1, der allerdings für die hier in Rede stehende Vereinnahmung von Entgelten auch § 55 Abs. 4 InsO als erfüllt ansieht. Dieser Auffassung ist auch *Stadie*, in: Rau/Dürrwächter, UStG, Anhang – Umsatzsteuer und Insolvenz, Rz. 93. S. zum Ganzen auch ausführlich oben unter Erstes Kapitel G).

1095 BFH, Urt. v. 24.9.2014, V R 48/13, BStBl. II 2015, 506, 509, Rz. 22.

1096 Umkehrschluss aus der Erläuterung der Bundesregierung zu § 55 Abs. 4 InsO im Rahmen des Gesetzgebungsverfahren zum ESUG, BT-DrS 17/5712, S. 68.

angeführte Begründung vermag diese Annahme nicht zu tragen. Anders als der erkennende Senat meint, kann die Vorschrift nämlich sowohl Lieferungen als auch sonstige Leistungen erfassen. Es ergibt sich also keine unzulässige Differenzierung zwischen Händlern und Dienstleistungsunternehmen, die die Entscheidung rügt[1097]. Bei einer genaueren Überprüfung von § 55 Abs. 4 Alt. 2 InsO[1098] hat sich nämlich ergeben, dass die Zustimmung in diesem Fall als eine *Einverständniserklärung* zu verstehen ist. Dies folgt aus der Anwendung des in § 55 InsO angelegten Gerüstes auf das Umsatzsteuerrecht[1099]. Hätte sich der V. Senat des BFH – wie das die Revision zulassende Finanzgericht Düsseldorf[1100] – hiermit näher auseinandergesetzt, wäre es ihm aber nicht, oder zumindest nicht ohne höheren Begründungsaufwand möglich gewesen, auch die Vereinnahmung von Entgelten unter § 55 Abs. 4 InsO zu subsumieren. Er hätte sich dann nämlich zu dem Anknüpfungspunkt der „Zustimmung" äußern und erkennen müssen, dass dieser sich aus dem Insolvenzrecht und dem Beschluss des Insolvenzgerichts ergibt und allein ein Neugeschäft sein kann. Wie im vorliegenden Fall hat der vorläufige Insolvenzverwalter aber weder kraft Einzelermächtigung selbst gehandelt, noch seine Zustimmung zu einem Geschäft des Schuldners erteilt.

Wenn man dem V. Senat des BFH und seinem Bild der rechtlichen Befugnisse für einen Moment folgt, so lässt sich allenthalben die erste Verwirklichungsalternative von § 55 Abs. 4 InsO für dessen Ergebnis fruchtbar machen. Diese greift nämlich grundsätzlich dann ein, wenn der nicht-starke vorläufige Insolvenzverwalter mit einer Einzelermächtigung vom Insolvenzgericht ausgestattet wird[1101], was im Sachverhalt des Besprechungsurteils der Fall war. Auch diese Hypothese muss aber letztlich an der mangelnden Deckung der vom Insolvenzgericht eingeräumten Befugnisse mit dem Tatbestand von § 55 Abs. 4 InsO scheitern. Die dann in Frage kommende Verwirklichungsalternative ist nämlich nicht in der Lage, den

---

1097 BFH, Urt. v. 24.9.2014, V R 48/13, BStBl. II 2015, 506, 509, Rz. 23.

1098 Nur hinsichtlich dieser Verwirklichungsalternative kann sich die gerügte Differenzierung überhaupt ergeben, s. oben unter Erstes Kapitel G)I.3.

1099 S. hierzu oben Erstes Kapitel G)I.4.

1100 Urt. v. 27.9.2013, Az. 1 K 3372/12 U, EFG 2014, 69. Das FG Düsseldorf hat in seinen Entscheidungsgründen aber eine genaue Differenzierung zwischen der Erbringung sonstiger Leistungen und der Vereinnahmung von Entgelten nicht vorgenommen. Aus Rz. 52 („[…] durch ihre unternehmerische Tätigkeit (Eingangs- und Ausgangsleistungen) gemäß § 38 AO und §§ 2, 13 UStG" ließe sich schlussfolgern, dass es um eine Umsatztätigkeit im Rahmen des Insolvenzeröffnungsverfahrens geht. Wie der Tatbestand aber zeigt, ging es zumindest auch um die Einziehung und Vereinnahmung von Entgelten auf vor der Bestellung des vorläufigen Insolvenzverwalters erbrachte Leistungen. Insofern ist auch nicht recht nachvollziehbar, wieso das FG Düsseldorf von „Umsatztätigkeit" spricht und allein die „Fortführung der Umsatztätigkeit die Entstehung der entsprechenden Umsatzsteuern zur Folge hat" (Rz. 63).

1101 Vgl. hierzu die insofern differenzierten Ausführungen oben unter Erstes Kapitel G)I.

Berichtigungstatbestand des § 17 Abs. 2 Nr. 1 S. 2 UStG zu erfassen. Zwar ist der ihm zugrundeliegende Lebenssachverhalt „nachträgliche Entgeltvereinnahmung" vom insolvenzrechtlichen Zuständigkeitsprogramm umfasst. Das führt aber nicht im Sinne eines Automatismus dazu, dass gleiches auch für die Verwirklichung von § 55 Abs. 4 InsO gilt. Der V. Senat des BFH setzt an dieser Stelle erst gar nicht zu dem Versuch einer Subsumtion an, sondern bezieht sich auf die von ihm angenommenen rechtlichen Befugnisse[1102]. Anders als in seinem Urteil vom 9.12.2010 kann er sich auch nicht auf die zweite Verwirklichungsalternative von § 55 Abs. 1 Nr. 1 InsO („in sonstiger Weise") berufen, da dessen Absatz 4 über einen solchen Tatbestand schlicht nicht verfügt. Die auf diese Weise – diesbezüglich hier als zutreffend und konsequent bezeichnete – Erfassung des Berichtigungstatbestands als Masseverbindlichkeit muss daher im Kontext von § 55 Abs. 4 InsO mangels einer entsprechenden gesetzlichen Anordnung fehlschlagen. § 17 Abs. 2 Nr. 1 S. 2 UStG bezieht sich nämlich nicht auf einen Umsatz im Sinne eines zivilrechtlichen Rechtsgeschäfts und damit eine Umsatztätigkeit[1103] des vorläufigen Insolvenzverwalters, sondern auf die tatsächlich Vereinnahmung eines Entgelts, die zu einer von Gesetzes wegen durchzuführenden Berichtigung der Bemessungsgrundlage führt. Selbst wenn dabei der Entgeltvereinnahmung eine Aufforderung oder eine Mahnung als geschäftsähnliche Willensäußerung[1104] i.S.d. § 286 BGB voraus ging, folgt daraus nicht die Annahme eines Neugeschäfts im Sinne des § 55 Abs. 4 InsO.

cc) Zwischenergebnis

Der V. Senat des BFH hat den Zeitpunkt der Umstellung auf eine faktische Ist-Versteuerung mit der Folge einer aufkommenswirksamen Realisation vereinnahmter Umsatzsteuerbeträge mit dem Besprechungsurteil auf die Bestellung des vorläufigen Insolvenzverwalters mit Zustimmungsvorbehalt und Recht zum Forderungseinzug sowie zur Entgegennahme von Geldern vorverlegt[1105]. Ungeachtet der unzulässigen und zugleich für das Urteil tragenden Konstruktion einer rechtlichen Uneinbringlichkeit gelangt der erkennende Senat zu einer nicht mit dem Gesetz zu vereinbarenden Auslegung von § 55 Abs. 4 InsO, die er maßgeblich mit der insoweit verfehlten Annahme *rechtlicher Befugnisse* des vorläufigen Insolvenzverwalters begründet. Er widerspricht damit nicht nur dem Wortlaut, sondern auch dem Zweck des Gesetzes. Dieser besteht nämlich erkennbar darin, Neugeschäfte aus der Phase des Insolvenzeröffnungsverfahrens zu erfassen, nicht zuletzt, weil nicht-starke vorläufige Insolvenzverwalter in der Vergangenheit ihre Rechtsstellung gezielt ausnutzten,

---

1102 So auch *Kahlert*, ZIP 2015, 11, 14.
1103 So aber die Gesetzesbegründung zu § 55 Abs. 4 InsO, BT-DrS 17/3030, S. 43.
1104 Vgl. *Ernst*, in: MüKo, BGB, § 286, Rz. 47.
1105 Bis zu dem Besprechungsurteil war dieser Zeitpunkt die Eröffnung des Insolvenzverfahrens, vgl. das Urteil des BFH vom 9.12.2010, V R 22/10, BStBl. II 2011, 996, s. hierzu oben unter Zweites Kapitel D) II.

um die Masse zulasten des Fiskus anzureichern[1106]. Davon umfasst sind insbesondere Verwertungshandlungen, für die der vorläufige Insolvenzverwalter das Brutto-Entgelt erhielt, die Umsatzsteuer hierauf im Ergebnis aber nur zur Quote abgeführt werden musste. Aus dieser auf einen bestimmten Sachverhalt beschränkten Regel lässt sich aber nicht ablesen, dass der Gesetzgeber auch umsatzsteuerrechtliche Berichtigungstatbestände erfassen wollte, die im Zusammenhang mit Umsätzen stehen, mit denen der vorläufige Insolvenzverwalter schlicht nichts zu tun hatte. Der V. Senat des BFH kommt damit zwar zu einer umsatzsteuer-systematisch begrüßenswerten, abermals aber weder von Wortlaut, noch Zweck der entscheidenden Vorschrift gedeckten Entscheidung. Anders als in den Entscheidungen zuvor arbeitet er dabei nicht *expressis verbis* mit dem Bild des „Steuereinnehmers für Rechnung des Staates“[1107], sondern geht von rechtlichen Befugnissen des vorläufigen Insolvenzverwalters aus, die angeblich den Tatbestand von § 55 Abs. 4 InsO auslösen und damit zu der verfehlten Annahme führen, dass die entsprechenden Umsatzsteuerverbindlichkeiten nach der Insolvenzeröffnung als Masseverbindlichkeiten gelten.

c) *Annahme rechtlicher Uneinbringlichkeit für während der Phase des Insolvenzeröffnungsverfahrens erbrachter oder bezogener Leistungen*

Es gilt darüber hinaus noch zu überprüfen, inwieweit die vom V. Senat des BFH aufgestellte These haltbar ist, nach der auch diejenigen Entgelte uneinbringlich werden, die der Unternehmer nach Bestellung des vorläufigen Insolvenzverwalters mit allgemeinem Zustimmungsvorbehalt und Recht zum Forderungseinzug bis zur Beendigung des Insolvenzeröffnungsverfahrens erbringt oder bezieht[1108]. Seiner Auffassung nach sei es nämlich insbesondere unter Berücksichtigung der insolvenzrechtlichen Befugnisse des vorläufigen Insolvenzverwalters nicht sachgerecht, zwischen vor Beginn des Insolvenzeröffnungsverfahrens erbrachten oder bezogenen Leistungen und solchen Umsätzen zu unterscheiden, die währenddessen erbracht wurden. In beiden Fällen sei die Befugnis, die hierfür geschuldeten Entgelte zu vereinnahmen, auf den Verwalter übergegangen[1109]. Eine Begründung für diese Annahmen findet sich nicht.

1106 BT-DrS 17/3030, S. 43.

1107 Überraschenderweise findet sich diese Formulierung an keiner Stelle des Urteils, weder ausdrücklich noch inzidenter wird auf die ansonsten angeführten Urteile des EuGH (*Netto Supermarkt*, *Balocchi*, s. hierzu oben unter Erstes Kapitel D)III.3.) verwiesen. Das Bild hätte sich auch in dem Besprechungsurteil in die Rechtsprechungsserie des V. Senats des BFH eingefunden und zumindest als hilfsweise Erwägung ihren Nutzen gehabt. Auffällig ist außerdem, dass es an dem gängigen Obersatz fehlt, wonach sich der Zeitpunkt der Begründetheit danach richtet, „zu dem der den Umsatzsteueranspruch begründende Tatbestand vollständig verwirklicht und damit abgeschlossen ist“.

1108 BFH, Urt. v. 24.9.2014, V R 48/13, BStBl. II 2015, 506, 510, Rz. 31.

1109 BFH, Urt. v. 24.9.2014, V R 48/13, BStBl. II 2015, 506, 510, Rz. 31.

aa) Von der zeitpunktbezogenen zu einer zeitraumbezogenen Konstruktion rechtlicher Uneinbringlichkeit

Die geschilderte Maßgabe geht in konstruktiver Hinsicht sogar noch über das hinaus, was der V. Senat des BFH zu (s)einer rechtlichen Uneinbringlichkeit *bis dato* entschieden hatte. Denn dort bezog sich ebendiese bislang immer auf einen *Zeitpunkt*, nämlich entweder den Beginn des Insolvenz- oder des Insolvenzeröffnungsverfahrens bei Bestellung eines schwachen vorläufigen Insolvenzverwalters. Nunmehr erweitert der Senat diesen Zeitpunkt hin zu einem *Zeitraum*, in dessen Verlauf es viele verschiedene Zeitpunkte geben soll, in denen eine rechtliche Uneinbringlichkeit eintreten kann. *In concreto* soll das immer dann der Fall sein, wenn der Unternehmer im Zusammenspiel mit dem vorläufigen Insolvenzverwalter mit Zustimmungsvorbehalt eine Leistung erbringt oder bezieht[1110]. Ob an dieser Stelle die Uneinbringlichkeit auch schon *mit* dem nun entscheidenden Zeitpunkt, also eine juristische Sekunde zuvor, eintreten soll, oder erst im Anschluss darauf, lässt der V. Senat des BFH offen[1111].

Diese Annahme entbehrt aber selbst dann der nötigen Konsequenz, wenn man ihr die verfehlte Prämisse der rechtlichen Uneinbringlichkeit zugrunde legt. In dem geschilderten Fall findet nämlich kein „Übergang“[1112] auf den vorläufigen Insolvenzverwalter statt. Dieser hat den in Rede stehenden Leistungen seine Zustimmung erteilt, also deutlich gemacht, dass sie nicht dem Insolvenzzweck der Gläubigergleichbehandlung zuwiderlaufen und ihnen damit gewissermaßen *seinen Segen gegeben*. Das macht mangels gesetzlicher Anordnung bzw. richterlicher Einzelermächtigung zwar noch nicht die der Leistung zugrundeliegenden zivilrechtlichen Forderungen zu Masseverbindlichkeiten, führt aber zumindest zu einer dinglichen Wirksamkeit des zivilrechtlichen Verfügungsgeschäfts. Der vorläufige Insolvenzverwalter ist aber – anders als im unter b) geschilderten Fall – in das Geschäft zwischen Insolvenz- und Drittschuldner involviert. Die für dieses Geschäft zustehende Einziehungsbefugnis ist also nicht erst mit dem Abschluss desselben, sondern bereits im Zeitpunkt der Bestellung des vorläufigen Insolvenzverwalters auf diesen antizipativ übergegangen. Sie, die Einziehungsbefugnis, war damit schon vor dem Zeitpunkt der jeweiligen Leistungserbringung der Person des vorläufigen Insolvenzverwalters zugewiesen und ist es auch noch danach. Es fand bzw. findet also gerade kein Übergang statt. Abzuwarten bleibt insofern auch, wie sich der V. Senat des BFH entscheiden wird, wenn ein vorläufiger Insolvenzverwalter mit entsprechender Einzelermächtigung *selbst* einen Umsatz begründet und § 55 Abs. 4 Alt. 1 InsO ausgelöst wird oder sogleich ein starker vorläufiger Insolvenzverwalter handelt und Masseverbindlichkeiten nach § 55 Abs. 2 InsO begründet. Nimmt er

1110 BFH, Urt. v. 24.9.2014, V R 48/13, BStBl. II 2015, 506, 510, Rz. 31.

1111 Vermutlich äußert er sich auch deswegen nicht hierzu, um keinen (weiteren) Ansatz zu Kritik zu liefern.

1112 BFH, Urt. v. 24.9.2014, V R 48/13, BStBl. II 2015, 506, 510, Rz. 31: „[...]übergegangen“.

auch hier einen Übergang der Einziehungsbefugnis an, offenbart sich erst recht der konstruktive Mangel.

bb) Die obsolete Annahme einer zweiten Berichtigung nach § 17 Abs. 2 Nr. 1 S. 2 UStG wegen der Vereinnahmung des Entgelts

Wie nun schon oft für andere Fallalternativen beobachtet, ist die Bemessungsgrundlage auch vorliegend nach § 17 Abs. 2 Nr. 1 S. 2 UStG in dem Zeitpunkt zu berichtigen, in dem das Entgelt vereinnahmt wird. Geschieht dies durch den nicht-starken vorläufigen Insolvenzverwalter, soll auch das zu Masseverbindlichkeiten führen. Das ist zunächst folgerichtig, aber nach der hier vertretenen Auffassung nicht vom Tatbestand des § 55 Abs. 4 InsO gedeckt.

Rätselhaft scheint zunächst, wieso der V. Senat des BFH seine Konstruktion der Uneinbringlichkeit überhaupt auf die Leistungserbringung während der Phase des Insolvenzeröffnungsverfahrens überträgt und damit – insofern zutreffend – von „einer Trennung von Leistungserbringung und Entgeltvereinnahmung“[1113] ausgeht. Der Gesetzgeber wollte nämlich gerade *diesen* Fall sog. Neugeschäfte mit § 55 Abs. 4 InsO erfasst wissen[1114]. Insofern wählt das Besprechungsurteil einen unnötigen und von einer unzutreffenden Grundannahme ausgehenden Weg am eigentlichen Anwendungsbereich von § 55 Abs. 4 InsO vorbei, um letztlich dessen *eigene* Rechtsfolge auszulösen[1115].

Hierfür waren vermutlich zwei Gedanken maßgeblich. Der V. Senat des BFH wollte, *erstens*, verhindern, dass es zu Auslegungsschwierigkeiten im Bereich von § 55 Abs. 4 InsO kommt, die aus den verschiedenen Befugnissen schwacher bzw. halbstarker vorläufiger Insolvenzverwalter resultieren. Denkbar ist insofern beispielsweise, dass ein Insolvenzschuldner im Insolvenzeröffnungsverfahren Lieferungen oder sonstige Leistungen *ohne* die Zustimmung des vorläufigen Insolvenzverwalters[1116] erbringt und hierfür die geschuldeten Entgelte vereinnahmt[1117]. In diesem Fall könnte die auf den Umsatz entfallende Umsatzsteuerverbindlichkeit wohl nicht mittels § 55 Abs. 4 InsO erfasst werden, wenn nicht zugleich eine rechtliche Uneinbringlichkeit angenommen wird. Denn nur dann kann über die

---

1113 BFH, Urt. v. 24.9.2014, V R 48/13, BStBl. II 2015, 506, 510, Rz. 31.

1114 S. hierzu Erstes Kapitel A)V.2. und G).

1115 Das gilt zumindest dann, wenn das Entgelt auch noch in der Phase des Insolvenzeröffnungsverfahrens vereinnahmt wird. Geschieht das erst nach der Eröffnung des Insolvenzverfahrens, wird der V. Senat des BFH vermutlich von einer Berichtigung nach § 17 Abs. 2 Nr. 1 S. 2 UStG im Bereich des § 55 Abs. 1 Nr. 1 InsO ausgehen.

1116 Zivilrechtlich ist das möglich. Ob sich ein Drittschuldner aber hierauf einlassen wird, insbesondere wenn es sich um eine Lieferung, also die Übertragung zivilrechtlichen Eigentums handelt, ist eine andere Frage.

1117 Diesen Fall wollte § 55 Abs. 4 InsO nach der Gesetzesbegründung übrigens auch nicht erfassen. Dort heißt es: „Dies führt dazu, dass die im Eröffnungsverfahren *mit Zustimmung* [Hervorh. d. *Verf.*] des Verwalters begründeten Verbindlichkeiten [...]“.

rechtlichen Befugnisse des vorläufigen Insolvenzverwalters und seine Ermächtigung zum Forderungseinzug die nachträgliche Entgeltvereinnahmung nach § 17 Abs. 2 Nr. 1 S. 2 UStG als Masseverbindlichkeit nach § 55 Abs. 4 InsO festgesetzt werden. Das mutmaßliche Bestreben des erkennenden Senats war es, eine *klare Linie* zu ziehen und der Rechtspraxis ein Stück Rechtssicherheit zu verschaffen.

Hinzu kommt aber, *zweitens*, dass Abstimmungsschwierigkeiten mit der Rechtsprechung des V. Senats des BFH vom 9.12.2010 vermieden werden sollten. Kann das auf eine Leistung aus dem Insolvenzeröffnungsverfahren entfallende Entgelt nämlich nicht bis zur Eröffnung des Insolvenzverfahrens eingezogen werden, so ließe sich die Frage aufwerfen, ob es zumindest dann rechtlich uneinbringlich wird. Ist Uneinbringlichkeit aber schon vorher eingetreten, so wohl der Gedankengang des BFH[1118], kann dies logischerweise nicht ein zweites Mal geschehen. Dann stellt sich aber auch nicht mehr die Frage, ob eine erste Berichtigung überhaupt stattzufinden hat. Damit wird sichergestellt, dass die Vereinnahmung von Entgelten, gleich ob sie in der Phase des Insolvenzeröffnungsverfahrens oder im eröffneten Verfahren auftritt, nach demselben vom V. Senat des BFH konstruierten Mechanismus behandelt wird und letztlich zu einer Masseverbindlichkeit führt, die sich entweder nach § 55 Abs. 4 InsO oder nach § 55 Abs. 1 Nr. 1 InsO richtet.

d) Vorverlagerung des Zeitpunkts der Vorsteuerberichtigung

Korrespondierend zu der Vorverlagerung des Zeitpunkts rechtlicher Uneinbringlichkeit geht die vorliegende Rechtsprechung des V. Senats des BFH nun auch davon aus, dass die auf bezogene Leistungen entfallenden Entgelte *tatsächlich* uneinbringlich werden. Dies erscheint zunächst nur konsequent und folgerichtig, bringt aber auch eine nicht in den Entscheidungsgründen kenntlich gemachte Änderung der bisherigen Rechtsprechung mit sich. Nach dem BFH setzte Uneinbringlichkeit bislang immer voraus, dass der Anspruch auf Entrichtung des Entgelts nicht erfüllt wird und bei objektiver Betrachtung damit zu rechnen ist, dass der Leistende die Entgeltforderung (ganz oder teilweise) jedenfalls auf absehbare Zeit rechtlich oder tatsächlich nicht durchsetzen kann[1119]. Diese Definition gestaltete der V. Senat des BFH für den Fall der Insolvenz und dort speziell für den Fall der Vorsteuerberichtigung weiter dahingehend aus, dass dies spätestens im Augenblick der Insolvenzeröffnung geschehe, weil die Entgeltforderungen gegen den Unternehmer nicht mehr durchsetzbar seien, sondern nur noch zur Tabelle nach §§ 174 ff. InsO angemeldet werden könnten[1120].

In dem Besprechungsurteil weicht der BFH hiervon ab und wendet stattdessen seine jüngere Rechtsprechung zur Beendigung der umsatzsteuerlichen Organschaft

---

1118 BFH, Urt. v. 24.9.2014, V R 48/13, BStBl. II 2015, 506, 510 f., Rz. 31 i.V.m. 46 a.E.

1119 BFH, Urt. v. 9.12.2010, V R 22/10, BStBl. II 2011, 996, 998, Rz. 24 m.w.N.

1120 Bislang st. Rspr. des BFH, grundlegend Urteil v. 13.11.1986, V R 59/79, BStBl. II 1987, 226, 228, Rz. 16.

bei der Bestellung eines vorläufigen Insolvenzverwalters mit Zustimmungsvorbehalt an, auf die er ausdrücklich verweist, und nach der es ausreicht, wenn das Entgelt für die Dauer des Eröffnungsverfahrens und damit im Regelfall über einen längeren Zeitraum von ungewisser Dauer nicht mehr durchsetzbar ist[1121]. Dieser Gleichlauf von Berichtigungszeitpunkten ist nicht nur im Sinne einer rechtspraktischen und verständlichen Auslegung wünschenswert, sondern begegnet für den hier in Rede stehenden Fall der tatsächlichen Berichtigung auch am Maßstab von § 17 Abs. 2 Nr. 1 UStG keinen Bedenken. Es geht nunmehr nämlich darum, die wirtschaftliche Insuffizienz auf der Seite des Leistungsempfängers, hier also des (späteren) Insolvenzschuldners zu erfassen. Die genannte Vorschrift soll gerade die Belastung des leistenden Unternehmers kompensieren, die ihm aus der Vorfinanzierung von Umsatzsteuer bei Soll-Versteuerung widerfährt, wenn er den im Brutto-Entgelt enthaltenen Umsatzsteuerbetrag nicht vereinnahmen kann[1122]. Wird über das Vermögen des Entgeltschuldners die vorläufige Insolvenzverwaltung angeordnet, so ist es dem vorläufigen Verwalter durch das Insolvenzrecht in der Tat verwehrt, Gläubigeransprüche zu erfüllen, die vor seiner Bestellung begründet wurden und die im Insolvenzverfahren lediglich Insolvenzforderungen sind. Dieses Gebot ist Bestandteil seiner Pflicht zur Massesicherung[1123]. Aus der Bestellung eines vorläufigen Insolvenzverwalters folgt aber kein Verbot der Zwangsvollstreckung, wie es bei der Eröffnung des Insolvenzverfahrens der Fall ist (§ 89 Abs. 1 InsO). Vollstreckungsmaßnahmen von Gläubigern sind also noch solange zulässig, wie sie das Insolvenzgericht nach § 21 Abs. 2 Nr. 3 InsO nicht untersagt oder einstweilen einstellt. Gleichwohl sind die faktischen Auswirkungen auf die Forderung selbst im Insolvenzeröffnungsverfahren und im eröffneten Insolvenzverfahren vor dem Hintergrund des § 17 Abs. 2 Nr. 1 UStG vergleichbar. Beiden Fällen gemein ist, dass dem Zweck der Vorschrift Rechnung getragen wird[1124]; weder Wortlaut, noch Telos werden von der geänderten Auslegung verletzt. Insofern ist das diesbezügliche Interpretationsergebnis von der Norm gedeckt.

V. Stellungnahme

Das Urteil des V. Senats des BFH vom 24.9.2014 ist ein weiteres Puzzleteil der hier analysierten Rechtsprechungsserie, die ein immer dichter werdendes, durch Rechtsfortbildung konzipiertes Umsatzsteuerinsolvenzrecht schafft. Abermals ist die tragende Säule dessen die Konstruktion einer rechtlichen Uneinbringlichkeit, mit deren Hebel der erkennende Senat auch solche Umsätze als Masseverbindlichkeiten nach

1121 BFH, Urt. v. 24.9.2014, V R 48/13, BStBl. II 2015, 506, 510, Rz. 30, mit Verweis auf Urteile v. 8.8.2013, V R 18/13, BFHE 242, 333, und v. 3.7.2014, V R 32/13, BFHE 246, 264.

1122 S. ausführlich zu Mechanismus und Telos von § 17 Abs. 2 Nr. 1 UStG oben unter Zweites Kapitel D)II.5.a)bb)(1).

1123 BFH, Urt. v. 8.8.2013, V R 18/13, BFHE 242, 433, 442, Rz. 42.

1124 Kritisch zu dem Auslegungsmaßstab des BFH allgemein *Stadie*, in: Rau/Dürrwächter, UStG, § 17, Rz. 366 ff.

§ 55 Abs. 4 InsO zu erfassen vermag, die bei einer gesetzestreuen Auslegung den Tatbestand nicht erfüllen würden. Auch wenn der das Recht anwendende Richter solche Mängel nicht gutheißt, die § 55 Abs. 4 InsO aus umsatzsteuer-systematischer Sicht anhaften, so ist er dennoch dazu angehalten, den insoweit ausdrücklich geäußerten Willen des Gesetzgebers zu respektieren. Darüber hinaus darf er nur gehen, sofern ihm dies die juristische Methodenlehre erlaubt. Das soll freilich nicht bedeuten, am Wortlaut der Norm zu verhaften; das vom V. Senat des BFH gefundene Ergebnis kann aber auch unter Berücksichtigung von Systematik, Telos und Historie nicht verfangen. Ferner fehlt es an einer für eine Analogie erforderlichen Regelungslücke. Die ansonsten im Besprechungsurteil angebrachten Maßstäbe entpuppen sich bei genauer Betrachtung als Reparaturen des vom V. Senat des BFH neugeschaffenen Umsatzsteuerinsolvenzrechts und als nähere Ausgestaltung desselben. Sie sind gleichsam ergebnisorientiert und dienen nur dem Zweck, Inkonsistenzen bestmöglich zu vermeiden.

Die Feststellung ist nicht vermessen: Durch seine jüngere Rechtsprechung hat der V. Senat des BFH ohne Beteiligung des Gesetzgebers ein in weiten Teilen neues Umsatzsteuerinsolvenzrecht geschaffen. Dabei hat er sich von dem Gedanken des Unternehmers als „Steuereinnehmer für Rechnung des Staates" leiten lassen und darauf basierend seine Entscheidungen gefunden. Ebendieses Leitmotiv ist zweifelsohne in umsatzsteuer-systematischer Hinsicht richtig. Es ist weder einzusehen, weshalb die Steuer bei Eintritt des intendierten Belastungserfolgs nicht aufkommenswirksam erhoben werden soll, noch wieso vereinnahmte Umsatzsteuerbeträge nicht letztlich der Solidargemeinschaft der Steuerzahler, sondern allein der Gläubigergemeinschaft zugutekommen sollen. Die Rechtsprechung des BFH ist damit sicher nicht einseitig fiskalisch motiviert[1125], sondern sucht nach einer Möglichkeit, umsatzsteuer-systematische Wertungen *in concreto* umzusetzen.

Dabei vernachlässigt der V. Senat des BFH aber das Insolvenzrecht, das mit seinen eigenen Wertungen aufwartet. Ohne Frage führt das Aufeinandertreffen dieser beiden Rechtsgebiete zu einer Kollision, die es zunächst anhand der einfach-rechtlichen Vorgaben und später gegebenenfalls unter Zuhilfenahme von Wertungen aufzulösen gilt. Dabei hat sich die Judikative als dritte und rechtsprechende Gewalt an die Vorgaben der Legislative als gesetzgebende Gewalt zu halten. Solche Vorgaben hat der Gesetzgeber mit den hier näher erörterten Abgrenzungsvorschriften zwischen Insolvenzforderung und Masseverbindlichkeit gemacht. Dabei hat er der Umsatzsteuer nicht zuletzt im Rahmen der Insolvenzrechtsreform bewusst keine besondere Behandlung eingeräumt. Dort, wo er Nachbesserungsbedarf gesehen hat, ist er mit § 55 Abs. 4 InsO entsprechend tätig geworden. Auch im Rahmen dieses (langwierigen) Gesetzgebungsvorhabens hat der Gesetzgeber der Umsatzsteuer insbesondere weder eine Treugut-Eigenschaft, noch ein Aus- oder Absonderungsrecht beigemessen. In der Insolvenz ist sie also ebenso zu behandeln wie jeder andere zivil- oder

1125 So auch das *petitum* von *Seer*, Abschlussbericht der Kommission zur Harmonisierung von Insolvenz- und Steuerrecht, Beihefter zu DStR 42/2014, 117, 119.

öffentlich-rechtliche Anspruch. Dies mag die Wertungen des Umsatzsteuerrechts vernachlässigen, entspricht aber dem Willen des einen Gesetzgebers von Insolvenz- und Umsatzsteuerrecht.

Genau diese Maßgabe negiert der V. Senat des BFH, was sich besonders anschaulich an der von ihm geschaffenen Konstruktion einer rechtlichen Uneinbringlichkeit zeigt. Die damit verbundene Auslegung ist nicht nur einfach-rechtlich unzutreffend, sondern steht auch im Verdacht, die verfassungsrechtlich zulässigen Grenzen richterlicher Rechtsfortbildung zu überschreiten[1126]. Ihre Anwendung greift mittlerweile über den entschiedenen Fall hinaus Platz, letztmals im vierten Urteil der Rechtsprechungsserie, in dem es nach der hier vertretenen Auffassung auch ohne die Annahme einer rechtlichen Uneinbringlichkeit zu der Entstehung von Masseverbindlichkeiten (nach § 55 Abs. 4 InsO) gekommen wäre. Man kann erkennen, dass sich der V. Senat des BFH darum bemüht, *sein* Umsatzsteuerinsolvenzrecht widerspruchsfrei und einfach handhabbar zu gestalten, indem er im Zuge seiner abgestimmten Rechtsprechungsserie[1127] ein richterrechtliches Konstrukt mit festen umsatzsteuerlichen Berichtigungszeitpunkten schafft, die sodann insolvenzrechtlich zu verarbeiten sind. Das Ergebnis dessen führt nun in der Regel dazu, dass der Fiskus vom Unternehmer vereinnahmte Umsatzsteuerbeträge aufkommenswirksam realisieren kann und sie damit nicht mehr in der Insolvenzmasse verbleiben. Auch wenn das *prima facie* richtig anmutet, darf der daraus folgende Schaden am insolvenzrechtlichen Befriedigungsregime nicht vernachlässigt werden. Auf der Grundlage des geltenden Rechts greift der V. Senat des BFH hierin ein. Dieser Eingriff kann weder durch positiv-rechtliche Vorschriften, noch durch Wertungen gerechtfertigt werden; er führt zu einer Verletzung der insolvenzrechtlichen Befriedigungsabfolge, die letztlich dem Zweck dient, durch ausdifferenzierte Mechanismen den Grundsatz der Gläubigergleichbehandlung zu verwirklichen. Geht man also *de lege lata* davon aus, dass Umsatzsteuerbeträge bei Außerachtlassung der Rechtsprechung des V. Senats des BFH der Insolvenzmasse zustünden, so schmälert ihre Aufwertung zu Masseverbindlichkeiten die Befriedigungschance jedes einzelnen Gläubigers. Das ergebnisorientierte Konzept wirkt sich daher nicht nur nachteilig zulasten des einzelnen umsatzsteuerlichen Unternehmers, sondern anteilig zulasten aller Insolvenzgläubiger aus.

Es ist zu erwarten, dass der V. Senat des BFH sein mittlerweile manifestiertes Leitmotiv über die Fälle der Ist- und der Soll-Versteuerung sowie das Insolvenzeröffnungsverfahren bei vorläufiger Verwaltung mit Zustimmungsvorbehalt und Recht zum Forderungseinzug auch noch auf weitere Fallgruppen erstreckt. Fraglich ist aber, ob der XI. Senat dem V. Senat des BFH die Deutungshoheit über das Umsatzsteuerinsolvenzrecht überlässt und dessen nicht mit dem Recht zu vereinbarenden

1126 S. hierzu unten unter Zweites Kapitel F).

1127 S. insb. zu der Abstimmung von § 55 Abs. 4 InsO zu der Rechtsprechung vom 9.12.2010 oben unter Zweites Kapitel D)IV.4.c)bb).

Weg mitgeht[1128]. Um einem Streit zwischen den Senaten aus dem Weg zu gehen, ist auch die Möglichkeit einer Vorlage an den EuGH wegen der Auslegung von Art. 90 MwStSystRL nicht außer Acht zu lassen[1129]. Ebenso fraglich ist, ob der VII. Senat dem V. Senat des BFH auf ganzer Linie folgen wird. Bislang hat er das jedenfalls nicht getan. Es wäre zu begrüßen, wenn sich die Rechtsprechungsserie des V. Senats des BFH nicht zu einer ständigen Rechtsprechung verdichtet und ihre Wirkung als richterrechtliches Institut *contra legem* weiter geduldet wird. Dies muss nötigenfalls auch durch eine Vorlage an den Großen Senat des BFH geschehen.

Die maßgeblich rechtsfolgenorientierte Auslegung des V. Senats des BFH missachtet an den entscheidenden Stellen die insolvenzrechtlichen Anordnungen und Wertungen; das Umsatzsteuerrecht hat demgegenüber zurückzutreten. Eine Auflösung dieses Konflikts zugunsten des Umsatzsteuerrechts ist gegenwärtig nicht möglich. *De lege ferenda* ist der *Verfasser* ebenfalls der Meinung, dass die Umsatzsteuer aus der Insolvenzmasse separiert werden sollte[1130]. Bis der Gesetzgeber sich zu einer solchen Regelung entschließt, bleibt es aber dabei, dass die Rechtsprechung des V. Senats des BFH unzutreffend ist. Einen Schlussstrich[1131] hat dieser unter seine Neukonzeptionierung noch nicht gezogen. Es verbleibt noch die Klärung vieler Fragen, die letztlich erst durch die jüngeren Urteile aufgeworfen wurden[1132]. *Potius sero quam numquam* sollten sich die genannten Senate des BFH fragen, ob sie ein neben dem Gesetz und zu diesem in Widerspruch stehendes richterrechtliches Umsatzsteuerinsolvenzrecht einem solchen perspektivisch vorziehen wollen, das zwar weniger effektiv die Wertungen des Umsatzsteuerrechts zur Geltung bringt, dafür aber mit dem geltenden positiven Recht zu vereinbaren ist.

1128 Unter XI R 21/14 ist seit dem 20.10.2014 ein Revisionsverfahren anhängig, das sich insbesondere mit der Frage der rechtlichen Uneinbringlichkeit wird befassen müssen. (Vorinstanz FG Berlin-Brandenburg, Urt. v. 2.4.2014, 7 K 7337/12, EFG 2014, 1427). Die Entscheidung im vorläufigen Rechtsschutz (BFH, Beschl. v. 11.7.2013, XI B 41/13, ZIP 2013, 1680) deutet darauf hin, dass der XI. Senat die Linie des V. Senats des BFH verfolgen wird.

1129 So auch *Kahlert*, ZIP 2015, 11, 15 (Fn. 33). *Ders.*, DStR 2015, 1485, 1489, hat sich jüngst auch zu Recht dafür ausgesprochen, dass den BFH nach Art. 267 Abs. 3 AEUV eine diesbezügliche Pflicht trifft und anlässlich dessen daran erinnert, dass der Verstoß gegen die Vorlagepflicht zugleich ein Verstoß gegen Art. 101 Abs. 1 S. 2 GG (Recht auf den gesetzlichen Richter) ist.

1130 S. hierzu noch den rechtspolitischen Vorschlag unten im Vierten Kapitel.

1131 In diesem Sinne aber *Schmittmann*, EWiR 2015, 19, 20.

1132 S. hierzu den im nächsten Abschnitt erörterten Fragenkreis, der freilich nicht alle streitbaren Fragen zu erfassen vermag.

E) Erstreckung der „rechtlichen Uneinbringlichkeit" auf weitere Fallgruppen

Wie oben bereits angedeutet ist das Ende der Rechtsprechungsserie des V. Senats des BFH noch nicht erreicht. Er wird sich in der Zukunft mit den übrigen Arten von vorläufigen Insolvenzverwaltern und des (vorläufigen) Sachwalters zu befassen haben und seine Figur rechtlicher Uneinbringlichkeit auf ihre Anwendung im jeweiligen Einzelfall überprüfen müssen. An dieser Stelle soll die Konstruktion selbst nicht weiter gewürdigt werden[1133]; sie wird als gegeben zugrunde gelegt. Es wird vielmehr eine Prognose gewagt, wie sich der V. Senat des BFH verhalten wird bzw. sich der Rechtsanwender bei konsequenter Anwendung der aufgestellten Maßstäbe entscheiden muss.

I. Starker vorläufiger Insolvenzverwalter

1. Insolvenzrechtliche Prämissen

Die Rechtsstellung des starken vorläufigen Insolvenzverwalters nach §§ 21 Abs. 2 Nr. 2, 22 Abs. 1 InsO ist durch das Gesetz umfassend und in ihren Wirkungen abschließend geregelt. Anders als bei einem nicht-starken vorläufigen Insolvenzverwalter bestimmt nicht das Insolvenzgericht dessen Pflichten (§ 21 Abs. 2 S. 1 InsO), sondern unmittelbar das Gesetz. Von einem starken vorläufigen Insolvenzverwalter spricht man immer dann, wenn das Insolvenzgericht dem Schuldner ein allgemeines Verfügungsverbot auferlegt und infolgedessen die Verwaltungs- und Verfügungsbefugnis über das Vermögen des Schuldners auf diesen übergeht. § 22 Abs. 1 S. 1 InsO ordnet damit dieselben verfügungsrechtlichen Wirkungen an, die auch die Eröffnung des Insolvenzverfahrens nach § 80 Abs. 1 InsO auslöst[1134]. Der Übergang der Verwaltungs- und Verfügungsbefugnis findet – anders als beim Sequester unter Geltung der Konkursordnung[1135] – in vollem Umfang statt. Der starke vorläufige Insolvenzverwalter hat damit dieselbe verfügungsrechtliche Stellung wie der Insolvenzverwalter im eröffneten Verfahren, womit in diesem Umfang auch die grundsätzlich der Verfahrenseröffnung vorbehaltenen Rechtsfolgen in das Eröffnungsverfahren vorverlagert werden[1136].

Ähnlich wie im Rahmen des eröffneten Verfahrens sieht das Gesetz auch für die starke vorläufige Insolvenzverwaltung einen eigenen Tatbestand zur Begründung

---

1133 S. dazu ausführlich oben unter Zweites Kapitel D)II.4.

1134 *Haarmeyer*, in: MüKo, InsO, § 22, Rz. 23.

1135 Dort ging sie nur insoweit über, wie es der Sequestrationszweck, nämlich die Erhaltung, Bewahrung und ordnungsgemäße Verwaltung des Schuldnervermögens erforderte, s. BGH, Urt. v. 11.6.1992, IX ZR 255/91, NJW 1992, 2483, 2485 unter II.4.a).

1136 *Haarmeyer*, in: MüKo, InsO, § 22, Rz. 23; BGH, Urt. v. 11.1.2007, IX ZB 271/04, NJW-RR 2007, 624, 625, Rz. 17. Die Anordnung in § 22 Abs. 1 S. 2 Nr. 1 InsO beschränkt diese Stellung nicht; sie ist eine bloße Aufgabenzuweisung.

von Masseverbindlichkeiten vor. § 55 Abs. 2 InsO ordnet insoweit an, dass Verbindlichkeiten, die von einem starken vorläufigen Insolvenzverwalter begründet worden sind, nach der Eröffnung des Verfahrens als Masseverbindlichkeiten gelten. Die Vorschrift bezieht sich also – anders als § 55 Abs. 4 InsO – nicht ausschließlich auf Verbindlichkeiten aus dem Steuerschuldverhältnis. Sie soll es dem vorläufigen Verwalter ermöglichen, das schuldnerische Unternehmen fortzuführen, womit zumeist das Bedürfnis verknüpft sein wird, neue Verbindlichkeiten einzugehen[1137], die aus der Perspektive der Gläubiger auch werthaltig sind.

2. Zeitpunkt der Bestellung / Beginn des Insolvenzeröffnungsverfahrens

Nach einigen insolvenzrechtlichen Rahmengedanken soll nunmehr der Blick auf den Zeitpunkt der Bestellung des starken vorläufigen Insolvenzverwalters gerichtet und eine Prognose angestellt werden, ob in diesem Moment eine rechtliche Uneinbringlichkeit im Sinne des V. Senats des BFH eintreten kann.

Grundlage der ersten Berichtigung war im Urteil v. 9.12.2010 zur Soll-Versteuerung der Übergang der Empfangszuständigkeit auf den Insolvenzverwalter im Zeitpunkt der Eröffnung des Verfahrens. In seinem Urteil v. 24.9.2014 hat der V. Senat des BFH dieses Konstrukt auf die Bestellung des vorläufigen Insolvenzverwalters mit Zustimmungsvorbehalt und Recht zum Forderungseinzug übertragen. Bei sich bietender Gelegenheit wird er dies vermutlich auch für den Fall der Bestellung eines starken vorläufigen Insolvenzverwalters tun[1138]. Zu diesem Ergebnis gelangt man am Ende zweier Begründungsstränge. Der *erste* bezieht sich auf die Gemeinsamkeiten in der Rechtsstellung von „endgültigem" und starkem vorläufigen Insolvenzverwalter. Wir haben oben gesehen, dass insbesondere die verfügungsrechtliche Stellung der beiden genannten Organe des Insolvenzverfahrens dieselben Rechtsfolgen nach sich ziehen. Wenn es also – wie oben für den Insolvenzverwalter gezeigt[1139] – infolge

---

1137 *Vuia*, in: Gottwald, Insolvenzrechts-Handbuch, § 14, Rz. 150.

1138 Von einer dementsprechenden Berichtigung geht auch die Finanzverwaltung aus, s. Abschn. 17.1., Abs. 12 S. 1 ff. UStAE. Ebenso soll es danach zu diesem Zeitpunkt zu einer Aufspaltung des Unternehmens in Unternehmensteile kommen. Die Finanzverwaltung geht dabei vermutlich nicht davon aus, dass sodann neben dem vorinsolvenzrechtlichen und dem Massebereich sowie dem evtl. freigegebenen Vermögen noch einen vierten Unternehmensteil gibt. Vermutlich soll vielmehr der Unternehmensteil „Massebereich" schon mit Bestellung des starken vorläufigen Insolvenzverwalters beginnen. In der Literatur gehen von einer rechtlichen Uneinbringlichkeit aus *Heinze*, DZWiR 2011, 276, 279; *Onusseit*, DZWiR 2011, 353, 357; *Seer*, Abschlussbericht der Kommission zur Harmonisierung von Insolvenz- und Steuerrecht, Beihefter zu DStR 42/2014, 117, 122: „[...] spricht viel dafür". A.A. *Kahlert/Schmidt*, DB 2012, 197, 202. Dem FG Mecklenburg-Vorpommern, Beschl. v. 11.1.2013, 2 V 90/12, EFG 2013, 1181, erschien die Frage zweifelhaft und gestattete Aussetzung der Vollziehung gegen Sicherheitsleistung. Zu einem Hauptsacheverfahren ist es nicht mehr gekommen.

1139 S. hierzu oben unter Zweites Kapitel D)II.5.a)aa)(2).

der Eröffnung des Insolvenzverfahrens zu einem Übergang der Empfangszuständigkeit für Forderungen kommt, so geschieht das mit der gleichen Begründung auch bei der Bestellung eines starken vorläufigen Insolvenzverwalters. Denn ab diesem Zeitpunkt ist der Schuldner nicht mehr in der Lage, mittels Entgegennahme von Geld die ihm gegenüber dem Drittschuldner zustehende Forderung erfolgreich zum Erlöschen zu bringen, da dies eine Verfügung wäre. Anders herum gewendet kommt das darin zum Ausdruck, dass der Drittschuldner den Leistungserfolg grundsätzlich nicht durch eine Leistung an den Insolvenzschuldner herbeiführen kann, soweit es dazu einer Mitwirkungshandlung des starken vorläufigen Insolvenzverwalters bedarf (§§ 21 Abs. 2 S. 1 Nr. 2, 22 Abs. 1, 80, 82 InsO). Der *zweite* Begründungsstrang wird von einem *erst-recht-Schluss* zu dem Urteil vom 24.9.2014 getragen. Hier wie da geht es um die Bestellung eines vorläufigen Insolvenzverwalters. Wenn nun aber sogar ausgehend von einem „schwächeren" vorläufigen Insolvenzverwalter dem Schuldner sein Recht zur Einziehung von Forderungen genommen wird, so muss dies erst recht bei einem im Vergleich dazu stärkeren vorläufigen Insolvenzverwalter der Fall sein. Von beiden Begründungssträngen abgesehen wird der V. Senat des BFH auch deswegen zu diesem Ergebnis gelangen, weil ihm an einem Gleichlauf von Berichtigungszeitpunkten gelegen ist.

Angesichts seiner früheren Entscheidungen wird er sich insbesondere nicht mit dem Vorwurf auseinandersetzen, bei der Bestellung des starken vorläufigen Insolvenzverwalters läge noch keine Insolvenzmasse vor, womit es auch nicht zu einer Trennung in Unternehmensteile kommen könne[1140]. Das ist folgerichtig, bedenkt man, dass der V. Senat des BFH auf diesen – für das Urteil vom 9.12.2010 noch tragenden – Aspekt schon in seiner Entscheidung vom 24.9.2014 keine Rücksicht mehr nimmt. Ob oder wann er dort von einer Trennung in Unternehmensteile ausgeht, bleibt im Dunkeln. Nach dessen Auffassung braucht es diese Begründung wohl nicht mehr, um gleichwohl von einer rechtlichen Uneinbringlichkeit ausgehen zu können. Auch wird er – wenn der V. Senat des BFH hierzu überhaupt Stellung nimmt – die von *Wäger* angezeigten Bedenken hinsichtlich einer etwaigen Masseunzulänglichkeit nicht als durchschlagend berücksichtigen[1141]. Mutmaßlich wird er diesbezüglich darauf verweisen, dass dieser Fall kein umsatzsteuerspezifisches Problem sei und sich die Befriedigungsrangfolge nach § 208 f. InsO richtet.

1140 So aber *Wäger*, DStR 2011, 1925, 1931.

1141 Auf der Grundlage dieser Argumentation gehen *Kahlert/Schmidt*, DB 2012, 197, 202, davon aus, dass es mit der Bestellung eines starken vorläufigen Insolvenzverwalters nicht zu einer Berichtigung kommen kann, weil zu diesem Zeitpunkt „noch nicht rechtssicher beurteilt werden [kann, d. *Verf.*], ob eine Uneinbringlichkeit aus Rechtsgründen vorliegen kann". Meines Erachtens kann es das in diesem Fall schon, da Anknüpfungspunkt der Betrachtung nicht – richtigerweise – die Werthaltigkeit der Forderung selbst, sondern der Übergang der Einziehungsbefugnis ist. Deren Übergang steht aber bereits definitiv fest, was wohl auch der V. Senat des BFH so anerkennt, s. Urt. v. 24.9.2014, V R 48/13, BStBl. II 2015, 506, 510, Rz. 29 a.E.

Die Folgen dieser zu erwartenden Rechtsprechung sind ganz ähnlich zu denen in der Entscheidung zu § 55 Abs. 4 InsO vom 24.9.2014. Vereinnahmt der starke vorläufige Insolvenzverwalter das Entgelt für einen zunächst bei dessen Bestellung aus Rechtsgründen berichtigten Umsatz, kommt es zu einer zweiten Berichtigung nach § 17 Abs. 1 Nr. 2 S. 2 UStG, die wiederum zu einer Masseverbindlichkeit nach § 55 Abs. 2 InsO führt. Ebenso wie beim vorgenannten Urteil ist zu erwarten, dass der V. Senat des BFH eine genaue Subsumtion der zweiten Berichtigung unter § 55 Abs. 2 InsO wird vermissen lassen. Denn auch dort mangelt es an einer Alternative („[...] in sonstiger Weise"), wie sie das Gesetz in § 55 Abs. 1 Nr. 1 Alt. 2 InsO bereitstellt und der Entscheidung vom 9.12.2010 zugrunde liegt. Dadurch gelingt es dem V. Senat des BFH auch solche Umsätze zu Masseverbindlichkeiten aufzuwerten, die bei regulärer Betrachtungsweise schon vor Beginn des Insolvenzeröffnungsverfahrens begründet und dementsprechend lediglich als Insolvenzforderungen geltend zu machen wären.

3. *Zeitraum des Insolvenzeröffnungsverfahrens*

Ferner ist zu erwarten, dass der V. Senat des BFH trotz der sich insofern noch weiter verstärkenden konstruktiven Mängel auch im Zeitraum des Insolvenzeröffnungsverfahrens von einer rechtlichen Uneinbringlichkeit ausgehen wird, und zwar immer und jeweils dann, wenn der starke vorläufige Insolvenzverwalter einen Umsatz begründet. Dass dieser auch ohne den geschilderten verfehlten Zwischenschritt hinsichtlich der sich aus dem Umsatz ergebenden Umsatzsteuer Masseverbindlichkeiten begründen würde, hat den erkennenden Senat auch in seinem Urteil vom 24.9.2014 nicht von dieser Annahme abgehalten. Der V. Senat des BFH wird auch nicht an seiner gegenteiligen Andeutung für den Fall der starken vorläufigen Insolvenzverwaltung festhalten[1142]. Sofern es dann nämlich nicht zur Entrichtung des Entgelts im Zuge des Insolvenzeröffnungsverfahrens kommt, stellte sich die Frage nach der Uneinbringlichkeit im Zeitpunkt der Insolvenzeröffnung. Dort nun nochmal einen Schritt zurück zu machen und abermals aus Rechtsgründen zu berichtigen, führte zu noch mehr Verwirrung und abermals die Schwächen der Konstruktion insgesamt vor. Der wesentliche Kritikpunkt bei der Spiegelung auf den starken vorläufigen Insolvenzverwalter zeigt sich daran, dass es in diesem Fall nicht zu einem „Übergang der Einziehungsbefugnis" kommt. Diese war, ist und verbleibt nämlich in der Person des starken vorläufigen Insolvenzverwalters lokalisiert. Er selbst begründet auch mit seiner Handlung unabhängig vom Handeln des Schuldners hinsichtlich des zivilrechtlichen Rechtsgeschäfts eine Masseverbindlichkeit. Trotzdem ist davon auszugehen, dass der V. Senat des BFH auch diese Maßgabe auf die starke vorläufige Verwaltung übertragen wird und damit konsequent seine

1142 BFH, Urt. v. 24.9.2014, V R 48/13, BStBl. II 2015, 506, 510, Rz. 31 a.E.: „Anders als bei Leistungen, die durch einen verwaltungs- und verfügungsberechtigten vorläufigen Insolvenzverwalter (§ 21 Abs. 2 Nr. 2 Fall 1 InsO) oder nach Insolvenzeröffnung durch den Insolvenzverwalter erbracht werden, kommt es damit zu einer Trennung von Leistungserbringung und Entgeltvereinnahmung."

Ist-Versteuerung im Insolvenzfall fortsetzt. Grund hierzu besteht freilich aus Aufkommensgesichtspunkten nicht, da der Umsatz und damit die auf ihn entfallende Umsatzsteuer auch ohne Berichtigung wegen rechtlicher Uneinbringlichkeit nach § 55 Abs. 2 InsO erfasst würde[1143].

II. Schwacher vorläufiger Insolvenzverwalter mit Zustimmungsvorbehalt

1. *Insolvenzrechtliche Prämissen*

Neben der soeben gewürdigten starken vorläufigen Insolvenzverwaltung sieht die Insolvenzordnung auch die Bestellung weiterer „Arten" vorläufiger Insolvenzverwalter vor. Hierzu gehört auch der sog. schwache vorläufige Insolvenzverwalter, auf den zwar nicht die Verwaltungs- und Verfügungsbefugnis über das Vermögen des Insolvenzschuldners übergegangen ist, der aber mit einem Zustimmungsvorbehalt ausgestattet ist. Darüber hinaus kann das Insolvenzgericht weitere Einzelermächtigungen aussprechen, was in dem Fall des BFH vom 24.9.2014 geschehen ist. An dieser Stelle soll es bisweilen mit dem Zustimmungsvorbehalt sein Bewenden haben. Seiner Pflicht zur Sicherung und Erhaltung des Vermögens des Insolvenzschuldners kann er nachkommen, in dem er nur solchen Verfügungen seine Zustimmung erteilt, die diesem Zweck nicht widersprechen. Solch ein vorläufiger Insolvenzverwalter hat in erster Linie Aufsichts- und Sicherungsfunktionen zu erfüllen, ohne dass er unmittelbar in die Rechtsposition des Insolvenzschuldners einrückt[1144]. Insbesondere im Vergleich zum starken vorläufigen Insolvenzverwalter herrscht ein deutliches Kompetenzgefälle, da dem schwachen vorläufigen Insolvenzverwalter gerade nicht das Recht zur Verwaltungs- und Verfügungsbefugnis zusteht.

2. *Zeitpunkt der Bestellung*

Ob es auch bei der hier beschriebenen Art der vorläufigen Insolvenzverwaltung zu einer rechtlichen Uneinbringlichkeit mit Beginn des Insolvenzeröffnungsverfahrens kommt, hat der V. Senat des BFH in seinem Urteil vom 24.9.2014 ausdrücklich offen gelassen[1145]. Um ein Auseinanderfallen der Berichtigungszeitpunkte bei unterschiedlichen Arten der vorläufigen Insolvenzverwaltung zu verhindern, wird eine etwaige Entscheidung wohl zu der Annahme einer rechtlichen Uneinbringlichkeit gelangen.

1143 Im Ergebnis so auch die Finanzverwaltung in UStAE zu § 17, Abschn. 17.1, Abs. 12 S. 6 f., die ebenso wenig insoweit von einer Uneinbringlichkeit und damit einer Berichtigung nach § 17 Abs. 2 Nr. 1 S. 1 i.V.m. § 17 Abs. 1 S. 1 UStG ausgeht.

1144 BFH, Urt. v. 24.9.2014, V R 48/13, BStBl. II 2015, 506, 510, Rz. 32.

1145 BFH, Urt. v. 24.9.2014, V R 48/13, BStBl. II 2015, 506, 509, Rz. 21 a.E. Dort geht es primär um die spätere Vereinnahmung und die Subsumtion unter § 55 Abs. 4 InsO. Aus den weiteren Ausführungen (Rz. 28 f.) lässt sich aber ableiten, dass dies auch für die Anwendung der rechtlichen Uneinbringlichkeit gilt.

Fraglich ist aber, welche Begründung hierzu gefunden wird. Eine Bezugnahme auf den Übergang der Verwaltungs- und Verfügungsbefugnis (starker vorläufiger oder endgültiger Insolvenzverwalter) oder der Einziehungsbefugnis bezüglich offener Forderungen auf den (vorläufigen) Insolvenzverwalter[1146] scheidet jedenfalls in dem hier vorliegenden Fall aus. Abgesehen von einem – argumentativ eher schwachen – Verweis auf einen Gleichlauf von schwachem vorläufigem Insolvenzverwalter mit und ohne Recht zum Forderungseinzug, könnte der V. Senat des BFH nur damit argumentieren, dass dem vorläufigen Verwalter in Form der Zustimmung ein Mitspracherecht bei der Vereinnahmung von Forderungen zukommt. Es bedarf nämlich eines Anknüpfungspunktes, um den Hebel der rechtlichen Uneinbringlichkeit ansetzen zu können. Wenn aber der Insolvenzschuldner ohne die Zustimmung des vorläufigen Verwalters nicht in zivilrechtlicher Hinsicht rechts- und erfolgswirksam das Entgelt für eine Leistung vereinnahmen kann, so liegt darin zumindest eine *Verbindung* ebendieser möglichen Vereinnahmung und dem vorläufigen Insolvenzverwalter. Zumindest bis zu dessen Zustimmung kann er damit verhindern, dass der Schuldner die Forderung rechtswirksam vereinnahmen kann[1147]; in tatsächlicher Hinsicht kann er dies freilich schon vorher tun. Für gewöhnlich wird der vorläufige Insolvenzverwalter diesen Zahlungsentgegennahmen – ausdrücklich oder konkludent – seine Zustimmung erteilen, nicht zuletzt, weil diese der Anreicherung der Insolvenzmasse und damit letztlich dem übergeordneten Insolvenzzweck dienen. Auch wenn die Einziehungsbefugnis damit über den Beginn des Insolvenzeröffnungsverfahrens hinweg bei dem Insolvenzschuldner selbst verblieben ist, lässt sich anhand des vorstehend ausgeführten Gedankengangs durchaus eine notwendige Beteiligung des vorläufigen Insolvenzverwalters konstruieren, auf Grundlage derer eine rechtliche Uneinbringlichkeit angenommen werden könnte.

Sollte es anschließend im Zuge des Insolvenzeröffnungsverfahrens zu einer Vereinnahmung des nun berichtigten Entgelts kommen, so ist diese gem. § 17 Abs. 2 Nr. 1 S. 2 UStG i.V.m. § 55 Abs. 4 InsO nach der auch insoweit verfehlten Rechtsprechung des V. Senats des BFH als Masseverbindlichkeit zu erfassen.

3. Zeitraum des Insolvenzeröffnungsverfahrens

Parallel zu der diesbezüglich bereits oben vertretenen Auffassung ist auf der Grundlage der Rechtsprechung des V. Senats des BFH auch für den hier vorliegenden

1146 So lagen die Fälle in den bislang ergangenen Urteilen aus der Rechtsprechungsserie.

1147 In diesem Sinne auch *Heuermann*, UR 2015, 174, 177. Nicht zuletzt aus *dessen* Auffassung lässt sich schließen, dass der V. Senat des BFH auch im Fall des schwachen vorläufigen Insolvenzverwalters *ohne* Recht zum Forderungseinzug eine rechtliche Uneinbringlichkeit bejahen wird. Hiervon geht nun auch im Ergebnis das BMF in seinem Schreiben v. 20.5.2015, BStBl. I 2015, 476, 477, Rz. 10, 13, 15, sowie der jüngst geänderte UStAE zu § 17, Abschn. 17.1, Abs. 13 S. 2, aus. Danach reicht auch die Übertragung des Rechts zur Kassenführung auf den schwachen vorläufigen Insolvenzverwalter.

Fall der vorläufigen Insolvenzverwaltung im Zeitraum des Insolvenzeröffnungsverfahrens von einer rechtlichen Uneinbringlichkeit im jeweiligen Zeitpunkt der Leistungserbringung auszugehen. Hierfür allerdings eine zumindest schlüssige Begründung vorzutragen, ist schwierig[1148]. Wenn überhaupt erscheint allein der folgende Gedankengang tragfähig: Dem zivilrechtlichen Rechtsgeschäft liegt eine Verfügung[1149] zugrunde, die mithin der Zustimmung des vorläufigen Insolvenzverwalters bedarf. Im Moment des vermeintlichen Eintritts der dinglichen Rechtsfolgen ist die Verfügung noch nicht wirksam; sie wird es erst, sobald die entsprechende Zustimmung erteilt wurde. In dieser Zustimmung ist zugleich auch der Moment rechtlicher Uneinbringlichkeit zu erblicken. Die Fähigkeit, rechtswirksam Entgelte entgegenzunehmen, liegt in diesem Fall auch nicht mehr allein beim Insolvenzschuldner. Es bedarf der Mitwirkung durch den vorläufigen Insolvenzverwalter, da der Schuldner andernfalls gerade ohne die Zustimmung über das Recht der Forderung verfügen und sie somit zum Erlöschen nach § 362 BGB bringen könnte. Damit geht im Zeitpunkt der ersten Zustimmung solange die nötige Mitwirkung zur Verfügung über die dem Rechtsgeschäft zugrundeliegende Forderung auf den vorläufigen Verwalter über, bis er seine zweite Zustimmung erteilt hat.

Weil Umsätze, die in der Phase der (schwachen) vorläufigen Insolvenz begründet werden, ohnehin nach § 55 Abs. 4 InsO als Masseverbindlichkeiten erfasst werden, ist auch dieses gemutmaßte Ergebnis auf der Grundlage der Rechtsprechung des V. Senats des BFH nur dem Zweck geschuldet, möglichst einheitliche Berichtigungszeitpunkte festzulegen. Mit dem Gesetz ist das indes nicht zu vereinbaren.

III. Halbstarker vorläufiger Insolvenzverwalter mit Zustimmungsvorbehalt und Einzelermächtigung zur Begründung von zivilrechtlichen Geschäften, die zu Umsatzsteuerverbindlichkeiten führen

1. Insolvenzrechtliche Prämissen

Spricht man von einem halbstarken vorläufigen Insolvenzverwalter mit Zustimmungsvorbehalt, so muss er nicht stets auch das Recht zum Forderungseinzug und zur Entgegennahme von Geldern haben, wie es im Urteil des BFH vom 24.9.2014 der Fall war. Denkbar ist beispielsweise auch die Bestellung eines vorläufigen Insolvenzverwalters mit Zustimmungsvorbehalt (§ 21 Abs. 2 Nr. 1, 2 Alt. 2 InsO), der – ungeachtet weiterer Rechte bis auf die Befugnis zum Forderungseinzug und

1148 Auch die Finanzverwaltung ging in der bis zum 17.5.2016 gültigen Fassung des UStAE zu § 17, Abschn. 17.1, Abs. 13 S. 1, nicht von einer Berichtigung aus. Anders nunmehr nach der jüngsten Änderung des UStAE zu § 17, Abschn. 17.1, Abs. 13, S. 4, durch BMF-Schreiben v. 18.5.2015, BStBl. I 2016, 506. So auch schon vorher das BMF-Schreiben v. 20.5.2015, BStBl. I 2015, 476, 477, Rz. 13, 15.

1149 Dieser Gedankengang ist freilich nicht tragfähig, wo keine Verfügung im insolvenzrechtlichen Sinne vorliegt, also umsatzsteuerlich bei sonstigen Leistungen.

zur Entgegennahme von Geldern – *qua* Einzelermächtigung zur Begründung von Masseverbindlichkeiten befugt ist[1150]. In diesem Fall kommt es – insoweit wie beim schwachen vorläufigen Insolvenzverwalter – nicht zu einem Übergang der Verwaltungs- und Verfügungsbefugnis, weder generell, noch in Bezug auf das Recht zum Forderungseinzug oder zur Entgegennahme von Geldern.

2. Zeitpunkt der Bestellung

Vor dieser Prämisse ist zu fragen, welche Eigenschaften ebendieses vorläufigen Insolvenzverwalters heranzuziehen sein könnten, die eine rechtliche Uneinbringlichkeit nach § 17 Abs. 2 Nr. 1 UStG auslösen. Kein tauglicher Anknüpfungspunkt ist jedenfalls die Ermächtigung zum Forderungseinzug, die noch in dem Urteil des BFH vom 24.9.2014 zu einem Übergang der Einziehungsbefugnis geführt hat. Insofern ist zur Vermeidung von Wiederholungen auf die oben angeführte Begründung zum schwachen vorläufigen Insolvenzverwalter zu verweisen, bei dem sich mit Blick hierauf die gleichen Fragen gestellt haben.

3. Zeitraum des Insolvenzeröffnungsverfahrens

Ebenfalls auf die Ausführungen zum schwachen vorläufigen Insolvenzverwalter ist zu verweisen, wenn es um die rechtliche Uneinbringlichkeit im Zeitraum des Insolvenzeröffnungsverfahrens und die sodann anstehende Berichtigung und deren Erfassung nach § 55 Abs. 4 InsO geht. Die damit einhergehenden Fragestellungen zwischen den beiden Formen vorläufiger Insolvenzverwaltung sind vergleichbar.

Anders als bei der schwachen vorläufigen Insolvenzverwaltung ist es dem vorläufigen Insolvenzverwalter vorliegend aber durch Beschluss des Insolvenzgerichts ferner möglich, selbst *qua* Einzelermächtigung Masseverbindlichkeiten zu begründen. Tätigt er also Umsatzgeschäfte im Zeitraum des Insolvenzeröffnungsverfahrens, so ist die daraus resultierende zivilrechtliche Forderung des Gläubigers als Masseverbindlichkeit analog § 55 Abs. 2 InsO zu behandeln. Das gilt nicht gleichsam automatisch für die diesbezügliche Umsatzsteuerverbindlichkeit, die aus der Verwirklichung der positiven Besteuerungsgrundlage „Umsatz“ folgt. Es muss eine separate Betrachtung zwischen der insoweit rechtsgeschäftlich und gesetzlich entstandenen Verbindlichkeit vorgenommen werden. Selbst wenn der Beschluss des Insolvenzgerichts auch die Umsatzsteuerschuld mit in die Einzelermächtigung aufnimmt, ist an dieser Stelle gleichwohl die *gesetzliche* Anordnung des § 55 Abs. 4 InsO spezieller[1151]. Die Vorschrift will genau diesen Fall erfassen, in dem der vorläufige Insolvenzverwalter selbst Umsatzgeschäfte tätigt.

1150 Vgl. zu dieser Möglichkeit BGH, Urt. v. 18.7.2002, IX ZR 195/01, NJW 2002, 3326, 3329 unter IV.2.a)aa); zum Ganzen ferner *Laroche*, NZI 2010, 965.

1151 S. hierzu oben unter Erstes Kapitel G)I.6.

IV. Ganz schwacher vorläufiger Insolvenzverwalter ohne Zustimmungsvorbehalt

1. Insolvenzrechtliche Prämissen

Neben dem nun vorstehend bereits gewürdigten starken, schwachen und halbstarken vorläufigen Insolvenzverwalter bereitet insbesondere die Spiegelung der rechtlichen Uneinbringlichkeit auf den sog. ganz schwachen vorläufigen Insolvenzverwalter[1152] Schwierigkeiten. Unter dieser Form der vorläufigen Verwaltung versteht man einen Sachverhalt, in dem der Insolvenzschuldner grundsätzlich die volle Verwaltungs- und Verfügungsbefugnis über sein Vermögen behält, da ihm weder ein allgemeines Verfügungsverbot auferlegt wurde (§ 21 Abs. 2 Nr. 2 Alt. 1 InsO), noch dessen Verfügungen nur mit Zustimmung eines vorläufigen Insolvenzverwalters wirksam sind (§ 21 Abs. 2 Nr. 2 Alt. 2 InsO). Auch ohne diese Befugnisse bzw. Verfügungsbeschränkungen hat der vorläufige Verwalter die Pflicht, dem Insolvenzweck im Rahmen seiner Möglichkeiten bestmöglich Rechnung zu tragen. Wegen seines eingeschränkten Wirkungskreises wird sich das regelmäßig darauf beschränken, den Schuldner bei seiner Tätigkeit zu überwachen und dem Insolvenzgericht alle Umstände anzuzeigen, die auf eine nachteilige Veränderung der Vermögensverhältnisse schließen lassen, damit dieses die notwendigen Maßnahmen treffen kann[1153]. Er hat damit *de facto* die Position einer gerichtlich bestellten Aufsichtsperson und eines Gutachters im Insolvenzeröffnungsverfahren[1154].

2. Zeitpunkt der Bestellung

Ob es in der Rechtspraxis tatsächlich dazu kommen wird, dass ein Rechtsanwender die hier in Rede stehende Form der vorläufigen Insolvenzverwaltung auf die Konstruktion der rechtlichen Uneinbringlichkeit spiegeln muss, ist angesichts ihrer Seltenheit äußerst fraglich. Gleichwohl ist es nicht unmöglich; zudem ist sie womöglich nur eine weitere insolvenzrechtliche Facette, die nicht nur die Unzulässigkeit rechtlicher Uneinbringlichkeit, sondern auch deren Inkompatibilität mit insolvenzrechtlichen Mechanismen beweist.

Schon zu Beginn des Versuchs einer Subsumtion wird deutlich, dass es an einem tauglichen Anknüpfungspunkt für die Annahme einer rechtlichen Uneinbringlichkeit fehlt. Nun ist es nicht einmal möglich, diesen in der Anordnung eines

1152 Auch bezeichnet als „isolierte Bestellung eines vorläufigen Verwalters“ oder „vorläufiger Verwalter ohne flankierende Beschlussfassung“.

1153 Er hat aber in jedem Fall die Rechte nach § 22 Abs. 3 InsO, wonach er bspw. Geschäftsräume betreten und Bücher und Geschäftspapiere in Augenschein nehmen darf.

1154 *Haarmeyer*, in: MüKo, InsO, § 22, Rz. 130, 30; ähnlich *Vallender*, in: Uhlenbruck, InsO, § 22, Rz. 6.

allgemeinen Zustimmungsvorbehalts zu erkennen[1155], aus dem sich zumindest entnehmen lässt, dass eine erfolgswirksame Vereinnahmung von Entgelten durch den Insolvenzschuldner wenigstens bis zu der Zustimmung des vorläufigen Verwalters nicht möglich ist. Der hier vorliegende vorläufige Verwalter hat bei Lichte besehen keinerlei Einwirkungsmöglichkeiten auf das Vermögen des Schuldners und kann Verfügungen dessen weder beeinflussen, noch gar verhindern. Insofern muss eine inhaltlich begründete Übertragung der rechtlichen Uneinbringlichkeit scheitern. Es bliebe, einen solchen Fall dennoch gleich den übrigen Arten vorläufiger Insolvenz zu entscheiden mit dem Hinweis auf eine ansonsten unsachgemäße Differenzierung. Eine solche Auslegung würde freilich ebenso weit am Gesetz vorbeigehen, wie es das Hineinlesen der rechtlichen Uneinbringlichkeit in § 17 Abs. 2 Nr. 1 UStG tut. Es wäre also falsch, hätte aber wenigstens das legitime Ziel, eine rechtspraktisch handhabbare Rechtsprechung beizubehalten bzw. einzuführen.

Geht man diesen Schritt, folgt daraus indes noch nicht automatisch die Annahme, dass es mit der Entgeltvereinnahmung zu einer Masseverbindlichkeit kommt. Dass § 55 Abs. 4 InsO auch hier und damit für alle „nicht-starken vorläufigen Insolvenzverwalter" greift, ist nämlich nicht zutreffend, was sich exemplarisch an der vorliegenden Fallgruppe zeigt. Wir haben insoweit bereits in den vor die Klammer gezogenen Ausführungen zu § 55 Abs. 4 InsO[1156] gesehen, dass die Vorschrift ausschließlich solche Verbindlichkeiten aus dem Steuerschuldverhältnis zu erfassen vermag, an denen ein schwacher oder ein halbstarker vorläufiger Insolvenzverwalter mitgewirkt hat, also immer dann, wenn Verfügungen des Insolvenzschuldners einem Zustimmungsvorbehalt unterliegen und der vorläufige Insolvenzverwalter seine Zustimmung erteilt oder aber selbst im Rahmen einer Einzelermächtigung tätig wird. Wo der V. Senat des BFH also ansonsten die Entgeltvereinnahmung unter § 55 Abs. 4 InsO subsumieren würde, was bereits für sich genommen unzulässig ist, müsste er nunmehr die Norm ein weiteres Mal über ihre Grenzen auslegen, um einen Gleichlauf von Berichtigungszeitpunkten zu gewährleisten. An dieser Stelle eine Prognose abzugeben, ist diffizil. Hält die Rechtsprechung aber an der rechtlichen Uneinbringlichkeit mit Bestellung des vorläufigen Insolvenzverwalters fest, und greift darüber hinaus der Gesetzgeber nicht ein, so ist es wohl unter Gesichtspunkten der Rechtshandhabbarkeit geboten, von einer Verwirklichung von § 55 Abs. 4 InsO auszugehen.

1155 Auch die Finanzverwaltung verlangt für eine rechtliche Uneinbringlichkeit zumindest die Anordnung eines allgemeinen Zustimmungsvorbehalts, s. BMF-Schreiben v. 20.5.2015, 476, 477, Rz. 10, 13, 15, oder nach der neuesten Änderung des UStAE zu § 17, Abschn. 17.1, Abs. 13, S. 2, durch BMF-Schreiben v. 18.5.2016, BStBl. I 2016, 506, oder alternativ wenigstens die Übertragung des Rechts zur Kassenführung auf den schwachen vorläufigen Insolvenzverwalter.

1156 Oben unter Erstes Kapitel G).

3. *Zeitraum des Insolvenzeröffnungsverfahrens*

Versucht man einen Übertrag der rechtlichen Uneinbringlichkeit auch auf während des Insolvenzeröffnungsverfahrens ausgeführte Umsätze, so birgt das ebenso große Schwierigkeiten. Anders als bei den übrigen Formen der nicht-starken vorläufigen Verwaltung weist die vorliegende Fallgruppe nämlich keinen Zustimmungsvorbehalt auf, an den man – im Ergebnis gleichwohl sehr fragwürdig – anknüpfen könnte. Insofern muss es an dieser Stelle bei dem schon oben gegebenen Hinweis verbleiben, dass lediglich aus Gründen des Gleichlaufs von „Verwalterformen" und einer besseren Handhabbarkeit auch hier von einer Uneinbringlichkeit ausgegangen werden kann. Auf der Grundlage des geltenden Rechts ist das aber nicht zulässig.

V. Eigenverwaltung nach §§ 270 ff. InsO

1. *Einführung*

Der Gesetzgeber hat mit dem *Gesetz zur weiteren Erleichterung der Sanierung von Unternehmen* (ESUG)[1157] dem *bis dato* schon im Grundsatz[1158] geltenden § 270 InsO die Paragrafen 270a, 270b und 270c InsO[1159] beigefügt und damit das Recht der Eigenverwaltung stärken wollen. Diesem kam bislang seiner Ansicht nach eine zu geringe praktische Bedeutung zu[1160]. Aus den vergangenen Erfahrungen mit § 270 InsO könne man aber entnehmen, dass sich die Eigenverwaltung des Schuldners unter der Aufsicht eines Sachwalters bewährt habe und auf diese Weise größere, aber auch mittelständische Unternehmen mit Erfolg in Eigenverwaltung saniert werden konnten. Mit der Reform sollte die Geschäftsführung des Unternehmens in Eigenverwaltung erleichtert werden, was – so die Hoffnung des Gesetzgebers – weitere Anreize für frühzeitige Anträge des Schuldners selbst auf die Eröffnung eines Insolvenzverfahrens mit sich bringen sollte[1161]. Ein wesentlicher Baustein dessen war es, den Insolvenzschuldner bei einem aussichtsreichen Antrag auf Eigenverwaltung nicht durch die Bestellung eines starken vorläufigen Insolvenzverwalters in seiner Rechtsstellung zu beschränken (vgl. § 270a Abs. 1 S. 1 Nr. 1 InsO). Stattdessen sollte in diesem Fall nach § 270a Abs. 1 S. 2 InsO ein vorläufiger Sachwalter bestellt werden. Darüber hinaus sieht das Gesetz in § 270b InsO die Möglichkeit vor, den Schuldner bei Vorliegen der Insolvenzgründe „drohende Zahlungsunfähigkeit" oder

1157 Gesetz v. 7.12.2011, BGBl. I 2011, 2582, die hier relevanten Vorschriften sind am 1.3.2012 in Kraft getreten, s. ebd., Art. 10. Das Gesetz wurde an anderen als den hier genannten Normen unter dem 19.12.2011 berichtigt durch Verkündung im BGBl. I 2011, 2800.

1158 Durch Art. 1. Nr. 45 des ESUG wurde Abs. 2 geändert und die Absätze 3 und 4 eingefügt, denen das Motiv zugrunde liegt, die Gläubigerautonomie zu stärken. An der Struktur der Eigenverwaltung hat sich dadurch nichts geändert.

1159 Art. 1 Nr. 46 des ESUG.

1160 BT-DrS 17/5712, S. 1, 19.

1161 BT-DrS 17/5712, S. 19.

„Überschuldung“ unter einem „Schutzschirm“ Gelegenheit zu geben, in Eigenverwaltung einen Sanierungsplan zu erarbeiten und ihn so vor einem Regelinsolvenzverfahren zu bewahren, das zunächst auf Verwertung und Verteilung ausgerichtet wäre. Stattdessen sollte – sofern der Insolvenzplan geprüft und beschlossen worden ist – die Phase des Eröffnungsverfahrens unmittelbar in ein Insolvenzplanverfahren münden um dem Zweck der Regelung gerecht zu werden[1162].

Der Regelungsbereich der Eigenverwaltung muss stets im Verhältnis zur Fremdverwaltung begutachtet werden. Letztgenannte führt zumeist zu einer Einschränkung von Rechten des Insolvenzschuldners; ihm wird gewissermaßen das Zepter aus der Hand genommen. Dies ist aber kein Selbstzweck, sondern dient dazu, die Interessen der Gläubiger zu schützen und damit letztlich den Insolvenzzweck zu erfüllen. Mit der (vorläufigen) Eigenverwaltung behält der Insolvenzschuldner demgegenüber ein viel umfangreicheres Maß an autonomem Entscheidungsspielraum. Er ist grundsätzlich weder im Eröffnungs-, noch im eröffneten Verfahren in seiner Verwaltungs- und Verfügungsbefugnis beschränkt[1163]. Dieser Umstand wurde im Rahmen des Gesetzgebungsverfahrens vielfach damit gerügt, dass der „Bock zum Gärtner“[1164] gemacht würde. Das mag im Einzelfall stimmen, soll hier aber nicht weiter hinterfragt werden. Der Gesetzgeber hat sich dazu entschieden, die Eigenverwaltung weiter auszubauen und damit zu stärken. Wo ein Missbrauch oder ein dem Insolvenzzweck widerstrebendes Verhalten sichtbar wird, muss dann seitens des Insolvenzgerichts mit Gegenmaßnahmen reagiert, die Eigenverwaltung *ultima ratio* aufgehoben werden.

2. *Eigenverwaltung im eröffneten Verfahren*

Nach einer kurzen Einführung in die Eigenverwaltung nach §§ 270 ff. InsO soll nun überprüft werden, ob der Mechanismus der rechtlichen Uneinbringlichkeit auch dann ausgelöst wird bzw. werden kann, wenn die Eigenverwaltung gleichsam mit der Eröffnung des Insolvenzverfahrens angeordnet wird. Hierzu werden zunächst die nötigen insolvenzrechtlichen Grundsteine gelegt.

a) Insolvenzrechtliche Prämissen

aa) Stellung des Insolvenzschuldners

Ordnet das Insolvenzgericht Eigenverwaltung an, so bestellt es mit der Eröffnung des Insolvenzverfahrens anstelle des Insolvenzverwalters einen Sachwalter (§ 270c InsO i.V.m. § 270 InsO), für dessen Person verschiedene Vorschriften über den Insolvenzverwalter für entsprechend anwendbar erklärt sind, vgl. § 274 Abs. 1 InsO;

1162 In diesem Sinne auch *Kern*, in: MüKo, InsO, § 270b, Rz. 133.

1163 Zu den genauen Ausgestaltungen s. unten unter Zweites Kapitel E)C.2.a)aa) und 3.

1164 Statt vieler nur *Zipperer*, in: Uhlenbruck, InsO, § 270, Rz. 3, als Verdikt aus der Vorauflage, dort m.w.N.

insbesondere ist er zur Insolvenzanfechtung befugt. Für das Insolvenzverfahren gelten grundsätzlich die allgemeinen Vorschriften (§ 270 Abs. 1 S. 2 InsO).

Im Vergleich zu einer Fremdverwaltung werden dem Insolvenzschuldner in der Eigenverwaltung im Grundsatz sämtliche Aufgaben übertragen, die im regulären Insolvenzverfahren dem Insolvenzverwalter obliegen. Auszuklammern sind nur diejenigen, die nach den §§ 270 ff. InsO ausdrücklich dem Sachwalter zukommen[1165]. Dabei entspricht es der überwiegenden Auffassung – der hier gefolgt werden soll –, dass der Schuldner nicht mehr kraft eigener privatautonomer Stellung die Verwaltungs- und Verfügungsbefugnis innehat, sondern die ihm verbliebenen Befugnisse als Amtswalter der Interessen seiner Gläubiger ausübt[1166]. Dafür spricht neben dem ansonsten gefährdeten Insolvenzzweck auch der Wortlaut von § 270 Abs. 1 S. 1 InsO, wonach der Schuldner berechtigt „ist" [...] die Insolvenzmasse zu verwalten und über sie zu verfügen[1167]. Das Gesetz spricht also gerade nicht davon, dass der Insolvenzschuldner berechtigt „bleibt", was darauf hindeutet, dass sein ihm nunmehr übertragener Pflichtenkanon im Vergleich zu demjenigen davor ein anderer, nämlich die Wahrung der Interessen der Gläubiger ist. Obwohl es also gerade Merkmal der Eigenverwaltung ist, dass die personelle Identität von vorinsolvenzlichem und eigenverwaltendem Schuldner gewahrt bleibt, kommt es von Gesetzes wegen zu einer Veränderung der Rechte und Pflichten des Insolvenzschuldners. Bildhaft gesprochen legt er den Hut der umfassenden Privatautonomie ab und setzt denjenigen des Amtswalters auf. Dabei kommt es bei der Anordnung der Eigenverwaltung – im Gegensatz zur Fremdverwaltung – gerade nicht zu dem harten Einschnitt des Verlustes der Verwaltungs- und Verfügungsbefugnis. Um nun zu gewährleisten, dass der Insolvenzschuldner dies nicht zum Anlass nimmt, seine Vermögenssituation (weiter) zu verschlechtern bzw. nicht mit der gebotenen Anstrengung bestmöglich zu verbessern wird ihm zur Sicherung der Gläubigerinteressen obligatorisch ein Sachwalter zur Seite gestellt.

bb) Stellung des Sachwalters

Um dieser Aufgabe nachzukommen treffen den Sachwalter Aufsichts- und Überwachungspflichten. So hat er beispielsweise die wirtschaftliche Lage des Schuldners fortwährend zu überprüfen (§ 274 InsO). Ihm sind ferner Zustimmungs- und Widerspruchsbefugnisse nach den §§ 275, 276, 277 InsO eingeräumt, mittels derer er Einfluss auf die Handlungen des Insolvenzschuldners nehmen kann. Diese Möglichkeiten der Einflussnahme sind indes weitaus schwächer ausgeprägt, als es bei einem schwachen vorläufigen Insolvenzverwalter der Fall ist, der – freilich in anderen

---

1165 *Tetzlaff*, in: MüKo, InsO, § 270, Rz. 147.

1166 *Haas*, in: Gottwald, Insolvenzrechts-Handbuch, § 90, Rz. 3; *Häsemeyer*, in: Insolvenzrecht, Rz. 8.04; *Tetzlaff*, in: MüKo, InsO, § 270, Rz. 149; *Zipperer*, in: Uhlenbruck, InsO, § 270, Rz. 12; *Undritz*, in: K. Schmidt, InsO, § 270, Rz. 16; *Riggert*, in: Braun, InsO, § 270, Rz. 1. In diesem Sinne auch *Fiebig*, in: HK-InsO, § 270, Rz. 34.

1167 *Tetzlaff*, in: MüKo, InsO, § 270, Rz. 149.

Formen des Verfahrens – ebenfalls dem Insolvenzschuldner „zur Seite gestellt" ist. Exemplarisch hierfür soll § 275 InsO herangezogen werden, der anordnet, dass der Schuldner solche Verbindlichkeiten, die nicht zum gewöhnlichen Geschäftsbetrieb gehören, nur mit Zustimmung des Sachwalters eingehen soll. Im Gegensatz zu den Rechtsfolgen einer mangelnden Zustimmung nach § 21 Abs. 2 Nr. 2 Alt. 2 i.V.m. §§ 24, 81 InsO ergibt sich aber im Kontext von § 275 InsO bei Ausbleiben derselben keine endgültige absolute Unwirksamkeit. Das ist nicht schon daraus abzuleiten, dass § 275 InsO nicht von Verfügungen, sondern von Verbindlichkeiten spricht. Die Begründung folgt aus dem Zusammenspiel der rechtlichen Stellung von Insolvenzschuldner und Sachwalter, die vorliegend erläutert werden soll und für die weitere Untersuchung relevant ist. Die Konsequenzen eines Verstoßes gegen Mitwirkungsrechte des Sachwalters sind nämlich differenziert nach Innen- und Außenverhältnis zu betrachten.

Das *Innenverhältnis* beschreibt die rechtliche Beziehung Insolvenzschuldner-Sachwalter. Kommt es zu einem Verstoß gegen diese Soll-Regel, so stellt das einen Umstand nach § 274 Abs. 3 S. 1 InsO dar, der dazu führen *kann*, dass die Eigenverwaltung schließlich nach § 272 InsO aufgehoben wird[1168]. Im Gegensatz dazu meint das *Außenverhältnis* die Beziehung Insolvenzschuldner-Dritte. Auf dieses Verhältnis hat weder § 275 InsO, noch der Sachwalter Einfluss[1169]. Die Wirksamkeit der entsprechenden Rechtsgeschäfte bleibt unangetastet, was daraus folgt, dass die dem Insolvenzschuldner in § 270 Abs. 1 S. 1 InsO eingeräumte Verwaltungs- und Verfügungsbefugnis *in toto* nicht beschränkt wird. Gerade darin liegt der entscheidende Unterschied zwischen (vorläufigem) Insolvenzverwalter und (vorläufigem)[1170] Sachwalter, dessen Auswirkungen auf das Konstrukt der rechtlichen Uneinbringlichkeit des V. Senats des BFH sogleich gewürdigt werden.

cc) Begründung von Masseverbindlichkeiten

Zunächst sollen aber die nötigen insolvenzrechtlichen Grundlagen um einen für die weitere Untersuchung wichtigen Mechanismus komplettiert werden, nämlich die Frage, wie und ob der eigenverwaltende Insolvenzschuldner zur Begründung von Masseverbindlichkeiten befähigt ist.

1168 *Andres*, in: Andres/Leithaus, InsO, § 275, Rz. 3; *Tetzlaff/Kern*, in: MüKo, InsO, § 275, Rz. 16, daneben kommt nach *dens.* noch eine Haftung wegen Verletzung einer insolvenzspezifischen Pflicht nach §§ 270 Abs. 1 S. 2, 60 InsO in Betracht, die aber angesichts der Insolvenz des Schuldners wertlos ist; *Riggert*, in: Nerlich/Römermann, InsO, § 270, Rz. 8; *Uhlenbruck*, in: Braun, InsO, § 275, Rz. 6. Ausnahmsweise kann sich eine Unwirksamkeit nach der Rechtsprechung und der herrschenden Auffassung im Schrifttum ergeben, wenn der Schuldner arglistig mit seinem Geschäftspartner zum Nachteil der Gläubiger zusammenwirkt (kollusives Verhalten), s. *Tetzlaff/Kern*, in: MüKo, InsO, § 275, Rz. 16 m.w.N.

1169 Etwas anderes gilt nur dann, wenn eine Zustimmungsbedürftigkeit nach § 277 InsO angeordnet wurde.

1170 Dazu sogleich unter Zweites Kapitel E)V.3.

Nähert man sich diesem Aspekt, so ist zu Anfang zu konstatieren, dass nicht – wie im Rahmen der Fremdverwaltung – der Insolvenzverwalter bzw. der Sachwalter zur Begründung von Masseverbindlichkeiten im Stande ist. Insofern muss nach einem Anknüpfungspunkt gesucht werden, der diese Fähigkeit dem Insolvenzschuldner selbst gewährt. Diesbezüglich ist mit der ganz herrschenden Auffassung davon auszugehen, dass er selbst Masseverbindlichkeiten nach § 55 Abs. 1 Nr. 1 InsO begründen kann[1171]. Dies folgt nicht nur aus § 275 InsO[1172], sondern auch aus der systematischen Stellung des Schuldners in der Eigenverwaltung im Vergleich zur Fremdverwaltung sowie mangels spezieller, insofern gegenteiliger Anordnungen aus dem Generalverweis in § 270 Abs. 1 S. 2 InsO. Hinzu kommt, dass der Schuldner, könnte er keine Masseverbindlichkeiten begründen, *de facto* seinen Betrieb aufgeben müsste, da sich kein Geschäftspartner länger darauf einlassen würde, ihm gegenüber eine Verbindlichkeit einzugehen.

b) Zeitpunkt der Anordnung der Eigenverwaltung

Nunmehr gehen wir der Frage nach, inwiefern die Eigenverwaltung im eröffneten Verfahren unter die Maßstäbe der vom V. Senat des BFH konstruierten rechtlichen Uneinbringlichkeit subsumiert werden kann. Wie schon oft betont, braucht es hierzu einen tauglichen Ansatzpunkt.

Zur Diskussion soll zunächst die *Bestellung des Sachwalters* gestellt werden. Diese fällt mit der Anordnung der Eigenverwaltung und in der Regel mit der Eröffnung des Insolvenzverfahrens zusammen. Der V. Senat des BFH hat in seiner Rechtsprechung (bislang) stets auf einen Übergang der Empfangszuständigkeit bzw. der Einziehungsbefugnis abgestellt und ferner darauf abgehoben, dass der Insolvenzschuldner selbst dadurch in ebendiesem Zuständigkeits- bzw. Einziehungsrecht beschränkt wird. Dieses stand sodann nämlich einer anderen, einer weiteren Person, namentlich dem (vorläufigen) Insolvenzverwalter zu. Der Sachwalter ist zwar ohne Frage auch eine andere Person, verfügt indes nicht über die oben geschilderten Zuständigkeitsrechte. Strukturell ist er als Organ der Eigenverwaltung sogar noch zu weniger Einflussnahme befugt, als es der ganz schwache vorläufige Insolvenzverwalter als Organ der Fremdverwaltung ist. Es entspricht gerade dem Wesen des Sachwalters, dass ihm regelmäßig keine Befugnisse zustehen, die sich unmittelbar auf die Verfügungsmöglichkeiten des Insolvenzschuldners auswirken. Fraglich ist allein, ob sich etwas anderes daraus ergeben kann, wenn der Sachwalter die Kassenführung nach § 275 Abs. 2 InsO an sich zieht, indem er vom Schuldner verlangt,

1171 *Haas*, in: Gottwald, Insolvenzrechts-Handbuch, § 90, Rz. 5; *Pape/Uhlenbruck/Voigt-Salus*, Insolvenzrecht, Kap. 39, Rz. 35; inzidenter *Riggert*, in: Nerlich/Römermann, InsO, § 274, Rz. 18; *Ringstmeier*, in: Beck/Depré, Praxis der Insolvenz, § 12, Rz. 29; *Tetzlaff*, in: MüKo, § 270 InsO, Rz. 73, 160; inzidenter *Zipperer*, in: Uhlenbruck, InsO, § 277, Rz. 1 sowie § 275, Rz. 9; AG München, Beschl. v. 27.6.2012, 1506 IN 1851/12, ZIP 2012, 1470, Rz. 7; AG Köln, Beschl. v. 26.3.2012, 73 IN 125/12, ZIP 2012, 788, Rz. 5.

1172 So *Tetzlaff*, in: MüKo, § 270 InsO, Rz. 160.

dass alle eingehenden Gelder nur von ihm entgegengenommen und zudem auch Zahlungen nur von ihm geleistet werden[1173]. In diesem Fall könnte man davon ausgehen, dass es zu einem Wechsel der Einziehungsbefugnis kommt. Im Ergebnis scheidet eine solche Schlussfolgerung aber aus. Der Sachwalter handelt im Rahmen der Kassenführung nämlich nur als gesetzlicher Vertreter des Schuldners[1174]. Allein darauf beschränkt sich die Außenwirkung seines Handelns. Im Übrigen liegt eine rein interne Maßnahme vor. Vereinnahmungshandlungen des Schuldners sind also nach wie vor wirksam, sodass die entsprechende Tilgungswirkung eintreten kann[1175]. Der Schuldner wird also auch insoweit nicht aus seiner Verwaltungs- und Verfügungsbefugnis verdrängt. Damit mangelt es an dem konstituierenden Merkmal, das für die Annahme einer rechtlichen Uneinbringlichkeit erforderlich ist. Infolgedessen scheidet auch unter Berücksichtigung dieses Spezialfalls die Annahme einer rechtlichen Uneinbringlichkeit nach § 17 Abs. 2 Nr. 1 UStG wegen der Bestellung eines Sachwalters aus.

Daneben ist aber noch zu prüfen, ob es hierzu eventuell durch die *Anordnung der Eigenverwaltung* kommt. Diesbezüglich scheidet die Anknüpfung an den Übergang einer Empfangs- oder Einziehungsbefugnis auf eine andere Person naturgemäß aus, da der Schuldner dieselbe Person bleibt. Er unterliegt indes mit der Anordnung der Eigenverwaltung einem *veränderten Pflichtenkanon*, muss nämlich fortan als Amtswalter die Interessen der Gläubiger wahren. Geht man von diesem Ansatz aus, so ist durchaus vorstellbar, dass die Rechtsprechung des V. Senats des BFH auf diesen Fall zu übertragen ist. Die Konstruktion um § 17 Abs. 2 Nr. 1 UStG müsste aber um einen wesentlichen Aspekt erweitert werden. Der Insolvenzschuldner müsste dann in zwei fiktive Schuldner aufgeteilt werden, wobei der eine nur seiner selbst gegenüber zur Rechenschaft verpflichtet ist, und der andere mit der Eröffnung des Insolvenzverfahrens seinen Gläubigern gegenüber. Mittels dieser Hilfsgedanken ließe sich das avisierte Ergebnis zumindest schlüssig begründen. Es lässt sich außerdem hören, dass auch im Fall der Eigenverwaltung (zunächst) ein Regelinsolvenzverfahren eröffnet werden kann, was – auf der Grundlage des ursprünglichen Konstrukts – zu einer Aufteilung in Unternehmensteile führt[1176]. Insofern ließe sich das Bild zweier fiktiver Schuldner auch hierauf projizieren und argumentieren, dass es dem einen nicht länger möglich sei, die Forderung in seinem vorinsolvenzrechtlichen Unternehmensteil

---

1173 Diese Entscheidung liegt im pflichtgemäßen Ermessen des Sachwalters, einer gerichtlichen Beschlussfassung oder einer Mitwirkung des Schuldners bedarf es nicht, s. *Tetzlaff/Kern*, in: MüKo, InsO, § 275, Rz. 17 m.w.N.

1174 *Andres*, in: Andres/Leithaus, InsO, § 275, Rz. 5; *Foltis*, in: FK-InsO, § 275, Rz. 26; *Tetzlaff/Kern*, in: MüKo, InsO, § 275, Rz. 19; *Zipperer*, in: Uhlenbruck, InsO, § 275, Rz. 8.

1175 *Foltis*, in: FK-InsO, § 275, Rz. 28 ff.; *Tetzlaff/Kern*, in: MüKo, InsO, § 275, Rz. 20. So auch *Kruth*, MwStR 2015, 77, 82, nach dem infolgedessen die Empfangszuständigkeit nicht übergehen kann.

1176 So auch AEAO zu § 251, Rz. 9.2, 13.2.

rechtswirksam zu vereinnahmen[1177]. Die inhaltliche Problematik zeigt sich aber darin, dass mit der Erweiterung der Konstruktion zugleich eine Abkehr von deren Grundfesten einhergeht. Die besagen nämlich, dass der Übergang der Empfangs- bzw. Einziehungszuständigkeit eine (zumindest partielle) Beschränkung ebendieser Zuständigkeit voraussetzt, was sich in den hierzu entschiedenen Fällen entweder an §§ 80, 81 InsO[1178] oder am dem vorläufigen Insolvenzverwalter eingeräumten Recht zum Forderungseinzug[1179] festmachen ließ. Dieser argumentative Bruch wird nicht zu überbrücken sein, wenn man die Voraussetzungen der rechtlichen Uneinbringlichkeit derart modifiziert, dass die Eigenverwaltung im eröffneten Verfahren von ihr zu erfassen sein soll.

Darüber hinaus ist denkbar, dass der V. Senat des BFH seine Maßstäbe – zumindest für den Fall der Eigenverwaltung – dahingehend verschiebt, dass auch der eigenverwaltende Schuldner umsatzsteuerliche Masseverbindlichkeiten nach § 55 Abs. 1 Nr. 1 InsO begründen kann und den Zeitpunkt der Uneinbringlichkeit mit dem frühestmöglichen Zeitpunkt dieser Kompetenzausstattung gleichsetzt. Das weicht ebenso von dem Fundament des Konstrukts ab, würde aber – wenn man diese Maßgabe auf die übrigen möglichen Fälle der Fremdverwaltung überträgt – insgesamt zu gleichen Ergebnissen führen. Denn auch der (vorläufige) Insolvenzverwalter ist stets mit der Annahme rechtlicher Uneinbringlichkeit im Stande, Steuerschulden zu Masseverbindlichkeiten aufzuwerten (§ 55 Abs. 1 Nr. 1, Abs. 2, Abs. 4 InsO). Nimmt man dieses Moment als maßgebliches Kriterium, verschärft sich zumindest auch nicht die Frage nach dem Zeitpunkt der ersten Berichtigung. Denn hier wie da liegt das die Berichtigung auslösende Ereignis nach der hier vertretenen Auffassung nach der Eröffnung des Insolvenzverfahrens.

Trotz oder gerade wegen dieser Gedankenspiele darf nicht vergessen werden, dass der V. Senat des BFH mit einer solchen Judikatur seine ohnehin unzutreffende Auslegung von § 17 Abs. 2 Nr. 1 UStG zum unzulässigen Zweck der aufkommenswirksamen Realisierung vereinnahmter Umsatzsteuerbeträge noch weiter vertiefen würde. Gleichwohl ist davon auszugehen, dass er den skizzierten Weg gehen wird[1180]. Hierzu wird er als ein weiteres Argument womöglich auch ins Feld führen, dass

---

1177 U. a. mit dieser Begründung nimmt auch *Kahlert*, ZIP 2014, 1101, 1106; *ders.*, in: Handbuch Restrukturierung in der Insolvenz, § 57, Rz. 74 f.; *ders.*, in: Stellungnahme zum Gesetzentwurf der Bundesregierung zur Erleichterung der Bewältigung von Konzerninsolvenzen vom 30.1.2014, BT-DrS 18/407, S. 15 f., an, dass der V. Senat des BFH von einer Uneinbringlichkeit ausgehen wird. Im Ergebnis ebenso *Rüsken*, in: Tagungsbericht zur Ersten Jahrestagung des Instituts für Insolvenz- und Sanierungsrecht, ZInsO 2015, 242, 244. Anderer Auffassung sind *Jaffé/ Friedrich-Vache*, MwStR 2014, 86, 91; *Kruth*, MwStR 2015, 77, 82; *Waza*, in: Waza/ Uhländer/Schmittmann, Insolvenzen und Steuern, Rz. 1979.

1178 So das Urteil des V. Senats des BFH vom 9.12.2010, V R 22/10, BStBl. II 2011, 996.

1179 So das Urteil des V. Senats des BFH vom 24.9.2014, V R 48/13, BStBl. II 2015, 506.

1180 Darauf deutet auch BFH, Beschl. v. 19.3.2014, V B 14/14, BFHE 244, 156, 164 f., Rz. 40 f., hin. Dort entschied der V. Senat des BFH, dass eine umsatzsteuerliche

es für die Zwecke der Umsatzsteuererhebung keinen Unterschied machen dürfe, ob seitens des Insolvenzgerichts Eigen- oder Fremdverwaltung angeordnet wurde.

Ob und in welcher Weise sodann umsatzsteuerliche Masseverbindlichkeiten begründet würden, richtete sich nach den auch im fremdverwalteten Verfahren geltenden Regelungen, da der Schuldner selbst durch sein „Handeln" Masseverbindlichkeiten begründen kann. Insoweit ergeben sich für die Frage der Vereinnahmung von Entgelten die gleichen Zweifel, wie sie es auch schon an anderer Stelle getan haben. Erbringt der eigenverwaltende Insolvenzschuldner im eröffneten Verfahren *neue* Lieferungen oder sonstige Leistungen, so sind diese als Masseverbindlichkeiten nach § 55 Abs. 1 Nr. 1 InsO zu erfassen.

c) Begründung von Masseverbindlichkeiten bei angeordneter Zustimmungsbedürftigkeit nach § 277 InsO

Diese These wird hinsichtlich Umsatzsteuerverbindlichkeiten auch dann nicht eingeschränkt, wenn das Insolvenzgericht auf Antrag der Gläubigerversammlung, eines absonderungsberechtigten Gläubigers oder eines Insolvenzgläubigers angeordnet hat, dass bestimmte Rechtgeschäfte des Schuldners nur wirksam sind, wenn der Sachwalter ihnen zustimmt (§ 277 Abs. 1 S. 1, Abs. 2 InsO). Hielte man den Tatbestand aber für einschlägig, würden die angeordneten Rechtsfolgen dazu führen, dass bei ausbleibender Zustimmung des Sachwalters Masseverbindlichkeiten nicht begründet werden. Anders als beispielsweise im Rahmen von § 275 InsO handelt es sich bei dieser Zustimmung nämlich um eine solche, die ihre Wirkung im Außenverhältnis entfaltet. Das ergibt sich aus § 277 Abs. 1 S. 2 InsO, wonach § 81 Abs.1 S. 2 und 3 InsO sowie § 82 InsO entsprechend gelten und das Rechtsgeschäft damit *absolut* unwirksam ist. Die Vorschrift dient damit als Korrektiv zu der dem Schuldner grundsätzlich in vollem Umfang verbleibenden Verwaltungs- und Verfügungsbefugnis, die nun für bestimmte Bereiche ausgeschlossen werden kann. Der Tatbestand spricht aber ausdrücklich von „Rechtsgeschäften", womit schon der Wortlaut die Erfassung von durch Gesetz entstehenden Umsatzsteuerverbindlichkeiten ausschließt. Dies wird zudem durch Hinzuziehung des Telos von § 277 InsO bestätigt, der darin besteht, dass *der Schuldner* über Gegenstände von wesentlichem Wert verfügt, die sich in der Insolvenzmasse befinden und sie damit der Verwertung zugunsten der Gläubiger entzieht[1181]. Es soll also gerade verhindert werden, dass der Schuldner seine verbleibende Verwaltungs- und Verfügungsbefugnis willentlich und willkürlich dazu missbraucht, die Insolvenzmasse zu schmälern. Die Vorschrift zielt damit nicht auf die *durch* das willentliche Handeln des Insolvenzschuldners verursachte Belastung der Masse und weist damit nicht nur ein kausales Element auf, sondern setzt zusätzlich dazu ein finales Element voraus, das zu einer Belastung

Organschaft auch dann nicht mehr fortbesteht, wenn Eigenverwaltung angeordnet wird.

1181 *Andres*, in: Andres/Leithaus, InsO, § 277, Rz. 1; *Riggert*, in: Nerlich/Römermann, InsO, § 277, Rz. 1; *Tetzlaff/Kern*, in: MüKo, InsO, § 277, Rz. 1 f.

der Insolvenzmasse führt. Die Entstehung von Umsatzsteuerverbindlichkeiten wird aber – von atypischen Fällen abgesehen – gerade nicht final vom Schuldner verwirklicht, sondern entsteht kraft Gesetzes als Reflex der Erfüllung eines den Tatbestand erfüllenden Lebenssachverhalts. Infolgedessen ist § 277 InsO aus Gründen des Wortlauts und des Telos auf Umsatzsteuerverbindlichkeiten nicht anwendbar. Fehlt es also an der Zustimmung, ist nur das zivilrechtliche Rechtsgeschäft unwirksam. Ist – was dann zu prüfen ist – im gleichen Fall eine positive umsatzsteuerliche Besteuerungsgrundlage verwirklicht worden, führt diese gleichwohl zu einer Masseverbindlichkeit nach § 55 Abs. 1 Nr. 1 InsO.

3. *Eigenverwaltung im Insolvenzeröffnungsverfahren*

a) *Insolvenzrechtliche Prämissen*

Stellt der Schuldner neben dem Antrag auf Eröffnung des Insolvenzverfahrens zugleich einen Antrag auf Eigenverwaltung, und ist dieser nicht offensichtlich aussichtslos, so soll das Gericht im Eröffnungsverfahren davon absehen, dem Schuldner ein allgemeines Verfügungsverbot aufzuerlegen oder anzuordnen, dass alle Verfügungen des Schuldners nur mit Zustimmung eines vorläufigen Insolvenzverwalters wirksam sind (§ 270a Abs. 1 S. 1 InsO)[1182]. In diesem Fall soll anstelle des vorläufigen Insolvenzverwalters ein vorläufiger Sachwalter bestellt werden (§ 270a Abs. 1 S. 2 InsO). Liegen dagegen in der Phase zwischen Antragstellung und Entscheidung aus der Sicht des Gerichts atypische Umstände vor, die insbesondere in der Gefährdung der Masse gesehen werden können, ist an der Bestellung eines vorläufigen Insolvenzverwalters festzuhalten[1183]. Entscheidet sich das Insolvenzgericht aber für die durch das ESUG geschaffene Figur des vorläufigen Sachwalters, sind auf diesen einige der Vorschriften des endgültigen Sachwalters anwendbar (§ 270a Abs. 1 S. 2 InsO). Im Übrigen entspricht seine Rechtsstellung im Wesentlichen derjenigen des Sachwalters im eröffneten Insolvenzverfahren; es besteht insoweit kein Kompetenzgefälle[1184]. Gleiches gilt für das Verhältnis zu dem Insolvenzschuldner sowie die zum fremdverwalteten Verfahren bestehenden Divergenzen.

1182 Der Wortlaut „oder" ist an dieser Stelle durch die Formulierung „weder – noch" ersetzt worden, wodurch das vom Gesetz intendierte Ziel besser zum Ausdruck kommt.

1183 *Kern*, in: MüKo, InsO, § 270a, Rz. 29. Daraus kann sich aber bereits eine Vorentscheidung gegen die Eigenverwaltung ergeben, s. BT-DrS 17/5712, S. 39, was die Insolvenzgerichte bei ihrer Entscheidung berücksichtigen sollten; in diesem Sinne zumindest *Kern*, in: MüKo, InsO, § 270a, Rz. 3.

1184 *Riggert*, in: Nerlich/Römermann, InsO, § 270a, Rz. 15; in diesem Sinne auch *ders.*, in: Braun, InsO, § 270a, Rz. 3.

aa) Begründung von Masseverbindlichkeiten im „Nicht"-Schutzschirmverfahren

Im Rahmen von § 270a InsO ist wohl eine der umstrittensten Fragen, ob der Schuldner oder sogar der vorläufige Sachwalter[1185] Masseverbindlichkeiten begründen kann. Kern der diesbezüglich divergierenden Auffassungen ist das Fehlen einer § 270b Abs. 3 InsO entsprechenden Regelung in § 270a InsO[1186]. Der Streit soll hier nicht entschieden werden, da sich eine etwaige Begründung von Umsatzsteuerverbindlichkeiten ohnehin danach zu richten hat, welche Befugnisse das Insolvenzgericht in dem jeweiligen Einzelfall dem Schuldner bzw. dem Sachwalter eingeräumt hat. Es fehlt nämlich bisweilen an einem gesetzlichen Tatbestand, der die im Rahmen der Eigenverwaltung in der Phase zwischen Antrag und Eröffnung des Verfahrens anfallenden Verbindlichkeiten aus dem Steuerschuldverhältnis erfasst und damit eine obligatorische Regelung bereitstellt; von § 55 Abs. 4 InsO ist das nicht zu leisten, da dieser ausdrücklich nur auf Fälle vorläufiger Insolvenz- also Fremdverwaltung anzuwenden ist. Der Bundesrat ist insoweit mit seinem im Zuge des Verfahrens zum ESUG angebrachten Ergänzungsvorschlag gescheitert, wonach § 55 Abs. 4 InsO um

---

1185 So wohl nur AG Hamburg, Beschl. v. 4.4.2012, 67g IN 74/12, ZIP 2012, 787. Eventuell auch OLG Dresden, Urt. v. 18.6.2014, 13 U 106/14 u. a., ZIP 2014, 1294, Rz. 18.

1186 Quell des Streits ist, dass in den §§ 270, 270a InsO für die „normale" vorläufige Eigenverwaltung nicht wie in § 270b Abs. 3 InsO für das sog. Schutzschirmverfahren eine ausdrückliche Regelung zur Begründung von Masseverbindlichkeiten enthalten ist. Daraus wird zum Teil geschlossen, dass der Gesetzgeber bei der vorläufigen Eigenverwaltung nach § 270a InsO weder eine Einzelermächtigung noch eine Generalermächtigung nach dem Vorbild von § 55 Abs. 2 InsO an den Schuldner zulassen wollte (so ausführlich AG Fulda, Beschl. v. 28.3.2012, 91 IN 9/12, ZIP 2012, 1471; kritisch auch *Nöll*, ZInsO 2013, 745, 748 ff.). Andere wiederum entnehmen aus dem Generalverweis in § 270 Abs. 1 S. 2 InsO, dass zumindest die Möglichkeit der Einzelermächtigung an den Schuldner gegeben sein muss (teilweise mit weitergehender Begründung so AG Köln, Beschl. v. 26.3.2012, 73 IN 125/12, ZIP 2012, 788; AG München, Beschl. v. 27.6.2012, 1506 IN 1851/12, ZIP 2012, 1470; LG Duisburg, Beschl. v. 29.11.2012, 7 T 185/12, ZIP 2012, 2453; im Ergebnis auch AG Montabaur, Beschl. v. 27.12.2012, 14 IN 282/12, ZIP 2013, 899; nicht in der Sache entschieden hat der BGH durch Beschl. v. 7.2.2013, IX ZB 43/12, ZInsO 2013, 460.). *Hübler*, Die Eigenverwaltung des Schuldners, kommt nach einer Analyse der verschiedenen Auffassungen (S. 244 ff.) zu dem m.E. zutreffenden Ergebnis (S. 259), dass der Schuldner selbst nicht nur im Verfahren nach § 270b InsO, sondern auch nach § 270a InsO zur Begründung von Masseverbindlichkeiten ermächtigt werden kann. Eine Übersicht zu den Konstruktionsansätzen findet sich bei *Frind*, ZInsO 2012, 1099 ff. Vgl. auch *Klinck*, ZIP 2013, 853 ff. Der BGH hat die streitentscheidende Frage mangels Entscheidungsrelevanz in einer jüngeren Entscheidung zu einem § 270b InsO-Verfahren offen lassen können und sich auf die Darstellung der hierzu vertretenen Auffassungen beschränkt, s. Beschl. v. 24.3.2016, IX ZR 157/14, NZI 2016, 443, Rz. 6.

einen entsprechenden Satz 2[1187] erweitert werden sollte, weil mit der beabsichtigen Stärkung der Eigenverwaltung der Anwendungsbereich von § 55 Abs. 4 InsO leerzulaufen drohe[1188]. Mit der Aufdeckung dieses Fragenkreises durch den Bundesrat kann die vorläufige Eigenverwaltung nun auch mangels *planwidriger* Regelungslücke nicht mehr im Rahmen einer Analogie unter § 55 Abs. 4 InsO subsumiert werden[1189].

Insofern entscheidet sich diese Frage nicht auf dem Boden des Umsatzsteuerinsolvenzrechts, sondern allein auf demjenigen des Insolvenzrechts. Für die Frage nach der ersten Berichtigung wegen rechtlicher Uneinbringlichkeit ergeben sich daraus ohnehin keine Präjudizien, was zumindest solange Bestand hat, wie der V. Senat des BFH seine Konstruktion nicht um ein Element der *Masseverbindlichkeitsbegründungskompetenz*[1190] erweitert. Was die Erfassung der eventuell nötigen zweiten Berichtigung anbelangt, so hätte sich diese danach zu richten, ob das Insolvenzgericht den Schuldner oder den vorläufigen Sachwalter mit einer entsprechenden Ermächtigung ausstattet. Gleiches gilt für den Fall, in dem es um die Verwirklichung einer sonstigen positiven Besteuerungsgrundlage geht. Beides wird mangels entsprechender Beschlusslage wohl regelmäßig nicht der Fall sein, da die Befriedigung des Fiskus nicht zur Betriebsfortführung notwendig ist[1191].

1187 Dieser lautete: „Dasselbe gilt für Verbindlichkeiten des Insolvenzschuldners aus dem Steuerschuldverhältnis, die von einem vorläufigen Sachwalter oder vom Schuldner mit Zustimmung eines vorläufigen Sachwalters oder vom Schuldner während eines Eröffnungsverfahrens nach § 270a Absatz 1 begründet worden sind."

1188 BT-DrS 17/5712, S. 52. Die darauf erfolgte Gegenäußerung (S. 67 f.) der Bundesregierung, der Vorschlag würde im weiteren Gesetzgebungsverfahren überprüft, führte offenbar nicht zu einer Berücksichtigung des Vorschlags, was sich bereits an den Ausführungen in gleicher Drucksache absehen ließ. Die dort angeführten Argumente sind aus insolvenzrechtlichen Gründen verständlich und bestätigen, dass durch § 55 Abs. 4 InsO Steuern nicht „um jeden Preis" bereits im Insolvenzeröffnungsverfahren erhoben werden können sollen.

1189 So auch *Hobelsberger*, DStR 2013, 2545; *Jaffé/Friedrich-Vache*, MwStR 2014, 86, 88 f.; *Kahlert*, ZIP 2012, 2089, 2090 f. *Jaffé/Friedrich-Vache* plädieren aber später (S. 90) dafür, dass eine Ausdehnung des § 55 Abs. 4 InsO auf die vorläufige Eigenverwaltung im Ergebnis „derselben Interessenlage dienlich" wäre. Vor allem wegen der derzeitigen Rechtsunsicherheit und teilweise (unzutreffenden) analogen Anwendung durch die Finanzverwaltung erscheine eine Gesetzesänderung/-erweiterung erforderlich. Nach *Reiß*, in: Reiß/Kraeusel/Langer, UStG, § 18 – Exkurs Umsatzsteuer in der Insolvenz, Rz. 2061 a.E., ist § 55 Abs. 4 InsO aber dann anzuwenden, wenn ein Zustimmungsvorbehalt nach § 277 InsO angeordnet wurde. Auch das ist wegen des insoweit klar zu Tage getretenen Willens des Gesetzgebers abzulehnen. A.A. LG Erfurt, Urt. v. 16.10.2015, 8 O 196/15, ZIP 2015, 2181, nach dem die eigenverwaltende Schuldnerin in einem § 270a InsO-Verfahren Masseverbindlichkeiten nach § 55 Abs. 4 InsO begründen könne.

1190 Zu diesem Gedanken soeben oben unter Zweites Kapitel E)V.2.b).

1191 *Frind*, GmbHR 2015, 128, 129, der dies aber wohl auch für das eröffnete Eigenverwaltungsverfahren annehmen will, in dem der Schuldner aber in jedem Fall

bb) Begründung von Masseverbindlichkeiten im Schutzschirmverfahren

Sind die Voraussetzungen eines sog. Schutzschirmverfahrens nach § 270b InsO gegeben, so *hat* das Gericht auf Antrag des Schuldners anzuordnen, dass *der Schuldner* Masseverbindlichkeiten begründen kann. Insofern gilt § 55 Abs. 2 InsO entsprechend (§ 270b Abs. 3 InsO). Ob im Ergebnis eine Globalermächtigung mit den Rechtsfolgen entsprechend § 55 Abs. 2 InsO oder nur eine Einzelermächtigung vorliegt[1192], hängt vom Antrag des Schuldners wie vom Beschluss des Insolvenzgerichts ab[1193]. Hinsichtlich der Umsatzsteuer ergeben sich damit dieselben Fragen wie im Rahmen der „normalen" vorläufigen Eigenverwaltung, die letztlich davon abhängen, welchen Inhalt der Beschluss des Insolvenzgerichts aufweist.

b) Zeitpunkt der Bestellung des vorläufigen Sachwalters

Anders als im eröffneten Verfahren ändert sich während des Eröffnungsverfahrens nicht der Pflichtenkanon des Insolvenzschuldners. Insofern ist an dieser Stelle lediglich die Bestellung eines vorläufigen Sachwalters darauf hin zu untersuchen, ob sie eine rechtliche Uneinbringlichkeit auslösen kann.

Dabei wird sich vermutlich nicht einmal die Frage ergeben, ob aus der Möglichkeit der Begründung von Masseverbindlichkeiten durch den vorläufigen Sachwalter eine rechtliche Uneinbringlichkeit folgt. Denn dies setzt logischerweise voraus, dass ihm diese Fähigkeit überhaupt zukommen kann, wovon – zu Recht – die überwiegende Auffassung nicht ausgeht. Außerdem ist anzumerken, dass es für die Ausgestaltung der Rechtsstellung des vorläufigen Sachwalters nicht darauf ankommt, ob es sich um ein normales Eigenverwaltungsverfahren oder eines unter dem Schutzschirm i.S.d. § 270b InsO handelt. Richtet man nun den Blick auf den Zeitpunkt seiner Bestellung, so ist zunächst festzuhalten, dass – anders als bei einem starken vorläufigen Insolvenzverwalter oder einem solchen, der das Recht zum Forderungseinzug hat – ihm sodann weder eine Empfangs-, noch eine Einziehungsbefugnis und damit -zuständigkeit zukommt. Wenn aber sogar mit der Bestellung des Sachwalters selbst keine rechtliche Uneinbringlichkeit eintreten kann, so lässt sich das erst recht nicht für den vorläufigen Sachwalter annehmen. Dessen Pendant im eröffneten Verfahren verfügt nämlich wenigstens über ein geringes Mehr an Rechten, was sich beispielsweise in der Möglichkeit zur Anfechtung (§ 280 InsO) oder der Verwertung von Sicherungsgut (§ 282 InsO) niederschlägt. Auch falls der vorläufige Sachwalter über den Verweis in § 270a Abs. 1 S. 2 InsO die Kassenführung nach § 275 InsO an

---

Masseverbindlichkeiten nach § 55 Abs. 1 Nr. 1 InsO begründet, worunter auch Umsatzsteuerverbindlichkeiten zu subsumieren sind.

1192 So im Urteil des OLG Sachsen-Anhalt v. 29.1.2014, 5 U 195/13, ZIP 2014, 1452.

1193 Demgemäß hat sich auch der BGH (Beschl. v. 24.3.2016, IX ZR 157/14, NZI 2016, 443, Rz. 6) jüngst Literatur und Rspr. angeschlossen und entschieden, dass es im Verfahren zur Vorbereitung einer Sanierung nach § 270b InsO einer Einzel- oder Globalermächtigung des Insolvenzgerichts bedarf, um Masseverbindlichkeiten zu begründen.

sich zöge, würde mit der für den Sachwalter angeführten Begründung daraus kein Übergang einer Empfangs- oder Einziehungszuständigkeit folgen[1194].

Auch hinsichtlich § 277 InsO gilt das zum Sachwalter Ausgeführte an dieser Stelle entsprechend. Falls man ihn überhaupt mangels Aufzählung in § 270a Abs. 1 S. 2 InsO für anwendbar halten will[1195], so hat er keine Auswirkungen auf die Begründung von Umsatzsteuerverbindlichkeiten.

VI. Stellungnahme

Die aufgezählten Fallgruppen bilden die wohl populärsten Formen der vorläufigen Insolvenzverwaltung ab und geben ferner einen Überblick über die Grundtypen der (vorläufigen) Eigenverwaltung. Die damit verbundenen insolvenzrechtlichen Eigenarten sind insbesondere vor dem Hintergrund der *rechtlichen Uneinbringlichkeit* erörtert worden. Dabei sind im Rahmen der Subsumtion vielerorts Zweifel aufgetreten, ob es zu einer entsprechenden Berichtigung kommt oder nicht. Die diesbezüglichen Unsicherheiten sind zuvorderst darauf zurückzuführen, dass eine rechtliche Uneinbringlichkeit in dieser Form nicht von § 17 Abs. 2 Nr. 1 UStG vorgesehen ist, sie also nicht mit den verschiedenen Formen von Fremd- und Eigenverwaltung verzahnt ist. Sie beruht allein auf der Rechtsfortbildung durch den V. Senat des BFH. Es dürfte auch ihm schwer fallen, die hier gewürdigten und als problematisch erkannten Fallgruppen ohne weitere dogmatische Brüche in den Griff zu bekommen. Dabei dient seine Berichtigungsrechtsprechung für *das vorläufige Insolvenzverfahren* nur dazu, auch solche Umsatzsteuerbeträge einzusammeln, die auf Umsätzen vor der Stellung des Insolvenzantrags beruhen. Auf diese Weise gelingt es ihm, nicht nur die Umsätze zu erfassen, die regulär nach § 55 Abs. 2, 4 InsO in dieser Phase als Masseverbindlichkeiten gelten, sondern auch noch diejenigen, die zeitlich – teilweise weit – davor i.S.d. § 38 InsO begründet wurden. Er verfolgt damit weiter seinen Grundgedanken vom Unternehmer als Steuereinnehmer für den Staat, indem er die Schwelle zur aufkommenswirksamen Realisation von Umsatzsteuerbeträgen von der Eröffnung des Insolvenzverfahrens auf den Zeitpunkt der Bestellung eines vorläufigen Insolvenzverwalters vorverlegt.

Noch größere Schwierigkeiten dürfte es ihm mit Blick auf die hier gemachten Ausführungen bereiten, die Fallgruppen der vorläufigen und der „endgültigen" Eigenverwaltung in sein Konzept einzufügen, weil es dort in der Regel an dem für die rechtliche Uneinbringlichkeit konstituierenden Merkmal des Übergangs einer Empfangs- bzw. Einziehungsbefugnis fehlt. Hinzukommen die Zweifel, ob Umsatzsteuerverbindlichkeiten als Masseverbindlichkeiten in der vorläufigen Eigenverwaltung mangels eines Tatbestands nach dem Vorbild von § 55 Abs. 4 InsO überhaupt dem

1194 Diese Gefahr sieht aber jüngst *Knittel*, KSI 2015, 120, 122, bei einer „analogen Anwendung" des BFH Urteils vom 24.9.2014, V R 48/13, BStBl. II 2015, 506.

1195 *Kern*, in: MüKo, InsO, § 270a, Rz. 38, 41.

Grunde nach erfasst werden können. Hier wird es mangels gesetzlicher Grundlage auf die jeweiligen Beschlüsse des Insolvenzgerichts ankommen.

Lässt der V. Senat des BFH nicht – was nicht zu erwarten, aber wünschenswert ist – vollständig von seiner Neukonzeptionierung des Umsatzsteuerinsolvenzrechts auf der normativen Grundlage von § 17 Abs. 2 Nr. 1 UStG ab, ist es im Sinne einer möglichst einfachen und einheitlichen praktischen Handhabung zu begrüßen, wenn er für alle Formen der Fremd- und Eigenverwaltung gleichlaufende Berichtigungspunkte festlegt. Das entspricht nach der hier vertretenen Auffassung zwar nicht dem Gesetz, wäre aber wenigstens im Sinne der Rechtssicherheit und -kontinuität. Außerdem führte das nicht dazu, dass allein aus umsatzsteuerlichen Motiven bestimmte insolvenzrechtliche *modi* gewählt werden[1196]. Davon abgesehen ließe sich mit Blick auf die Wertungen des V. Senats des BFH auch nicht begründen, weshalb unterschiedliche Formen der Insolvenzverwaltung zu unterschiedlichen Ergebnissen in der Umsatzsteuerrealisation führen sollten.

Bis zu einer (einheitlichen) höchstinstanzlichen Rechtsprechung werden vermutlich noch viele Jahre vergehen, in denen die Rechtspraxis mit den hier geschilderten Unsicherheiten umzugehen hat. Ein insoweit klärendes BMF-Schreiben könnte der Praxis hier zumindest eine Richtung weisen[1197]. Nicht verschwiegen werden soll, dass die hier geschilderten Fallgruppen nicht abschließend sind. Das Insolvenzgericht kann nämlich auch noch über die aufgezeigten Konstellationen hinaus im Rahmen der gesetzlichen Vorgaben Spezialermächtigungen anordnen[1198]. Insgesamt hat die Analyse gezeigt, dass die Rechtsprechung des V. Senats des BFH viele neue Fragen aufwirft, deren Beantwortung nur schwer zu antizipieren ist. Ohne die unzulässige Konstruktion einer rechtlichen Uneinbringlichkeit und dem darauf basierenden Doppelberichtigungsmechanismus wären diese ausgeblieben. Auch diese Umstände sprechen dafür, nicht der Rechtsprechung, sondern dem Gesetzgeber die (Neu-)Konzeptionierung des Umsatzsteuerinsolvenzrechts zu überlassen.

1196 In diesem Sinne für die Eigenverwaltung *Seer*, Abschlussbericht der Kommission zur Harmonisierung von Insolvenz- und Steuerrecht, Beihefter zu DStR Heft 42/2014, 117, 123, der sich weiter (S. 123) mit der hier vertretenen Auffassung dafür ausspricht, die vorläufige Insolvenzverwaltung und die Eigenverwaltung mit der Doppelberichtigungsrechtsprechung abzustimmen.

1197 Im BMF-Schreiben v. 20.5.2015, BStBl. I 2015, 476, findet sich mit Ausnahme des schwachen vorläufigen Insolvenzverwalters mit Zustimmungsvorbehalt *ohne* Recht zum Forderungseinzug keine Stellungnahme zu den hier gewürdigten Fallgruppen.

1198 Denkbar sind bspw. hinsichtlich der vorläufigen Insolvenzverwaltung konkrete Zustimmungsvorbehalte. *Mönning*, in: Nerlich/Römermann, InsO, § 22, Rz. 217, spricht auch von einer Gefahr der Rechtszersplitterung, da insgesamt 180 Insolvenzgerichte eine völlig uneinheitliche Anordnungspraxis in Bezug auf die jeweiligen Pflichten und Befugnisse entwickeln könnten.

F) Verfassungsrechtlich relevante Überschreitung von richterlichen Auslegungsbefugnissen durch die Rechtsprechung des V. Senats des Bundesfinanzhofs

Wir haben oben gesehen, dass die jüngere Rechtsprechung des V. Senats des BFH vor allem hinsichtlich der Konstruktion einer rechtlichen Uneinbringlichkeit und der darauffolgenden Berichtigung nach § 17 Abs. 2 Nr. 1 UStG bedingt durch die Bestellung eines vorläufigen Insolvenzverwalters mit Zustimmungsvorbehalt und Recht zum Forderungseinzug bzw. der Eröffnung des Insolvenzverfahrens nicht mit dem geltenden Recht zu vereinbaren ist. Diese Judikate geben nicht nur wegen ihres Ergebnisses, sondern auch wegen ihrer Begründung und ihrer Tragweite über die entschiedenen Einzelfälle hinaus Anlass dazu, sie daraufhin zu überprüfen, ob sie die verfassungsrechtlichen Grenzen zulässiger Auslegung überschritten haben. Die Maßstäbe werden dabei größtenteils auf der Grundlage der Rechtsprechung des Bundesverfassungsgerichts gebildet.

I. Maßstabsbildung für die Überprüfung fachgerichtlicher Urteile durch das Bundesverfassungsgericht

1. *Der Richterspruch im Korsett von Gewaltenteilungsgrundsatz und Vorrang des Gesetzes*

Dem Bundesfinanzhof kommt nach § 115 Abs. 2 Nr. 2 Alt. 1 FGO nicht nur die Befugnis, sondern auch die Aufgabe zu, das Recht fortzubilden[1199]. Dabei verfügt er über einen Spielraum, dessen Grenzen sich aus zwei in Art. 20 GG verankerten Verfassungsgrundsätzen ergeben, nämlich zum einem aus dem Gewaltenteilungsgrundsatz und zum anderen aus der Bindung an Gesetz und Recht[1200]. Deren Inhalte stehen nicht verbindungslos nebeneinander, sondern bilden zwei sich schneidende Kreise; ihr jeweiliger Gewährleistungsgehalt kann sich also überlappen. Nach dem grundgesetzlichen Verständnis von Gewaltenteilung obliegt allein der demokratisch legitimierten *Legislative* die Bildung generell-abstrakter Rechtssätze. Diese sind das Produkt politischer Willensbildung, denen die nachfolgenden Gewalten *Exekutive* und *Judikative* Geltung zu verschaffen haben. Der Richterspruch fungiert also als *Rechtsprechung* und nicht als *Rechtsetzung*. Im Rahmen dieser Tätigkeit hat er sich nach Art. 20 Abs. 3 GG an Gesetz und Recht zu halten, mithin den *Vorrang des Gesetzes* zu achten.

Es findet also eine Kompetenzabgrenzung auf zwei Ebenen statt. Zum einen muss auf horizontaler Ebene zwischen den Kompetenzen von erster (Legislative) und dritter Gewalt im Staate (Judikative) unterschieden werden. Zum anderen bedarf es

---

1199 Vgl. hierzu statt vieler nur *Seer*, in: Tipke/Kruse, FGO, § 115, Rz. 61, sowie *Spindler*, in: FS P. Kirchhof, Bd. II, § 165, Rz. 4, jeweils m.w.N.

1200 In diesem Sinne *Pieroth/Aubel*, JZ 2003, 504, 507.

einer klaren Aufgabenverteilung von Bundesverfassungsgericht und Fachgerichtsbarkeit. Insoweit soll vorausgeschickt werden, dass das Bundesverfassungsgericht weder von sich selbst, noch von anderer Seite als eine „Superrevisionsinstanz" angesehen wird. Es reduziert damit seine eigene Kontrollbefugnis. Sein Einwirkungsbereich beginnt erst dort, wo im Rahmen einer Urteilsverfassungsbeschwerde nicht bloß einfaches Recht, sondern *spezifisches Verfassungsrecht* verletzt ist[1201]. Aus einer am einfachen Recht gemessenen „objektiv fehlerhaften Gerichtsentscheidung" folgt daher also nicht zwangsläufig auch eine verfassungsrechtliche Relevanz, die das Bundesverfassungsgericht im Wege der Urteilsverfassungsbeschwerde rügen dürfte[1202]. Konturen bekommt diese Maßgabe mit den nachfolgenden Maßstäben, mittels derer das Bundesverfassungsgericht der Fachgerichtsbarkeit Grenzen für die Auslegung einfachen Rechts zieht, damit also gleichsam Regeln für die horizontale wie für die vertikale Ebene aufstellt.

In der Judikatur des BVerfG haben sich drei Begründungsansätze[1203] herausgebildet, die seine Kontrollbefugnisse gegenüber fachgerichtlichen Entscheidungen charakterisieren. Zwei davon werden nachstehend zum Zwecke der Maßstabsbildung aufgefächert, um sodann die Rechtsprechung des V. Senats des BFH an ihnen zu messen.

2. Art. 2 Abs. 1 i.V.m. Art. 20 Abs. 3 GG – Grenzen fachgerichtlicher Rechtsfortbildung

Das BVerfG betont zunächst, dass die Auslegung des einfachen Gesetzesrechts einschließlich der Wahl der hierbei anzuwendenden Methode Sache der Fachgerichte und von ihm nicht umfassend auf dessen Richtigkeit zu untersuchen sei. Insofern beschränkt es seine Kontrolle laut eigener Aussage auf die Prüfung, ob das Fachgericht bei der Rechtsfindung die gesetzgeberische Grundentscheidung respektiert und von den anerkannten Methoden der Gesetzesauslegung in vertretbarer Weise Gebrauch gemacht hat[1204]. Tut es das nicht, kann die angegriffene Entscheidung den

1201 St. Rspr. des BVerfG seit Beschl. v. 10.6.1964, 1 BvR 37/63, BVerfGE 18, 85; so auch *Lindeiner*, Willkür im Rechtsstaat?, S. 202; *Ossenbühl*, in: FS Ipsen, S. 129, 130, der dieser Abgrenzung aber kritisch gegenübersteht (S. 137); *Pieroth/Aubel*, JZ 2003, 504 f.; *Steinwedel*, „Spezifisches Verfassungsrecht" und „einfaches Recht", S. 33 f. Ebenfalls zweifelt eine effektive Begrenzungsfunktion dieser Formel an *H.-J. Papier*, in: Festgabe BVerfG, Bd. 1, S. 432, 450 ff.

1202 BVerfG, Urt. v. 7.6.2005, 1 BvR 1508/96, BVerfGE 113, 88, 103 f., Rz. 37 m.w.N; *Jestaedt*, DVBl. 2001, 1309, 1321.

1203 Kategorisierung nach *Düwel*, Kontrollbefugnisse des Bundesverfassungsgerichts, S. 48 ff., 160 ff., 187 ff. Der übrige Begründungsansatz verfolgt die „grundsätzlich unrichtige Anschauung von der Bedeutung der Grundrechte".

1204 St. Rspr., s. statt vieler nur BVerfG, Beschl. v. 31.8.2009, 1 BvR 3227/08, juris, Rz. 14, sowie v. 15.1.2009, 2 BvR 2044/07 („Rügeverkümmerung"), BVerfGE 122, 248, 257 f., Rz. 37, hierzu ausführlich *Möllers*, JZ 2009, 668 ff.

Grundrechtsträger in verfassungswidriger Weise *jedenfalls*[1205] in seiner von Art. 2 Abs. 1 GG geschützten allgemeinen Handlungsfreiheit einschränken, indem sie die Grenzen zulässiger Rechtsfortbildung überschreitet und damit das Rechtsstaatsprinzip verletzt[1206]. Stellenweise misst das BVerfG dabei auch dem Umstand Bedeutung bei, ob die Interpretation des Fachgerichts die Auffassungen in der Literatur ausgewertet hat[1207] oder ihnen zumindest im Ergebnis entspricht[1208]. „Setzt sich die Auslegung [demgegenüber, *d. Verf.*] in krassen Widerspruch zu allen zur Anwendung gebrachten Normen und werden damit Ansprüche begründet, die keinerlei Grundlage im geltenden Recht finden, so beanspruchen die Gerichte Befugnisse, die von der Verfassung dem Gesetzgeber übertragen sind. Die Gerichte begeben sich damit aus der Rolle des Normanwenders in diejenige einer normsetzenden Instanz, entziehen sich also der Bindung an Recht und Gesetz im Sinne von Art. 20 Abs. 3 GG."[1209] Das hindert den Richter aber nicht daran, das Recht fortzuentwickeln und je nach Inhalt und Art der gesetzlichen Vorgaben eigene Wertentscheidungen zu treffen[1210]. Er darf sich dabei allerdings nicht dem vom Gesetzgeber festgelegten Sinn und Zweck des Gesetzes entziehen[1211], den er mittels der anerkannten Auslegungsmethoden zu ermitteln hat[1212]. Tut er das nicht, und findet seine Interpretation keinen Rückhalt im Gesetz, auch nicht in Form einer stillschweigenden Billigung durch den Gesetzgeber im Wege der Analogiebildung, so greift er unzulässig in die Kompetenzen des demokratisch legitimieren Gesetzgebers ein. Richterliche Rechtsfortbildung darf also nicht dazu führen, dass der Richter seine eigene materielle

1205 Denkbar ist auch die Prüfung eines speziellen Grundrechts in Verbindung mit Art. 20 Abs. 3 GG, so bspw. Art. 14 Abs. 1 GG in BVerfG, Beschl. v. 3.4.1990, 1 BvR 1186/89, BVerfGE 82, 6, 11, Rz. 18.

1206 BVerfG, Beschl. v. 25.1.2011, 1 BvR 918/10, BVerfGE 128, 193, 206, 209, Rz. 43, 50.

1207 So geschehen in BVerfG, Beschl. v. 6.11.2008, 1 BvR 2360/07, NJW 2009, 499, 500, Rz. 22.

1208 BVerfG, Beschl. v. 31.8.2009, 1 BvR 3227/08, juris, Rz. 16.

1209 BVerfG, Beschl. v. 6.11.2008, 1 BvR 2360/07, NJW 2009, 499, 500, Rz. 20; Urt. v. 7.6.2005, 1 BvR 1508/96, BVerfGE 113, 88, 103 f., Rz. 37; Beschl. v. 25.1.2011, 1 BvR 918/10, BVerfGE 128, 193, 209 f., Rz. 52; v. 12.11.1997, 1 BvR 479/92 u. a., BVerfGE 96, 375, 394, Rz. 52.

1210 Plädoyer von *Jachmann*, in: FS Spindler, S. 115, 117, nach der sich die Grenzen auch aus der Verfassung und den anerkannten Methoden der Gesetzesauslegung ergeben (S. 118).

1211 BVerfG, Beschl. v. 12.11.1997, 1 BvR 479/92 u. a., BVerfGE 96, 375, 394 f., Rz. 54; so auch *Ipsen*, Richterrecht und Verfassungsrecht, S. 235 f.

1212 BVerfG, Urt. v. 7.6.2005, 1 BvR 1508/96, BVerfGE 113, 88, 103 f., Rz. 37; ähnlich *Flume*, Richterrecht im Steuerrecht, StbJb 1964/65, S. 55, 64: „Der Interpret hat nicht die Macht des Gesetzgebers, sondern ist darauf beschränkt, eine etwaige Inkongruenz des Einzelgesetzes zur Gesamtheit der Rechtsordnung auszuräumen, wenn anders die Anwendung des Einzelgesetzes dem Rechtsgedanken zuwider wäre, wie dieser in der Gesamtheit der Rechtsordnung verwirklicht ist."

Gerechtigkeitsvorstellung an die Stelle derjenigen des Gesetzgebers setzt[1213]. Es ist ihm untersagt eine judikative Entscheidung zu treffen, die so im Parlament nicht erreichbar gewesen wäre[1214], insbesondere einen neuen Tatbestand für einen Grundrechtseingriff zu formulieren. Ihm kommt die Aufgabe zu, gesetzlich vorgedachte Weisungen auf den Einzelfall bezogen nachzudenken, ohne dabei allein in den Grenzen des möglichen Wortsinns verhaftet zu sein[1215]. Dabei hat der Richter auch dem einfachen Gesetz höherrangige Wertvorstellungen bei seiner Rechtsfindung zu beachten, ihre Aussagen ans Licht zu bringen und ihre Entscheidungen zu realisieren[1216].

3. *Art. 3 Abs. 1 GG als Willkürverbot bei der Auslegung des einfachen Rechts*

Neben einer Prüfung am Maßstab der Allgemeinen Handlungsfreiheit in Verbindung mit dem Rechtsstaatsprinzip nimmt das BVerfG in Fällen, die einer unzulässigen Rechtsfortbildung verdächtig sind, auch eine Prüfung von Art. 3 Abs. 1 GG in Gestalt des Willkürverbots vor[1217]. Der Begriff der Willkür wird an dieser Stelle von der üblichen Vergleichspaarbildung gelöst und im Sinne einer Nachvollziehbarkeitskontrolle verstanden[1218]. Danach ist ein Richterspruch nicht mehr nachvollziehbar, also willkürlich, wenn er unter keinem denkbaren rechtlichen Aspekt vertretbar ist und sich daher der Schluss aufdrängt, dass er auf sachfremden Erwägungen beruht. Das ist anhand objektiver Kriterien festzustellen. Eine fehlerhafte Auslegung eines Gesetzes allein macht eine Gerichtsentscheidung aber noch nicht willkürlich.

1213 BVerfG, Beschl. v. 25.1.2011, 1 BvR 918/10, BVerfGE 128, 193, 209 f., Rz. 52 f.; v. 14.6.2007, 2 BvR 1447/05 u.a., BVerfGE 118, 212, 243, Rz. 121.

1214 BVerfG, Beschl. v. 3.4.1990, 1 BvR 1186/89, BVerfGE 82, 6, 11 f., Rz. 20; ebenfalls *Ipsen*, Richterrecht und Verfassung, S. 236, der dort auch treffend davon spricht, dass der Rechtsprechung keine Reservefunktion bei der Normsetzung zukommt.

1215 In diesem Sinne *P. Kirchhof*, in: FS Spindler, S. 641, 651, 659 f.

1216 So der für die richterliche Rechtsfortbildung grundlegende *Soraya*-Beschluss des BVerfG v. 14.2.1973, 1 BvR 112/65, BVerfGE 34, 269, 38; früher lediglich angedeutet in Urt. v. 17.12.1953, 1 BvR 335/51, BVerfGE 3, 225, 243 ff., und Entscheidung v. 10.10.1961, 2 BvL 1/59, BVerfGE 13, 153, 164. Wer Gesetzespositivismus in Reinform annimmt, der unterstellt damit inzidenter die grundsätzliche Lückenlosigkeit der positiven Rechtsordnung, die in der Rechtswirklichkeit nicht zu erreichen ist. In diesem Sinne auch *Tipke*, DStJG 5 (1982), S. 1, 3: „Den eindeutigen, klaren Text gibt es so gut wie gar nicht." Eingängig auch *Flume*, Richterrecht im Steuerrecht, StbJb 1964/65, S. 55, 58: „Nichts Schlimmeres kann einem Juristen gesagt werden, als daß er ein `Positivist` ist."

1217 So geschehen in BVerfG, Beschl. v. 31.8.2009, 1 BvR 3227/08, juris; Beschl. v. 3.11.1992, 1 BvR 1243/88, BVerfGE 87, 273. Ohne klare Differenzierung im Rahmen der Subsumtion auch in Beschl. v. 6.11.2008, 1 BvR 2360/07, NJW 2009, 499.

1218 *Düwel*, Kontrollbefugnisse des Bundesverfassungsgerichts, S. 162.

Willkür liegt vielmehr erst vor, wenn die Rechtslage in krasser Weise verkannt[1219] oder „der Inhalt einer Norm in krasser Weise missdeutet wird“[1220]. Weiter präzisiert das BVerfG, dass von willkürlicher Missdeutung jedoch nicht gesprochen werden kann, wenn das Gericht sich mit der Rechtslage eingehend auseinandersetzt und seine Auffassung nicht jedes sachlichen Grundes entbehrt[1221], also zumindest unter einem denkbaren Aspekt rechtlich vertretbar ist[1222]. Auch diesbezüglich berücksichtigt das BVerfG im Rahmen seiner Subsumtionen, ob das Fachgericht sich mit den in der Literatur einschlägigen Auffassungen auseinandergesetzt hat[1223].

4. *Zwischenergebnis*

Die Beschränkung der Kontrollbefugnisse des Bundesverfassungsgerichts auf die Verletzung spezifischen Verfassungsrechts anhand der aufgeführten Maßstäbe dient zunächst der vertikalen Kompetenzabgrenzung zwischen Fachgerichten und Bundesverfassungsgericht. Auch wenn das Bundesverfassungsgericht dementsprechend betont, dass sein Prüfungsmaßstab allein das Grundgesetz sei, muss diese selbst auferlegte Maxime für die in Rede stehenden Zwecke zwar nicht für die Entscheidung selbst, aber zumindest für ihre Begründung eingeschränkt werden. Beiden aufgezeigten Maßstäben ist nämlich gemein, dass zumindest ein Teil von ihnen die Ebene des einfachen Rechts betrifft[1224], dessen Bedeutungsgehalt durch die anerkannten Auslegungsmethoden auf der Basis des gesetzten Rechts ergründet werden muss. Daraus folgt sodann auch die horizontale Kompetenzabgrenzung zwischen Fachgericht und Gesetzgeber. Sobald der Fehler in der Auslegung einfachen Rechts auf einer *ersten Stufe* festgestellt wurde, muss er, damit er eine verfassungsrechtliche Relevanz bekommt, auch auf einer *zweiten Stufe die Prüfung nicht bestehen.* Inhalt dieser zweiten Prüfungsstufe sind dabei die oben geschilderten Anforderungen, die über die bloße fehlerhafte Auslegung einfachen Rechts hinausgehen. Was diese zweite Stufe anbetrifft, so umfasst die Prüfung am Maßstab von Art. 2 Abs. 1 i.V.m. Art. 20 Abs. 3 GG alle Kriterien, die auch im Rahmen der Willkürprüfung zu beachten sind, jedenfalls sind an letztere keine strengeren Anforderungen an die Methodik der Rechtsfindung zu stellen[1225].

1219 St. Rspr., s. nur BVerfG, Beschl. v. 31.8.2009, 1 BvR 3227/08, juris, Rz. 18; v. 13.6.2005, 1 BvR 2875/04, NJW-RR 2005, 1577, Rz. 14; v. 26.5.1994, 1 BvR 208/93, BVerfGE 89, 1, 13 f., Rz. 38; v. 3.11.1992, 1 BvR 1243/88, BVerfGE 87, 273, 278 f., Rz. 16. Schuldhaftes Handeln des Richters bei seinem Urteilsspruch ist weder erforderlich noch ausreichend.

1220 BVerfG, Beschl. v. 17.11.2009, 1 BvR 1964/09, NJW 2010, 1349, 1350, Rz. 11.

1221 BVerfG, Beschl. v. 3.11.1992, 1 BvR 1243/88, BVerfGE 87, 273, 278 f., Rz. 16.

1222 BVerfG, Beschl. v. 13.11.1990, 1 BvR 275/90, BVerfGE 83, 82, 84, Rz. 9.

1223 BVerfG, Beschl. v. 3.11.1992, 1 BvR 1243/88, BVerfGE 87, 273, 279, Rz. 17.

1224 *Düwel*, Kontrollbefugnisse des Bundesverfassungsgerichts, S. 177 (Willkür), 197 (Art. 2 Abs. 1 i.V.m. 20 Abs. 3 GG).

1225 So auch *Pieroth/Aubel*, JZ 2003, 504, 506, 509.

II. Anwendung der gefundenen Prüfungsmaßstäbe auf die Berichtigung nach § 17 Abs. 2 Nr. 1 UStG infolge rechtlicher Uneinbringlichkeit

1. *Erste Stufe – Verstoß gegen einfaches Recht*

Wie bereits gezeigt[1226], ist die Auslegung von § 17 Abs. 2 Nr. 1 UStG zu einer Berichtigung infolge angeblicher rechtlicher Uneinbringlichkeit bei Bestellung eines vorläufigen Insolvenzverwalters mit Zustimmungsvorbehalt oder Eröffnung des Insolvenzverfahrens nicht mit dem einfachen Recht zu vereinbaren. Dabei sind sowohl die vom V. Senat des BFH angeführten Gründe als auch darüberhinausgehende Erwägungen und die Ansichten in der Literatur einer umfassenden Prüfung unterzogen worden. Von den diesbezüglichen Ergebnissen wird im Folgenden ausgegangen.

2. *Zweite Stufe – Verfassungsrechtliche Relevanz dessen*

a) Unzureichende Anwendung der Auslegungscanones

In beiden entscheidungserheblichen Fällen der Auslegung von § 17 Abs. 2 Nr. 1 UStG legt der erkennende Senat nur in unzureichender Weise die althergebrachten *Auslegungscanones*[1227] an das Gesetz an. Dies muss vor allem deshalb zu Irritation führen, weil das Ergebnis der Rechtsfindung ein vollkommen neuartiges ist und eine große Tragweite hat. Die Urteilsgründe belassen es aber dabei, die tradierte Definition der tatsächlichen Uneinbringlichkeit im Falle der Insolvenz des Leistungsempfängers auf den Fall der Insolvenz des leistenden Unternehmers zu übertragen und stützen das maßgeblich auf einen angeblichen Wechsel der Empfangs- bzw. Einziehungszuständigkeit. Auf dem Weg dorthin nennt die Entscheidung vom 9.12.2010 *nicht eine* Auslegungsmethode. Weder setzt sie sich mit dem Wortlaut, noch der Systematik, dem Sinn und Zweck oder der Genese der Vorschrift auseinander. Bei jedem einzelnen Arbeitsschritt hätten dem Senat aber Zweifel kommen müssen, ob seine *conclusio* von dem inhaltlichen Gehalt der Vorschrift gedeckt ist[1228]. Stattdessen geben die Gründe lediglich zwei Kontrollüberlegungen her, nämlich das Bild des Unternehmers als „Steuereinnehmer für Rechnung des Staates" und die Wahrung der Besteuerungsgleichheit zwischen Ist- und Soll-Versteuerung[1229]. Beide sind bei separater Betrachtung legitim, können aber in diesem Kontext nicht überzeugen, weil keine von beiden die Prüfung der Insolvenzfestigkeit zu bestehen vermochte. In einem späteren Urteil fügt der V. Senat des BFH noch hinzu, dass die für den

---

1226 Zweites Kapitel D)IV.4.

1227 Der Begriff geht zurück auf *Friedrich Carl von Savigny*, System des heutigen Römischen Rechts, Bd. I, S. 2, 69.

1228 Dass dies unter keinem der genannten Gesichtspunkte der Fall ist, zeigen die Ausführungen oben unter Zweites Kapitel D)II.5.a)bb).

1229 BFH, Urt. v. 9.12.2010, V R 22/10, BStBl. II 2011, 996, 998 f., Rz. 30, 32.

Insolvenzverwalter bestehende Einziehungsbefugnis auch die Annahme einer Masseverbindlichkeit rechtfertige[1230]. Auch das ist keine Auslegung, sondern eher ein rechtspolitischer Wunsch. Davon abgesehen können Kontrollüberlegungen keine Auslegung ersetzen, sondern sie lediglich bekräftigen. Das setzt aber voraus, dass sie vorher überhaupt durchgeführt wird, was vorliegend in keinem der relevanten Urteile der Fall ist.

b) Fehlende Auswertung der diesbezüglichen Auffassungen in der Literatur

Außerdem ist angesichts der oben aufgezeigten Maßstäbe bemerkenswert, dass sich der V. Senat des BFH in seinem grundlegenden Urteil vom 9.12.2010 *nicht mit einer* Quelle aus der Literatur befasst hat. Dazu hat es angesichts der Tragweite des Urteils nicht nur dringenden Anlass, sondern auch ausreichend Gelegenheit gegeben. Aus der Zeit vor der Entscheidung finden sich nämlich in der Literatur zahlreiche Untersuchungen zu der Frage, wann ein Umsatzsteueranspruch bei Soll-Versteuerung begründet ist[1231]. Bis auf wenige Ausnahmen kommen dabei alle Quellen – sowohl solche zur Zeit der Konkursordnung wie zur Zeit der Insolvenzordnung[1232] – zu dem Ergebnis, dass in diesem Fall nicht Masseverbindlichkeiten, sondern Insolvenzforderungen vorliegen. Eine Auslegung von § 17 Abs. 2 Nr. 1 UStG, wie sie der V. Senat des BFH vornimmt, zieht dabei niemand in Betracht. Diese mannigfaltigen Fundstellen aus der Literatur lässt die Entscheidung – zumindest in ihren veröffentlichten Gründen – indes unberücksichtigt. Eine diesbezügliche Auseinandersetzung hätte sicher dazu beigetragen, das Ergebnis anhand des Gesetzes für den Leser nachvollziehbarer zu machen. Auch in seiner ersten *Rechtfertigungsentscheidung* vom 24.11.2011, in der der V. Senat des BFH auf verschiedentliche Kritik aus der Literatur[1233] eingeht, setzt er sich nicht konkret mit den angebrachten Remonstrationen über dessen Auslegung zu § 17 Abs. 2 Nr. 1 UStG auseinander[1234]. Insofern holt er seine Versäumnisse an dieser Stelle nicht nach. Gleiches gilt für das die rechtliche Uneinbringlichkeit abermals anwendende Urteil vom 24.9.2014. Auch dort befasst sich der erkennende

1230 BFH, Urt. v. 24.11.2011, V R 13/11, BStBl. II 2012, 298, 304, Rz. 54.

1231 S. hierzu die umfangreichen Nachweise oben unter Zweites Kapitel C)I.1.a)bb) betr. KO und Zweites Kapitel C)II.1.a)bb) betr. InsO.

1232 S. die Nachweise oben unter Zweites Kapitel C). Anders nur *Flies*, DB 1970, 559, 560 f., der für ein Treuhandverhältnis streitet und davon wohl auch die Soll-Versteuerung umfasst sehen will, und *Stadie*, in: Rau/Dürrwächter, UStG, Anhang – Umsatzsteuer und Insolvenz, Rz. 59; *ders.*, UR 2013, 158, 169 ff., der für ein Aussonderungsrecht plädiert.

1233 Nämlich mit den Beiträgen von *Heinze*, DZWiR, 2011, 276 ff.; *Onusseit*, DZWiR 2011, 353 ff.; *Kahlert*, DStR 2011, 921 ff.; *ders.*, DStR 2011, 1973 ff.

1234 V R 13/11, BStBl. II 2012, 298, 304. Es geht dort um den Berichtigungszeitpunkt (Rz. 53) und einen etwaigen Verstoß gegen den Grundsatz der Gläubigergleichbehandlung (Rz. 54).

Senat bezüglich der streitentscheidenden Frage nicht mit der Literatur[1235], geht auch nicht weiter auf die zwischenzeitlich erschienene Flut von Beiträgen[1236] zu dessen Interpretation von § 17 Abs. 2 Nr. 1 UStG ein.

c) *Keine Auseinandersetzung mit verfassungsrechtlich geschützten Gütern der übrigen Gläubiger*

Den Entscheidungsgründen lässt sich auch nichts dazu entnehmen, ob der V. Senat des BFH die verfassungsrechtlich geschützten Güter der (übrigen) einfachen Insolvenzgläubiger bedacht oder gar berücksichtigt hat. Es scheint vielmehr, als habe er eine allein eindimensionale Sichtweise auf das Rechtsverhältnis Fiskus und Unternehmer bzw. Fiskus und (vorläufiger) Insolvenzverwalter, der nunmehr kraft Amtes in die Rechte und Pflichten des Insolvenzschuldners eintritt und für die Insolvenzmasse auftritt bzw. im Falle der vorläufigen Verwaltung zumindest einzelne Aufgaben übernimmt. Es darf aber nicht vergessen werden, dass ein Eingriff in das insolvenzrechtliche Befriedigungsregime zugleich einen Eingriff in die Rechte der (übrigen) Insolvenzgläubiger bedeutet. Wird also eine Forderung, die in Wahrheit nur Insolvenzforderung ist, in diesem Fall durch die Konstruktion einer rechtlichen Uneinbringlichkeit zu einer Masseverbindlichkeit aufgewertet, so wird in das System der Gläubigergleichbehandlung eingegriffen. Dahinter stehen aber nicht nur einfache Rechte, sondern hinsichtlich des *einzelnen Gläubigers* dessen von der Eigentumsgarantie des Art. 14 Abs. 1 GG geschützte Forderung, hinsichtlich der *Gläubiger in ihrer Gesamtheit* der hier entwickelte Schutz der insolvenzrechtlichen Systemkonsequenz aus Art. 3 Abs. 1 GG i.V.m. Art. 14 Abs. 1 GG. Dieses mehrseitige Verhältnis zwischen Fiskus und Unternehmer auf der einen und Unternehmer und Gläubigern auf der anderen Seite hat den erkennenden Senat nicht – zumindest nicht für den Leser der Urteilsgründe erkennbar – dazu veranlasst, die gebotene mehrdimensionale Perspektive einzunehmen. An keiner Stelle geht er auf die genannten verfassungsrechtlichen Schutzgüter ein, weder in seinem grundlegenden Urteil vom 9.12.2010, noch in seiner Rechtfertigungsentscheidung vom 24.11.2011[1237] oder in seiner bislang letzten Entscheidung vom 24.9.2014. Insoweit kann auch Art. 14 Abs. 1 GG als spezielles Grundrecht im Vergleich zu der allgemeinen Handlungsfreiheit aus Art. 2 Abs. 1 GG als freiheitsrechtlicher Regelungsgehalt neben Art. 20 Abs. 3 GG treten und auf der Grundlage der Rechtsprechung des Bundesverfassungsgericht zu den Grenzen der Auslegung als Maßstab dienen.

1235 V R 48/13, BStBl. II 2015, 506. Lediglich in Rz. 17 verweist er auf „Schmidt/Hölzle, InsO, 18. Aufl., 2013, § 21, Rz. 6".

1236 Eine umfassende Zusammenstellung aller Quellen findet sich oben unter Zweites Kapitel D)II.3.

1237 V R 13/11, BStBl. II 2012, 298. Auch in der kurzen Auseinandersetzung mit dem Grundsatz der Gläubigergleichbehandlung in Rz. 54 ist dazu nichts zu finden.

d) Mangelnde Respektierung der gesetzgeberischen Grundentscheidung

Ebenso ist unter Bezug auf die oben aufgeführte Rechtsprechung des Bundesverfassungsgerichts für die hier in Rede stehende Frage von wesentlicher Bedeutung, ob das Fachgericht die gesetzgeberische Grundentscheidung respektiert hat. Diesbezüglich ist zunächst zu konstatieren, dass im *Umsatzsteuerinsolvenzrecht* die Wertungen des Insolvenz- auf diejenigen des Umsatzsteuerrechts bzw. diejenigen des Umsatzsteuer- auf diejenigen des Insolvenzrechts treffen. Eine Grundentscheidung zu der Frage, wie *diese*[1238] unterschiedlichen Wertungen miteinander zu vereinbaren sind, ist weder dem Gesetz, noch den relevanten Gesetzgebungsmaterialien *ausdrücklich* zu entnehmen. Die Ausführungen haben aber gezeigt, dass trotz der systematisch bedingten Eigenarten der Umsatzsteuer als allgemeine Verbrauchsteuer dieser *de lege lata* keine andere oder sogar vorrangige Behandlung gegenüber anderen Steuerarten zukommt. Diese These wird getragen durch die verfassungs- und europarechtlichen Untersuchungsergebnisse[1239] – mit deren Prüfungsgegenständen sich der V. Senat des BFH nicht auseinandergesetzt hat – einerseits, und die Ausgestaltung des einfachen Rechts andererseits. Insbesondere mit § 55 Abs. 4 InsO hat der Gesetzgeber in jüngerer Zeit deutlich gemacht, dass er keine generelle aufkommenswirksame Realisation von vereinnahmten Umsatzsteuerbeträgen anstrebt, sondern nur im Anwendungsbereich des Ausschnitts „Insolvenzeröffnungsverfahren". Dies bestätigen auch die verschiedenen Anläufe und damit verbundenen Kontroversen zu den letztlich nicht in Kraft getretenen „Vorgänger-Vorschriften" von § 55 Abs. 4 InsO sowie darüber hinausgehende Vorschläge zur Behandlung von (Umsatz-)Steuern in der Insolvenz[1240]. Der Senat hat indes unbeirrt von den genannten gesetzgeberischen Aktivitäten entschieden, obwohl sie ihm nicht nur bekannt gewesen sein dürften, sondern ihn auch zu einer anderen Entscheidung hätten führen müssen. Diesbezüglich kann er sich freilich darauf zurückziehen, dass das formelle Gesetzgebungsverfahren zu § 55 Abs. 4 InsO zum Zeitpunkt der Entscheidung noch nicht abgeschlossen, das Gesetz also weder vom Bundespräsidenten unterzeichnet, noch bereits im Bundesgesetzblatt verkündet war[1241]. Insbesondere wegen der hohen Aufmerksamkeit, die das *Haushaltsbegleitgesetz 2011* in der Fachliteratur auf sich gezogen hat, kann aber davon ausgegangen werden, dass es dem erkennenden Senat schon vorher bekannt war. Außerdem hat das nicht zustimmungsbedürftige Gesetz bereits am 28.10.2010 die erforderliche Mehrheit

---

1238 *Allein* aus der Abschaffung des Fiskusprivilegs mit Inkrafttreten der InsO lassen sich noch keine Rückschlüsse für die Behandlung der Umsatzsteuer insgesamt ziehen.

1239 S. hierzu oben unter Erstes Kapitel D), F).

1240 S. dazu oben unter Erstes Kapitel A)V.

1241 Das HBeglG 2011 wurde am 9.12.2010 unterzeichnet und am 14.12.2010 im Bundesgesetzblatt verkündet. Das Urteil trägt das Entscheidungsdatum 9.12.2010.

im Bundestag erreicht[1242]. Dass sich das Gericht hiermit nicht befasst hat, ist vor dem Hintergrund des kongruenten Regelungsbereichs bzw. Sachverhalts von § 55 Abs. 4 InsO und dem Urteil vom 9.12.2010 nicht nachvollziehbar. Aus einem Umkehrschluss zu dem Regelungsbereich der genannten Vorschrift[1243] folgt jedenfalls, dass die gesetzgeberische Grundentscheidung – ob rechtspolitisch oder umsatzsteuersystematisch sinnhaft oder nicht – zum Ziel hat, die Umsatzsteuer in der Insolvenz ebenso wie jede andere Steuerart zu behandeln.

e) Würdigung

Betrachtet man die vorgenommene Subsumtion in Ansehung der oben aufgezeigten Maßstäbe des Bundesverfassungsgerichts zu der Auslegung einfachen Rechts durch die Fachgerichtsbarkeit, so hat der V. Senat des BFH die Grenzen dessen überschritten. Er hat sich mit seiner Konstruktion einer rechtlichen Uneinbringlichkeit, die zum Ziel hat, vereinnahmte Umsatzsteuerbeträge als Masseverbindlichkeiten zu erfassen, aus der Position eines Normanwenders in die eines Normsetzers erhoben und ist damit über das erlaubte Maß an richterlicher Rechtsfortbildung hinausgegangen. Sein nicht *lege artis* gefundenes Ergebnis ist damit nicht nur einfachrechtlich unzutreffend, sondern verstößt auch gegen die hier aufgezeigten Maßstäbe des Grundgesetzes. Der V. Senat des BFH hat auf der Grundlage umsatzsteuersystematischer Wertungen seinen eigenen rechtspolitischen Willen an die Stelle des Gesetzgebers gesetzt, um ein Problem zu lösen, das nicht allein dem Umsatzsteuer-, sondern dem Umsatzsteuer*insolvenzrecht* zuzuordnen ist und nach meinem Dafürhalten (jedenfalls) zum damaligen Zeitpunkt mit diesem Ergebnis nicht im Parlament hätte erreicht werden können. Das Kompetenzgefüge des Grundgesetzes nimmt aber nachhaltigen Schaden, wenn sich die Fachgerichtsbarkeit über die Entscheidung des *einen Gesetzgebers* von Insolvenz- und Umsatzsteuerrecht hinweggesetzt, nur weil bei separater Betrachtung eines der beiden Rechtsgebiete nicht umfassend zu Geltung kommt[1244]. Dabei ist der Richter freilich nicht darauf beschränkt,

---

1242 S. den stenografischen Bericht aus der 68. Sitzung des Deutschen Bundestages, Plenarprotokoll 17/68, S. 7276 C, 7279 A. Von den 579 abgegebenen Stimmen votierten bei keinen Enthaltungen mit *Ja* 319 und mit *Nein* 260. Damit war das Gesetz nicht mehr aufzuhalten. Es zeichnete sich weder ab, dass der Bundesrat Einspruch erheben oder die Einberufung des Vermittlungsausschusses verlangen würde, noch dass der Bundespräsident von seinem Prüfungsrecht Gebrauch machen könnte und damit den Abschluss des Gesetzgebungsverfahrens zumindest verzögern würde.

1243 S. hierzu oben unter Zweites Kapitel D)II.5.c).

1244 Ähnlich zu einer anderen Rechtsfrage die abweichende Meinung der Richter am Bundesverfassungsgericht *Voßkuhle, Osterloh* und *Di Fabio* zu BVerfG, Beschl. v. 15.1.2009, 2 BvR 2044/07, BVerfGE 122, 248, 282, 285, Rz. 103, die diese Gefahr sehen, wenn das Gesetz vom Richter als „unzweckmäßig" erkannt wird oder der Gesetzgeber nach entsprechender richterlicher Anmahnung nicht wie gewünscht handelt. Ob das Urteil des BFH v. 29.1.2009, V R 64/07, BStBl. II 2009, 682, zur

gute Rechtserkenntnis nicht durch bessere Rechtserkenntnis zu ersetzen[1245], sobald er annimmt, eine solche gefunden zu haben. Diese muss sich aber – was vorliegend nicht der Fall ist – mit den gesetzgeberischen Grundentscheidungen vereinbaren lassen. Der V. Senat des BFH hat es ferner versäumt, die grundrechtlich geschützten Rechte der (übrigen) Insolvenzgläubiger zu berücksichtigen und eine Auslegung anhand der anerkannten Auslegungscanones vorzunehmen.

Die mit der hier gewürdigten Auslegung von § 17 Abs. 2 Nr. 1 UStG einhergehenden Ergebnisse der Rechtsprechung sind sicher nicht einseitig fiskalisch motiviert, sondern dienen einer umsatzsteuer-systematisch zutreffenden Erhebung von Umsatzsteuerbeträgen in der Insolvenz. Insofern ließe sich auch anführen, dass die Entscheidung zumindest nicht willkürlich ist, weil sie auf einen sachlichen Grund zurückzuführen ist. Ob etwas angesichts des hier einschlägigen Mischrechtsgebiets des Umsatzsteuerinsolvenzrechts sachlich oder sachfremd ist, ist aber nicht nur im Lichte eines Teils ebendieser Gemengelage von rechtlichen Wertungen zu beurteilen. Betrachtet man die Mechanismen und Wertungen des Insolvenzrechts sowie die aufgezeigten Grundentscheidungen des Gesetzgebers zum Umsatzsteuerinsolvenzrecht, so verliert das Bild des „Unternehmers als Steuereinnehmer für Rechnung des Staates" zumindest in der Insolvenz des Unternehmers an Überzeugungskraft. Diese Erkenntnis rückt ebendieses Bild in die Richtung eines sachfremden Arguments, weil es – um Aussagekraft zu erlangen – zunächst die Prüfung einer Insolvenzfestigkeit bestehen müsste. Aus dem geltenden Verfassungs-, Europa- oder einfachen Recht lässt sich ein die Prüfung stützendes Moment aber nicht entnehmen. Wie festgestellt ist die Anordnung einer Insolvenzfestigkeit zwar möglich, sie liegt aber allein in der Hand des demokratisch legitimierten Gesetzgebers, nicht in derjenigen der Fachgerichtsbarkeit.

III. Ergebnis

Im Ergebnis verstößt die Rechtsprechung des V. Senats des BFH wegen der Überschreitung der verfassungsrechtlichen Grenzen der Auslegung sowohl gegen Art. 2 Abs. 1, 14 Abs. 1 GG i.V.m. 20 Abs. 3 GG als auch gegen Art. 3 Abs. 1 GG[1246].

Ist-Besteuerung ein solches „Anmahnurteil" gewesen ist, soll hier offen bleiben. Der BFH hat dort, also lange vor dem Gesetzgebungsverfahren zu § 55 Abs. 4 InsO, schon das Bild des Unternehmers als Steuereinnehmer für Rechnung des Staates in der Insolvenz geprägt.

1245 In diesem Sinne *Friauf*, in: DStJG 5 (1982), S. 53, 55.

1246 Ebenfalls im Ergebnis für verfassungswidrig befindet das Urteil des V. Senats des BFH vom 9.12.2010, V R 22/10, *Roth*, ZInsO 2014, 309, 311 f.; *ders.*, Insolvenzsteuerrecht, Rz. 4.332 f. Die Begründung unterscheidet sich von der hier vorgetragenen. A.A. *Desens*, in: 13. Leipziger Insolvenzrechtstag, S. 58, 62 f., nach dem Wortlaut und Systematik zwar „bis an ihre Grenzen ausgereizt werden" und die Rechtsprechung „selbstverständlich ergebnisorientiert" sei, die Ergebnisfindung aber aus

G) Abschließende Stellungnahme

Weder Gesetzgebung noch Rechtsprechung oder die umfassende Literatur haben sich bis zu Beginn der Rechtsprechungsserie des V. Senats des BFH darum bemüht, eine interessengerechte, die Wertungen *beider* Rechtsgebiete berücksichtigende Verzahnung von Umsatzsteuer- und Insolvenzrecht herzustellen. Dies ist auf der Grundlage des geltenden Rechts auch nur schwerlich möglich. Stattdessen haben die verschiedenen Normanwender unter Geltung der Konkurs- wie der Insolvenzordnung anhand der jeweiligen Abgrenzungsvorschriften Einzelfalllösungen entwickelt, die nur selten das Wesen der Umsatzsteuer berücksichtigten. Das ist *de lege lata* indes auch kein rechtliches Gebot. Vielmehr führt die gegenwärtige Ausgestaltung des gesetzten Rechts dazu, dass den insolvenzrechtlichen Wertungen ein Vorrang zukommt und die Umsatzsteuer gleich jeder anderen Steuerart zu behandeln ist.

Allerdings ist der Gesetzgeber befugt und nach hier vertretener rechtspolitischer Auffassung auch dazu aufgefordert, an dieser Stelle eine Differenzierung vorzunehmen und einen Mechanismus zu schaffen, der die Umsatzsteuer in jeder Phase der Insolvenz des leistenden Unternehmers einer aufkommenswirksamen Realisation zuführt. Diesen Zustand hat der V. Senat des BFH entgegen der massiven und hier im Ergebnis für zutreffend befundenen Kritik in der Literatur zumindest für einen Teilbereich durch seine allein rechtsfolgenorientierte Rechtsprechung herbeigeführt. Die entsprechenden Judikate sind umsatzsteuer-systematisch und rechtspolitisch nachvollziehbar, das Bild des Unternehmers als „Steuereinnehmer für Rechnung des Staates“ außerhalb der Insolvenz fehlerlos. Es hat sich aber gezeigt, dass es die Prüfung einer Insolvenzfestigkeit nicht besteht, womit es im vorliegenden Kontext an Bedeutung einbüßt. Dieser Makel erstreckt sich über das Urteil zur Ist-Besteuerung hin zu dem zur Soll-Versteuerung und führt bei letzterem zu der verfehlten Annahme einer doppelten Berichtigung nach § 17 Abs. 2 Nr. 1 UStG. Erstreckt man das für die Rechtsprechungsserie zentrale Konstrukt der rechtlichen Uneinbringlichkeit darüber hinaus auch auf bislang noch nicht entschiedene Fallgruppen (vorläufiger) Fremd- und Eigenverwaltung, bildet ebendiese Rechtsprechung zwar ein in sich konsistentes System, um diejenigen Umsatzsteuerbeträge aufkommenswirksam zu realisieren, die der Insolvenzschuldner bzw. der (vorläufige) Insolvenzverwalter für die Insolvenzmasse vereinnahmt. Sie können dann nämlich über das Vehikel der Masseverbindlichkeit nach § 55 InsO seitens des Fiskus erhoben werden. Die Nachvollziehbarkeit und Plausibilität der Leitmotive des V. Senats des BFH kann aber nicht darüber hinwegtäuschen, dass die von ihm angenommene rechtliche Uneinbringlichkeit im Fall der Eröffnung des Insolvenzverfahrens über das Vermögen des leistenden Unternehmers bzw. die Bestellung eines vorläufigen Insolvenzverwalters mit Zustimmungsvorbehalt und Recht zum Forderungseinzug mit einer

teleologischer Sicht zulässig sei. *Desens* stellt im Rahmen seiner Untersuchung primär auf umsatzsteuer-systematische Gesichtspunkte ab.

fehlerlosen Interpretation von § 17 Abs. 2 Nr. 1 UStG nicht in Einklang zu bringen ist. Sie überschreitet sogar die vom Grundgesetz aufgestellten Grenzen möglicher Gesetzesauslegung. Kommt es nicht zu einer Aufgabe der Rechtsprechung, so führt das im Lichte der noch offenen Fallgruppen sogar zu einer Verschlimmbesserung der jetzigen Situation, weil sich das Konstrukt immer weiter von seinen Grundfesten lösen müsste, um einheitliche Berichtigungszeitpunkte herzustellen.

Davon abgesehen ist es dem V. Senat des BFH auch nur für einen – wenn auch großen – Teilbereich gelungen, ein den Wertungen des Umsatzsteuerrechts Rechnung tragendes Ergebnis herbeizuführen, nämlich bislang immer dann, wenn es um die positive Besteuerungsgrundlage Umsatz ging. An dieser Stelle soll – ohne ein Ergebnis des folgenden Kapitels vorwegzunehmen – aber darauf hingewiesen werden, dass beispielsweise die auf Vorsteuerkorrekturen infolge der Insolvenz des eine Leistung empfangenden Unternehmers entfallenden Vorsteuerbeträge bei separater Betrachtung nicht (in voller Höhe) aufkommenswirksam realisiert werden können, da sie nach der Auffassung des V. Senats des BFH Insolvenzforderungen nach § 38 InsO sind[1247]. Diesbezüglich findet § 17 Abs. 1 S. 2 i.V.m. § 17 Abs. 2 Nr. 1 UStG in seiner authentischen Wirkung Anwendung. Änderte man aber diesen Berichtigungszeitpunkt, um die entsprechenden Vorsteuerbeträge als Masseverbindlichkeit zu erfassen, würde damit zwangsläufig das gesamte Konstrukt um die rechtliche Uneinbringlichkeit in sich zusammenfallen. Es entspricht also nicht der „geltenden Rechtslage", dass durch die Rechtsprechung des V. Senats des BFH in jeder Hinsicht den Wertungen des Umsatzsteuerrechts Genüge getan ist.

Statt dem Gesetzgeber die aus seiner Sicht bestehenden Unzulänglichkeiten aufzuzeigen, hat sich der V. Senat des BFH faktisch selbst an dessen Stelle gesetzt und eine Neukonzeptionierung des Umsatzsteuerinsolvenzrechts vorgenommen. Abzuwarten bleibt, ob der Gesetzgeber diese Missachtung tolerieren oder eine eigene Lösung präsentieren wird. Diese sollte nicht den *status quo ante* wiederherstellen, sondern für eine interessengerechte Verzahnung von Umsatzsteuer- und Insolvenzrecht sorgen, wie sie hier für verfassungskonform gehalten und einfach-rechtlich vorgeschlagen wird[1248]. Der gegenwärtige Zustand ist *contra legem* und damit fraglos reformbedürftig.

H) Thesenförmige Zusammenfassung des Zweiten Kapitels

I. Auch unter Geltung der Konkursordnung kam es – ungeachtet der Geltung des Fiskusprivilegs – hinsichtlich der Umsatzeuer zu den bis heute virulenten Abgrenzungsproblemen zwischen Insolvenzforderung und Masseverbindlichkeit. Der älteren Rechtsprechung können keine Wertungsmaßstäbe entnommen werden, anhand derer sie ihre Entscheidungen an der Schnittstelle von

1247 S. hierzu oben unter Zweites Kapitel B)II.

1248 S. hierzu den rechtspolitischen Vorschlag unten unter Viertes Kapitel.

Umsatzsteuer- und Insolvenzrecht getroffen hat. Eine Verzahnung der beiden Teilrechtsgebiete blieb aus. Darüber hinaus bestand auch schon unter Geltung der Konkursordnung eine Divergenz in den Obersätzen zwischen dem V. Senat und dem VII. Senat des BFH.

II. Die Abgrenzungsvorschriften der Insolvenzordnung haben zu einem großen Teil nach dem ausdrücklichen Willen des Gesetzgebers die gleichen Regelungsinhalte, wie diejenigen der Konkursordnung. Zu letzteren findet sich eine Vielzahl von Beiträgen, die in der aktuellen Debatte bis auf wenige Ausnahmen ungenutzt bleiben. Sie gehen zum überwiegenden Teil davon aus, dass die positive Besteuerungsgrundlage „Umsatz" im Rahmen der Soll-Versteuerung bereits dann begründet ist, wenn die Leistung bewirkt wurde. Hinsichtlich der Ist-Versteuerung ist das Meinungsspektrum geteilt. Gleiches gilt für die Auffassungen, die sich ab Inkrafttreten der Insolvenzordnung herausgebildet haben. Neben Untersuchungen zu §§ 38, 55 InsO bzw. den jeweiligen Pendants in der Konkursordnung ist auch die Abkürzung des Besteuerungszeitraums schon zu Zeiten der Konkursordnung diskutiert und zuletzt wohl einhellig abgelehnt worden.

III. Die Rechtsprechungsserie des V. Senats des BFH, bestehend aus den Urteilen vom 29.1.2009, 9.12.2010, 24.11.2011 und 24.9.2014, ist in ihren tragenden Erwägungen nicht mit dem geltenden Recht zu vereinbaren. Sie basiert auf umsatzsteuer-systematischen Leitmotiven, die mit den Wertungen und der Ausgestaltung des Insolvenzrechts kollidieren. Im Einzelnen:

1. Entgegen dem Urteil des BFH vom 29.1.2009 ist eine Umsatzsteuerverbindlichkeit im Fall der Ist-Versteuerung nicht erst dann vollständig verwirklicht und damit abgeschlossen i.S.v. § 38 InsO, wenn der Insolvenzverwalter das auf die vor Eröffnung des Insolvenzverfahrens erbrachte Lieferung oder sonstige Leistung entfallende Entgelt vereinnahmt hat. In diesem Fall liegt also keine Masseverbindlichkeit nach § 55 Abs. 1 Nr. 1 InsO, sondern eine Insolvenzforderung nach § 38 InsO vor.
2. Entgegen dem Urteil des BFH vom 9.12.2010 ist eine Umsatzsteuerverbindlichkeit im Fall der Soll-Versteuerung ebenfalls bereits dann i.S.v. § 38 InsO begründet, wenn die Lieferung oder sonstige Leistung erbracht wurde. Die Annahme einer rechtlichen Uneinbringlichkeit und die daraus folgende doppelte Berichtigung nach § 17 Abs. 2 Nr. 1 UStG sowie die hiervon abgeleitete Annahme einer Masseverbindlichkeit ist mit dem geltenden Recht nicht zu vereinbaren.
3. Entgegen dem Urteil des BFH vom 24.11.2011 wird der umsatzsteuerliche Besteuerungszeitraum nicht mit der Eröffnung des Insolvenzverfahrens nach § 16 Abs. 3 UStG beendet. Es entsteht mithin kein Rumpfbesteuerungszeitraum für den Zeitraum bis zur Eröffnung des Insolvenzverfahrens.
4. Entgegen dem Urteil des BFH vom 24.9.2014 tritt rechtliche Uneinbringlichkeit auch nicht bereits mit Bestellung eines vorläufigen Insolvenzverwalters mit Recht zum Forderungseinzug und zur Vereinnahmung von Geldern ein. Außerdem kann die Vereinnahmung von Entgelten durch ebendiesen

vorläufigen Insolvenzverwalter, die auf Lieferungen oder sonstigen Leistungen beruhen, die vor der Stellung des Insolvenzantrags erbracht wurden, nicht vom Tatbestand des § 55 Abs. 4 InsO erfasst werden.

IV. Die Architektur der vom V. Senat des BFH geschaffenen „rechtlichen Uneinbringlichkeit“ bei Insolvenz des leistenden Unternehmers führt bei Anwendung auf bislang noch nicht entschiedene Fälle (vorläufiger) insolvenzrechtlicher Fremd- und Eigenverwaltung zu Folgeproblemen, die die Inkonsistenz des Konstrukts weiter untermauern. Ungeachtet der grundlegenden *monita* bereitet vor allem die Anwendung auf die (vorläufige) Eigenverwaltung Schwierigkeiten. Ohne in das Fundament des gebildeten Konstrukts einzugreifen ist es nicht möglich, die rechtliche Uneinbringlichkeit hierauf zu erstrecken. Allein im Interesse einer rechtspraktischen Handhabung des Umsatzsteuerinsolvenzrechts ist es jedoch – sollte die Rechtsprechung nicht verworfen werden – wünschenswert, dass an dieser Stelle einheitliche, alle Fallgruppen umfassende Berichtigungszeitpunkte gelten.

V. Die Rechtsprechung des V. Senats des BFH überschreitet mit ihrer Auslegung von § 17 Abs. 2 Nr. 1 UStG einer angeblichen „rechtlichen Uneinbringlichkeit“ die vom Grundgesetz vorgegebenen Grenzen einer noch zulässigen Auslegung einfachen Rechts und ist insoweit verfassungswidrig.

Drittes Kapitel: Insolvenzrechtliche Aufrechnungsverbote und ihr Geltungsbereich im Rahmen der umsatzsteuerlichen Zwangsverrechnung und der Aufrechnung nach § 226 AO

A) Einführung in das Kapitel

Ob eine positive umsatzsteuerliche Besteuerungsgrundlage eine Insolvenzforderung nach § 38 InsO oder eine Masseverbindlichkeit nach § 55 InsO ist, ist auf dem Weg zur endgültigen Erhebung von Umsatzsteuer letztlich nur ein Zwischenschritt. Insofern ist die bislang geschilderte, die aktuelle Rechtslage prägende Rechtsprechungsserie des V. Senats des BFH zwar von wesentlicher Bedeutung, aber schließlich noch nicht allein dafür maßgebend, ob eine auf die positive Besteuerungsgrundlage entfallende Umsatzsteuerschuld auch tatsächlich aufkommenswirksam vom Fiskus erhoben werden kann. In aller Regel treten innerhalb eines Voranmeldungszeitraums nämlich positiven Besteuerungsgrundlagen negative Besteuerungsgrundlagen gegenüber.

Dieser Umstand wurde im Zweiten Kapitel bewusst abgeschichtet; ihm ist indes nicht minder große Bedeutung beizumessen. Entscheidend ist letztlich nämlich nicht die Einordnung der einen positiven Besteuerungsgrundlage, sondern der im Rahmen der Berechnung nach § 16 Abs. 2 UStG ermittelte Saldo. Erst dieser führt zu der endgültigen Steuerschuld des Unternehmers, die das Finanzamt nach abgegebener Voranmeldung (§ 167 AO) oder Steuerfestsetzung (§ 155 AO) im Erhebungsverfahren (§§ 218 ff. AO) geltend machen kann. Fällt der Unternehmer aber in die Insolvenz, so kann das Finanzamt nur noch solche Besteuerungsgrundlagen *qua* Steuerbescheid (gegenüber dem Insolvenzverwalter) festsetzen, die Masseverbindlichkeiten nach § 55 Abs. 1, 2, 4 InsO sind. Insolvenzforderungen nach § 38 InsO sind dagegen beim Insolvenzverwalter zur Tabelle anzumelden und nötigenfalls durch Bescheid nach § 251 Abs. 3 AO festzustellen. Da aber sowohl der genannte Steuerbescheid als auch die Anmeldung zur Insolvenztabelle die Bildung eines Umsatzsteuersaldos voraussetzen, ist bereits an dieser Stelle – also auf der Stufe des steuerlichen Festsetzungsverfahrens – zu überprüfen ob, und falls ja, inwiefern, positive Besteuerungsgrundlagen mit negativen Besteuerungsgrundlagen verrechnet werden dürfen. Das Ergebnis dieser Prüfung ist für den Fiskus wie für die Insolvenzmasse gleichermaßen relevant, da sie darüber entscheidet, ob Umsatzsteuer erhoben werden kann und spiegelbildlich die Masse belastet wird oder nicht oder sogar ein eventuelles Guthaben auszukehren ist. Die damit verbundenen Fragen werden im nachfolgenden Abschnitt behandelt.

An die zutreffende Bildung des Saldos schließt sich auf der Stufe des steuerlichen Erhebungsverfahrens die Frage an, ob das Finanzamt hiergegen die Aufrechnung nach § 226 AO erklären kann. Auch diese Frage birgt hohe Relevanz, da die Aufrechnung eine Form der Selbstexekution ist, mittels derer das Finanzamt gegebenenfalls in der Lage ist, an sich wertlose Insolvenzforderungen in wirtschaftlicher Hinsicht gleichwohl zu realisieren und ein Umsatzsteuerguthaben nicht in die Insolvenzmasse leisten zu müssen. Mit diesem Fragenkreis befasst sich der übernächste Abschnitt.

B) Die umsatzsteuerrechtliche Zwangsverrechnung nach § 16 Abs. 2 UStG

I. Funktionsweise und Zweck

Das Umsatzsteuerrecht geht vom Prinzip der Abschnittsbesteuerung aus. Die Berechnung und Festsetzung der Steuer erfolgt also jeweils für einen bestimmten, vom Gesetz näher festgelegten Zeitraum. Ausgangspunkt dessen ist der Besteuerungszeitraum, der grundsätzlich dem Kalenderjahr entspricht (§ 16 Abs. 1 S. 2 UStG). Für steuerverfahrensrechtliche Zwecke wird dieser in Voranmeldungszeiträume unterteilt, die in der Regel die Dauer eines Kalendermonats oder eines Kalendervierteljahres haben (§ 18 Abs. 2 S. 1, 2 UStG). Aus Vereinfachungsgründen wird innerhalb eines solchen Voranmeldungszeitraums nicht jeder einzelne Umsatz erfasst, sondern die Summe derselben, soweit sie in dem jeweiligen Voranmeldungszeitraum entstanden sind (§ 16 Abs. 1 S. 3 UStG), wobei Umsätze nach vereinnahmten Entgelten erst dann miteinbezogen werden, wenn der Unternehmer das auf den Umsatz entfallende Entgelt erhalten hat. Von diesen positiven Besteuerungsgrundlagen abzusetzen sind die negativen Besteuerungsgrundlagen (§ 16 Abs. 2 S. 1 UStG), zu denen insbesondere die nach § 15 UStG abziehbaren Vorsteuerbeträge zählen. Hinzu- und Abrechnungen können sich ferner aus den übrigen positiven und negativen Besteuerungsgrundlagen der Berichtigungstatbestände (§ 15a, 17 UStG) ergeben. Die Steuerberechnung nach § 16 Abs. 2 UStG statuiert damit die rechnerische Zusammenführung der unselbständigen Besteuerungsgrundlagen nach § 157 Abs. 2 AO[1249]. Der sich aus dieser Berechnung ergebende Saldo, der eine „zu entrichtende Steuer“ oder einen „Überschuss“ ergeben kann, ist vom Unternehmer beim Finanzamt anzumelden (§ 18 Abs. 3 S. 1 UStG). Die geschilderte Berechnungsmethode gilt

---

1249 BFH, Urt. v. 16.1.2007, VII R 4/06, BStBl. II 2007, 747, 748, Rz. 7; v. 16.1.2007, VII R 7/06, BStBl. II 2007, 745, 746, Rz. 9; v. 13.5.2009, XI R 63/07, BStBl. II 2010, 11, 13, Rz. 18; v. 22.10.2009, V R 14/08, BStBl. II 2011, 988, 989, Rz. 26; v. 24.11.2011, V R 13/11, BStBl. II 2012, 298, 301, Rz. 26; *Birkenfeld*, in: Birkenfeld/Wäger, USt-Handbuch, § 205, Rz. 2. A.A. *Stadie*, in: Rau/Dürrwächter, UStG, § 16, Rz. 110 f., nach dem das „Absetzen“ der Vorsteuerbeträge von der Steuer nicht zur Festsetzung der Steuer gehört und damit nicht Bestandteil der Steuerberechnung ist, sondern ein steuerschuldrechtlicher Vorgang im Abrechnungsteil des Steuerbescheids bzw. der Steueranmeldung ist.

gleichermaßen für das Kalenderjahr oder den gegebenenfalls kürzeren Besteuerungszeitraum (vgl. § 18 Abs. 3 UStG i.V.m. § 16 Abs. 3 UStG).

II. Durchbrechung durch insolvenzrechtliche Aufrechnungsverbote

1. *Einführung*

Bevor der Frage nachgegangen wird, ob und inwiefern die insolvenzrechtlichen Aufrechnungsverbote überhaupt auf die umsatzsteuerliche Zwangs*ver*rechnung Anwendung finden, sollen diese eine Einführung erfahren. Die §§ 94 ff. InsO gehen – so ausdrücklich ihr Wortlaut – von dem Vorliegen einer Aufrechnungslage aus. § 94 InsO bestimmt, dass ein im Zeitpunkt der Verfahrenseröffnung kraft Gesetzes oder Vertrags begründetes Aufrechnungsrecht durch das Insolvenzverfahren nicht berührt wird, zumindest soweit es anfechtungsrechtlich (vgl. § 96 Abs. 1 Nr. 3 InsO) unbedenklich ist[1250]. Diejenigen, die gegen den Insolvenzschuldner eine Forderung innehaben, werden also in ihrem Vertrauen auf eine bestehende Aufrechnungslage geschützt. Dies wird mit § 95 Abs. 1 InsO auch für den Fall gewährleistet, in dem die Aufrechnungslage erst im eröffneten Insolvenzverfahren eintritt, weil die aufzurechnende Forderung vor Eröffnung des Insolvenzverfahrens aufschiebend bedingt oder nicht fällig war. Der aufrechnungsbefugte Gläubiger kann sich dann im Rahmen einer ihm zukommenden Selbstexekutionsbefugnis zu Lasten der Insolvenzmasse befriedigen und ist mit seiner gegen den Insolvenzschuldner gerichteten Forderung nicht auf die Insolvenzquote verwiesen[1251]. Greift keines der in § 96 Abs. 1 InsO genannten Aufrechnungsverbote, kommt einer Befriedigung im Rahmen der Aufrechnung die gleiche Wirkung wie ein Absonderungsrecht zu[1252]. Derjenige, der die Aufrechnung erklärt, bringt dann nämlich die Forderung des Aufrechnungsgegners (Insolvenzschuldner) durch Ausübung seines Gestaltungsrechts zum Erlöschen. Dem Aufrechnungsgegner ist es damit genommen, die ihm gegen den Aufrechnenden zustehende Forderung geltend zu machen. In wirtschaftlicher Hinsicht vermag der Insolvenzgläubiger damit seine an sich *wertlose* Insolvenzforderung in eine *wertvolle* Forderung umzuwandeln, was ihm im Verhältnis zu den übrigen Insolvenzgläubigern eine Vorzugstellung verschafft[1253].

Zur Gewährleistung des Insolvenzwecks einer gleichmäßigen Befriedigung aller Insolvenzgläubiger aus der Insolvenzmasse wird der durch §§ 94, 95 InsO grundlegend gebildete Vertrauenstatbestand für solche Fälle eingeschränkt, in denen der Insolvenzgläubiger auf die Aufrechnungslage nicht vertrauen durfte. Die insolvenzrechtlichen Aufrechnungsverbote dienen damit dem Zweck, ein Gleichgewicht

1250 *Brandes/Lohmann*, in: MüKo, InsO, § 94, Rz. 1.
1251 *Wittkowski/Kruth*, in: Nerlich/Römermann, § 94, Rz. 2.
1252 *Adolphsen*, in: Gottwald, Insolvenzrechts-Handbuch, § 45, Rz. 3; BGH, Urt. v. 24.3.1994, IX ZR 149/93, NJW 1994, 1659, 1660.
1253 Letzter Halbsatz nach *Häsemeyer*, Kölner Schrift zur Insolvenzordnung, S. 464.

zwischen dem Vertrauensschutzgedanken auf der einen, und dem Schutz der Insolvenzmasse zugunsten einer gleichmäßigen Befriedigung aller Gläubiger auf der anderen Seite zu schaffen[1254]. Die Insolvenzordnung geht an dieser Stelle also von einem Regel-Ausnahmeverhältnis aus. Nach § 96 InsO ist die Aufrechnung nämlich trotz Vorliegens der §§ 94, 95 InsO unzulässig, sofern einer der vier dort enumerativ aufgezählten Verbotstatbestände vorliegt. Für die Zwecke dieser Untersuchung sind dabei § 96 Abs. 1 Nummer 1 und 3 von Bedeutung.

2. § 96 Abs. 1 Nr. 1 InsO

a) Regelungsmechanismus

§ 96 Abs. 1 Nr. 1 InsO erklärt die Aufrechnung dann für unzulässig, wenn ein Insolvenzgläubiger erst nach der Eröffnung des Insolvenzverfahrens etwas zur Insolvenzmasse schuldig geworden ist[1255]. Ist die Hauptforderung, mithin die Forderung des Insolvenzschuldners, also erst nach Verfahrenseröffnung schuldig geworden, konnte der Insolvenzgläubiger als Inhaber der Gegenforderung nicht darauf vertrauen, dass diese auch im Wege der Aufrechnung befriedigt wird. Zu diesem Zeitpunkt sind nämlich bereits die insolvenzrechtlichen Wirkungen eingetreten, wonach Insolvenzgläubiger ihre Forderungen nur noch nach den Vorschriften über das Insolvenzverfahren verfolgen können (§ 87 InsO), Insolvenzforderungen also beim Insolvenzverwalter zur Tabelle angemeldet werden müssen. Könnte sich ein *einzelner* Gläubiger gleichwohl noch für dessen entwertete Forderung volle Deckung im Wege der Aufrechnung verschaffen, verstieße dies gegen diese Maßgabe und damit gegen den Grundsatz der gleichmäßigen Befriedigung *aller* Gläubiger.[1256]

Im Rahmen des Umsatzsteuerinsolvenzrechts ist in der Vergangenheit – ähnlich wie im Rahmen von § 3 KO bzw. § 38 InsO – heftig darüber gestritten worden, wann eine Besteuerungsgrundlage im Sinne des § 96 Abs. 1 Nr. 1 InsO „schuldig geworden" ist. Außerdem wäre damit zugleich die Frage eröffnet, ob § 96 Abs. 1 Nr. 1 InsO überhaupt auf die umsatzsteuerliche Zwangsverrechnung angewendet werden kann. Zur Näherung an die damit aufgeworfene Fragestellung ist zunächst von zwei – insofern unumstrittenen – Prämissen auszugehen.

Eine Besteuerungsgrundlage kann an dieser Stelle, *erstens*, nur eine *negative* sein. *Wenn* ein Insolvenzgläubiger nämlich etwas *zur Masse schuldig* geworden ist, bedeutet das, dass er selbst zu einer Leistung verpflichtet ist, der Insolvenzmasse

---

1254 *Blersch/v. Olshausen*, in: BK-InsO, § 96, Rz. 1; *Sinz*, in: Uhlenbruck, InsO, § 96, Rz. 1.

1255 Im Verhältnis zu § 96 Abs. 1 Nr. 1 InsO geht § 95 InsO nach h. M. (statt vieler nur *Brandes/Lohmann*, in: MüKo, InsO, § 95, Rz. 5 m.w.N. aus der Rechtsprechung des BGH und der Literatur) vor, sofern die Voraussetzungen letztgenannter Vorschrift erfüllt sind. Da das Umsatzsteuerrecht aber keine bedingten Forderungen kennt, ist die Frage – ungeachtet des dahingehenden Argumentationsstrangs des VII. Senats des BFH (s. BFH, Urt. v. 25.7.2012, VII R 29/11, BStBl. II 2013, 36, 37, Rz. 12 f.) – obsolet.

1256 *Brandes/Lohmann*, in: MüKo, InsO, § 96, Rz. 6.

mithin eine Forderung zusteht. In diesem Fall stehen sich also – einer jeden Aufrechnungslage immanent – Schuldner und Gläubiger *vice versa* gegenüber. Der Insolvenzgläubiger wird zum Schuldner des Insolvenzschuldners und umgekehrt. Das Finanzamt als Insolvenzgläubiger vermag im Umsatzsteuerinsolvenzrecht aber nur etwas aufgrund einer *negativen* Besteuerungsgrundlage zu schulden, da nur diese letztlich – nach erfolgter Zwangsverrechnung gem. § 16 Abs. 2 UStG – tatsächlich zu einem Anspruch des Insolvenzschuldners auf Auszahlung führen kann. Im Sinne der hier vorgenommenen Prüfungsmethodik ist Anknüpfungspunkt im Rahmen von § 96 Abs. 1 Nr. 1 InsO also immer separat die einzelne negative Besteuerungsgrundlage (und nicht erst der gebildete Saldo)[1257]. Als solche kommen in Betracht die abziehbaren Vorsteuerbeträge nach § 15 UStG, zu berichtigende nachträglich abziehbare Vorsteuerbeträge nach § 15a UStG sowie Steuerbeträge nach § 17 Abs. 1 UStG wegen nachträglich geänderter Bemessungsgrundlage.

Außerdem ist, *zweitens*, davon auszugehen, dass § 38 InsO und § 96 Abs. 1 Nr. 1 InsO mit gleichem Inhalt auszulegen sind. Trotz des unterschiedlichen Wortlauts – hier „begründet", dort „schuldig geworden" – liegt den beiden Vorschriften derselbe Rechtsgedanke zugrunde[1258]. Insofern wird formuliert, dass die Aufrechnung unzulässig ist, „wenn die Schuldnerstellung des Insolvenzgläubigers erst nach Verfahrenseröffnung entstanden ist"[1259], wenn und sobald also ihr gesicherter Rechtsgrund gelegt und mithin der Anspruch insolvenzrechtlich begründet ist[1260]. Damit findet sich die zeitliche Zäsur, die über § 38 InsO für *gegen* den Insolvenzschuldner bestehende Forderungen mit der Eröffnung des Insolvenzverfahrens eintritt, auch in der Frage der Zulässigkeit einer Aufrechnung wieder, um die gleichmäßige Behandlung aller bis dahin bestehenden Verbindlichkeiten des Insolvenzschuldner zu gewährleisten[1261].

Kehrt man nun zu der ersten, oben aufgeworfenen Frage zurück, *wann* eine negative Besteuerungsgrundlage „schuldig geworden ist", so führte dies letztlich zu den gleichen Abgrenzungsfragen, die sich auch im Rahmen der Erörterung zu § 38 InsO[1262] gestellt haben. Diesbezüglich haben sich zumindest in der Rechtsprechung der mit der Materie befassten Senate des BFH die ehedem bestandenen Widersprüche mit der Änderung der Rechtsprechung des VII. Senats des BFH im Ergebnis

1257 So auch *Seer*, Abschlussbericht der Kommission zur Harmonisierung von Insolvenz- und Steuerrecht, Beihefter zu DStR 42/2014, 117, 124.

1258 St. Rspr. des VII. Senats des BFH, s. statt vieler nur Urt. v. 16.1.2007, VII R 7/06, BStBl. II 2007, 745, 746, Rz. 7; Urt. v. 25.7.2012, VII R 29/11, BStBl. II 2013, 36, 38, Rz. 16; *Hüttner*, Aufrechnung des Finanzamtes, S. 54 ff. Inzidenter auch *Brandes/Lohmann*, in: MüKo, InsO, § 96, Rz. 6; *Frotscher*, Besteuerung bei Insolvenz, S. 97, 235.

1259 *Sinz*, in: Uhlenbruck, InsO, § 96, Rz. 4. Sehr ähnlich *Wittkowski/Kruth*, in: Nerlich/Römermann, InsO, § 96, Rz. 3.

1260 *Kroth*, in: Braun, InsO, § 96, Rz. 8.

1261 *Pape/Uhlenbruck/Voigt-Salus*, Insolvenzrecht, S. 440.

1262 S. hierzu oben unter Zweites Kapitel D)I.4.

erledigt[1263]. Die Frage nach der Interpretation des Tatbestandsmerkmals ist aber für die Zwecke der hier erörterten umsatzsteuerlichen Zwangsverrechnung ohnehin durch die vom V. Senat des BFH statuierte Abkürzung des Besteuerungszeitraums *obsolet geworden*. Sie ist damit an dieser Stelle keiner näheren Untersuchung zu unterziehen, was sich aus folgender Überlegung ergibt:

b) Bisheriger Anwendungsbereich

Wir haben oben gesehen, dass § 96 Abs. 1 Nr. 1 InsO ein *zeitpunktbezogenes* Aufrechnungsverbot ist; sein Mechanismus besteht in der Bildung einer zeitlichen Zäsur mit der Eröffnung des Insolvenzverfahrens, die zu einer Trennung von schutz- und nicht schutzbedürftigen Aufrechnungslagen führt, was sich an dem Zeitpunkt der Begründetheit der negativen Besteuerungsgrundlage ausmacht.

In der Vergangenheit konnte es dazu kommen, dass ein Voranmeldungszeitraum über den Punkt „Verfahrenseröffnung" hinausging, die Eröffnung des Insolvenzverfahrens also inmitten eines Voranmeldungszeitraums lag[1264]. Geht man von dieser Annahme aus, so ergab sich neben der Frage, wann eine Besteuerungsgrundlage „schuldig geworden" ist, auch das Problem, ob die insolvenzrechtlichen Aufrechnungsverbote überhaupt (entsprechend) auf den Fall der umsatzsteuerlichen Zwangsverrechnung angewendet werden können[1265].

Der VII. Senat des BFH hat die Antwort auf diese Frage in der Vergangenheit wie folgt gegeben: „Das aus § 16 Abs. 2 S. 1 UStG folgende umsatzsteuerrechtliche Erfordernis, wonach sämtliche in den Besteuerungszeitraum fallenden abziehbaren Vorsteuerbeträge mit der berechneten Umsatzsteuer zu saldieren sind, hat zwar Vorrang gegenüber einer Aufrechnung des FA mit anderen Ansprüchen, hindert jedoch ebenfalls aus insolvenzrechtlicher Sicht nicht, einen nach dieser umsatzsteuerrechtlichen Saldierung verbleibenden festgesetzten Vorsteuervergütungsanspruch daraufhin zu untersuchen, ob und inwieweit dieser bereits vor der Eröffnung des Insolvenzverfahrens begründet worden und damit nach §§ 95, 96 InsO aufrechenbar ist."[1266] Die Argumentation des erkennenden Senats verläuft also in zwei Schritten. Zunächst betont er, dass der umsatzsteuerlichen Zwangsverrechnung Vorrang vor der Vornahme einer Aufrechnung zukommt. Er tut dies – wie auch an anderer Stelle angemerkt – auch in Ansehung der Vorgreiflichkeit des steuerlichen Festsetzungsvor dem Erhebungsverfahren. Auf einer zweiten Stufe greift er dann aber mittels

1263 S. dazu unten unter Drittes Kapitel C)II. im Rahmen der Erörterung der Aufrechnung nach § 226 AO.

1264 Vorstellbar waren freilich auch Fallgestaltungen, bei denen die Eröffnung des Insolvenzverfahrens mit dem Beginn eines Voranmeldungszeitraums zusammenfielen. Diese sind und waren für die hier in Rede stehende Anwendung von § 96 Abs. 1 Nr. 1 InsO auf § 16 Abs. 2 UStG nicht von Bedeutung; sie werden an späterer Stelle relevant.

1265 S. hierzu unten unter Drittes Kapitel B)II.3.e)aa).

1266 BFH, Urt v. 16.11.2004, VII R 75/03, BStBl. II 2006, 193, 195, Rz. 15.

§ 96 Abs. 1 Nr. 1 InsO in den bereits gebildeten Saldo ein, bricht ihn also auf und knüpft an die einzelne negative Besteuerungsgrundlage an[1267], um diese auf ihr Schuldigwerden hin zu untersuchen. Damit dem „Aufrechnungsverbot des § 96 Abs. 1 Nr. 1 InsO Rechnung" getragen wird, ist nämlich sicherzustellen, dass der „verbleibende festgesetzte Vorsteuervergütungsanspruch des Schuldners [gleiches dürfte auch für andere negative Besteuerungsgrundlagen gelten, d. *Verf.*], gegen den es [das Finanzamt, d. *Verf.*] die Aufrechnung mit eigenen Forderungen erklären will, ausschließlich auf vor der Eröffnung des Insolvenzverfahrens (insolvenzrechtlich) begründeten Vorsteuerbeträgen beruht". Der VII. Senat des BFH gibt ferner auch die nötige Berechnungsmethode vor, „indem die für den Besteuerungszeitraum berechnete Umsatzsteuer zunächst nach § 16 Abs. 2 S. 1 UStG mit den Vorsteuerbeträgen dieses Zeitraums verrechnet wird, und zwar zunächst mit solchen, die vor Eröffnung des Insolvenzverfahrens (insolvenzrechtlich) begründet worden sind, und der dann noch verbleibende Vergütungsanspruch – soweit er sich weiterhin aus Vorsteuerbeträgen aus sowohl vor als auch nach der Insolvenzeröffnung ausgeführten Lieferungen und Leistungen zusammensetzt – entsprechend aufgeteilt und nur gegen denjenigen Teil die Aufrechnung erklärt wird, der auf vor der Insolvenzeröffnung erbrachten Unternehmensleistungen zurückzuführen ist."[1268] Der VII. Senat des BFH hat also zunächst alle positiven Besteuerungsgrund des gesamten Voranmeldungszeitraum erfasst – also solche, die dort vor und nach der Insolvenzeröffnung eingegangen sind – und diese mit negativen Besteuerungsgrundlagen zwangsverrechnet, die vor Verfahrenseröffnung begründet waren. Falls sodann nach ebendieser Saldierung noch Aufrechnungspotential in Form von Guthaben vorhanden war, konnte dagegen die Aufrechnung mit übrigen (Umsatz-)Steuerschulden erklärt werden, sofern dieses auf vorinsolvenzlich begründeten negativen Besteuerungsgrundlagen beruhten.

Der VII. Senat des BFH hat es mit dieser Methode in der Tat vermocht, dem Zweck von § 96 Abs. 1 Nr. 1 InsO zumindest für einen Teilbereich Rechnung zu tragen[1269], da er – ungeachtet der Frage des Zeitpunkts des Schuldigwerdens – dazu beitrug, dass negative Besteuerungsgrundlagen, die nach der Insolvenzeröffnung schuldig geworden sind, nicht mit positiven kompensiert werden konnten. Er hat es indes unterlassen, die Verrechnung von negativen Besteuerungsgrundlagen auf solche positiven Besteuerungsgrundlagen zu beschränken, die vor der Insolvenzeröffnung begründet waren, da er diese über die gesamte Länge des Voranmeldungszeitraums mit in die Saldierung einbezogen hat. Das Ergebnis dessen ist, dass dort also auch diejenigen Besteuerungsgrundlagen in die Verrechnung Eingang

1267 In diesem Sinne auch *Abenheimer*, in: FS Braun, S. 295, 304.

1268 BFH, Urt. v. 16.11.2004, VII R 75/03, BStBl. II 2006, 193, 195, Rz. 16. *Diese* Berechnungsmethode hatte der erkennende Senat in seinem Urteil vom 5.10.2004, VII R 69/03, BStBl. II 2005, 195, 197 f., Rz. 16, noch neben einer anderen für tauglich erachtet und dort eine Entscheidung offen gelassen.

1269 Ähnlich *Kahlert*, DStR 2011, 1973, 1979; *Onusseit*, ZInsO 2005, 638 ff., 641: „Mischlösung".

fanden, die erst nach der Insolvenzeröffnung umsatzsteuerlich entstanden und somit auch dort begründet worden waren. Das entspricht zwar den insolvenzrechtlichen Wertungen, weil solche positiven Besteuerungsgrundlagen, die umsatzsteuerlich nach der Eröffnung des Insolvenzverfahrens für die Zwecke der Voranmeldung erfasst werden, auch erst dort insolvenzrechtlich begründet sind und somit ohnehin Masseverbindlichkeiten nach § 55 InsO darstellen, mithin also vorrangig zu befriedigen und damit werthaltig sind. Führt man sich aber nun vor Augen, dass diejenigen positiven Besteuerungsgrundlagen, die nach Insolvenzeröffnung begründet wurden oder als solche gelten, – im Gegensatz zu solchen, die davor begründet wurden – separat durch Steuerbescheid geltend gemacht werden können, müsste man ebendiese festgesetzten Besteuerungsgrundlagen freilich wieder aus der oben genannten Berechnung ausscheiden, um eine Überkompensation des Fiskus an der Stelle zu vermeiden.

Das Beispiel zeigt, dass eine Zwangsverrechnung über den Zeitpunkt der Insolvenzeröffnung hinweg – egal welche Herangehensweise man wählt – zu Problemen mit dem zeitpunktbezogenen Aufrechnungsverbot des § 96 Abs. 1 Nr. 1 InsO führt. Auch die aufgezeigte Berechnungsmethode des VII. Senats des BFH ist an dieser Stelle nicht konsequent[1270], versucht sie doch letztlich einen Spagat zwischen der Vorgreiflichkeit des Ergebnisses der Zwangsverrechnung im Festsetzungsverfahrens auf der einen und der Wahrung von § 96 Abs. 1 Nr. 1 InsO auf der anderen Seite. Eine Möglichkeit, diesen Konflikt aufzulösen, besteht in der Vornahme von zwei Schattenveranlagungen, wobei die erste für die Phase des Vor-anmeldungszeitraums bis zur Verfahrenseröffnung vorzunehmen ist und die zweite für diejenige danach, und dort jeweils positive und negative Besteuerungsgrundlagen danach zu verorten, wann sie insolvenzrechtlich begründet bzw. schuldig geworden sind[1271]. Es wird nun zu zeigen sein, dass sich diese Maßgabe aus dem dritten Urteil der Rechtsprechungsserie des V. Senats des BFH ergibt.

c) *Kein verbleibender Anwendungsbereich wegen der Annahme einer „Abkürzung des Besteuerungszeitraums" mit der Eröffnung des Insolvenzverfahrens*

Mit seinem Urteil vom 24.11.2011[1272] hat sich der V. Senat des BFH dazu bekannt, dass mit der Eröffnung des Insolvenzverfahrens gleichsam eine Abkürzung des Besteuerungszeitraums eintritt. Dass dieses Judikat mit dem geltenden Recht nicht

---

1270 *Rüsken*, NZI 2006, 330, 333.

1271 So auch *Rüsken*, NZI 2006, 330, 333. *Kinski*, Aufrechnung durch das Finanzamt in der Insolvenz des Steuerpflichtigen, S. 172 ff., hat dagegen 2006 vorgeschlagen, eine teleologische Reduktion von §§ 18 Abs. 1 S. 2, 16 Abs. 2 S. 1 UStG vorzunehmen und § 96 Abs. 1 Nr. 1 InsO auf diesem Wege auf die umsatzsteuerliche Zwangsverrechnung anzuwenden; dort auch m.w.N. zu den damals diesbezüglich vertretenen Auffassungen.

1272 V R 13/11, BStBl. II 2012, 298.

zu vereinbaren ist, wurde bereits gezeigt[1273]. Es ist ein weiteres Puzzleteil in der Neukonzeptionierung des Umsatzsteuerinsolvenzrechts, dem sich der VII. Senat des BFH in zwei seiner Urteile vom 25.7.2012[1274] angeschlossen hat. Diese Maßgabe prägt damit die aktuelle Rechtslage, von der im Folgenden ausgegangen wird.

Mit der angenommenen Abkürzung des Besteuerungszeitraums nach § 16 Abs. 3 UStG kommt es nämlich zu einer ersten Schattenveranlagung für den Zeitraum bis zur Eröffnung des Insolvenzverfahrens. Diese nimmt nicht nur den Voranmeldungszeitraum der Insolvenzeröffnung selbst, sondern auch alle davorliegenden des Kalenderjahres in sich auf, womit es zu einer Zwangsverrechnung kommt, die alle bisherigen Voranmeldungszeiträume in sich einschließt (vgl. § 18 Abs. 3 S. 1 UStG). Steuerverfahrensrechtlich wird dies *außerhalb* der Insolvenz damit flankiert, dass sich alle *bis dato* vorliegenden Vorauszahlungsbescheide i.S.d. § 124 Abs. 2 AO auf andere Weise erledigen und damit ihre Wirksamkeit verlieren, da deren Regelungen nunmehr der Umsatzsteuerjahresbescheid in sich aufnimmt, was auch für gem. § 168 AO mit Festsetzungswirkung ausgestattete Anmeldungen gilt[1275]. Wenn nun ein solcher Umsatzsteuerjahresbescheid (sofern er eine positive Steuerschuld ausweist) mit der Eröffnung des Insolvenzverfahrens – also *innerhalb* der Insolvenz – aufgrund des einsetzenden Vollstreckungsverbots nach § 89 InsO nicht mehr ergehen kann[1276], ändert sich daran im Ergebnis nichts. Denn für das Steuerschuldverhältnis ist auch in diesem Fall die nach Maßgabe von § 16 Abs. 2 UStG zu berechnende Rumpfjahressteuer maßgeblich; die dort angeordnete Rechtsfolge verwirklicht sich also mit der Eröffnung des Insolvenzverfahrens „gleichsam automatisch, weil die für den Inhalt des Steuerschuldverhältnisses jetzt maßgebliche Jahressteuer nur insoweit besteht, als der berechneten Steuer (§ 16 Abs. 1 UStG) nichtabziehbare Vorsteuerbeträge gegenüberstehen."[1277]

Ohne dass das Finanzamt also noch einen entsprechenden Rumpfjahressteuerbescheid erlassen müsste, werden – „gleichsam automatisch" – *alle* in *allen* Voranmeldungszeiträumen vorliegenden positiven wie negativen Besteuerungsgrundlagen gegeneinander zwangsverrechnet und ein den gesamten Zeitraum

---

1273 S. hierzu oben unter Zweites Kapitel D)III.4.c).

1274 BFH, Urt. v. 25.7.2012, VII R 30/11, BFH/NV 2013, 603, 605, Rz. 18: „Rumpfjahr"; VII R 44/10, BStBl. II 2013, 33, Ls.: „[...] für das mit der Insolvenzeröffnung endende (Rumpf-)Steuerjahr". Auch *Frotscher,* Besteuerung bei Insolvenz, S. 274, geht daher von einer getrennt vorzunehmenden Saldierung ohne Einwirkung insolvenzrechtlicher Aufrechnungsverbote aus. *Onusseit,* in: FS Gerhardt, S. 725, 727, schlug in diesem Zusammenhang schon seinerzeit vor, zwar nicht den gesamten Besteuerungszeitraum, aber zumindest den Voranmeldungszeitraum zu unterbrechen.

1275 BFH, Urt. v. 25.7.2012, VII R 44/10, BStBl. II 2013, 33, 34, Rz. 7; v. 7.7.2011, V R 42/09, BStBl. II 2014, 76, 79, Rz. 28.

1276 Die Finanzbehörde kann dann die Umsatzsteuer „nur" noch berechnen und dem Insolvenzverwalter zur Tabelle anmelden.

1277 BFH, Urt. v. 25.7.2012, VII R 44/10, BStBl. II 2013, 33, 35, Rz. 9; VII R 30/11, BFH/NV 2013, 603, 604, Rz. 15.

umfassender Saldo gebildet. Die (weitere) Folge dieser ersten, unmittelbar mit Insolvenzeröffnung eintretenden Schattenveranlagung ist, dass sich für einzelne, im Rumpf-Besteuerungszeitraum liegende Voranmeldungszeiträume ab dem Zeitpunkt der Verfahrenseröffnung nicht länger allein auf die Umsatzsteuer bezogene „aufrechnungsfähige" Sachverhalte ergeben werden. Wo sich vor der Annahme eines abgekürzten Besteuerungszeitraums eventuell auch noch nach der Eröffnung des Insolvenzverfahrens (aber auch nur bis zum Ablauf des Kalenderjahres bzw. eines *tatsächlich* abgekürzten Besteuerungszeitraums) aufrechenbare Salden aus einzelnen Voranmeldungszeiträumen gegenüber stehen konnten, steht dieser Möglichkeit nun die angenommene Rumpfjahressteuerberechnung entgegen, die zu einer auf diesen Zeitraum bezogenen Zwangsverrechnung führt. Damit ist zumindest das insolvenzrechtliche Aufrechnungsverbot des § 96 Abs. 1 Nr. 1 InsO nicht mehr direkt auf diesen, nunmehr einer *Auf*rechnung nicht mehr zugänglichen, weil abgeschotteten Zeitraum anwendbar. Eine Aufrechnung kann damit nur noch entweder mit umsatzsteuerlichen Salden aus nach Verfahrenseröffnung liegenden Voranmeldungs- bzw. Besteuerungszeiträumen (für diesen findet damit eine zweite Schattenveranlagung statt) oder mit Erstattungsansprüchen im Zusammenhang mit anderen Steuerarten vorgenommen werden.

Kommen wir nun auf der Grundlage des Vorstehenden zurück zu der Frage, weswegen die Auslegung des Tatbestandsmerkmals „schuldigwerden" gem. § 96 Abs. 1 Nr. 1 InsO im Rahmen der hier in Rede stehenden umsatzsteuerlichen Zwangsverrechnung fortan nicht von Relevanz ist, da sie keinen Anwendungsbereich mehr hat. Das folgt daraus, dass § 96 Abs. 1 Nr. 1 InsO als zeitpunktbezogenes Aufrechnungsverbot von derselben zeitlichen Zäsur ausgeht, wie es nun auch der umsatzsteuerliche Besteuerungszeitrum tut. Es kommt damit nicht länger zu einer Anwendung der umsatzsteuerlichen Zwangsverrechnung über die Grenze der Eröffnung des Insolvenzverfahrens hinweg, womit auch kein umsatzsteuerlicher Sachverhalt mehr denkbar ist, an den dieses insolvenzrechtliche Aufrechnungsverbot anknüpfen könnte.

Dagegen lässt sich nun freilich einwenden, dass diese These nur dann Bestand haben kann, wenn man von einheitlichen Zeitpunkten der umsatzsteuerrechtlichen und der insolvenzrechtlichen Erfassung negativer Besteuerungsgrundlagen ausgeht. Die jeweilige Besteuerungsgrundlage müsste also im jeweils gleichen (Besteuerungs-)Zeitraum – also entweder vor oder nach Verfahrenseröffnung – sowohl umsatzsteuerlich entstanden, also in die Zwangsverrechnung „einstellbar" und gleichsam insolvenzrechtlich schuldig geworden sein. Vergewissert man sich indes der Maßgabe, dass steuerliche und insolvenzrechtliche Entstehungszeitpunkte auseinanderfallen können – was infolge der neueren Rechtsprechung des BFH[1278] nur noch selten der Fall ist –, dann ergeben sich daran Zweifel und könnten doch zu der Annahme verleiten, an dieser Stelle wäre die Auslegung des „Schuldigwerdens" vorrangig zu beantworten. Es ließe sich nämlich *prima facie* argumentieren,

1278 S. hierzu unten unter Drittes Kapitel C)II.2.

dass negative Besteuerungsgrundlagen von dem der Insolvenzeröffnung nachgelagerten Besteuerungszeitraum insolvenzrechtlich in den der Insolvenzeröffnung vorgelagerten Besteuerungszeitraum ihre Wirkung entfalten könnten. Dem ist aber nicht so. Denn das setzte die Annahme voraus, ebendiese negativen Besteuerungsgrundlagen sind zumindest umsatzsteuerlich erst im Zeitraum der zweiten Schattenveranlagung entstanden und somit dort zu erfassen. Wenn sie aber ihren umsatzsteuerlichen Ursprung in einem vom ersten Rumpfbesteuerungszeitraum abgetrennten zweiten Besteuerungszeitraum haben, kann es nicht mehr zur Frage der *Ver*rechnung, sondern nur noch der *Auf*rechnung kommen, weil die negative Besteuerungsgrundlage den Eingang in einen unterschiedlichen Saldo findet. Im Ergebnis kommt dem insolvenzrechtlichen Aufrechnungsverbot des § 96 Abs. 1 Nr. 1 InsO damit im Rahmen der umsatzsteuerlichen Zwangsverrechnung infolge der Abkürzung des Besteuerungszeitraums kein Anwendungsbereich mehr zu.

3. § 96 Abs. 1 Nr. 3 InsO

Neben § 96 Abs. 1 Nr. 1 InsO muss auch § 96 Abs. 1 Nr. 3 InsO bezüglich dessen Anwendbarkeit auf die umsatzsteuerliche Zwangsverrechnung hin überprüft werden. Diese Vorschrift geht nämlich – im Vergleich zu § 96 Abs. 1 Nr. 1 InsO – nicht von einer zeitpunktbezogenen, sondern von einer *zeitraumbezogenen* Betrachtung aus, indem sie die Aufrechnung immer dann für unzulässig erklärt, wenn ein Insolvenzgläubiger die Möglichkeit der Aufrechnung durch eine anfechtbare Rechtshandlung erlangt hat. Insofern verbleibt in dieser Hinsicht also ein Anwendungsbereich, da Fragen der Anfechtung für bereits vergangene, also im Rumpfbesteuerungszeitraum liegende Rechtshandlungen zu bewerten sind. Zwei Aspekte sind an dieser Stelle zu begutachten: *zum einen* ist – was nun entschieden werden muss – fraglich, ob § 96 Abs. 1 InsO im allgemeinen am Beispiel der konkreten Ausprägung der Nummer 3 überhaupt auf die umsatzsteuerliche Zwangsverrechnung Anwendung finden kann, und *zum zweiten*, ob die umsatzsteuerlichen Besteuerungsgrundlagen der Insolvenzanfechtung nach §§ 129 ff. InsO unterliegen.

a) Regelungsmechanismus

Geht man davon aus, dass eine schon vor der Insolvenzeröffnung bestehende Aufrechnungslage aus der Sicht des Insolvenzgläubigers grundsätzlich schützenswert ist, weil er hierauf vertraut hat, ist dieser Schutz dann einzuschränken, wenn er das Aufrechnungsrecht durch eine anfechtbare Rechtshandlung erlangt hat[1279]. Die Insolvenzanfechtung ist ein wichtiges Instrument, um die Insolvenzmasse anzureichern und damit das Ziel der gleichmäßigen Gläubigerbefriedigung zu fördern. Weil die Erfahrungen aus der Vergangenheit gezeigt haben, dass einzelne Gläubiger schon (zum Teil lange) vor Stellung des Insolvenzantrages in der Zeit der Krise,

---

1279 BT-DrS 12/2443, S. 141; BGH, Urt. v. 11.12.2008, IX ZR 195/07, BHGZ 179, 137, Rz. 12; *Brandes/Lohmann*, in: MüKo, InsO, § 96, Rz. 27.

und somit vor dem Zeitpunkt der Anordnung vorläufiger Sicherungsmaßnahmen durch das Insolvenzgericht, ihre Forderung noch voll oder zumindest in erheblichem Maße befriedigen konnten, während die meisten Gläubiger nach der späteren Insolvenz häufig nur geringe Quoten erhielten, begründen die §§ 129 ff. InsO ein diesbezügliches Korrektiv. Ihnen liegt zugrunde, dass die geschilderte Besserstellung einzelner zum Vorteil einer Befriedigung aller Gläubiger zurücktreten soll[1280]. Insofern bestimmt das Anfechtungsrecht, dass unter bestimmten Voraussetzungen Verringerungen des insolvenzschuldnerischen Vermögens rückgängig zu machen sind, um den Bestand des allen Gläubigern zur Verfügung stehenden Haftungssubstrats möglichst umfassend wiederherzustellen[1281].

Vom Insolvenzverwalter anfechtbar sind nach den §§ 130 bis 146 InsO solche Rechtshandlungen, die vor Eröffnung des Insolvenzverfahrens vorgenommen worden sind und die Insolvenzgläubiger benachteiligen, so die zentrale Vorschrift des Anfechtungsrechts § 129 Abs. 1 InsO. Ungeachtet der in den §§ 130–136 InsO verorteten speziellen Anfechtungstatbestände und der dort genannten Voraussetzungen, die für eine erfolgreiche Anfechtung zu denjenigen von § 129 InsO hinzutreten müssen, normiert letztgenannte Vorschrift also drei Merkmale. Neben die Rechtshandlung als Anknüpfungspunkt der Anfechtung muss eine Gläubigerbenachteiligung treten, die einen Zurechnungszusammenhang zur Rechtshandlung aufweist.

§ 96 Abs. 1 Nr. 3 InsO kolportiert nun die Regelungsmechanismen der Insolvenzanfechtung in die Aufrechnung. Der Sinn und Zweck der Vorschrift liegt darin, dass der Insolvenzverwalter die Unwirksamkeit einer erklärten Aufrechnung nicht angriffsweise geltend zu machen braucht[1282]. Ist die Aufrechnungslage nämlich in anfechtbarer Weise herbeigeführt, tritt die Unwirksamkeit der Aufrechnung als Rechtsfolge kraft Gesetzes automatisch ein[1283]. Fraglich ist nunmehr, welche Auswirkungen sich daraus auf die umsatzsteuerliche Zwangsverrechnung in Bezug auf den abgekürzten Besteuerungszeitraum bis zum Zeitpunkt der Insolvenzeröffnung ergeben.

1280 *H.-P. Kirchhof*, in: MüKo, InsO, Vor. zu §§ 129–147, Rz. 2. In diesem Sinne auch *Nerlich*, in: Nerlich/Römermann, InsO, § 129, Rz. 5, nach dem es nicht dem Grundsatz der gleichmäßigen Befriedigung der Gläubiger entspricht, dass nur einzelne Gläubiger bedient werden, weil sie besonders schnell oder rücksichtslos sind.

1281 BT-DrS 12/2443, S. 156.

1282 *Sinz*, in: Uhlenbruck, InsO, § 96, Rz. 46.

1283 *Brandes/Lohmann*, in: MüKo, InsO, § 96, Rz. 37; *Sinz*, in: Uhlenbruck, InsO, § 96, Rz. 46; *Windel*, in: Jaeger, InsO, § 96, Rz. 49; *Wittkowski/Kruth*, in: Nerlich/Römermann, InsO, § 96, Rz. 19.

b) *Position des V. Senats des BFH*

aa) Umsatzsteuerliche Zwangsverrechnung unterliegt nicht den §§ 94 ff. InsO,

Der V. Senat des BFH hat sich zu diesen Fragen mit seinem Urteil vom 24.11.2011[1284] geäußert. Den Beginn seines diesbezüglichen Argumentationsstrangs bildet die Auseinandersetzung mit der Frage, ob die „Steuerberechnung nach §§ 16 ff. UStG“[1285] eine Aufrechnung ist. Dies ist aus seiner Sicht nicht der Fall[1286]. Unter Verweis auf § 226 Abs. 1 AO und die Vorschriften des bürgerlichen Rechts (§§ 387 ff. BGB), auf die die Abgabenordnung an dieser Stelle verweist, liegt ein sich aus dem Steuerschuldverhältnis ergebender, aufrechenbarer Anspruch *erst* dann vor, wenn die Steuerberechnung nach §§ 16 ff. UStG durchgeführt wurde. Bei der Berechnung selbst handele es sich aber „nicht um eine Aufrechnung nach § 226 Abs. 1 AO i.V.m. §§ 387 ff. BGB“[1287]. Das folge zum einen daraus, dass die im Rahmen der „Steuerberechnung nach §§ 16 ff. UStG miteinander zu saldierenden Steueransprüche, Vorsteuerbeträge und Berichtigungen [...] lediglich unselbständige Besteuerungsgrundlagen innerhalb einer Steuerberechnung und –festsetzung“ seien, nicht aber „Ansprüche mit verfahrensrechtlichem Eigenleben.“ Erst der sich daraus ergebende Saldo sei „ein selbständiger und damit abtretbarer oder aufrechenbarer Steuer- oder Vergütungsanspruch“[1288]. Diese Auffassung entspreche auch den Vorgaben der 6. EG-Richtlinie zur Harmonisierung der Rechtsvorschriften der Mitgliedstaaten über die Umsatzsteuern[1289]. Schließlich sei die Aufrechnung ein Gestaltungsrecht und setze als einseitiges Rechtsgeschäft eine Aufrechnungserklärung voraus. Beides sei bei der Steuerberechnung nach §§ 16 ff. UStG aber nicht der Fall, da die Rechtsfolgen kraft Gesetzes und damit unabhängig von einer Erklärung eintreten würden[1290].

1284 V R 13/11, BStBl. II 2012, 298.

1285 BFH, Urt. v. 24.11.2011, V R 13/11, BStBl. II 2012, 298, 300, Rz. 21.

1286 Insoweit ist bemerkenswert, dass der V. Senat des BFH noch in seinem Urteil v. 9.12.2010, V R 22/10, BStBl. II 2011, 996, 998, Rz. 29, anderer Auffassung war und die insolvenzrechtlichen Aufrechnungsverbote wohl zumindest dem Grunde nach für anwendbar hielt, s.: „[...] Dementsprechend kann auch hier z.B. ein Vorsteueranspruch des massezugehörigen Unternehmensteils nicht gemäß § 16 Abs. 2 S. 1 UStG mit einem Steueranspruch gegen den vorinsolvenzrechtlichen Unternehmensteil verrechnet werden *(vgl. §§ 95, 96 InsO)* [Hervorh., d. *Verf.*]“

1287 BFH, Urt. v. 24.11.2011, V R 13/11, BStBl. II 2012, 298, 301, Rz. 24 f.

1288 BFH, Urt. v. 24.11.2011, V R 13/11, BStBl. II 2012, 298, 301, Rz. 26, unter Verweis auf BFH, Urt. v. 24.3.1983, V R 8/81, BStBl. II 1983, 612.

1289 BFH, Urt. v. 24.11.2011, V R 13/11, BStBl. II 2012, 298, 301, Rz. 27.

1290 BFH, Urt. v. 24.11.2011, V R 13/11, BStBl. II 2012, 298, 301, Rz. 28.

bb) ...und ist mangels gläubigerbenachteiligender Wirkung auch keine anfechtbare Rechtshandlung

Obgleich der V. Senat des BFH an dieser Stelle die Prüfung hätte abbrechen können, setzte er diese hinsichtlich der §§ 129 ff. InsO fort. Dabei lässt er zwar mangels Entscheidungserheblichkeit ausdrücklich offen, ob er sich dem BGH[1291] und dem VII. Senat des BFH[1292] in der Frage anschließt, ob es sich bei Geschäften des Schuldners und Steuerpflichtigen, die als umsatzsteuerpflichtige Leistungen an Kunden zum Entstehen der Steuerforderung führen, um anfechtbare *Rechtshandlungen* handelt[1293]. Auch wenn dies der Fall sei, läge nämlich jedenfalls keine gläubigerbenachteiligende Wirkung vor.

Dies begründet der erkennende Senat – unter Verweis auf die ständige Rechtsprechung des EuGH – damit, dass der steuerpflichtige Unternehmer mit Blick auf den Grundsatz der steuerlichen Neutralität weder ganz, noch teilweise durch die Umsatzsteuer belastet werden dürfe, woraus auch folge, dass die Umsatzsteuer nicht gläubigerbenachteiligend wirke. Grund hierfür sei, dass sowohl die vom Unternehmer erbrachten Ausgangsleistungen als auch die bezogenen Eingangsleistungen eine umsatzsteuerrechtliche Verpflichtung oder Berechtigung gegenüber dem Fiskus als Steuergläubiger grundsätzlich nur insoweit auslösten, als der Unternehmer das Entgelt für eine von ihm erbrachte Ausgangsleistung vereinnahmt oder das Entgelt für die von ihm bezogene Eingangsleistung entrichtet hat. Eine gläubigerbenachteiligende Wirkung trete auch dann nicht ein, wenn solch ein Entgeltfluss nicht stattgefunden hat, weil nach der Rechtsprechung des erkennenden Senats[1294] alle noch nicht vereinnahmten oder entrichteten Entgelte auf null zu berichtigen seien. Damit sei gewährleistet, dass der Unternehmer im Zeitpunkt der Insolvenzeröffnung Ausgangsleistungen nur in dem Umfang zu versteuern habe, als er Entgelte auch vereinnahmt hat. Das gleiche gelte – insofern umgekehrt – für Eingangsleistungen und den Vorsteuerabzug[1295].

c) Position der übrigen Rechtsprechung

Weder der BGH noch die übrigen Senate des BFH haben sich bislang mit der oben wiedergegebenen Auffassung des V. Senats des BFH hinsichtlich der Anwendung

1291 BGH, Urt. v. 22.10.2009, IX ZR 147/06, ZIP 2010, 90.

1292 BFH, Urt. v. 2.11.2010, VII R 6/10, BStBl. II 2011, 374.

1293 BFH, Urt. v. 24.11.2011, V R 13/11, BStBl. II 2012, 298, 302, Rz. 33 ff.

1294 Im Urteilstext wird verwiesen auf das zweite Urteil der Rechtsprechungsserie BFH, Urt. v. 9.12.2010, BStBl. II 2011, 996.

1295 BFH, Urt. v. 24.11.2011, V R 13/11, BStBl. II 2012, 298, 302, Rz. 39. Dass die Steuerberechnung nach §§ 16 ff. UStG nicht den Beschränkungen des insolvenzrechtlichen Aufrechnungs- und Anfechtungsrechts unterliegt, wiederholt der V. Senat unter Verweis auf vorstehendes Urteil auch mit einem anderen Urteil vom selben Tag, s. V R 20/10, BFH/NV 2012, 711, Rz. 14.

von § 96 Abs. 1 Nr. 3 InsO auf die umsatzsteuerliche Zwangsverrechnung[1296] auseinandergesetzt. Der VII. Senat des BFH hat indes in drei seiner vier Urteile vom 25.7.2012 auf die Rechtsprechung des V. Senats des BFH verwiesen, wonach einer Saldierung nach § 16 UStG insolvenzrechtliche Vorschriften, „insbesondere etwa § 96 Abs. 1 Nr. 3 InsO" nicht entgegenstünden. Der V. Senat des BFH habe aber, so der VII. Senat des BFH, die entsprechende Anwendung von § 96 Abs. 1 Nr. 3 InsO bei der Saldierung, die keine Aufrechnung im Sinne dieser Vorschrift sei, nicht in Betracht gezogen[1297].

d) *Auffassungen des Schrifttums*

Onusseit ist schon vor dem Urteil des V. Senats des BFH vom 24.11.2011 der Auffassung gewesen, dass die umsatzsteuerliche Zwangsverrechnung in der kritischen Phase[1298] vor der Eröffnung des Insolvenzverfahrens vor dem Hintergrund von § 96 Abs. 1 Nr. 3 InsO keinen Bestand habe[1299]. Entscheidend hierfür ist vor allem sein Zwischenergebnis, wonach im Rahmen von § 16 Abs. 2 UStG in insolvenzrechtlicher Hinsicht von wechselseitigen Steueransprüchen auszugehen sei. Es lägen dort – abgesehen von der Steuerverfahrenstechnik – zwei „materiellrechtlich mit Ausnahme der Abtretungsbeschränkung selbständige Ansprüche auf Steuerzahlung und Vorsteuervergütung" vor[1300]. Er anerkennt zwar, dass es sich bei der umsatzsteuerlichen Zwangsverrechnung um eine „gesetzliche Saldierung" handelt, gelangt sodann aber mittels eines Vergleichs zum Kontokorrent gem. § 355 HGB gleichwohl zu der Anwendbarkeit von § 96 Abs. 1 Nr. 3 InsO[1301]. Obwohl die Verrechnungsabrede im Kontokorrent eine Vorausverfügung mit Aufrechnungscharakter beinhalte, ermöglicht diese nämlich eine automatische Verrechnung, womit es keiner gesonderten Aufrechnung mehr bedürfe. Dies müsse auch bei § 16 UStG gelten, da „insoweit kein Unterschied zu vertraglichen Verrechnungen" bestehe[1302]. Auch

1296 Zu den Positionen der Rechtsprechung zu § 96 Abs. 1 Nr. 3 InsO im Fall der Aufrechnung s. unten unter Drittes Kapitel C)III.

1297 BFH, Urt. v. 25.7.2012, VII R 30/11, BFH/NV 2013, 603, 604 f., Rz. 16; VII R 44/10, BStBl. II 2013, 33, 35, Rz. 10; VII R 56/09, BFH/NV 2013, 413, 416, Rz. 21.

1298 Der Zeitraum beschreibt die Suspektperiode von bis zu drei Monaten, die aus den speziellen Anfechtungstatbeständen der § 130 f. InsO resultiert, s. hierzu unten unter Drittes Kapitel B)II.3.e)cc).

1299 *Onusseit*, in: FS Gerhardt, S. 725, 743; so auch schon früher ohne solch umfassende Begründung *ders.*, Umsatzsteuer im Konkurs, S. 247 f.; *ders.*, FiWi 2000, 157, 161; *ders.*, ZIP 2002, 22, 24; später nochmal aufgegriffen in *ders.*, ZInsO 2005, 638, 641.

1300 *Onusseit*, in: FS Gerhardt, S. 725, 735.

1301 *Onusseit*, in: FS Gerhardt, S. 725, 736 f.

1302 *Onusseit*, in: FS Gerhardt, S. 725, 737. In diesem Sinne auch *Zeeck*, KTS 2006, 407, 442, der davon abgesehen die Rechtsfragen in diesem Zusammenhang von den Systembegriffen des Steuerrechts reinigen will, um sie rein funktional zu stellen und beantworten zu können. Gerade diese „Systembegriffe" sind es aber, die die (steuerrechtliche) Dogmatik bilden und *in concreto* dem Insolvenzrecht vorgehen.

lägen die für eine Anfechtung erforderlichen Rechtshandlungen sowie die Gläubigerbenachteiligung vor[1303].

In Reaktion auf das dritte Urteil der Rechtsprechungsserie des V. Senats des BFH haben sich *Kahlert* und *Onusseit*[1304] gemeinsam mit den Entscheidungsgründen auseinandergesetzt und diese für nicht zutreffend befunden. Bezüglich des hier in Rede stehenden Fragenkreises vertreten sie dort – insofern parallel zu ihren Positionen aus den Jahren zuvor – die Auffassung, dass, in Anerkennung der Unselbständigkeit der umsatzsteuerlichen Besteuerungsgrundlagen, auf die direkte Anwendung der insolvenzrechtlichen Aufrechnungsverbote auf die umsatzsteuerliche Zwangsverrechnung zugunsten einer Analogie verzichtet werden solle. Sie folgen dem V. Senat des BFH auch nicht insoweit, wie er eine gläubigerbenachteiligende Wirkung verneint[1305]. Konkret habe dies ihrer Auffassung nach zur Folge, dass die umsatzsteuerliche Zwangsverrechnung unwirksam wird[1306], was wiederum dazu führt, dass angefallene Steuerbeträge aus der kritischen Phase zur Insolvenztabelle angemeldet werden müssten, wohingegen die Vorsteuer in vollem Umfang zu vergüten sei[1307].

Wäger hat sich demgegenüber – schon vor dem Urteil des V. Senats des BFH vom 24.11.2011 – für einen Vorrang der umsatzsteuerlichen Zwangsverrechnung im Verhältnis zu den insolvenzrechtlichen Aufrechnungsverboten und der Insolvenzanfechtung ausgesprochen[1308]. Einerseits läge nämlich aufgrund des umsatzsteuerlichen Neutralitätsprinzips keine Gläubigerbenachteiligung vor, da sich die Vermögenslage des Insolvenzschuldners im Kontext der Umsatzsteuer nicht verschlechtere, weil sich der Steueranspruch des Finanzamts für die Leistung und der in der Gegenleistung enthaltene Steueranteil ausgleichen würden; damit komme es nicht zu einer Vermögensänderung[1309]. Zu diesem Aspekt, der insoweit der Argumentation des BFH-Urteils vom 24.11.2011 entspricht, trete hinzu, dass die

1303 *Onusseit*, in: FS Gerhardt, S. 725, 740 ff. Das Ergebnis teilte auch schon vor dem Urteil des V. Senats des BFH vom 24.11.2011 *Kahlert*, DStR 2011, 1973, 1979.

1304 *Kahlert/Onusseit*, DStR 2012, 334. Nach dem BFH-Urteil vom 24.11.2011 bekräftigt *Onusseit* seine Linie auch in: Kübler/Prütting/Bork, InsO, InsSteuerR II F, Rz. 43 ff.

1305 Ebenso kritisch *Heinze*, DZWiR 2013, 45, 48 f., nach dem die Judikatur eklatant gegen die tragenden Grundsätze des Insolvenzanfechtungsrechts und das Prinzip der Gläubigergleichheit verstößt.

1306 So im Ergebnis auch *Stadie*, in: Rau/Dürrwächter, UStG, Anhang – Umsatzsteuer und Insolvenz, Rz. 266 ff. *Schmittmann*, ZIP 2012, 249, 251, ist ebenfalls kritisch, aber mit dem V. Senat des BFH der Auffassung, dass die Steuerberechnung nach §§ 16 ff. UStG keine Aufrechnung sei. Was die Frage der Anfechtung anbelangt, ist er aber auf der Linie von *Kahlert/Onusseit* und wirft dem V. Senat des BFH die Rolle eines „Ersatzgesetzgebers" vor, dem es darum gehe, „eine möglichst profiskalische Lösung zu rechtfertigen".

1307 *Kahlert/Onusseit*, DStR 2012, 334, 336 f. Kritisch auch *Kahlert*, ZIP 2013, 500, 504.

1308 *Wäger*, DStR 2011, 1925, 1929.

1309 *Wäger*, DStR 2011, 1925, 1933 f. Differenzierend *Stadie*, in: Rau/Dürrwächter, UStG, Anhang – Umsatzsteuer und Insolvenz, Rz. 46 ff.; *ders.*, UR 2013, 158, 161: bei „unechten Umsatzsteuerschulden" ist die Anfechtung mangels

Saldierung „der Insolvenzanfechtung bereits als Spezialregelung" vorgehe, „zumal anders als bei der *Aufrechnung* [Hervorh., d. *Verf.*] nach § 96 Abs. 1 Nr. 3 InsO kein gesetzlicher Vorbehalt zugunsten des Anfechtungsrechts" bestehe, weil die umsatzsteuerliche Zwangsverrechnung keine Aufrechnung sei[1310]. Insofern sei die zwingend vorzunehmende Steuerberechnung nach § 16 Abs. 2 UStG der „gewillkürten Herstellung einer Aufrechnungslage zwischen Privaten nicht gleichzustellen"[1311]. Die Möglichkeit einer Anfechtung verneint auch *Desens*, der sie letztlich an der Kausalität zwischen der Rechtshandlung und der Gläubigerbenachteiligung scheitern lässt. Dabei zieht er einen Vergleich zwischen dem Fall, in dem der Leistende den Umsatzsteuerbetrag – wegen eines steuerbaren Umsatzes – sogleich an das Finanzamt abzuführen hat und demjenigen, in dem die gleiche Leistung steuerfrei gewesen wäre. Für die Insolvenzgläubiger führte das in wirtschaftlicher Hinsicht zu dem gleichen Ergebnis[1312].

e) Eigene Auffassung

aa) Entsprechende Anwendung von § 96 Abs. 1 Nr. 3 InsO auf die umsatzsteuerliche Zwangsverrechnung

Mit dem Urteil des BFH vom 24.11.2011 und der Literatur treten im Rahmen der umsatzsteuerlichen Zwangsverrechnung und § 96 Abs. 1 Nr. 3 InsO zwei neuralgische Fragenkreise zu Tage. Der erste betrifft dabei das – für § 96 Abs. 1 Nr. 1 InsO letztlich obsolet gewordene Problem –, ob das erstgenannte Aufrechnungsverbot überhaupt dem Grunde nach (entsprechend) auf die umsatzsteuerliche Zwangsverrechnung Anwendung finden kann.

Gläubigerbenachteiligung ausgeschlossen, bei „echten Umsatzsteuerschulden" nicht. S. zu der Terminologie *Stadies* oben unter Zweites Kapitel D)I.4.c)ee).

1310 In diesem Sinne auch *Bork*, ZInsO 2003, 686, 690: „keine rechtsgeschäftliche Aufrechnung, sondern [...] gesetzliche Saldierung"; *Marchal*, BB 2013, 33, 36; *Schuster*, DStR 2013, 1509, 1512; *Sterzinger*, NZI 2012, 63, 66; *Reiß*, in: GS Blomeyer, S. 427, 451 f., sowie *ders.*, in: Reiß/Kraeusel/Langer, UStG, § 18 – Exkurs: Umsatzsteuer in der Insolvenz, Rz. 2132, der zusätzlich darauf abstellt, dass die Saldierung materielles Steuerschuldrecht sei, womit der Grundsatz des § 251 Abs. 2 AO an dieser Stelle nicht greife. Außerdem sei das Saldierungsgebot zum Schutz des Steuergläubigers „dringend geboten", da ihm die Einschränkung der Anfechtbarkeit von Bargeschäften nach § 142 InsO nicht zukomme.

1311 *Wäger*, DStR 2011, 1925, 1935. So inhaltlich auch *ders.*, DB 2012, 1460, 1461; *ders.*, ZInsO 2012, 520, 523. In letztgenanntem Beitrag schließt *Wäger* eine analoge Anwendung der §§ 94 ff. InsO auf die umsatzsteuerliche Zwangsberechnung ausdrücklich aus.

1312 *Desens*, in: 13. Leipziger Insolvenzrechtstag, S. 58, 67 f. Auch die umsatzsteuerliche Zwangsverrechnung könne (unter Verweis auf das dritte Urteil der Rechtsprechungsserie des V. Senats des BFH) nicht gläubigerbenachteiligend wirken (S. 69 f.).

(1) Die Aufrechnungslage nach den Vorgaben der §§ 387 ff. BGB als Ausgangspunkt

Geht man diesbezüglich zunächst vom Wortlaut des § 96 InsO aus, so erfasst dieser ausdrücklich nur die „Aufrechnung". Das Insolvenzrecht verwendet hier den aus §§ 387 ff. BGB bekannten Begriff und nimmt damit auf die dem Schuldrecht immanenten Mechanismen Bezug. Die Insolvenzordnung geht also von einer Aufrechnungslage aus, deren rechtlichen Rahmen das Bürgerliche Recht vorgibt. Nach § 387 BGB müssen sich zwei Personen einander *Leistungen schulden.* Das Schulden einer Leistung setzt im Bürgerlichen Recht freilich einen Anspruch voraus, der darin besteht, von einem anderen ein Tun oder Unterlassen verlangen zu können (§ 194 Abs. 1 BGB). Spiegelt man diesen Befund in das Steuerschuldverhältnis, so findet sich die diesbezügliche Definition des Anspruchs in § 37 Abs. 1 AO, wonach dazu u. a. in Betracht kommen der Steueranspruch, der Steuervergütungsanspruch sowie der Erstattungsanspruch nach § 37 Abs. 2 AO.

Wollte man nun die umsatzsteuerliche Zwangsverrechnung nach § 16 Abs. 2 UStG als *Aufrechnung* anerkennen, so müssten – bei einer wortlaut- und systematikkonformen Betrachtung – die einzelnen positiven und negativen Besteuerungsgrundlagen unter eine der genannten Anspruchsarten subsumierbar sein. Dies ist hingegen mit der überwiegenden Auffassung abzulehnen. Denn danach sind die in die Saldierung eingehenden Besteuerungsgrundlagen zu recht gerade nicht selbständig, also mit einem verfahrensrechtlichen Eigenleben ausgestattet, sondern nur unselbständige, mit Rechtsbehelfen nicht selbständig anfechtbare Teile des Umsatzsteuerbescheides bzw. der jeweiligen Umsatzsteuervoranmeldung im Sinne des § 157 Abs. 2 AO[1313]. Dies wird auch dadurch bestätigt, dass weder eine (allein) aus positiven, noch aus negativen Besteuerungsgrundlagen gebildete Summe oder eine Besteuerungsgrundlage allein abtretbar oder aufrechenbar ist[1314]. Der Anspruch auf Umsatzsteuer aus der Sicht des Fiskus bzw. auf eine Vorsteuervergütung oder eine Umsatzsteuererstattung aus der Sicht des Unternehmers entsteht also erst, nachdem der Voranmeldungszeitraum abgelaufen ist (vgl. § 13 Abs. 1 Nr. 1 a), b) für

---

1313 BFH, Urt. v. 16.1.2007, VII R 4/06, BStBl. II 2007, 747, 748, Rz. 7; grundlegend für die Rspr. des V. Senats des BFH Urt. v. 30.9.1976, V R 109/73, BStBl. II 1977, 227, 228 f., Rz. 9; aus der Rspr. des XI. Senats des BFH Urt. v. 13.5.2009, XI R 63/07, BStBl. II 2010, 11, 13, Rz. 18; *Klenk,* in: Sölch/Ringleb, UStG, § 17, Rz. 8; *Leipold,* in: Sölch/Ringleb, UStG, § 16, Rz. 17.

1314 Erstmals in der Judikatur des V. Senats des BFH mit Urt. v. 24.3.1983, V R 8/81, BStBl. II 1983, 612, Rz. 10; zuletzt im Kontext des Insolvenzrechts entscheidungserheblich in Urt. v. 24.11.2011, V R 13/11, BStBl. II 2012, 298, 301, Rz. 26; *Leipold,* in: Sölch/Ringleb, UStG, § 16, Rz. 17; *Nieskens,* in: Rau/Dürrwächter, UStG, § 13, Rz. 85; *Stadie,* in: Ders., UStG, § 16, Rz. 24, der dies aber für den Anspruch auf Abzug der Vorsteuer einschränkt, weil die Abgabenordnung keine negativen Besteuerungsgrundlagen kenne (deutlich bei *Stadie,* in: Rau/Dürrwächter, UStG, § 16, Rz. 94) und er somit ein Steuervergütungsanspruch im Sinne der Abgabenordnung sei (ebd., § 18, Rz. 52; ebenso schon *ders.,* Das Recht des Vorsteuerabzugs, S. 261 ff.).

Lieferungen und sonstige Leistungen), mithin die Zwangsverrechnung nach § 16 Abs. 2 UStG stattgefunden hat. Die einzelnen Besteuerungsgrundlagen sind also keine Ansprüche, womit eine Subsumtion unter §§ 387 ff. BGB und damit auch eine solche unter § 96 Abs. 1 Nr. 3 InsO aus diesem Grund ausscheidet.

Hinzu kommt, dass für eine wirksame Aufrechnung eine Aufrechnungserklärung nach § 388 S. 1 BGB erforderlich ist. Diese ist ein einseitiges Rechtsgeschäft, das von dem Aufrechnenden vorgenommen werden muss und – bei Vorliegen der übrigen Voraussetzungen – Gestaltungswirkung hat[1315]. Die Rechtsfolgen der umsatzsteuerlichen Zwangsverrechnung treten aber – anders als im Zuge einer möglichen Aufrechnung nach § 226 AO – nicht erst durch Erklärung, sondern kraft Gesetzes ein. Insofern mangelt es bei der Saldierung nach § 16 Abs. 2 UStG an einem weiteren wesentlichen Merkmal der Aufrechnung.

(2) Vergleich zum zivilrechtlichen Kontokorrentverhältnis

Eventuell ergibt sich aber gleichwohl eine Anwendbarkeit aus einem Vergleich zum Kontokorrent[1316], dessen Erfassung durch § 96 Abs. 1 Nr. 3 InsO anerkannt ist[1317]. Dieses setzt nach der Legaldefinition in § 355 Abs. 1 HGB voraus, dass „jemand mit einem Kaufmann[1318] derart in Geschäftsverbindung [steht], dass die aus der Verbindung entspringenden beiderseitigen Ansprüche und Leistungen nebst Zinsen in Rechnung gestellt und in regelmäßigen Zeitabschnitten durch Verrechnung und Feststellung des für den einen oder anderen Teil sich ergebenden Überschusses ausgeglichen wird". Ähnlich wie bei der umsatzsteuerlichen Zwangsverrechnung stehen sich auch dort Positionen gegenüber, die zu einem festgelegten Zeitpunkt miteinander verrechnet werden und bis zum Abschluss des Rechnungsabschnitts „gelähmt" sind[1319].

1315 Statt vieler nur *Schlüter*, in: MüKo, BGB, § 388, Rz. 1.

1316 Hierauf rekurriert auch *Onusseit*, in: FS Gerhardt, S. 725, 736 f. Dieser Vergleich wurde auch im Rahmen der Arbeiten der Kommission zur Harmonisierung von Insolvenz- und Steuerrecht vorgeschlagen, s. *Seer*, Abschlussbericht der Kommission zur Harmonisierung von Insolvenz- und Steuerrecht, Beihefter zu DStR 42/2014, 117, 124.

1317 BGH, Urt. v. 17.7.2008, IX ZR 148/07, ZIP 2008, 1593, Rz. 8 f.; v. 26.4.2012, IX ZR 67/09, ZIP 2012, 1301, Rz. 10. Statt vieler aus der Literatur nur *Brandes/Lohmann*, in: MüKo, InsO, § 96, Rz. 32 ff.

1318 Im Rahmen der Privatautonomie sind freilich auch außerhalb des Anwendungsbereichs des HGB Kontokorrentverträge im Wege der rechtsgeschäftlichen Einigung denkbar.

1319 *Langenbucher*, in: MüKo, HGB, § 355, Rz. 21. In diesem Sinne auch *Reiß*, in: Reiß/Kraeusel/Langer, UStG, § 13, Rz. 9: „Es liegt eine dem Kontokorrent (§§ 355 bis 357 HGB) vergleichbare Situation vor, wobei allerdings von vornherein keine Selbständigkeit der „Steueransprüche" und „Vorsteuern" gegeben ist, die erst mit der Saldierung entfiele."

Im Ergebnis scheitert der Vergleich aber letztlich an den gleichen Gesichtspunkten, die auch bereits vorstehend entscheidend waren. Denn *zum einen* sind die sich gegenüber stehenden Positionen im Kontokorrent nie unselbständig gewesen. Im Zeitpunkt ihrer Einstellung in das Kontokorrentverhältnis haben sie den Charakter eines eigenständigen, mithin also – im Gegensatz zu den umsatzsteuerlichen Besteuerungsgrundlagen – selbständigen Anspruchs gehabt. Diesen verlieren sie erst in dem Moment, in dem sie miteinander verrechnet und auf einen einheitlichen Anspruch zusammengeführt werden[1320], was sich auch daran zeigt, dass sie bis dahin noch separat durch Klage geltend gemacht werden können[1321]. Erst danach können sie nicht mehr selbständig verfolgt oder abgetreten werden[1322]. *Zum zweiten* ersetzt das Kontokorrent nicht eine rechtsgeschäftliche Aufrechnungserklärung, ist also eben keine gesetzliche Verrechnung. Die von den Parteien geschlossene Abrede über das Kontokorrentverhältnis enthält nämlich eine antizipierte Verfügung über die betroffenen Forderungen[1323]; die Rechtsfolge geht also nicht auf eine gesetzlichen Anordnung – wie bei der umsatzsteuerlichen Zwangsverrechnung –, sondern auf den Parteiwillen zurück. Infolgedessen scheidet eine Gleichsetzung von § 16 Abs. 2 UStG und dem zivilrechtlichen Kontokorrentverhältnis aus.

(3) Analogiebildung

Es bleibt schließlich die Frage zu klären, ob § 96 Abs. 1 Nr. 3 InsO analog auf die umsatzsteuerliche Zwangsverrechnung angewendet werden kann.

Dies setzte zunächst eine planwidrige Regelungslücke voraus. Eine Regelungslücke lässt sich für den vorliegenden Fall noch annehmen, da das Aufrechnungsverbot zumindest nicht unmittelbar auf § 16 Abs. 2 UStG anwendbar ist. Indes fehlt es schon an der Planwidrigkeit derselben. Wollte man diese annehmen, müsste man nämlich unterstellen, dass nach dem subjektiven Willen des Gesetzgebers anzunehmen ist, dass er es schlicht übersehen hat, für den in Rede stehenden Fragenkreis eine Regelung zu treffen, was nicht zutreffend ist.

Der Gesetzgeber hat sich in der jüngeren Vergangenheit nicht nur mit der Behandlung der Umsatzsteuer in der Phase des vorläufigen Insolvenzverfahrens (vgl. § 55 Abs. 4 InsO), sondern auch mit einer Einschränkung von § 96 Abs. 1 Nr. 3 InsO in Bezug auf die Umsatzsteuer befasst[1324]. Dieser – letztlich nicht in das Gesetz Einzug gefundene – Vorschlag ging zurück auf ein Urteil des VII. Senats des BFH, in

1320 *Langenbucher*, in: MüKo, HGB, § 355, Rz. 4.

1321 *Hopt*, in: Baumbach/Hopt, HGB, § 355, Rz. 7.

1322 BGH, Urt. v. 4.5.1979, I ZR 127/77, BGHZ 74, 253, Rz. 7.

1323 *Hopt*, in: Baumbach/Hopt, HGB, § 355, Rz. 7; *Langenbucher*, in: MüKo, HGB, § 355, Rz. 22.

1324 Nach BR-DrS 253/11 (Beschluss), S. 37, sollte § 226 AO folgender Absatz 5 angefügt werden: „Die von einem anderen Unternehmer für das Unternehmen des Insolvenzschuldners und die vom Insolvenzschuldner ausgeführten Lieferungen und sonstigen Leistungen gelten für die Aufrechnung durch Finanzbehörden nicht als

dem es um einen Fall der Aufrechnung nach § 226 AO ging. Daraus geht zwar nicht hervor, dass der Gesetzgeber im speziellen über die Anwendung von § 96 Abs. 1 Nr. 3 InsO auf die umsatzsteuerliche Zwangsverrechnung reflektiert hat; es zeigt aber, dass er sich der Tatsache bewusst war, dass er (*in concreto* der Bundesrat) schon dort grundsätzlich die Anfechtbarkeit von Lieferungen und sonstigen Leistungen – also der regelmäßigen Form positiver Besteuerungsgrundlagen – anerkannt, eine diesbezügliche Regelung für die Verrechnung von Besteuerungsgrundlagen aber nicht in Erwägung gezogen hat. Auch nach dem Urteil des V. Senats des BFH vom 24.11.2011, das eine Anwendbarkeit von § 96 Abs. 1 Nr. 3 ausdrücklich ausschloss, hat er es offenbar nicht für nötig befunden, legislativ in Form einer rechtsprechungskorrigierenden Gesetzgebung einzuschreiten. Insofern folgt aus dem bisherigen Schweigen des Gesetzgebers nicht, dass er eine Regelung unbewusst nicht getroffen, eine solche also schlicht übersehen hat. Vielmehr hat er sich bewusst dazu entschlossen, eine Regelungsanordnung nicht auszusprechen, um die Anwendbarkeit von § 96 Abs. 1 Nr. 3 InsO nicht zu eröffnen. Entschiede man sich an dieser Stelle anders, so unterstellte man dem Gesetzgeber damit, er wollte – ungeachtet des Vorliegens einer vergleichbaren Interessenlage – die Verrechnung von Besteuerungsgrundlagen in der kritischen Phase nicht zulassen.

Wir haben gesehen, dass das ausdifferenzierte Befriedigungsregime der Insolvenzordnung, zu dem auch die Aufrechnungsverbote zählen, zwar grundsätzlich sowohl zivilrechtliche wie öffentlich-rechtliche Schuldverhältnisse erfasst und trotz ihrer unterschiedlichen Herkunft gleich behandelt. Wo aber die Insolvenzordnung im Lichte der geltenden Regelungen der umsatzsteuerlichen Zwangsverrechnung ausdrücklich den *terminus technicus* „Aufrechnung“ nutzt, und damit von selbständigen Ansprüchen ausgeht, muss diesem gesetzgeberischen Willen der Vorzug vor der Annahme einer Planwidrigkeit gegeben werden. Dass nämlich auch Regelungen für spezielle Fälle der Verrechnung seitens des Gesetzgebers geprüft und letztlich umgesetzt werden, zeigt § 96 Abs. 2 InsO[1325]. Der gesetzlichen *Nichtregelung* für den Fall des § 16 Abs. 2 UStG kommt insofern ein Präjudiz mit dem Inhalt zu, dass die Nichtanwendung von § 96 Abs. 1 Nr. 3 InsO vom Willen des Gesetzgebers gedeckt ist[1326]. Bis er sich hierzu anderslautend einlässt, ist diesem zu entsprechen, womit die Annahme einer Planwidrigkeit ausscheidet.

Rechtshandlungen im Sinne der §§ 129 ff. der Insolvenzordnung“. S. hierzu auch oben unter Erstes Kapitel A)V.1.

1325 Die Vorschrift ist die deutsche Umsetzung der EG-Richtlinie 98/26 vom 19.5.1998 (Abl. EG Nr. L 166, S. 45) und intendiert den Schutz des Interbankenverkehrs, s. zu den Motiven BT-DrS 14/1539, S. 10 f.

1326 A.A. *Hüttner*, Aufrechnung des Finanzamtes, S. 183, der unter Bezugnahme auf § 96 Abs. 2 InsO meint, die Begriffe „Aufrechnung“ und „Verrechnung“ müssten seit dem Einschub der „Verrechnung“ in § 96 Abs. 2 durch Gesetz vom 5.4.2004 (BGBl. I 2004, S. 502 ff.) synonym verwendet werden. Ein solch weitreichender Inhalt kann der speziellen Vorschrift dagegen nicht beigemessen werden.

Ob eine vergleichbare Interessenlage angenommen werden kann, ist vorliegend mithin nicht mehr von Belang[1327]. Im Ergebnis scheidet die Annahme einer Analogie aus.

bb) Gläubigerbenachteiligung trotz umsatzsteuerlicher Neutralität

Fraglich ist aber auch, ob die vom V. Senat des BFH aufgestellte These, wonach eine Gläubigerbenachteiligung *per se* wegen des umsatzsteuerlichen Neutralitätsprinzips ausscheide, mit dem geltenden Recht vereinbar ist[1328]. Diese Frage ist zwar mangels Anwendbarkeit dem Grunde nach nicht länger für § 96 Abs. 1 Nr. 3 InsO relevant, stellt sich aber auch in anderen Konstellation und ist damit gleichsam eine der vom V. Senat des BFH aufgeworfenen Fragen, die im Grundsätzlichen für die gegenwärtige Ausgestaltung des Umsatzsteuerinsolvenzrechts entscheidend ist.

(1) Insolvenzrechtlicher Ausgangspunkt

Eine Gläubigerbenachteiligung i.S.d. § 129 InsO liegt vor, wenn entweder die Schuldenmasse vermehrt oder die Aktivmasse verkürzt und dadurch der Gläubigerzugriff auf das Schuldnervermögen vereitelt, erschwert, gefährdet oder verzögert wird[1329]. Mit anderen Worten müssten die Befriedigungsmöglichkeiten der Insolvenzgläubiger ohne die angefochtene Rechtshandlung bei wirtschaftlicher Betrachtungsweise günstiger gewesen sein[1330]. Eine solche wirtschaftliche Betrachtungsweise erlaubt es aber nicht, mehrere Rechtshandlungen miteinander zu verschmelzen und mithin nur ihren Saldo auf eine etwaige Gläubigerbenachteiligung hin zu überprüfen[1331]. Nach der Rechtsprechung des BGH sind mehrere Rechtshandlungen selbst dann anfechtungsrechtlich selbständig zu behandeln, wenn sie gleichzeitig vorgenommen wurden oder sich wirtschaftlich ergänzen. Ob eine Gläubigerbenachteiligung vorliegt, ist damit zunächst isoliert mit Bezug auf die konkrete Anfechtung zu beurteilen[1332]. Was aber ihre Folgen, nämlich die Gläubigerbenachteiligung, anbelangt, so reicht es für alle anderen Anfechtungstatbestände als die §§ 132 und 133 Abs. 2 InsO aus, wenn diese bloß mittelbar eintreten. Dafür genügt es, wenn zwar die Rechtshandlung allein noch keinen (unmittelbaren) Nachteil für Gläubiger bewirkt, aber

---

1327 Eine solche unter Verweis auf das Kontokorrentverhältnis und die diesbezüglichen wirtschaftlichen Auswirkungen anzunehmen ist vertretbar, entspricht aber nicht meiner Auffassung, da die beiden Sachverhalte – wie gezeigt – nicht in allen *wesentlichen* Merkmalen miteinander vergleichbar sind, was indes Voraussetzung für die Annahme einer vergleichbaren Interessenlage ist.

1328 Erst danach geht die Untersuchung auf die Frage ein, ob auch eine anfechtbare *Rechtshandlung* vorliegt, s. dazu unten unter Drittes Kapitel B)II.3.cc)(1).

1329 St. Rspr. des BGH, s. nur Urt. v. 9.10.2008, IX ZR 59/07, ZIP 2008, 2183, Rz. 26 m.w.N.; *Henckel*, in: Jaeger, InsO, § 129, Rz. 77; *Kayser*, in: MüKo, InsO, § 129, Rz. 77.

1330 *Kayser*, in: MüKo, InsO, § 129, Rz. 77.

1331 In diesem Sinne *Thole*, Gläubigerschutz durch Insolvenzrecht, S. 328 f.

1332 BGH, Urt. v. 2.6.2005, IX ZR 263/03, ZIP 2005, 1521, Rz. 20 m.w.N.

die Grundlage für einen weiteren, gläubigerschädigenden Ablauf geboten hat. Dabei ist es unerheblich, ob die hinzutretende Ursache ihrerseits durch die angefochtene Rechtshandlung verursacht wurde[1333].

(2) Berücksichtigung umsatzsteuer-systematischer Wertungen

Wenn der V. Senat des BFH in seinem Urteil vom 24.11.2011 zu dem Ergebnis kommt, dass „die Umsatzsteuer nicht gläubigerbenachteiligend" sei, so fußt das im Kern auf der Überlegung, dass der Umsatzsteuer bloß der Charakter eines durchlaufenden Postens zukommt und insofern eine Verminderung des Schuldnervermögens nicht eintritt. Der V. Senat des BFH nimmt dabei eine Verklammerung zwischen umsatzsteuerlichen Entstehungs- und insolvenzrechtlichen Begründungszeitpunkten und der Vereinnahmung bzw. Zahlung des Entgelts vor. Daraus ergibt sich unter Berücksichtigung der übrigen Urteile der Rechtsprechungsserie für positive Besteuerungsgrundlagen in der Tat, dass eine „Belastung" der Insolvenzmasse in Form von Masseverbindlichkeiten nur dort stattfindet, wo sie auch das Entgelt für die Lieferung oder sonstige Leistung vereinnahmt hat[1334]. Insofern lässt sich konstatieren, dass der V. Senat des BFH das Schuldnervermögen letztlich nur als Durchgang für die Umsatzsteuerbeträge anerkennt, weil – am Beispiel der Ausgangsleistung – letztlich ein vereinnahmtes Entgelt auf direktem Wege über das Vehikel der Masseverbindlichkeit an den Fiskus weitergeleitet wird. Weil der im Entgelt enthaltene Umsatzsteuerbetrag also nie Teil der Insolvenzmasse war, könne seine „Durchleitung" – so ließe sich argumentieren – auch von vornherein nicht die Gläubiger benachteiligen.

Dieser Begründungsstrang erweist sich indes bei genauerer Betrachtung als nicht insolvenzfest, da die vom V. Senat des BFH vorgenommene Verklammerung nicht mit insolvenzrechtlichen Wertungen zu vereinbaren ist. Die These des BFH führte nämlich zunächst zu der nicht zutreffenden Anerkennung, dass der Unternehmer seine Umsatzsteuerschuld allein aus den konkret vereinnahmten Entgelten leistet, was indes weder rechtlich vorgegeben, noch tatsächlich vorzufinden ist. Blendet man diesen Umstand aber für einen Moment aus, und nimmt man an, dass der Insolvenzschuldner ausschließlich fremdes Vermögen zur Tilgung seiner Steuerverbindlichkeiten eingesetzt hat, so schließt das eine Gläubigerbenachteiligung nur dann aus, wenn die Leistung ohne Durchgang durch die Insolvenzmasse unmittelbar vom Dritten an den Gläubiger fließt[1335]. Entscheidend ist insoweit, ob die Zahlungsmittel zunächst dem Schuldnervermögen zugutekommen oder *ad hoc* an ihm vorbei geleitet

1333 *Kayser*, in: MüKo, InsO, § 129, Rz. 121; *Nerlich*, in: Nerlich/Römermann, InsO, § 129, Rz. 77 ff.

1334 Vor der Vereinnahmung bzw. Zahlung des Entgelts wird durch die – nach hier vertretener Auffassung unzulässige – Anwendung des Berichtigungstatbestands gem. § 17 UStG für eine Null-Stellung aller Leistungen gesorgt, für die bislang keine Zahlungen geflossen sind.

1335 *Kayser*, in: MüKo, InsO, § 129, Rz. 78a.

werden. Da die Umsatzsteuer der Neutralität verschrieben ist, kann unter systematischen Gesichtspunkten allein letztgenannter Alternative weiter nachgegangen werden. Von einer Vorbeileitung kann jedenfalls im faktischen Sinne aber nicht die Rede sein, da der Unternehmer die jeweiligen Umsatzsteuerbeträge zunächst in seinem eigenen Vermögen vereinnahmt. Konstellationen dieser Art und Güte werden vom Insolvenzrecht aber dann gleichwohl als nicht gläubigerbenachteiligend bewertet, wenn sie auf ein Treuhandverhältnis zurückgeführt werden können, welches die Nichtzugehörigkeit von Rechten oder Forderungen zum Schuldnervermögen fingiert, die vermögenswerten Güter also einer treuhänderischen Bindung unterwirft[1336]. Eine solche liegt indes bei der Umsatzsteuer gerade nicht vor, was die vorliegende Arbeit an anderer Stelle[1337] zeigt und auch der V. Senat des BFH – zumindest ausdrücklich – nicht annimmt. Aus diesem Grund kann der These des BFH nicht gefolgt werden. Sie erweist sich (abermals) als nicht insolvenzfest.

(3) Verschlechterung der Befriedigungsaussichten der Insolvenzgläubiger

Betrachtet man nun wieder die umsatzsteuerliche Zwangsverrechnung nach § 16 Abs. 2 UStG bis zum Zeitpunkt der Insolvenzeröffnung, so fließen dort sowohl positive wie auch negative Besteuerungsgrundlagen ein, die letztlich miteinander saldiert werden. Wenn nun aber zunächst alle positiven und später alle negativen Besteuerungsgrundlagen addiert würden, stünde ein Umsatzsteuerguthaben einer Umsatzsteuerschuld gegenüber. Die positiven Besteuerungsgrundlagen haben den Rang einer Insolvenzforderung nach § 38 InsO, sind also, sofern sie noch nicht getilgt worden sind, ohnehin nicht anfechtbar[1338]. Mit den negativen Besteuerungsgrundlagen verhält sich dies hingegen anders. Betrachtet man sie separat, so würde sich bei ihrer Auskehr die Insolvenzmasse aktiv mehren, womit die Befriedigungsaussichten der Insolvenzgläubiger zunähmen. Hierzu kommt es – ungeachtet einer Aufrechnung mit Umsatzsteuerschulden aus dem vorherigen Besteuerungszeitraum oder Schulden bezüglich anderer Steuerarten – nur deswegen nicht, weil sie mit den positiven Besteuerungsgrundlagen zwangsverrechnet werden. Das Ergebnis der Betrachtung eines hypothetischen Geschehensablaufs[1339] ist also, dass ohne die Anfechtung die Befriedigungsaussichten der Gläubiger geringer wären, mithin also eine Gläubigerbenachteiligung vorliegt[1340]. Durch die Zwangsverrechnung sind

---

1336 BGH, Urt. v. 17.6.2004, IX ZR 124/03, ZIP 2004, 856, Rz. 14; v. 17.3.2001, IX ZR 166/08, ZIP 2011, 824, Rz. 14; *Hirte/Ede*, in: Uhlenbruck, InsO, § 129, Rz. 284; *Kayser*, in: MüKo, InsO, § 129, Rz. 78a, 139a; *Nerlich*, in: Nerlich/Römermann, InsO, § 129, Rz. 98.

1337 S. hierzu oben unter Erstes Kapitel D).

1338 S. dazu noch im nachfolgenden Abschnitt unter Drittes Kapitel B)II.3.e)bb)(1).

1339 S. hierzu nur *Hirte/Ede*, in: Uhlenbruck, InsO, § 129, Rz. 160, mit Nachweisen zur Rspr. des BGH.

1340 A.A. ist *Hüttner*, Aufrechnung des Finanzamtes, S. 96, soweit es um den Vorsteueranspruch aus der Leistung des vorläufigen Insolvenzverwalters geht. Aus seiner Sicht widerspreche die Annahme einer Gläubigerbenachteiligung hinsichtlich der

die positiven Besteuerungsgrundlagen nämlich in der Höhe erloschen, wie ihnen negative gegenüberstanden. Ohne diese Saldierung hätte das Finanzamt die positiven Besteuerungsgrundlagen in voller Höhe nur zur Tabelle anmelden können. Der Fiskus ist also in wirtschaftlicher Hinsicht in Höhe der Differenz – bei einem Überschuss positiver Besteuerungsgrundlagen – zwischen negativen und positiven Besteuerungsgrundlagen in unzulässiger Weise befriedigt worden.

cc) Folgeüberlegung: Kein Eingreifen des Aufrechnungsverbots, aber Anfechtungsmöglichkeit für den Insolvenzverwalter

Bis hierher haben die Ausführungen ergeben, dass das Aufrechnungsverbot des § 96 Abs. 1 Nr. 3 InsO *nicht* auf die umsatzsteuerliche Zwangsverrechnung anwendbar ist, weil sie *keine* Aufrechnung im Sinne dieser Vorschrift ist. Die Umsatzsteuer kann aber – anders als es der V. Senat des BFH annimmt – gläubigerbenachteiligend wirken. Das führt zu der Frage, ob trotz der Nichtanwendbarkeit von § 96 Abs. 1 Nr. 3 InsO der Insolvenzverwalter die umsatzsteuerliche Zwangsverrechnung insgesamt oder die einzelnen Besteuerungsgrundlagen anfechten kann, mithin also neben der Gläubigerbenachteiligung auch die übrigen Vorschriften der Anfechtungstatbestände erfüllt sind. Dazu zählen die Rechtshandlung und der Zurechnungszusammenhang zwischen derselben und der Gläubigerbenachteiligung sowie die Tatbestände der speziellen Anfechtungsvorschriften.

(1) Anfechtbare Rechtshandlung

Unter einer Rechtshandlung ist jede bewusste Willensbetätigung zu verstehen, die eine rechtliche Wirkung auslöst, gleichgültig, ob diese gewollt ist oder nicht. Laut der Gesetzesbegründung zur Insolvenzordnung ist der „Begriff der Rechtshandlung [...] – wie im geltenden Recht – weit auszulegen."[1341] Dabei ist es das erklärte Ziel des Gesetzgebers, das Anfechtungsrecht wirksamer als bisher auszugestalten, um den Bestand des den Gläubigern haftenden Schuldnervermögens wiederherzustellen[1342], was letztlich zu einer bestmöglichen Befriedigung aller Insolvenzgläubiger führt. Um dies zu gewährleisten sollen grundsätzlich alle Arten gläubigerbenachteiligender Maßnahmen von einer Anfechtung erfasst werden können[1343]. Nur rein *tatsächliche*

Leistung des Insolvenzverwalters selbst nämlich dem gesetzlichen Schutzzweck der Anfechtungsvorschriften, weil seine Dienste letztlich der Masse zugutekommen. Das will *Hüttner* auch auf den „daraus korrespondierenden Vorsteuervergütungsanspruch des Insolvenzschuldners" übertragen, was m.E. abzulehnen ist. Umsatzsteuer-systematische Gesichtspunkte werden nicht angeführt. *Wagenknecht-Hose*, Vertragliche und umsatzsteuerliche Neuverbindlichkeiten, S. 213 ff., ist im Ergebnis der Auffassung, dass die Möglichkeit der Verrechnung nicht in anfechtbarer Weise erlangt wird.

1341 BT-DrS 12/2443, S. 157.

1342 BT-DrS 12/2443, S. 156.

1343 BGH, Urt. v. 12.2.2004, IX ZR 98/03, ZIP 2004, 342, Rz. 12.

Maßnahmen bleiben außer Betracht, nicht aber solche, die in einen *rechtlichen* Erfolg münden. Anfechtbare Rechtshandlungen sind damit nicht nur „Rechtsgeschäfte, sondern auch rechtsgeschäftsähnliche Handlungen und Realakte, denen das Gesetz Rechtswirkungen beimisst“[1344]. Abgesehen von einzelnen Anfechtungstatbeständen (§ 132 Abs. 1, 2; § 133 Abs. 1, 2; § 134 Abs. 1 InsO) kann Urheber einer Rechtshandlung nicht nur der Schuldner selbst, sondern auch ein Dritter sein.

Mit Blick auf den hier in Rede stehenden Fragenkreis ist von Bedeutung, ob entweder die umsatzsteuerliche Zwangsverrechnung selbst oder die den einzelnen umsatzsteuerlichen Besteuerungsgrundlagen zugrundeliegenden tatsächlichen Handlungen oder Ereignisse anfechtbare Rechtshandlungen sein können. Da insoweit weder ein Rechtsgeschäft noch eine rechtsgeschäftsähnliche Handlung in Betracht kommt, wird allein die Variante des „Realakts“ einer näheren Betrachtung unterzogen, deren Ausgestaltung vor allem durch die Rechtsprechung des BGH geprägt ist.

(a) Die Auffassung des IX. Senats des BGH

Schon vor dessen vielbeachteter Entscheidung zur Biersteuer v. 9.7.2009[1345] hat der IX. Senat des BGH seiner diesbezüglichen Judikatur Konturen verliehen. So hat er sich nach Inkrafttreten der Insolvenzordnung erstmals mit Urteil v. 12.2.2004[1346] mit der Frage befasst, ob eine durch das Kreditinstitut verhängte Kontosperre eine anfechtbare Rechtshandlung i.S.d. §§ 129 ff. InsO sein kann. Dies bejahte der BGH mit der Begründung, dass es dem Kreditinstitut infolge ebendieser rein tatsächlichen Handlung „Kontosperre“ möglich geworden sei, sich seine Forderungen gegen den Insolvenzschuldner auf diese Weise zu sichern[1347]. Der erkennende Senat entwickelte seine Rechtsprechung später mit dessen Urteil v. 14.12.2006[1348] anhand der Frage weiter, ob das gesetzliche Vermieterpfandrecht nach § 562 BGB an den in die Mietsache eingebrachten pfändbaren Sachen des Mieters angefochten werden kann. Da das Vermieterpfandrecht nicht durch Rechtsgeschäft, sondern von Gesetzes wegen entsteht, konnte der für eine Anfechtung nötige Ansatzpunkt nicht in der Begründung des Vermieterpfandrechts selbst gefunden werden. Stattdessen stellte der BGH darauf ob, dass der Mieter die Sachen „eingebracht“ hat, also einen Realakt vorgenommen hat, dem das Gesetz Rechtswirkungen beimisst[1349]. Dem folgte das Urteil des BGH v. 26.6.2008[1350], dessen Prüfungsgegenstand u. a. war, ob Bauleistungen, die durch die Arbeitnehmer der Insolvenzschuldnerin erbracht worden sind, anfechtbare Rechtshandlungen darstellen. Auch hier folgte der Senat seiner *bis*

1344 BGH, Urt. v. 14.12.2006, IX ZR 102/03, ZIP 2007, 191, Rz. 10.
1345 BGH, Urt. v. 9.7.2009, IX ZR 86/08, ZIP 2009, 1674.
1346 IX ZR 98/03, ZIP 2004, 620.
1347 BGH, Urt. v. 12.2.2004, IX ZR 98/03, ZIP 2004, 620, 621, Rz. 12.
1348 IX ZR 102/03, BGHZ 170, 196.
1349 BGH, Urt. v. 14.12.2006, IX ZR 102/03, BGHZ 170, 196, 200 f., Rz. 10.
1350 IX ZR 144/05, ZIP 2008, 1435.

dato ergangenen Judikatur und ließ eine Anfechtung ebendieser Bauleistungen zu, da sie letztlich mit zunehmendem Fortschritt dazu führten, dass die Forderung der Insolvenzschuldnerin gegen den Abnehmer der Bauleistungen entstand und damit werthaltig wurde[1351].

Nach diesen – ausschließlich bürgerlich-rechtliche Fragestellungen betreffende – Entscheidungen hat der BGH unter dem 9.7.2009 das bereits erwähnte Urteil zur Biersteuer gesprochen. Danach stellt das „Brauen von Bier [...] eine Rechtshandlung im Sinne von § 129 Abs. 1 InsO dar", weil bereits diese Handlung die „Sachhaftung für die Biersteuer zum Entstehen bringt, wodurch das Schuldnervermögen belastet wird."[1352] Kurze Zeit später bekam der IX. Senat des BGH sodann die Gelegenheit, sich mit der hier behandelten Fragestellung vor dem Hintergrund eines umsatzsteuerrechtlichen Sachverhalts zu befassen[1353]. Bei der seitens des BGH vorgenommenen Prüfung von § 96 Abs. 1 Nr. 3 InsO hat er inzidenter angenommen, dass auch Handlungen des Insolvenzschuldners oder Dritter, die zum Entstehen einer Umsatzsteuerschuld führen, anfechtbare Rechtshandlungen seien. Mit Verweis auf dessen vorstehend angeführte Rechtsprechung sei es nicht entscheidend, dass die Umsatzsteuer kraft Gesetzes entstehe, sondern dass sich die Umsatzsteuerpflicht aus Handlungen des Insolvenzschuldners oder Dritter ableite[1354].

Die Literatur folgt dem BGH seit jeher sowohl hinsichtlich seiner Judikate zu rein bürgerlich-rechtlichen Fragestellung wie auch zu solchen mit steuerrechtlichem Einschlag ohne Widerspruch[1355]. Ebenso tut das mittlerweile der VII. Senat des BFH in Bezug auf die Umsatzsteuer[1356], wohingegen der V. Senat des BFH das Vorliegen

---

1351 BGH, Urt. v. 26.6.2008, IX ZR 144/05, ZIP 2008, 1435, 1436, Rz. 22.

1352 BGH, Urt. v. 9.7.2009, IX ZR 86/08, ZIP 2009, 1674, 1675, Rz. 20, 23.

1353 BGH, Urt. v. 22.10.2009, IX ZR 147/07, ZIP 2010, 90.

1354 BGH, Urt. v. 22.10.2009, IX ZR 147/07, ZIP 2010, 90, 91 f., Rz. 16 ff.

1355 *de Bra*, in: Braun, InsO, § 129, Rz. 11; *Hirte/Ede*, in: Uhlenbruck, InsO, § 129, Rz. 110 f.; *Huber*, in: Gottwald, Insolvenzrechts-Handbuch, § 46, Rz. 19; *ders.*, in: Graf-Schlicker, InsO, § 129, Rz. 2; *Kahlert/Onusseit*, DStR 2012, 334, 338; *Kayser*, in: MüKo, InsO, § 129; *Leithaus*, in: Andres/Leithaus, InsO, § 129, Rz. 3, 7b; *Nerlich*, in: Nerlich/Römermann, InsO, § 129, Rz. 39 (nicht direkt bzgl. Bier- und USt); hinsichtlich des TB-Merkmals der Rechtshandlung bzgl. § 16 Abs. 2 UStG so auch *Reiß*, in: Reiß/Kraeusel/Langer, UStG, § 18 – Exkurs: Umsatzsteuer in der Insolvenz, Rz. 2129.2; *Windel*, in: Jaeger, InsO, § 96, Rz. 47. *Stadie*, in: Rau/Dürrwächter, UStG, Anhang – Umsatzsteuer und Insolvenz, Rz. 40 ff., tendiert wohl dazu, die Annahme einer Gläubigerbenachteiligung abzulehnen, greift hingegen nicht explizit das Vorliegen einer Rechtshandlung selbst an. Noch vor der Rechtsprechung des BGH sind auch *Henckel*, in: Jaeger, InsO, § 129, Rz. 10, und *Weis*, in: Hess, InsO, § 129, Rz. 12 ff., der Auffassung, dass Realakte anfechtbar sind. *Henckel* ist darin zuzustimmen, dass Rechtshandlungen nur dann nicht vorliegen, wenn die Rechtsänderungen kraft Gesetzes *ohne* das Zutun eines Verfahrensbeteiligten eintreten.

1356 BFH, Urt. v. 2.11.2010, VII R 6/10, BStBl. II 2011, 374, 377, Rz. 26, für die Verwaltungsleistung des vorläufigen Insolvenzverwalters an die Insolvenzmasse; VII R 62/10, BStBl. II 2011, 439, 441, Rz. 20 ff.

einer Rechtshandlung in Bezug auf umsatzsteuerliche Besteuerungsgrundlagen ausdrücklich offen gelassen hat[1357]. Und auch der Bundesrat hat mit seiner Stellungnahme zum Entwurf eines *Gesetzes zur Umsetzung der Beitreibungsrichtlinie sowie zur Änderung steuerlicher Vorschriften* im Wege eines Umkehrschlusses deutlich gemacht, dass umsatzsteuerrechtlich relevante Handlungen anfechtbare Rechtshandlungen sein können. Der dort formulierte Wunsch zur Einfügung eines Absatzes 5 in § 226 der Abgabenordnung lautet: „Die von einem anderen Unternehmer für das Unternehmen des Insolvenzschuldners und die vom Insolvenzschuldner ausgeführten Lieferungen und sonstigen Leistungen *gelten* [Hervorh., d. *Verf.*] für die Aufrechnung durch Finanzbehörden nicht als Rechtshandlungen im Sinne der §§ 129 ff. der Insolvenzordnung." Die allein auf die Umsatzsteuer zielende Anordnung einer gesetzlichen Fiktion ist ausdrücklich fiskalisch motiviert und anlässlich der Rechtsprechungsänderung des VII. Senats des BFH – letztlich erfolglos – angestrebt worden. Es bedürfte ihr allerdings nicht, wenn nicht auch der Bundesrat davon ausginge, dass grundsätzlich auch diejenigen Handlungen anfechtbar sein können, die zu der Entstehung umsatzsteuerlicher Besteuerungsgrundlagen führen.

Mit Blick auf den Wortlaut von § 129 Abs. 1 InsO wirkt die vom BGH angenommene Auslegung der anfechtbaren *Rechtshandlung* durchaus extensiv, deutet doch der *terminus* auf eine Handlung hin, die in sich selbst einen rechtlichen Inhalt trägt. Der BGH hingegen hält es für ausreichend, wenn die Handlung nur *irgendeine* rechtliche Relevanz hat. Anders als bei rechtsgeschäftlichen oder rechtsgeschäftsähnlichen Handlungen, durch die rechtliche Wirkungen bereits ohne jedes Zutun eintreten können, braucht es bei Realhandlungen noch eines weiteren Aktes, der entweder in einem Rechtsgeschäft oder in einer gesetzlichen Anordnung bestehen kann. Diese Rechtsprechung erlaubt es dem BGH, auch auf solche Ereignisse in einer Kausalkette zuzugreifen, die (weit) vor dem – separat zu prüfenden – Eintritt der Gläubigerbenachteiligung liegen. Damit ist es kaum noch denkbar, dass in einem Sachverhalt nicht auch *zumindest eine* dem Grunde nach anfechtbare Rechtshandlung gefunden werden kann[1358]. Das entspricht indes dem Telos der Insolvenzanfechtung, dessen weitreichender Anwendungsbereich kein Selbstzweck ist. Vielmehr soll nämlich vermieden werden, dass die Forderungen einzelner Gläubiger im Vorfeld der Eröffnung des Insolvenzverfahrens befriedigt werden und die restlichen Gläubiger lediglich mit der Quote abgefunden werden. Der „Wettlauf der Gläubiger" wird damit in zeitlicher Hinsicht vorverlagert. Die mit einer erfolgreichen Insolvenzanfechtung einhergehende Masseanreicherung trägt der angesprochenen Maßgabe der Gläubigergleichbehandlung Rechnung. Es bedarf daher im ersten Prüfungsschritt eines möglichst breiten Ansatzpunktes, den

1357 BFH, Urt. v. 24.11.2011, V R 13/11, BStBl. II 2012, 298, 302, Rz. 33.

1358 Ob daraus aber auch ein Aufrechnungsverbot nach § 96 Abs. 1 Nr. 3 InsO oder ein insolvenzrechtlicher Rückgewähranspruch nach § 143 Abs. 1 InsO folgt, ist damit freilich noch nicht gesagt, sondern hängt vom Vorliegen der weiteren Voraussetzungen der §§ 129 ff. InsO ab.

auch der Gesetzgeber dem Tatbestandsmerkmal der anfechtbaren Rechtshandlung beigemessen hat[1359]. Später, also anlässlich der Prüfung der nachfolgenden Voraussetzungen einer erfolgreichen Insolvenzanfechtung, kann beispielsweise zum Tragen kommen, dass im Ergebnis etwa keine Gläubigerbenachteiligung vorliegt oder es auf Gläubigerseite an der erforderlichen subjektiven Kenntnis fehlt. Ein systematisches Argument dafür, dass neben Rechtsgeschäften auch Realakte vom Begriff der Rechtshandlung zu erfassen sind, folgt beispielsweise aus § 140 InsO, dessen Absatz 1 eine Rechtshandlung und dessen Absatz 2 eine Willenserklärung kennt[1360]. Der Gesetzgeber hat also in Ansehung der Kenntnis beider Begrifflichkeiten absichtlich eine Differenzierung vorgenommen.

Damit kann zunächst festgehalten werden, dass die Auffassung des IX. Senats des BGH in Bezug auf die Anfechtbarkeit solcher Handlungen, die zu durch Steuergesetz angeordneten Wirkungen führt, nicht erst für ebendiese Fallgruppen entwickelt worden ist und nicht nur dort zum Tragen kommt. Das weite Verständnis des *terminus* Rechtshandlung ist nämlich unterschiedslos auch auf rein bürgerlichrechtliche Fragestellungen anzuwenden und ermöglicht damit erst eine vollständige Einbeziehung derjenigen wirtschaftlichen Vorgänge, die in Verdacht stehen, den übergeordneten Zweck des Insolvenzverfahrens im Sinne von § 1 S. 1 InsO zu vereiteln. Überträgt man diesen Gedanken nun auf die in der umsatzsteuerlichen Zwangsverrechnung aufgehenden unselbständigen Besteuerungsgrundlagen, so sind damit die diesen zugrundeliegenden tatsächlichen Handlungen oder Ereignisse von der Rechtshandlung i.S.d. § 129 Abs. 1 InsO erfasst. Dass es infolgedessen bei Vorliegen der weiteren Tatbestandsvoraussetzungen[1361] zu einem „Aufbruch des Saldos" kommen *kann*, entspricht nicht der rechtspolitischen Auffassung des *Verfassers*, der es insoweit präferiert, den im Zuge von § 16 Abs. 2 UStG gebildeten Saldo unangetastet zu lassen[1362]. Auf dem Fundament der aktuellen Rechtslage ist dies mit Blick auf die vorstehend vorgenommene Auslegung aber nicht möglich. Insofern offenbart sich ein weiterer neuralgischer Punkt an der Schnittstelle von Umsatzsteuer- und Insolvenzrecht, der – solange gesetzgeberische Vorhaben wie beispielsweise das des Bundesrates nicht umgesetzt werden – im Ergebnis zulasten der umsatzsteuerrechtlichen Systematik geht[1363].

(b) Anknüpfungspunkt

Nunmehr stellt sich die Frage, was vorliegend die anfechtbare Rechtshandlung sein kann, die vor der Insolvenzeröffnung verwirklicht wurde. An dieser Stelle kommen

1359 S. hierzu oben unter Drittes Kapitel B)II.3.e)cc).
1360 Der Begriff „Willenserklärung" findet ferner Verwendung in §§ 228; 254 Abs. 1, Abs. 2 InsO.
1361 S. hierzu im Folgenden.
1362 S. hierzu unten unter Viertes Kapitel A)IV.4.
1363 Zu dem damit einhergehenden, differenzierten Ergebnis s. unten unter Drittes Kapitel B)II.3.e)dd).

drei Anknüpfungspunkte in Betracht: *erstens*, die umsatzsteuerliche Zwangsverrechnung selbst, *zweitens*, die positiven Besteuerungsgrundlagen und, *drittens*, die negativen Besteuerungsgrundlagen.

Wie wir oben gesehen haben, ist eines der konstituierenden Merkmale einer Rechtshandlung, dass sie auf eine – wie auch immer geartete – Willensbetätigung zurückzuführen sein muss, auch wenn diese Betätigung in dem Kausalverlauf hin zu den Rechtswirkungen einer Gläubigerbenachteiligung (weit) vor dem Eintritt des Erfolgs (Gläubigerbenachteiligung) liegen kann. Bei der von Gesetzes wegen durchgeführten Zwangsverrechnung nach § 16 Abs. 2 UStG gibt es ein solches Willensbetätigungsmoment aber nicht, da weder der steuerpflichtige Unternehmer, noch ein Amtsträger der Finanzbehörde die Verrechnung vornimmt oder sie auch nur auslöst; sie läuft nämlich *ipso iure* ab, womit sie als tauglicher Anknüpfungspunkt für eine Rechts*handlung* ausfällt.

Damit wenden wir uns der zweiten Möglichkeit, nämlich der Anfechtung positiver Besteuerungsgrundlagen zu. Ihre Verwirklichung geht in der Regel auf eine Willensbetätigung des Schuldners zurück. Der häufigste Fall ist an dieser Stelle der *Umsatz*, also die Lieferung oder sonstige Leistung. Ebenso in Betracht kommen aber auch die Berichtigungstatbestände[1364]. All jene münden nach dem Zwischenschritt der Zwangsverrechnung in die Entstehung der Umsatzsteuerforderung. Die positiven Besteuerungsgrundlagen im Rang einer Insolvenzforderung nach § 38 InsO führen aber nicht allein dazu, dass es in wirtschaftlicher Hinsicht tatsächlich zu einer Gläubigerbenachteiligung kommt. Sie belasten die Insolvenzmasse im Sinne des Anfechtungsregimes nämlich noch nicht deshalb, weil sie „begründet" sind. Sie täten es erst dann, wenn ihr Nennwert oder auch ein Teil dessen aus dem schuldnerischen Vermögen abgeflossen wäre. Mangels im Insolvenzfall erbrachter Zahlung liegt ein solcher Abfluss indes nicht vor. Da aber davon auszugehen ist, dass neben positiven auch negative Besteuerungsgrundlagen in die umsatzsteuerliche Zwangsverrechnung einzustellen sind, müssen diese mit in den Blick genommen werden. Denn erst mit der Verrechnung von letztgenannten wird der positive Saldo minimiert, der Fiskus mithin im Wege der Zwangsverrechnung wirtschaftlich befriedigt. Insofern ist der dritten Möglichkeit der Vorzug einzuräumen, wonach diejenigen Lebenssachverhalte anfechtbar im Sinne der §§ 129 ff. InsO sind, die zu einer negativen Besteuerungsgrundlage führen[1365]. Da diese ohnehin nicht von den

---

1364 Dabei geht die Vorsteuerkorrektur nach § 17 Abs. 1 S. 2 i.V.m. Abs. 2 Nr. 1 S. 2 UStG nicht auf ein Handeln des Insolvenzschuldners zurück.

1365 So auch schon BFH, Urt. v. 2.11.2010, VII R 6/10, BStBl. II 2011, 374, 377, Rz. 26, für die Verwaltungsleistung des vorläufigen Insolvenzverwalters an die Insolvenzmasse; VII R 62/10, BStBl. II 2011, 439, 441, Rz. 20 ff.; beide Urteile ergangen im Rahmen der Aufrechnung und im Anschluss an BGH, Urt. v. 22.10.2009, IX ZR 147/06, ZIP 2010, 90. Eine anfechtbare Rechtshandlung verneint hat der BFH noch mit Urt. v. 16.11.2004, VII R 75/03, BStBl. II 2006, 193; danach fehlte es an einer Rechtshandlung, weil die Verpflichtung des Schuldners zur Vergütung der Tätigkeit eines vorläufigen Insolvenzverwalters nicht auf einer vertraglichen Vereinbarung beru-

Tatbeständen des § 55 Abs. 2, 4 InsO erfasst werden können, ergibt sich auch keine Kollision zwischen der insolvenzrechtlichen Anfechtung und der Begründung von Masseverbindlichkeiten[1366].

(2) Zeitpunkt der Vornahme der Rechtshandlung

Anfechtbar sind nur solche Rechtshandlungen, die vor der Eröffnung des Insolvenzverfahrens verwirklicht wurden[1367]. Führt man sich nun vor Augen, dass der VII. Senat des BFH in diesem Zusammenhang auf das insolvenzrechtliche Begründetsein abgestellt hat[1368] und setzt man dies in das Verhältnis zu der neueren Rechtsprechung ebendieses Senats und derjenigen des V. Senats des BFH, nach der die Zeitpunkte der Begründetheit bzw. des Schuldigwerdens nach gegenwärtiger Lesart erst dann vorliegen, wenn der steuerliche Tatbestand vollständig verwirklicht, also abgeschlossen ist[1369], erscheint eine genauere Prüfung an dieser Stelle angezeigt.

Nach § 140 Abs. 1 InsO gilt eine Rechtshandlung als in dem Zeitpunkt vorgenommen, in dem ihre rechtlichen Wirkungen eintreten. Grundgedanke der Regelung ist, dass der Zeitpunkt entscheidet, in dem durch die Rechtshandlung eine Rechtsposition begründet worden ist, die im Falle der Eröffnung eines Insolvenzverfahrens beachtet werden müsste[1370]. Abzustellen ist damit auf die unmittelbar eintretenden rechtlichen Wirkungen, die zu einer Verkürzung des Schuldnervermögens führen. Es kommt also darauf an, wann die Gläubigerbenachteiligung eintritt[1371]. Dabei

---

he, sondern auf Festsetzung seitens des Insolvenzgerichts. Die Frage ausdrücklich offen gelassen hat der V. Senat des BFH in seinem Urteil vom 24.11.2011, V R 13/11, BStBl. II 2012, 298, 302, Rz. 33. Ob überhaupt ein anfechtbarer Lebenssachverhalt vorliegt, ist in jedem Einzelfall zu prüfen. Bei Eingangsumsätzen ist dieser jedenfalls gegeben. Schwieriger ist es, den Lebenssachverhalt für die Berichtigungstatbestände zu identifizieren, die zu negativen Besteuerungsgrundlagen führen. Hier ist bspw. an die Berichtigung wegen tatsächlicher Uneinbringlichkeit aus der Sicht des leistenden Unternehmers zu denken. Hier ließe sich aber, insb. zur Vermeidung von Friktionen, ebenso an den Realakt, nämlich die Zahlungseinstellung selbst anknüpfen.

1366 Anders wäre der Fall zu bewerten, wenn es um die Anfechtung positiver Besteuerungsgrundlagen ginge. Diese können im vorläufigen Insolvenzverfahren zu Masseverbindlichkeiten nach § 55 Abs. 2, 4 InsO führen. Trifft das für bestimmte Besteuerungsgrundlagen zu, so sind die darauf entfallenden Rechtshandlungen meines Erachtens nicht anfechtbar, da der Fiskus insoweit nicht *Insolvenzgläubiger* (vgl. den Wortlaut in §§ 130, 131 InsO) ist. Gl. A. betr. § 55 Abs. 4 InsO auch *Nachtmann*, Das Fiskusvorrecht im deutschen Insolvenzrecht, S. 123 f.

1367 Vor einer Gläubigerbenachteiligung durch spätere Maßnahmen schützen regelmäßig die §§ 80, 81, 82, 91, sowie 91 Abs. 1 Nr. 1, 2 und 4 InsO, s. *Kayser*, in: MüKo, InsO, § 129, Rz. 74.

1368 BFH, Urt. v. 2.11.2010, VII R 6/10, BStBl. II 2011, 374, 378, Rz. 32.

1369 S. hierzu noch unten unter Drittes Kapitel C)II.

1370 BT-DrS 12/2443, S. 166 (§ 159 InsO RegE).

1371 BGH, Urt. v. 9.7.2009, IX ZR 86/08, ZIP 2009, 1674, Rz. 35.

handelt es sich bei den hier in Rede stehenden Rechtshandlungen im Vergleich zu mehraktigen um *einaktige*. Allein die Tatsache, dass die oben beschriebene Rechtswirkung negativer Besteuerungsgrundlagen nämlich erst mit der Zwangsverrechnung, also mit Ablauf des Voranmeldungszeitraums eintritt, vermag dies nicht zu ändern, da die Zwangsverrechnung selbst keine Rechtshandlung ist. Damit ist aber noch nicht die Frage beantwortet, *wann* die Gläubigerbenachteiligung i.S.v. § 140 Abs. 1 InsO eintritt.

An dieser Stelle ist zwischen solchen negativen Besteuerungsgrundlagen zu unterscheiden, deren entsprechende Rechtshandlungen schon vor dem Ende des abgekürzten Besteuerungszeitraums ausgeführt wurden und dort auch bereits umsatzsteuerlich erfasst, also in den Voranmeldungszeitraum eingestellt worden sind, und solchen, die schon im Rumpfbesteuerungszeitraum ausgeführt wurden, hingegen umsatzsteuerlich erst danach erfasst worden sind. Dieser Gedanke geht zurück auf die bereits zu § 96 Abs. 1 Nr. 1 InsO angeführte Begründung, wonach alle Besteuerungsgrundlagen, die im nachinsolvenzlichen Besteuerungszeitraum erfasst werden, letztlich kein Problem der Zwangsverrechnung mehr sind, sondern damit gleichsam automatisch dem Problemkreis der Aufrechnung zugeschlagen werden.

Die genannte Unterscheidung ist wesentlich für den Eintritt der Gläubigerbenachteiligung. Diese ist vorliegend darauf präzisiert worden, dass sie in der Verrechnung von negativen mit positiven Besteuerungsgrundlagen besteht und der Insolvenzmasse infolgedessen das Guthaben aus den negativen Besteuerungsgrundlagen nicht zufließt. Damit es überhaupt zu einer Verrechnung kommen kann, müssen sich die positiven und negativen Besteuerungsgrundlagen aber in *einem* Besteuerungszeitraum gegenüberstehen, was nicht der Fall ist, wenn die negative Besteuerungsgrundlage erst im nachinsolvenzlichen Besteuerungszeitraum umsatzsteuerlich erfasst wird. In diesem Fall stellt sich mithin für den vorliegenden Abschnitt nicht mehr die Frage, ob die hiervor liegende Rechtshandlung (regelmäßig: umsatzsteuerliche Eingangsleistung) i.S.d. § 140 Abs. 1 InsO vor der Insolvenzeröffnung verwirklicht wurde, da sie nicht in demselben Besteuerungszeitraum liegt und somit die Zwangsverrechnung nach § 16 Abs. 2 UStG nicht greift.

Anders ist der Fall aber für diejenigen Rechtshandlungen zu bewerten, die zu negativen Besteuerungsgrundlagen führen und sowohl vor der Eröffnung des Insolvenzverfahrens verwirklicht als auch in den vorinsolvenzlichen Besteuerungszeitraum eingestellt wurden. In diesem Fall treten die Rechtswirkungen, also die Gläubigerbenachteiligung, auch vor der Insolvenzeröffnung ein. Mit den Worten des V. Senats des BFH ließe sich an dieser Stelle auch argumentieren, dass die Gläubigerbenachteiligung mit Eintritt der Zwangsverrechnung „und damit eine juristische Sekunde vor der Insolvenzeröffnung“[1372] erfolgt. Bei Lichte besehen braucht es diese – an anderer Stelle für unzulässig erachtete[1373] – Erwägung aber nicht, da Rechtswirkungen schon in dem Moment eintreten, in dem die negativen

1372 Vgl. BFH, Urt. v. 24.11.2011, V R 13/11, BStBl. II 2012, 298, 304, Rz. 52.
1373 S. hierzu unter Zweites Kapitel D)II.5.a)bb)(5).

Besteuerungsgrundlagen erfasst werden. In diesem Moment ist nämlich die Verrechnungslage geschaffen[1374]; die gläubigerbenachteiligende Wirkung ist letztlich nur noch vom Zeitablauf abhängig, dem sich die beteiligten Parteien weder einseitig, noch gemeinsam entziehen können. Die zu negativen Besteuerungsgrundlagen führenden Rechtshandlungen sind mithin i.S.d. § 140 Abs. 1 InsO vor der Insolvenzeröffnung verwirklicht.

(3) Zurechnungszusammenhang zwischen Rechtshandlung und Gläubigerbenachteiligung

Als letzte allgemeine Voraussetzung der insolvenzrechtlichen Anfechtung ist schließlich noch erforderlich, dass die Rechtshandlung die Gläubigerbenachteiligung herbeigeführt hat. Vorausgesetzt wird ein natürlicher Ursachenzusammenhang im Sinne einer *conditio sine qua non*-Formel. Insofern gilt für eine positive Feststellung des Ursachenzusammenhangs: Wird die Rechtshandlung hinweggedacht, so müsste eine bessere Befriedungsmöglichkeit für die Gläubiger bestehen. Dabei ist es nicht von Bedeutung, ob die gläubigerbenachteiligende Wirkung schon unmittelbar[1375] mit der Rechtshandlung eintritt oder noch eine weitere Ursache hinzutreten muss. Das gilt insbesondere dann, wenn die zusätzlichen Folgen kraft Gesetzes eintreten[1376]. Subsumiert man nun die umsatzsteuerliche Zwangsverrechnung, so liegt der geforderte Ursachenzusammenhang zwischen der anfechtbaren Rechtshandlung (hier: Lebenssachverhalt, der zur Entstehung der negativen Besteuerungsgrundlage führt) und der Gläubigerbenachteiligung (hier: Verhinderung der Massemehrung wegen der Verrechnung positiver und negativer Besteuerungsgrundlagen mit der Folge, dass Guthaben nicht an die Masse ausgekehrt wird) vor. Unschädlich ist – wie aufgeführt –, dass nicht die Rechtshandlung selbst die gläubigerbenachteiligende Wirkung auslöst, sondern diese erst endgültig durch die Zwangsverrechnung nach § 16 Abs. 2 UStG eintritt.

(4) Spezielle Anfechtungstatbestände, §§ 130, 131 InsO

Neben die nun festgestellten Voraussetzungen, die für jede Insolvenzanfechtung notwendig sind, müssen noch – jeweils alternativ – diejenigen einer der speziellen

---

1374 Diesen Moment lässt der BGH auch für die Aufrechnung genügen, s. für das Kontokorrent Urt. v. 29.11.2007, IX ZR 30/07, ZIP 2008, 183; außerdem *Ede/Hirte*, in: Uhlenbruck, InsO, § 140, Rz. 80; *H.-P. Kirchhof*, in: MüKo, InsO, § 140, Rz. 11b, jeweils m.w.N. zur BGH-Rechtsprechung. In diesem Sinne auch *Jatzke*, DStR 2011, 919, 921, allerdings im Kontext der Aufrechnung nach § 226 AO.

1375 Etwas anderes gilt nur für die speziellen Anfechtungstatbestände, die ausdrücklich darauf abstellen, dass die Insolvenzgläubiger *unmittelbar* benachteiligt werden müssen.

1376 *Kayser*, in: MüKo, InsO, § 129, Rz. 171; *Nerlich*, in: Nerlich/Römermann, InsO, § 129, Rz. 77 ff. Im Ergebnis so auch BFH, Urt. v. 2.11.2010, VII R 62/10, BStBl. II 2011, 439, 442, Rz. 25.

Anfechtungstatbestände hinzutreten. An dieser Stelle kommen vor allem die §§ 130, 131 InsO in Betracht, die sich charakteristisch grundsätzlich dahingehend voneinander unterscheiden, als § 130 InsO die *kongruente* und § 131 InsO die *inkongruente* Deckung erfasst. Deckung bedeutet, dass nur das Verschaffen einer Sicherung oder Befriedigung anfechtbar sein kann. Ob sie kongruent oder inkongruent ist, bemisst sich nach der Frage, ob der Insolvenzgläubiger die ihm gewährte Sicherung oder Befriedigung zu beanspruchen hatte (§ 131 Abs. 1 InsO), was nicht der Fall ist, wenn die konkrete Deckungshandlung vom Inhalt des Schuldverhältnisses abweicht, das zwischen Insolvenzgläubiger und Insolvenzschuldner besteht[1377]. Das ist nicht in der Weise alternativ zu verstehen, dass eine Deckung entweder nur unter die eine oder die andere Norm fallen könnte. Die kongruente Deckung bildet vielmehr den Oberbegriff, weil es bei ihr auf die Frage der Kongruenz oder Inkongruenz nicht ankommt[1378]. Die Anfechtung bei inkongruenter Deckung wird dabei vom Gesetz erleichtert, da ein Insolvenzgläubiger, der sich eine ihm nicht gebührende Sicherung oder Befriedigung gewähren lässt, weniger schutzwürdig ist[1379]. Dem schließt sich an, dass inkongruente Deckungshandlungen im Hinblick auf die bevorstehende Insolvenz des Schuldners besonders verdächtig sind[1380].

Negative Besteuerungsgrundlagen, denen ein *tatbestandsmäßiger* Lebenssachverhalt zugrunde liegt, führen nach Eingang in die Zwangsverrechnung jeweils zu einer kongruenten Sicherung. Mit der Erfüllung des umsatzsteuerlichen Tatbestands kommt es nämlich zu der Entstehung der Besteuerungsgrundlage, die bereits in diesem Moment dazu führt, dass die Verrechnungslage gesichert wird, auch wenn eine Befriedigung erst mit der Saldierung stattfindet. Die dem Fiskus in diesem Moment zustehende Sicherung hatte er auch zu beanspruchen, da der gesetzliche Tatbestand erfüllt wurde, und zwar einerseits derjenige der Besteuerungsgrundlage, und andererseits derjenige der Saldierung[1381]. Insofern müssten für eine erfolgreiche Anfechtung noch die übrigen Voraussetzungen von § 130 InsO erfüllt sein.

Danach sind Rechtshandlungen nur dann anfechtbar, wenn sie in der Krise vorgenommen wurden, was nach dem Gesetz dann der Fall ist, wenn der Schuldner im Zeitpunkt ihrer Vornahme bereits zahlungsunfähig war (§ 130 Abs. 1 Nr. 1 InsO) oder bereits ein Antrag auf Eröffnung des Insolvenzverfahrens gestellt war (§ 130 Abs. 1 Nr. 2 InsO). Wann diese Zeitpunkte erfüllt sind, ist jeweils Tatsachenfrage. Jedenfalls muss die Rechtshandlung im Zeitraum der Krise vorgenommen werden, um ihre Anfechtbarkeit zu begründen. Die Krise im Sinne der anfechtungsrechtlichen

---

1377 *Kayser*, in: MüKo, InsO, § 131, Rz. 9.

1378 *Ede/Hirte*, in: Uhlenbruck, InsO, § 130, Rz. 6; *Kayser*, in: MüKo, InsO, § 130, Rz. 6.

1379 *Kayser*, in: MüKo, InsO, § 131, Rz. 1.

1380 BGH, Urt. v. 6.5.2010, IX ZR 114/08, ZIP 2010, 1090, Rz. 5.

1381 Dies dürfte auch der Rspr. des BGH entsprechen, wonach sich die Abgrenzung von Kongruenz und Inkongruenz danach richtet, ob der Gläubiger gegen den Schuldner einen Anspruch auf die Begründung der Aufrechnungslage hat, was an dieser Stelle wegen der gesetzlichen Ausgestaltung der Fall ist, vgl. BGH, Urt. v. 29.6.2004, IX ZR 195/03, ZIP 2004, 1558, Rz. 19.

Vorschriften der Insolvenzordnung beginnt mit dem Eintritt der Zahlungsunfähigkeit, soweit dieser „in den letzten drei Monaten vor dem Antrag auf Eröffnung des Insolvenzverfahrens“(§ 130 Abs. 1 Nr. 1 InsO) liegt, und verschärft sich mit der Stellung des Insolvenzantrags[1382]. Der Insolvenzverwalter ist also mittels § 130 InsO in der Lage, längstenfalls diejenigen negativen Besteuerungsgrundlagen anzufechten, die drei Monate vor der Stellung des Insolvenzantrags verwirklicht, also umsatzsteuerlich erfasst wurden. Zu dieser Zeit, also der Vornahme der Rechtshandlung, musste der Gläubiger ferner die Zahlungsunfähigkeit gekannt haben (§ 130 Abs. 1 S. 1 Nr. 1 InsO); will der Insolvenzverwalter nur diejenigen Rechtshandlungen ab der Stellung des Eröffnungsantrags anfechten, so reicht es aus, wenn der Gläubiger zur Zeit der Handlung die Zahlungsunfähigkeit oder den Eröffnungsantrag kannte (§ 130 Abs. 1 S. 1 Nr. 2 InsO).

Was die Kenntnis der Zahlungsunfähigkeit oder des Eröffnungsantrags anbelangt, so regelt § 130 Abs. 2 InsO, dass dieser der Kenntnis von Umständen gleichsteht, die zwingend auf die Zahlungsunfähigkeit oder den Eröffnungsantrag schließen lassen. Obgleich sich eventuell in den hier in Rede stehenden Fällen auch eine positive Kenntnis des Finanzamts über die Zahlungsunfähigkeit des Unternehmers und späteren Insolvenzschuldners begründen ließe, soll die Antwort an dieser Stelle mit Hilfe der Beweislastumkehr des § 130 Abs. 2 InsO gefunden werden. Die Vorschrift setzt die Anforderungen an den Vortrag des Insolvenzverwalters herab und entbindet diesen von der Pflicht zu beweisen, dass der Gläubiger die tatsächlichen Umstände (Liquiditätsläge, Zahlungsverhalten des Insolvenzschuldners) unter den komplexen insolvenzrechtlichen Begriff der Zahlungsunfähigkeit zumindest laienhaft subsumiert hat. Nach § 130 Abs. 2 InsO genügt es nämlich, dass er die tatsächlichen Umstände kannte, auch ohne diese rechtlich einzuordnen. Bei institutionellen Gläubigern wie Finanzämtern wird man regelmäßig davon ausgehen können, dass diese wegen des ihnen möglichen Gesamtüberblicks eine der ersten Gruppen von Gläubigern sind, die von etwaigen Liquiditätsengpässen des Schuldners Kenntnis erlangen[1383]. *In praxi* wird es diesbezüglich dem typischen Fall entsprechen, dass sich beim steuerpflichtigen Unternehmer neben Umsatzsteuerschulden auch Ertragsteuerschulden gebildet haben und weiter bilden und der Unternehmer diese nur noch sporadisch oder in Form von Raten begleicht und seine Zahlungen schließlich ganz einstellt. Letztlich wird diese Frage nach den Umständen des Einzelfalls und auf

1382 *Ede/Hirte*, in: Uhlenbruck, InsO, § 130, Rz. 55.

1383 *Kayser*, in: MüKo, InsO, § 130, Rz. 35. Die Finanzverwaltung NRW hat von April 2001 bis März 2002 institutionalisiert von ausgewählten Finanzämtern sog. Liquiditätsprüfungen bei Steuerschuldnern vornehmen lassen, was zumindest auch in dem Motiv geschah, sich gegenüber privaten Gläubigern Vorteile bei der Forderungsrealisierung zu verschaffen. Gleichzeitig erlangte das Finanzamt im Rahmen dieser Prüfungen aber positive Kenntnis über die finanzielle Situation des Steuerschuldners, was die Möglichkeiten der insolvenzrechtlichen Anfechtung erleichterte, s. hierzu *Maus*, ZInsO 2004, 837 ff. Gegenwärtig finden in NRW dem Vernehmen nach Liquiditätsprüfungen nur sehr eingeschränkt statt.

der Grundlage der Judikatur zu § 130 Abs. 2 InsO zu entscheiden sein. In der Regel wird es aber mit Blick auf das Vorgesagte möglich sein, alle Rechtshandlungen anzufechten, die drei Monate vor dem Antrag auf Eröffnung des Insolvenzverfahrens durchgeführt wurden.

(5) Aufbruch des Saldos mit der Folge der Erstattung von einstweilen verrechneten Guthabensbeträgen

Aus § 143 i.V.m. § 130 Abs. 1, 2; § 140 InsO folgt somit, dass diejenigen Umsatzsteuerbeträge zur Masse zu erstatten sind, die auf negative Besteuerungsgrundlagen entfallen und die im Zeitraum der Krise mit positiven Besteuerungsgrundlagen nach § 16 Abs. 2 UStG verrechnet wurden. Die Anfechtung hat der Insolvenzverwalter mit Bezug auf die jeweilige Rechtshandlung gegenüber dem Finanzamt zu erklären, wobei „genau genommen nicht die Rechtshandlung selbst, sondern deren gläubigerbenachteiligende Wirkung, die durch die Rechtshandlung verursacht wird“[1384], anzufechten ist. Das erlaubt es dem Insolvenzverwalter, die Wirkungen auf die negativen Besteuerungsgrundlagen zu beschränken, sodass etwaige mit der Rechtshandlung eintretende zivilrechtliche (Tilgungs-)Wirkungen hiervon unberührt bleiben[1385]. Nach der hier vertretenen Auffassung käme es also zu einem Aufbruch des Saldos dergestalt, als bereits erfolge Verrechnungen nach § 16 Abs. 2 UStG rückgängig zu machen sind. Dies mag zunächst eigentümlich anmuten, entspricht aber der herrschenden Auffassung zur Behandlung von Kontokorrentverhältnissen und ist faktisch auch wegen vorhandener Anknüpfungspunkte in Form der jeweiligen Rechtshandlungen, die wiederum zu negativen Besteuerungsgrundlagen führen, vom Rechtsanwender umsetzbar. Für die insolvenzrechtliche Anfechtung ist es insofern unerheblich, dass die umsatzsteuerlichen Besteuerungsgrundlagen keine selbständigen Ansprüche bilden, sondern ihnen ein solcher Charakter erst nach erfolgter Saldierung zugesprochen wird. Wie gezeigt ist diese umsatzsteuerliche Eigenart an dieser Stelle nämlich ohne Belang.

dd) Zwischenergebnis

Das anstehende Zwischenergebnis ist in zwei Gedankenfolgen zu trennen. Dort findet sich zum einen diejenige, ob das Aufrechnungsverbot des § 96 Abs. 1 Nr. 3 InsO grundsätzlich auf die umsatzsteuerliche Zwangsverrechnung nach § 16 Abs. 2 UStG Anwendung finden kann. An dieser Stelle ist in Übereinstimmung mit dem V. Senat des BFH festzustellen, dass eine solche Annahme vom Gesetz nicht gedeckt ist. Die zweite Gedankenfolge führt sodann zu der Frage, ob die Umsatzsteuer gläubigerbenachteiligend wirkt, was – nunmehr – entgegen dem Urteil des V. Senats des BFH vom 24.11.2011 nach hier vertretener Auffassung der Fall ist. Folgt man

---

1384 BGH, Urt. v. 9.7.2009, IX ZR 86/08, ZIP 2009, 1674, Rz. 29.

1385 BGH, Urt. v. 21.1.1999, IX ZR 329/97, ZIP 1999, 406; BFH, Urt. v. 2.11.2010, VII R 62/10, BStBl. II 2011, 439, 441, Rz. 23; *Kayser*, in: MüKo, InsO, § 129, Rz. 56a.

nun dem zu ebendieser Rechtsprechung konträren Weg, so lässt sich daraus zwar *nicht* – quasi retrospektiv – § 96 Abs. 1 Nr. 3 InsO aktivieren. Die angenommene Gläubigerbenachteiligung drängt aber zu der Frage, ob auch die übrigen Tatbestandsmerkmale der insolvenzrechtlichen Anfechtungsvorschriften im Fall der umsatzsteuerlichen Zwangsverrechnung erfüllt sind. Diesbezüglich hat die Prüfung ergeben, dass der vorinsolvenzliche, abgekürzte Besteuerungszeitraum insoweit durch eine Anfechtung des Insolvenzverwalters aufgebrochen werden kann, als die fraglichen Rechtshandlungen im Zeitraum der Krise begründet wurden[1386]. Das führt zu einem Anspruch der Insolvenzmasse auf Erstattung verrechneten Guthabens nach § 143 Abs. 1 InsO. Das damit festzuhaltende Zwischenergebnis vermag den umsatzsteuerlichen Saldo also nur auf der ersten Stufe der Anwendung der insolvenzrechtlichen Aufrechnungsverbote „im Ganzen" zu erhalten. Werden die negativen unselbständigen Besteuerungsgrundlagen aber später angefochten, so ergibt sich *de lege lata* später im Wege der insolvenzrechtlichen Anfechtung ein Aufbruch desselben.

Die kritische Größe und damit gleichsam Ausgangspunkt für diese These war neben dem Vorliegen einer „anfechtbaren Rechtshandlung" die Frage der Gläubigerbenachteiligung, die der V. Senat des BFH verneint, was nach hier vertretener Auffassung abermals auf eine nicht insolvenzfeste Berücksichtigung umsatzsteuersystematischer Wertungen zurückzuführen ist. Folgt man dieser Maßgabe, dann ist der Fiskus der einzige Gläubiger, der trotz in anfechtbarer Weise hergestellter Verrechnungslage Guthaben gegen solche positiven Besteuerungsgrundlagen verrechnen kann, die zu Insolvenzforderungen nach § 38 InsO führen[1387]. Das ist indes mit dem geltenden Recht nicht zu vereinbaren.

1386 Die Frage, ob der Insolvenzverwalter einen Anspruch auf Rückgewähr nach § 143 Abs. 1 InsO hat, kann nicht Gegenstand eines Abrechnungsbescheids sein, da dieser Anspruch kein Erstattungsanspruch i.S.d. § 37 Abs. 2 AO und somit kein Anspruch aus dem Steuerschuldverhältnis i.S.d. § 37 Abs. 1 AO ist, s. BFH, Beschl. v. 5.9.2012, VII B 95/12, BStBl. II 2012, 854, 855, Rz. 10; Urt. v. 12.11.2013, VII R 15/13, BStBl. II 2014, 359, 360, Rz. 6 ff. Nach der Auffassung des VII. Senats des BFH (s. den vorstehend zitierten Beschluss) und derjenigen des BGH (Beschl. v. 24.3.2011, IX ZB 36/09, ZIP 2011, 683) sind die ordentlichen Gerichte für die Entscheidung über den insolvenzanfechtungsrechtlichen Rückgewähranspruch zuständig. Der V. Senat des BFH ist dagegen der Auffassung, dass der Finanzrechtsweg eröffnet ist (s. Urt. v. 24.11.2011, V R 13/11, BStBl. II 2012, 298, 301 f., Rz. 32). Beide Gruppen rekurrieren auf eine Entscheidung des GmS-OGB v. 27.9.2010, 1/09, BGHZ 187, 105, wonach sich die Rechtswegzuständigkeit nicht nach dem insolvenzanfechtungsrechtlichen Rückgewähranspruch als solchem richtet, sondern nach dem Rechtsverhältnis, das der angefochtenen Rechtshandlung zugrunde liegt. Vgl. hierzu auch *Krumm*, ZIP 2012, 959 ff.

1387 In diesem Sinne die Befürchtung von *Zeeck*, KTS 2006, 407, 440, für einen Fall der Aufrechnung.

III. Einschluss aller Besteuerungsgrundlagen in ihren jeweiligen Unternehmensteil – Gleichlauf von umsatzsteuer- und insolvenzrechtlichen Entstehungszeitpunkten

1. Befundaufnahme

Folgt man – ungeachtet aller in dieser Untersuchung geäußerten Zweifel – der Rechtsprechungsserie des V. Senats des BFH, so kommt es zu einem Einschluss aller Besteuerungsgrundlagen in einen der vom genannten Senat konstruierten Unternehmensteile, ohne dass an dieser Stelle die insolvenzrechtlichen Aufrechnungsverbote eingreifen. Dieser Befund resultiert aus einem Zusammenspiel zwischen dem Vorgesagten und den im Zweiten Kapitel gewürdigten Urteilen der Rechtsprechungsserie, die nachfolgender Erörterung kritiklos zugrunde liegen.

Letztere führen nämlich, *erstens*, dazu, dass es zu einem Gleichlauf zwischen der Entgeltvereinnahmung auf der einen, und der umsatzsteuerrechtlichen Entstehung[1388] und insolvenzrechtlichen Begründetheit für *positive Besteuerungsgrundlagen* auf der anderen Seite kommt. Für den Fall der Ist-Versteuerung zeigt sich das daran, dass Umsatzsteuer erst mit der Vereinnahmung des Entgelts entsteht; gleiches gilt auch für den Zeitpunkt der Begründetheit, womit eine Masseverbindlichkeit nach § 55 Abs. 1 Nr. 1 InsO ausgelöst wird. Für den Fall der Soll-Versteuerung nutzt der V. Senat des BFH § 17 Abs. 2 Nr. 1 UStG, um zu dem gleichen Ergebnis zu gelangen. Letztlich führt die Anwendung des Berichtigungstatbestands nämlich dazu, dass die Umsatzsteuer für die ausgeführte Lieferung oder sonstige Leistung nach einer ersten Berichtigung erst im Zeitpunkt der zweiten Berichtigung entsteht; zu diesem Zeitpunkt kommt es gleichsam zur Begründung einer Masseverbindlichkeit. Ebenso verfährt die Rechtsprechung mit dem Zeitraum der schwachen vorläufigen Insolvenzverwaltung. Auch hier nimmt der V. Senat des BFH Berichtigungen nach § 17 Abs. 2 Nr. 1 UStG in dem Motiv vor, zu einem Gleichlauf von Entgeltvereinnahmung, umsatzsteuerrechtlicher Entstehung und insolvenzrechtlicher Begründetheit zu gelangen. Es ist anzunehmen, dass nach gleichem Muster auch für die starke vorläufige Insolvenzverwaltung judiziert wird.

„Gelungen" ist es dem V. Senat des BFH im Ergebnis damit, dass sich die Zeitpunkte decken, in denen eine positive Besteuerungsgrundlage umsatzsteuerlich im Voranmeldungs- bzw. Besteuerungszeitraum zu erfassen und zugleich insolvenzrechtlich begründet ist. Nunmehr tritt hinzu, dass es ebenfalls zu einer Abkürzung des Besteuerungszeitraums mit der Eröffnung des Insolvenzverfahrens über das Vermögen des Insolvenzschuldners kommt. Außerdem muss die Grundannahme des V. Senats des BFH beachtet werden, wonach es zu einer Aufspaltung des *einen* Unternehmens in Unternehmensteile kommt, namentlich der Insolvenzmasse,

---

1388 Davon ausgeklammert soll der Ablauf des Voranmeldungs- bzw. Besteuerungszeitraums sein.

einem vorinsolvenzrechtlichen Unternehmensteil und dem eventuell vom Insolvenzverwalter freigegebenen Vermögen. Dabei fällt auf, dass der abgekürzte Besteuerungszeitraum und der vorinsolvenzrechtliche Unternehmensteil zum gleichen Zeitpunkt enden. Parallel dazu weisen die Insolvenzmasse und der diesbezügliche Besteuerungszeitraum denselben Anfangspunkt auf. Es kommt also zu einem zeitlichen Gleichlauf von Besteuerungszeiträumen und Unternehmensteilen.

Diese zwar nicht mit dem Gesetz zu vereinbarende, aber ansonsten als „in sich konsistent" zu bezeichnende Konstruktion muss allerdings für die Verwirklichung positiver Besteuerungsgrundlagen im Rahmen einer vorläufigen Insolvenzverwaltung modifiziert werden. Diese können nämlich – ist dort auch das Entgelt vereinnahmt worden – umsatzsteuerlich vor der Insolvenzeröffnung, also im vorinsolvenzlichen Besteuerungszeitraum und mithin im vorinsolvenzrechtlichen Unternehmensteil entstanden und somit auch dort zu erfassen sein. Sie sind dort grundsätzlich zwar auch insolvenzrechtlich begründet, gelten aber (Fiktionswirkung von § 55 Abs. 2, 4 InsO) erst nach der Eröffnung des Insolvenzverfahrens als Masseverbindlichkeit und „gehören" infolgedessen nach der Auffassung des V. Senats des BFH auch in den Unternehmensteil „Insolvenzmasse". Damit kommt es in dieser Fallgruppe an sich zu einem Auseinanderfallen zwischen Entgeltvereinnahmung, umsatzsteuerrechtlicher Entstehung und insolvenzrechtlicher Begründetheit. Um an dieser Stelle gleichwohl zu einem Gleichlauf zu gelangen, sind nach der Rechtsprechung des V. Senats des BFH bei der Berechnung der Jahressteuer als Insolvenzforderung – also bei derjenigen für den vorinsolvenzlichen Besteuerungszeitraum/Unternehmensteil – nur „die Besteuerungsgrundlagen zu erfassen, die dem Insolvenzbereich des § 38 InsO zuzuordnen sind"[1389] und damit keine Masseverbindlichkeiten sind[1390]. Das Finanzamt hat die Steuerberechnung, deren Ergebnis zur Insolvenztabelle angemeldet werden soll, also um diejenigen Beträge zu kürzen, die auf Besteuerungsgrundlagen als Masseverbindlichkeiten entfallen[1391]. Die Folge dessen ist, dass auch diese umsatzsteuerlich vorinsolvenzlich entstandenen positiven Besteuerungsgrundlagen letztlich im Unternehmensteil „Insolvenzmasse" erfasst werden.

Die aufgezeigten Prämissen führen zu *zweitens*, nämlich dem Einschluss der Besteuerungsgrundlagen in denjenigen Unternehmensteil, der ihnen vom V. Senat des BFH „zugewiesen" wurde. Dies gilt nunmehr nicht nur für positive, sondern auch für *negative Besteuerungsgrundlagen*. Letztgenannte lassen sich zwar nicht von den Regelungen der §§ 38, 55 InsO erfassen, weil sie keine Forderungen gegenüber der Masse zu begründen vermögen, sondern ihr vielmehr selbst eine Forderung verschaffen. Insofern kann es an dieser Stelle auch nicht zu einem Gleichlauf von

1389 BFH, Urt. v. 24.9.2014, V R 48/13, BStBl. II 2015, 506, 511, Rz. 48. So auch *Heuermann*, UR 2015, 174, 175 f., der in seinem Beitrag indes an keiner Stelle von „Unternehmensteilen" oder „Aufspaltung des Unternehmens" spricht.

1390 BFH, Urt. v. 24.11.2011, V R 13/11, BStBl. II 2012, 298, 300, Rz. 16.

1391 So auch *Wäger*, BFH/PR 2015, 68, 70.

umsatzsteuerlicher Erfassung und insolvenzrechtlicher Begründetheit kommen, weil es schlichtweg keinen *Begründetheitszeitpunkt* gibt[1392]. Die Insolvenzordnung kennt für Ansprüche der Insolvenzmasse mit § 96 Abs. 1 Nr. 1 InsO nur eine zeitpunktbezogene Abgrenzungsvorschrift, deren Tatbestandsmerkmal „schuldig werden" demjenigen der Begründetheit inhaltlich entspricht. Mit der Abkürzung des Besteuerungszeitraums ist diese Vorschrift aber zumindest für die Zwecke der umsatzsteuerlichen Zwangsverrechnung obsolet geworden, was ebenso dazu führt, dass der umsatzsteuerliche Entstehungs-/Erfassungszeitpunkt mit Bezug zu dem jeweiligen Unternehmensteil nicht mehr durch die Berücksichtigung insolvenzrechtlicher Vorschriften geändert wird.

Abgesichert hat der V. Senat des BFH diesen *Einschluss von Besteuerungsgrundlagen* noch dadurch, dass er für die Umsatzsteuer geurteilt hat, diese sei nicht gläubigerbenachteiligend i.S.d. §§ 129 ff. InsO, was eine Anwendung von § 96 Abs. 1 Nr. 3 InsO ausschließt. Damit gelingt es ihm, den abgekürzten Besteuerungszeitraum und damit den vorinsolvenzrechtlichen Unternehmensteil in dem hier beschriebenen Sinne unangetastet zu lassen, und zwar für die insolvenzrechtlichen Aufrechnungsverbote einerseits, und eine nachträgliche Anfechtung andererseits. Für den Fall der vorläufigen Insolvenzverwaltung ist diese Maßgabe nach der Rechtsprechung des V. Senats des BFH abermals zu modifizieren[1393]. Kommt es dort nämlich zu einer durch den vorläufigen Insolvenzverwalter veranlassten Zahlung des Entgelts (was *in praxi* selten geschehen wird), so ist eine zweite Berichtigung des Vorsteuerabzugs nach § 17 Abs. 2 Nr. 1 S. 2 i.V.m. § 17 Abs. 1 S. 2 UStG vorzunehmen, mithin also eine negative Besteuerungsgrundlage verwirklicht. Diese ist umsatzsteuerlich im vorinsolvenzlichen Besteuerungszeitraum zu erfassen, wäre also dem vorinsolvenzrechtlichen Unternehmensteil zuzuordnen. Nach der Rechtsprechung ist sie indes bei der Berechnung der sich für den Besteuerungszeitraum ergebenden Masseverbindlichkeit, *ergo* im Unternehmensteil „Insolvenzmasse" zu berücksichtigen.

Daran schließt sich an, *drittens*, dass der aus einer Zwangsverrechnung nach § 16 Abs. 2 UStG für den abgekürzten Besteuerungszeitraum resultierende Saldo ein Saldo bleibt, will meinen, dass das Insolvenzrecht diesen nicht aufbrechen und dort einzelne Besteuerungsgrundlagen herauslösen kann. Gleiches wie für den vorinsolvenzrechtlichen Unternehmensteil gilt auch für denjenigen der Insolvenzmasse. Ohne an dieser Stelle etwas vorwegnehmen zu wollen, ändert sich dieser Befund – wie es indes noch vor der Rechtsprechungsänderung des VII. Senats des BFH der Fall sein konnte – auch nicht mehr für den Fall, in dem das Finanzamt eine Aufrechnung erklärt[1394]. Der V. Senat des BFH hat damit gewährleistet, dass

1392 Zu dem falschen Verständnis des V. Senats des BFH von §§ 38, 55 InsO sogleich im nächsten Abschnitt.

1393 So entschieden für den Fall der schwachen vorläufigen Insolvenzverwaltung mit BFH, Urt. v. 24.9.2014, V R 48/13, BStBl. II 2015, 506, 510, Rz. 36 f. Das gleiche Ergebnis ist für den Fall der starken vorläufigen Insolvenzverwaltung zu erwarten.

1394 S. hierzu unten unter Drittes Kapitel C).

Besteuerungsgrundlagen eines Unternehmensteils nur mit solchen verrechnet werden, die ebenfalls *diesem* Unternehmensteil zugeordnet sind[1395]. Auch nach erfolgter Verrechnung können sie die Grenzen ebendieses Unternehmensteils nicht mehr aufgrund einer insolvenzrechtlichen Anfechtung übertreten. Es kommt zum Einschluss von Besteuerungsgrundlagen.

2. Falsches Verständnis des V. Senats des BFH von §§ 38, 55 InsO bezüglich negativer Besteuerungsgrundlagen

Der aufgenommene Befund eines *Einschlusses von Besteuerungsgrundlagen* und die dafür vorausgesetzten Prämissen gehen – ungeachtet der bereits daran geäußerten Zweifel – darüber hinaus von einem falschen Verständnis der insolvenzrechtlichen Abgrenzungsvorschriften hinsichtlich negativer Besteuerungsgrundlagen aus. Der V. Senat des BFH will für diese nämlich §§ 38, 55 InsO heranziehen. Zwar subsumiert er negative Besteuerungsgrundlagen weder unter die genannten Vorschriften, noch stellt er die hier genannte These ausdrücklich in einem Obersatz auf. Dass er diesbezüglich aber in den Kategorien von Insolvenzforderung und Masseverbindlichkeit denkt, beweist er beispielsweise damit, dass er bei der Steuerberechnung für den vorinsolvenzrechtlichen Unternehmensteil nur solche „Steueransprüche und die damit zusammenhängenden *Vorsteuerbeträge* [Hervorh., d. *Verf.*] und Berichtigungen"[1396] berücksichtigen will, bei denen es sich um Insolvenzforderungen nach § 38 InsO handelt; spiegelbildlich dazu sind „Umsätze, abziehbare *Vorsteuerbeträge* [Hervorh., d. *Verf.*] und Berichtigungen"[1397] im Rahmen der Steuerfestsetzung für die Masse nach den Kriterien des § 55 InsO vorzunehmen. An anderer Stelle spricht er undifferenziert davon, nur „die Besteuerungsgrundlagen zu erfassen, die dem Insolvenzbereich des § 38 InsO zuzuordnen sind" und geht zuvor davon aus, dass sich negative Besteuerungsgrundlagen „masseverbindlichkeitsmindernd" auswirken[1398].

Bestätigt wird diese Annahme durch die Auffassung *Wägers*, wonach sich die Aufteilung der sich für den Besteuerungszeitraum ergebenden Steuerschuld in eine Insolvenzforderung und eine Masseverbindlichkeit „nicht nur für die steuererhöhenden, sondern auch für die steuermindernden Besteuerungsgrundlagen nach §§ 38, 55 InsO" richtet[1399]. Das entnimmt er auch der neueren Rechtsprechung des

---

1395 BFH, Urt. v. 9.12.2010, V R 22/10, BStBl. II 2011, 996, 998, Rz. 29; v. 24.11.2011, V R 13/11, BStBl. II 2012, 298, 300, Rz. 15 ff.

1396 BFH, Urt. v. 24.11.2011, V R 13/11, BStBl. II 2012, 298, 300, Rz. 16.

1397 BFH, Urt. v. 8.3.2012, V R 24/11, BStBl. II 2012, 466, 468, Rz. 25. Hiervon scheint zumindest bzgl. § 55 Abs. 4 InsO auch das BMF auszugehen, wenn es in BMF-Schreiben v. 20.5.2015, BStBl. I 2015, 476, 479, Rz. 33, u. a. formuliert: „Vorsteuern gem. § 55 Abs. 4 InsO".

1398 BFH, Urt. v. 24.9.2014, V R 48/13, BStBl. II 2015, 506, 511, Rz. 44, 48.

1399 *Wäger*, ZInsO 2012, 520, 522; das dort als Beleg für diese Aussage angeführte Urteil des BFH vom 14.5.1998, V R 74/97, BStBl. II 1998, 634, gibt den inhaltlichen Gehalt m.E. nicht her. Zu der Frage der Aufteilung auch *Wäger*, DB 2012, 1460, 1461.

V. Senats des BFH, die seines Erachtens „nach Maßgabe der §§ 38, 55 InsO [entscheidet, d. *Verf.*], ob steuermindernde Besteuerungsgrundlagen [...] bei der Berechnung von Steueransprüchen als Insolvenzforderung oder Masseverbindlichkeiten zu berücksichtigen sind“[1400]. Für die Anwendung dieser insolvenzrechtlichen Abgrenzungsvorschriften spreche, dass es ansonsten für die insolvenzrechtliche Einordnung der Berichtigungen nach §§ 15a, 17 UStG darauf ankommen würde, ob sie zugunsten oder zulasten des insolventen Unternehmers wirkten, was im Hinblick auf die Grundsätze steuer- und insolvenzrechtlicher Gleichbehandlung fragwürdig wäre[1401].

Diese Einordnung ist indes nicht zutreffend. §§ 38, 55 InsO sind nämlich nicht in der Lage, steuermindernde, also negative Besteuerungsgrundlagen zu erfassen. Mit der allgemeinen und auch dieser Arbeit zugrundliegenden Auffassung ist nämlich nur diejenige einzelne Besteuerungsgrundlage auf ihre Qualität als Insolvenzforderung oder Masseverbindlichkeit zu untersuchen, die eine solche überhaupt auslösen kann, mithin also einen Anspruch gegen die Insolvenzmasse zu begründen vermag und infolgedessen eine positive Besteuerungsgrundlage ist. Die Annahme, auch negative Besteuerungsgrundlagen unterlägen der Einordnung nach den genannten insolvenzrechtlichen Vorschriften wird schließlich dann *ad absurdum* geführt, wenn in einem Besteuerungszeitraum ausschließlich negative Besteuerungsgrundlagen vorliegen. In diesem Fall von einer Insolvenzforderung oder einer Masseverbindlichkeit auszugehen, macht schlicht keinen Sinn. Diese Kategorien dienen allein dazu, solche Besteuerungsgrundlagen zu erfassen, die gegen die Insolvenzmasse gerichtet sind und sollen diese sodann auf ihre *insolvenzrechtliche Werthaltigkeit* hin prüfen. Ansprüche, die der Insolvenzmasse selbst gegenüber ihren Schuldnern zustehen, im Umsatzsteuerinsolvenzrecht also aus einem Überschuss an negativen Besteuerungsgrundlagen bestehen, bilden hingegen Aktivposten und unterliegen nicht der von Passivposten bekannten Unterscheidung in Insolvenzforderung und Masseverbindlichkeit. Sie stehen vielmehr allein der Insolvenzmasse (§ 35 InsO) zu und sind vom Insolvenzverwalter zum Zwecke des Insolvenzziels zu liquidieren. Ihre wirtschaftliche Werthaltigkeit wird lediglich im Rahmen der insolvenzrechtlichen Aufrechnungsverbote auf die Probe gestellt, also immer dann, wenn der Schuldner der Hauptforderung gegen sie (mit einer wertlosen Insolvenzforderung) die Aufrechnung erklärt. In diesem Fall muss am Maßstab des § 96 Abs. 1 InsO geprüft werden, ob die Aufrechnungslage aus der Sicht des Aufrechnenden trotz Eröffnung des Insolvenzverfahrens schutzwürdig ist, was sich – je nach Ergebnis – auf die Frage der Werthaltigkeit insofern durchschlägt, als davon abhängig ist, ob dem Aufrechnenden die Selbstexekution zu gewähren ist oder dieser der Insolvenzmasse zur Zahlung verpflichtet bleibt. Ähnlich wie §§ 38, 55 InsO differenziert § 96 Abs. 1 Nr. 1 InsO anhand des Zeitpunkts der Eröffnung des Insolvenzverfahrens, ist mithin

1400 *Wäger*, UR 2013, 673, 676, mit Verweis auf BFH, Urt. v. 8.3.2012, V R 24/11, BStBl. II 2012, 466.

1401 *Wäger*, ZInsO 2012, 520, 523; *ders.*, DB 2012, 1460, 1461.

also ein zeitpunktbezogenes Aufrechnungsverbot. Es sind also gerade nicht die §§ 38, 55 InsO, sondern insbesondere § 96 Abs. 1 Nr. 1 InsO, der – allein für den Fall der Aufrechnung – eine Einordnung von negativen Besteuerungsgrundlagen vorzunehmen geeignet ist.

Die geschilderten Auswirkungen der Rechtsprechungsserie des V. Senats des BFH führen auch im hier behandelten Fragenkreis der umsatzsteuerlichen Zwangsverrechnung nach § 16 Abs. 2 UStG zu einem konsequenten Außer-Kraft-Setzen der insolvenzrechtlichen Vorschriften und Wertungen. Das Ergebnis dessen ist der Einschluss sowohl positiver wie negativer Besteuerungsgrundlagen in denjenigen Unternehmensteil, der ihnen vom V. Senat des BFH zuerkannt wurde. Sind die Besteuerungsgrundlagen dort erst einmal erfasst worden, so verbleiben sie auch dort. Ein nachträgliches „Herauslösen“ ist schon im Rahmen des umsatzsteuerlichen Festsetzungsverfahrens nicht möglich[1402]. Infolgedessen kommt es zu einer umsatzsteuerlichen Zwangsverrechnung auch stets nur noch innerhalb eines separaten Unternehmensteils, der sich in zeitlicher Hinsicht mit jeweils einem (Rumpf-) Besteuerungszeitraum deckt. Mangels Eingreifen der insolvenzrechtlichen Aufrechnungsverbote entsteht damit bezogen auf den jeweiligen Unternehmensteil ein „Aufrechnungssarkophag“[1403]. Da der V. Senat des BFH zugleich die insolvenzrechtliche Anfechtung wegen einer angeblich nicht vorliegenden Gläubigerbenachteiligung ausgeschaltet hat, ist es dem Insolvenzverwalter auch genommen, eine erfolgte Saldierung nachträglich anzufechten. Dies ist allerdings ebenso wenig mit dem geltenden Recht zu vereinbaren, wie schon der für diesen Abschnitt ansonsten wesentliche Entscheidungsgrund des Judikats vom 24.11.2011, wonach es zu einer Abkürzung des Besteuerungszeitraums kommen soll. Nur *eine* Folge dessen ist, dass das Finanzamt damit in die Lage versetzt wird, seine an sich wertlose Insolvenzforderung durch Zurückhalten von auszuzahlendem Guthaben im Wege der Zwangsverrechnung zu befriedigen[1404]. Das Finanzamt muss seinen Gläubiger also nur solange hinhalten, bis der abgekürzte Besteuerungszeitraum endet. Nimmt man exemplarisch diese – insolvenzrechtlich einmalige – Situation und fügt sie in das vom V. Senat des BFH vorstehend geschaffene Gesamtkonzept hinsichtlich der umsatzsteuerlichen Zwangsverrechnung in der Insolvenz ein, so ergibt sich ein zwar durchaus konsistentes, aber nicht mit dem geltenden Recht zu vereinbarendes Konstrukt. Die Rechtsprechungsserie ist *allein* dafür zu begrüßen, dass sie eine handhabbare Erfassung von Besteuerungsgrundlagen in umsatzsteuer- und insolvenzrechtlicher Hinsicht bietet, was die Rechtspraxis erleichtern kann. Der Preis dafür ist allerdings die Aufgabe sowohl von umsatzsteuer- als auch

1402 Dass von diesem Befund auch im Rahmen des Erhebungsverfahrens nicht mehr abgerückt werden kann, wird sogleich im nachfolgenden Abschnitt unter Drittes Kapitel C) gezeigt.

1403 Diesen Begriff gebrauchte im weiteren Sinnzusammenhang *Kahlert* im Rahmen des 10. Deutschen Insolvenzrechtstages im März 2013 in Berlin, Workshop IV (Insolvenzsteuerrecht).

1404 In diesem Sinne *Heinze*, DZWiR 2013, 45, 49.

insolvenzrechtlichen Rechtssätzen und damit unangemessen hoch, womit auch dieser Teil der Neukonzeptionierung des Umsatzsteuerinsolvenzrechts durch den V. Senat des BFH abzulehnen ist.

C) Die Aufrechnung nach § 226 AO

I. Einführung

Ist erstmal ein umsatzsteuerlicher Saldo gebildet, hat darin das umsatzsteuerliche Festsetzungsverfahren seinen Abschluss gefunden. Erst daran kann sich das (umsatz-)steuerliche Erhebungsverfahren anschließen, das zum Ziel hat, Ansprüche aus dem Steuerschuldverhältnis zu verwirklichen[1405], Steuerschulden also kassenwirksam einzunehmen oder umgekehrt Erstattungs- oder Vergütungsansprüche auszukehren. Eine mögliche Form der Erhebung ist die Aufrechnung nach § 226 AO, die die wechselseitige Tilgung zweier sich gegenüberstehender, gleichartiger Ansprüche aufgrund einseitiger Erklärung regelt[1406]. Weil der Aufrechnende in der Lage ist, den Anspruch aus dem Steuerschuldverhältnis *einseitig* zum Erlöschen (vgl. § 47 AO) zu bringen, wird sie gemeinhin als *Selbstexekution* bezeichnet[1407]. Voraussetzung dafür ist neben einer entsprechenden Aufrechnungserklärung das Vorliegen einer Aufrechnungslage. Eine nähere Bestimmung derselben birgt § 387 BGB, der laut § 226 Abs. 1 AO neben den übrigen Vorschriften des bürgerlichen Rechts mit Blick auf die Aufrechnung sinngemäß anzuwenden ist. Danach müssen die beiden Forderungen gegenseitig und gleichartig sein, ferner die Gegenforderung fällig und die Hauptforderung (bloß) erfüllbar sein. Die Gegenforderung bezeichnet den Anspruch, mittels dem der Erklärende gegen die Forderung des Aufrechnungsgegners aufrechnet, den der Erklärende also innehat; der Anspruch des Aufrechnungsgegners ist die Hauptforderung.

Hat die Finanzbehörde in der Insolvenz des steuerschuldenden Unternehmers diesem gegenüber einen Steueranspruch, der bloß eine wertlose Insolvenzforderung nach § 38 InsO ist, und hat der Unternehmer seinerseits eine Forderungen gegen die Finanzbehörde, dann wird diese bestrebt sein, das Guthaben nicht an den Insolvenzschuldner auszuzahlen, sondern gegen dieses mit ihren eigenen Steueransprüchen aufzurechnen und damit der Insolvenzforderung schließlich doch noch wirtschaftlichen Wert zu verleihen. Die Aufrechnung kann damit gerade im Umsatzsteuerinsolvenzrecht, in dem es im Vergleich zu übrigen Steuerarten auch bei regelmäßigem Verlauf zu einem Guthaben des Steuerpflichtigen kommen kann,

---

1405 Vgl. die amtliche Überschrift des fünften Teils der Abgabenordnung sowie diejenige zu § 218 AO.

1406 *Loose*, in: Tipke/Kruse, AO, § 226, Rz. 1.

1407 Statt vieler nur *Loose*, in: Tipke/Kruse, AO, § 226, Rz. 1. Besteht Streit über die Rechtmäßigkeit einer Aufrechnung nach § 226 AO, entscheidet die Finanzbehörde durch Abrechnungsbescheid nach § 218 Abs. 2 AO, der Gegenstand des Rechtsstreits wird.

zu einem wichtigen Instrument für die Finanzbehörde werden. Zur Einschränkung von etwaig vorhandenem Aufrechnungspotential kommen kann es aber durch die insolvenzrechtlichen Aufrechnungsverbote des § 96 Abs. 1 InsO. Es ist verschiedentlich versucht worden, die Wirkungen dieser Vorschrift durch legislative Eingriffe für Ansprüche aus dem Steuerschuldverhältnis abzuschaffen, zumindest abzuschwächen[1408]. *De lege lata* gelten die insolvenzrechtlichen Aufrechnungsverbote aber für den Fiskus als öffentlich-rechtlichen Gläubiger gleichsam wie für private Gläubiger. Auf dieser Grundlage befasst sich der nachfolgende Abschnitt mit deren Verhältnis zur Aufrechnung im Umsatzsteuerschuldverhältnis, wobei, wie schon im Rahmen der umsatzsteuerlichen Zwangsverrechnung, die Nummern 1 und 3 aus § 96 Abs. 1 InsO einer näheren Erörterung bedürfen.

II. § 96 Abs. 1 Nr. 1 InsO

Der Regelungsmechanismus von § 96 Abs. 1 Nr. 1 InsO ist bereits oben dargelegt worden[1409]. Nunmehr gilt es, diesen auf die Aufrechnung nach § 226 AO anzuwenden. Anders als im Rahmen der umsatzsteuerlichen Zwangsverrechnung kann sich hier – wie bereits oben festgestellt – überhaupt noch ein Anwendungsbereich für § 96 Abs. 1 Nr. 1 InsO eröffnen. Trotz der Tatsache, dass grundsätzlich nur gegen saldierte Ansprüche des Aufrechnungsgegners aufgerechnet werden kann, muss für die insolvenzrechtliche Einordnung und damit der Prüfung des in Rede stehenden Aufrechnungsverbots die *eine* negative Besteuerungsgrundlage in den Fokus genommen werden. Entscheidend ist damit, wann diese schuldig geworden ist im Sinne von § 96 Abs. 1 Nr. 1 InsO.

1. Rechtsprechungswandel des VII. Senats des BFH

a) Schilderung

Diese Frage ist im Bereich des Umsatzsteuerinsolvenzrechts eine des steuerlichen Erhebungsverfahrens und obliegt damit der primären Deutungshoheit des VII. Senats des BFH[1410]. Dieser hat seine frühere Auslegung zu § 96 Abs. 1 Nr. 1 InsO im Zuge der Rechtsprechungsserie des V. Senats des BFH ausdrücklich im Sinne einer Wiederherstellung beziehungsweise Wahrung der Einheitlichkeit der Rechtsprechung aufgegeben und sich der Auslegung des V. Senats des BFH zu § 38 InsO angeschlossen, was sich im Einzelnen wie folgt ereignete.

Der VII. Senat des BFH hat in der Vergangenheit die Auslegung von § 96 Abs. 1 Nr. 1 InsO unter Verweis auf die Rechtsprechung des BGH vorgenommen und

---

1408 S. hierzu oben unter Erstes Kapitel A)V.

1409 Drittes Kapitel B)II.2.a).

1410 Der VII. Senat des BFH ist seit jeher für Streitigkeiten aus dem allgemeinen Abgabenrecht betreffend die Aufrechnung von Ansprüchen aus dem Steuerschuldverhältnis zuständig, s. nur Geschäftsverteilungsplan des Bundesfinanzhofs 2015, S. 9, abrufbar unter www.bundesfinanzhof.de.

dementsprechend judiziert, dass steuerliche Erstattungs- und Vergütungsforderungen schon dann vor der Eröffnung des Insolvenzverfahrens schuldig geworden seien, wenn sie zu diesem Zeitpunkt bereits „ihrem Kern nach“ begründet waren. Das sei bereits dann der Fall gewesen, wenn der zugrunde liegende zivilrechtliche Sachverhalt, der zur Entstehung des steuerlichen Anspruchs führte, vor der Eröffnung des Insolvenzverfahrens verwirklicht worden ist. Ist der Sachverhalt dergestalt gelagert, dann habe der diesbezügliche Anspruch des Steuerpflichtigen eine vor Eröffnung des Verfahrens aufschiebend bedingte Forderung dargestellt, gegen die das Finanzamt aufrechnen könne, wenn das als aufschiebende Bedingung zu behandelnde Ereignis selbst [die Verwirklichung der jeweiligen negativen Besteuerungsgrundlage] erst nach der Eröffnung des Verfahrens eingetreten ist[1411]. Diese Rechtsprechung habe – so der VII. Senat des BFH ausdrücklich in einem seiner vier Urteile vom 25.7.2012 – „im Schrifttum keinen oder nur zurückhaltenden Widerspruch gefunden“[1412]. Nunmehr „meint“ der V. Senat des BFH – so der VII. Senat des BFH weiter –, dass § 38 InsO dahin auszulegen sei, dass sich die Begründung steuerlicher Forderungen danach bestimme, ob der den Umsatzsteueranspruch begründende Tatbestand nach den steuerrechtlichen Vorschriften bereits vor oder erst nach Insolvenzeröffnung vollständig verwirklicht und damit abgeschlossen ist, wobei diesem Verständnis auch der XI. Senat des BFH zu folgen scheine[1413].

Der VII. Senat des BFH hat diese Entwicklungen sodann zum Anlass genommen, seine Rechtsprechung zu überprüfen und ist anlässlich dessen zu dem Ergebnis gelangt, nicht länger an ihr festzuhalten. Dafür sei „vor allem das Bestreben maßgeblich, die Einheitlichkeit der Rechtsprechung zu wahren bzw. wiederherzustellen, womit es nur schwer vereinbar wäre, wenn § 38 InsO im umsatzsteuerlichen Festsetzungsverfahren anders ausgelegt und angewendet würde als § 96 Abs. 1 Nr. 1 InsO bei der Erhebung der Umsatzsteuer. Denn beide Vorschriften beruhen auf demselben Rechtsgedanken: unter einem Vermögensanspruch, der gegen das Finanzamt zur Zeit der Eröffnung des Insolvenzverfahrens begründet war (§ 38 InsO), kann unbeschadet der unterschiedlichen Wortwahl des Gesetzes nichts anderes verstanden werden als etwas, was das Finanzamt nicht erst nach der Eröffnung des Insolvenzverfahrens schuldig geworden ist (§ 96 Abs. 1 Nr. 1 InsO).“[1414] Die Folge dieses Anschlusses an den Obersatz des V. Senats des BFH zu § 38 InsO ist, dass eine aufgrund einer Berichtigung gem. § 17 Abs. 2 UStG entstehende steuerliche Forderung nicht schon mit der Begründung der *zu berichtigenden* Forderung schuldig geworden ist, sondern erst dann, wenn der „materiell-rechtliche

---

1411 Statt vieler nur BFH, Urt. v. 17.4.2007, VII R 27/06, BStBl. II 2009, 589, 590 f., Rz. 10 f.

1412 BFH, Urt. v. 25.7.2012, VII R 29/11, BStBl. II 2013, 36, 38, Rz. 15.

1413 BFH, Urt. v. 25.7.2012, VII R 29/11, BStBl. II 2013, 36, 38, Rz. 15.

1414 BFH, Urt. v. 25.7.2012, VII R 29/11, BStBl. II 2013, 36, 38, Rz. 16. Auch im Urteil vom selben Tag unter dem Az. VII R 56/09, BFH/NV 2013, 413, 416, Rz. 20, hat der VII. Senat betont, dass er sich der „neueren Rechtsprechung insbesondere des für die Umsatzsteuer zuständigen V. Senats des BFH um der Wiederherstellung der Einheitlichkeit der Rechtsprechung willen“ anschließt.

Berichtigungstatbestand des § 17 Abs. 2 UStG verwirklicht wird, die in dieser Vorschrift aufgeführten Tatbestandsmerkmale also eintreten."[1415] Kommt es dagegen zu einer Verwirklichung von negativen Besteuerungsgrundlagen vor der Eröffnung des Insolvenzverfahrens, griffe das Aufrechnungsverbot des § 96 Abs. 1 Nr. 1 InsO mithin nicht ein, und zwar auch dann nicht, wenn die Steuer i.S.d. § 13 UStG erst nach Eröffnung des Insolvenzverfahrens entsteht[1416].

b) Reaktionen des Schrifttums

Im Schrifttum sind die beiden hier in Rede stehenden Urteile des VII. Senats des BFH insoweit kritisch aufgenommen worden, als sie sich von der *bis dato* als zutreffend empfundenen Auslegung von § 96 Abs. 1 Nr. 1 bzw. § 38 InsO entsagen und nunmehr derjenigen des V. Senats des BFH anschließen. Dabei ist die neuere Rechtsprechung des VII. Senats dahingehend verstanden worden, dass es keine Entscheidung aus Überzeugung, sondern eher aus Vernunft oder Verzweiflung gewesen sei[1417], was insbesondere an den Entscheidungsgründen festgemacht wurde, die sich – in der Tat – über weite Passagen wie eine Rechtfertigung der bisherigen Judikatur lesen[1418]. Der erkennende Senat habe damit seinen „Widerstand auf[gegeben]" und sich der „Geisterfahrt" des V. Senats des BFH angeschlossen, die alle dogmatischen Hürden und Schranken des Insolvenzrechts aus dem Weg räume[1419]. Eine Auseinandersetzung in der (konkreten) Sache findet sich darüber hinaus nur selten im Schrifttum; meistenteils wird insoweit auf die Kritik zu der Auslegung durch den V. Senat des BFH verwiesen[1420].

Zu begrüßen seien die Urteile aber, weil sie eine praxisrelevante Fragestellung klärten und zu einem Gleichlauf mit der Rechtsprechung des V. Senats des BFH führten[1421]. Dies beseitige zugleich einen unhaltbaren Zustand, der sich aus der ungleichen Auslegung von § 38 InsO einerseits, und § 96 Abs. 1 Nr. 1 InsO andererseits ergab und eine doppelte Belastung der Masse zur Folge hatte: zwischenzeitlich seien nämlich bedingt durch die beiden ersten Urteile der Rechtsprechungsserie des V. Senats des BFH vereinnahmte Umsatzsteuerbeträge vorweg aus der Masse zu befriedigen gewesen, weil die entsprechenden positiven Besteuerungsgrundlagen nach der Eröffnung des Insolvenzverfahrens begründet wurden. Darüber hinaus sei der Fiskus in der Lage gewesen, sich im Wege der Aufrechnung mit

1415 BFH, Urt. v. 25.7.2012, VII R 29/11, BStBl. II 2013, 36, 38, Rz. 17.

1416 BFH, Urt. v. 25.7.2012, VII R 56/09, BFH/NV 2013, 413, 416, Rz. 20; VII R 29/11, BStBl. II 2013, 36, 38, Rz. 17.

1417 *Heinze*, DZWiR 2013, 45.

1418 *Kahlert*, ZIP 2013, 500, 505. Vgl. zu der früheren Rechtsprechung des VII. Senats die Beiträge von *Rüsken*, NZI 2006, 330 ff.; *ders.*, ZIP 2007, 2053 ff.; sowie *Bork*, ZInsO 2003, 686, 690.

1419 *Heinze*, DZWiR 2013, 45.

1420 S. nur *Kahlert*, ZIP 2013, 500, 505.

1421 *Uhländer*, NZI 2012, 1022, 1025.

vorinsolvenzlich schuldig gewordenen Forderungen im Wege der Aufrechnung zu befriedigen[1422]. Den beiden Urteilen des VII. Senats des BFH (zumindest in Teilen) positiv gegenüber steht auch *Stadie*. Der Senat habe damit seine verfehlte Auffassung vom aufschiebend bedingten Anspruch, den das Umsatzsteuerrecht nicht kenne, aufgegeben und stelle nun zutreffend darauf ab, wann der die Berichtigung auslösende Tatbestand des § 17 Abs. 2 Nr. 1 UStG verwirklicht sei, d.h. die Uneinbringlichkeit eingetreten ist[1423].

c) Eigene Auffassung

Die geschilderte neuere Rechtsprechung des VII. Senats des BFH ist nicht zutreffend. Sie stützt sich im Obersatz auf die vom V. Senat des BFH präferierte Auslegung von § 38 InsO, die nach hier vertretener Auffassung abzulehnen ist. Geht man richtigerweise davon aus, dass § 38 und § 96 Abs. 1 Nr. 1 InsO derselbe Rechtsgedanke zugrunde liegt[1424], muss auch die Auslegung dieser beiden Tatbestände konform gehen. Wie bereits im Zweiten Kapitel herausgearbeitet, ist § 38 InsO im Sinne eines Anwartschaftsgedankens auszulegen, wonach ein Anspruch schon dann begründet ist, wenn dessen Rechtsgrund gebildet ist, was bereits dann der Fall ist, wenn sich der Steuern schuldende Insolvenzschuldner der materiellen Verwirklichung des Steuertatbestandes nicht mehr aus eigener Kraft entziehen kann, mit anderen Worten er von einem mehraktigen Tatbestand bereits so viele Merkmale verwirklicht hat, dass dessen Entstehung für den Steuergläubiger nicht mehr vom Willen des Steuerschuldners abhängt. Überträgt man diese erweiternde Definition nun auf das „schuldig werden“ gem. § 96 Abs. 1 Nr. 1 InsO, so müssten die geschilderten Merkmale der Anspruchsbegründung nicht aus der Sicht des Steuergläubigers, sondern des Insolvenzschuldners bestimmt werden, der nunmehr einen Anspruch innehat.

Wann dies bei den verschiedenen negativen Besteuerungsgrundlagen der Fall ist, bedarf einer differenzierten Prüfung, die sich vorliegend auf den Vorsteuerabzug

---

1422 *Heinze*, DZWiR 2013, 45, 47. In diesem Sinne ist wohl auch die Äußerung *Marchals* in BB 2013, 33, 36, zu verstehen, wonach nunmehr die „Aufrechnung des FA in vielen Fällen nicht mehr möglich sein wird.“

1423 *Stadie*, UR 2013, 158. 164. Ob *Stadie* aber auch bei der Verwirklichung von § 17 Abs. 2 Nr. 1 UStG im Falle einer tatsächlichen Uneinbringlichkeit auf einer Linie mit dem VII. Senat des BFH liegt, vermag sich mir nicht recht zu erschließen. *Er* hat in seinem Beitrag wohl allein den Fall des V. Senats des BFH zur Soll-Versteuerung vor Augen, bei dem in der Tat in jedem Fall die Uneinbringlichkeit (erste Berichtigung) vor der Eröffnung des Insolvenzverfahrens eintritt. Anders läge der Fall bei der tatsächlichen Uneinbringlichkeit, die – fällt bspw. der leistungsempfangende Unternehmer in die Insolvenz – auch erst nach der Eröffnung des „ersten“ Insolvenzverfahrens eintreten kann.

1424 Insoweit spricht auch die Gesetzesbegründung zu § 96 Abs. 1 Nr. 1 InsO (§ 108 RegE) davon, dass die Gegenforderung *begründet* sein muss, s. BT-DrS 12/2443, S. 141.

für an den Unternehmer ausgeführte Leistungen (§ 15 Abs. 1 Nr. 1 UStG) sowie auf die Berichtigungstatbestände des § 17 UStG konzentriert[1425].

aa) Vorsteuerabzug nach § 15 Abs. 1 Nr. 1 UStG

Der Unternehmer kann nach § 15 Abs. 1 Nr. 1 UStG die gesetzlich geschuldete Steuer für Lieferungen und sonstige Leistungen, die von einem anderen Unternehmer für sein Unternehmen ausgeführt worden sind, als Vorsteuer abziehen. Ungeachtet der Frage, ob zu den aufgeführten Voraussetzungen erst noch das Vorliegen einer nach §§ 14, 14a UStG ausgestellten Rechnung hinzutreten muss, um den Tatbestand materiell-rechtlich zu verwirklichen[1426], ist die Finanzbehörde den Abzug von Vorsteuer bereits zum Zeitpunkt der Leistungserbringung schuldig geworden i.S.d. § 96 Abs. 1 Nr. 1 InsO. Denn auch wenn man eine Rechnung verlangte, könnte sich die Finanzbehörde nicht mehr aus *eigener* Kraft dem gegen sie gerichteten Anspruch entziehen. Ob und wann dem die Vorsteuer begehrenden Unternehmer die Rechnung vorliegt, ist nämlich eine Frage, die sich im Verhältnis der beiden am Leistungsaustausch beteiligten Unternehmer stellt. Sind also die Voraussetzungen von § 15 Abs. 1 S. 1 Nr. 1 UStG erfüllt, hat sich der aus der negativen Besteuerungsgrundlage bestehende Anspruch des Unternehmers gegen die Finanzbehörde derart konkretisiert, dass er die Merkmale des hier vertretenen Anwartschaftsgedankens erfüllt und die Finanzbehörde zu diesem Zeitpunkt mithin auf die Entstehung und Erhaltung der Aufrechnungslage vertrauen durfte. Daraus folgt, dass nicht nur solche zum Vorsteuerabzug berechtigende Leistungen vor der Insolvenzeröffnung schuldig geworden sind, für die bereits eine Rechnung zu ebendiesem Zeitpunkt

---

1425 Eine Bewertung der übrigen Abzugstatbestände des § 15 Abs. 1 UStG sowie von § 15a UStG bleibt damit aus. Zu der Einordnung einer Berichtigung gem. § 14c Abs. 2 i.V.m. § 17 Abs. 1 UStG vor dem Hintergrund des § 96 Abs. 1 Nr. 1 InsO hat sich jüngst das FG Hamburg, Urt. v. 25.11.2015, 6 K 167/15, EFG 2016, 421, geäußert. Dort hat es die neueren Maßstäbe des VII. Senats des BFH für den zu entscheidenden Fall fortgedacht und den Zeitpunkt des Schuldigwerdens erst in dem Moment angenommen, in dem die Gefährdung des Steueraufkommens beseitigt war. Erst dann lägen alle materiell-rechtlichen Voraussetzungen für die Entstehung des Umsatzsteuervergütungs- bzw. -erstattungsanspruchs vor (Rev. anhängig unter VII R 34/15).

1426 Dem Streit zugrunde liegen die diesbezüglich unterschiedlichen Sichtweisen des V. und des XI. Senats des BFH und derjenigen des EuGH. Während der BFH eine ordnungsgemäße Rechnung mit gesondertem Umsatzsteuerausweis zu den materiell-rechtlichen Voraussetzungen für den Vorsteuerabzug zählt (BFH, Urt. v. 30.4.2009, V R 15/07, BStBl. II 2009, 744, 746, Rz. 31 [st. Rspr.]; v. 15.5.2012, XI R 32/10, BFH/NV 2012, 1836, Rz. 49), ist der Besitz einer Rechnung nach der Auffassung des EuGH eine formell-rechtliche Voraussetzung des Vorsteuerabzugs (EuGH, Urt. v. 1.3.2012, C-280/10, *Kopalnia Odkrywkowa Polski* [...], DStRE 2012, 893, 896 f., Rz. 41 i.V.m. 43), vgl. zum Streitstand auch *Stadie*, in: Rau/Dürrwächter, UStG, § 15, Rz. 460 ff.

vorlag, und die mithin auch im vorinsolvenzrechtlichen Besteuerungszeitraum erfasst worden sind. Vielmehr sind es auch solche, für die eine Rechnung erst nach der Insolvenzeröffnung vorliegt und infolgedessen erst dort in die Voranmeldung eingestellt werden. Für den Vorsteuerabzug aus der Leistung des vorläufigen Insolvenzverwalters gegenüber der Insolvenzmasse folgt daraus, dass die darin enthaltenen negativen Besteuerungsgrundlagen vor der Insolvenzeröffnung schuldig geworden sind, womit einer diesbezüglichen Aufrechnung der Finanzbehörde § 96 Abs. 1 Nr. 1 InsO nicht entgegensteht[1427].

Der VII. Senat des BFH hat sich bislang zu der Einordnung des Vorsteuerabzugs nach § 15 Abs. 1 S. 1 Nr. 1 UStG nicht geäußert. Es ist aber zu erwarten, dass er nach seiner Rechtsprechungsänderung eine „materiell-rechtliche Verwirklichung des Steuertatbestands" für die Zwecke von § 96 Abs. 1 Nr. 1 InsO wegen der Rechtsprechung des V. und XI. Senats des BFH erst in dem Zeitpunkt annehmen wird, in dem auch eine ordnungsgemäße Rechnung vorliegt[1428]. Das ist mit Blick auf die Rechtsprechung der Umsatzsteuersenate zu dem tatbestandlichen Charakter des Rechnungserfordernisses folgerichtig, führt aber dazu, dass die entsprechende negative Besteuerungsgrundlage – beispielsweise hinsichtlich der Leistung des vorläufigen Insolvenzverwalters – erst nach, und nicht wie hier vertreten, vor der Insolvenzeröffnung schuldig wird.

bb) Berichtigung nach § 17 Abs. 2 Nr. 1 UStG

Ebenfalls ihrem Charakter nach eine negative Besteuerungsgrundlage ist § 17 Abs. 2 Nr. 1 UStG. Wird nämlich beispielsweise das Entgelt für eine vom insolvenzschuldnerischen Unternehmer ausgeführte Leistung tatsächlich uneinbringlich[1429], so hat dieser die Bemessungsgrundlage für den ursprünglich ausgeführten Umsatz zu berichtigen, was für ihn diesbezüglich im Zeitpunkt der Uneinbringlichkeit zu einer Steuererstattung führt. Nunmehr ist fraglich, wann die entsprechende Besteuerungsgrundlage schuldig geworden ist. Es ließe sich nämlich einerseits an den ursprünglichen Ausgangsumsatz, also an die *zu berichtigende* Besteuerungsgrundlage[1430], und

---

1427 *Hüttner*, Aufrechnung des Finanzamtes, S. 68 ff.; im Ergebnis auch *Kinski*, Aufrechnung durch das Finanzamt, S. 170.

1428 So wohl auch *Kahlert*, ZIP 2014, 1749, 1750.

1429 Die vom V. Senat des BFH angenommene und nicht mit dem geltenden Recht zu vereinbarende Konstruktion einer rechtlichen Uneinbringlichkeit, die ebenfalls zu dem Vorliegen einer negativen Besteuerungsgrundlage führen soll, bleibt aus diesem Grund an dieser Stelle unerörtert. Zu den Wechselwirkungen s. den übernächsten Abschnitt unter Drittes Kapitel C)II.2. sowie unten unter Drittes Kapitel D).

1430 In diesem Sinne hat der VII. Senat des BFH vor seiner Rechtsprechungsänderung geurteilt, da zwischen der Berichtigung und der ursprünglich begründeten Steuerforderung ein enger Zusammenhang dergestalt bestünde, dass das Steuerrecht den Steueranspruch entstehen lässt, bevor der eigentliche steuerliche Belastungsgrund eingetreten ist bzw. unabänderlich feststeht, und zum Ausgleich für die Vorverlagerung der Steuerschuldentstehung dem Steuerpflichtigen einen

andererseits an den Berichtigungstatbestand selbst anknüpfen. Richtigerweise ist letztgenannter Alternative zu folgen und infolgedessen darauf abzustellen, wann das Entgelt tatsächlich uneinbringlich geworden ist. Mit der Leistungserbringung selbst hat der leistende Unternehmer nämlich noch keine Merkmale eines Anwartschaftsgedankens erfüllt, die auf die Erstattung überzahlter Umsatzsteuer zielen. Der wesentliche Umstand hierfür liegt in dem Wegfall der Wertigkeit der Entgeltforderung. Erst wenn dieser tatbestandlich vorliegt, kann der leistende Unternehmer die negative Besteuerungsgrundlage geltend machen. Gleichsam vermag sich der Fiskus auch erst jetzt nicht mehr einseitig, also aus eigener Kraft, dieser gegen ihn gerichteten Forderung zu entledigen. Tritt also die Uneinbringlichkeit schon vor der Insolvenzeröffnung ein, ist sie davor schuldig geworden; stellt sich ihr Wertverlust erst danach heraus, so ist die negative Besteuerungsgrundlage auch erst danach schuldig geworden[1431]. Insofern stimmt die hier vertretene Ansicht mit derjenigen des VII. Senats des BFH überein[1432].

cc) Berichtigung nach § 17 Abs. 1 S. 2 UStG i.V.m. § 17 Abs. 2 Nr. 1 S. 2 UStG

Die letzte in diesem Rahmen zu erörternde negative Besteuerungsgrundlage ist diejenige, die im Regelungsbereich von § 17 Abs. 1 S. 2 UStG i.V.m. § 17 Abs. 2 Nr. 1 S. 2 UStG liegt. Sie wird immer dann verwirklicht, wenn es im Nachgang zu einer ersten Berichtigung des Vorsteuerabzugs nach § 17 Abs. 1 S. 2 i.V.m. § 17 Abs. 2 Nr. 1 UStG (positive Besteuerungsgrundlage) zu einer zweiten Berichtigung kommt, nachdem das Entgelt schließlich doch seitens des Leistungsempfängers gezahlt und er mithin zum entsprechenden Vorsteuerabzug berechtigt ist. In diesem Fall ist grundsätzlich parallel zu dem vorstehend geschilderten Abschnitt zu verfahren, allerdings mit der Abweichung, dass entscheidendes Merkmal für die Einordnung an dieser Stelle nicht der Zeitpunkt der *Uneinbringlichkeit*, sondern die *nachträgliche Zahlung* ist. Erst wenn „Geld geflossen ist", hat sich das Anwartschaftsrecht derart verfestigt, dass sich die Finanzbehörde der Wirkung der negativen Besteuerungsgrundlage nicht mehr entziehen kann. Kommt es also erst nach der Eröffnung des Insolvenzverfahrens zu der hier in Rede stehenden Berichtigung, ist sie auch erst zu diesem Zeitpunkt schuldig geworden i.S.d. § 96 Abs. 1 Nr. 1 InsO. Auch dieses Ergebnis dürfte im Einklang mit der Auffassung des VII. Senats des BFH stehen.

„kompensatorischen" Korrekturanspruch für den Fall garantiert, dass der steuerliche Belastungsgrund nicht in der von dem Steuergesetz vorausgesetzten Weise dauerhaft eintritt, vgl. hierzu die Rückschau der früheren Rechtsprechung des VII. Senats im Urt. v. 25.7.2012, VII R 29/11, BStBl. II 2013, 36, 37 f., Rz. 13 f. m.w.N.

1431 So auch *Kinski*, Aufrechnung durch das Finanzamt, S. 168.

1432 Vgl BFH, Urt. v. 25.7.2012, VII R 29/11, BStBl. II 2013, 36, 38, Rz. 17; VII R 56/09, BFH/NV 2013, 413, 416, Rz. 20.

2. *Zwischenergebnis*

Der – nach hier vertretener Auffassung in der Sache unrichtige – Rechtsprechungswandel des VII. Senats des BFH führt zu einem Gleichlauf von umsatzsteuer- und insolvenzrechtlicher Erfassung von negativen Besteuerungsgrundlagen. Ist also beispielsweise eine negative Besteuerungsgrundlage erst nach der Insolvenzeröffnung im Sinne des Umsatzsteuerrechts entstanden, also in dem entsprechenden Voranmeldungs- bzw. Besteuerungszeitraum zu erfassen, so ist sie auch erst dort schuldig geworden i.S.d. § 96 Abs. 1 Nr. 1 InsO. Es ergibt sich also der gleiche Befund, wie für positive Besteuerungsgrundlagen nach der Rechtsprechungsserie des V. Senats des BFH. Die Folge dessen ist, dass es nunmehr am Maßstab des genannten insolvenzrechtlichen Aufrechnungsverbots nicht mehr zu einem Aufbrechen des vorinsolvenzlichen Besteuerungszeitraums und des diesbezüglichen Saldos kommen kann. Eine noch bis zum Rechtsprechungswandel des VII. Senats des BFH mögliche Rückbewirkung vom nachinsolvenzlichen in den vorinsolvenzlichen Besteuerungszeitraum aufgrund der zwischen Umsatz- und Insolvenzrecht divergierenden Erfassungszeitpunkte ist damit nicht länger denkbar. Es bleibt also vor dem Hintergrund des § 96 Abs. 1 Nr. 1 InsO auch im steuerlichen Erhebungsverfahren bei dem bereits festgestellten Einschluss von Besteuerungsgrundlagen[1433]. Außerdem entfallen zukünftig Berichtigungen wegen tatsächlicher Uneinbringlichkeit im nachinsolvenzlichen Besteuerungszeitraum, die auf Leistungen des Insolvenzschuldners vor der Insolvenzeröffnung beruhen. Diese sind nämlich schon wegen der Rechtsprechung des V. Senats des BFH mit der Bestellung des vorläufigen Insolvenzverwalters wegen rechtlicher Uneinbringlichkeit zu berichtigen. Damit ist der VII. Senat des BFH zumindest hinsichtlich der Aufrechnung von Umsatzsteuerbeträgen arbeitslos geworden[1434]. In Zukunft wird er sich damit nur noch mit Aufrechnungslagen zu befassen haben, in denen sich die Gegenforderung des Finanzamts und damit das mögliche Aufrechnungspotential aus Ansprüchen der Insolvenzmasse zusammensetzt, die auf Guthaben aus übrigen Steuerarten beruhen oder aber solchen Steuervergütungen, für die die Vorschriften der Abgabenordnung entsprechend anzuwenden sind[1435].

III. § 96 Abs. 1 Nr. 3 InsO

Neben § 96 Abs. 1 Nr. 1 InsO ist freilich auch § 96 Abs. 1 Nr. 3 InsO als insolvenzrechtliches Aufrechnungsverbot im Rahmen des steuerlichen Erhebungsverfahrens von Bedeutung. Auch diesbezüglich ist der Regelungsmechanismus bereits dargelegt worden, womit an dieser Stelle darauf verzichtet wird.

1433 S. hierzu oben unter Drittes Kapitel B)III.

1434 *Kahlert*, ZIP 2013, 500, 504.

1435 Vgl. insoweit bspw. § 14 InvZulG 2010.

1. Bisherige Rechtsprechung des VII. Senats des BFH

Der VII. Senat des BFH hat sich zuletzt mit zwei Urteilen vom 2.11.2010[1436] ausführlich mit Fragen des § 96 Abs. 1 Nr. 3 InsO im Rahmen der Aufrechnung befasst. In den genannten Urteilen hat er seine frühere Rechtsprechung aufgegeben, wonach es im Falle eines durch Leistungserbringung an den Insolvenzschuldner entstandenen umsatzsteuerlichen Vergütungsanspruches an der für § 96 Abs. 1 Nr. 3 InsO i.V.m. §§ 129 ff. InsO erforderlichen Rechtshandlung fehlte. Seinerzeit war er dieser Auffassung noch deswegen, weil die Verpflichtung des Insolvenzschuldners zur Vergütung der Tätigkeit eines vorläufigen Insolvenzverwalters nicht auf einer vertraglichen Vereinbarung, sondern auf dessen Bestellung durch das Insolvenzgericht und der von diesem vorgenommenen Festsetzung seiner Vergütung beruhe, die vom vorläufigen Insolvenzverwalter für die Ausführung seiner Leistung zu entrichtende Umsatzsteuer kraft Gesetzes entstehe und das Gleiche für die damit korrespondierende Berechtigung des Leistungsempfängers (Insolvenzschuldner) zum Vorsteuerabzug nach § 15 UStG gelte[1437].

An dieser Auffassung hat der VII. Senat des BFH aber infolge eines Urteils des BGH[1438] nicht mehr festgehalten. Im Anschluss erkennt er nunmehr zu recht, dass auch die umsatzsteuerliche Leistungserbringung eine anfechtbare Rechtshandlung i.S.d. §§ 129 ff. InsO ist. Insoweit sei nämlich ausreichend, dass sie „irgendeine Voraussetzung für die Aufrechnungsmöglichkeit geschaffen hat“[1439]. Die Leistungserbringung führte als Rechtshandlung darüber hinaus auch zu einer Gläubigerbenachteiligung. Dies sei zwar nicht im Verhältnis Leistender-Leistungsempfänger gegeben, weil der Bezahlung der Leistung ein gleichwertiges Äquivalent gegenüber stand. Anders sei es aber in dem Verhältnis zwischen Leistungsempfänger und Finanzamt, da diesem die Möglichkeit zur Aufrechnung gegenleistungslos zufällt[1440]. Insofern schränke § 96 Abs. 1 Nr. 3 InsO die Aufrechnungsmöglichkeit des Finanzamts für den Fall ein, wenn die Aufrechnungslage auf eine vor die Insolvenzeröffnung entfallende Leistungserbringung zurückzuführen ist und zusätzlich die Voraussetzungen des § 130 oder § 131 InsO vorgelegen haben[1441].

1436 VII R 62/10, BStBl. II 2011, 439; VII R 6/10, BStBl. II 2011, 374.

1437 So noch BFH, Urt. v.16.11.2004, VII R 75/03, BStBl. II 2006, 193, 194, Rz. 10.

1438 BGH, Urt. v. 22.10.2009, IX ZR 147/06, ZIP 2010, 90, s. hierzu die Prüfung oben unter Drittes Kapitel B)II.3.e)cc)(1)(a).

1439 BFH, Urt. v. 2.11.2010, VII R 62/10, BStBl. II 2011, 439, 441, Rz. 21; VII R 6/10, BStBl. II 2011, 374, 377, Rz. 26. Die von *Werth*, DStZ 2010, 572, 576, direkt im Anschluss an das Urteil des BGH aufgeworfene Frage, ob der BFH vor einer erneuten Entscheidung den GmS-OGB anrufen wird, ist damit in negativer Hinsicht beantwortet worden.

1440 In diesem Sinne BFH, Urt. v. 2.11.2010, VII R 62/10, BStBl. II 2011, 439, 441, Rz. 21 ff.; VII R 6/10, BStBl. II 2011, 374, 377 f., Rz. 26 ff.

1441 BFH, Urt. v. 2.11.2010, VII R 62/10, BStBl. II 2011, 439, 440 f., Rz. 16 ff.; VII R 6/10, BStBl. II 2011, 374, 375 f., Rz. 18 ff.

2. *Eigene Auffassung*

Der hier geschilderten Auffassung des VII. Senats des BFH ist zuzustimmen. Sie folgt dem IX. Senat des BGH in konsequenter Weise hinsichtlich der übernommenen Auslegung der *anfechtbaren Rechtshandlung*, die an vergangener Stelle einer Prüfung unterzogen worden ist. Ebenso Zustimmung verdienen die Urteile des VII. Senats des BFH mit Blick auf das Vorliegen der Gläubigerbenachteiligung[1442]. Diese Auffassung ist damit für das steuerliche Erhebungsverfahren – wie bereits oben im Rahmen der Begutachtung der umsatzsteuerlichen Zwangsverrechnung geschehen – über den Vorsteuerabzug hinaus auf alle negativen Besteuerungsgrundlagen anzuwenden, die auf Rechtshandlungen i.S.d. §§ 129 ff. InsO beruhen.

3. *Adaption der Rechtsprechung des VII. Senats auf diejenige des V. Senats des BFH*

Von wesentlicher Bedeutung ist nun, ob sich der VII. Senat des BFH insoweit der Rechtsprechung des V. Senats des BFH anpasst, als es um die Frage der *Gläubigerbenachteiligung der Umsatzsteuer* geht. Wie soeben gesehen, ist der VII. Senat des BFH im Jahr 2010 mit Verweis auf die unabhängig voneinander zu betrachtenden Schuldverhältnisse des Insolvenzschuldners gegenüber dessen Leistendem und dem Finanzamt der Auffassung gewesen, dass diese gegeben sei. Der V. Senat des BFH hat mit seinem dritten Urteil der Rechtsprechungsserie vom 24.11.2011 indes festgestellt, dass „[...] selbst wenn das Erbringen entgeltlicher Leistungen als anfechtbare Rechtshandlung anzusehen ist, [...] die Umsatzsteuer [...] aufgrund des dem Umsatzsteuerrecht immanenten Neutralitätsgrundsatzes nicht gläubigerbenachteiligend“ sei[1443]. Zu dieser Erkenntnis gelangte der erkennende Senat mit Blick auf das Erbringen – im Gegensatz zum Empfangen – entgeltlicher Leistungen und im Kontext der „Steuerberechnung nach §§ 16 ff. UStG“[1444]. Es spricht aber nichts dagegen, anzunehmen, dass er diese Maßstäbe auch auf den hier vorliegenden Fall des Empfangens umsatzsteuerlicher Leistungen bzw. auf negative Besteuerungsgrundlagen und für die Aufrechnung verstanden wissen will.

Um die Tragweite dieser Frage zu bestimmen, soll zunächst an die bislang aufgedeckten Befunde erinnert werden, und zwar einerseits an diejenigen zur umsatzsteuerlichen Zwangsverrechnung nach § 16 Abs. 2 UStG, und andererseits an diejenigen zu § 96 Abs. 1 Nr. 1 InsO vor dem Hintergrund der Aufrechnung nach § 226 AO. Insoweit kommt es nämlich auf der Grundlage der gegenwärtig durch die Rechtsprechung geprägten Rechtslage zu einem Einschluss von negativen und positiven Besteuerungsgrundlagen in den ihnen jeweils zugewiesenen Unternehmensteil,

---

1442 S. zu beiden Thesen oben unter Drittes Kapitel B)II.3.e) bb) und cc).

1443 BFH, Urt. v. 24.11.2011, V R 13/11, BStBl. II 2012, 298, 302, Rz. 36.

1444 BFH, Urt. v. 24.11.2011, V R 13/11, BStBl. II 2012, 298, 302, Rz. 33.

wobei deren jeweilige „Zuweisung“ bislang nicht durch die insolvenzrechtlichen Aufrechnungsverbote verändert wurde.

Hielte der VII. Senat des BFH aber an seiner Rechtsprechung aus dem Jahr 2010, wonach das Erbringen umsatzsteuerlicher Leistungen eine *gläubigerbenachteiligende Wirkung hat,* in einer zukünftig zu entscheidenden Sache mit „aufrechnungsfähigem“ Sachverhalt fest, so kann es zu einem Aufbruch des Saldos bezogen auf den vorinsolvenzlichen Besteuerungszeitraum bzw. den vorinsolvenzrechtlichen Unternehmensteil kommen. Das gilt freilich nur für solche negativen Besteuerungsgrundlagen, die auch bereits im vorinsolvenzlichen Besteuerungszeitraum umsatzsteuerlich erfasst wurden, im Falle des Vorsteuerabzugs also beispielsweise dann, wenn auch dort bereits die entsprechende Rechnung vorlag. Verbleibt nun nach der Saldierung in diesem Rumpfbesteuerungszeitraum ein Guthaben, und verfügt das Finanzamt noch über bislang nicht befriedigte Insolvenzforderungen nach § 38 InsO außerhalb der umsatzsteuerlichen Zwangsverrechnung[1445], so wird es gegen diese die Aufrechnung mit dem verbleibenden Guthaben erklären und auf diese Weise versuchen, seine wertlosen Insolvenzforderungen zu befriedigen. Lässt der VII. Senat des BFH aber in diesem Fall die Aufrechnung an § 96 Abs. 1 Nr. 3 InsO scheitern, so löste er damit unweigerlich diejenigen negativen Besteuerungsgrundlagen aus dem vorinsolvenzlichen Saldo heraus, die in der kritischen Phase begründet wurden und bräche ihn damit auf. Dabei ist es an dieser Stelle weder feststellbar noch entscheidend, auf welche konkreten negativen Besteuerungsgrundlagen des Besteuerungszeitraums das Guthaben entfällt, da jede gläubigerbenachteiligende Wirkung der Anfechtung unterliegt.

Fraglich ist daher, ob der VII. Senat des BFH an seiner Auffassung hinsichtlich der gläubigerbenachteiligenden Wirkung festhalten wird. Zu dieser Einschätzung lässt sich jedenfalls auf der Grundlage eines Beschlusses des Senats vom 2.8.2012[1446] – also einer Entscheidung nach dem dritten Urteil der Rechtsprechungsserie des V. Senats des BFH – gelangen. Zwar hatte der VII. Senat des BFH nur noch nach § 138 FGO über die Kosten des Verfahrens zu entscheiden, nachdem die Parteien den Rechtsstreit übereinstimmend für erledigt erklärt haben; er hat dort aber verlauten lassen, dass das Ergebnis des Hauptsacheverfahrens nicht seinen Rechtssätzen entspreche. Insofern hält er fest: „Unbeschadet der inzwischen vom V. Senat des Bundesfinanzhofs dazu vertretenen offenbar abweichenden Auffassung [Verweis auf drittes Urteil der Rechtsprechungsserie[1447], d. *Verf.*] ist daher davon auszugehen, dass das FA in diesem Verfahren unterlegen wäre, zumal der Senat bei einer Sachentscheidung dem Urteil des Bundesgerichtshofs vom 22. Oktober 2009 [...] hätte Rechnung tragen müssen.“[1448]

1445 Zu denken ist hier an Umsatzsteuerschulden aus dem Besteuerungszeitraum vor dem Rumpfbesteuerungszeitraum oder aus Schulden bezüglich anderer Steuerarten.

1446 VII R 57/10, ZIP 2013, 379.

1447 BFH, Urt. v. 24.11.2011, V R 13/11, BStBl. II 2012, 298.

1448 BFH, Beschl. v. 2.8.2012, VII R 57/10, ZIP 2013, 379, Rz. 2.

4. *Zwischenergebnis*

Die gegenwärtige Rechtsprechung des VII. Senats des BFH zu der Auslegung von § 96 Abs. 1 Nr. 3 InsO ist nach der hier vertretenen Auffassung zutreffend. Sie weicht jedoch von derjenigen des V. Senats des BFH ab, womit es – wie gezeigt – zu einer Friktion innerhalb der vom V. Senat des BFH unter Mitwirkung des VII. Senats des BFH geschaffenen Neukonzeptionierung des Umsatzsteuerinsolvenzrechts und den damit verbundenen Konstruktionen kommen kann. Die große Unbekannte ist an dieser Stelle, ob der VII. Senat des BFH seine Rechtsprechung auch hinsichtlich der Frage der Gläubigerbenachteiligung im Kontext der Umsatzsteuer anpassen wird, was gegenwärtig nicht sicher antizipiert werden kann. Insoweit ist aber wohl wahrscheinlich, dass er dem V. Senat des BFH folgen wird. Dies ließe sich mit einem Verweis auf die Zuständigkeit über die Deutungshoheit in grundsätzlichen Fragen des Umsatzsteuerrechts begründen. Immerhin ginge es darum, über eine grundlegende charakterliche Eigenschaft der Umsatzsteuer zu urteilen, deren Bestimmung – so ließe sich argumentieren – dem Recht des ersten Zugriffs der Umsatzsteuersenate unterliegt.

Tut er das, so wäre der V. Senat des BFH der Vollendung seiner Neukonzeptionierung abermals ein Stück näher gekommen. Geht man nun ferner davon aus, dass zudem der XI. Senat des BFH seinem Schwestersenat folgt[1449], müsste – ungeachtet von speziellen Fragen – sodann von den *neuen Grundwertungen* des Umsatzsteuerinsolvenzrechts, wie es hier behandelt wird, nur noch der IX. Senat des BGH überzeugt werden. An einem „Erfolg" dessen bestehen aber ganz erhebliche Zweifel. Vor diesem Hintergrund ist zu erwarten, dass Insolvenzverwalter vermehrt die Anfechtung nach §§ 129 ff. InsO erklären und sich im Streit über den insolvenzrechtlichen Rückgewähranspruch nach § 143 InsO mit ihrem Rechtsschutzgesuch an die ordentlichen Gerichte wenden werden. Die Folge dessen wäre eine Rechts(weg)zersplitterung, die sicher nicht im Interesse der Rechtssicherheit ist. Um dies zu vermeiden, kann eine Vorlage an den Gemeinsamen Senat der obersten Gerichtshöfe des Bundes (GmS-OGB) im Vorhinein Abhilfe schaffen.

D) Gegenwärtige Verschränkungen des Umsatzsteuer- und Insolvenzrechts

Zum Abschluss des dritten Kapitels sollen die gegenwärtigen Verschränkungen des Umsatzsteuer- und Insolvenzrechts auf der Grundlage der Rechtsprechung des V., des VII. und des XI. Senats des BFH untersucht werden, wobei davon ausgegangen wird, dass der VII. dem V. Senat des BFH in der oben aufgezeigten Frage der Gläubigerbenachteiligung folgt.

1449 Vgl. hierzu oben unter Zweites Kapitel D)II.4.b).

I. Unternehmensteil „Insolvenzmasse“

Zunächst ist festzuhalten, dass im Ergebnis alle positiven Besteuerungsgrundlagen als Masseverbindlichkeiten im Unternehmensteil „Insolvenzmasse“ erfasst werden, die auf der Vereinnahmung von Entgelten beruhen, sobald ein vorläufiger Insolvenzverwalter oder ein Insolvenzverwalter bestellt wurde. Dabei ist davon auszugehen, dass die Rechtsprechung über die bereits entschiedenen Fallgruppen eines vorläufigen Insolvenzverwalters hinaus auch die übrigen denkbaren Ausgestaltungen von vorläufigen Insolvenzverwaltern unter die vom V. Senat des BFH aufgestellte Konstruktion einer doppelten Berichtigung subsumieren wird. Ob das auch für die Fälle (vorläufiger) Eigenverwaltung gilt, ist ungleich einfach zu prognostizieren. Letztlich dürfte jedenfalls für die Fälle der (vorläufigen) Insolvenzverwaltung sichergestellt sein, dass alle vereinnahmten Umsatzsteuerbeträge, die der Insolvenzmasse ab dem Zeitpunkt der Bestellung eines vorläufigen Insolvenzverwalters zugeführt werden, als Masseverbindlichkeiten erfasst und damit – ungeachtet einer Saldierung in ebendiesem Unternehmensteil – aufkommenswirksam vom Fiskus realisiert werden können. Negative Besteuerungsgrundlagen werden im Unternehmensteil „Insolvenzmasse“ nach der Auffassung des V. Senats des BFH ebenfalls anhand der Abgrenzungskriterien der §§ 38, 55 InsO erfasst. Hinsichtlich des häufigen Falls des Vorsteuerabzugs ist aber auch insoweit Voraussetzung, dass es zu einem Zahlungsfluss kommt, da auch hier die Maßgabe einer doppelten Berichtigung nach § 17 Abs. 1 S. 2 i.V.m. § 17 Abs. 2 UStG gilt. Insoweit stehen sich die genannten positiven und negativen Besteuerungsgrundlagen verrechenbar gegenüber. Der Fiskus ist in der Lage, den diesbezüglichen Saldo aufkommenswirksam zu erheben bzw. ist spiegelbildlich dazu verpflichtet, diesen an die Insolvenzmasse auszukehren. Betrachtet man allein diesen Unternehmensteil, so entsprechen die Realisierungseffekte an Umsatzsteuer aus der Sicht des Fiskus in der Insolvenz denjenigen, wie sie auch außerhalb der Insolvenz auftreten. Aus umsatzsteuerlicher Sicht kommt es wegen des Berichtigungskonstrukts des V. Senats des BFH faktisch zu einer Ist-Versteuerung, und zwar sowohl hinsichtlich positiver wie negativer Besteuerungsgrundlagen.

II. Vorinsolvenzrechtlicher Unternehmensteil

Wenden wir nun unseren Blick dem vorinsolvenzrechtlichen Unternehmensteil zu. Hier kommt es im Kontext der Insolvenz – klammert man die dort zwar grundsätzlich umsatzsteuerlich zu erfassenden, aber doch wieder vom V. Senat des BFH separierten Besteuerungsgrundlagen aus[1450] – allein zu ersten Berichtigungen nach § 17 UStG. Diese bestehen einerseits aus positiven Besteuerungsgrundlagen infolge der Berichtigungen wegen tatsächlicher Uneinbringlichkeit nach § 17 Abs. 1 S. 2 i.V.m § 17 Abs. 2 Nr. 1 UStG, weil das Entgelt mit dem Zeitpunkt der Bestellung des vorläufigen Insolvenzverwalters für den Leistenden uneinbringlich wird. Hinzu treten nun andererseits negative Besteuerungsgrundlagen infolge der zeitgleich

1450 S. hierzu Drittes Kapitel B)III.1.

vorzunehmenden Berichtigung wegen *rechtlicher* Uneinbringlichkeit nach § 17 Abs. 2 Nr. 1 UStG. Ebenfalls im vorinsolvenzlichen Besteuerungszeitraum und damit im vorinsolvenzrechtlichen Unternehmensteil erfasst werden solche Besteuerungsgrundlagen, denen die *ursprünglichen* Ein- und Ausgangsumsätze zugrunde liegen, soweit diesbezüglich noch keine Entgelte geflossen sind; andernfalls würde deren Berichtigung und damit eine „Null-Stellung“ ins Leere gehen. Welche Auswirkungen sich vor diesem Hintergrund für den vorinsolvenzrechtlichen Unternehmensteil auf das Umsatzsteueraufkommen ergeben, hängt naturgemäß von der Höhe der einzelnen Umsätze im jeweiligen Sachverhalt ab. Typisierend kann jedoch von zweierlei Annahmen ausgegangen werden: *erstens*, dürfte das Vorsteuerberichtigungsvolumen wegen tatsächlicher Uneinbringlichkeit in der Regel beträchtlich sein, da der Insolvenzschuldner Eingangsleistungen auch schon vor der Bestellung eines vorläufigen Insolvenzverwalters nur noch schleppend oder gar nicht mehr bezahlen wird. Die nunmehr verwirklichten positiven Besteuerungsgrundlagen sollen auf der Grundlage des Umsatzsteuerrechts zur Erstattung bereits ausgekehrter Vorsteuer führen. *Zweitens*, kommt es zu einer Berichtigung von Umsatzsteuer wegen *rechtlicher* Uneinbringlichkeit. Auch das diesbezügliche Volumen dürfte in vielen Fällen nicht ganz unerheblich sein. Beide Kategorien von Besteuerungsgrundlagen stehen sich nunmehr im vorinsolvenzrechtlichen Unternehmensteil verrechenbar gegenüber.

Allein aus dieser möglichen Verrechnung folgt aber nicht, dass der Fiskus seine ausgekehrte Vorsteuer auch aufkommenswirksam wieder zurückzuerlangen vermag. In dem Moment der tatsächlichen Uneinbringlichkeit nimmt der leistende „nicht-insolvente“ Unternehmer seinerseits nämlich auch eine Berichtigung vor, womit er seine Umsatzsteuerschuld korrigiert und etwaig bereits abgeführte Umsatzsteuerbeträge wieder erstattet bekommt. Das gilt aber gerade nicht für die an den Insolvenzschuldner ausgekehrten Vorsteuerbeträge, deren Erstattungsanspruch auf Besteuerungsgrundlagen beruht, die als Insolvenzforderungen nach § 38 InsO einzuordnen sind und gegebenenfalls nach der Verrechnung von den aufgezeigten negativen Besteuerungsgrundlagen gemindert werden. Der Insolvenzschuldner kann die in Rede stehenden Vorsteuerbeträge sogar *de facto* ein weiteres Mal im Wege der Berichtigung geltend machen, sofern der (vorläufige) Insolvenzverwalter die Entgeltzahlung anweist. Nur weil es also im Rahmen des umsatzsteuerlichen Festsetzungsverfahrens und der darin enthaltenen Zwangsverrechnung nach § 16 Abs. 2 UStG zu einer (teilweisen) Kompensation von positiven und negativen Besteuerungsgrundlagen kommen kann, heißt das noch nicht, dass der Fiskus dadurch gleichsam auch Befriedigung erlangt. Vielmehr ist hinsichtlich der Erstattung letztlich zu Unrecht ausgekehrter Vorsteuer festzuhalten, dass es diesbezüglich nicht zu einer aufkommenswirksamen Realisation in voller Höhe kommt. Dabei ist ferner nicht zu vergessen, dass es auf der Grundlage der gegenwärtigen Rechtsprechung (insofern insb. derjenigen des VII. Senats des BFH zu § 96 Abs. 1 Nr. 1 InsO) vermehrt dazu kommt, dass negative Besteuerungsgrundlagen – außer den geschilderten wegen rechtlicher Uneinbringlichkeit – erst im Unternehmensteil „Insolvenzmasse“ erfasst werden, womit der *wertlose* Umsatzsteueranspruch nach § 38 InsO (in dem die Vorsteuerrückforderungen enthalten sind) vergleichsweise noch erhöht wird. Dies ist bei unternehmensteil-übergreifender Betrachtung aus der Sicht des Fiskus ein „erfolgswirksamer" Verlust, weil damit die *wertvolle* Masseverbindlichkeit nach § 55 InsO aus dem nachinsolvenzlichen Unternehmensteil in gleicher Höhe vermindert wird.

III. Stellungnahme

Die gegenwärtige Rechtslage führt für den Unternehmensteil „Insolvenzmasse" dazu, dass nur noch diejenigen Umsatzsteuerbeträge gem. § 55 InsO vorrangig aus der Insolvenzmasse zu befriedigen sind, die der Insolvenzverwalter für die Masse tatsächlich vereinnahmt hat. Hiervon abzusetzen sind diejenigen Vorsteuerbeträge, die der Insolvenzverwalter tatsächlich gezahlt hat. Es kommt damit zu einer Ist-Versteuerung, die umsatzsteuer-systematischen Wertungen gerecht wird, wobei von der Rechtsprechung auf dem Weg dorthin unzählige insolvenz- und umsatzsteuerrechtliche Regelungen umgangen und außer Kraft gesetzt worden sind. Insbesondere für Ausgangsumsätze des (späteren) Insolvenzschuldners ist damit ein ab der Bestellung eines vorläufigen Insolvenzverwalters lückenloses System aufgestellt worden, das zu einer aufkommenswirksamen Realisation von vereinnahmten Entgelten in der Insolvenz führt. Ein endgültiger Aufkommensausfall kann sich bisweilen nur noch für solche Entgelte ergeben, die bereits vor der Bestellung eines vorläufigen Insolvenzverwalters vereinnahmt und *bis dato* nicht an den Fiskus abgeführt worden sind. Das Ausfallrisiko für den Fiskus ist damit diesbezüglich erheblich minimiert worden. Gleichfalls führt die Rechtsprechung aber auch dazu, dass sowohl umsatzsteuer- wie auch insolvenzrechtlich der Erfassungszeitpunkt für negative Besteuerungsgrundlagen in den Unternehmensteil „Insolvenzmasse" verlagert wird, womit die diesbezügliche Umsatzsteuerschuld vermindert wird. Eine einseitig fiskalische, allein die Masse belastende Wirkung kann der Rechtsprechung also nicht beigemessen werden.

Das neukonzeptionierte Umsatzsteuerinsolvenzrecht führt mit Blick auf das Vorgesagte zu der Umsatzsteuersystematik Rechnung tragenden Aufkommenseffekten. Daneben steht der vorinsolvenzrechtliche Unternehmensteil, in dem die nicht realisierbaren positiven Besteuerungsgrundlagen erfasst und insbesondere den wegen der Annahme einer rechtlichen Uneinbringlichkeit entstehenden negativen Besteuerungsgrundlagen gegenüber gestellt werden. Exemplarisch soll der Blick abermals auf den in der Regel hochvolumigen Vorsteuerrückforderungsanspruch gelenkt werden, der – wie es freilich mit insolvenzrechtlichen Vorgaben zu vereinbaren ist – nicht seitens des Fiskus erhoben werden kann. Die gegenwärtige Rechtslage ist damit *nur ein* wesentlicher Schritt hin zu einem Umsatzsteuerinsolvenzrecht, das umsatzsteuerrechtlichen Wertungen Genüge tut. Trotz der Vielzahl von über den Wortlaut und Zweck des Gesetzes hinausgehenden Auslegungsvarianten ist es der Rechtsprechung aber bisher nicht gelungen, insgesamt ein in sich geschlossenes und konsistentes System zu judizieren.

E) Thesenförmige Zusammenfassung

I. Ob positive Besteuerungsgrundlagen Insolvenzforderungen nach § 38 InsO oder Masseverbindlichkeiten nach § 55 InsO sind (wie es im zweiten Kapitel erörtert wurde), ist nur der erste Schritt auf dem Weg zu einer Realisierung von Umsatzsteueraufkommen. Sie müssen nämlich in die umsatzsteuerliche Zwangsverrechnung nach § 16 Abs. 2 UStG eingestellt und mit negativen Besteuerungsgrundlagen desselben Voranmeldungs- bzw. Besteuerungszeitraums verrechnet werden. Im Anschluss an diesen Teil des umsatzsteuerlichen Festsetzungsverfahrens können sich sodann noch Fragen der Aufrechnung nach § 226 AO ergeben, die dem steuerlichen Erhebungsverfahren zuzuordnen sind.

II. 1. Im Rahmen der umsatzsteuerlichen Zwangsverrechnung hat § 96 Abs. 1 Nr. 1 InsO auf der Grundlage eines abgekürzten Besteuerungszeitraums nach § 16 Abs. 3 UStG [drittes Urteil der Rechtsprechungsserie des V. Senats des BFH] keinen Anwendungsbereich mehr.

2. Auch § 96 Abs. 1 Nr. 3 InsO ist nach dem genannten Urteil nicht auf die Zwangsverrechnung anwendbar. Nach hier vertretener Auffassung ist dem jedenfalls insoweit zuzustimmen, als es sich bei der Zwangs*ver*rechnung nicht um eine *Auf*rechnung handelt und infolgedessen die insolvenzrechtlichen Aufrechnungsverbote keine Anwendung finden können. Dem V. Senat des BFH ist aber nicht zu folgen, wenn er eine gläubigerbenachteiligende Wirkung i.S.d. §§ 129 ff. InsO für die Umsatzsteuer verneint. Diese liegt dementgegen vor, was ebenso für eine anfechtbare Rechtshandlung wie die übrigen Voraussetzungen des speziellen Anfechtungstatbestands gem. § 130 InsO gilt. Der Insolvenzverwalter ist damit in der Lage, Rechtshandlungen aus der kritischen Phase, die zu negativen Besteuerungsgrundlagen führen und in der Zwangsverrechnung enthalten sind, nach der Insolvenzeröffnung anzufechten.

III. Die Rechtsprechung hinsichtlich der umsatzsteuerlichen Zwangsverrechnung führt zu einem nicht mit dem Insolvenzrecht zu vereinbarenden Einschluss von Besteuerungsgrundlagen in denjenigen Unternehmensteil, der ihnen vom V. Senat des BFH zugewiesen wurde. Ungeachtet anderer unzutreffender Rechtsansichten liegt diesem Befund auch ein falsches Verständnis von §§ 38, 55 InsO zugrunde, weil die genannten Normen gerade nicht auf negative Besteuerungsgrundlagen anwendbar sind.

IV. Der Rechtsprechungswandel des VII. Senats des BFH hinsichtlich der Auslegung von § 96 Abs. 1 Nr. 1 InsO im Rahmen der Aufrechnung nach § 226 AO ist im Sinne einer Wahrung bzw. Wiederherstellung der Einheitlichkeit der Rechtsprechung zu begrüßen. In der Sache ist sie indes verfehlt. Eine negative Besteuerungsgrundlage ist nicht erst dann schuldig geworden, wenn der steuerliche Tatbestand materiell-rechtlich verwirklicht ist, die jeweils dort aufgeführten Tatbestandsvoraussetzungen also eingetreten sind. Vielmehr ist dieser Zeitpunkt – mit der ehemaligen Rechtsprechung des VII. Senats des BFH – auf der Grundlage eines Anwartschaftsgedankens zu ermitteln.

V. Die bislang unbekannte Variable in der Architektur um den Einschluss von Besteuerungsgrundlagen in den jeweiligen Unternehmensteil ist die Position des VII. Senats des BFH zu der Frage, ob die Umsatzsteuer eine gläubigerbenachteiligende Wirkung hat. Auf der normativen Grundlage von § 96 Abs. 1 Nr. 3 InsO ist diese Frage von wesentlicher Bedeutung für eine allein durch die Rechtsprechung geprägte Neukonzeptionierung des Umsatzsteuerinsolvenzrechts.

VI. Die gegenwärtigen Verschränkungen des Umsatzsteuer- und des Insolvenzrechts auf der Grundlage der Rechtsprechung lassen sich differenziert nach Unternehmensteilen beschreiben. Im Unternehmensteil „Insolvenzmasse" kommt es zu einer umsatzsteuer-systematischen Wertungen gerecht werdenden faktischen Ist-Versteuerung und infolgedessen zu einer aufkommenswirksamen Realisation von Umsatzsteuerbeträgen nach Durchführung der Zwangsverrechnung nach § 16 Abs. 2 UStG. Die im vorinsolvenzrechtlichen Unternehmensteil erfassten positiven Besteuerungsgrundlagen sind wertlose Insolvenzforderungen nach § 38 InsO. Hierzu gehören auch diejenigen, die auf die Vorsteuerkorrekturen infolge tatsächlicher Uneinbringlichkeit bedingt durch die Insolvenz des leistungsempfangenden Schuldners zurückzuführen sind. Hiervon abzusetzen sind vor allem die Berichtigungen wegen rechtlicher Uneinbringlichkeit. Diesbezüglich kann es also nicht zu einer aufkommenswirksamen Realisation kommen.

Viertes Kapitel: Rechtspolitischer Vorschlag zur Neuordnung des Umsatzsteuerinsolvenzrechts

Die vorstehenden Kapitel haben gezeigt, dass die gegenwärtig von der Rechtsprechung des BFH geprägte Rechtslage im Umsatzsteuerinsolvenzrecht nicht mit dem geltenden Recht vereinbar ist und mit Ausnahme der bereits entschiedenen Fallgruppen für die Rechtspraxis eine erhebliche Rechtsunsicherheit birgt. Dabei hat der *Verfasser* verschiedenen Orts bereits anklingen lassen, dass er der Auffassung des V. Senats des BFH in rechtspolitischer Hinsicht grundsätzlich zugeneigt ist. Die dort judizierten Grundwertungen mit dem Leitmotiv des „Unternehmers als Steuereinnehmer für Rechnung des Staates" sind *de lege lata* aber trotz der in mehrerer Hinsicht unzutreffenden und sogar verfassungsrechtlich unzulässigen Rechtsfindung *nicht in toto* verwirklicht und auch in Zukunft nicht zu verwirklichen. Dafür ist nicht nur die noch nicht abgeschlossene Harmonisierung der Rechtsprechung zwischen dem V. und dem VII. Senat des BFH hinsichtlich Fragen der insolvenzrechtlichen Aufrechnung und Anfechtung verantwortlich. Wollte man der Umsatzsteuersystematik durchgehend den Vorrang vor dem Insolvenzrecht einräumen, dann bedürfte es einer vollkommenen Abkehr der tradierten Einordnung der Umsatzsteuer in die Kategorien von Insolvenzforderung nach § 38 InsO einerseits, und Masseverbindlichkeit nach § 55 InsO andererseits[1451], die mit dem vorliegenden *Modell einer Umsatzsteuersondermasse* vollzogen werden könnte. Auch damit kommt es – so viel soll vorweggenommen werden – nicht zu einer vollständigen Befriedigung des Umsatzsteuergläubigers für alle vom Unternehmer bereits im Vorfeld der Insolvenz verwirklichten positiven Besteuerungsgrundlagen. Ein solches Resultat würde nämlich auch mit erheblichen gesetzgeberischen Anstrengungen schließlich in vielen Fällen an der naturgemäßen Knappheit der zur Verfügung stehenden Haftungsmasse scheitern[1452].

Ganz bewusst ist vorliegend ein dem Insolvenzrecht bekannter Mechanismus gewählt worden. Die Regelungstechnik des Umsatzsteuerrechts soll möglichst unangetastet bleiben, was nicht nur zu einer Vereinfachung in der Abwicklung von Insolvenzen führen dürfte, sondern vor allem auch vor Ableitungsproblemen angesichts des Vorrangs der Mehrwertsteuer-Systemrichtlinie bewahren soll. Insofern ist in den hier angestellten Überlegungen weder die Idee einer generellen Umstellung

1451 Meines Erachtens geht der Vorschlag von *Desens*, in: 13. Leipziger Insolvenzrechtstag, S. 58, 72, nach dem sich das Konzept des V. Senats des BFH als Blaupause für eine gesetzgeberische Neuordnung des Umsatzsteuerinsolvenzrechts eigne, daher nicht weit genug.

1452 S. auch zu dem damit einhergehenden Widerspruch zu einem der Grundanliegen der Insolvenzordnung unten unter Viertes Kapitel A)IV.1.a).

auf die Form der Besteuerung nach vereinnahmten Entgelten (generelle Ist-Versteuerung), gegebenenfalls mit einer Bindung des Vorsteuerabzugs an die Zahlung des Entgelts, noch die generelle Einführung einer Umkehr der Steuerschuldnerschaft im Fall der Insolvenz des leistenden Unternehmers (reverse charge) weiter verfolgt worden. Beide Alternativen sind mit der Mehrwertsteuer-Systemrichtlinie nicht oder zumindest nicht ohne eine Sonderermächtigung des Rates der Europäischen Union nach Art. 395 MwStSystRL in Einklang zu bringen und ließen sich damit nicht vom deutschen Gesetzgeber einführen[1453]. Ferner führte eine generelle Ist-Versteuerung nach der hier vertretenen Auffassung nicht stets zu einer Auslösung von Masseverbindlichkeiten im Zeitpunkt der Vereinnahmung von Entgelten womit sie nicht geeignet ist, die beabsichtigten Wirkungen herbeizuführen[1454]. Die genannten Alternativen bringen auch nicht hinreichend deutlich den Treuhand-Charakter der Umsatzsteuer für den Fall der Insolvenz des leistenden Unternehmers zum Ausdruck, dem mit dem vorliegenden Modell indes flächendeckend Geltung verschafft werden könnte. Außerdem ließe sich mit dem Modell der hier jedenfalls für rechtsdogmatisch fragwürdig erkannte Tatbestand des § 55 Abs. 4 InsO[1455] ersatzlos aufheben.

Es soll ausdrücklich klargestellt werden, dass der nachfolgende Abschnitt nicht den Anspruch erhebt, jede erdenkliche Wechselwirkung zwischen Umsatzsteuer- und Insolvenzrecht abzubilden. Insofern ist das Modell auch als *Modell* zu verstehen, kann aber meines Erachtens als Anstoß für eine rechtspolitische Debatte genutzt werden.

1453 So auch *Wäger*, UR 2013, 673, 682 f. Eine generelle Umstellung auf die Besteuerung nach vereinnahmten Entgelten ist hinsichtlich des Vorsteuerabzugs wegen Art. 167a Abs. 2 MwStSystRL – auch nach ohnehin erforderlicher Konsultation des Mehrwertsteuerausschusses – nur bis zu einer Jahresumsatzgrenze von maximal 2 Mill. Euro möglich. Dies führte bei verschiedenen Unternehmen aus meiner Sicht zu einer nicht sachgerechten Differenzierung von Rechtsfolgen in der Insolvenz und trägt darüber hinaus nicht zu einer systemgerechten Lösung bei. Die Erweiterung von § 13b UStG scheitert mangels einer entsprechenden Ermächtigung in Art. 199 MwStSystRL oder sie bedürfte der bereits genannten Sonderermächtigung nach Art. 395 MwStSystRL.

1454 Allein die Vereinnahmung von Entgelten kann nicht zu einer Auslösung von Masseverbindlichkeiten führen, da die Tatbestände des § 55 InsO ohne eine gesetzgeberische Änderung ein neues Grundverhältnis voraussetzen, wohingegen die Vereinnahmung aber letztlich nur der Vollzug eines bestehenden ist, s. dazu oben unter Zweites Kapitel D)I. und II.

1455 S. hierzu oben unter Erstes Kapitel G)IV.

A) Einrichtung einer Umsatzsteuersondermasse

I. Die Umsatzsteuer als Treugut

Im Rahmen des ersten Kapitels ist der Versuch unternommen worden, das Umsatzsteuerschuldverhältnis als insolvenzfestes Treuhandverhältnis zu begründen. Dieser ist als mit dem geltenden Recht nicht vereinbar bewertet worden. Gleichwohl konnten dort gewichtige umsatzsteuer-systematische Gründe angeführt werden, die für eine solche Annahme sprechen. Diese haben ihre Ursache in dem Wesen der Umsatzsteuer als allgemeiner Verbrauchsteuer, die allein den konsumtiven Letztverbrauch belasten soll. Der (insolvente) Unternehmer ist im Ergebnis allein deshalb in den Vorgang der Steuererhebung und damit der Verwirklichung des Belastungserfolgs eingeschaltet, weil eine Anknüpfung an den Verbrauch selbst und damit den Verbraucher als Steuersubjekt faktisch schlicht unmöglich ist[1456]. Für den umsatzsteuerlichen Unternehmer soll die Umsatzsteuer ein bloßer durchlaufender Posten sein; das umsatzsteuerliche Neutralitätsprinzip gebietet insoweit, dass sie ihn weder belasten, noch entlasten darf. Das gilt insbesondere in Fällen, in denen der Unternehmer Entgelte erhält, also bezüglich solcher Besteuerungsgrundlagen, denen ein Zahlungsfluss zugrunde liegt.

Diese Positionen müssten daher aus einer Sondermasse getilgt werden können. Allein diese Maßgabe greift aber zu kurz, weil sie die Wirkungen des Umsatzsteuerrechts nicht in jeder Hinsicht umzusetzen vermag. Es sind daher auch solche positiven wie negativen Besteuerungsgrundlagen aus der Sondermasse zu befriedigen, die nicht zahlungsflussbedingt sind, wie beispielsweise jene, die aus Berichtigungen wegen Uneinbringlichkeit (§ 17 Abs. 2 Nr. 1 UStG) oder veränderter Verwendung (§ 15a UStG) herrühren. Diese Mechanismen sind kein Selbstzweck, sondern dienen schlussendlich auch dem übergeordneten Ziel, allein den konsumtiven Letztverbrauch zu besteuern, der vom Gesetz in der Aufwendung von Entgelt abgebildet wird. Um dem Zweck des Umsatzsteuerrechts Rechnung zu tragen, und dies auch folgerichtig auf das Umsatzsteueraufkommen durchschlagen zu lassen, müsste insoweit gelten, dass die Umsatzsteuer außerhalb der Insolvenz gleichsam der Umsatzsteuer innerhalb der Insolvenz behandelt wird[1457]. Diesem grundsätzlichen Anforderungsprofil soll im Folgenden nachgegangen werden.

1456 S. hierzu im Einzelnen oben unter Erstes Kapitel D)II. ff.

1457 In diesem Sinne auch die These von *Seer*, Tagungsbericht zur ersten Jahrestagung des Instituts für Insolvenz- und Sanierungsrecht, ZInsO 2015, 242, 247, dass es angesichts des Postulats intraeuropäischer Wettbewerbsneutralität aus umsatzsteuerlicher Sicht keinen Unterschied machen dürfe, ob die Umsatzsteuer von einem solventen oder von einem insolventen Unternehmer zu zahlen ist.

II. Sondermassen im Allgemeinen

Nach der Legaldefinition der Insolvenzmasse in § 35 Abs. 1 InsO erfasst das Insolvenzverfahren das gesamte Vermögen, das dem Schuldner zur Zeit der Eröffnung des Verfahrens gehört und das er während des Verfahrens erlangt. Eine Trennung einzelner Vermögensmassen von der Insolvenzmasse kann allenfalls dadurch erreicht werden, dass bestimmte Vermögensteile auf einen anderen, selbständigen Rechtsträger übertragen werden[1458]. Davon abgesehen kennt das Insolvenzrecht aber *Sondermassen.* Bei ihnen handelt es sich um Teile der nämlichen Insolvenzmasse, die innerhalb ein und desselben Insolvenzverfahrens haftungsrechtlich nur einer bestimmten Gläubigergruppe zugewiesen sind. Dabei kommt es nicht zur Bildung eines dinglich gesonderten Vermögens; die Sondermasse ist lediglich ein *zweckgebundenes Vermögen* innerhalb ein und derselben Insolvenzmasse. Ergebnis dieser Zweckbindung ist, dass die vom Zweck umfassten Gläubiger vorweg unter Ausschluss der einfachen Insolvenzgläubiger und damit bevorzugt befriedigt werden[1459].

III. Anleihe an § 32 DepotG

Die gesetzgeberische Anordnung von Sondermassen findet sich insbesondere im Bank- und Versicherungsbereich[1460]. Die entsprechenden Regelungsanordnungen führen dazu, dass sich für die dort privilegierten Gläubiger absonderungsrechtsähnliche Vorrechte ergeben[1461]. § 32 Abs. 3 S. 1 DepotG bestimmt im Sinne dieser Zielsetzung für einen näher bestimmten Kreis von Forderungen, dass „[...] vorrangige Forderungen [...] vor den Forderungen aller anderen Insolvenzgläubiger aus einer Sondermasse beglichen“ werden. Diese Sondermasse „wird gebildet aus den in der Masse vorhandenen Wertpapieren derselben Art und aus den Ansprüchen auf Lieferung solcher Wertpapiere.“ § 32 DepotG ist dabei für den Gläubiger (im Jargon des Depotgesetzes: „Hinterleger“) nur dann relevant, wenn er sein Eigentum oder Miteigentum an einem Wertpapier im Sinne dieses Gesetzes (vgl. § 1 DepotG) durch eine rechtswidrige Verfügung des Verwahrers selbst oder durch eine ihm zurechenbare Verfügung verloren hat. Andernfalls stünde ihm nämlich ein Aussonderungsrecht

1458 *Hirte*, in: Uhlenbruck, InsO, § 35, Rz. 53.

1459 *Henckel*, in: Jaeger, InsO, § 35, Rz. 141; *Hirte*, in: Uhlenbruck, InsO, § 35, Rz. 55.

1460 Zu nennen sind neben der hier behandelten Vorschrift bspw. § 30 PfandBG, §§ 66 Abs. 6, 77 ff. VAG. Im Falle der Inanspruchnahme des Kommanditisten auf Haftung bei Insolvenz der Gesellschaft (§ 171 HGB) hat der Insolvenzverwalter *diesen* Anspruch geltend zu machen und aus dem eingezogenen Betrag eine Sondermasse neben der Insolvenzmasse zu bilden und aus dieser ausschließlich die Altgläubiger zu befriedigen, s. *Strohn*, in: Ebenroth/Boujong/Joost/Strohn, HGB, § 171, Rz. 107 ff. Eine Sondermasse ist ferner hinsichtlich solcher Gegenstände zu bilden, die der Zwangsverwaltung unterliegen, sofern die Zwangsverwaltung mit einem Insolvenzverfahren zusammentrifft, s. *Tetzlaff*, in: MüKo, InsO, § 165, Rz. 30.

1461 *Reinhart*, in: MüKo, InsO, § 335, Rz. 114.

nach § 47 InsO zu[1462]. Daneben erweitert § 32 Abs. 1 Nr. 1, 2 DepotG den Kreis der privilegierten Gläubigergruppe noch auf Verpfänder und Kommittenten. Der Zweck von § 32 DepotG liegt erkennbar darin, Risiken der Fremdverwahrung im Rahmen der Verwaltung von Wertpapieren auszuschließen[1463]. Von ihrer Rechtsnatur her handelt es sich bei Ansprüchen aus der Sondermasse weder um Ab-, noch um Aussonderungsrechte; sie bilden vielmehr nicht in diese Kategorien fallende Insolvenzvorrechte, die den persönlichen Forderungen der Gläubiger anhaften[1464]. Der Gesetzgeber hat zwar mit der Einführung der Insolvenzordnung alle „allgemeinen Konkursvorrechte“ beseitigen wollen. Vorrechte an Sondermassen – und damit auch an der schon unter der KO geltenden Regelung des § 32 DepotG[1465] – sollten jedoch erhalten bleiben, da sie den Absonderungsrechten näher stünden als den allgemeinen Konkursvorrechten. Dies erklärte sich damit, dass bei den Vorrechten an Sondermassen nur ein bestimmter, deutlich abgegrenzter Teil des Vermögens des Schuldners für die Befriedigung bestimmter Gläubiger reserviert sei[1466].

Mit der Bildung einer Sondermasse nach § 32 DepotG kommt es zu einer Durchbrechung des insolvenzrechtlichen Gläubigergleichbehandlungsgrundsatzes, weil sich der genannte Gläubigerkreis vorrangig aus einer für die übrigen Insolvenzgläubiger versperrten Haftungsmasse befriedigen kann. Diesbezüglich kann allein der Verweis auf die ebenfalls „privilegierende“ Behandlung von Aus- und Absonderungsrechten nicht als Rechtfertigungsgrundlage taugen. Diese setzen nämlich voraus, dass schon vor der Eröffnung des Insolvenzverfahrens eine dingliche Rechtsposition zugunsten des jeweiligen Gläubigers bestand; die Sondermasse wird aber erst im Zeitpunkt der Eröffnung des Insolvenzverfahrens gebildet. Gleichwohl stehen die Rechtsfolgen der Sondermasse mit Blick auf den Treuhandcharakter der Geschäfte nach dem Depotgesetz nicht in Widerspruch zu dem Grundsatz der Gläubigergleichbehandlung. Letztlich kommen die wirtschaftlichen Wirkungen der geschützten Geschäfte nämlich denjenigen eines echten Treuhandverhältnisses gleich, die in der Insolvenz des Treuhänders ein Aussonderungsrecht des Treugebers nach § 47 InsO begründen[1467].

Blickt man nun auf die Ausführungen zur vermögensrechtlichen Zuordnung der Umsatzsteuer im Insolvenzverfahren zurück, so finden sich auf der Grundlage umsatzsteuer-systematischer Erwägungen schon heute Elemente, die einem

---

1462 *Henckel*, in: FS Uhlenbruck, S. 19, 24.

1463 *Henckel*, in: FS Uhlenbruck, S. 19, 24.

1464 *Scherer*, in: Ebenroth/Boujong/Joost/Strohn, HGB, Band 2, Bank- und Börsenrecht, § 32 DepotG, Rz. VI645; s. hierzu auch die unterschiedlichen Auffassungen bei *Bauer*, Ungleichbehandlung der Gläubiger im geltenden Insolvenzrecht, S. 104.

1465 Eingeführt durch die Depotrechtsreform aus dem Jahr 1937 durch das Gesetz über die Verwahrung und Anschaffung von Wertpapieren vom 4.2.1937, RGBl. I 1937, S. 171, 175 f.

1466 BT-DrS 12/3803, S. 96 (zur redaktionellen Anpassung des DepotG).

1467 *Bauer*, Ungleichbehandlung der Gläubiger im geltenden Insolvenzrecht, S. 105 f.; *ders.*, DZWiR 2007, 188, 191.

Treuhandverhältnis zwischen Fiskus und Unternehmer ähnlich sind. Auf der Grundlage dessen ist auch zu Tage gefördert worden, dass vereinnahmte Umsatzsteuerbeträge nicht dem Zweck dienen, die Insolvenzmasse zu bereichern und damit *alle* Insolvenzgläubiger zu befriedigen. Obgleich sie keiner insolvenzfesten Zweckbindung unterliegen, ist dabei doch erkannt worden, dass sie grundsätzlich der Solidargemeinschaft der Steuerzahler zustehen. Insofern soll nun auf der Grundlage des Vorgesagten skizziert werden, wie die Implementierung einer Umsatzsteuersondermasse vorgenommen werden könnte.

IV. Übertragung der Überlegungen auf eine Umsatzsteuersondermasse

Eine grundsätzliche Voraussetzung für das vorliegende Modell ist die Aufgabe der Differenzierung nach Insolvenzforderungen auf der einen, und Masseverbindlichkeiten auf der anderen Seite. Um die insolvenzrechtliche Dogmatik durch die Schaffung einer Kategorie *sui generis* nicht über Gebühr zu belasten, ist allein der Mechanismus der Insolvenzforderung nach § 38 InsO heranzuziehen. Dieser ist indes für die hier verfolgten Zwecke für nach der Insolvenzeröffnung begründete positive Besteuerungsgrundlagen zu modifizieren. Auch insoweit gilt der Umsatzsteuergläubiger nämlich nach dem hier vorgeschlagenen Regelungsentwurf als Insolvenzgläubiger (§ 22f Abs. 2 S. 2 UStG-E[1468]). Diese Fiktion ist nötig, um hinsichtlich nach der Insolvenzeröffnung verwirklichter Besteuerungsgrundlagen nicht in die tradierten Mechanismen zurückzufallen und gleichwohl einen Hebel zu haben, mittels dem Umsatzsteuerschulden in der Insolvenz erfasst und letztlich durchgesetzt werden können.

1. *Aggregation verteilbarer Masse*

a) *Noch zu vereinnehmende Umsatzsteuerbeträge von Drittschuldnern*

Wo nichts ist, kann auch nichts verteilt werden. Von diesem simplen Gedanken ausgehend muss der Inhalt einer Umsatzsteuersondermasse zunächst bestimmt werden. Diesbezüglich kommen Umsatzsteuerbeträge in Betracht, die auf bereits *vereinnahmte Entgelte* oder noch *zu vereinnehmende Entgelte* aus Lieferungen oder sonstigen Leistungen entfallen.

Die Umsetzung der erstgenannten Alternative ist mit Schwierigkeiten behaftet. Es stellt sich die Frage, wie vereinnahmte Entgelte und damit auch die auf sie entfallenden Umsatzsteuerbeträge vom restlichen Vermögen des späteren Insolvenzschuldners in Anbetracht der haftungsrechtlichen Wirkungen abgegrenzt werden sollen, obwohl die Umsatzsteuersondermasse zum Zeitpunkt der Entgeltvereinnahmung noch nicht gebildet ist. Die Entgelte haben sich dann nämlich durch

---

1468 S. den Normvorschlag unter Viertes Kapitel B). Nachfolgend wird hierauf nicht mehr verwiesen.

Eingang auf das Eigenkonto bzw. in die Barkasse des späteren Insolvenzschuldners mit dessen Vermögen vermischt, womit sie dort nicht länger unterscheidbar vom übrigen Vermögen vorhanden sind[1469].

Denkbar ist zwar eine gesetzliche Regelung, die sich als Fiktion ausgestalten ließe, nach der auch solche Entgelte in die Sondermasse einzustellen sind, die bereits vor der Bildung derselben vereinnahmt worden sind. Diese könnten wohl unter Auswertung der Buchführung des späteren Insolvenzschuldners herausgefiltert werden. Auch damit ist aber nicht sichergestellt, dass es sich bei den jeweiligen Entgelten um die *nämlichen* handelt, die auf Umsätze aus einem bestimmten Zeitraum entfallen. Außerdem sind in der Praxis die Buchführungsunterlagen des späteren Insolvenzschuldners gerade im Zeitraum vor der Stellung eines Insolvenzantrags nicht selten unzureichend geführt, was insofern weitere Vollzugsschwierigkeiten mit sich brächte. Hinzu kommt, dass bei dieser Alternative der späteren Insolvenzmasse „im Nachhinein" Liquidität entzogen würde. Auch könnte es zu Problemen hinsichtlich der Bestimmung der Insolvenzeröffnungsgründe (§§ 16 ff. InsO) kommen, wenn bei der Bewertung von (drohender) Zahlungsunfähigkeit oder Überschuldung berücksichtigt werden müsste, dass im Zeitpunkt der Insolvenzantragstellung die zur Verfügung stehende Haftungsmasse um in einem bestimmten Zeitraum vereinnahmte Umsatzsteuerbeträge gekürzt werden müsste. Eine solche Regelung würde ferner zu einem Widerspruch mit einer der primären Zielsetzungen der Insolvenzordnung führen, nämlich die Masse derart anzureichern (und mithin nicht zu belasten), um überhaupt erst ein Insolvenzverfahren durchführen zu können. Es sollte gerade der unter der Konkursordnung häufig anzutreffenden Situation abgeholfen werden, wonach das Verfahren schon mangels Masse (vgl. § 207 InsO) nicht eröffnet werden konnte, was zur Funktionsunfähigkeit des ehemaligen Konkursrechts führte[1470]. Um einer Wiederkehr des genannten Befundes Vorschub zu leisten, ist auch aus diesem Grund von einer Einbeziehung von Umsatzsteuerbeträgen, die auf bereits vor Bildung einer Sondermasse vereinnahmte Entgelte entfallen, abzusehen.

Stattdessen erscheint es sachgerecht, wenn man die Bildung einer Umsatzsteuersondermasse an die erste Anordnung von Sicherungsmaßnahmen durch das Insolvenzgericht (§§ 21 ff. InsO) knüpft, d.h. also in aller Regel an die Bestellung eines vorläufigen Insolvenzverwalters oder vorläufigen Sachwalters. Hierin eingestellt werden müssten nun in einem *ersten Schritt* alle zivilrechtlichen Alt- und Neuforderungen aus umsatzsteuerpflichtigen Ausgangsumsätzen, soweit auf sie der Umsatzsteuerbetrag entfällt und zum Zeitpunkt der Bildung der Umsatzsteuersondermasse noch kein Entgelt seitens des Drittschuldners gezahlt wurde. Das bedeutet also bei Geltung des Regelsteuersatzes (§ 12 Abs. 1 UStG), dass $\frac{19}{119}$ des Bruttobetrags der Forderung des Insolvenzschuldners gegen den Drittschuldner von

1469 Vgl. insoweit auch zu den Problemen der Bestimmtheit bei Treuhandverhältnissen *Brinkmann*, in: Uhlenbruck, InsO, § 47, Rz. 81, mit Nachweisen zur Rspr. des BGH.
1470 BT-DrS 12/2443, S. 72, 84 ff.

der Umsatzsteuersondermasse erfasst werden. Altforderungen sind dabei solche, die bis zum Zeitpunkt der Bildung der Sondermasse zivilrechtlich begründet wurden, Neuforderungen solche, die ab dem Zeitpunkt der Bildung der Sondermasse zivilrechtlich vom Schuldner, vom (vorläufigen) Insolvenzverwalter oder vom Schuldner unter Mitwirkung des vorläufigen Insolvenzverwalters begründet worden sind. Folgt diesen zivilrechtlichen Verpflichtungsgeschäften kein Vollzug, also kein umsatzsteuerpflichtiger Umsatz, sind sie aus der Sondermasse wieder auszuscheiden.

Der *zweite Schritt* besteht darin, die nun schon zugeordneten „Buchwerte" bei ihrem jeweiligen Zufluss, also bei Tilgung der Forderung durch den Drittschuldner und gleichsamer Vereinnahmung des Entgelts, in der Umsatzsteuersondermasse als echten Ertrag zu erfassen (§ 22f Abs. 1 S. 2 Alt. 1 UStG-E). In personeller Hinsicht kommt es nicht darauf an, ob der Zufluss unter der Ägide des Schuldners, des (vorläufigen) Sachwalters oder des (vorläufigen) Insolvenzverwalters erfolgt. Erst zu diesem Zeitpunkt – und nicht schon bei der Zuordnung von Buchwerten – wird im insolvenzrechtlichen Sinne verteilbare Masse aggregiert. Die Sondermasse gewinnt also mit jedem vereinnahmten Umsatzsteuerbetrag (Bruttoforderung $\times \frac{19}{119}$) an Höhe.

b) Auskehr von Guthabensbeträgen durch das Finanzamt

Ebenfalls der Umsatzsteuersondermasse zuzuführen sind, als *dritter Schritt*, etwaige Guthabensbeträge, die sich aus den Umsatzsteuervoranmeldungen ergeben bzw. nach dem Ablauf des Besteuerungszeitraums dem Schuldner zu vergüten sind. An dieser Stelle ist also das Finanzamt Quell der Aggregation verteilbarer Masse. Ergibt sich aus einem Voranmeldungszeitraum ein Überschuss zugunsten des Schuldners, so hat es den Differenzbetrag nach den geltenden Regeln des Umsatzsteuerrechts nicht einzubehalten und auf Verrechnung mit Schulden aus anderen Voranmeldungszeiträumen zu hoffen, sondern auszuzahlen. Dieser Betrag ist allerdings nicht in die allgemeine Insolvenzmasse, sondern vom (vorläufigen) Insolvenzverwalter oder (vorläufigen) Sachwalter in die zweckgebundene Umsatzsteuersondermasse einzustellen (§ 22f Abs. 1 S. 2 Alt. 2 UStG-E). Diese Maßgabe tangiert dann gegebenenfalls den Grundsatz umsatzsteuerlicher Neutralität, da sich insoweit die Insolvenzmasse nicht von solchen Umsatzsteuerbeträgen entlasten kann, als sie vorher im Falle von Eingangsleistungen den darauf entfallenden Bruttobetrag geleistet hat. Gleiches gilt für Guthabensbeträge, die (zum Teil) aus anderen negativen Besteuerungsgrundlagen resultieren, bspw. also dann, wenn das Entgelt für eine schon ausgeführte Lieferung oder sonstige Leistung uneinbringlich wird und der Ursprungsumsatz schon versteuert wurde. Damit liegt aber keine Durchbrechung des Grundsatzes umsatzsteuerlicher Neutralität vor, da der – sich nunmehr im Pflichtenkorsett der Insolvenz befindende – Unternehmer die Entlastungsbeträge in sein Vermögen ausbezahlt erhält. Das Vermögen ist nach dem vorliegenden Modell aber in zwei Haftungsmassen zu trennen, nämlich in die allgemeine Insolvenzmasse und die Umsatzsteuersondermasse, die innerhalb der Insolvenzmasse einer exklusiven Zweckbestimmung unterliegt. Das Umsatzsteuerguthaben wird also sehr wohl in das Vermögen des insolvenzschuldnerischen Unternehmers geleistet. Es steht dort nur nicht dafür zur Verfügung, tatsächlich gezahlte Umsatzsteuerbeträge zu neutralisieren. Das ist damit aber weniger ein Problem von kollidierenden Wertungen des Umsatzsteuer-, sondern des Insolvenzrechts. In diesem Fall ist die Insolvenzmasse mangels Entlastung von der Umsatzsteuer mit Blick auf das Beispiel der Eingangsleistung nicht nur in Höhe des Netto-, sondern in Höhe des Bruttobetrages belastet. Es darf aber auch nicht vergessen werden, dass der (späteren) Insolvenzmasse auch im Vorfeld der Insolvenz Vorsteuerbeträge zugeflossen sein können, die ihr letztlich materiell nicht zustehen, weil der Unternehmer die entsprechenden Entgelte wegen dessen Zahlungsunfähigkeit nicht mehr begleichen konnte.

An dieser Stelle von einer gegenseitigen Kompensation zu sprechen, wäre freilich falsch, weil es vor allem auf die Zahlenverhältnisse im jeweiligen Einzelfall ankommt, ob sich bereits ausbezahlte Guthabensbeträge und zur Auszahlung in die Umsatzsteuersondermasse anstehende Guthabensbeträge gegenseitig aufheben. Eine mögliche Belastung der Masse wegen Auskehr von Guthaben allein in die Umsatzsteuersondermasse ist damit zu rechtfertigen, dass die der allgemeinen Gläubigerbefriedigung dienende Insolvenzmasse nicht aus Guthaben aus Vorsteuerbeträgen gespeist werden sollte, da diese eine andere Zweckbestimmung haben. Davon abgesehen wird sich der hier diskutierte Fall *in praxi* vermutlich nur selten ergeben, da er einen Überschuss an negativen vor positiven Besteuerungsgrundlagen in einem Voranmeldungszeitraum voraussetzt.

2. *Auswirkungen auf das Umsatzsteuerfestsetzungsverfahren*

Bis zur Ausschüttung der aggregierten Masse ist das Umsatzsteuerfestsetzungsverfahren trotz Eintritts der Insolvenz ebenso wie außerhalb der Insolvenz durchzuführen. Der Insolvenzschuldner bzw. der (vorläufige) Insolvenzverwalter hat weiterhin Voranmeldungen abzugeben bzw. bereits abgegebene Voranmeldungen zu berichtigen. Auch kommt es mit der Insolvenzeröffnung nicht zu einer Abkürzung des Besteuerungszeitraums. Infolgedessen findet einerseits nach jedem Voranmeldungszeitraum, und andererseits zum Ende des Besteuerungszeitraums eine umsatzsteuerliche Zwangsverrechnung nach § 16 Abs. 2 UStG statt (§ 22f Abs. 2 S. 3 UStG-E). Dabei entfällt wegen der Wirkungen der Umsatzsteuersondermasse die Einordnung der positiven Besteuerungsgrundlagen in die Kategorien von Insolvenzforderung und Masseverbindlichkeit; sie ist weder zum Zeitpunkt der Bestellung eines vorläufigen Insolvenzverwalters, noch bei der Bestellung des Insolvenzverwalters vorzunehmen. Es kommt mithin auch nicht zur verfahrensrechtlichen Unterteilung insoweit, als umsatzsteuerliche Masseverbindlichkeiten durch Steuerbescheid festgesetzt werden können und Insolvenzforderungen zur Tabelle anzumelden sind. Vielmehr sind alle Salden aus vergangenen (soweit die hierauf entfallende Umsatzsteuerschuld seitens des Schuldners noch nicht beglichen ist) und gegenwärtigen Voranmeldungen und der oder die Saldo/en aus dem einen oder eventuell mehreren Besteuerungszeiträumen des laufenden Insolvenzverfahrens durch das Finanzamt sukzessive beim Insolvenzverwalter anzumelden und auf den Anspruch auf vorrangige Befriedigung aus der Umsatzsteuersondermasse hinzuweisen. Wegen des insolvenzrechtlichen Vollstreckungsverbots kann die Finanzbehörde bei Streit hierüber durch Feststellungsbescheid nach § 251 Abs. 3 AO entscheiden.

Der prinzipielle Inhalt der Voranmeldungen unterscheidet sich also nicht zu demjenigen, wie er auch außerhalb der Insolvenz anzugeben ist. Der Schuldner bzw. der (vorläufige) Insolvenzverwalter hat dort sowohl die Verwirklichung von negativen wie positiven Besteuerungsgrundlagen zu deklarieren, wie es das Umsatzsteuergesetz vorschreibt. Es kommt also auch nach dem vorliegenden Modell nach wie vor zu einer Berichtigung wegen tatsächlicher Uneinbringlichkeit, die auch schon auf die Anordnung von Sicherungsmaßnahmen durch das Insolvenzgericht vorverlegt werden könnte[1471]. Ferner ist an dieser Stelle zu bemerken, dass keine über das Umsatzsteuerrecht hinausgehende Unterscheidung zwischen Unternehmern vorzunehmen ist, die die Umsatzsteuer nach vereinbarten oder nach vereinnahmten Entgelten berechnen. Auch mit Berichtigungstatbeständen ist zu verfahren, wie es außerhalb der Insolvenz bekannt und bewährt ist. Sind in jedem Voranmeldungs- bzw. Besteuerungszeitraum die positiven Besteuerungsgrundlagen erfasst worden, sind davon die negativen abzusetzen. Auch diesbezüglich ist nach den geltenden Regeln des Umsatzsteuerrechts zu verfahren, ohne dass an dieser Stelle die Auswirkungen einer Umsatzsteuersondermasse zum Tragen kämen. Diese Autarkie des umsatzsteuerlichen Festsetzungsverfahrens soll auch „speziellen" Problemen Vorschub leisten, die an der Schnittstelle von Umsatzsteuer- und Insolvenzrecht infolge der tradierten Abgrenzung zwischen Insolvenzforderung und Masseverbindlichkeit entstehen können[1472]. Daneben würden sich freilich die in dieser Arbeit gewürdigten grundsätzlichen Abgrenzungsprobleme im Umsatzsteuerinsolvenzrecht erübrigen.

3. *Abgabe von Voranmeldungen*

Mit der Einrichtung einer Umsatzsteuersondermasse zum beschriebenen Zeitpunkt muss es nicht dazu kommen, dass der nicht-starke vorläufige Insolvenzverwalter (bzw. vorläufige Sachwalter) zur Erfüllung der steuerrechtlichen Mitwirkungspflichten des Schuldners herangezogen wird, also insbesondere zur Abgabe von Voranmeldungen verpflichtet ist, auch nicht allein in Bezug auf die Umsatzsteuersondermasse. Das entspricht dem *status quo*, wonach die genannten Personen weder Vermögensverwalter i.S.v. § 34 Abs. 3 AO, noch Verfügungsberechtigte nach

1471 Auch der V. Senat des BFH ist insoweit der Auffassung, dass dies der Zeitpunkt der Bestellung eines vorläufigen Insolvenzverwalters ist, s. oben unter Zweites Kapitel D)IV. Das leuchtet ein. Dann hat nämlich das Insolvenzgericht die Zulässigkeit des Insolvenzantrags für gegeben erkannt. Das ließe sich klarstellend auch legislativ regeln; eine solche Norm wäre jedenfalls von Art. 90 MwStSystRL gedeckt.

1472 Exemplarisch soll der Fall der nicht vollständig erfüllten Verträge bei Insolvenzeröffnung angeführt werden, vgl. hierzu *Stadie*, in: Rau/Dürrwächter, UStG, Anhang Umsatzsteuer und Insolvenz, Rz. 128 ff.

§ 35 AO sind[1473]. Würde man eine Mitwirkungspflicht für die Umsatzsteuersondermasse anordnen, so käme es zu einer parallelen Verpflichtung von Schuldner und Insolvenzorgan, die weitere Probleme mit sich brächte. Das ist aber auch nicht nötig. Denn durch das Verfügungsverbot ist in Bezug auf die Umsatzsteuersondermasse sichergestellt, dass es insoweit nicht zu Vermögensverschiebungen kommen kann (§ 22f Abs. 2 S. 3 f. UStG-E). Die Frage der Erfüllung von Mitwirkungspflichten ist hiervon zunächst getrennt zu betrachten. Die Abgabe von Voranmeldungen ist ohnehin nicht danach zu unterscheiden, ob die Besteuerungsgrundlagen sich auf die allgemeine Insolvenzmasse *oder* die Umsatzsteuersondermasse beziehen, da die Umsatzsteuersondermasse ein zweckgebundener Teil der Haftungsmasse Insolvenzmasse ist. Insofern muss an der geltenden Rechtslage zur steuerlichen Mitwirkungspflicht (vorläufiger) Insolvenzverwalter bzw. (vorläufiger) Sachwalter auch keine Veränderung vorgenommen werden. Für den häufigen Fall der nicht erfolgten oder fehlerbehaftet abgegebenen Voranmeldung durch den Schuldner gilt ohnehin schon jetzt, dass der Insolvenzverwalter diese nachzuholen oder erforderlichenfalls zu korrigieren hat. Für das eröffnete Verfahren ist er freilich auch in der Pflicht, dies zu tun. Im Fall der Eigenverwaltung verbleibt diese Verpflichtung beim Schuldner selbst.

4. Keine Anwendung der insolvenzrechtlichen Aufrechnungsverbote und der insolvenzrechtlichen Anfechtung

Um ein geschlossenes System der Befriedigung aus einer Umsatzsteuersondermasse zu gewährleisten, sind bezogen auf diese die insolvenzrechtlichen Aufrechnungsverbote für nicht anwendbar zu erklären, was zu einer unangetasteten umsatzsteuerlichen Zwangsverrechnung führt (§ 22f Abs. 2 S. 3 UStG-E). Andernfalls käme es diesbezüglich zu Verwerfungen mit der konzentrierten Ausschüttung der aggregierten Masse[1474]. Einen Fall der Aufrechnung *intra* Umsatzsteueransprüchen wird es nicht mehr geben, weil der Umsatzsteuergläubiger seine Ansprüche aus dem Umsatzsteuergesetz nur aus der Umsatzsteuersondermasse geltend machen kann (§ 22f Abs. 2 S. 1 UStG-E). Die Aufrechnung des Finanzamts mit Verbindlichkeiten aus dem Umsatzsteuerschuldverhältnis gegen andersartige Ansprüche des Schuldners aus dem Steuerschuldverhältnis ist ausgeschlossen (§ 22f Abs. 4 UStG-E), um den geschlossenen Kreislauf um die Umsatzsteuersondermasse nicht aufzubrechen.

Ebenfalls für nicht anwendbar erklärt werden müssten die Vorschriften der §§ 129 ff. InsO und zwar insoweit, wie Rechtshandlungen positive oder negative Besteuerungsgrundlagen begründen können (§ 22f Abs. 2 S. 3 UStG-E). Ansonsten käme es nämlich letztlich zu einem hier nicht erwünschten Aufbruch des umsatzsteuerlichen Saldos, mit der Folge, dass einzelne Guthabensbeträge an die Masse

1473 Statt vieler nur *Loose*, in: Tipke/Kruse, AO, § 34, Rz. 25 (für den vorl. Insolvenzverwalter).

1474 Dazu sogleich im nächsten Abschnitt.

ausgekehrt werden und somit der Befriedigung aller Gläubiger dienen, wozu diese jedoch gerade nicht bestimmt sind.

Die abzubedingenden Vorschriften haben das Ziel, die Masse zu erhalten bzw. anzureichern um auf diese Weise dem Insolvenzzweck einer gleichmäßigen und möglichst hohen Befriedigung Rechnung zu tragen. Entscheidet sich der Gesetzgeber aber dafür, den Treuhandcharakter der Umsatzsteuer mittels des vorliegenden Modells insolvenzfest zu kodifizieren, so sind die davon ausgehenden Grundwertungen auch folgerichtig auszugestalten. Die Nichtanwendbarkeit der in Rede stehenden Mechanismen ist damit keine neuerliche (vermeintliche) Verletzung des Grundsatzes der Gläubigergleichbehandlung, sondern die konsequente Umsetzung einer Grundwertung, die verfassungsrechtlich zulässig ist und die Stellung des Umsatzsteuergläubigers in einer Weise berücksichtigt, wie es im Ergebnis auch bei zivilrechtlichen Treugebern der Fall ist.

5. Ausschüttung der aggregierten Umsatzsteuersondermasse

Die Ausschüttung der aggregierten Masse erfolgt erst im Rahmen der Verteilung nach den §§ 187 ff. InsO oder im Falle eines Insolvenzplanverfahrens nach den §§ 217 ff. InsO. Vorher ist der Fiskus nicht in der Lage, überhaupt auf die Umsatzsteuersondermasse oder die allgemeine Insolvenzmasse zuzugreifen. Dies erfolgt mittels Anmeldung der Forderung zur Insolvenztabelle, wobei das Finanzamt bei der Anmeldung den Anspruch auf vorrangige Befriedigung aus der Umsatzsteuersondermasse anzugeben hat (§ 22f Abs. 3 S. 1 UStG-E).

In der Regel wird die Höhe der Umsatzsteuersondermasse nicht ausreichen, um die Gesamtumsatzsteuerschuld zu tilgen. Soweit der Fiskus danach keine Befriedigung erlangt, ist er unter entsprechender Anwendung der für die Absonderungsberechtigten geltenden Vorschriften der §§ 50, 190, 192 InsO gewöhnlicher Insolvenzgläubiger (§ 22f Abs. 3 S. 2, 4 UStG-E)[1475]. Verbleibt nach der Ausschüttung der Umsatzsteuersondermasse aber dennoch ein „Restguthaben“[1476], ist dieses infolge der Auflösung der Umsatzsteuersondermasse und dem Aufheben der Zweckgebundenheit zur allgemeinen Befriedigung der Insolvenzgläubiger einzusetzen (§ 22f Abs. 3 S. 3 UStG-E).

6. Verfassungsrechtliche Zulässigkeit

Die Untersuchung hat an anderer Stelle gezeigt, dass es kein verfassungsrechtliches Verbot zur gesetzlichen Einführung einer Treuguteigenschaft der Umsatzsteuer gibt[1477]. Mit diesem Modell wird eine mögliche Ausgestaltung dieser Maxime

1475 Vgl. insoweit auch die inhaltsgleiche Anordnung in § 32 Abs. 4 S. 2 DepotG.

1476 Denkbar ist insofern der *in praxi* freilich unwahrscheinliche Fall, dass vom Finanzamt ausbezahlten und von der Umsatzsteuersondermasse erfassten Überschüssen keine Umsatzsteuerschuld gegenübersteht.

1477 S. hierzu oben unter Erstes Kapitel F)III.

skizziert. Es führt dazu, dass vereinnahmte Umsatzsteuerbeträge und eventuell seitens des Finanzamts auszukehrende Vorsteuerbeträge nicht Teil der allgemeinen Insolvenzmasse sind und damit zur Befriedigung aller Gläubiger herangezogen werden können. Das Modell macht den Treugutcharakter der Umsatzsteuer deutlich und fügt sich mit den von ihm ausgehenden Wertungen in die Dogmatik des insolvenzrechtlichen Befriedigungsregimes ein, wonach Vermögensgegenstände, die an sich materiell einem anderen Rechtsträger zugehörig sind, im Wege der Bereinigung von der Ist- zur Soll-Masse separiert werden müssen[1478]. Das Modell wählt dabei den aus anderen Rechtsgebieten bekannten Mechanismus einer Sondermasse, die ebenso zur Berücksichtigung von treuhänderischen Verhältnissen fähig ist, wie das Instrument der Aussonderung[1479]. Es statuiert ohne Frage ein Fiskus*vorrecht,* weil sich auf dessen Grundlage der Fiskus eine bevorrechtigte Befriedigung aus einer eigens für ihn angelegten Sondermasse verschaffen kann und sich damit „an den übrigen Insolvenzgläubigern vorbei" zu befriedigen vermag. Es ist aber – insoweit nur – ein Umsatzsteuer*vorrecht,* also keines nach dem Vorbild von § 61 Abs. 1 Nr. 2 KO oder § 55 Abs. 4 InsO, das eben nicht steuerartenunterschiedslos eine Besserstellung anordnete bzw. anordnet. Schon aus der technischen Ausgestaltung des Modells wird deutlich, dass es sich bei ihm um die Berücksichtigung des Treuhandcharakters der Umsatzsteuer handelt, womit der *terminus Besserstellung* in einem anderen Licht erscheint, weil es schlicht um die *Gleichstellung* mit anderen Treuhandverhältnissen geht, die aus Sicht des Insolvenzrechts auch nicht als Besserstellung empfunden werden. Das Modell trägt sowohl den umsatzsteuerrechtlichen wie auch den insolvenzrechtlichen Wertungen Rechnung und ist damit von dem oben aufgezeigten Gestaltungsspielraum des Gesetzgebers gedeckt.

7. Vereinbarkeit mit der Mehrwertsteuer-Systemrichtlinie

Wollte man sich für eine Umsetzung des hier vorgeschlagenen Modells entscheiden, so müsste es auch mit der Mehrwertsteuer-Systemrichtlinie konform sein. Insoweit sehe ich keine Probleme. Der Regelungsvorschlag sollte zwar im Umsatzsteuergesetz lokalisiert sein[1480]; es ergeben sich aber keine Konflikte mit vorrangigem Unionsrecht. Es ist nicht vorgesehen, in unionsrechtlich determinierte Umsatzsteuertatbestände einzugreifen und beispielsweise eine generelle Umkehr der Steuerschuldnerschaft oder einen generellen Übergang zur Ist-Besteuerung anzustreben. Ein Merkmal des Modells ist vielmehr, dass das Umsatzsteuerrecht nicht in seinem bekannten Ablauf gestört und trotzdem die Realisierung von Umsatzsteueraufkommen in beträchtlicher Weise sichergestellt wird. Es handelt sich damit um ein Element des nationalen Verfahrensrechts für den speziellen Fall der Insolvenz des umsatzsteuerlichen Unternehmers, für das der Europäischen Union

---

1478 Vgl. hierzu *Andres*, in: Nerlich/Römermann, InsO, § 35, Rz. 4.
1479 Dazu sogleich im nächsten Abschnitt.
1480 S. dazu unten unter Viertes Kapitel B).

keine Harmonisierungsbefugnis zusteht, womit diese Sachfrage allein Angelegenheit der Mitgliedstaaten ist[1481]. Aus diesem Grund, und weil mit dem Modell sogar ein im Vergleich zu der zutreffenden geltenden Rechtslage höheres Aufkommen[1482] erzielt werden kann, dem (nicht insolvenzfesten) grundlegenden Telos der Mehrwertsteuer-Systemrichtlinie also entsprochen wird, kommt es in Bezug auf diese nicht zu Kollisionen mit der Einrichtung einer Umsatzsteuersondermasse.

8. *Abstimmung zur insolvenzbedingten Beendigung einer umsatzsteuerlichen Organschaft*

Kommt es zu der insolvenzbedingten Beendigung einer umsatzsteuerlichen Organschaft, so kann dieser Zeitpunkt jedenfalls nicht vor demjenigen der Bildung einer Umsatzsteuersondermasse liegen. Allenfalls denkbar ist eine zeitliche Kongruenz. Hierfür ausschlaggebend ist, ob das Insolvenzgericht Maßnahmen nach §§ 21 ff. InsO getroffen hat (vgl. § 22f Abs. 1 S. 1 UStG-E). Gerade diese Maßnahmen (Bestellung eines vorläufigen Insolvenzverwalters / vorläufigen Sachwalters) sind es aber, die die Voraussetzung der organisatorischen Eingliederung und damit die Organschaft insgesamt entfallen lassen *können*, zumindest dann, wenn sie sich auf die (ehemalige) Organgesellschaft beziehen[1483]. Allerdings hat sich der BFH hierzu insbesondere hinsichtlich der (vorläufigen) Eigenverwaltung bislang noch nicht abschließend geäußert[1484].

Damit ist zumindest noch denkbar, dass trotz der Bestellung eines (vorläufigen) Sachwalters die Organschaft fortbesteht. In diesem Fall ist allerdings solange keine Umsatzsteuersondermasse für die Organgesellschaft zu bilden, wie die Organschaft nicht aufgelöst ist. Denn dann ist der gesamte Organkreis Unternehmer i.S.d. § 2 UStG (vgl. § 22f Abs. 1 S. 1 UStG-E).

Die Bildung einer Umsatzsteuersondermasse bedarf damit keiner besonderen Abstimmung mit den Regeln über die umsatzsteuerliche Organschaft, insbesondere nicht in Bezug auf deren Beendigung im Insolvenzfall. Denn wie bereits geschildert kann sie nach dem vorliegenden Modell denklogisch nicht erst nach der Beendigung der Organschaft entstehen, sondern zumindest zeitgleich, wenn nicht schon früher.

1481 Vgl. *Birkenfeld*, in: Birkenfeld/Wäger, USt-Handbuch, § 21, Rz. 224; § 22, Rz. 131 ff.

1482 S. hierzu unten unter Viertes Kapitel A)VIII.

1483 So entschieden für den Fall des vorläufigen Insolvenzverwalters mit Zustimmungsvorbehalt in BFH, Urt. v. 8.8.2013, V R 18/13, BFHE 242, 433; bestätigt mit Urt. v. 3.7.2014, V R 32/13, BFHE 246, 264. Bzgl. des starken vorläufigen Insolvenzverwalters s. BFH, Urt. v. 24.8.2011, V R 53/09, BStBl. II 2012, 256, 259 f., Rz. 28; bzgl. des eröffneten Verfahrens BFH, Urt. v. 21.6.2001, V R 68/00, BStBl. II 2002, 255.

1484 Eine Beendigung der Organschaft bei Eigenverwaltung nimmt der BFH mit Bezug auf den „insolvenzrechtlichen Einzelverfahrensgrundsatz" jedenfalls dann an, wenn sowohl über das Vermögen des Organträgers, als auch der Organgesellschaft das Insolvenzverfahren eröffnet wird, s. BFH, Beschl. v. 19.3.2014, V B 14/14, BFHE 244, 156, 164 f., Rz. 40 f.

Kommt es also beispielsweise infolge der Bestellung eines vorläufigen Insolvenzverwalters für die Organgesellschaft zu einer Beendigung, so sind Organträger und Organgesellschaft für umsatzsteuerliche Zwecke wieder als eigenständige Steuersubjekte anzusehen, wobei sich die Erhebung von Umsatzsteuer nun – wie auch ohne eine vorher bestandene Organschaft – nach den Regeln des vorliegenden Modells richtet. Die Zuordnung der einzelnen Berichtigungsansprüche ist dabei nach denselben Kriterien vorzunehmen, wie es auch *de lege lata* der Fall ist[1485].

Hinsichtlich der „exklusiven" Insolvenz des Organträgers bestand in Ansehung der bislang vertretenen Auffassungen in der Literatur ebenso wenig Handlungsbedarf. Hier sollte sich lediglich die personelle Zuständigkeit für die Willensbildung beim Organträger ändern[1486], womit es vorliegend keinen besonderen Abstimmungsbedarf gäbe, weil das Unternehmen als Ganzes bestehen geblieben wäre. Mittlerweile hat der V. Senat des BFH im Rahmen eines Verfahrens über die Aussetzung der Vollziehung entschieden, dass es ernstlich zweifelhaft ist, ob die Organschaft trotz Eröffnung des Insolvenzverfahrens über das Vermögen des Organträgers fortbestehen könne[1487]. Erlangt die Rechtsprechung – wie zu erwarten ist – allgemein Gültigkeit, ist die Sondermasse gleich jeder anderen Beendigung einer umsatzsteuerlichen Organschaft für jedes sodann wieder eigenständige Unternehmen im Sinne des § 2 Abs. 1 UStG zu bilden.

V. Milder und einfacher: Aussonderungsrecht nach § 47 InsO?

In dieser Untersuchung ist der Vorschlag *Stadies*, bereits *de lege lata* ein Aussonderungsrecht nach § 47 InsO für vereinnahmte Umsatzsteuerbeträge anzunehmen, schon gewürdigt worden[1488]. Mit Blick darauf stellt sich die Frage, weshalb nicht dieses Instrument durch einen gesetzlichen Eingriff für die Umsatzsteuer nutzbar gemacht werden soll, insbesondere, weil es wegen des ihm immanenten Treugutgedankens insofern *passend* erscheint. Außerdem ließe sich argumentieren, dass der legislative Aufwand damit minimiert würde, weil § 47 InsO lediglich um einen Satz 3 ergänzt werden könnte, in dem eine entsprechende – nach *Stadies* Ansicht sogar nur deklaratorische – Regelungsanordnung kodifiziert würde.

Ist man auf der Suche nach einem vergleichsweise milderen Mittel, so muss dieses im Sinne der aus dem Verhältnismäßigkeitsprinzip bekannten Erforderlichkeit gleich geeignet sein, das angestrebte Ziel zu erfüllen, trotzdem aber

---

1485 Damit ist insbesondere der Vorsteuerberichtigungsanspruch für den ursprünglich von einer Organgesellschaft in Anspruch genommenen Vorsteuerabzug gegen den Organträger zu richten, da die Uneinbringlichkeit i.S.d. § 17 Abs. 2 Nr. 1 UStG zu einem Zeitpunkt eintrat, zu dem die Organschaft noch bestanden hat, s. BFH, Urt. v. 8.8.2013, V R 18/13, BFHE 242, 433, 441 f., Rz. 39 f.

1486 S. hierzu statt vieler nur *Stadie*, in: Rau/Dürrwächter, UStG, § 2, Rz. 1016 m.w.N. aus der Literatur.

1487 BFH, Beschl. v. 19.3.2014, V B 14/14, BFHE 244, 156, Rz. 27 ff.

1488 S. dazu oben unter Zweites Kapitel D)I.4.c)ee).

weniger stark in die geschützten Rechte eingreifen, die vorliegend in dem Grundsatz der Gläubigergleichbehandlung und damit der insolvenzrechtlichen Systemkonsequenz liegen. Von einem Aussonderungsrecht – zumindest wie es *Stadie* vorschlägt[1489] – wären aber nicht nur die sukzessive während des eröffneten Insolvenzverfahrens vereinnahmten Umsatzsteuerbeträge betroffen, sondern auch zusätzlich diejenigen aus der Zeit zuvor. Das entspricht auch der insolvenzrechtlichen Wirkung eines Aussonderungsrechts, nach der sowohl auf vor Insolvenzeröffnung begründete dingliche Rechtspositionen zugegriffen werden kann, als auch auf solche, die erst danach unter Mitwirkung des (vorläufigen) Insolvenzverwalters geschaffen werden. Mit einer solchen Regelung würde jedoch die Masse um ein Vielfaches stärker belastet werden, weil nunmehr alle Umsatzsteuerbeträge ausgesondert werden müssten, die bislang noch nicht durch Abführung an das Finanzamt getilgt wurden.

Bereits an dieser Stelle fragt sich aber, wie das mit dem geltenden Umsatzsteuerfestsetzungsverfahren in Einklang zu bringen ist, an dessen Ende lediglich ein *Saldo* ausgewiesen wird, der in aller Regel unterhalb der Summe der auszusondernden Umsatzsteuerbeträge liegen dürfte, was freilich wiederum voraussetzt, dass überhaupt so viel Masse da ist. Aber auch wenn man die Wirkung von § 47 InsO auf Umsatzsteuerbeträge beschränkt, die erst nach der Bestellung eines vorläufigen Insolvenzverwalters oder mit der Eröffnung des Insolvenzverfahrens vereinnahmt werden, würde das trotz einer gewissen Aufkommenssicherung zu Schwierigkeiten hinsichtlich des Umsatzsteuerfestsetzungsverfahrens und den übrigen insolvenzrechtlichen Abgrenzungsvorschriften führen. Das vorgeschlagene Modell birgt dagegen insoweit den Charme eines für die Umsatzsteuer abgegrenzten „Buchungskreislaufs", der mittels der Statuierung einer Umsatzsteuersondermasse insolvenzfest gemacht wird und in dem das Umsatzsteuerfestsetzungsverfahren regulär fortlaufen kann. Erst am Ende kommt es aus der dann aggregierten Masse zu einer Zahlung an den Fiskus. Nimmt man ein Aussonderungsrecht nur für vereinnahmte Umsatzsteuerbeträge an, so müssten die entsprechenden Besteuerungsgrundlagen (Ausgangsumsätze) aus den Voranmeldungen „herausgenommen werden", was ebenso das Bedürfnis einer Abstimmung mit dem Umsatzsteuerrecht nach sich zöge. Für alle anderen positiven und negativen Besteuerungsgrundlagen, die den Saldo bilden, bliebe es bei den heute bereits bekannten Abgrenzungsproblemen, wie der Unterscheidung zwischen Insolvenzforderung und Masseverbindlichkeit und den Fragen um die Aufrechnungsverbote und die insolvenzrechtliche Anfechtung. Das alles soll mit dem vorgeschlagenen Modell aber gerade vermieden werden.

Auch wenn es damit auf den ersten Blick vorzugswürdig erscheinen mag, ein Aussonderungsrecht für vereinnahmte Umsatzsteuerbeträge zu kodifizieren und damit einem Treugutcharakter der Umsatzsteuer nachzukommen, ist dieser Vorschlag im Ergebnis weder milder, noch im Vergleich zu dem hier vorgeschlagenen Modell leichter umsetzbar. Insbesondere werden mit ihm nicht die grundlegenden

---

1489 *Stadie*, UR 2013, 158, 170.

einfach-rechtlichen Weichenstellungen verwirklicht, die für ein handhabbares Miteinander von Umsatzsteuer- und Insolvenzrecht notwendig sind und nur so zu einem Zustand von Rechtssicherheit führen können.

VI. Vereinfachung in der Abwicklung von Insolvenzen

Die momentane Rechtslage ist dem Vernehmen aus der Praxis nach mit massiven Rechtsunsicherheiten behaftet[1490], was durch die vorstehenden Kapitel bestätigt wurde. Das vorliegende Modell soll daher nicht nur ein Beitrag zu einem systemgerechten Umsatzsteuerinsolvenzrecht sein, sondern hat auch zum Ziel, den *Lackmustest* einer möglichst rechtssicheren und einfachen Handhabung in der praktischen Insolvenzabwicklung zu bestehen.

Mit dem Entfallen der Abgrenzungsschwierigkeiten zwischen Insolvenzforderung und Masseverbindlichkeiten sowie der Abbedingung insolvenzrechtlicher Aufrechnungsverbote und Anfechtungsvorschriften dürfte dazu ein erster Schritt getan sein. Bildhaft gesprochen führt die Einrichtung einer Umsatzsteuersondermasse innerhalb der Insolvenzmasse zu einem *kleineren Topf im größeren Topf*. Es ergibt sich damit ein plastisches Modell, das überschaubar und vergleichsweise leicht zu administrieren ist.

Was die Anmeldung der Forderung des Umsatzsteuergläubigers zur Tabelle und die damit verbundene Prüfung anbelangt, so bleibt es zunächst dem Grunde nach bei den schon bekannten Pflichten des Insolvenzverwalters. Eine zusätzliche Belastung des (vorläufigen) Insolvenzverwalters bzw. des (vorläufigen) Sachwalters ergibt sich aber aus der Verwaltung der Umsatzsteuersondermasse. Er hat sicherzustellen, dass die eingehenden, die Masse bildenden Beträge dort erfasst und von der restlichen Masse separiert werden. Technisch kann der (vorläufige) Insolvenzverwalter bzw. der (vorläufige) Sachwalter dies mittels eines Anderkontos umsetzen, auf das die Umsatzsteuerbeträge transferiert werden. Ist dem Schuldner vom Insolvenzgericht nicht ohnehin ein allgemeines Verfügungsverbot aufgelegt worden, so hat das Insolvenzgericht ein solches zumindest hinsichtlich der Umsatzsteuersondermasse auszusprechen (§ 22f Abs. 1 S. 3 UStG-E). Der administrative Aufwand hierzu dürfte

1490 So stellvertretend das einmütige Anliegen des Plenums im Rahmen der ersten Jahrestagung des Instituts für Insolvenz- und Sanierungsrecht, ZInsO 2015, 242, 247, nach dem ein Konzept rechtssicherer, vorhersehbarer und einfacher sein müsse, als die derzeitige Rechtslage. Die gegenwärtige Situation führe wegen ihrer Komplexität und der damit zusammenhängenden Erhöhung von Rechtsberatungskosten im Ergebnis sogar zu einer ungewollten Schmälerung der Insolvenzmasse. All das führte, so *Kahlert*, ebd., zu Sanierungshemmnissen. Auch *Hirte*, BT-Plenarprotokoll 18/15, S. 1145 (B), mahnt, dass es im Schnittbereich von Steuer- und Insolvenzrecht „reihenweise Unklarheiten" gebe, die „wie Blei auf dem Erfolg einer Sanierung lasten." Steuerrechtliche Fragen müssten bei dem zur Beratung stehenden *Gesetz zur Erleichterung von Konzerninsolvenzen* (BT-DrS 18/407) mit in den Blick genommen werden. Erkennbar geschehen ist das bislang nicht.

sich in einem erträglichen Rahmen halten. Erst im Rahmen der Schlussverteilung oder der Annahme eines Insolvenzplans ist die Umsatzsteuersondermasse aufzulösen und an den Umsatzsteuergläubiger auszuschütten und der darüberhinausgehende Forderungsbetrag des Finanzamts wie eine einfache Insolvenzforderung zu behandeln. Streitigkeiten zwischen dem Insolvenzverwalter und dem Finanzamt über die Aufrechnungsverbote oder eine etwaig erklärte Anfechtung entfallen. Das dürfte auf beiden Seiten zu deutlichen Entlastungen führen.

VII. Haftungsrisiken des (vorläufigen) Insolvenzverwalters bzw. (vorläufigen) Sachwalters

Nach § 60 Abs. 1 S. 1 InsO ist der Insolvenzverwalter allen Beteiligten zum Schadenersatz verpflichtet, wenn er schuldhaft die Pflichten verletzt, die ihm *nach der Insolvenzordnung* obliegen. Für den vorläufigen Insolvenzverwalter gilt diese Vorschrift über den Verweis in § 21 Abs. 2 Nr. 1 InsO entsprechend; für den Sachwalter folgt diese Maßgabe aus § 274 Abs. 1 InsO, für den vorläufigen Sachwalter aus dem Verweis in § 270a Abs. 1 S. 2 InsO.

Haften können die genannten Personen aber nur für die Verletzung insolvenzspezifischer Pflichten („nach der Insolvenzordnung"). Um die Einhaltung der mit dem Modell verbundenen Pflichten zu gewährleisten, ist daher flankierend ein zusätzlicher Haftungstatbestand einzufügen (§ 22f Abs. 5 UStG-E)[1491]. Danach haften der (vorläufige) Insolvenzverwalter bzw. der (vorläufige) Sachwalter insoweit, wie sie die ihnen auferlegten Pflichten schuldhaft verletzt haben. Da diese aber lediglich darin bestehen, vereinnahmte Umsatzsteuerbeträge und Vorsteuerüberschüsse von der restlichen Insolvenzmasse zu separieren, und sie damit dem Zugriff des Schuldner und der übrigen Insolvenzgläubiger zu entziehen, dürften hiervon tatsächlich keine signifikanten Haftungsrisiken ausgehen. Er hat nämlich insbesondere nicht dafür einzustehen, dass angefallene oder anfallende Umsatzsteuerschulden in voller Höhe vom Fiskus realisiert werden können. Auch entfallen hinsichtlich der Umsatzsteuer Risiken, die aus der Eingehung von Masseverbindlichkeiten resultieren, die demnach vorrangig zu befriedigen sind. An dieser Stelle hatte der (vorläufige) Insolvenzverwalter bzw. der vorläufige (Sachwalter) ansonsten darauf Acht zu geben, dass er die aus entsprechenden Umsätzen resultierenden Schulden auch aus der Insolvenzmasse begleichen kann, da er andernfalls Gefahr läuft, selbst hierauf in Anspruch genommen zu werden.

Um Unklarheiten zu vermeiden sollte eine normative Abstimmung mit dem vierten Abschnitt des zweiten Teils der Abgabenordnung („Haftung") vorgenommen werden. Auf der Grundlage des Modells kann es ansonsten leicht zu Überschneidungen und Kollisionen kommen, weil die vorgeschlagene Regelung ihren Platz

1491 Nicht einzugehen ist an dieser Stelle auf die Frage, ob § 60 InsO überhaupt in der Lage ist, gesetzliche Ansprüche zu erfassen, s. dazu oben unter Erstes Kapitel B) I. (Fußnote 180).

im UStG findet, es sich angesichts dessen bei der Bildung und Erhaltung einer Umsatzsteuersondermasse also um steuerrechtsspezifische Pflichten handelt und damit grundsätzlich vom Anwendungsbereich des § 69 AO erfasst würden. Es ist aber sinnvoll, eine mögliche Inanspruchnahme des insolvenzrechtlichen Verwaltungsorgans auf *ein* Haftungsregime zu beschränken, womit § 69 AO für nicht anwendbar erklärt wird (§ 22f Abs. Abs. 5 S. 2 Hs. 2 UStG-E). Die Finanzbehörde müsste ihren Haftungsanspruch daher vor den ordentlichen Gerichten geltend machen.

VIII. Effekte im Hinblick auf die Liquidität der Masse einerseits, und dem Umsatzsteueraufkommen andererseits

1. Unter Geltung des vorgeschlagenen Modells

Setzte man das vorgeschlagene Modell um, so kommt es hinsichtlich der allgemeinen Insolvenzmasse zu einem Liquiditätsentzug in Bezug auf vereinnahmte Umsatzsteuerbeträge von Drittschuldnern einerseits, und auf seitens des Fiskus auszuzahlende Vorsteuerbeträge andererseits. Die genannten Beträge sind sodann nämlich zweckgebunden allein in der Umsatzsteuersondermasse zu erfassen und dort auch bis zu deren Ausschüttung zu halten. Damit wird sichergestellt, dass zumindest in dieser Höhe die Tilgung der entstandenen Umsatzsteuerschuld gewährleistet ist und in dieser Höhe Umsatzsteueraufkommen realisiert werden kann.

2. Im Vergleich zur geltenden Rechtslage

Unter der geltenden Rechtslage ist der Zustand zu verstehen, wie er durch die gegenwärtige Rechtsprechung des BFH geprägt ist. Die Belastung der Insolvenzmasse bemisst sich dort in erster Linie nach der Höhe der Masseverbindlichkeiten nach § 55 InsO. Wie in den vorstehenden Kapiteln gezeigt, setzt sich der jeweilige Saldo, der als Masseverbindlichkeit geltend gemacht werden kann, aus positiven und negativen Besteuerungsgrundlagen zusammen. Insbesondere die positiven Besteuerungsgrundlagen werden nach der Rechtsprechung des V. Senats des BFH immer dann ausgelöst, wenn Entgelte, also auch die jeweils darauf entfallenden Umsatzsteuerbeträge, tatsächlich vereinnahmt werden. Hiervon sind aber die negativen Besteuerungsgrundlagen abzusetzen, die saldomindernd wirken. Im Ergebnis könnte – je nach Zahlenverhältnissen – der Fiskus also mittels Umsatzsteuerbescheid an die Insolvenzmasse lediglich einen Betrag realisieren, der unter der Summe der vereinnahmten Umsatzsteuerbeträge liegt. Spiegelbildlich dazu wird die Insolvenzmasse dadurch weniger stark belastet. Der Fiskus vermag in dem jeweiligen Moment der Geltendmachung exakt den Betrag zu realisieren, der ihm nach der umsatzsteuerlichen Zwangsverrechnung zusteht, bleibt damit aber hinter dem Betrag zurück, den der Unternehmer vorher eingesammelt hat, was vor dem Hintergrund umsatzsteuersystematischer Wertungen freilich korrekt ist. Mit dem vorliegenden Modell wird diese Gegenrechnung indes auf den Zeitpunkt der Ausschüttung der Umsatzsteuersondermasse verschoben und dort wegen der sodann vorzunehmenden Kumulation aller Salden nachgeholt. Daraus können sich im Ergebnis – ja nach den Verhältnissen des Einzelfalls – vergleichsweise höhere *oder* niedrigere Vorwegbefriedigungen an den Fiskus und damit Gesamtbelastungen der Masse ergeben.

3. Im Vergleich zur Rechtslage vor der Rechtsprechungsserie des V. Senats des BFH

Vergleicht man das Modell mit der Rechtslage vor der Rechtsprechungsserie des V. Senats des BFH, so gehen von ihm durchaus massive Belastungen der Insolvenzmasse aus. Seinerzeit konnte der (vorläufige) Insolvenzverwalter Entgelte noch für die Insolvenzmasse vereinnahmen ohne sie an den Fiskus abzuführen. Der Fiskus ist also auch insoweit mit seiner Umsatzsteuerforderung ausgefallen. Realisieren konnte er Umsatzsteuerbeträge nur dann, wenn der die Lieferung oder sonstige Leistung auslösende Umsatzsteuertatbestand unter § 55 Abs. 1, 2, 4 InsO subsumiert werden konnte, vereinfacht gesagt die Leistung also vom (vorläufigen) Insolvenzverwalter oder unter dessen Ägide ausgeführt wurde. Alle Entgelte, die auf Umsätze davor entfielen, waren für den Fiskus verloren. Damit wurde die Insolvenzmasse durch Umsatzsteuerbeträge angereichert, was spiegelbildlich zu einem Weniger an Umsatzsteueraufkommen führte. Das vorgeschlagene Modell schlägt einen anderen Weg ein und führt zu einer vergleichsweise hohen Belastung der Insolvenzmasse wegen des mit ihm verbundenen Entzugs von Liquidität. Das Umsatzsteueraufkommen wird dadurch erheblich erhöht.

B) Skizzierung eines Normvorschlags

Die vorliegend geschilderten Eckpunkte einer Umsatzsteuersondermasse ließen sich mit der nachfolgenden Norm gesetzlich umsetzen. Dabei soll die Formulierung als *ein möglicher* Vorschlag verstanden werden, der nicht für sich in Anspruch nimmt, alle Normkonflikte zu erfassen und jeden möglichen Sachverhalt zu antizipieren. Sollte sich die Politik aber grundsätzlich für die Einführung des hier präferierten Modells entscheiden, ließe er sich zumindest als Diskussionsgrundlage verwenden.

Der systematisch sachgerechte Standort für eine Regelung ist meines Erachtens das Umsatzsteuergesetz, weil es vorliegend um den speziellen Sachbereich der Umsatzsteuer geht und die Insolvenzordnung darüber hinaus keinen Tatbestand kennt, der eine Regelung für Sondermassen bereithält und an den angeknüpft werden könnte. Insofern verfängt also auch nicht das Argument, dass bereits „Spezialregelungen" zur Behandlung öffentlich-rechtlicher Gläubiger – abgesehen von § 55 Abs. 4 InsO – in der Insolvenzordnung enthalten sind (vgl. nur § 55 Abs. 3 InsO). Der Vorschlag orientiert sich damit an der Regelungstechnik, die die Rechtsordnung auch für andere, ihr bekannte Sondermassen vorsieht. Innerhalb des Umsatzsteuergesetzes kommt ein Einschub am Ende des V. Abschnitts „Besteuerung" in Betracht, also beispielsweise ein § *22f UStG-E* – „Insolvenz des Unternehmers", der folgenden Inhalt aufweisen könnte:

(1) [1]Hat das Insolvenzgericht anlässlich eines Antrags auf Eröffnung des Insolvenzverfahrens über das Vermögen des Unternehmers nach § 2 Maßnahmen nach §§ 21 ff. der Insolvenzordnung getroffen, ist eine Umsatzsteuersondermasse zu bilden. [2]Sie besteht aus allen ab diesem Zeitpunkt vom Schuldner, vom (vorläufigen) Sachwalter oder vom (vorläufigen) Insolvenzverwalter vereinnahmten Umsatzsteuerbeträgen aus Forderungen gegenüber Drittschuldnern und aus vom Finanzamt ausgezahlten Überschüssen nach diesem Gesetz. [3]Falls das Insolvenzgericht dem Schuldner kein allgemeines Verfügungsverbot (§ 22 Abs. 2 Nr. 2 Alt. 1 InsO) auferlegt, hat es ihm ein solches in Bezug auf die Umsatzsteuersondermasse aufzuerlegen; § 22 Abs. 1 Nr. 1 InsO gilt sinngemäß. [4]Ist dem Schuldner kein allgemeines Verfügungsverbot auferlegt worden, gelten §§ 34, 35 AO nicht in Bezug auf den vorläufigen Sachwalter oder den vorläufigen Insolvenzverwalter.

(2) [1]In Bezug auf die aus diesem Gesetz resultierenden Verbindlichkeiten aus dem Steuerschuldverhältnis kann der Steuergläubiger Ansprüche nur gegen die Umsatzsteuersondermasse geltend machen. [2]Er gilt dabei auch hinsichtlich nach der Bildung der Umsatzsteuersondermasse verwirklichter Besteuerungsgrundlagen nach diesem Gesetz als Insolvenzgläubiger; § 55 InsO gilt insoweit nicht. [3]Außerdem gelten in Bezug auf die Umsatzsteuersondermasse nicht die §§ 94 ff., 129 ff. InsO. [4]Die Vorschriften dieses Gesetzes bleiben unberührt.

(3) [1]Zur Durchsetzung seiner Forderungen hat das Finanzamt den beanspruchten Vorrang bei der Anmeldung nach § 174 der Insolvenzordnung anzugeben. [2]Soweit die Umsatzsteuersondermasse nicht zur Befriedigung ausreicht, kann sich das Finanzamt nur unter entsprechender Anwendung der für die Absonderungsberechtigten geltenden Vorschriften der §§ 52, 190, 192 InsO der Insolvenzordnung Befriedigung verschaffen. [3]Hat sich der Steuergläubiger dagegen vollständig Befriedigung verschaffen können, ist die Umsatzsteuersondermasse aufzulösen. [4]Im Übrigen gelten die Vorschriften der Insolvenzordnung über Insolvenzgläubiger.

(4) Die Aufrechnung des Finanzamts mit aus diesem Gesetz resultierenden Verbindlichkeiten aus dem Steuerschuldverhältnis gegen Ansprüche des Schuldners ist ausgeschlossen.

(5) [1]Verletzt der (vorläufige) Insolvenzverwalter oder der (vorläufige) Sachwalter schuldhaft die in Absatz 1 genannten Pflichten, ist er dem Steuergläubiger insoweit zum Schadenersatz verpflichtet. [2]§§ 60, 21 Abs. 2 Nr. 1, 270a Abs. 1 S. 2, 274 InsO gelten entsprechend; § 69 AO gilt nicht.

Zusätzlich hierzu wäre § 55 Abs. 4 InsO ersatzlos aufzuheben, da sein eigentlicher Zweck, nämlich die aufkommenswirksame Erhebung von Umsatzsteuerbeträgen, die auf Umsätze aus der Zeit des Insolvenzeröffnungsverfahrens entfallen, mit der vorgeschlagenen Regelung erfüllt wird.

C) Plädoyer

Das vorliegende Modell orientiert sich nicht allein an umsatzsteuer-systematischen Erwägungen. Auch der Insolvenzordnung ist die Anerkennung eines Treuhandverhältnisses mit der Folge dessen „Privilegierung" nicht fremd. Auf der Grundlage einer Umsatzsteuersondermasse ist dargelegt worden, wie man *de lege ferenda* beide Grundwertungen unter Wahrung des dem Gesetzgeber zustehenden Gestaltungsspielraums miteinander in Einklang bringen kann. Der Vorschlag soll damit auch einen Teil zur Harmonisierung von Insolvenz- und Umsatzsteuerrecht beitragen und unterdessen sowohl die Interessen des Umsatzsteuer- als auch des Insolvenzrechts berücksichtigen. Der hierzu gewählte Mechanismus ist dem geltenden Insolvenzrecht nicht unbekannt und vermag sich daher in die bestehende Insolvenzrechtsordnung einzufügen. Das Streben nach einer systemkonformen Lösung war bei der Ausarbeitung des Modells neben der Berücksichtigung der strukturell unterschiedlichen Interessenlagen stets das zentrale Ziel. Mit Blick auf die geltende Rechtslage ist es darüber hinaus eine mögliche Lösung, um der nicht mit dem Gesetz in Einklang stehenden Rechtsprechungsserie des V. Senats des BFH den Boden zu entziehen. Der Gesetzgeber hat insofern das Heft in der Hand, zumindest einen Teil eines systemkonformen Umsatzsteuerinsolvenzrechts zu schaffen[1492].

Das Modell führt ohne Frage zu einer im Vergleich zur „richtigen" Rechtslage hohen Belastung der Insolvenzmasse. Auch im Vergleich zur durch die Rechtsprechung des BFH geprägten Rechtslage kommt es – abhängig von den Umständen des Einzelfalls – zu einem noch etwas höheren Liquiditätsentzug[1493]. Die Bildung eines Votums hierüber verlangt aber zuvor danach, sich dem Charakter der Umsatzsteuer zu vergewissern. Am Ende dessen steht, dass sie in ihrer Ausprägung vereinnahmter Umsatzsteuerbeträge und Vorsteuerbeträge materiell nicht der Insolvenzmasse zusteht. Anerkennt man diesen Ausgangspunkt, so dürfte das Modell zusätzlich zu seiner systemkonformen Ausgestaltung auch zu einer nicht unerheblichen Vereinfachung in der Abwicklung von Insolvenzen führen. Durch die Aufgabe der Unterscheidung zwischen Insolvenzforderung und Masseverbindlichkeit ist das Streitpotential insofern erheblich reduziert. Außerdem kommt es hinsichtlich des Umsatzsteuerfestsetzungsverfahrens zu keinerlei Veränderungen im Vergleich zu

---

1492 In diesem Sinne appelliert auch *Seer*, Abschlussbericht der Kommission zur Harmonisierung von Insolvenz- und Steuerrecht, Beihefter zu DStR 42/2014, 117, 126, an den Gesetzgeber, eine normenbasierte Verzahnung von Insolvenz- und Umsatzsteuerrecht herbeizuführen, der eine gemeinsame Werteentscheidung zugrunde liegt, die die Umsatzsteuer in ihrer Eigenart als Verbrauchsteuer berücksichtigt. Ohne konkreten Bezug auf die Umsatzsteuer hat sich auch *Graf-Schlicker*, FR 2014, 744, 746, dafür eingesetzt, Insolvenz- und Steuerrecht zu harmonisieren, nicht zuletzt im Interesse der Sicherung des Wirtschaftsstandorts Deutschland.

1493 Dass diese Wirkungen mit der insolvenzrechtlichen Systemkonsequenz und damit dem Grundsatz der Gläubigergleichbehandlung vereinbar sind, ist dargelegt oben unter Erstes Kapitel F)III.

dessen Handhabung außerhalb der Insolvenz. Anlass zu Rechtsstreitigkeiten dürfte es also nur noch insoweit geben, wie allein umsatzsteuerrechtliche Fragen unterschiedlich beurteilt werden. In Ansehung des Modells könnten damit nicht nur die gegenwärtigen Rechtsunsicherheiten beseitigt, sondern auch eine normative Ausgangslage geschaffen werden, die ungleich streitanfälliger und damit um ein vielfaches rechtssicherer ist. Dieses Bestreben dürfte auch dem Wunsch der Insolvenzpraxis nach einem rechtssicheren und einfach zu administrierenden Umsatzsteuerinsolvenzrecht entsprechen, zumal es zu keinen signifikanten Veränderungen zulasten der Insolvenzmasse im Vergleich zum *status quo* kommt.

Sehr wohl aber kommt es mit dem vorliegenden Modell einer Umsatzsteuersondermasse zu der Abkehr einer rechtswidrigen Umsatzsteuerinsolvenzpraxis. Retrospektiv ergibt sich also mit einer Kodifikation am Beispiel des genannten Normvorschlags ein Gewinn an Rechtsrichtigkeit. Prospektiv stellt sich der Gewinn zum einen mit Blick auf den Hinzugewinn an Rechtssicherheit ein. Zum anderen kann mit dem Modell einem systemgerechten Umsatzsteuerinsolvenzrecht der Weg geebnet werden. An einem solchen müssten sowohl die politischen Interessenverfechter des Umsatzsteuer- wie des Insolvenzrechts Sympathie finden. Nur die politischen Kräfte können den grundlegenden Teil zu einer interessengerechten Verzahnung des Umsatzsteuerinsolvenzrechts liefern. Dies sollte baldmöglich geschehen.

Literaturverzeichnis

Abenheimer, Arno: Die Zwangsverrechnung von Umsatzsteuer und Vorsteuer im Kontext der Aufrechnung im Insolvenzverfahren, in: Unternehmenskrisen – Der Jurist als Notarzt, Festschrift für Eberhard Braun zum 60. Geburtstag, S. 295 ff., München 2007, Verlag C.H. Beck (*Abenheimer*, in: FS Braun, S. 295 ff.)

Achatz, Markus: Die Rechtsfolgen der Insolvenz im Umsatzsteuerrecht, in: Umsatzsteuer in der Insolvenz, hrsg. v. Achatz, Markus, Wien 1998, Orac Verlag (*Achatz*, Umsatzsteuer in der Insolvenz, S. 1 ff.)

Achatz, Markus: Umsatzsteuer in der Insolvenz, in: Insolvenz – Sanierung – Liquidation, hrsg. v. Bertl, Romuald / Mandl, Dieter / Mandl, Gerwald / Ruppe, Hans G., Wien 1998, Orac Verlag, S. 215 ff. (*Achatz*, in: Insolvenz – Sanierung – Liquidation)

Adam, Roman F.: Insolvenzrecht und Grundgesetz, in: Deutsche Zeitschrift für Wirtschafts- und Insolvenzrecht (DZWiR) 2009, 441 ff. (*Adam*, DZWiR 2009, 441 ff.)

Ammann, Gunter: Fortschritte bei der Umsatzsteuerbetrugsbekämpfung, in: Umsatzsteuer-Rundschau (UR) 2003, 332 ff. (*Ammann*, UR 2003, 332 ff.)

Andres, Dirk / Leithaus, Rolf: Kommentar zur Insolvenzordnung, 3. Auflage, München 2014, Verlag C.H. Beck (*Bearbeiter*, in: Andres/Leithaus, InsO)

App, Michael: Zu den Gründen für die Beibehaltung des Konkursvorrechts des Fiskus, in: Betriebs-Berater (BB) 1984, 668 ff. (*App*, BB 1984, 668 ff.)

Bächer, Harald: Umsatzsteuer als Masseverbindlichkeit bei Istbesteuerung, in: Zeitschrift für das gesamte Insolvenzrecht (ZInsO) 2009, 1634 (*Bächer*, ZInsO 2009, 1634 ff.)

Bähr, Rainer M. / Smid, Stefan: Das Absonderungsrecht gem. § 76 im neuen Insolvenzverfahren, in: Insolvenz & Vollstreckung (InVo) 2000, 401 ff. (*Bähr/Smid*, InVo 2000, 401 ff.)

Bartone, Roberto: Insolvenz des Abgabenschuldners, Stuttgart u. a. 2000, Verlag Boorberg (*Bartone*, Insolvenz des Abgabenschuldners)

Bauer, Joachim: Die schleichende Wiedereinführung von Insolvenzvorrechten zugunsten des Fiskus und der Sozialkassen schreitet voran – § 28e Abs. 1 Satz 2 SGB IV n.F. als jüngstes Beispiel für Verstöße gegen den Gläubigergleichbehandlungsgrundsatz, in: Zeitschrift für das gesamte Insolvenzrecht (ZInsO) 2008, 119 ff. (*Bauer*, ZInsO 2008, 119 ff.)

Bauer, Joachim: Insolvenzgläubiger als Einnahmequelle des Fiskus und der Sozialversicherungen?, in: Zeitschrift für das gesamte Insolvenzrecht (ZInsO) 2010, 1917 ff. (*Bauer*, ZInsO 2010, 1917 ff.)

Bauer, Joachim: Ungleichbehandlung der Gläubiger im geltenden Insolvenzrecht (Diss. iur., Kiel), Berlin 2007, Verlag De Gruyter Recht (*Bauer*, Ungleichbehandlung der Gläubiger im geltenden Insolvenzrecht)

Bauer, Joachim: Unzulässigkeit der Wiedereinführung eines Fiskusvorrechts im Insolvenzverfahren, in: Zeitschrift für das gesamte Insolvenzrecht (ZInsO) 2010, 1432 ff. (*Bauer*, ZInsO 2010, 1432 ff.)

Baumbach, Adolf / Hopt, Klaus J.: Kommentar zum Handelsgesetzbuch, 36. Auflage, München 2014, Verlag C.H. Beck (*Bearbeiter*, in: Baumbach/Hopt, HGB)

Baur, Fritz / Stürner, Rolf: Zwangsvollstreckungs-, Konkurs- und Vergleichsrecht, Band II – Insolvenzrecht, 12. Aufl., Heidelberg 1990, C. F. Müller Verlag (*Stürner*, in: Baur/Stürner)

Beck, Rainer: Ertragsteuerliches Fiskusprivileg im vorläufigen Insolvenzverfahren – mögliche Auswirkungen des neuen § 55 Abs. 4 InsO, in: Zeitschrift für Wirtschaftsrecht (ZIP) 2011, 551 ff. (*Beck*, ZIP 2011, 551 ff.)

Beck, Siegfried / Depré, Peter: Praxis der Insolvenz, 2. Auflage, München 2010, Verlag Franz Vahlen (*Bearbeiter*, in: Beck/Depré, Praxis der Insolvenz)

Becker, Christoph: Lehrbuch Insolvenzrecht, 3. Auflage, Köln 2010, Verlag Wolters Kluwer (*Becker*, Insolvenzrecht)

Becker, Enno: Handkommentar der Reichsteuergesetze, Band II, EStG 1925, Stuttgart 1928, Hess Verlag (*Becker*, in: Handkommentar der Reichsteuergesetze, EStG 1925, Bd. II)

Becker, Enno: Kommentar zur Reichsabgabenordnung, 7. Auflage, Köln 1931, Verlag Dr. Otto Schmidt (*Becker*, in: Kommentar zur RAO, 1931)

Becker, Ulrich: Selbstbindung des Gesetzgebers im Sozialrecht. Zur Bedeutung von Konsistenz bei der Ausgestaltung von Sozialversicherungssystemen, in: Festschrift 50 Jahre Bundessozialgericht, S. 77 ff., Köln u. a. 2004, Verlag C. Heymanns (*U. Becker*, in: 50 Jahre BSG, S. 77 ff.)

Berger, Göran: Kurzkommentar zu BFH, Urt. v. 29.1.2009, V R 64/07, in: Entscheidungen zum Wirtschaftsrecht (EWiR) 2009, 315 f. (*Berger*, EWiR 2009, 315 f.)

Berges, A.M.: Konkurssteuerrecht, in: Konkurs-, Treuhand- und Schiedsgerichtswesen (KTS) 1961, 161 ff. (*Berges*, KTS 1961, 161 ff.)

Berliner Erklärung zu Sanierung und Insolvenz: Zeitschrift für das gesamte Insolvenzrecht (ZInsO) 2014, 2077 f.; unterzeichnet haben die Erklärung insgesamt 16 Verbände, darunter u. a. Bundesrechtsanwaltskammer, Bundesverband der Deutschen Industrie, Bund der Steuerzahler, Deutscher Anwaltverein, Gravenbrucher Kreis, IG Metall und der Verband Insolvenzverwalter Deutschlands (*Berliner Erklärung zu Sanierung und Insolvenz*, ZInsO 2011, 2077 f.)

Berliner Kommentar zum Grundgesetz: hrsg. v. Friauf, Karl-Heinrich / Leuze, Dieter / Höfling, Wolfram, Loseblatt, 44. EGL, Stand November 2014, Erich Schmidt Verlag (*Bearbeiter*, in: BerlinerKommentar-GG)

Berliner Kommentar zum Insolvenzrecht: hrsg. v. Blersch, Jürgen / Goetsch, Hans-W. / Haas, Ulrich, Loseblatt, 52. EGL, Stand April 2015, Luchterhand Verlag (*Bearbeiter*, in: BK-InsO)

Birk, Andreas: Umsatzsteuer im Insolvenzverfahren, in: Zeitschrift für das gesamte Insolvenzrecht (ZInsO) 2007, 743 ff. (*A. Birk*, ZInsO 2007, 743 ff.)

Birk, Dieter: Die Umsatzsteuer aus juristischer Sicht, in: Freiheit, Gleichheit, Effizienz; Ökonomische und verfassungsrechtliche Grundlagen der Steuergesetzgebung, hrsg. v. Paul Kirchhof und Manfred Neumann, Frankfurter Institut – Stiftung Marktwirtschaft und Politik, Bad Homburg 2001 (*D. Birk*, in: Freiheit, Gleichheit, Effizienz, S. 61 ff.)

Birk, Dieter: Rechtsgutachten über die Qualifikation von Umsatzsteueransprüchen als Masseverbindlichkeiten im Sinne des § 55 Abs. 1 Nr. 1 InsO, erstattet im Auftrag der ARGE Insolvenzrecht und Sanierung im Deutschen Anwaltverein, Münster, 12.7.2011, abrufbar unter www.arge-insolvenzrecht.de (*D. Birk*, Gutachten im Auftrag des DAV)

Birkenfeld, Wolfram / Wäger, Christoph: Das große Umsatzsteuer-Handbuch, Stand 04/2016, 71. EGL, Verlag Dr. Otto Schmidt (*Bearbeiter*, in: USt-Handbuch)

Bisle, Michael: Fiskusprivileg „light“: Der neue § 55 Abs. 4 InsO, in: Gesellschafts- und Wirtschaftsrecht (GWR) 2011, 352 ff. (*Bisle*, GWR 2011, 352 ff.)

Bley, Erich: Die Bedeutung der Rechtsprechung des Reichsfinanzhofs für das Konkursrecht, in: Steuer und Wirtschaft (StuW) 1928, Sp. 1095 ff. (*Bley*, StuW 1928, Sp. 1095 ff.)

Blumenberg, Jens / Kring, Wulf: Europäisches Beihilferecht und Besteuerung, IFSt-Schrift Nr. 473, Institut Finanzen und Steuern e.V., Berlin 2011 (*Blumenberg/ Kring*, Europäisches Beihilferecht und Besteuerung, IFSt-Schrift Nr. 473, S. 48 ff.)

Boie Harder, Phillip: Anmerkung zu BFH, Beschl. v. 11.7.2013, XI B 41/13, Neue Zeitschrift für das Recht der Insolvenz- und Sanierung (NZI) 2013, 995 f. (*Boie Harder*, NZI 2013, 995 f.)

Bonner Kommentar zum Grundgesetz: hrsg. v. Kahl, Wolfang / Waldhoff, Christian / Walter, Christian, Loseblatt, 172. EGL, Stand Mai 2015, C.F. Müller Verlag (*Bearbeiter*, in: BonnerKommentar-GG)

Bork, Reinhard: Aufrechnung mit Vorsteuervergütungsansprüchen in der Insolvenz, in: Zeitschrift für das gesamte Insolvenzrecht (ZInsO) 2003, 686 ff. (*Bork*, ZInsO 2003, 686 ff.)

Braun, Eberhard: Kommentar zur Insolvenzordnung, 6. Auflage, München 2014, Verlag C.H. Beck (*Bearbeiter*, in: Braun, InsO)

Bredow / Christiansen: Zur Reformbedürftigkeit der Konkursvorrechte, in: Konkurs-, Treuhand- und Schiedsgerichtswesen (KTS) 1959, 21 ff. (*Bredow/Christiansen*, KTS 1959, 21 ff.)

Bryde, Brun-Otto: Die Effektivität von Recht als Rechtsproblem, Vortrag, gehalten vor der Juristischen Gesellschaft zu Berlin am 17. März 1993, Berlin / New York 1993, Verlag Walter De Gruyter (*Bryde*, Die Effektivität von Recht als Rechtsproblem)

Bryde, Brun-Otto / Kleindiek, Ralf: Der allgemeine Gleichheitssatz, in: Juristische Ausbildung (JURA) 1999, 36 ff. (*Bryde/Kleindiek*, JURA 1999, 36 ff.)

Bschorr, Stephanie: Fachberater für Sanierung und Insolvenzverwaltung (DStV e.V.), hrsg. v. Rolf Rattunde, 2. Auflage, Berlin 2012, Erich Schmidt Verlag (*Bschorr*, in: Fachberater für Sanierung und Insolvenzverwaltung)

Bücheler, Friedrich: Umsatzsteuer in Sequestration und Konkurs, in: Deutsches Steuerrecht (DStR) 1980, 70 ff. (*Bücheler*, DStR 1980, 70 ff.)

Bühler, Ottmar: Lehrbuch des Steuerrechts, Band I, Berlin 1927, Vahlen Verlag (*Bühler*, Lehrbuch des Steuerrechts, Bd. I)

Bundesministerium der Justiz: Erster Bericht der Kommission für Insolvenzrecht, 1985, Verlag Kommunikationsforum Recht Wirtschaft Steuern (Erster Bericht der *Kommission für Insolvenzrecht*)

Bundesministerium der Justiz: Zweiter Bericht der Kommission für Insolvenzrecht, 1986, Verlag Kommunikationsforum Recht Wirtschaft Steuern (Zweiter Bericht der *Kommission für Insolvenzrecht*)

Bunjes, Johann: Kommentar zum Umsatzsteuergesetz, 14. Auflage, München 2015, Verlag C.H. Beck (*Bearbeiter*, in: Bunjes, UStG)

Bydlinski, Franz: Juristische Methodenlehre und Rechtsbegriff, 2. Auflage 1991, Springer Verlag (*Bydlinski*, Juristische Methodenlehre und Rechtsbegriff)

Callies, Christian / Ruffert, Matthias: Kommentar zum EUV/AEUV, Das Verfassungsrecht der Europäischen Union mit Europäischer Grundrechtecharta, 4. Auflage, München 2011, Verlag C.H. Beck (*Bearbeiter*, in: Calliess/Ruffert, EUV/AEUV)

Commandeur, Anja: Anmerkung zu BFH, Urteil vom 9.12.2010, V R 22/10, Neue Zeitschrift für Gesellschaftsrecht (NZG) 2011, 618 f. (*Commandeur*, NZG 2011, 618 f.)

Crezelius, Georg: Mehrfachbelastung mit Erbschaftsteuer und Ertragsteuern nach der Entscheidung des Bundesverfassungsgerichts vom 7.11.2006, in: Beilage zu Betriebs-Berater 2007, Nr. 10, 1 ff. (*Crezelius*, BB Beilage 2007, Nr. 10, 1 ff.)

Dann, Wilfried: Das Konkursvorrecht der öffentlichen Abgaben (Diss. iur., Köln), Berlin 1962, Verlag Duncker Humblot (*Dann*, Das Konkursvorrecht der öffentlichen Abgaben)

Debus, Stefan / Schartl, Oliver: Masseschonende Handhabung des § 55 Abs. 4 InsO bei der Umsatzsteuer, in: Zeitschrift für Wirtschaftsrecht (ZIP) 2013, 350 ff. (*Debus/Schartl*, ZIP 2013, 350 ff.)

Degenhart, Christoph: Systemgerechtigkeit und Selbstbindung des Gesetzgebers als Verfassungspostulat (Diss. iur., München), München 1976, Verlag C.H.

Beck (*Degenhart*, Systemgerechtigkeit und Selbstbindung des Gesetzgebers als Verfassungspostulat)

Depré, Peter / Lambert, Antje: Umsatzsteuer als Masseverbindlichkeit: Wider die Gleichbehandlung, in: Krisen-, Sanierungs- und Insolvenzberatung (KSI) 2011, 214 ff. (*Depré/Lambert*, KSI 2011, 214 ff.)

Desens, Marc: Das Halbeinkünfteverfahren – eine theoretische, historische, systematische und verfassungsrechtliche Würdigung (Diss. iur., Münster), 2004, Verlag Dr. Otto Schmidt (*Desens*, Das Halbeinkünfteverfahren)

Desens, Marc: Zur Neutralität der Umsatzsteuer in der Insolvenz, in: 13. Leipziger Insolvenzrechtstag, Beiträge aus Wirtschaft und Praxis zu Problemen des Insolvenzrechts, Dokumentation des Symposiums vom 20.02.2012, hrsg. v. Christian Berger u. a., Berlin 2012, Verlag Logos (*Desens*, in: 13. Leipziger Insolvenzrechtstag)

Dewein, Hermann: Die Mehrwertsteuer bei Zahlungsschwierigkeiten, Der Betrieb (DB) 1970, 1708 ff. (*Dewein*, DB 1970, 1708 ff.)

Dieterich, Peter: Systemgerechtigkeit und Kohärenz, Legislative Einheit und Vielheit durch Verfassungs- und Unionsrecht (Diss. iur., Bonn) 2014, Verlag Duncker Humblot (*Dieterich*, Systemgerechtigkeit und Kohärenz)

Dobler, Thomas: Was nun? Handlungsmöglichkeiten beim Umgang mit dem Urteil des BFH v. 9.12.2010 – V R 22/10, in: Zeitschrift für das gesamte Insolvenzrecht (ZInsO) 2011, 1098 ff. (*Dobler*, ZInsO 2011, 1098 ff.)

Dreier, Horst: Kommentar zum Grundgesetz, Band I (Präambel, Art. 1–19), 3. Auflage, Tübingen 2013, Verlag Mohr Siebeck (*Bearbeiter*, in: Dreier, GG)

Drüen, Klaus-Dieter: Die Indienstnahme Privater für den Vollzug von Steuergesetzen (Habil. iur., Bochum), Tübingen 2012, Verlag Mohr Siebeck (*Drüen*, Die Indienstnahme Privater)

Düwel, Martin: Kontrollbefugnisse des Bundesverfassungsgerichts bei Verfassungsbeschwerden gegen gerichtliche Entscheidungen – Zu einem Kooperationsverhältnis von Fach- und Verfassungsgerichtsbarkeit (Diss. iur., Berlin), Baden-Baden 2000, Nomos Verlag (*Düwel*, Kontrollbefugnisse des Bundesverfassungsgerichts)

Dziadkowski, Dieter / Gebauer, Andrea / Lohse, W. Christian / Woon Nam, Chang / Parsche, Rüdiger: Entwicklung des Umsatzsteueraufkommens und finanzielle Auswirkungen neuerer Modelle bei der Umsatzbesteuerung, ifo Forschungsbericht Nr. 13, München 2002 (*Dziadkowski* u. a., ifo Forschungsbericht Nr. 13)

Eckert, Karl-Hermann: Die Anwendung des § 17 Abs. 1 Satz 1 Nr. 1 UStG im Insolvenzverfahren, in: Umsatzsteuer- und Verkehrsrecht (UVR) 2001, 273 ff. (*Eckert*, UVR 2001, 273 ff.)

Eckert, Karl-Hermann: Umsatzsteuer im Insolvenzverfahren – Teil II – , in: Umsatzsteuer- und Verkehrsteuer-Recht (UVR) 1999, 305 ff. (*Eckert*, UVR 1999, 305 ff.)

Endres, Klaus: Zur Umsatzsteuer im Konkurs, Die unterschiedlichen Auffassungen des V. Senats und VII. Senats des BFH und ihre Folgen, in: Umsatzsteuer-Rundschau (UR) 1988, 333 ff. (*Endres*, UR 1988, 333 ff.)

Engisch, Karl: Einführung in das juristische Denken, 10. Auflage, Stuttgart 2005, Kohlhammer Verlag (*Engisch*, Einführung in das juristische Denken)

Englisch, Joachim: Folgerichtiges Steuerrecht als Verfassungsgebot, in: Festschrift für Joachim Lang, Köln 2011, S. 167 ff., Verlag Dr. Otto Schmidt (*Englisch*, in: FS Lang, S. 167 ff.)

Epping, Volker: Grundrechte, 6. Auflage, Berlin/Heidelberg 2015, Springer Verlag (*Epping*, Grundrechte)

Erkel, Günther: Insolvenzrechtliche Erkenntnisse aktueller Rechtstatsachenforschung, in: Festschrift Arbeitskreis für Insolvenz- und Schiedsgerichtswesen, Einhundert Jahre Konkursordnung 1877–1977, Köln 1977, hrsg. v. Wilhelm Uhlenbruck u. a., S. 295 ff., Verlag C. Heymanns (*Erkel*, in: FS Einhundert Jahre Konkursordnung, S. 295 ff.)

Europäische Kommission: Die Finanzverfassung der Europäischen Union, 4. Auflage, Luxemburg 2009, abrufbar über http://bookshop.europa.eu (*Europ. Kommission*, Die Finanzverfassung der Europäischen Union)

Farr, Carsten: Besteuerung bei Insolvenz, 1. Auflage, München 2005, Verlag C.H. Beck (*Farr*, Besteuerung bei Insolvenz)

Feuerborn, Elmar: Privilegien des Fiskus im Insolvenzverfahren – Ökonomische Analyse des Rechts unter besonderer Berücksichtigung von § 55 Abs. 4 InsO und der jüngeren Rechtsprechung des BFH (Diss. rer. pol., Freiburg), Frankfurt u. a. 2015 (*Feuerborn*, Privilegien des Fiskus)

Fischer, Michael: Verbindlichkeiten des Insolvenzschuldners aus dem Steuerschuldverhältnis, Der Anwendungsbereich des § 55 Abs. 4 InsO im Licht des BMF-Schreibens vom 17.1.2012, in: Der Betrieb (DB) 2012, 885 ff. (*Fischer*, DB 2012, 885 ff.)

Flies, Rolf: Die Mehrwertsteuer bei Zahlungsschwierigkeiten, in: Der Betrieb (DB) 1970, 559 ff. (*Flies*, DB 1970, 559 ff.)

Flume, Werner: Richterrecht im Steuerrecht, Steuerberater-Jahrbuch (StbJb) 1964/65, S. 55 ff. (*Flume*, Richterrecht im Steuerrecht, StbJb 1964/65, S. 55 ff.)

Forgách, Andreas: Lohn- und umsatzsteuerrechtliche Abgrenzungsfragen im Konkurs – Verhältnis von Sozialplan- und Steueransprüchen, in: Der Betrieb (DB) 1976, 1561 ff. (*Forgách*, DB 1976, 1561 ff.)

Forgách, Andreas: Umsatzsteuerliche Fragen bei der Abrechnung halbfertiger Arbeiten im Konkurs des Bauunternehmers, in: Umsatzsteuer-Rundschau (UR) 1975, 37 ff. (*Forgách*, UR 1975, 37 ff.)

Frankfurter Kommentar zur Insolvenzordnung: hrsg. v. Wimmer, Klaus, 8. Aufl., Köln 2015, Luchterhand Verlag (*Bearbeiter*, in: FK-InsO)

Frenz, Walter: Das Prinzip widerspruchsfreier Normgebung und seine Folgen, in: Die Öffentliche Verwaltung (DÖV) 1999, 41 ff. (*Frenz*, DÖV 1999, 41 ff.)

Friauf, Karl Heinrich: Möglichkeiten und Grenzen der Rechtsfortbildung im Steuerrecht, in: Deutsche Steuerjuristische Gesellschaft (DStJG), Band 5, Grenzen der Rechtsfortbildung durch Rechtsprechung und Verwaltungsvorschriften im Steuerrecht, Köln 1982, S. 53 ff., Verlag Dr. Otto Schmidt (*Friauf*, in: DStJG 5 (1982), S. 53 ff.)

Frind, Frank: Die Begründung von Masseverbindlichkeiten im Eigenverwaltungseröffnungsverfahren, in: Zeitschrift für das gesamte Insolvenzrecht (ZInsO) 2012, 1099 ff. (*Frind*, ZInsO 2012, 1099 ff.)

Frind, Frank: InsO – Quo Vadis, Zeitschrift für das gesamte Insolvenzrecht (ZInsO) 2005, 66 ff. (*Frind*, ZInsO 2005, 66 ff.)

Frind, Frank: Insolvenzliche Eigenverwaltung und öffentlich-rechtliche Forderungen: Zahlen oder nicht? – Das Dilemma der Geschäftsleitung in der vorläufigen Eigenverwaltung gegenüber öffentlich-rechtlichen Forderungen zwischen InsO und Strafdrohung – in: GmbH-Rundschau (GmbHR) 2015, 128 ff. (*Frind*, GmbHR 2015, 128 ff.)

Fritsch, Frank: Anmerkung zu BFH, Urt. v. 24.9.2014, V R 48/13, Umsatzsteuer-Berater (UStB) 2015, 4 f. (*Fritsch*, UStB 2015, 4 f.)

Frotscher, Gerrit: Besteuerung bei Insolvenz, 6. Auflage, Frankfurt am Main 2005, Verlag Recht und Wirtschaft (*Frotscher*, Besteuerung bei Insolvenz, 2005)

Frotscher, Gerrit: Besteuerung bei Insolvenz, 7. Auflage, Frankfurt am Main 2010, Verlag Recht und Wirtschaft (*Frotscher*, Besteuerung bei Insolvenz, 2010)

Frotscher, Gerrit: Besteuerung bei Insolvenz, 8. Auflage, Frankfurt am Main 2014, Verlag Recht und Wirtschaft (*Frotscher*, Besteuerung bei Insolvenz)

Frotscher, Gerrit: Konkurs und Steuern, in: Betriebs-Berater (BB) 1975, 1445 ff. (*Frotscher*, BB 1975, 1445 ff.)

Frotscher, Gerrit: Umsatzsteuer im Konkurs, in: Umsatzsteuer aus nationaler und europäischer Sicht, DStJG 13 (1990), hrsg. v. Lothar Woerner, S. 213 ff. (*Frotscher*, in: DStJG 13 (1990), S. 213 ff.)

Frotscher, Gerrit: Steuern im Konkurs, Heidelberg 1974, Verlag Recht und Wirtschaft (*Frotscher*, Steuern im Konkurs, 1974)

Frotscher, Gerrit: Steuern im Konkurs, 2. Auflage, Heidelberg 1983, Verlag Recht und Wirtschaft (*Frotscher*, Steuern im Konkurs, 1983)

Fürholzer: Steuerschulden im Konkurs, in: Juristische Wochenschrift (JW) 1931, 279 (*Fürholzer*, JW 1931, 279)

Gassert-Schumacher, Heike: Privilegien in der Insolvenz (Diss. iur., Freiburg [Breisgau]), Frankfurt u. a. 2000, Verlag Peter Lang (*Gassert-Schumacher*, Privilegien in der Insolvenz)

Gebauer, Andrea: Steuerausfälle im Bereich der Mehrwertsteuer: Gründe, Ausmaß und Abhilfemöglichkeiten (Diss. oec. publ., München), 2008, Verlag Peter Lang (*Gebauer*, Steuerausfälle im Bereich der Mehrwertsteuer)

Gebauer, Andrea / Parsche, Rüdiger: Leichtes Absinken der Mehrwertsteuerausfallquote im Jahr 2005, in: ifo-Schnelldienst 21/2005, S. 13 f. (*Gebauer/Parsche*, Ifo-Schnelldienst 21/2005, S. 13 f.)

Geißler, Oliver: Der Unternehmer im Dienste des Steuerstaats (Diss. iur., Jena), Stuttgart u. a. 2001, Verlag Boorberg (*Geißler*, Der Unternehmer im Dienste des Steuerstaats)

Geist, Günter: Mehrwertsteuer und Konkurs, in: Konkurs-, Treuhand- und Schiedsgerichtswesen (KTS) 1968, 1 ff. (*Geist*, KTS 1968, S. 1 ff.)

Geist, Günter: Insolvenzen und Steuern, Konkurs – Vergleich – Sanierung im Steuerrecht, 3. Auflage, Herne/Berlin 1980, Verlag Neue Wirtschaftsbriefe (*Geist*, Insolvenzen und Steuern)

Gessner, Volkmar / Rhode, Barbara / Strate, Gerhard / Ziegert, Klaus A.: Die Praxis der Konkursabwicklung in der Bundesrepublik Deutschland – eine rechtssoziologische Untersuchung –, hrsg. v. Bundesministerium der Justiz, Köln 1978, Bundesanzeiger Verlag (*Gessner/Rhode/Strate/Ziegert*, Die Praxis der Konkursabwicklung in der Bundesrepublik Deutschland)

Gierschmann, Albert: Steuern im Konkurs unter Berücksichtigung aller einschlägigen Steuerarten, Freiburg im Breisgau 1933, Verlag Haufe (*Gierschmann*, Steuern im Konkurs)

Gottwald, Peter: Insolvenzrechts-Handbuch, 5. Auflage, München 2015, Verlag C.H. Beck (*Bearbeiter*, in: Gottwald, Insolvenzrechts-Handbuch)

Grabitz, Eberhard / Hilf, Meinhard / Nettesheim, Martin: Das Recht der Europäischen Union, Loseblatt, 58. EGL, Stand: Januar 2016, Verlag C.H. Beck (*Bearbeiter*, in: Recht der EU, EUV/AEUV)

Graf-Schlicker, Marie Luise: Die Bedeutung des Insolvenzrechts für den Wirtschaftsstandort Bundesrepublik Deutschland – zugleich ein Plädoyer für die Harmonisierung von Insolvenz- und Steuerrecht, in: Finanz-Rundschau (FR) 2014, 744 ff. (*Graf-Schlicker*, FR 2014, 744 ff.)

Graf-Schlicker, Marie Luise: Kommentar zur Insolvenzordnung, 4. Auflage, Köln 2014, RWS Verlag (*Bearbeiter*, in: Graf-Schlicker, InsO)

Grossekettler, Heinz: Die Umsatzsteuer aus ökonomischer Sicht, in: Freiheit, Gleichheit, Effizienz – Ökonomische und verfassungsrechtliche Grundlagen der Steuergesetzgebung, hrsg. v. Paul Kirchhof und Manfred J. M. Neumann, 2001, Frankfurter Institut – Stiftung Marktwirtschaft und Politik (*Grossekettler*, in: Freiheit, Gleichheit, Effizienz)

Groß, Stefan / Matheis, Philipp / Vogl, Andreas: Umsatzsteuerliche Planspiele im „Steuerlabor", in: Umsatzsteuer- und Verkehrsteuer-Recht (UVR) 2006, 43 ff. (*Groß/Matheis/Vogl*, UVR 2006, 43 ff.)

Großmann, Rainer: Konkursrechtliche Stellung von Umsatzsteuerforderungen am Beispiel der Verwertung von Sicherungsgut, in: Deutsches Steuerrecht (DStR) 1989, 22 (*Großmann*, DStR 1989, 22)

Grundlach, Ulf / Rautmann, Heiko: Änderungen der Insolvenzordnung durch das Haushaltsbegleitgesetz 2011, Deutsches Steuerrecht (DStR) 2011, 82 ff. (*Grundlach/Rautmann*, DStR 2011, 82 ff.)

Güther, Robert / Kohly, Robert: Die Insolvenzanfechtung als Sonderrecht zu Lasten der Finanzämter und Sozialversicherungsträger?, in: Zeitschrift für Wirtschaftsrecht (ZIP) 2007, 1349 ff. (*Güther/Kohly*, ZIP 2007, 1349 ff.)

Haegele: Überblick über Rechtsprechung und Schrifttum zum Steuer-Konkursrecht, in: Konkurs-, Treuhand- und Schiedsgerichtswesen (KTS) 1958, 106 ff. (*Haegele*, KTS 1958, 106 ff.)

Hagens, Carl: Motive zu dem Entwurf einer Deutschen Gemeinschuldordnung, Berlin 1873, Verlag Decker, online im Volltext abrufbar über die Bayerische Staatsbibliothek (*Hagens*, Motive zur Gemeinschuldordnung)

Hahn, Carl: Die gesamten Materialien zu den Reichsjustizgesetzen, Band 4: Materialien zur Konkursordnung, Neudruck der Ausgabe von 1881, Aalen 1983, Scientia Verlag (*Hahn*, Motive zur KO)

Hahne, Klaus D.: Die Haftung für Umsatzsteuerschulden bei der Abtretung und Verpfändung von Forderungen nach § 13c UStG n.F., in: Betriebs-Berater (BB) 2003, 2720 ff. (*Hahne*, BB 2003, 2720 ff.)

Häsemeyer, Ludwig: Das Rätsel der Umsatzsteuer im Insolvenzverfahren, in: Festschrift für Rolf Stürner zum 70. Geburtstag, 1. Teilband – Deutsches Recht, S. 769 ff., Tübingen 2013, Verlag Mohr Siebeck (*Häsemeyer*, in: FS Stürner, S. 769 ff.)

Häsemeyer, Ludwig: Die Gleichbehandlung der Konkursgläubiger, in: Konkurs-, Treuhand- und Schiedsgerichtswesen (KTS) 1982, 507 ff. (*Häsemeyer*, KTS 1982, 507 ff.)

Häsemeyer, Ludwig: Insolvenzrecht, 4. Auflage, Köln / München 2007, Verlag C. Heymanns (*Häsemeyer*, Insolvenzrecht)

Hamburger Kommentar zum Insolvenzrecht: hrsg. v. Schmidt, Andreas, 5. Auflage, Köln 2015, Verlag C. Heymanns (*Bearbeiter*, in: HK-InsO)

Heinze, Harald: Umsatzsteuern, ihre Entstehung und Aufrechnung im Insolvenzverfahren, in: Deutsche Zeitschrift für Wirtschafts- und Insolvenzrecht (DZWiR) 2013, 45 ff. (*Heinze*, DZWiR 2013, 45 ff.)

Henckel, Wolfram: Die letzten Vorrechte im Insolvenzverfahren, in: Festschrift für Wilhelm Uhlenbruck, Insolvenzrecht in Wissenschaft und Praxis, S. 19 ff., Köln 2000, Verlag Dr. Otto Schmidt (*Henckel*, in: FS Uhlenbruck, S. 19 ff.)

Henze, Thomas: Gemeinschaftsrechtliche Vorgaben nationaler Missbrauchsbekämpfung im Lichte der neueren Rechtsprechung des Europäischen Gerichtshofs, in: Deutsche Steuerjuristische Gesellschaft (DStJG), S. 247 ff., Band 32, Köln 2009, Verlag Dr. Otto Schmidt (*Henze*, in: DStJG 32 (2009), S. 247 ff.)

Hess, Harald: Insolvenzrecht, Großkommentar in zwei Bänden, Band I (2. Auflage), Heidelberg u. a. 2013, Verlag C.F. Müller (*Bearbeiter*, in: Hess, InsO)

Heuermann, Bernd: Anmerkung zu BFH, Urt. v. 24.9.2014, V R 48/13, DStR 2014, 2457 f. (*Heuermann*, DStR 2014, 2457 f.)

Heuermann, Bernd: Insolvenzeröffnungsverfahren und Umsatzsteuer, in: Umsatzsteuer-Rundschau (UR) 2015, 174 ff. (*Heuermann*, UR 2015, 174 ff.)

Hey, Johanna: Steuerrecht und Staatsrecht im Dialog: Nimmt das Steuerrecht in der Judikatur des BVerfG eine Sonderrolle ein ?, in: Steuer und Wirtschaft (StuW) 2015, 3 ff. (*Hey*, StuW 2015, 3 ff.)

Hey, Johanna: Zur Geltung des Gebots der Folgerichtigkeit im Unternehmensteuerrecht – Zugleich Besprechung der Entscheidung des BVerfG zum Verbot von Jubiläumsrückstellungen vom 12.5.2009, in: Deutsches Steuerrecht (DStR) 2009, 2561 ff. (*Hey*, DStR 2009, 2561 ff.)

Heyden, Heinz: Umsatzsteuerforderungen im Konkursverfahren, in: Umsatzsteuer-Rundschau (UR) 1954, 49 ff. (*Heyden*, UR 1954, 49 ff.)

Hobelsberger, Alexander: Umsatzsteuerpflicht und –haftung in der vorläufigen Eigenverwaltung, in: Deutsches Steuerrecht (DStR) 2013, 2545 ff. (*Hobelsberger*, DStR 2013, 2545 ff.)

Hölzle, Gerrit: Konkurrenz von Steuerrecht und Insolvenzrecht – oder: Ist Steuern zahlen sittenwidrig? Zum Versuch einer dogmatischen Grundlegung, in: Betriebs-Berater (BB) 2012, 1571 ff. (*Hölzle*, BB 2012, 1571 ff.)

Hömig, Dieter: Kommentar zum Grundgesetz, 10. Auflage, München 2010, Nomos Verlag (*Bearbeiter*, in: Hömig, GG)

Hofmann, Ruth: Umsatzsteuer und Abgabenordnung, in: Umsatzsteuerkongreß-Bericht 1982/1983, Köln 1983, Verlag Dr. Otto Schmidt (*Hofmann*, Umsatzsteuerkongreß-Bericht 1982/83)

Hofmann, Werner: Zur Geschichte der Reform des Insolvenzrechts, in: Deutsche Richterzeitung (DRiZ) 1994, 411 ff. (*Hofmann*, DRiZ 1994, 411 ff.)

Homburg, Stefan: Allgemeine Steuerlehre, 7. Auflage, München 2015, Verlag Franz Vahlen (*Homburg*, Allgemeine Steuerlehre)

Homburg, Stefan / Rublack, Carolin: Anmerkungen zum Umsatzsteuergesetzbuch, einem Vorschlag zur Umsatzsteuerreform, in: Festschrift für Joachim Lang zum

70. Geburtstag, Gestaltung der Steuerrechtsordnung, S. 893 ff., Köln 2010, Verlag Dr. Otto Schmidt (*Homburg/Rublack*, in: FS J. Lang, S. 893 ff.)

Huber, Peter M.: Selbstverwaltung und Systemgerechtigkeit – Zu den Grenzen einer „Professionalisierung" der Leitungsstrukturen Kassenärztlicher Vereinigungen – , in: Vierteljahresschrift für Sozialrecht (VSSR) 2000, 369 ff. (*Huber*, VSSR 2000, 369 ff.)

Huep, Tobias / Webel, Benjamin: Zur Kostenrisikoverteilung in massearmen Verfahren bei Kostenstundung, in: Neue Zeitschrift für das Recht der Insolvenz und Sanierung (NZI) 2011, 389 ff. (*Huep/Webel*, NZI 2011, 389 ff.)

Hübler, Jana Julia: Die Eigenverwaltung des Schuldners als Instrument zur Unternehmenssanierung im Insolvenzverfahren, Beitrag des ESUG zur Erhöhung der Bedeutung der Eigenverwaltung (Diss. iur., Köln), Frankfurt 2013, Verlag Peter Lang (*Hübler*, Die Eigenverwaltung des Schuldners)

Hübschmann, Walter / Hepp, Ernst / Spitaler, Armin: Kommentar zur AO und FGO, Köln, Loseblatt, 237. EGL, Stand: März 2016, Köln, Verlag Dr. Otto Schmidt (*Bearbeiter*, in: Hübschmann/Hepp/Spitaler)

Hüttner, Norman: Aufrechnung des Finanzamtes mit Steueransprüchen in der Insolvenz – Am Beispiel der Aufrechnung gegen den Vorsteuervergütungsanspruch aus der Tätigkeit des vorläufigen Insolvenzverwalters gegenüber dem Insolvenzschuldner (Diss. iur., Bayreuth), Hamburg 2008, Verlag Dr. Kovac (*Hüttner*, Aufrechnung des Finanzamtes)

Ipsen, Jörn: Richterrecht und Verfassung (Diss. iur., Göttingen), Berlin 1975, Verlag Duncker & Humblot (*Ipsen*, Richterrecht und Verfassung)

Jacobi, Alexander: Die teleologische Reduktion des § 88 InsO und die Verfassungswidrigkeit der Einfügung des Satzes 2 zu § 131 Abs. 1 InsO, in: Konkurs-, Treuhand- und Schiedsgerichtswesen (KTS) 2006, 239 ff. (*Jacobi*, KTS 2006, 239 ff.)

Jaeger, Ernst: Konkursrecht, Berlin 1924, Springer Verlag (*Jaeger*, Konkursrecht)

Jaeger, Ernst: Kommentar zur Konkursordnung, Band I (§§1–42), 9. Aufl., Berlin/New York 1997, Verlag Walter de Gruyter (*Bearbeiter*, in: Jaeger, KO)

Jaeger, Ernst: Großkommentar zur Insolvenzordnung, hrsg. v. Wolfram Henckel und Walter Gerhardt,

- Erster Band (§§ 1–55), 2004;
- Zweiter Band (§§ 56–102), 2007;
- Vierter Band (§§ 129–147), 2008;
- Fünfter Band (§§ 148–155; Insolvenzsteuerrecht), 2016; Berlin, Verlag De Gruyter (*Bearbeiter*, in: Jaeger, InsO)

Jaffé, Michael / Friedrich-Vache, Heidi: Blick ins „Insolvenzumsatzsteuerrecht": Umsatzsteuer als Masseverbindlichkeit in der vorläufigen Eigenverwaltung?, in: Mehrwertsteuerrecht (MwStR) 2014, 86 ff. (*Jaffé/Friedrich-Vache*, MwStR 2014, 86 ff.)

Jaffé, Michael / Friedrich-Vache, Heidi: Umsatzsteuer und Insolvenz: Neuere Entwicklungen in Gesetzgebung und Rechtsprechung, in: Mehrwertsteuerrecht (MwStR) 2013, 75 ff. (*Jaffé/Friedrich-Vache*, MwStR 2013, 75 ff.)

Jasse, Gabriela: Umsatzsteuer in der Insolvenz, 2. Auflage, Bremen 2011, Europäischer Hochschulverlag (*Jasse*, Umsatzsteuer in der Insolvenz)

Jatzke, Harald: Einschränkung der Aufrechnungsbefugnis der Finanzbehörden in der Insolvenz des Steuerschuldners durch Änderung der BFH-Rechtsprechung, in: Deutsches Steuerrecht (DStR) 2011, 919 ff. (*Jatzke*, DStR 2011, 919 ff.)

Jestaedt, Matthias: Verfassungsrecht und einfaches Recht – Verfassungsgerichtsbarkeit und Fachgerichtsbarkeit, in: Das Deutsche Verwaltungsblatt (DVBl.) 2001, 1309 ff. (*Jestaedt*, DVBl. 2001, 1309 ff.)

Jungclaus, Martin / Keller, Christoph: Die Änderungen der InsO durch das Haushaltsbegleitgesetz 2011, in: Zeitschrift für das Insolvenzrecht (ZInsO) 2010, 808 ff. (*Jungclaus/Keller*, ZInsO 2010, 808 ff.)

Kahlert, Günter: Anmerkung zu BFH, Urteil vom 24.8.2011, V R 53/09, in: Zeitschrift für Wirtschaftsrecht (ZIP) 2011, 2424 ff. (*Kahlert*, ZIP 2011, 2424 ff.)

Kahlert, Günter: Anmerkung zu FG Berlin-Brandenburg, Beschl. v. 18.3.2013, 7 V 7279/12, in: Mehrwertsteuerrecht (MwStR) 2013, 526 f. (*Kahlert*, MwStR 2013, 526 f.)

Kahlert, Günter: Anmerkung zu Niedersächsisches FG, Urt. v. 6.6.2013, 5 K 2/13, in: Zeitschrift für Wirtschaftsrecht (ZIP) 2014, 1749 f. (*Kahlert*, ZIP 2014, 1749 f.)

Kahlert, Günter: Der V. Senat des BFH als Schöpfer von Fiskusvorrechten im Umsatzsteuerrecht, zugleich Besprechung des Urteils des V. Senats des BFH vom 9.12.2010, V R 22/10, in: Deutsches Steuerrecht (DStR) 2011, 921 ff. (*Kahlert*, DStR 2011, 921 ff.)

Kahlert, Günter / Onusseit, Dietmar: Der V. Senat des BFH legt nach – Neue Entwicklungen im Umsatzsteuerinsolvenzrecht, zugleich Besprechung des Urteils des V. Senats des BFH vom 24.11.2011, V R 13/11, in: Deutsches Steuerrecht (DStR) 2012, 334 ff. (*Kahlert/Onusseit*, DStR 2012, 334 ff.)

Kahlert, Günter: Die Neugeburt eines Fiskusprivilegs im Insolvenzverfahren nach Art. 3 Nr. 2 und 3 des HBeglG-E 2011, in: Zeitschrift für Wirtschaftsrecht (ZIP) 2010, 1887 ff. (*Kahlert*, ZIP 2010, 1887 ff.)

Kahlert, Günter: Ein neuer Schöpfungsakt des V. BFH-Senats zur Umsatzsteuer im Insolvenzverfahren und seine Entschlüsselung, in: Zeitschrift für Wirtschaftsrecht (ZIP) 2015, 11 ff. (*Kahlert*, ZIP 2015, 11 ff.)

Kahlert, Günter: Ertragsbesteuerung in Krise und Insolvenz, in: Finanz-Rundschau (FR) 2014, 731 ff. (*Kahlert*, FR 2014, 731 ff.)

Kahlert, Günter: Erhebung der Umsatzsteuer im Insolvenzverfahren – Rechtsvergleich und Vorlagepflicht, in: Deutsches Steuerrecht (DStR) 2015, 1485 ff. (*Kahlert*, DStR 2015, 1485 ff.)

Kahlert, Günter: Fiktive Masseverbindlichkeiten im Insolvenzverfahren: Wie funktioniert § 55 Abs. 4 InsO ?, in: Zeitschrift für Wirtschaftsrecht (ZIP) 2011, S. 401 ff (*Kahlert*, ZIP 2011, 401 ff.).

Kahlert, Günter: Insolvenzrecht und Steuerrecht – Gemeinsam für ein wettbewerbsfähiges Insolvenzrecht, in: Zeitschrift für Wirtschaftsrecht (ZIP) 2014, 1101 ff. (*Kahlert*, ZIP 2014, 1101 ff.)

Kahlert, Günter: Insolvenzrechtliche Aufrechnungsverbote im Umsatzsteuerrecht – Aktuelle Entwicklungen und Auswirkungen auf die Insolvenzpraxis, in: Zeitschrift für Wirtschaftsrecht (ZIP) 2013, 500 ff. (*Kahlert*, ZIP 2013, 500 ff.)

Kahlert, Günter / Rühland, Bernd: Sanierungs- und Insolvenzsteuerrecht, 2. Aufl., Köln 2011, RWS Verlag (*Bearbeiter*, in: Kahlert/Rühland, Sanierungs- und Insolvenzsteuerrecht)

Kahlert, Günter: Stellungnahme zum Gesetzentwurf der Bundesregierung zur Erleichterung der Bewältigung von Konzerninsolvenzen vom 30. Januar 2014, BT-DrS. 18/407, Öffentliche Anhörung des Rechtsausschusses v. 2.4.2014, abrufbar auf der Internetseite des Rechtsausschusses des Deutschen Bundestages (*Kahlert*, Stellungnahme zum Gesetzentwurf der Bundesregierung zur Erleichterung der Bewältigung von Konzerninsolvenzen)

Kahlert, Günter / Schmidt, Arne: Umsatzsteuerinsolvenzrecht im Lichte des BMF-Schreibens vom 9.12.2011, in: Der Betrieb (DB) 2012, 197 ff. (*Kahlert/Schmidt*, DB 2012, 197 ff.)

Kahlert, Günter: „Wiedereinführung" des Fiskusvorrechts im Insolvenzverfahren? – Die Fiskusvorrechte sind schon lange da!, in: Zeitschrift für Wirtschaftsrecht (ZIP) 2010, 1274 ff. (*Kahlert*, ZIP 2010, 1274 ff.)

Kahlert, Günter: Zur Dogmatik der Umsatzsteuer im Insolvenzverfahren, in: Deutsches Steuerrecht (DStR) 2011, 1973 ff. (*Kahlert*, DStR 2011, 1973 ff.)

Kallina, Hans-Michael: Willkürverbot und neue Formel – Der Wandel der Rechtsprechung des Bundesverfassungsgerichts zu Art. 3 I GG (Diss. iur., Tübingen), Tübingen 2001, Medien-Verlag Köhler (*Kallina*, Willkürverbot und neue Formel)

Kanduth-Kristen, Sabine / Caganek, Emil: Kapitel 5: Umsatzsteuerliche Fragen in der Insolvenz, in: Insolvenz und Steuern, Steuer- und WirtschaftsKartei, Wien, im Juni 2006, Linde Verlag (*Kanduth-Kristen/Caganek*, in: Insolvenz und Steuern)

Kasseler Kommentar: zum Sozialversicherungsrecht, Loseblatt, 88. EGL, Stand: Dezember 2015, München, Verlag C.H. Beck (*Bearbeiter*, in: Kasseler Kommentar)

Kaufmann, Hartmut: Überwälzung und Inzidenz der Nettoumsatzsteuer, Diss. oec., Frankfurt 1975, Verlag Peter Lang (*Kaufmann*, Überwälzung und Inzidenz der Nettoumsatzsteuer)

Kayser, Godehard / Heidenfelder, Petra: Vom Konkurs des Konkurses zur Insolvenz der Insolvenz, in: Zeitschrift für Wirtschaftsrecht (ZIP) 2016, 447 ff. (*Godehard/Heidenfelder*, ZIP 2016, 447 ff.)

Kensbock, Kerstin: Der Unternehmerbegriff nach deutschem und europäischem Umsatzsteuerrecht (Diss. iur., Tübingen), Tübingen 2003, Köhler Druck (*Kensbock*, Der Unternehmerbegriff)

Kilger, Joachim: Der Konkurs des Konkurses, in: Konkurs-, Treuhand- und Schiedsgerichtswesen (KTS) 1975, 142 ff. (*Kilger*, KTS 1975, 142 ff.)

Kinski, Enno: Aufrechnung durch das Finanzamt in der Insolvenz des Steuerpflichtigen (Diss. iur., Hamburg), Köln 2005, Verlag C. Heymanns (*Kinski*, Aufrechnung durch das Finanzamt)

Kirchhof, Hans-Peter: Die Ziele des Insolvenzverfahrens in der Rechtsprechung des Bundesgerichtshofs, in: Festschrift für Walter Gerhardt, Köln 2004, S. 443 ff., RWS Verlag (*H.-P. Kirchhof*, in: FS Gerhardt, S. 443 ff.)

Kirchhof, Paul: 40 Jahre Umsatzsteuergesetz – Eine Steuer im Umbruch, in: Deutsches Steuerrecht (DStR) 2008, 1 ff. (*P. Kirchhof*, DStR 2008, 1 ff.)

Kirchhof, Paul: Entwicklungsmöglichkeiten der Umsatzsteuer im Rahmen von Verfassungs- und Europarecht, in: Umsatzsteuer-Rundschau (UR) 2002, 541 ff. (*P. Kirchhof*, UR 2002, 541 ff.)

Kirchhof, Paul: Handbuch des Staatsrechts, Band V, 3. Auflage 2007, hrsg. v. Isensee, Josef / Kirchhof, Paul, Heidelberg, Verlag C.F. Müller (*P. Kirchhof*, in: Handbuch des Staatsrechts, Band V)

Kirchhof, Paul: Umsatzsteuergesetzbuch, Ein Vorschlag zur Reform der Umsatzsteuer und der Verkehrsteuern, Kommentierte Ausgabe mit Rechtsverordnung und Glossar, Heidelberg 2008, Verlag C.F. Müller (*P. Kirchhof*, in: Umsatzsteuergesetzbuch, Vorschlag zur Reform der Umsatzsteuer)

Kirchhof, Paul: Recht verstehen und Recht sprechen, Zur Auslegung des Steuerrechts nach seinem Belastungsgrund, in: Festschrift für Wolfgang Spindler zum 65. Geburtstag, hrsg. v. Mellinghoff, Rudolf / Schön, Wolfang / Viskorf, Hermann-Ulrich, Köln 2011, Verlag Dr. Otto Schmidt (*P. Kirchhof*, in: FS Spindler, S. 641 ff.)

Kischel, Uwe: Systembindung des Gesetzgebers und Gleichheitssatz, in: Archiv des öffentlichen Rechts (AöR), 124. Band, 1999, S. 174 ff. (*Kischel*, AöR 124 (1999), S. 174 ff.)

Klein, Franz: Kommentar zur Abgabenordnung, 13. Auflage, München 2016, Verlag C.H. Beck (*Bearbeiter*, in: Klein, AO)

Klenk, Friedrich: Die Geschichte der Umsatzsteuer – Vom ersten Weltkrieg bis zur Einortregistrierung nach der E-Commerce-Richtlinie, in: 50 Jahre Steuerreformen in Deutschland, S. 126 ff., hrsg. v. der Akademie für Steuer- und Wirtschaftsrecht des Steuerberater-Verbandes Köln, Bonn 2003, Stollfuß Verlag (*Klenk*, in: 50 Jahre Steuerreformen, S. 126 ff.)

Klinck, Fabian: Die Begründung von Masseverbindlichkeiten durch den Schuldner im Eigenverwaltungs-Eröffnungsverfahren, in: Zeitschrift für Wirtschaftsrecht (ZIP) 2013, 853 ff. (*Klinck*, ZIP 2013, 853 ff.)

Kling, Stephan: Steuerrechtliche Auswirkungen der neuen Insolvenzordnung, in: Deutsches Steuerrecht (DStR) 1998, 1813 ff. (*Kling*, DStR 1998, 1813 ff.)

Klünemann, Martin: Umsatzsteuer in der Insolvenz (II) – Verfahren nach dem Eröffnungsbeschluss, in: Der Umsatzsteuer-Berater (UStB) 2001, 385 ff. (*Klünemann*, UStB 2001, 385 ff.)

Klünemann, Martin: Umsatzsteuer in der Insolvenz (III) – Besonderheiten im Festsetzungs- und Erhebungsverfahren, in: Der Umsatzsteuer-Berater (UStB) 2002, 192 ff. (*Klünemann*, UStB 2002, 192 ff.)

Knittel, Uwe: Gerichtsseitige Übertragung der Kassenführungsbefugnis auf den vorläufigen Sachwalter – Anwendung der „Doppelberichtigungs-Rechtsprechung" des BFH im Verfahren der vorläufigen Eigenverwaltung ? – in: Krisen-, Sanierungs- und Insolvenzberatung (KSI) 2015, 120 ff. (*Knittel*, KSI 2015, 120 ff.)

Knobbe-Keuk, Brigitte: Konkurs und Umsatzsteuer, in: Betriebs-Berater (BB) 1977, 757 ff., inhaltsgleich zu *dies.*, in: Konkurs und Umsatzsteuer, Festschrift des Arbeitskreises für Insolvenz- und Schiedsgerichtswesen, 100 Jahre Konkursordnung 1877–1977, S. 219 ff., Köln 1977, Verlag C. Heymanns (*Knobbe-Keuk*, BB 1977, 757 ff.)

Knorr, Ernst: Die Bedeutung der Fälligkeit öffentlicher Abgaben für ihr Konkursvorrecht, in: Konkurs-, Treuhand- und Schiedsgerichtswesen (KTS) 1957, 1 ff. (*Knorr*, KTS 1957, 1 ff.)

Knospe, Armin / Gellrich, Barbara: Notwendiger Korrekturbedarf im Recht der Insolvenzanfechtung aus systematischer Sicht der Gesetzlichen Sozialversicherung, in: Neue Zeitschrift für Sozialrecht (NZS) 2006, 303 ff. (*Knospe/Gellrich*, NZS 2006, 303 ff.)

Koenig, Ulrich: Kommentar zur Abgabenordnung, 3. Auflage, München 2014, Verlag C.H. Beck (*Bearbeiter*, in: Koenig, AO)

Kölner Schrift zur Insolvenzordnung: Hrsg. v. Arbeitskreis für Insolvenzwesen Köln e.V., 3. Aufl., Köln 2009, ZAP Verlag (*Bearbeiter*, in: Kölner Schrift zur Insolvenzordnung)

Koke, Katja: Institut für Insolvenz- und Sanierungsrecht (ISR) – Erste Jahrestagung: Tagungsbericht, in: Zeitschrift für das gesamte Insolvenzrecht (ZInsO) 2015, 242 ff. (*Koke*, ZInsO 2015, 242 ff.)

Kranzusch, Peter: Die Quoten der Insolvenzgläubiger in Regel- und Insolvenzplanverfahren – Ergebnisse von Insolvenzverfahren nach der Insolvenzrechtsreform, unter Mitarbeit von Annette Icks, Bonn 2009, hrsg. v. Institut für Mittelstandsforschung Bonn, abrufbar unter www.ifm-bonn.org (*Kranzusch*, Die Quoten der Insolvenzgläubiger in Regel- und Insolvenzplanverfahren)

Kraus, Peter: Der Steueranspruch in der Insolvenz, in: Zeitschrift für Zölle und Verbrauchsteuern (ZfZ) 2013, 123 ff. (*Kraus*, ZfZ 2013, 123 ff.)

Krollmann, Heinz: Entstehung und Fälligkeit der Umsatzsteuer, in: Umsatzsteuer-Rundschau (UR) 1957, 47 ff. (*Krollmann*, UR 1957, 47 ff.)

Kroth, Harald: „Steuerrecht versus Insolvenzrecht" oder: „(Wider) die Auferstehung des Fiskalprivilegs", in: Neue Zeitschrift für das Recht der Insolvenz und der Sanierung (NZI) 2004, 345 ff. (*Kroth*, NZI 2004, 345 ff.)

Krüger, Frank: Insolvenzsteuerrecht Update 2010, in: Zeitschrift für das gesamte Insolvenzrecht (ZInsO) 2010, 164 ff. (*Krüger*, ZInsO 2010, 164 ff.)

Krüger, Frank: Insolvenzsteuerrecht Update 2012, in: Zeitschrift für das gesamte Insolvenzrecht (ZInsO) 2012, 149 ff. (*Krüger*, ZInsO 2012, 149 ff.)

Krumm, Marcel: Erstattungsansprüche öffentlich-rechtlicher Gläubiger wegen Zahlungen auf nicht bestehende insolvenzanfechtungsrechtliche Rückgewähransprüche – Rechtsgrundlage, Verwaltungsaktbefugnis und Rechtsweg, in: Zeitschrift für Wirtschaftsrecht (ZIP) 2012, 959 ff. (*Krumm*, ZIP 2012, 959 ff.)

Krumm, Marcel: Steuervollzug und formelle Insolvenz (Diss. iur., Bochum), Frankfurt u. a. 2009, Peter Lang Verlag (*Krumm*, Steuervollzug und formelle Insolvenz)

Kruth, Claus-Peter: Leitlinien des BFH zur Sollbesteuerung im Insolvenzantragsverfahren – zugleich Besprechung des BFH-Urteils vom 24.9.2014 – V R 48/13, in: Mehrwertsteuerrecht (MwStR) 2015, 77 ff. (*Kruth*, MwStR 2015, 77 ff.)

Kübler, Bruno M.: HRI – Handbuch Restrukturierung in der Insolvenz – Eigenverwaltung und Insolvenzplan, 2. Auflage, Köln 2015, RWS-Verlag (*Bearbeiter*, in: Handbuch Restrukturierung in der Insolvenz)

Kübler, Bruno M. / Prütting, Hanns / Bork, Reinhard: Kommentar zur Insolvenzordnung, Band IV, Steuerrecht in der Insolvenz, Abschnitt F – Umsatzsteuer, Loseblatt, 63. EGL, April 2015, Köln, RWS Verlag (*Bearbeiter*, in: Kübler/Prütting/Bork)

Kuhn, Georg / Uhlenbruck / Wilhelm: Kommentar zur Konkursordnung, 11. Auflage, München 1994, Verlag Franz Vahlen (*Uhlenbruck*, in: Kuhn/Uhlenbruck, KO)

Landfermann, Hans-Georg: Grundzüge einer Insolvenzrechtsreform, in: Deutsche Steuerzeitung (DStZ) 1985, 391 ff. (*Landfermann*, DStZ 1985, 391 ff.)

Landfermann, Hans-Georg: So darf es nicht weitergehen! Für eine einvernehmliche Beilegung des Dauerkonflikts um Vorrechte des Fiskus und der Sozialkassen im Insolvenzverfahren, in: Zeitschrift für Wirtschaftsrecht (ZIP) 2010, 2471 (*Landfermann*, ZIP 2010, 2471)

Laroche, Peter: Einzelermächtigung zur Begründung von Masseverbindlichkeiten durch den „schwachen" vorläufigen Insolvenzverwalter, in: Neue Zeitschrift für das Recht der Insolvenz und Sanierung (NZI) 2010, 965 ff. (*Laroche*, NZI 2010, 965 ff.)

Laws, Jutta: Keine Haftung des Insolvenzverwalters aus § 61 InsO für ungerechtfertigte Bereicherungen der Masse und USt-Masseverbindlichkeiten, in: Zeitschrift für das gesamte Insolvenzrecht (ZInsO) 2009, 996 ff. (*Laws*, ZInsO 2009, 996 ff.)

Leibner, Wolfgang: Umsatzsteuerliche Fragen in der Insolvenz, Eine Darstellung grundsätzlicher Fragestellungen & Praxisproblemen, in: Der Umsatzsteuer-Berater (UStB) 2004, 133 ff. (*Leibner*, UStB 2004, 133 ff.)

Leisner, Anna: Kontinuität als Verfassungsprinzip (Habil. iur., München), Tübingen 2002, Mohr Siebeck Verlag (*Leisner*, Kontinuität als Verfassungsprinzip)

Leithaus, Rolf: Anmerkungen zum Regierungsentwurf eines Gesetzes zum Pfändungsschutz der Altersvorsorge und zur Anpassung des Rechts der Insolvenzanfechtung, in: Neue Zeitschrift für das Recht der Insolvenz- und Sanierung (NZI) 2005, 436 ff. (*Leithaus*, NZI 2005, 436 ff.)

Leitl, Heiko: Maßnahmen zur Sicherung des Umsatzsteueraufkommens – Eine Untersuchung zur Reformbedürftigkeit und Reformfähigkeit des gegenwärtigen Systems der Umsatzsteuererhebung in Deutschland im europäischen Kontext (Diss. iur., Erlangen-Nürnberg), Hamburg 2009, Verlag Dr. Kovac (*Leitl*, Maßnahmen zur Sicherung des Umsatzsteueraufkommens)

Leonhardt, Peter / Smid, Stefan / Zeuner, Mark: Kommentar zur Insolvenzordnung, 3. Auflage, Stuttgart 2010, Verlag W. Kohlhammer (*Bearbeiter*, in: Leonhardt/Smid/Zeuner, InsO)

Lepa, Brita: Insolvenzordnung und Verfassungsrecht – eine Untersuchung der Verfassungsmäßigkeit der InsO und der Einwirkung verfassungsrechtlicher Wertungen auf die Anwendung dieses Gesetzes (Diss. iur., Bonn), Berlin 2002, Verlag Duncker & Humblot (*Lepa*, Insolvenzordnung und Verfassungsrecht)

Lenger, Norman: Anwendbarkeit des § 55 IV InsO bei Umsatzsteuerkorrekturen nach § 17 UStG während der vorläufigen Insolvenzverwaltung, in: Neue Zeitschrift für das Recht der Insolvenz- und Sanierung (NZI) 2014, 144 ff. (*Lenger*, NZI 2014, 144 ff.)

Levy, Leopold: Konkursrecht, 2. Aufl., Berlin 1926, hrsg. v. Ernst Pape (*Levy*, Konkursrecht)

Lewin, A.: Steuerbehörden und Konkurs des Steuerpflichtigen, in: Deutsche Steuer-Zeitung (DStZ) 1926, 213 ff. (*Lewin*, DStZ 1926, 213 ff.)

Liebgott, Wendelin: Besonderheiten und Fragen zur Umsatzsteuer im Insolvenzplanverfahren, Umsatzsteuer-Rundschau (UR) 2014, 141 ff. (*Liebgott*, UR 2014, 141 ff.)

Liebisch, Arnold: Materielles Steuerrecht und Konkurs, in: Vierteljahresschrift für Steuer- und Finanzrecht (VJStFR) 1929, S. 212 ff. (*Liebisch*, VJStFR 1929, S. 212 ff.)

Liebisch, Arnold: Rechtspolitische und verfahrensrechtliche Bemerkungen zum Steuervorrecht im Konkurs, in: Zeitschrift für Deutschen Zivilprozeß (ZZP), Band 62 [1941], S. 33 ff. (*Liebisch*, ZZP 1941, Bd. 62, S. 33 ff.)

Lindeiner, Fabian v.: Willkür im Rechtsstaat?: die Willkürkontrolle bei der Verfassungsbeschwerde gegen Gerichtsentscheidungen (Diss. iur., Potsdam), Berlin 2002, Verlag Duncker & Humblot (*Lindeiner*, Willkür im Rechtsstaat?)

Lippross, Otto-Gerd / Seibel, Wolfgang: Basiskommentar Steuerrecht
- zur AO, 95. EGL, Stand Mai 2016;
- zum BewG, 95. EGL, Stand Mai 2016; Köln, Verlag Dr. Otto Schmidt (*Bearbeiter*, in: Basiskommentar Steuerrecht)

Löhr, Kerstin: Das umsatzsteuerliche Optionsrecht für Vermietungsumsätze – Zugleich eine Untersuchung zur Bedeutung des steuerlichen Leistungsfähigkeitsprinzips im Umsatzsteuerrecht (Diss. iur., Berlin 2002) Berlin 2003, Verlag Duncker & Humblot (*Löhr*, Das umsatzsteuerliche Optionsrecht für Vermietungsumsätze)

Lohse, W. Christian: Umsatzsteuerausfallbekämpfung im Lichte von Insolvenz und Impotenz, in: Umsatzsteuer-Rundschau (UR) 2008, 30 ff. (*Lohse*, UR 2008, 30 ff.)

Loose, Matthias: Die Rolle der Finanzverwaltung im Insolvenzverfahren nach der Insolvenzordnung, in: Steuer und Wirtschaft (StuW) 1999, 20 ff. (*Loose*, StuW 1999, 20 ff.)

v. Mangoldt, Hermann / Klein, Friedrich / Starck, Christian: Kommentar zum Grundgesetz, Band 1, 6. Auflage, München 2010, Verlag Franz Vahlen (*Bearbeiter*, in: von Mangoldt/Klein/Starck, GG)

Marchal, Hendrik: Aufrechnung mit Umsatzsteuerforderungen in der Insolvenz – Auswirkungen der Urteile des BFH vom 25.7.2012, in: Betriebs-Berater (BB) 2013, 33 ff. (*Marchal*, BB 2013, 33 ff.)

Marotzke, Wolfgang: Sinn und Unsinn einer insolvenzrechtlichen Privilegierung des Fiskus – Zugleich eine Stellungnahme zu Art. 3 des Haushaltsbegleitgesetzes 2011 i.d.F. des Gesetzesbeschlusses des Deutschen Bundestages v. 28.10.2010, in: Zeitschrift für das gesamte Insolvenzrecht (ZInsO) 2010, 2163 ff. (*Marotzke*, ZInsO 2010, 2163 ff.)

Mattern, G.: Unterbricht die Konkurseröffnung bei der Umsatzsteuer den Voranmeldungszeitraum, in: Umsatzsteuer-Rundschau (UR) 1953, 72 (*Mattern*, UR 1953, 72)

Mattern, G.: Vorrecht von Steuerforderungen im Konkurs des Steuerschuldners, in: Deutsche Steuer-Zeitung (DStZ) 1953, 175 f. (*Mattern*, DStZ 1953, 175 f.)

Maunz, Theodor / Dürig, Günter: Kommentar zum Grundgesetz, Loseblatt, 76. EGL, Stand: Dezember 2015, München, Verlag C.H. Beck (*Bearbeiter*, in: Maunz/Dürig, GG)

Maus, Karl-Heinz: Liquiditätsprüfungen – Die neue Masche der Finanzverwaltung, anderen Gläubigern bei der Forderungsrealisierung zuvorzukommen, in: Zeitschrift für das gesamte Insolvenzrecht (ZInsO) 2004, 837 ff. (*Maus*, ZInsO 2004, 837 ff.)

Maus, Karl-Heinz: Steuern im Insolvenzverfahren, Bonn 2004, ZAP Verlag (*Maus*, Steuern im Insolvenzverfahren)

Maus, Karl-Heinz: Wechsel der Steuerschuldnerschaft und verschärfte Steuerhaftung als Ausgleich des Fiskalvorrechts gem. § 61 Abs. 1 Nr. 2 KO, in: Zeitschrift für Wirtschaftsrecht (ZIP) 2004, 1580 ff. (*Maus*, ZIP 2004, 1580 ff.)

Meier, Anke: Die Geschichte des deutschen Konkursrechts, insbesondere die Entstehung der Reichskonkursordnung von 1877 (Diss. iur., Bochum), Frankfurt 2002, Verlag Peter Lang (*A. Meier*, Die Geschichte des deutschen Konkursrechts)

Meier, Jan Philipp: Privilegien des Fiskus und der Sozialversicherungsträger in der Unternehmensinsolvenz – Eine Untersuchung der Rechtsprechung und Gesetzgebung zu Insolvenzvorrechten seit der Insolvenzrechtsreform von 1999 (Diss. iur., Hamburg), Frankfurt 2009, Verlag Peter Lang (*J.P. Meier*, Privilegien des Fiskus und der Sozialversicherungsträger in der Insolvenz)

Mellinghoff, Rudolf: Deutsches Umsatzsteuerrecht unter unions- und verfassungsrechtlichem Einfluss, in: Umsatzsteuer-Rundschau (UR) 2013, 5 ff. (*Mellinghoff*, UR 2013, 5 ff.)

Meyer, Stephan: Strukturelle Vollzugsdefizite als Gleichheitsverstoß – Defizite und aktuelle Änderungen der Rechtsprechung des Bundesverfassungsgerichts –, in: Die Öffentliche Verwaltung (DÖV) 2005, 551 ff. (*Meyer*, DÖV 2005, 551 ff.)

Mittler, Gernot: Die Mehrwertsteuer wird zur Achillesferse der Staatseinnahmen in Europa, in: ifo-Schnelldienst, Sonderausgabe 2/2004, Mehrwertsteuerhinterziehung und Modellansätze zu ihrer Vermeidung, Steuerpolitische Gemeinschaftskonferenz am 29. September 2003, S. 5 ff., ifo Institut für Wirtschaftsforschung an der Universität München (*Mittler*, in: ifo-Schnelldienst, Sonderausgabe 2/2004)

Möllers, Christoph: Nachvollzug ohne Maßstabbildung: richterliche Rechtsfortbildung in der Rechtsprechung des Bundesverfassungsgerichts, zum Beschluss des BVerfG vom 15.1.2009 – 2 BvR 2044/07, in: Juristenzeitung (JZ) 2009, 668 ff. (*Möllers*, JZ 2009, 668 ff.)

Möhlmann, Thomas: Umsatzsteuerliche Überlegungen im Rahmen des Erfüllungswahlrechts des Insolvenzverwalters nach § 103 InsO, in: Neue Wirtschaftsbriefe (NWB) 1999, 1782 ff. (*Möhlmann*, NWB 1999, 1782 ff.)

Molitor, Michael W.: Insolvenzanfechtung und die Haftung des kontoführenden Instituts nach § 13c UStG, in: Zeitschrift für das gesamte Insolvenzrecht (ZInsO) 2006, 804 ff. (*Molitor*, ZInsO 2006, 804 ff.)

Morgenthaler, Gerd: Gleichheit und Rechtssystem – Widerspruchsfreiheit, Folgerichtigkeit, in: Gleichheit im Verfassungsstaat, Symposium zum 65. Geburtstag von Paul Kirchhof, hrsg. v. Mellinghoff, Rudolf / Palm, Ulrich, Heidelberg 2008, S. 51 ff., Verlag C.F. Müller (*Morgenthaler*, in: Gleichheit im Verfassungsstaat, S. 51 ff.)

Müller, Hugo: Konkurs und Besteuerung, in: Deutsche Steuer-Zeitung (DStZ) 1950, 158 ff. (*Müller*, DStZ 1950, 158 ff.)

Müller, Hugo: Konkurs und Besteuerung (Forts. aus DStZ 1950, 158 ff. und 187 ff.), in: Deutsche Steuer-Zeitung (DStZ) 1950, 206 ff. (*Müller*, DStZ 1950, 206 ff.)

Münchener Kommentar zum Bürgerlichen Gesetzbuch: hrsg. v. Säcker, Franz Jürgen / Rixecker, Roland, Band 2, 7. Auflage, München 2016, Verlag C.H. Beck (*Bearbeiter*, in: MüKo, BGB)

Münchener Kommentar zur Insolvenzordnung: hrsg. v. Kirchhof, Hans-Peter / Lwowski, Hans-Jürgen / Stürner, Rolf; Verlag C.H. Beck

- Band 1 (§§ 1–102 InsO), 3. Auflage, 2013;
- Band 2 (§§ 80–216 InsO), 3. Auflage, 2013;
- Band 3 (§§ 270–359 InsO + Anhänge, insb. Insolvenzsteuerrecht), 2. Auflage, 2008;
- Band 3 (§§ 217– 359 InsO + Anhänge, insb. Insolvenzsteuerrecht), 3. Auflage, 2014; (*Bearbeiter*, in: MüKo, InsO)

Nachtmann, Andrea: Das Fiskusvorrecht im deutschen Insolvenzrecht (Diss. iur., Passau), Frankfurt 2014, Verlag Peter Lang (*Nachtmann*, Das Fiskusvorrecht im deutschen Insolvenzrecht)

Nawroth, Mario: Der neue § 55 Abs. 4 InsO – die Gedanken sind frei..., in: Zeitschrift für das Gesamte Insolvenzrecht (ZInsO) 2011, 107 ff. (*Nawroth*, ZInsO 2011, 107 ff.)

Nerlich, Jörg / Römermann, Volker: Kommentar zur Insolvenzordnung, Loseblatt, 29. EGL, Stand: Januar 2016, München, Verlag C.H. Beck (*Bearbeiter*, in: Nerlich/ Römermann, InsO)

Netzer, Helmut: Umsatzsteuerrechtliche Fragen im Konkurs, in: Umsatzsteuer-Rundschau (UR) 1977, 65 ff. (*Netzer*, UR 1977, 65 ff.)

Nieskens, Hans: Die Umsatzsteuer im Konkurs unter besonderer Berücksichtigung der Aufrechnungsmöglichkeit, in: Deutsche Steuerzeitung (DStZ) 1984, 391 ff. (*Nieskens*, DStZ 1984, 391 ff.)

Nieskens, Hans: Wichtigste Änderungen der Umsatzsteuer durch das Steueränderungsgesetz 2003 und das Haushaltsbegleitgesetz 2004, in: Umsatzsteuer-Rundschau (UR) 2004, 105 ff. (*Nieskens*, UR 2004, 105 ff.)

Nieuwenhuis, Helmut: Grundsatz der Neutralität der Umsatzsteuer in der Rechtsprechung des EuGH – Eine Bestandsaufnahme –, in: Umsatzsteuer-Rundschau (UR) 2013, 663 ff. (*Nieuwenhuis*, UR 2013, 663 ff.)

Nöll, Mario: Masseschuldbegründung durch den Schuldner im vorläufigen Eigenverwaltungsverfahren nach § 270a InsO – Schutzschirm zum Nulltarif ?, in: Zeitschrift für das gesamte Insolvenzrecht (ZInsO) 2013, 745 ff. (*Nöll*, ZInsO 2013, 745 ff.)

Nowak, Kai: BMF-Schreiben v. 20.5.2015 zu § 55 Abs. 4 InsO – zur Istversteuerung in vier Akten, in: Zeitschrift für das gesamte Insolvenzrecht (ZInsO) 2015, 1189 ff. (*Nowak*, ZInsO 2015, 1189 ff.)

Oellerich, Ingo: Defizitärer Vollzug des Umsatzsteuerrechts – Legislative Verantwortung für Vollzugsdefizite, Rechtsfolgen und Rechtsschutz (Diss. iur., Münster),

Baden-Baden 2007, Verlag Nomos (*Oellerich*, Defizitärer Vollzug des Umsatzsteuerrechts)

Obermair, Stefan: Die Aufrechnung mit Steuerforderungen in der Insolvenz, in: Betriebs-Berater (BB) 2004, 2610 ff. (*Obermair*, BB 2004, 2610 ff.)

Olbing, Klaus: Steuerrecht in der Insolvenz, 1. Auflage, 2010, Berliner Wissenschafts-Verlag (*Olbing*, Steuerrecht in der Insolvenz)

Olufs, Detlef / Ziegenhagen, Andreas: Änderungen der steuerrechtlichen Rahmenbedingungen im Zusammenhang mit der Insolvenzrechtsreform und sonstige gesetzliche Regelungen außerhalb der Insolvenzordnung, in: Deutsche Zeitschrift für Wirtschafts- und Insolvenzrecht (DZWiR) 1999, 146 ff. (*Olufs/Ziegenhagen*, DZWiR 1999, 146 ff.)

Onusseit, Dietmar: Aufrechnung des Finanzamts in der Insolvenz – Anmerkung zu den Urteilen des BFH v. 5.10.2004 – VII R 69/03, v. 16.11.2004 – VII R 62/03 und 16.11.2004 – VII R 75/03, in: Zeitschrift für das gesamte Insolvenzrecht (ZInsO) 2005, 638 ff. (*Onusseit*, ZInsO 2005, 638 ff.)

Onusseit, Dietmar: Das Urteil des BFH vom 9.12.2010 – V R 22/10, Kritik und Folgen, in: Deutsche Zeitschrift für Wirtschafts- und Insolvenzrecht (DZWiR) 2011, 353 ff. (*Onusseit*, DZWiR 2011, 353 ff.)

Onusseit, Dietmar: Die umsatzsteuerlichen Folgen des in der Insolvenz steckengebliebenen Bauvorhabens, in: Zeitschrift für Wirtschaftsrecht (ZIP) 2009, 2180 ff. (*Onusseit*, ZIP 2009, 2180 ff.)

Onusseit, Dietmar: Die „Kollision" von Insolvenz- und Steuerrecht unter besonderer Berücksichtigung der umsatzsteuerrechtlichen Zwangsverrechnung, in: Finanzwirtschaft (FiWi) 2000, 157 ff. (*Onusseit*, FiWi 2000, 157 ff.)

Onusseit, Dietmar: Rechtliche Uneinbringlichkeit im Zusammenhang mit § 55 Abs. 4 InsO – Anmerkungen zum BMF-Schreiben vom 20.5.2015, ZIP 2015, 1093, in: Zeitschrift für Wirtschaftsrecht (ZIP) 2016, 452 ff. (*Onusseit*, ZIP 2016, 452 ff.)

Onusseit, Dietmar: Umsatzsteuer im Konkurs (Diss. iur., Bonn), Köln u.a. 1988, Verlag C. Heymanns (*Onusseit*, Umsatzsteuer im Konkurs)

Onusseit, Dietmar: Umsatzsteuerrechtliche Aufrechnungslagen und Vorsteuer in der Insolvenz, in: Zeitschrift für Wirtschaftsrecht (ZIP) 2002, 22 ff. (*Onusseit*, ZIP 2002, 22 ff.)

Onusseit, Dietmar: Wehret den Anfängen! Überlegungen zum insolvenzrechtlichen Begründetsein von Umsatzsteuerforderungen, in: Zeitschrift für das gesamte Insolvenzrecht (ZInsO) 2006, 516 ff. (*Onusseit*, ZInsO 2006, 516 ff.)

Onusseit, Dietmar: Zur Neuregelung des § 55 Abs. 4 InsO, in: Zeitschrift für das gesamte Insolvenzrecht (ZInsO) 2011, 641 ff. (*Onusseit*, ZInsO 2011, 641 ff.)

Orlopp, Gerd L.: Das Fiskusvorrecht im Konkurs und seine Berechtigung, in: Deutsche Steuerzeitung Ausgabe A (DStZ/A) 1979, 219 ff. (*Orlopp*, DStZ/A 1979, 219 ff.)

Ossenbühl, Fritz: Verfassungsgerichtsbarkeit und Fachgerichtsbarkeit – Gedanken zur Wahrung der Verfahrensgrundrechte – , in: Hamburg – Deutschland – Europa – Festschrift für Hans Peter Ipsen zum 70. Geburtstag, S. 129 ff., hrsg. v. Stödter, Rolf / Thieme, Werner, Tübingen 1977, Verlag Mohr – Paul Siebeck (*Ossenbühl*, in: FS Ipsen, S. 129 ff.)

Ossenbühl, Fritz / Di Fabio, Udo: Verfassungsrechtliche Grenzen einer Erhöhung der Tabaksteuer, in: Steuer und Wirtschaft (StuW) 1988, 349 ff. (*Ossenbühl/Di Fabio*, StuW 1988, 349 ff.)

Palandt, Otto: Kommentar zum Bürgerlichen Gesetzbuch, 74. Auflage, München 2015 (*Bearbeiter*, in: Palandt, BGB)

Pape, Gerhard: Erleichterung der Sanierung von Unternehmen durch Insolvenzverfahren bei gleichzeitiger Abschaffung der Gläubigergleichbehandlung ?, in: Zeitschrift für das gesamte Insolvenzrecht (ZInsO) 2010, 2155 ff. (*Pape*, ZInsO 2010, 2155 ff.)

Pape, Gerhard / Uhländer, Christoph: NWB Kommentar zum Insolvenzrecht, Herne 2013, Verlag Neue Wirtschaftsbriefe (*Bearbeiter*, in: Pape/Uhländer, InsO)

Pape, Gerhard / Uhlenbruck Wilhelm: 30 Jahre Insolvenzrechtsreform für die Katz ?, Zeitschrift für Wirtschaftsrecht (ZIP) 2005, 417 ff. (*Pape/Uhlenbruck*, ZIP 2005, 417 ff.)

Pape, Gerhard / Uhlenbruck, Wilhelm / Voigt-Salus, Joachim: Insolvenzrecht, 2. Aufl., München 2010, Verlag C.H. Beck (*Pape/Uhlenbruck/Voigt-Salus*, Insolvenzrecht)

Papier, Hans-Jürgen: „Spezifisches Verfassungsrecht" und „einfaches Recht" als Argumentationsformel des Bundesverfassungsgerichts, in: Festgabe aus Anlaß des 25jährigen Bestehens des Bundesverfassungsgerichts, Bundesverfassungsgericht und Grundgesetz, S. 432 ff., hrsg. v. Christian Starck, Bd. 1, Tübingen 1976, Verlag Mohr Siebeck (*H.-J. Papier*, in: Festgabe BVerfG, Bd. 1, S. 432 ff.)

Pieroth, Bodo / Aubel, Tobias: Die Rechtsprechung des Bundesverfassungsgerichts zu den Grenzen richterlicher Entscheidungsfindung, in: Juristenzeitung (JZ) 2003, 504 ff. (*Pieroth/Aubel*, JZ 2003, 504 ff.)

Popitz, Johannes: Allgemeine Verbrauchsteuer, in: Handbuch der Finanzwissenschaft, II. Band, 1. Aufl. 1927 (*Popitz*, in: Handbuch der Finanzwissenschaft, II. Band)

Probst, Ulrich: Konkurs und Berichtigung nach § 17 Abs. 2 UStG, zugleich eine Erwiderung auf Endres, BB 1986 S. 854, in: Betriebs-Berater (BB) 1986, 1751 ff. (*Probst*, BB 1986, 1751 ff.)

Probst, Ulrich: Übereinstimmung zwischen Umsatzsteuer und 6. EG-Richtlinie sowie richtlinienkonforme Auslegung des Umsatzsteuergesetzes, in: Deutsche Steuerjuristische Gesellschaft (DStJG), Band 13, Umsatzsteuer in nationaler und europäischer Sicht, S. 137 ff., Köln 1990, Verlag Dr. Otto Schmidt (*Probst*, in: DStJG 13 (1990))

Probst, Ulrich: Vorrecht, Vorsteuerberichtigung und Voranmeldungszeitraum im Konkurs, in: Umsatzsteuer-Rundschau (UR) 1988, 39 ff. (*Probst*, UR 1988, 39 ff.)

Prugger, Karl: Die Umsatzsteuer im Konkursverfahren, in: Umsatzsteuer-Rundschau (UR) 1956, 10 ff. (*Prugger*, UR 1956, 10 ff.)

Puttlitz, Ernst: Umsatzsteuerfragen im Konkurs, in: Deutsches Steuerrecht (DStR) 1975, 270 (*Puttlitz*, DStR 1975, 270)

Radeisen, Rolf-Rüdiger: Auswirkungen der Insolvenz auf die Umsatzsteuer, in: Information über Steuer und Wirtschaft (INF) 2005, 658 ff. (*Radeisen*, INF 2005, 658 ff.)

Rattunde, Rolf: Fachberater für Sanierung und Insolvenzverwaltung (DStV e.V.), 2. Auflage, Berlin 2012, Erich Schmidt Verlag (*Bearbeiter*, in: Fachberater für Sanierung und Insolvenzverwaltung)

Rau, Günter / Dürrwächter, Erich: Kommentar zum Umsatzsteuergesetz, Loseblatt, 166. EGL, Stand Februar 2016, Köln, Verlag Dr. Otto Schmidt (*Bearbeiter*, in: Rau/ Dürrwächter, UStG)

Rauschenbusch, Steffen: Umsatzsteuerliche Praxisprobleme im Rahmen der Anwendung des § 55 Abs. 4 InsO, in: Krisen-, Sanierungs- und Insolvenzberatung (KSI) 2013, 113 ff. (*Rauschenbusch*, KSI 2013, 113 ff.)

Rawls, John: A Theory of Justice, deutsche Übersetzung von Hermann Vetter, Berlin 1979 (*Rawls*, A Theory of Justice)

Reiß, Wolfram: Der Belastungsgrund der Umsatzsteuer und seine Bedeutung für die Auslegung des Umsatzsteuergesetzes, in: Deutsche Steuerjuristische Gesellschaft (DStJG), Band 13, Umsatzsteuer in nationaler und europäischer Sicht, 1990, S. 3 ff. (*Reiß*, in: DStJG 13 (1990))

Reiß, Wolfram: Umsatzsteuer und Insolvenz, in: Recht der Wirtschaft und der Arbeit in Europa, Gedächtnisschrift für Wolfgang Blomeyer, hrsg. v. Rüdiger Krause, Winfried Veelken, Klaus Vieweg, S. 427 ff., Berlin 2004 (*Reiß*, in: GS Blomeyer, S. 427 ff.)

Reiß, Wolfram: Vorsteuerabzug – Achillesferse der Mehrwertsteuer?, in: Umsatzsteuer-Rundschau (UR) 2002, 561 ff. (*Reiß*, UR 2002, 561 ff.)

Reiß, Wolfram / Kraeusel, Jörg / Langer, Michael: Kommentar zum Umsatzsteuergesetz, Loseblatt, 127. EGL, Stand Mai 2016, Bonn, Stollfuß Verlag (*Bearbeiter*, in: Reiß/Kraeusel/Langer, UStG)

Richter, Andreas / Welling, Berthold: Diskussionsbericht zum 51. Berliner Steuergespräch „Sanierung, Insolvenzen und Steuern", in: Finanz-Rundschau (FR) 2014, 747 ff. (*Richter/Welling*, FR 2014, 747 ff.)

Rosenau, Heinz: Steuerliche Probleme im Konkurs- und Vergleichsverfahren eines Steuerpflichtigen, in: Konkurs-, Treuhand- und Schiedsgerichtswesen (KTS) 1972, 130 ff. (*Rosenau*, KTS 1972, 130 ff.)

Rosenmüller, Christoph / Schulz, Bernd: Die Rechtsprechung des V. Senats des BFH – ein Glücksfall für (viele) Insolvenzverwalter ?, in: Zeitschrift für das gesamte Insolvenzrecht (ZInsO) 2010, 558 ff. (*Rosenmüller/Schulz*, ZInsO 2010, 558 ff.)

Roth, Jan: Insolvenzsteuerrecht, 2. Auflage, Köln 2016, Verlag Dr. Otto Schmidt (*Roth*, Insolvenzsteuerrecht)

Roth, Jan: Umsatzsteuer und Insolvenz, in: Zeitschrift für das gesamte Insolvenzrecht (ZInsO) 2014, 309 ff. (*Roth*, ZInsO 2014, 309 ff.)

Rüsken, Reinhart: Aufrechnung von Steuern im Insolvenzverfahren in der neueren Rechtsprechung des Bundesfinanzhofs, in: Zeitschrift für Wirtschaftsrecht (ZIP) 2007, 2053 ff. (*Rüsken*, ZIP 2007, 2053 ff.)

Rüsken, Reinhart: Die Rechtsprechung des VII. Senats des Bundesfinanzhofs zum steuerlichen Insolvenzverfahrensrecht und zur Aufrechnung im Insolvenzverfahren, in: Neue Zeitschrift für das Recht der Insolvenz und der Sanierung (NZI) 2006, 330 ff. (*Rüsken*, NZI 2006, 330 ff.)

Rüsken, Reinhart: Tagungsbericht zur Ersten Jahrestagung des Instituts für Insolvenz- und Sanierungsrecht e.V., erstellt von *Katja Koke*, in: Zeitschrift für das gesamte Insolvenzrecht (ZInsO) 2015, 242 ff. (*Rüsken*, Tagungsbericht zur Ersten Jahrestagung des Instituts für Insolvenz- und Sanierungsrecht, ZInsO 2015, 242 ff.)

Ruhe, Christian: Steuern in der Insolvenz (Diss. iur., Osnabrück), Berlin 2003, wvb Wissenschaftlicher Verlag (*Ruhe*, Steuern in der Insolvenz)

Sachs, Michael: Anmerkung zu BVerfG v. 7.7.2009 – 1 BvR 1164/07 (Ungleichbehandlung von Ehe und eingetragener Lebenspartnerschaft), in: Juristische Schulung (JuS) 2010, 561 ff. (*Sachs*, JuS 2010, 561 ff.)

Sachs, Michael: Fragen der Gleichheitsgrundrechte im Recht der Wirtschaft, hrsg. v. Jörg Ennuschat u. a., Gedächtnisschrift für Peter J. Tettinger, Wirtschaft und Gesellschaft im Staat der Gegenwart, 2007, S. 137 ff., Verlag C. Heymanns (*Sachs*, in: GS Tettinger, S. 137 ff.)

Sachs, Michael: Kommentar zum Grundgesetz, 7. Auflage, München 2014, Verlag C.H. Beck (*Bearbeiter*, in: Sachs, GG)

Sämisch, Henning / Adam, Sven: Fiskalische Begehrlichkeiten: Insolvenzforderung oder Masseverbindlichkeit ?, in: Zeitschrift für das gesamte Insolvenzrecht (ZInsO) 2010, 934 ff. (*Sämisch/Adam*, ZInsO 2010, 934 ff.)

Savigny, Friedrich Carl von: System des heutigen Römischen Rechts, Band I, 1. Aufl., Berlin 1840, Veit Verlag (*Friedrich Carl von Savigny*, System des heutigen Römischen Rechts, Bd. I)

Schacht, J.: Vorrechte öffentlicher und fiskalischer Forderungen im Insolvenzverfahren, in: Zeitschrift für das gesamte Insolvenzrecht (ZInsO) 2011, 1048 ff. (*Schacht*, ZInsO 2011, 1048 ff.)

Schaumburg, Heide / Schaumburg, Harald: Legislativer Gehorsam im Steuerrecht, in: Steuern im Rechtsstaat, Festschrift für Wolfgang Spindler zum 65. Geburtstag, S. 171 ff., hrsg. v. Rudolf Mellinghoff u. a., Köln 2011, Verlag Dr. Otto Schmidt (*Schaumburg/Schaumburg*, in: FS Spindler, S. 171 ff.)

Schmidt, Karsten: § 34 Abs. 3 AO und Umsatzsteuer: Separatinsolvenz der Unternehmen eines Einzelunternehmers ?, in: Festschrift für Heinrich Wilhelm Kruse, S. 671 ff., Köln 2001 (*K. Schmidt*, in: FS Kruse, S. 671 ff.)

Schmidt, Karsten: Gutachten zum 54. Deutschen Juristentag (DJT), Möglichkeiten der Sanierung von Unternehmen durch Maßnahmen im Unternehmens-, Arbeits- Sozial- und Insolvenzrecht, Band I, Teil D, München 1982, Verlag C.H. Beck (*K. Schmidt*, Gutachten zum 54. DJT, Band I, D)

Schmidt, Karsten: Kommentar zur Insolvenzordnung, 18. Auflage, München 2013, Verlag C.H. Beck (*Bearbeiter*, in: K. Schmidt, InsO)

Schmittmann, Jens: Anmerkung zu BFH, Urt. v. 24.9.2014, V R 48/13, EWiR 2015, 19 f. (*Schmittmann*, EWiR 2015, 19 f.)

Schmittmann, Jens: Das Bundesfinanzministerium, der V. Senat des BFH und die Umsatzsteuer in der Insolvenz, in: Zeitschrift für Wirtschaftsrecht (ZIP) 2012, 249 ff. (*Schmittmann*, ZIP 2012, 249 ff.)

Schmittmann, Jens: Eher Bestandsaufnahme als Empfehlung – Stellungnahme zum Abschlussbericht der Kommission zur Harmonisierung von Insolvenz- und Steuerrecht 2014, in: INDat-Report 2014, 34 ff. (*Schmittmann*, INDat-Report 2014, 34 ff.)

Schmittmann, Jens: Umsatzsteuer aus Einzug von Altforderungen nach Insolvenzeröffnung, in: Zeitschrift für Wirtschaftsrecht (ZIP) 2011, 1125 ff. (*Schmittmann*, ZIP 2011, 1125 ff.)

Schmittmann, Jens: Verbindlichkeiten aus dem Steuerschuldverhältnis im vorläufigen und eröffneten Insolvenzverfahren zwischen BMF und BFH, in: Steuern und Bilanzen (StuB) 2012, 237 ff. (*Schmittmann*, StuB 2012, 237 ff.)

Schmittmann, Jens: Zwischenruf: Unsystematische Anfechtungsausschlüsse außerhalb der Insolvenzordnung auf dem Vormarsch, in: Zeitschrift für das gesamte Insolvenzrecht (ZInsO) 2011, 1941 f. (*Schmittmann*, ZInsO 2011, 1941 f.)

Schneider, Eberhard: Der Umsatzsteuerrückforderungsanspruch des Finanzamts nach § 17 Abs. 2 UStG im Konkurs, insbesondere das Vorrecht, in: Umsatzsteuer-Rundschau (UR) 1981, 49 f. (*Schneider*, UR 1981, 49 f.)

Schneider, Werner / Hörmann, Martin: Die Änderungswünsche der Finanzverwaltung zum Insolvenzanfechtungsrecht – oder: die Wiedereinführung des Windhund-Prinzips, in: Zeitschrift für das gesamte Insolvenzrecht (ZInsO) 2005, 133 ff. (*Schneider/Hörmann*, ZInsO 2005, 133 ff.)

Schoch, Friedrich: Der Gleichheitssatz, in: Deutsches Verwaltungsblatt (DVBl.) 1988, 863 ff. (*Schoch*, DVBl. 1988, 863 ff.)

Schuster, Silvia: Die neuere BFH-Rechtsprechung zur Steuer in der Insolvenz – Fiskusprivileg versus Gläubigergleichbehandlung, in: Deutsches Steuerrecht (DStR) 2013, 1509 ff. (*Schuster*, DStR 2013, 1509 ff.)

Schwakenberg, Friedrich: „Rückforderung" von Vorsteuerbeträgen, in: Umsatzsteuer-Rundschau (UR) 1993, 295 ff. (*Schwakenberg*, UR 1993, 295 ff.)

Schwarz, Bernhard / Pahlke, Armin: Kommentar zur Abgabenordnung/Finanzgerichtsordnung, Loseblatt, 164. EGL, Stand Mai 2015, Freiburg, Haufe Verlag (*Bearbeiter*, in: Schwarz/Pahlke)

Schwarz, Helmut: Anmerkung zu BFH, Urteil vom 9.12.2010, V R 22/10, Neue Zeitschrift für das Recht der Insolvenz und Sanierung (NZI) 2011, 613 f. (*H. Schwarz*, NZI 2011, 613 f.)

Schwarz, Johannes: Umsatzsteuer in der Insolvenz – neue Facetten des Leistungsfähigkeitsprinzips (Diss. iur., Osnabrück), Frankfurt 2012, Verlag Peter Lang (*J. Schwarz*, Umsatzsteuer in der Insolvenz)

Schwarz, Kyrill A.: Der Gleichheitssatz, die gesetzgeberische Gestaltungsfreiheit und das Geld der öffentlichen Hand, in: Juristenzeitung (JZ) 2001, 319 ff. (*K. Schwarz*, JZ 2001, 319 ff.)

Schwarz, Otfried: Das Konkursvorrecht wegen Steuerforderungen und der neue § 226a AO, Finanz-Rundschau (FR) 1966, 236 ff. (*O. Schwarz*, FR 1966, 236 ff.)

Schwarz, Otfried: Zur Berechtigung des Steuervorrechts im Konkurs, Finanz-Rundschau (FR) 1961, 481 ff. (*O. Schwarz*, FR 1961, 481 ff.)

Seer, Roman: Abschlussbericht der Kommission zur Harmonisierung von Insolvenz- und Steuerrecht, in: Beihefter zu Deutsches Steuerrecht (DStR) 42/2014, 117 ff.; ebenfalls veröffentlicht in: Beilage 2 zu Zeitschrift für Wirtschaftsrecht (ZIP) 2014, 342 ff. (*Seer*, Abschlussbericht der Kommission zur Harmonisierung von Insolvenz- und Steuerrecht, Beihefter zu DStR 42/2014, 117 ff.)

Seer, Roman: Insolvenz-, Sanierung und Ertragsteuern – verfassungs- und europarechtliche Überlegungen, in: Finanz-Rundschau (FR) 2014, 721 ff. (*Seer*, FR 2014, 721 ff.)

Seer, Roman: Tagungsbericht zur Ersten Jahrestagung des Instituts für Insolvenz- und Sanierungsrecht e.V., erstellt von *Katja Koke*, in: Zeitschrift für das gesamte Insolvenzrecht (ZInsO) 2015, 242 ff. (*Seer*, Tagungsbericht zur Ersten Jahrestagung des Instituts für Insolvenz- und Sanierungsrecht, ZInsO 2015, 242 ff.)

v. Siemens, Carl Friedrich: Veredelte Umsatzsteuer, 2. Auflage, Siemensstadt 1921, Selbstverlag (*Carl Friedrich von Siemens*, Veredelte Umsatzsteuer)

Sinz, Ralf / Oppermann, Stefan: § 55 Abs. 4 InsO und seine Anwendungsprobleme in der Praxis, in: Der Betrieb (DB) 2011, 2185 ff. (*Sinz/Oppermann*, DB 2011, 2185 ff.)

Sodan, Helge / Ziekow, Jan: Grundkurs Öffentliches Recht – Staats- und Verwaltungsrecht, 6. Auflage, München 2014, Verlag C.H. Beck (*Sodan/Ziekow*, Öffentliches Recht)

Smid, Stefan: Große Reform oder Beseitigung der Insolvenzordnung durch ein neues Konkursverfahren, in: Deutsche Zeitschrift für Wirtschafts- und Insolvenzrecht (DZWiR) 2010, 397 ff. (*Smid*, DZWiR 2010, 397 ff.)

Söhn, Hartmut: Der Leistungsaustausch im Umsatzsteuerrecht, in: Der Bundesfinanzhof und seine Rechtsprechung: Grundfragen – Grundlagen, Festschrift für Hugo von Wallis, S. 439 ff., Bonn 1985 (*Söhn*, in: FS Wallis, S. 439 ff.)

Söhn, Hartmut: Die Umsatzsteuer als Verkehrsteuer und/oder Verbrauchsteuer, in: Steuer und Wirtschaft (StuW) 1975, 1 ff. (*Söhn*, StuW 1975, 1 ff.)

Sölch, Otto / Ringleb, Karl: Kommentar zum Umsatzsteuergesetz, hrsg. v. Wilfried Wagner, Loseblatt, 76. EGL, Stand März 2016, Verlag C.H. Beck (*Bearbeiter*, in: Sölch/Ringleb, UStG)

Soltész, Ulrich / Makowski, Gösta Christian: Die Nichtdurchsetzung von Forderungen der öffentlichen Hand als Staatliche Beihilfe i.S. von Art. 87 I EG, in: Europäische Zeitschrift für Wirtschaftsrecht (EuZW) 2003, 73 ff. (*Soltész/Makowski*, EuZW 2003, 73 ff.)

Spörlein, Hans: Der Steueranspruch im Konkurs, in: Betriebs-Berater (BB) 1949, 686 (*Spörlein*, BB 1949, 686)

Spindler, Wolfgang: Richterliche Rechtsfortbildung und Rechtssicherheit, in: Festschrift für Paul Kirchhof zum 70. Geburtstag, Leitgedanken des Rechts, Band II, Staat und Bürger, hrsg. v. Hanno Kube u. a., § 165, Heidelberg 2013, Verlag C.F. Müller (*Spindler*, in: FS P. Kirchhof, Bd. II, § 165)

Stadie, Holger: Das Recht des Vorsteuerabzugs (Habil. iur.), Köln 1989, Verlag Dr. Otto Schmidt (*Stadie*, Das Recht des Vorsteuerabzugs)

Stadie, Holger: Kommentar zum Umsatzsteuergesetz, hrsg. v. Holger Stadie, 3. Auflage, Köln 2015, Verlag Dr. Otto Schmidt (*Bearbeiter*, in: Stadie, UStG)

Stadie, Holger: Umsatzsteuer und Insolvenz – Kritische Anmerkungen zu neueren BGH- und BFH-Entscheidungen – , in: Umsatzsteuer-Rundschau (UR) 2013, 158 ff. (*Stadie*, UR 2013, 158 ff.)

Steinberg, Peter: Insolvenzforderung oder Masseverbindlichkeit: Die insolvenzrechtliche Einordnung von Steuern (Diss. iur., Köln), Hamburg 2012, Verlag Dr. Kovac (*Steinberg*, Insolvenzforderung oder Masseverbindlichkeit)

Steinwedel, Ulrich: „Spezifisches Verfassungsrecht“ und „einfaches Recht“ – Der Prüfungsumfang des Bundesverfassungsgerichts bei Verfassungsbeschwerden gegen Gerichtsentscheidungen (Diss. iur., Göttingen), Baden-Baden 1976, Nomos Verlag (*Steinwedel*, „Spezifisches Verfassungsrecht“ und „einfaches Recht“)

Stern, Klaus: Das Staatsrecht der Bundesrepublik Deutschland, Band 1, 2. Auflage 1984 (*Stern*, Das Staatsrecht der Bundesrepublik Deutschland, Bd. 1)

Sterzinger, Christian: Fiskusprivileg im Insolvenzverfahren, in: Betriebs-Berater (BB) 2011, 1367 ff. (*Sterzinger*, BB 2011, 1367 ff.)

Sterzinger, Christian: Umsatzsteuer im Insolvenzverfahren, in: Neue Zeitschrift für das Recht der Insolvenz- und Sanierung (NZI) 2012, 63 ff. (*Sterzinger*, NZI 2012, 63 ff.)

Straub, Tanja: Zum Begriff der Uneinbringlichkeit des Entgelts i.S. des § 17 Abs. 2 Nr. 1 UStG bei Eintritt der zivilrechtlichen Verjährung, in: Deutsches Steuerrecht (DStR) 2009, 1303 ff. (*Straub*, DStR 2009, 1303 ff.)

Streinz, Rudolf: Kommentar zu EUV / AEUV, 2. Auflage, München 2012, Verlag C.H. Beck (*Bearbeiter*, in: Streinz, EUV/AEUV)

Stürner, Rolf: Der Abschied von der „klassenlosen" Insolvenz, in: Neue Zeitschrift für das Recht der Insolvenz und Sanierung (NZI) 2005, 597 ff. (*Stürner*, NZI 2005, 597 ff.)

Tehler, Hermann-Josef: Der Begriff „Leistungsaustausch" im Umsatzsteuerrecht – Versuch einer systemgerechten Auslegung, in: Deutsches Steuerrecht (DStR) 1983, 215 ff. (*Tehler*, DStR 1983, 215 ff.)

Theile, Carsten: Die Belastungswirkung der Umsatzsteuer – Steuerrechtswissenschaftlicher Glaube, gesetzgeberischer Wille und ökonomische Wirklichkeit, Steuer und Wirtschaft (StuW) 1996, 154 ff. (*Theile*, StuW 1996, 154 ff.)

Thieme, Jürgen: Zur Entstehung der Konkursordnung, in: Festschrift des Arbeitskreises für Insolvenz- und Schiedsgerichtswesen; 100 Jahre Konkursordnung 1877–1977, S. 35 ff., Köln 1977, Verlag C. Heymanns (*Thieme*, in: FS Einhundert Jahre Konkursordnung, S. 35 ff.)

Thole, Christoph: Gläubigerschutz durch Insolvenzrecht – Anfechtung und verwandte Regelungsinstrumente in der Unternehmensinsolvenz (Habil. iur., Bonn), Tübingen 2010, Verlag Mohr Siebeck (*Thole*, Gläubigerschutz durch Insolvenzrecht)

Thole, Christoph: Vom Totengräber zum Heilsbringer, Insolvenzkultur und Insolvenzrecht im Wandel, in: Juristen Zeitung (JZ) 2011, 765 ff. (*Thole*, JZ 2011, 765 ff.)

Tipke, Klaus: Die Steuerrechtsordnung, Band II, 2. Aufl., Köln 2003 (*Tipke*, Die Steuerrechtsordnung, Band II)

Tipke, Klaus: Über Umsatzsteuer-Gerechtigkeit, Steuer und Wirtschaft (StuW) 1992, 103 ff. (*Tipke*, StuW 1992, 103 ff.)

Tipke, Klaus: Rechtfertigung des Themas; Ziel der Tagung [Einführung zur Tagung der Deutschen Steuerjuristischen Gesellschaft in Mainz, 1982], in: DStJG, Band 5, S. 1 ff. (*Tipke*, in: DStJG 5 (1982), S. 1 ff.)

Tipke, Klaus / Kruse, Heinrich Wilhelm: Kommentar zur AO und FGO, Köln, Loseblatt, 143. EGL, Stand Januar 2016, Verlag Dr. Otto Schmidt (*Bearbeiter*, in: Tipke/Kruse)

Tipke, Klaus / Lang, Joachim: Steuerrecht, bearbeitet von Roman Seer, Johanna Hey, Heinrich Montag, Joachim Englisch, Joachim Henrichs, 22. Aufl., Köln 2015, Verlag Dr. Otto Schmidt (*Bearbeiter*, in: Tipke/Lang, Steuerrecht)

Uhländer, Christoph: Anmerkung zu BFH, Urt. v. 25.7.2012, VII R 29/11, in: Neue Zeitschrift für das Recht der Insolvenz- und Sanierung (NZI) 2012, 1025 f. (*Uhländer*, NZI 2012, 1025 f.)

Uhländer, Christoph: Steuern als Masseverbindlichkeiten i.S.d. § 55 Abs. 4 InsO, Überblick zur Neuregelung ab dem 1.1.2011, in: Der AO-Steuerberater (AO-StB) 2011, 84 ff. (*Uhländer*, AO-StB 2011, 84 ff.)

Uhlenbruck, Wilhelm: Das neue Insolvenzrecht – Insolvenzordnung und Einführungsgesetz nebst Materialien, Herne/Berlin 1994 (*Uhlenbruck*, Das neue Insolvenzrecht)

Uhlenbruck, Wilhelm: Einhundert Jahre Konkursordnung, in: Festschrift des Arbeitskreises für Insolvenz- und Schiedsgerichtswesen e.V. Köln zum einhundertjährigen Bestehen der Konkursordnung vom 10. Februar 1877, Köln u.a. 1977 (*Uhlenbruck*, in: FS Einhundert Jahre Konkursordnung, S. 3 ff.)

Uhlenbruck, Wilhelm: Kommentar zur Insolvenzordnung, hrsg. v. Uhlenbruck, Wilhelm / Hirte, Heribert / Vallender, Heinz, 14. Auflage, München 2015, Verlag Franz Vahlen (*Bearbeiter*, in: Uhlenbruck, InsO)

Uhlenbruck, Wilhelm: Wiedereinführung der Vorrechte durch die Hintertür?, in: Zeitschrift für das gesamte Insolvenzrecht (ZInsO) 2005, 505 ff. (*Uhlenbruck*, ZInsO 2005, 505 ff.)

Uhlenbruck, Wilhelm: Zur Geschichte des Konkurses, in: Deutsche Zeitschrift für Wirtschafts- und Insolvenzrecht (DZWiR) 2007, 1 ff. (*Uhlenbruck*, DZWiR 2007, 1 ff.)

Uhlenbruck, Wilhelm: Zur Krise des Insolvenzrechts, in: Neue Juristische Wochenschrift (NJW) 1975, 897 ff. (*Uhlenbruck*, NJW 1975, 897 ff.)

Urban, Norbert: Aufgedrängter Haftungsanspruch – Insolvenzanfechtung bei umsatzsteuerlicher Organschaft in der neueren Rechtsprechung der ordentlichen Gerichte und des BFH –, in: Umsatzsteuer-Rundschau (UR) 2011, 285 ff. (*Urban*, 2011, 285 ff.)

Urban, Norbert: Insolvenzanfechtung von Steuern – Zur beabsichtigten Wiedereinführung des Fiskusvorrechts, in: Neue Zeitschrift für das Recht der Insolvenz und Sanierung (NZI) 2010, 888 ff. (*Urban*, NZI 2010, 888 ff.)

Wäger, Christoph: Anmerkung zu BFH, Urt. v. 24.9.2014, V R 48/13, BFH/PR 2015, 68 ff. (*Wäger*, BFH/PR 2015, 68 ff.)

Wäger, Christoph: Insolvenz und Umsatzsteuer, in: Deutsches Steuerrecht (DStR) 2011, 1925 ff. (*Wäger*, DStR 2011, 1925 ff.)

Wäger, Christoph: Insolvenzforderung und Masseverbindlichkeit bei der Umsatzsteuerbesteuerung im Insolvenzfall, in: Zeitschrift für das gesamte Insolvenzrecht (ZInsO) 2012, 520 ff. (*Wäger*, ZInsO 2012, 520 ff.)

Wäger, Christoph: Rechtsprechungsauslese 2014, in: Umsatzsteuer-Rundschau (UR) 2015, 125 ff. (*Wäger*, UR 2015, 125 ff.)

Wäger, Christoph: Soll- und Istbesteuerung vor sowie in der Unternehmensinsolvenz, in: Umsatzsteuer-Rundschau (UR) 2013, 673 ff. (*Wäger*, UR 2013, 673 ff.)

Wäger, Christoph: Umsatzsteuer in der Insolvenz – Istbesteuerung und Einschränkung von § 55 Abs. 4 InsO als Regelungsalternativen ?, in: Zeitschrift für das gesamte Insolvenzrecht (ZInsO) 2014, 1121 ff. (*Wäger*, ZInsO 2014, 1121 ff.)

Wäger, Christoph: Vorsteuer- und Steuerberichtigung aufgrund Uneinbringlichkeit in der Insolvenz des Unternehmers, in: Der Betrieb (DB) 2012, 1460 ff. (*Wäger*, DB 2012, 1460 ff.)

Wagenknecht-Hose, Ute: Vertragliche und umsatzsteuerliche Neuverbindlichkeiten des Schuldners in der Insolvenz (Diss. iur., Erlangen-Nürnberg) 2008, Verlag C. Heymanns (*Wagenknecht-Hose*, Vertragliche und umsatzsteuerliche Neuverbindlichkeiten)

Wagner, Johann / Köhler, Stefan: Anmerkung zu BFH, Urt. v. 9.12.2010, V R 22/10, in: Betriebs-Berater (BB) 2011, 1510 f. (*Wagner/Köhler*, BB 2011, 1510 f.)

Wagner, Johann / Marchal, Hendrik: Umsatzsteuerrechtliche Auswirkungen der Bestellung eines schwachen vorläufigen Insolvenzverwalters – zugleich Anmerkung zum Urteil des BFH vom 3.7.2014 – V R 32/13 –, in: Betriebs-Berater (BB) 2015, 86 ff. (*Wagner/Marchal*, BB 2015, 86 ff.)

Wagner, Wilfried: In der Spur von Maurice Lauré – Oder: die richtige Mehrwertsteuer – Dr. Friedrich Klenk zum 65. Geburtstag –, in: Umsatzsteuer-Rundschau (UR) 2006, 53 ff. (*Wagner*, UR 2006, 53 ff.)

Waza, Thomas / Uhländer, Christoph / Schmittmann, Jens M.: Insolvenzen und Steuern, 7. Auflage, Herne 2007, Verlag Neue Wirtschaftsbriefe (*Bearbeiter*, in: Waza/Uhländer/Schmittmann, Insolvenzen und Steuern, 2007)

Waza, Thomas / Uhländer, Christoph / Schmittmann, Jens M.: Insolvenzen und Steuern, 11. Aufl., Herne 2015, Verlag Neue Wirtschaftsbriefe (*Bearbeiter*, in: Waza/Uhländer/Schmittmann, Insolvenzen und Steuern)

Weber, Friedrich: Ziele und Wege der Insolvenzrechtsreform, in: Festschrift Arbeitskreis für Insolvenz- und Schiedsgerichtswesen, Einhundert Jahre Konkursordnung 1877–1977, Köln 1977, hrsg. v. Wilhelm Uhlenbruck u.a., S. 295 ff., Verlag C. Heymanns (*Weber*, in: FS Einhundert Jahre Konkursordnung, S. 321 ff.)

Weiland, Stefan: Wi(e)der die Privilegierung der öffentlich-rechtlichen Gläubiger – Eine zusammenfassende Betrachtung jüngster insolvenzrechtlicher Gesetzgebungsvorhaben sowie höchstfinanzgerichtlicher Rechtsprechung und deren Auswirkungen auf den Grundsatz der Gläubigergleichbehandlung, in: Deutsche

Zeitschrift für Wirtschafts- und Insolvenzrecht (DZWiR) 2011, 224 ff. (*Weiland*, DZWiR 2011, 224 ff.)

Weiss, Eberhard: Anmerkung zu BFH, Urteil vom 16.7.1987, V R 80/82, Umsatzsteuer-Rundschau (UR) 1987, 291 ff. (*Weiss*, UR 1987, 291 ff.)

Weiss, Eberhard: Zur Durchsetzung von Einkommensteueransprüchen im Konkurs, Finanz-Rundschau (FR) 1990, 539 ff. (*Weiss*, FR 1990, 539 ff.)

Weitzmann, Jörn: Anmerkung zu BFH, Beschl. v. 29.1.2009, V R 64/07, in: Zeitschrift für das gesamte Insolvenzrecht (ZInsO) 2009, 923 f. (*Weitzmann*, ZInsO 2009, 923 f.)

Welte, Thomas / Friedrich-Vache, Heidi: Masseverbindlichkeit bei Entgeltvereinnahmung für vorinsolvenzlich ausgeführte Leistungen – Chancen und Risiken der geänderten Rechtsprechung des BFH – zugleich Besprechung BFH v. 9.12.2010 – V R 22/10, in: Zeitschrift für Wirtschaftsrecht (ZIP) 2011, 1595 ff. (*Welte/Friedrich-Vache*, ZIP 2011, 1595 ff.)

Welte, Thomas / Friedrich-Vache, Heidi: Umsatzsteuer und Insolvenz – Geänderte Rechtsprechung des BFH vom 9.12.2010 in Vereinbarkeit mit EU-Mehrwertsteuerrecht – , in: Umsatzsteuer-Rundschau (UR) 2012, 740 ff. (*Welte/Friedrich-Vache*, UR 2012, 740 ff.)

Welzel, Peter: Die Umsatzsteuer als Masseverbindlichkeit – ein Vergleich der Konkursordnung mit der ab 1.1.1999 geltenden Insolvenzordnung (Diss. iur., Augsburg), Stuttgart 1997, M & P, Verlag für Wissenschaft und Forschung (*Welzel*, Die Umsatzsteuer als Masseverbindlichkeit)

Werres, Rüdiger: Anmerkung zu BFH, Urt. v. 24.9.2014, V R 48/13, Neue Zeitschrift für das Recht der Insolvenz und Sanierung (NZI) 2015, 213 ff. (*Werres*, NZI 2015, 213 ff.)

Werres, Rüdiger: Anmerkung zu FG Berlin-Brandenburg, Beschl. v. 18.3.1012, 7 V 7270/12, Neue Zeitschrift für das Recht der Insolvenz und Sanierung (NZI) 2013, 605 (*Werres*, NZI 2013, 605)

Werres, Stefan: Grundrechtsschutz in der Insolvenz (Diss. iur., Speyer), Berlin 2007, Verlag Duncker & Humblot (*Werres*, Grundrechtsschutz in der Insolvenz)

Werth, Franceska: Die Aufrechnung von steuerlichen Erstattungsansprüchen im Insolvenzverfahren, Eine Darstellung aktueller Rechtsfragen unter besonderer Berücksichtigung abgabenrelevanter Fragestellungen, in: Der AO-Steuerberater (AO-StB) 2007, 70 ff. (*Werth*, AO-StB 2007, 70 ff.)

Werth, Franceska: Insolvenzaufrechnung von Forderungen aus dem Steuerschuldverhältnis – aktuelle Entwicklungen auf Grund der neueren Rechtsprechung des BGH, in: Deutsche Steuerzeitung (DStZ) 2010, 572 ff. (*Werth*, DStZ 2010, 572 ff.)

Widmann, Werner: Anmerkung zu BFH, Urteil vom 9.12.2010, V R 22/10, in: Umsatzsteuer-Rundschau (UR) 2011, 555 f. (*Widmann*, UR 2011, 555 f.)

Widmann, Werner: Insolvenz- und Umsatzsteuer, Die Steuerberatung (Stbg) 1998, 537 ff. (*Widmann*, Stbg 1998, 537 ff.)

Widmann, Werner: Vollzugsdefizite und Vollzugslasten im Umsatzsteuerrecht, in: Deutsche Steuerjuristische Gesellschaft (DStJG), Band 32, Umsatzsteuer im Europäischen Binnenmarkt, Köln 2009, Verlag Dr. Otto Schmidt (*Widmann*, in: DStJG 32 (2009), S. 103 ff.)

Widmann, Werner: Zu den Mainzer Vorschlägen zur Umsatzsteuer, in: Umsatzsteuer-Rundschau (UR) 2002, 14 ff. (*Widmann*, UR 2002, 14 ff.)

Wieacker, Franz: Die juristische Sekunde. Zur Legitimation der Konstruktionsjurisprudenz, in: Festschrift für Erik Wolf zum 60. Geburtstag, 1961, S. 421 ff., Klostermann Verlag (*Wieacker*, in: FS Wolf, S. 421 ff.)

Wilke, Hans-Joachim: Umsatzsteuer im Konkurs, in: Umsatzsteuerkongreß-Bericht 1982/1983, Band 1, Köln 1983, Verlag Dr. Otto Schmidt (*Wilke*, in: Umsatzsteuerkongreß-Bericht 1982/83, S. 209 ff.)

Wilke, Hans-Joachim: Umsatzsteuerrechtliche Überlegungen zu einer Reform des Konkursrechts, in: Umsatzsteuer-Rundschau (UR) 1976, 234 ff. (*Wilke*, UR 1976, 234 ff.)

Wilke, Hans-Joachim: Umsatzsteuerliche Überlegungen zu einer Reform des Konkursrechts, in: Umsatzsteuer-Rundschau (UR) 1979, 137 ff. (*Wilke*, UR 1979, 137 ff.)

Wilke, Hans-Joachim: Umsatzsteuer und Konkursreform, in: Deutsche Steuerzeitung Ausgabe A (DStZ/A) 1979, 163 ff. (*Wilke*, DStZ/A 1979, 163 ff.)

Wilms, Heinrich / Jochum, Georg: Kommentar zum Erbschaftsteuer- und Schenkungsteuergesetz, Loseblatt, 76. EGL, Stand Juni 2015, Bonn, Stollfuß Verlag (*Bearbeiter*, in: Wilms/Jochum)

Windel, Peter A.: Das Prinzip der Selbstverantwortung und das Insolvenzrecht, in: Das Prinzip der Selbstverantwortung, hrsg. v. Karl Riesenhuber, Tübingen 2011, Verlag Mohr Siebeck, S. 449 ff. (*Windel*, in: Das Prinzip der Selbstverantwortung, S. 449 ff.)

Windel, Peter A.: Der insolvenzrechtliche Gleichbehandlungsgrundsatz und seine Auswirkungen auf die Abwicklung schwebender Austauschverträge, in: Juristische Ausbildung (JURA) 2002, 230 ff. (*Windel*, JURA 2002, 230 ff.)

Winterhoff, Christian: Steuerverfahrensrecht und tatsächliche Belastungsgleichheit – Zur Verfassungswidrigkeit der Spekulationsgewinnbesteuerung (Diss. iur., Göttingen), Baden-Baden 2004, Nomos Verlag (*Winterhoff*, Steuerverfahrensrecht und tatsächliche Belastungsgleichheit)

Wiórek, Piotr Marcin: Das Prinzip der Gläubigergleichbehandlung im Europäischen Insolvenzrecht (Diss. iur., Heidelberg), Baden-Baden 2005, Nomos Verlag (*Wiórek*, Das Prinzip der Gläubigergleichbehandlung im Europäischen Insolvenzrecht)

Zeeck, Sebastian: Die Umsatzsteuer in der Insolvenz, in: Konkurs-, Treuhand- und Schiedsgerichtswesen (KTS) 2006, 407 ff. (*Zeeck*, KTS 2006, 407 ff.)

Zimmer, Frank Thomas: Haushaltsbegleitgesetz 2011 (§ 55 Abs. 4 InsO n.F.) – erste Anwendungsprobleme, in: Zeitschrift für das gesamte Insolvenzrecht (ZInsO) 2010, 2299 ff. (*Zimmer*, ZInsO 2010, 2299 ff.)

Gebraucht wurden die üblichen Abkürzungen, vgl.
Kirchner, Hildebert, Abkürzungsverzeichnis der
Rechtssprache, 8. Auflage, Berlin 2015, Verlag De Gruyter

Bochumer Schriften zum Steuerrecht

Herausgegeben von Roman Seer

Band 1 Roman Seer / Burkhard Kämper (Hrsg.): Bochumer Kirchensteuertag. Grundlagen, Gestaltung und Zukunft der Kirchensteuer. 2004.

Band 2 Roman Seer (Hrsg.): Bochumer Lohnsteuertag. Die Lohnsteuer im Spannungsfeld zwischen Unternehmerfreiheit und Fiskalinteresse. 2005.

Band 3 Frank-André Mönkemöller: Die Zurechnung der Überschusseinkünfte bei Personengesellschaften. 2005.

Band 4 Kai Thulfaut: Die Besteuerung international tätiger Anwaltssozietäten. 2005.

Band 5 Jens Hoffmann: Die Besteuerung von Kapitalgesellschaften und ihren Anteilseignern in Irland im Vergleich zu Deutschland. Zugleich ein Beitrag zu den Grenzen des Steuerwettbewerbs in der Europäischen Union. 2005.

Band 6 Theresa Franz: Körperschaftsteuerliche Behandlung der grenzüberschreitenden Betätigung von Kapitalgesellschaften innerhalb der EG. Eine Betrachtung unter Berücksichtigung der Rechtsprechung des EuGH, der geplanten 14. gesellschaftsrechtlichen Richtlinie und der Societas Europaea. 2006.

Band 7 Jan Michaelis: Die territoriale Zuordnung von Beteiligungsaufwand im Europäischen Unternehmenssteuerrecht. Zugleich zur Verfassungsmäßigkeit des § 8b Abs. 5 KStG in der Fassung des ProtErklG. 2006.

Band 8 Hans Anders: Die Überschussrechnung nach § 4 Abs. 3 EStG im System der steuerlichen Einkünfteermittlung. 2007.

Band 9 Björn Kahler: Die Freistellungsmethode in deutschen Doppelbesteuerungsabkommen und ihre Vereinbarkeit mit dem EG-Vertrag. Betrachtung der Freistellungsmethode in deutschen Doppelbesteuerungsabkommen, Untersuchung ihrer Folgen im Ertragsteuerrecht und Prüfung ihrer Vereinbarkeit mit dem EG-Vertrag. 2007.

Band 10 Lars Rehfeld: Die Vereinbarkeit des Außensteuergesetzes mit den Grundfreiheiten des EG-Vertrags. 2008.

Band 11 Heike Rüping: Die Umsatzsteuer-Nachschau nach § 27b UStG. 2008.

Band 12 Marius Frederik Schumann: Das Dispensverfahren im europäischen Mehrwertsteuerrecht. Grenzen nationaler Alleingänge nach Art. 395 der Mehrwertsteuersystemrichtlinie in der Betrugsbekämpfung. 2008.

Band 13 Daniela Zuschlag: Die pauschalierte Gewerbesteueranrechnung nach § 35 EStG. 2009.

Band 14 Napoleão Dagnese: Verrechnungspreise und die Aufzeichnungspflicht im brasilianischen und deutschen Steuerrecht. 2009.

Band 15 Marcel Krumm: Steuervollzug und formelle Insolvenz. 2009.

Band 16 Martin Karl Plappert: Gemeinnützigkeits- und Spendenrecht: Ein steuersystematischer Rechtsvergleich zwischen den USA und Deutschland. 2009.

Band 17 Karina Grundmann: Das Recht auf Akteneinsicht im Besteuerungsverfahren. 2009.

Band 18 Claus Möllenbeck: Das Verhältnis der EG-Amtshilfe zu den erweiterten Mitwirkungspflichten bei internationalen Steuerfällen. 2010.

Band 19 Sibyl Tanja Rieper: Steuerverfehlungen als Tatbestandsmerkmale von AO-Vorschriften. 2010.

Band 20 Kristina Frankus: Die Verlustverrechnung von Körperschaften nach § 8 Abs. 4 KStG, § 8c KStG im Rechtsvergleich mit dem US-amerikanischen Steuerrecht. 2010.

Band 21 Timo Höller: Eine kritische Analyse der Unternehmensteuerreform 2008 im historischen Kontext. 2011.

Band 22 Björn Schüßler: Der Datenzugriff der Finanzverwaltung im Rahmen der (digitalen) Außenprüfung. 2010.

Band 23 Kristina Dudde: Die Umsatzbesteuerung gemeinnütziger Sportvereine. 2011.

Band 24 Susanne Stiewe: Die verfahrensrechtliche Umsetzung internationaler Verständigungsvereinbarungen (§ 175a AO). 2011.

Band 25 Metin Yilmaz: Das Besteuerungsverfahren der Türkei aus dem Blickwinkel des deutschen Steuerrechts. 2011.

Band 26 Sascha Bleschick: Die Revisionszulassungsgründe des § 115 Abs. 2 Nr. 1 und 2 FGO im Spannungsverhältnis zwischen Individualrechtsschutz und Allgemeininteresse. 2012.

Band 27 Thomas Blum: Bewertungsgleichmaß und Verschonungsregelungen. Gleichmäßigkeit der Besteuerung im Erbschaft- und Schenkungsteuerrecht. 2012.

Band 28 Roman Seer (Hrsg.): Steuern im historischen Kontext. Ein Ausschnitt aus der Steuergeschichte anhand ausgewählter Fragestellungen. 2014.

Band 29 Pascal Thebrath: Die Revisionszulassungsgründe gemäß § 115 Abs. 2 Nrn. 1 und 2 FGO und ihre Darlegung im Rahmen der Nichtzulassungsbeschwerde. 2015.

Band 30 Alexander Witfeld: Das Umsatzsteuerverfahren und die Insolvenz. 2016.

www.peterlang.com